21世纪高等院校教材

仪 器 分 析

方惠群　于俊生　史　坚　编著

科 学 出 版 社

北　京

内 容 简 介

本书是在总结长期教学实践的基础上，根据1999年教育部理科化学教学指导委员会公布的理科化学专业化学教学基本内容（Ⅱ）编写而成的.从加强基础理论出发，重点阐述常用仪器分析诸方法的基本原理、仪器结构及其应用.

全书共分22章，内容包括：电化学分析法，色谱分析法，光学分析法及复杂体系的综合分析等.

本书可作为高等学校化学系仪器分析基础课程的教材，也可供相关专业的教师、学生及分析工作者参考.

图书在版编目（CIP）数据

仪器分析/方惠群，于俊生，史坚编著.—北京：科学出版社，2002.2
（21世纪高等院校教材）

ISBN 978-7-03-009902-0

Ⅰ.仪… Ⅱ.①方…②于…③史… Ⅲ.仪器分析-高等学校-教材
Ⅳ.O657

中国版本图书馆CIP数据核字（2001）第077305号

责任编辑：刘俊来 樔时杰 丁 里
责任印制：赵 博 / 封面设计：王 浩

科学出版社出版
北京东黄城根北街16号
邮政编码：100717
http://www.sciencep.com
保定市中画美凯印刷有限公司印刷
科学出版社发行 各地新华书店经销

*

2002年2月第 一 版 开本：720×1000 1/16
2024年12月第三十三次印刷 印张：34 1/4
字数：655 000

定价：69.00元

（如有印装质量问题，我社负责调换）

前　　言

分析化学是表征与测量的科学.随着科学技术的发展,分析化学已由过去的经典分析方法为主转向以仪器分析方法为主,而且仪器分析对科学技术的发展和促进国民经济的繁荣显得越来越重要.

目前,仪器分析已成为综合性大学化学系的基础课程之一.本书基本内容是按照 1999 年教育部理科化学教学指导委员会公布的理科化学专业化学教学基本内容(Ⅱ)编写的.从加强基础理论出发,重点阐述常用仪器分析各方法的基本原理、仪器基本结构及其主要应用.为适应知识更新、学科发展及当前实际分析工作的需要,适当拓宽了部分章节的内容,增加了复杂体系的综合分析一章,使仪器分析成为一门内容更充实、体系更完整的基础课程.

参加本书编写工作的有方惠群、于俊生、史坚,全书由方惠群统读定稿.

在本书编写过程中,参考了国内外出版的一些教材和著作。还引用了其中某些数据和图表.在此向有关作者表示衷心感谢.

由于编者水平有限,缺点和错误在所难免,恳切希望读者批评指正.

编　者

2001 年 2 月于南京大学

目　录

第一章　绪　　论

基本要求：
1. 了解分析化学的发展过程；
2. 了解仪器分析的分类、特点；
3. 了解分析仪器的组成部分.

分析化学是表征与测量的科学，也是研究分析方法的科学.它可向人们提供物质的结构信息和物质的化学组成、含量等信息.

通常，分析化学包括化学分析和仪器分析两大部分.化学分析是指利用化学反应以及化学计量关系来确定被测物质含量的一类分析方法，测定时使用化学试剂、天平以及玻璃器皿，如滴定管、吸量管、烧杯、漏斗、坩埚等等.化学分析是经典的非仪器分析方法，主要用于物质的常量测定.仪器分析是根据物质的物理和化学等性质来获得物质的组成、含量、结构以及相关的信息.仪器分析测量时使用各种类型价格较贵的特殊分析仪器，它具有灵敏、简便、快速而且易于实现自动化等特点.仪器分析的应用范围比化学分析广泛，它已成为分析化学的重要组成部分.

分析化学的水平是衡量国家科学技术水平的重要标志.分析化学是科学技术的眼睛，也是工农业生产的眼睛.当代科学领域的“四大理论”即天体、地球、生命以及人类的起源和演化；人类社会面临的“五大危机”即资源、能源、人口、粮食以及环境诸问题的解决，与分析化学密切相关，它将起着极其重要的作用.

1.1　分析化学的发展

学科之间的相互渗透、相互促进是分析化学发展的规律.分析化学的发展经历了三次重大变革.

第一次是 20 世纪初，物理化学的发展，分析化学中引入了物理化学的溶液理论等基本概念，使它由一门操作技术变为一门科学.

第二次是 20 世纪 40 年代，分析化学中采用了电子技术和物理学概念，促进了各类仪器分析方法的发展，使以经典的化学分析为主的分析化学发展为仪器分析的新时代.

第三次是当前,分析化学处在巨大的变革时期.计算机和数理统计向分析化学渗透,生命科学、环境科学和材料科学的发展对分析化学提出了新的课题和挑战,它们促进了分析化学的发展.分析化学发展的特点有三:其一,向高灵敏度、高选择性、自动化、智能化、息信化和微型化方向发展;其二,各类分析方法的联合应用;其三,建立原位、在体、实时、在线的动态分析检测方法,无损探测方法以及多元多参数的检测监视方法,并研制出相应的分析仪器.当代科学技术的发展和参与以及分析化学自身的发展,已使分析化学发展成为一门多学科为基础的综合性科学.

21 世纪是生命科学和信息科学的世纪,建立可持续发展的世纪,因此,对于分析科学学科又是一次自身发展的新机遇.

1.2 仪器分析的分类

仪器分析是以测量物质的某些物理或物理化学性质的参数来确定其化学组成、含量或结构的分析方法.在最终测量过程中,利用物质的这些性质获得定性、定量、结构以及解决实际问题的信息.

习惯上,仪器分析分为三类:电化学分析法、色谱法和光学分析法.

电化学分析法是建立在溶液电化学性质基础上的一类分析方法,包括电位分析法,电重量分析和库仑分析法,伏安法和极谱分析法以及电导分析法等.

色谱法是利用混合物中各组分不同的物理或化学性质来达到分离的目的.分离后的组分可以进行定性或定量分析,有时分离和测定同时进行,有时先分离后测定.色谱法包括气相色谱法和液相色谱法等.

光学分析法是建立在物质与电磁辐射互相作用基础上的一类分析方法,包括原子发射光谱法,原子吸收光谱法,紫外-可见吸收光谱法,红外吸收光谱法,核磁共振波谱法和荧光光谱法等.

表 1.1 列出了仪器分析的类型、测量的重要参数(或有关性质)以及相应的仪器分析方法.

表 1.1 仪器分析分类

方法类型	测量参数或有关性质	相应的分析方法
电化学分析法	电导	电导分析法
	电位	电位分析法,计时电位法
	电流	电流滴定法
	电流-电压	伏安法,极谱分析法
	电量	库仑分析法

续表

方法类型	测量参数或有关性质	相应的分析方法
色谱法	两相间分配	气相色谱法,液相色谱法
光学分析法	辐射的发射	原子发射光谱法,火焰光度法,荧光光谱法等
	辐射的吸收	原子吸收光谱法,分光光度法(紫外、可见、红外),核磁共振波谱法
	辐射的散射	比浊法,拉曼光谱法,散射浊度法
	辐射的折射	折射法,干涉法
	辐射的衍射	X射线衍射法,电子衍射法
	辐射的转动	偏振法,旋光色散法,圆二向色性法
热分析法	热性质	热重法,差热分析法

1.3 分析仪器的组成

仪器分析测定时使用各种类型的分析仪器.分析仪器自动化程度越高,仪器越复杂.然而不管分析仪器如何复杂,一般它们均由信号发生器、检测器、信号处理器和读出装置四个基本部分组成,如图1.1所示.实例见表1.2.

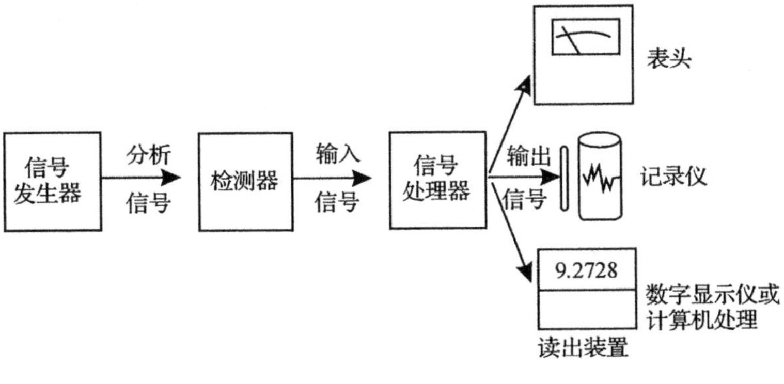

图1.1 分析仪器的组成方框图

信号发生器使样品产生信号,它可以是样品本身,对于pH计信号就是溶液中的氢离子活度,而对于紫外-可见分光光度计,信号发生器除样品外,还有钨灯或氢灯等.

检测器(传感器)是将某种类型的信号变换成可测定的电信号的器件,是实现非电量电测不可缺少的部分.检测器分为电流源、电压源和可变阻抗检测器三种.

紫外-可见分光光度计中的光电倍增管是将光信号变换成电流的器件.电位分析法中的离子选择电极是将物质的浓度变换成电极电位的器件等.

表 1.2　分析仪器的基本组成

仪　器	信号发生器	分析信号	检 测 器	输入信号	信号处理器	读出装置
pH计	样品	氢离子活度	pH玻璃电极	电位	放大器	表头或数字显示
库仑计	直流电源,样品	电流	电极	电流	放大器	数字显示
气相色谱仪	样品	电阻或电流(热导或氢焰)	检测器(热导或氢焰)	电阻	放大器	记录仪或打印机
比色计	钨灯,样品	衰减光束	光电池	电流		表头
紫外-可见吸收分光光度计	钨灯或氢灯,样品	衰减光束	光电倍增管	电流	放大器	表头、记录仪或打印机

信号处理器将微弱的电信号用电子元件组成的电路加以放大,便于读出装置指示或记录.

读出装置将信号处理器放大的信号显示出来,其形式有表针、数字显示器、记录仪、打印机、荧光屏或用计算机处理等.

一个化学工作者必须掌握仪器分析的原理和应用,只有这样才能懂得仪器分析各方法的适用性、灵敏度和准确度,才能在解决某个具体问题的许多途径中作出合理的选择,提高分析问题和解决问题的能力.

第二章　电化学分析概论

基本要求：

1. 掌握表示电极电位和电池电动势的能斯特方程；
2. 理解条件电位意义；
3. 了解电极的类型，能斯特表达式；
4. 掌握三种传质过程及其 Cottrell 方程；
5. 掌握法拉第定律.

电化学分析是仪器分析的重要组成部分.电化学分析与溶液的电化学性质有关.溶液的电化学性质是指构成的电池的电学性质(如电极电位、电流、电量和电导等)和化学性质(溶液的化学组成、浓度等).电化学分析就是利用这些性质，通过传感器-电极将被测物质的浓度转换成电学参数而加以测量的方法.

习惯上，电化学分析法按照测量电学参数的类型分类.以溶液电导作为被测量参数的方法，称为电导分析法.通过测量电池电动势或电极电位来确定被测物质浓度的方法，称为电位分析法.电解时，以电子为“沉淀剂”，使溶液中被测金属离子电积(析)在已称重的电极上，通过再称量，求出析出物质含量的方法，称为电重量分析法或电解分析法.通过测量电解过程中消耗的电量求出被测物质含量的方法，称为库仑分析法.利用电解过程中所得的电流-电位(电压)曲线进行测定的方法，称为伏安法或极谱分析法.

按照国际纯粹与应用化学联合会(IUPAC)的推荐，电化学分析法分为以下三类：第一类，既不涉及双电层，也不涉及电极反应，如电导分析法.第二类，涉及双电层现象但不考虑电极反应，如表面张力和非法拉第阻抗.第三类，涉及电极反应.这一类又可以分为：(1)涉及电极反应，施加恒定的激发信号：激发信号电流 $i=0$ 的有电位法和电位滴定法；激发信号电流 $i\neq0$ 的有库仑滴定、电流滴定、计时电位法和电重量分析法等.(2)涉及电极反应，施加可变的大振幅或小振幅激发信号，如交流示波极谱、单扫描极谱、循环伏安法或方波极谱、脉冲极谱法等.

2.1　原电池和电解池

化学能与电能互相转变的装置称为电池，它是任何一类电化学分析法中必不可少的装置.每个电池由两支电极和适当的电解质溶液组成,一支电极与它所接触的电解质溶液组成一个半电池,两个半电池构成一个电池,如图 2.1 所示.

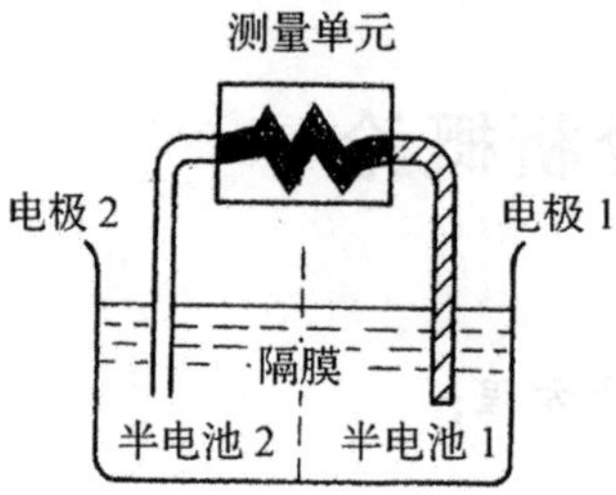

图 2.1 电池示意图

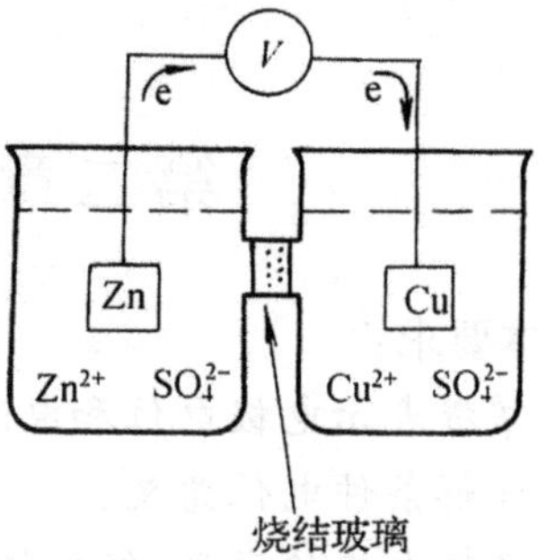

图 2.2 锌-铜原电池

电池分为原电池和电解池两类.

原电池将化学能转变为电能,在外电路接通的情况下,反应可以自发地进行并向外电路供给电能,图 2.2 为锌-铜原电池.锌片放入 $ZnSO_4$ 溶液中,铜片放入 $CuSO_4$溶液中,两电解质溶液之间用烧结玻璃或半渗透膜隔开.当两电极接通后,锌电极上发生氧化反应

$$Zn \rightleftharpoons Zn^{2+} + 2e \tag{2.1}$$

铜电极上发生还原反应

$$Cu^{2+} + 2e \rightleftharpoons Cu \tag{2.2}$$

电池的总反应为

$$Zn + Cu^{2+} \rightleftharpoons Zn^{2+} + Cu \tag{2.3}$$

Zn 失去 2 个电子氧化成 Zn^{2+} 而进入溶液,锌失去的电子留在锌电极上,通过外电路流到铜电极被溶液中 Cu^{2+} 接受,使 Cu^{2+} 还原为金属 Cu 而沉积在铜电极上.锌电极带负电,铜电极带正电,锌电极是原电池的负极,铜电极是正极.电流的方向与电子流动的方向相反,电流从电势高的正极流向电势低的负极.电池的电动势用电位计测量.

图 2.2 的原电池可书写为

$$-\,Zn|ZnSO_4(\alpha_1)|CuSO_4(\alpha_2)|Cu\,+ \tag{2.4}$$

α_1,α_2 分别表示两电解质溶液的活度.两边的单竖“|”表示金属和溶液的两相界面,中间的单竖“|”表示两种浓度或组成不同的电解质界面处存在的电位差,这种电位差称为液接电位.按规定把电池的负极写在左边,它发生氧化反应;正极写在右边,发生还原反应.该电池的电动势 E 等于两电极的电极电位差与液接电位的代数和:

$$E = (\varphi_{Cu^{2+},Cu} - \varphi_{Zn^{2+},Zn}) + \varphi_{液接} \tag{2.5}$$

电动势的通式为

$$E = (\varphi_{右,还原} - \varphi_{左,还原}) + \varphi_{液接} \tag{2.6}$$

液接电位存在于两种不同离子(浓度相同或不同)或两种离子相同而浓度不同的溶液界面上,它是由离子的运动速度不同引起的,如图 2.3 所示. 液接电位与离子的浓度、电荷数、迁移速度以及溶剂的性质有关. 在图 2.3(a)中,在两种浓度相同的 $HClO_4$ 与 $NaClO_4$ 溶液的界面上,具有相同浓度的阴离子 ClO_4^-,但由于 H^+ 的扩散速度比 Na^+ 大,引起界面上正负电荷数不等而产生电位差. 电位差的产生使 H^+ 的扩散速度减慢,而 Na^+ 加快,最后达到平衡状态,使两溶液界面上有一稳定的电位差,该电位差就是液接电位. 液接电位难以测定,它是电位法产生误差的主要原因之一. 为了减小液接电位,可以在两种电解质溶液之间插入盐桥,代替原来的两种电解质溶液的直接接触,如图 2.4 所示. 用盐桥组成的电池可书写为

$$- \ Zn \mid ZnSO_4(\alpha_1) \parallel CuSO_4(\alpha_2) \mid Cu \ + \tag{2.7}$$

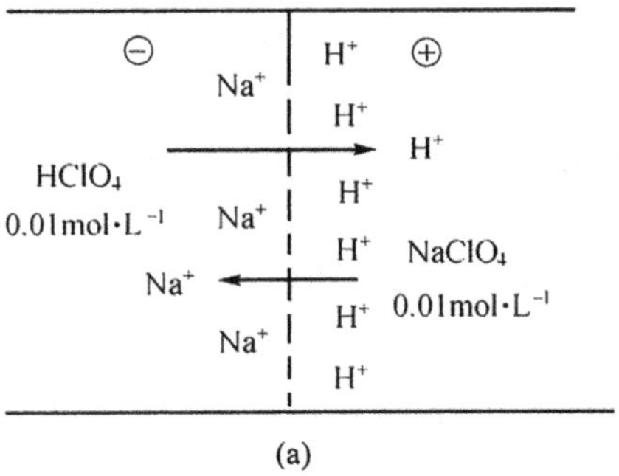

图 2.3　液接电位示意图

(a) 两种离子不同而浓度相同; (b) 两种离子相同而浓度不同 .

中间的双竖“‖”表示盐桥. 图 2.4 的盐桥由 U 形玻璃管中充满饱和 KCl 溶液以及琼脂所组成. 在使用盐桥的条件下,液接电位 $\varphi_{液接}$ 忽略不计,电池电动势的通式(2.6)改写为

$$E = \varphi_{右,还原} - \varphi_{左,还原} \tag{2.8}$$

根据式(2.8)计算所得的电池电动势 E 为正值,表示电池反应能自发地进行,是原电池. 若 E 为负值,则是电解池,反应不能自发地进行,要使该反应能够进行,必须加一个大于该电池电动势的外加电压.

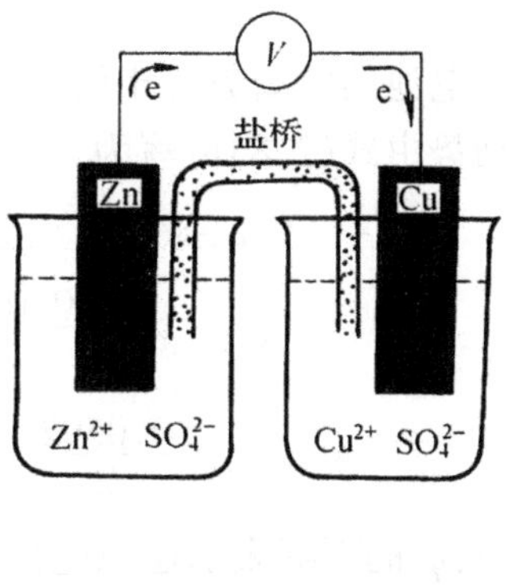

图 2.4　用盐桥构成的电池

不管是原电池还是电解池,发生氧化反应的电极都称为阳极;发生还原反应的电极都称为阴极.

2.2 能斯特方程

2.2.1 能斯特方程

能斯特方程可以表示电极的电极电位与电极表面溶液活度间的关系,也可以表示电池的电动势与电极表面溶液活度间的关系.对于任意给定的电极,若电极反应为

$$\mathrm{O} + ze \rightleftharpoons \mathrm{R}$$

则电极电位的能斯特方程的通式为

$$\varphi = \varphi^{\ominus} - \frac{RT}{zF}\ln\frac{\alpha_{\mathrm{R}}}{\alpha_{\mathrm{O}}} \tag{2.9}$$

式中:α 为活度;下标 O 和 R 分别表示氧化态和还原态;R 为标准气体常数;F 为法拉第常量;T 为热力学温度;z 为电极反应中电子的计量系数;$\varphi^{\ominus}$ 为氧化态和还原态活度等于 1 时的标准电极电位.当 $T = 298.15\mathrm{K}$ 时

$$\varphi = \varphi^{\ominus} - \frac{0.0592}{z}\lg\frac{\alpha_{\mathrm{R}}}{\alpha_{\mathrm{O}}} \tag{2.10}$$

该式为电极的电极电位 φ 与电极表面溶液活度 α 间关系的能斯特方程.

对于式(2.1)反应的 Zn 电极,其电极电位可写为

$$\varphi = \varphi^{\ominus}_{\mathrm{Zn}^{2+},\mathrm{Zn}} - \frac{0.0592}{2}\lg\frac{\alpha_{\mathrm{Zn}}}{\alpha_{\mathrm{Zn}^{2+}}} \tag{2.11}$$

同样,式(2.2)反应 Cu 电极的电极电位可写为

$$\varphi = \varphi^{\ominus}_{\mathrm{Cu}^{2+},\mathrm{Cu}} - \frac{0.0592}{2}\lg\frac{\alpha_{\mathrm{Cu}}}{\alpha_{\mathrm{Cu}^{2+}}} \tag{2.12}$$

电池的电动势等于两电极电位之差,因此,电池总反应式(2.3)的铜锌电池的电动势由式(2.8)可写为

$$\begin{aligned} E &= \varphi_{\text{右,还原}} - \varphi_{\text{左,还原}} = \varphi_{\mathrm{Cu}^{2+},\mathrm{Cu}} - \varphi_{\mathrm{Zn}^{2+},\mathrm{Zn}} \\ &= \left(\varphi^{\ominus}_{\mathrm{Cu}^{2+},\mathrm{Cu}} - \frac{0.0592}{2}\lg\frac{\alpha_{\mathrm{Cu}}}{\alpha_{\mathrm{Cu}^{2+}}}\right) - \left(\varphi^{\ominus}_{\mathrm{Zn}^{2+},\mathrm{Zn}} - \frac{0.0592}{2}\lg\frac{\alpha_{\mathrm{Zu}}}{\alpha_{\mathrm{Zn}^{2+}}}\right) \\ &= E^{\ominus} - \frac{0.0592}{2}\lg\frac{\alpha_{\mathrm{Zu}^{2+}}}{\alpha_{\mathrm{Cu}^{2+}}} \end{aligned} \tag{2.13}$$

式中:φ 的下标表示还原电位,也可略去不写;$E^{\ominus}$ 为电池标准电动势.

若电池的总反应通式为

$$aA + bB \rightleftharpoons cC + dD$$

则在 298.15K 时,该电池的电动势为

$$E = E^{\ominus} - \frac{0.0592}{z} \lg \frac{(\alpha_{C})^{c} \cdot (\alpha_{D})^{d}}{(\alpha_{A})^{a} \cdot (\alpha_{B})^{b}} \tag{2.14}$$

该式为电池的电动势 E 与电极表面溶液活度 α 间关系的能斯特方程.

当电池反应达到平衡时,E 等于零,则式(2.14)为

$$E^{\ominus} = \frac{0.0592}{z} \lg \frac{(\alpha_{C})^{c} \cdot (\alpha_{D})^{d}}{(\alpha_{A})^{a} \cdot (\alpha_{B})^{b}} = \frac{0.0592}{z} \lg K_{a}^{\ominus} \tag{2.15}$$

$K_{a}^{\ominus}$ 为反应的平衡常数.

式(2.15)中的标准电动势 $E^{\ominus}$ 为

$$E^{\ominus} = \varphi^{\ominus}_{右,还原} - \varphi^{\ominus}_{左,还原} \tag{2.16}$$

因此,由式(2.16)和(2.15)可以求得反应的平衡常数.

2.2.2　活度和活度系数

能斯特方程表示电动势 E 或电极电位 φ 与活度,而不是与浓度的关系.活度与质量摩尔浓度的关系为

$$\alpha_{i} = \gamma_{i} m_{i}$$

式中:α_{i} 具有校准浓度的意义;γ_{i} 是浓度的校准项称为活度系数.单个离子的活度和活度系数还没有严格的方法测定.正、负离子的平均活度系数可由实验求得,因此正、负离子的平均活度系数、平均活度以及平均质量摩尔浓度之间的关系为

$$\alpha_{\pm} = \gamma_{\pm} m_{\pm}$$

稀溶液中的离子平均活度系数主要受离子的质量摩尔浓度 m 和价数 z 的影响,于是路易斯提出了离子强度的概念.离子强度 I

$$I = \frac{1}{2} \sum_{i} m_{i} z_{i}^{2} \tag{2.17}$$

I 的量纲与 m 相同.在稀溶液范围内,活度系数与离子强度之间的关系符合如下经验式

$$\lg \gamma_{\pm} = -0.512 z_{i}^{2} \sqrt{I}$$

不同浓度下强电解质的活度系数能在化学手册中查到,从而对溶液进行活度校准.当浓度小于 10^{-4}mol·L^{-1}时,活度系数接近于 1,可用浓度代替式(2.10)能斯特方程中的活度

$$\varphi = \varphi^{\ominus} + \frac{0.0592}{z} \lg \frac{[O]}{[R]} \tag{2.18}$$

2.3　标准电极电位和条件电位

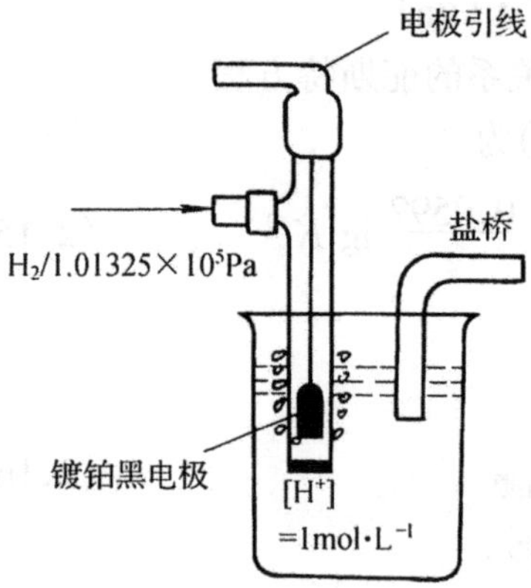

图 2.5　标准氢电极

电极电位的绝对值不能单独测定或从理论上计算，它必须和另一个作为标准的电极相联构成一个原电池，并用补偿法或在电流等于零的条件下测量该电池的电动势. IUPAC 规定所用的标准电极为标准氢电极，结构如图 2.5 所示. 标准氢电极的工作条件是：氢离子活度为 $1\text{mol} \cdot \text{L}^{-1}$，$H_2$ 的压力为 $1.01325 \times 10^5\text{Pa}$ (1atm). 作为氢电极的铂片上应镀上铂黑. 规定在任何温度下，该电极的电位值等于零伏：

$$H^+ + e \rightleftharpoons \frac{1}{2}H_2 \qquad \varphi^{\ominus} = 0.0000\text{V}$$

对于任意给定的电极，它与标准氢电极构成如下原电池

标准氢电极 ‖ 给定电极

所测得的电动势作为该给定电极的电极电位. 电子通过外电路由标准氢电极流向给定电极，则给定电极的电位定为正值；电子通过外电路由给定电极流向标准氢电极，则给定电极的电位定为负值.

298.15K 时，以水为溶剂，当氧化态和还原态活度等于 1 时的电极电位称为标准电极电位，其值见表 2.1(相对于标准氢电极，vs. SHE).

表 2.1　298.15K 时标准电极电位和条件电位

电 极 反 应	$\varphi^{\ominus}$/V(vs.SHE)	$\varphi^{\circ\prime}$/V(vs.SHE)
$Ag^+ + e \rightleftharpoons Ag(s)$	+0.799	0.228, 1mol·L^{-1}HCl; 0.792, 1mol·L^{-1}$HClO_4$
$AgBr(s) + e \rightleftharpoons Ag(s) + Br^-$	+0.073	
$AgCl(s) + e \rightleftharpoons Ag(s) + Cl^-$	+0.222	0.228, 1mol·L^{-1}KCl
$Ag(CN)_2^- + e \rightleftharpoons Ag(s) + 2CN^-$	−0.31	
$Ag_2CrO_4(s) + 2e \rightleftharpoons 2Ag(s) + CrO_4^{2+}$	+0.446	
$AgI(s) + e \rightleftharpoons Ag(s) + I^-$	−0.151	
$Ag(S_2O_3)_2^{3-} + e \rightleftharpoons Ag(s) + 2S_2O_3^{2-}$	+0.01	
$Al^{3+} + 3e \rightleftharpoons Al(s)$	−1.66	
$H_3AsO_4 + 2H^+ + 2e \rightleftharpoons H_3AsO_3 + H_2O$	+0.559	0.577, 1mol·L^{-1}HCl, $HClO_4$
$Ba^{2+} + 2e \rightleftharpoons Ba(s)$	−2.90	

续表

电极反应	$\varphi^{\ominus}$/V(vs.SHE)	$\varphi^{\circ\prime}$/V(vs.SHE)
$BiO^{+} + 2H^{+} + 3e \rightleftharpoons Bi(s) + H_2O$	+0.32	
$BiCl_4^{-} + 3e \rightleftharpoons Bi(s) + 4Cl^{-}$	+0.16	
$Br_2(l) + 2e \rightleftharpoons 2Br^{-}$	+1.065	1.05, 4mol·L^{-1}HCl
$Br_2(aq) + 2e \rightleftharpoons 2Br^{-}$	+1.087	
$BrO_3^{-} + 6H^{+} + 5e \rightleftharpoons \frac{1}{2}Br_2(l) + 3H_2O$	+1.52	
$Ca^{2+} + 2e \rightleftharpoons Ca(s)$	−2.87	
$C_6H_4O_2$(quinone) $+ 2H^{+} + 2e \rightleftharpoons C_6H_4(OH)_2$	+0.699	0.696, 1mol·L^{-1}HCl, H_2SO_4, $HClO_4$
$2CO_2(g) + 2H^{+} + 2e \rightleftharpoons H_2C_2O_4$	−0.49	
$Cd^{2+} + 2e \rightleftharpoons Cd(s)$	−0.403	
$Ce^{4+} + e \rightleftharpoons Ce^{3+}$	+1.61	1.28, 1mol·L^{-1}HCl; 1.44, 1mol·L^{-1}H_2SO_4; 1.70, 1mol·L^{-1}$HClO_4$; 1.61, 1mol·L^{-1}HNO_3
$Cl_2(g) + 2e \rightleftharpoons 2Cl^{-}$	+1.359	
$HClO + H^{+} + e \rightleftharpoons \frac{1}{2}Cl_2(g) + H_2O$	+1.63	
$ClO_3^{-} + 6H^{+} + 5e \rightleftharpoons \frac{1}{2}Cl_2(g) + 3H_2O$	+1.47	
$Co^{2+} + 2e \rightleftharpoons Co(s)$	−0.277	
$Co^{3+} + e \rightleftharpoons Co^{2+}$	+1.842	
$Cr^{3+} + e \rightleftharpoons Cr^{2+}$	−0.41	
$Cr^{3+} + 3e \rightleftharpoons Cr(s)$	−0.74	
$Cr_2O_7^{2-} + 14H^{+} + 6e \rightleftharpoons 2Cr^{3+} + 7H_2O$	+1.33	
$Cu^{2+} + 2e \rightleftharpoons Cu(s)$	+0.337	
$Cu^{2+} + e \rightleftharpoons Cu^{+}$	+0.153	
$Cu^{+} + e \rightleftharpoons Cu(s)$	+0.521	
$Cu^{2+} + I^{-} + e \rightleftharpoons CuI(s)$	+0.86	
$CuI(s) + e \rightleftharpoons Cu(s) + I^{-}$	−0.185	
$F_2(g) + 2H^{+} + 2e \rightleftharpoons 2HF(aq)$	+3.06	
$Fe^{2+} + 2e \rightleftharpoons Fe(s)$	−0.440	
$Fe^{3+} + e \rightleftharpoons Fe^{2+}$	+0.771	+0.700, 1mol·L^{-1}HCl; +0.68, 1mol·L^{-1}H_2SO_4; +0.732, 1mol·L^{-1}$HClO_4$
$Fe(CN)_6^{3-} + e \rightleftharpoons Fe(CN)_6^{4-}$	+0.36	+0.71, 1mol·L^{-1}HCl; +0.72, 1mol·L^{-1}H_2SO_4, $HClO_4$

续表

电极反应	$\varphi^{\ominus}$/V(vs.SHE)	$\varphi^{\ominus\prime}$/V(vs.SHE)
$2H^+ + 2e \rightleftharpoons H_2(g)$	0.000	−0.005,1mol·L⁻¹HCl,HClO₄
$Hg_2^{2+} + 2e \rightleftharpoons 2Hg(l)$	+0.789	+0.274,$1mol \cdot L^{-1}HCl$; +0.674,$1mol \cdot L^{-1}H_2SO_4$; +0.776,$1mol \cdot L^{-1}HClO_4$
$2Hg^{2+} + 2e \rightleftharpoons Hg_2^{2+}$	+0.920	+0.907,$1mol \cdot L^{-1}HClO_4$
$Hg^{2+} + 2e \rightleftharpoons Hg(l)$	+0.854	
$Hg_2Cl_2(s) + 2e \rightleftharpoons 2Hg(l) + 2Cl^-$	+0.268	+0.334,$0.1mol \cdot L^{-1}KCl$; +0.282,$1mol \cdot L^{-1}KCl$; +0.242,饱和 KCl
$Hg_2SO_4(s) + 2e \rightleftharpoons 2Hg(l) + SO_4^{2-}$	+0.615	
$HO_2^- + H_2O + 2e \rightleftharpoons 3OH^-$	+0.88	
$I_2(s) + 2e \rightleftharpoons 2I^-$	+0.5355	
$I_2(aq) + 2e \rightleftharpoons 2I^-$	+0.620	
$I_3^- + 2e \rightleftharpoons 3I^-$	+0.536	
$ICl_2^- + e \rightleftharpoons \frac{1}{2}I_2(s) + 2Cl^-$	+1.06	
$IO_3^- + 6H^+ + 5e \rightleftharpoons \frac{1}{2}I_2(s) + 3H_2O$	+1.195	
$IO_3^- + 6H^+ + 5e \rightleftharpoons \frac{1}{2}I_2(aq) + 3H_2O$	+1.178	
$IO_3^- + 2Cl^- + 6H^+ + 4e \rightleftharpoons ICl_2^- + 3H_2O$	+1.24	
$H_5IO_6 + H^+ + 2e \rightleftharpoons IO_3^- + 3H_2O$	+1.60	
$K^+ + e \rightleftharpoons K(s)$	−2.925	
$Li^+ + e \rightleftharpoons Li(s)$	−3.045	
$Mg^{2+} + 2e \rightleftharpoons Mg(s)$	−2.37	
$Mn^{2+} + 2e \rightleftharpoons Mn(s)$	−1.18	
$Mn^{3+} + e \rightleftharpoons Mn^{2+}$		+1.51,$7.5mol \cdot L^{-1}H_2SO_4$
$MnO_2(s) + 4H^+ + 2e \rightleftharpoons Mn^{2+} + 2H_2O$	+1.23	+1.24,$1mol \cdot L^{-1}HClO_4$
$MnO_4^- + 8H^+ + 5e \rightleftharpoons Mn^{2+} + 4H_2O$	+1.51	
$MnO_4^- + 4H^+ + 3e \rightleftharpoons MnO_2(s) + 2H_2O$	+1.695	
$MnO_4^- + e \rightleftharpoons MnO_4^{2-}$	+0.564	
$N_2(g) + 5H^+ + 4e \rightleftharpoons N_2H_5^+$	−0.23	
$HNO_2 + H^+ + e \rightleftharpoons NO(g) + H_2O$	+1.00	
$NO_3^- + 3H^+ + 2e \rightleftharpoons HNO_2 + H_2O$	+0.94	+0.92,$1mol \cdot L^{-1}HNO_3$
$Na^+ + e \rightleftharpoons Na(s)$	−2.714	
$Ni^{2+} + 2e \rightleftharpoons Ni(s)$	−0.250	

续表

电极反应	$\varphi^{\ominus}$/V(vs.SHE)	$\varphi^{\circ\prime}$/V(vs.SHE)
$H_2O_2 + 2H^+ + 2e \rightleftharpoons 2H_2O$	+1.776	
$O_2(g) + 4H^+ + 4e \rightleftharpoons 2H_2O$	+1.229	
$O_2(g) + 2H^+ + 2e \rightleftharpoons H_2O_2$	+0.682	
$O_3(g) + 2H^+ + 2e \rightleftharpoons O_2(g) + H_2O$	+2.07	
$Pb^{2+} + 2e \rightleftharpoons Pb(s)$	−0.126	−0.29, 1mol·L^{-1} H_2SO_4; −0.14, 1mol·L^{-1} $HClO_4$
$PbO_2(s) + 4H^+ + 2e \rightleftharpoons Pb^{2+} + 2H_2O$	+1.455	
$PbSO_4(s) + 2e \rightleftharpoons Pb(s) + SO_4^{2-}$	−0.350	
$PtCl_4^{2-} + 2e \rightleftharpoons Pt(s) + 4Cl^-$	+0.73	
$PtCl_6^{2-} + 2e \rightleftharpoons PtCl_4^{2-} + 2Cl^-$	+0.68	
$Pd^{2+} + 2e \rightleftharpoons Pd(s)$	+0.987	
$S(s) + 2H^+ + 2e \rightleftharpoons H_2S(g)$	+0.141	
$H_2SO_3 + 4H^+ + 4e \rightleftharpoons S(s) + 3H_2O$	+0.45	
$S_4O_6^{2-} + 2e \rightleftharpoons 2S_2O_3^{2-}$	+0.08	
$SO_4^{2-} + 4H^+ + 2e \rightleftharpoons H_2SO_3 + H_2O$	+0.17	
$S_2O_8^{2-} + 2e \rightleftharpoons 2SO_4^{2-}$	+2.01	
$Sb_2O_5(s) + 6H^+ + 4e \rightleftharpoons 2SbO^+ + 3H_2O$	+0.581	
$H_2SeO_3 + 4H^+ + 4e \rightleftharpoons Se(s) + 3H_2O$	+0.740	
$SeO_4^{2-} + 4H^+ + 2e \rightleftharpoons H_2SeO_3 + H_2O$	+1.15	
$Sn^{2+} + 2e \rightleftharpoons Sn(s)$	−0.136	−0.16, 1mol·L^{-1} $HClO_4$
$Sn^{4+} + 2e \rightleftharpoons Sn^{2+}$	+0.154	+0.14, 1mol·L^{-1} HCl
$Ti^{3+} + e \rightleftharpoons Ti^{2+}$	−0.37	
$TiO^{2+} + 2H^+ + e \rightleftharpoons Ti^{3+} + H_2O$	+0.1	+0.04, 1mol·L^{-1} H_2SO_4
$Tl^+ + e \rightleftharpoons Tl(s)$	−0.336	−0.551, 1mol·L^{-1} HCl; −0.33, 1mol·L^{-1} H_2SO_4, $HClO_4$
$Tl^{3+} + 2e \rightleftharpoons Tl^+$	+1.25	
$UO_2^{2+} + 4H^+ + 2e \rightleftharpoons U^{4+} + 2H_2O$	+0.334	
$V^{3+} + e \rightleftharpoons V^{2+}$	−0.255	−0.21, 1mol·L^{-1} $HClO_4$
$VO^{2+} + 2H^+ + e \rightleftharpoons V^{3+} + H_2O$	+0.361	
$V(OH)_4^+ + 2H^+ + e \rightleftharpoons VO^{2+} + 3H_2O$	+1.00	+1.02, 1mol·L^{-1} HCl, $HClO_4$
$Zn^{2+} + 2e \rightleftharpoons Zn(s)$	−0.763	

当所有物质的活度处于标准状态时，用标准电极电位 $\varphi^{\ominus}$ 可以判断其氧化还原的次序，$\varphi^{\ominus}$ 值越正，表示该物质越容易得到电子，是较强的氧化剂；$\varphi^{\ominus}$ 值越负，表示该物质越容易失去电子，是较强的还原剂.

电极电位受溶液的离子强度、配位效应、酸效应等因素的影响，因此标准电极电位有它的局限性. 实际工作中应采用条件电位. 条件电位是指氧化态和还原态的浓度等于 $1\text{mol}\cdot\text{L}^{-1}$ 时体系的实际电位. 如在盐酸溶液中，由 Cu(Ⅰ)和 MnO_4^- 两相应电对组成的电池的反应为

$$10Cl^- + 5CuCl_2^- + MnO_4^- + 8H^+ \rightleftharpoons 5CuCl_4^{2-} + Mn^{2+} + 4H_2O$$

对于 $MnO_4^- | Mn^{2+}$ 电对，电极反应为

$$MnO_4^- + 8H^+ + 5e \rightleftharpoons Mn^{2+} + 4H_2O$$

电极电位则为

$$\varphi = \varphi^{\ominus}_{MnO_4^-, Mn^{2+}} - \frac{0.0592}{5} \lg \frac{\alpha_{Mn^{2+}}}{\alpha_{MnO_4^-} \cdot \alpha_{H+}^8}$$

$$= \varphi^{\ominus}_{MnO_4^-, Mn^{2+}} + \frac{0.0592}{5} \lg \frac{\gamma_{MnO_4^-} \cdot \alpha_{H+}^8}{\gamma_{Mn^{2+}}} - \frac{0.0592}{5} \lg \frac{[Mn^{2+}]}{[MnO_4^-]}$$

当 $[Mn^{2+}] = [MnO_4^-] = 1\text{mol}\cdot\text{L}^{-1}$ 时，上式可写为

$$\varphi = \varphi^{\ominus}_{MnO_4^-, Mn^{2+}} + \frac{0.0592}{5} \lg \frac{\gamma_{MnO_4^-} \cdot \alpha_{H+}^8}{\gamma_{Mn^{2+}}} = \varphi^{\circ\prime}$$

对于 $CuCl_4^{2-} | CuCl_2^-$ 电对，电极反应为

$$CuCl_4^{2-} + e \rightleftharpoons CuCl_2^- + 2Cl^-$$

电极电位为

$$\varphi = \varphi^{\ominus}_{CuCl_4^{2-}, CuCl_2^-} - 0.0592 \lg \frac{\alpha_{CuCl_2^-} \cdot \alpha_{Cl^-}^2}{\alpha_{CuCl_4^{2-}}}$$

$$= \varphi^{\ominus}_{CuCl_4^{2-}, CuCl_2^-} + 0.0592 \lg \frac{\gamma_{CuCl_4^{2-}}}{\gamma_{CuCl_2^-} \cdot a_{Cl^-}^2} - 0.0592 \lg \frac{[CuCl_2^-]}{[CuCl_4^{2-}]}$$

当 $[CuCl_2^-] = [CuCl_4^{2-}] = 1\text{mol}\cdot\text{L}^{-1}$ 时，上式可写为

$$\varphi = \varphi^{\ominus}_{CuCl_4^{2-}, CuCl_2^-} + 0.0592 \lg \frac{\gamma_{CuCl_4^{2-}}}{\gamma_{CuCl_2^-} \cdot a_{Cl^-}^2} = \varphi^{\circ\prime}$$

式中，$\varphi^{\circ\prime}$ 为条件电位. $\varphi^{\circ\prime}$ 值见表 2.1.

条件电位校准了离子强度、配位效应、水解以及 pH 等因素的影响.

生命有机体中的许多反应是氧化还原反应. 一些与生物有关的标准电位(pH 0)和条件电位(pH 7)见表 2.2. 在氧化还原反应中有 H^+ 参与时，电位和 pH

有关.生物化学上的条件电位 $\varphi^{\circ\prime}$是指在 pH 7 时的电极电位.因细胞中的 pH 值接近 7,用 pH 0 时的电极电位就不合适,如在酸性条件下抗坏血酸是一个比丁二酸更强的还原剂,而在 pH 7 时却相反.

表 2.2　298 K 时一些与生物有关的标准电位和条件电位

电极反应	$\varphi^{\ominus}$/V(vs.SHE)	$\varphi^{\circ\prime}$/V(vs.SHE)
$O_2+4H^++4e \rightleftharpoons 2H_2O$	+1.229	+0.816
$Fe^{3+}+e \rightleftharpoons Fe^{2+}$	+0.770	+0.770
$I_2+2e \rightleftharpoons 2I^-$	+0.536	+0.536
$O_2(g)+2H^++2e \rightleftharpoons H_2O_2$	+0.69	+0.295
细胞色素 a(Fe^{3+})$\rightleftharpoons$细胞色素 a(Fe^{2+})	+0.290	+0.290
细胞色素 C(Fe^{3+})$\rightleftharpoons$细胞色素 C(Fe^{2+})	–	+0.254
2,6-二氯靛酚$+2H^++2e \rightleftharpoons$还原的 2,6-二氯靛粉	–	+0.22
脱氢抗坏血酸$+2H^++2e \rightleftharpoons$抗坏血酸	+0.390	+0.058
富马酸盐$+2H^++2e \rightleftharpoons$丁二酸盐	+0.433	+0.031
亚甲蓝$+2H^++2e \rightleftharpoons$还原产物	+0.532	+0.011
二羟醋酸盐$+2H^++2e \rightleftharpoons$乙二醇盐	–	−0.090
草醋酸盐$+2H^++2e \rightleftharpoons$苹果酸盐	+0.330	−0.102
丙酮酸盐$+2H^++2e \rightleftharpoons$乳酸盐	+0.224	−0.190
维生素 $B_2+2H^++2e \rightleftharpoons$还原的维生物 B_2	–	−0.208
$FAD+2H^++2e \rightleftharpoons FADH_2$	–	−0.210
(谷胱甘肽−S)$_2+2H^++2e \rightleftharpoons$2 谷胱甘肽-SH	–	−0.23
藏红 T$+2e \rightleftharpoons$无色藏红 T	−0.235	−0.289
$(C_6H_5S)_2+2H^++2e \rightleftharpoons 2C_6H_5SH$	–	−0.30
$NAD^++H^++2e \rightleftharpoons NADH$	−0.105	−0.320
$NADP^++H^++2e \rightleftharpoons NADPH$	–	−0.324
胱氨酸$+2H^++2e \rightleftharpoons$2 半胱氨酸	–	−0.340
乙酰醋酸盐$+2H^++2e \rightleftharpoons$L-β-羟基丁酸盐	–	−0.346
黄嘌呤$+2H^++2e \rightleftharpoons$6-羟基嘌呤$+H_2O$	–	−0.371
$2H^++2e \rightleftharpoons H_2$	−0.0000	−0.414
葡糖酸盐$+2H^++2e \rightleftharpoons$葡萄糖$+H_2O$	–	−0.44
$SO_4^{2-}+2e+2H^+ \rightleftharpoons SO_3^{2-}+H_2O$	–	−0.454
$2SO_3^{2-}+2e+4H^+ \rightleftharpoons S_2O_4^{2-}+2H_2O$	–	−0.527

例 1 由标准电极电位和配合物稳定常数表获得如下数据(Y^{4-}为 EDTA):

$$Fe^{3+} + e \rightleftharpoons Fe^{2+} \qquad \varphi^{\ominus} = 0.771V(\text{vs. SHE})$$

$$Fe^{3+} + Y^{4-} \rightleftharpoons FeY^{-} \qquad K_{稳(FeY^{-})} = 1.26 \times 10^{25}$$

$$Fe^{2+} + Y^{4-} \rightleftharpoons FeY^{2-} \qquad K_{稳(FeY^{2-})} = 2.09 \times 10^{14}$$

(1) 计算体系 $FeY^{-} + e \rightleftharpoons FeY^{2-}$ 的条件电位;

(2) 将 Y^{4-}加入含等量的 Fe^{3+} 和 Fe^{2+} 溶液后,该溶液的氧化能力比原来的强还是弱?

解 (1)首先写出 $Fe^{3+} | Fe^{2+}$ 电对的电极电位的能斯特方程

$$\varphi = \varphi^{\ominus} + 0.0592 \lg \frac{[Fe^{3+}]}{[Fe^{2+}]}$$

由形成配离子的平衡关系得

$$[Fe^{3+}] = \frac{[FeY^{-}]}{[K_{稳(FeY^{-})}] \cdot [Y^{4-}]}$$

$$[Fe^{2+}] = \frac{[FeY^{2-}]}{[K_{稳(FeY^{2-})}] \cdot [Y^{4-}]}$$

结合以上三式得

$$\varphi = \varphi^{\ominus} + 0.0592 \lg \frac{[FeY^{-}]}{[K_{稳(FeY^{-})}] \cdot [Y^{4-}]} \cdot \frac{[K_{稳(FeY^{2-})}] \cdot [Y^{4-}]}{[FeY^{2-}]}$$

$$= \varphi^{\ominus} + 0.0592 \lg \frac{K_{稳(FeY^{2-})}}{K_{稳(FeY^{-})}} + 0.0592 \lg \frac{[FeY^{-}]}{[FeY^{2-}]}$$

由条件电位定义得

$$\varphi^{\circ\prime} = \varphi^{\ominus} + 0.0592 \lg \frac{K_{稳(FeY^{2-})}}{K_{稳(FeY^{-})}}$$

$$= 0.771 + 0.0592 \lg \frac{2.09 \times 10^{14}}{1.26 \times 10^{25}} = 0.133V(\text{vs. SHE})$$

(2) 加入 EDTA 后溶液的氧化能力降低,因 $Fe^{3+} | Fe^{2+}$ 电对的电极电位从 0.771V 降为 0.133V.

2.4 电 极

2.4.1 金属电极、膜电极、微电极和化学修饰电极

在电化学分析中,电极是将溶液浓度变换成电信号(如电位或电流)的一种传感器.电极的类型很多,一类是电极反应中有电子交换反应即发生氧化还原反应的

金属电极,另一类是膜电极,还有微电极和化学修饰电极等.

1. 金属电极

金属电极又可以分为四类.

(1) 第一类电极

它由金属与该金属离子溶液组成,$M|M^{z+}$.如 Ag 丝插在 $AgNO_3$ 溶液中,其电极反应为

$$Ag^+ + e \rightleftharpoons Ag$$

$Ag|Ag^+$ 电极的电极电位为

$$\varphi = \varphi^{\ominus}_{Ag^+,Ag} + 0.0592 \lg [Ag^+]$$

(2) 第二类电极

它由金属与该金属的难溶盐和该难溶盐的阴离子溶液组成.例如银-氯化银电极,甘汞电极等.银-氯化银电极($Ag|AgCl,Cl^-$)的电极反应为

$$AgCl + e \rightleftharpoons Ag + Cl^-$$

$Ag|Ag^+$ 电极的电极电位为

$$\varphi = \varphi^{\ominus}_{Ag^+,Ag} + 0.0592 \lg [Ag^+]$$

而

$$[Ag^+] = \frac{K_{sp}}{[Cl^-]}$$

因此,$Ag|AgCl, Cl^-$ 的电极电位可表示为

$$\begin{aligned}\varphi &= \varphi^{\ominus}_{Ag^+,Ag} + 0.0592 \lg \frac{K_{sp}}{[Cl^-]}\\ &= \varphi^{\ominus}_{Ag^+,Ag} + 0.0592 \lg K_{sp} - 0.0592 \lg [Cl^-]\\ &= \varphi^{\ominus}_{AgCl,Ag} - 0.0592 \lg [Cl^-]\end{aligned} \tag{2.19}$$

对于甘汞电极 $Hg|Hg_2Cl_2,Cl^-$,电极反应为

$$Hg_2Cl_2 + 2e \rightleftharpoons 2Hg + 2Cl^-$$

电极电位为

$$\varphi = \varphi^{\ominus}_{Hg_2Cl_2,Hg} - 0.0592 \lg [Cl^-] \tag{2.20}$$

(3) 第三类电极

它由金属与两种具有相同阴离子的难溶盐(或稳定的配离子)以及含有第二种难溶盐(或稳定的配离子)的阳离子达平衡状态时的体系所组成.例如 $Hg|HgY^{2-}$, CaY^{2-},Ca^{2+} 电极,其电极反应为

$$HgY^{2-} + Ca^{2+} + 2e \rightleftharpoons Hg + CaY^{2-}$$

电极电位为

$$\varphi = \varphi^{\ominus}_{Hg^{2+},Hg} + \frac{0.0592}{2}\lg\frac{K_{CaY^{2-}}}{K_{HgY^{2-}}} + \frac{0.0592}{2}\lg\frac{[HgY^{2-}]}{[CaY^{2-}]} + \frac{0.0592}{2}\lg[Ca^{2+}] \tag{2.21}$$

这种电极可以作为EDTA(Y^{4-})滴定时的pM指示电极.

(4) 零类电极

它由一种惰性金属如Pt与含有可溶性的氧化态和还原态物质的溶液组成.例如Pt|Fe^{3+},Fe^{2+}电极,其电极反应为

$$Fe^{3+} + e \rightleftharpoons Fe^{2+}$$

电极电位为

$$\varphi = \varphi^{\ominus}_{Fe^{3+},Fe^{2+}} + 0.0592\lg\frac{[Fe^{3+}]}{[Fe^{2+}]}$$

这种电极材料本身并不参与电化学反应,仅起传导电子的作用.

2. 膜电极

这类电极具有敏感膜并能产生膜电位,故称为膜电极.膜电极又可分为若干类,这方面的内容将在电位分析法中讨论.

用于构成电极的材料除上面提及的Pt等金属之外,还有碳、石墨、汞等材料.由碳、石墨、玻璃碳或贵金属Pt,Au等材料制成的电极称为固体电极.由汞制成的电极称为汞电极,如滴汞电极、悬汞电极以及汞膜电极等,这些电极将在伏安法和极谱分析法中讨论.

3. 微电极或超微电极

它们用铂丝或碳纤维制成,其直径只有几纳米或几微米,如图2.6所示.微电极具有电极区域小、扩散传质速率快、电流密度大,信噪比大、ir降小等特性,可用于有机介质或高阻抗溶液中的测定.由于电极微小,测定能在微体系中进行,有利于开展生命科学的研究.

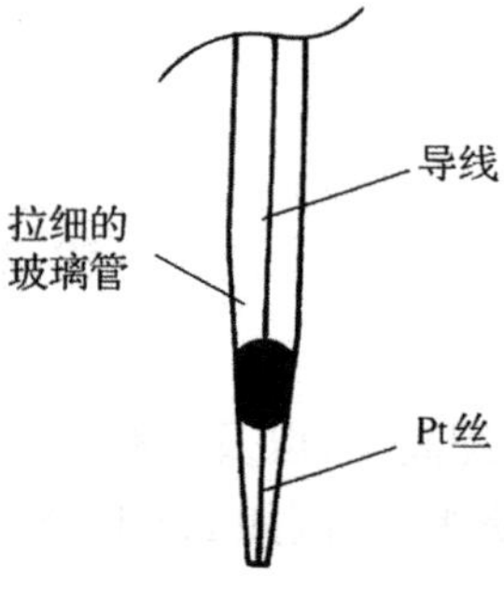

图2.6 微电极

4. 化学修饰电极

若在由铂、玻璃碳等制成的电极表面通过共价键键合、强吸附或高聚物涂层等方法,把具有某种功能的化学基团修饰在电极表面,使电极具有某种特定的性质,这类电极称为化学修饰电极(CME).如将苯胺

用电化学聚合的方法修饰在铂或玻璃碳电极上，制成了聚苯胺化学修饰电极. CME 有单分子层修饰电极、无机物薄膜修饰电极、聚合物薄膜(多分子层)修饰电极等. CME 自 1975 年问世以来，在理论上和应用上都有很大的进展. 它在光电转换、催化反应、不对称有机合成、电化学传感器、分析等方面显示出突出的优点. 将微电极制成化学修饰微电极，必将产生更为显著的作用.

2.4.2　指示电极、参比电极、极化和去极化电极

电化学分析中测量一个电池的电学参数，需要使用两支或三支电极. 分析方法不同，电极的性质和用途也不同，所以电极的名称也各有差异. 除前面已提及的正极、负极，阳极、阴极外，还有称指示电极或工作电极、辅助电极或参比电极、对电极等.

1. 指示电极或工作电极

用于测定过程中溶液本体浓度不发生变化的体系的电极，称为指示电极. 用于测定过程中本体浓度会发生变化的体系的电极，称为工作电极. 因此，在电位分析法中的离子选择电极、极谱分析法中的滴汞电极都称为指示电极. 在电解分析法和库仑分析法的铂电极上，因电极反应改变了本体溶液的浓度，故称为工作电极.

2. 参比电极与辅助电极

工作电极或指示电极是组成测量电池的主要电极，其他电极是辅助性质的电极，可称为辅助电极. 凡是提供标准电位的辅助电极称为参比电极. 在单扫描极谱法中使用的三支电极即滴汞电极，称为指示电极；饱和甘汞电极称为参比电极；铂丝电极称为对电极或辅助电极.

电化学分析中常用的参比电极是甘汞电极(尤其是饱和甘汞电极)以及银-氯化银电极. 由式(2.19)和(2.20)可知，它们的电极电位随阴离子浓度增加而下降. 电极电位与浓度关系见表 2.3. 饱和甘汞电极(SCE)和银-氯化银电极的结构如图 2.7 所示.

若参比电极的内电解质溶液中的 K^+，Cl^- 对测定有干扰，应采用双液接型. 外套管中用 $NaNO_3$ 或 LiAc 等电解质溶液，浓度为 $1mol \cdot L^{-1}$ 或 $0.1mol \cdot L^{-1}$.

在非水介质中测定时，参比电极也可用饱和甘汞电极而外套管中用饱和 KCl(NaCl)-甲醇溶液或饱和 LiCl-乙二胺溶液等.

表 2.3 参比电极的电位与浓度的关系(298K)

电 极	电极电位/V(vs.SHE)
甘汞 $Hg\|Hg_2Cl_2,Cl^-(c)$	
0.10 $mol \cdot L^{-1}$KCl	0.334
1.0 $mol \cdot L^{-1}$KCl	0.282
饱和 KCl	0.242
银-氯化银 $Ag\|AgCl,Cl^-(c)$	
0.10 $mol \cdot L^{-1}$KCl	0.288
1.0 $mol \cdot L^{-1}$KCl	0.228
饱和 NaCl	0.194

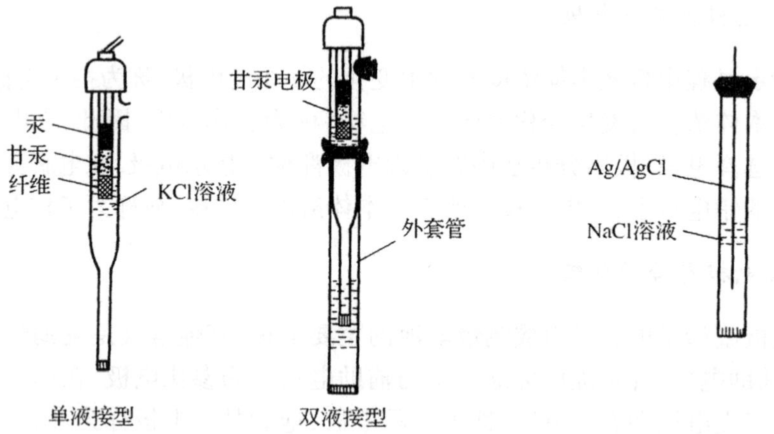

(a)甘汞电极 (b)银-氯化银电极

图 2.7 参比电极

3. 极化电极和去极化电极

电化学分析法中还把电极区分为极化电极和去极化电极.插入试液中的电极的电极电位完全随外加电压改变,或电极电位改变很大而产生的电流变化很小,这种电极称为极化电极.反之,电极电位不随外加电压改变,或电极电位改变很小而电流变化很大,这种电极称为去极化电极.因此,电位分析中的饱和甘汞电极和离子选择电极应为去极化电极.库仑分析法中的二支铂工作电极应为极化电极.直流极谱法中的滴汞电极是极化电极,饱和甘汞电极是去极化电极等.详细讨论参见以下电化学分析中的有关章节.

2.5　电极-溶液界面的传质过程

2.5.1　对流、电迁移和扩散传质

电化学分析中，在电极上外加一定电压直至发生电极反应，此时电活性物质（发生电极反应的物质）在电极-溶液界面被消耗，电极表面的浓度降低，产物在电极表面积聚而浓度增加．只有当电活性物质从溶液本体不断地向电极表面传送，而产物从电极表面不断地向溶液本体或向电极内传送，电极反应才能不断地进行，这种过程称为传质过程．溶液中物质的传质过程有对流、电迁移和扩散传质三种，所产生的电流分别为对流电流、迁移电流和扩散电流．

1．对流传质

对流传质就是物质随流动的液体而移动．它是由机械搅拌（强制对流）或温度差（自然对流）等因素引起的．电化学分析中有时采用电磁搅拌器或旋转电极来促进对流传质．极谱分析法中让溶液静止来消除对流传质对电流的贡献．

2．电迁移传质

电迁移传质是由电场引起的．在外加电压的作用下，带正电荷的离子向负电极移动；带负电荷的则向正电极移动．电荷通过溶液中离子的迁移而传送，溶液中所有的离子在电场作用下都发生电迁移．若加入大量的电解质 KCl 等，此时电迁移传质主要由高浓度的 K^+ 和 Cl^- 承担．由低浓度的被测离子承担的电迁移传质则可以忽略．加入的电解质称为支持电解质，它可以消除迁移电流．

3．扩散传质

扩散传质是由溶液中不同区域的物质浓度不同，即浓度梯度引起的．溶液中存在浓度梯度时，物质将从高浓度区域向低浓度区域传送．由此物质在电极上反应而产生的电流称为扩散电流．详细讨论见第五章．

2.5.2　Cottrell 方程

可考虑简单的平面电极上的扩散．平面电极上的扩散是垂直于电极表面的单方向扩散，即线性扩散，如图 2.8 所示．将平面电极和参比电极放入电解池中，在电极上施加电压．溶液中氧化态在电极表面还原为还原态

$$\mathrm{O} + z\mathrm{e} \rightleftharpoons \mathrm{R}$$

O 和 R 溶解于溶液中．假定电解前溶液中仅有物质 O，浓度为 c_{O}，在电解过程中电

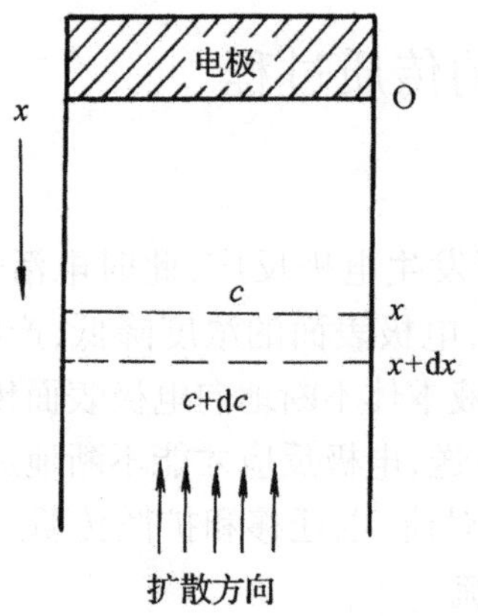

图 2.8　平面电极上的线性扩散

极表面O的浓度迅速降低.离电极表面越远,O的浓度越大,O的扩散沿着与 x 轴相反的方向进行.

线性扩散时,在平面电极上时间 t 时电解产生的极限电流可表示为

$$i = zFAD_Oc_O/\sqrt{\pi D_O t} \tag{2.22}$$

式中,A 为电极的面积;D_O 为物质在溶液中的扩散系数,$cm^2 \cdot s^{-1}$;其他符合具有通常的含义.式(2.22)称为Cottrell方程.

Cottrell方程表明:(1)在大量支持电解质存在下的静止溶液中,平面电极上的电解电流与电活性物质浓度成比例,这是定量分析的基础.(2)电解电流与电活性物质在溶液中的扩散系数的平方根成正比.(3)电解电流与时间的平方根成反比.温度对电流的影响十分显著,在298K左右,温度每改变1℃,扩散系数改变1%～2%.因此实验时,溶液的温度应控制在±0.5℃以内.

2.6　法拉第定律

法拉第在1833年由实验结果归纳总结了一条基本定律,称为法拉第定律.该定律表示通电于电解质溶液后,在电极上发生化学变化的物质,其物质的量 n 与通入的电量 Q 成正比;通入一定量的电量后,若电极上发生反应的物质,其物质的量等同,析出物质的质量 m 与其摩尔质量 M 成正比.法拉第定律的数学表达式可表示为

$$n = \frac{Q}{zF} \tag{2.23}$$

$$m = \frac{Q}{zF} \cdot M \tag{2.24}$$

式中:F 为1mol质子的电荷,称为法拉第常量(96 487 $C \cdot mol^{-1}$);M 为析出物质的摩尔质量,其值与所取的基本单元有关;z 为电极反应中的电子计量系数.

电解消耗的电量 Q 可按下式计算

$$Q = it \tag{2.25}$$

若1A的电流通过电解质溶液1s,其电量是1C.

法拉第定律在任何温度和压力下都能适用.

习 题

1. 如何用能斯特方程来表示电极电位和电池电动势?

2. 条件电位的含义是什么?

3. 基于电子交换反应的金属电极有几种,各举一例说明,并写出电极、电极反应表达式和能斯特方程.

4. 试述 Cottrell 方程的数学表达式及其含义.

5. 试述法拉第定律的数学表达式及其含义.

6. 已知(298K)

$$Cu^{2+} + 2e \rightleftharpoons Cu \qquad \varphi^{\ominus} = 0.337V(vs.SHE)$$

$$Cu^{2+} + Y^{4-} \rightleftharpoons CuY^{2-} \qquad K_{稳} = 6.3 \times 10^{18}$$

计算:

$$CuY^{2-} + 2e \rightleftharpoons Cu + Y^{4-}$$

的条件电位为多少?

7. 298K 时电池

$Cu | Cu^{2+}$ ($0.0200mol \cdot L^{-1}$) ‖ Fe^{2+} ($0.200mol \cdot L^{-1}$), Fe^{3+} ($0.0100mol \cdot L^{-1}$), H^+($1.00mol \cdot L^{-1}$)$|Pt$

(1) 写出该电池的电极反应和总反应.

(2) 标出电极的极性并说明电子和电流流动的方向.

(3) 计算电池的电动势并说明该电池是原电池还是电解池.

(4) 计算平衡时的平衡常数.

8. 将下列几种物质构成一个电池:银电极,未知 Ag^+ 溶液,盐桥,饱和 KCl 溶液,Hg_2Cl_2,Hg.

(1) 写出电池的表示形式.

(2) 哪一个电极是参比电极? 另一个电极是指示电极还是工作电极?

(3) 盐桥内通常充什么电解质? 该电池的盐桥内应充何种电解质? 盐桥的作用是什么?

(4) 若该电池的银电极的电位较正,在 298K 测得该电池的电动势为 0.323V,试计算未知 Ag^+ 溶液的浓度.

9. 电池(298K)

$$Ag|AgAc|Cu(Ac)_2(0.100mol \cdot L^{-1})|Cu$$

的电动势为 −0.372V.

(1) 写出电池的电极反应和总反应;

(2) 计算乙酸银 AgAc 的 K_{sp}.

10. 电池(298K)

$$Zn|Zn^{2+}(0.0100mol \cdot L^{-1}) \parallel Ag^+(0.300mol \cdot L^{-1})|Ag$$

试计算该电池的电动势为多少? 当没有电子流过时,Ag^+ 的浓度为多少?

第三章　电位分析法

基本要求：

1. 了解各离子选择电极的能斯特表达式；
2. 掌握离子选择电极的特性；
3. 掌握标准曲线法、标准加入法和 Gran 作图法的应用.

电位分析法(potentiometric methods)是在通过电池的电流为零的条件下测定电池的电动势或电极电位,从而利用电极电位与浓度的关系来测定物质浓度的一种电化学分析方法.

电位分析法分为电位法和电位滴定法两类.

电位法用专用的指示电极,如离子选择电极,把被测离子 A 的活度转变为电极电位,电极电位与离子活度间的关系可用能斯特方程表示:

$$\varphi = 常数 + \frac{0.0592}{z_A} \lg a_A \tag{3.1}$$

式(3.1)是电位分析法的基本公式.

电位滴定法是利用电极电位的突变代替化学指示剂颜色的变化来确定终点的滴定分析法.必须指出,电位法是在溶液平衡体系不发生变化的条件下进行测定的,测得的是物质游离离子的量.电位滴定法测得的是物质的总量.

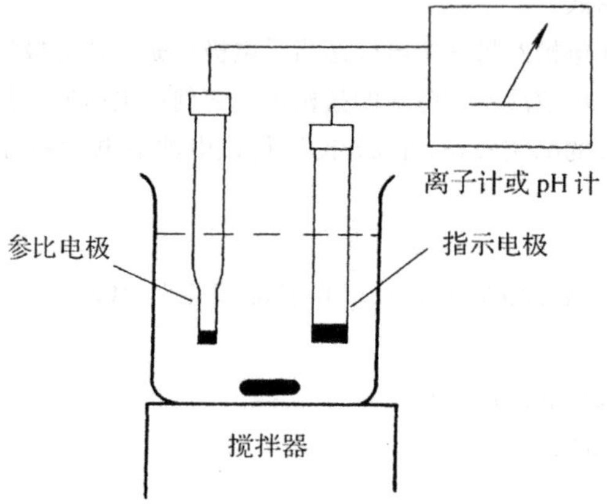

图 3.1　电位分析示意图

电位分析法利用一支指示电极与另一支合适的参比电极构成一个测量电池，如图 3.1 所示. 通过测量该电池的电动势或电极电位来求得被测物质的含量、酸碱离解常数或配合物的稳定常数等.

3.1　离子选择电极及其分类

3.1.1　离子选择电极

电位分析中使用的电极有离子选择电极和金属电极. 它们可以作指示电极或参比电极.

离子选择电极(ion selective electrode, ISE)是一种电化学传感器，它由敏感膜以及电极帽、电极杆、内参比电极和内参比溶液等部分组成，如图 3.2 所示. 敏感膜是指一个能分开两种电解质溶液并能对某类物质有选择性响应的连续层，它是离子选择电极性能好坏的关键. 内参比电极通常用银-氯化银电极或用银丝. 内参比溶液由离子选择电极的种类决定. 也有不使用内参比溶液的离子选择电极.

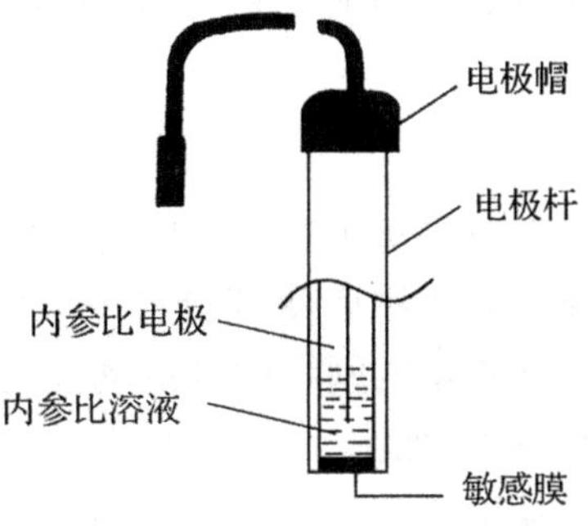

图 3.2　离子选择电极示意图

3.1.2　离子选择电极的分类

通常，离子选择电极的分类是按敏感膜材料为基本依据. 根据 1976 年 IUPAC 的推荐，离子选择电极分为原电极和敏化离子选择电极两类.

- 离子选择电极
  - 原电极
    - 晶体膜电极
      - 均相膜电极，如氟、氯、铜离子选择电极
      - 非均相膜电极
    - 非晶体膜电极
      - 刚性基质电极，如 pH，pNa 等玻璃电极
      - 流动载体电极
        - 带正电荷，如硝酸根离子选择电极等
        - 带负电荷，如钙离子选择电极等
        - 中性，如钾离子选择电极等
  - 敏化离子选择电极
    - 气敏电极，如氨气敏电极等
    - 酶电极，如氨基酸酶电极等

原电极是指敏感膜直接与试液接触的离子选择电极. 敏化离子选择电极是以原电极为基础装配成的离子选择电极.

1. 玻璃电极

玻璃电极包括对 H^+ 响应的 pH 玻璃电极和对 Na^+, K^+ 响应的 pNa, pK 玻璃电极等.

pH 玻璃电极是最早出现的离子选择电极. pH 玻璃电极的关键部分是敏感玻璃膜,内充 0.1mol·L^{-1}HCl 溶液作为内参比溶液,内参比电极是 Ag|AgCl,结构如图 3.3 所示. 敏感玻璃膜的化学组成对 pH 玻璃电极的性质有很大的影响,其玻璃由 SiO_2, Na_2O 和 CaO 等组成. 由纯 Si_2O 制成的石英玻璃的结构如下

$$—\overset{|}{\underset{|}{Si}}(Ⅳ)—O—\overset{|}{\underset{|}{Si}}(Ⅳ)—$$

它没有可供离子交换的电荷点(又称定域体),所以没有响应离子的功能. 当加入碱金属的氧化物后使部分硅—氧键断裂,生成固定的带负电荷的硅-氧骨架(称载体),在骨架的网络中是活动能力强的抗衡离子 M^+. 玻璃结构是一个无限的三维网络骨架,如图 3.4 所示. 当玻璃电极与水溶液接触时, M^+ 与 H^+ 发生交换反应,在玻璃膜表面形成一层≡SiO^- H^+ (G^- H^+)

$$G^-Na^+ + H^+ \rightleftharpoons G^-H^+ + Na^+$$

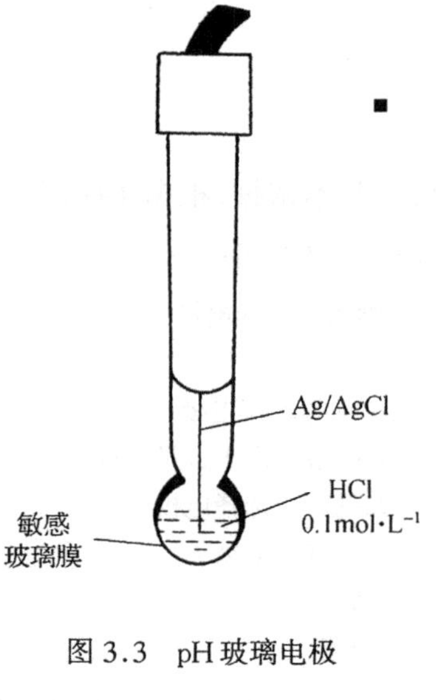

图 3.3　pH 玻璃电极

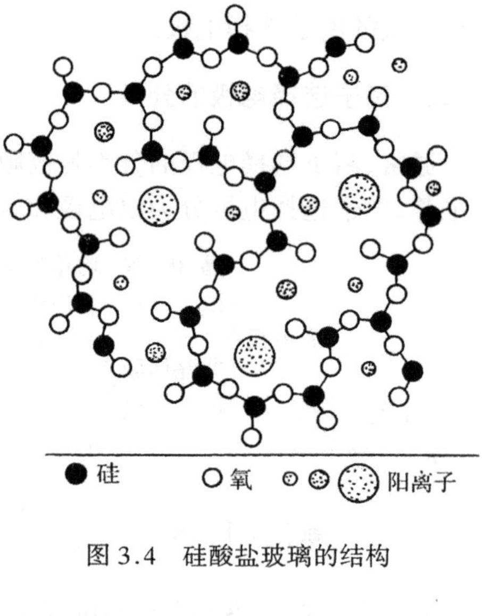

图 3.4　硅酸盐玻璃的结构

它称为水化凝胶层,如图 3.5 所示. 该反应的平衡常数大,有利于水化凝胶层的形成.

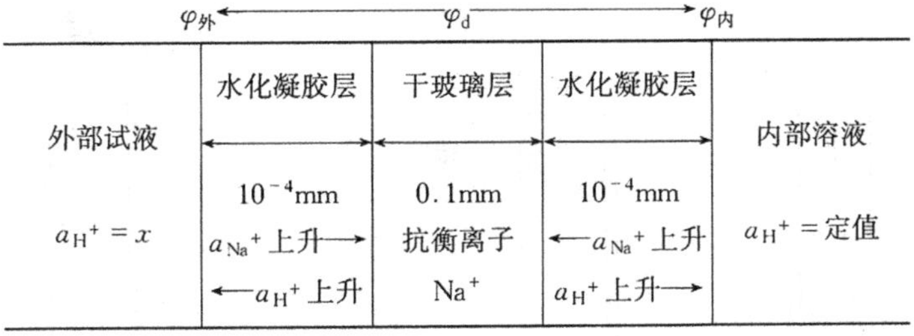

图 3.5　水化敏感玻璃球膜的分层模式

玻璃膜中，在干玻璃层中的电荷传导主要由 Na^+ 承担；在干玻璃层和水化凝胶层间为过渡层，G^-Na^+ 只部分转化为 G^-H^+，由于 H^+ 在未水化的玻璃中的扩散系数小，故其电阻率比干玻璃层高 1000 倍左右；在水化凝胶层中，表面$\equiv SiO^- H^+$ 的离解平衡是决定界面电位的主要因素

$$\underset{\text{表面}}{\equiv SiO^- H^+} + \underset{\text{溶液}}{H_2O} \rightleftharpoons \underset{\text{表面}}{\equiv SiO^-} + \underset{\text{溶液}}{H_3O^+}$$

H_3O^+ 在溶液与水化凝胶层表面界面上进行扩散，从而在内、外两相界面上形成双电层结构，产生两个相间电位差．在内、外两水化凝胶层与干玻璃之间形成两个扩散电位，若玻璃膜两侧的水化凝胶层性质完全相同，则其内部形成的两个扩散电位大小相等但符号相反，结果相互抵消．因此，玻璃膜的膜电位决定于内、外两个水化凝胶层与溶液界面上的相间电位．膜电位与溶液 pH 的关系

$$\begin{aligned}\varphi_M &= \text{常数} + 0.0592 \lg \alpha_{\text{外},H^+} \\ &= \text{常数} - 0.0592\,\text{pH}\end{aligned} \tag{3.2}$$

pH 玻璃电极的电位由 φ_M，内参比电极电位以及不对称电位等组成．pH 玻璃电极电位可表示为

$$\varphi_g = k - 0.0592\,\text{pH} \tag{3.3}$$

2．晶体膜电极

均相膜电极的敏感膜是由单晶或由一种化合物和几种化合物均匀混合的多晶压片制成．非均相膜电极是由多晶中掺惰性物质经热压制成．图 3.6(a)是一种由内参比电极和内参比溶液组成的离子选择电极．图 3.6(b)是全固态电极，两种固态材料直接连接，如将银丝直接焊接在膜片上制成．

(1) 氟离子选择电极

敏感膜由 LaF_3 单晶片制成，晶体中还掺杂了少量 EuF_2 等．晶体中氟离子是电荷的传递者．La^{3+} 固定在膜相中，不参与电荷的传递．内参比电极和内参比溶液

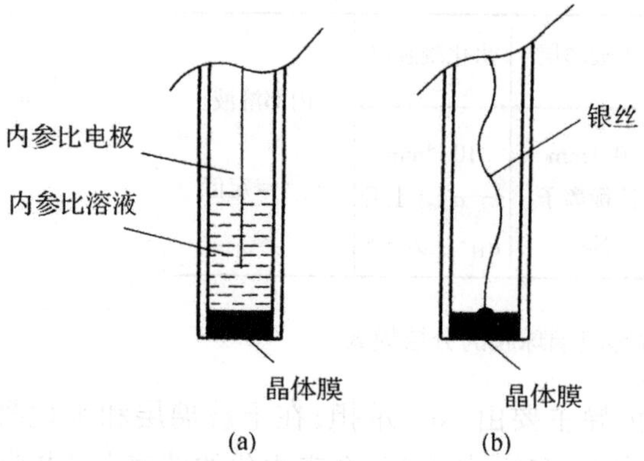

图 3.6　晶体膜电极的结构

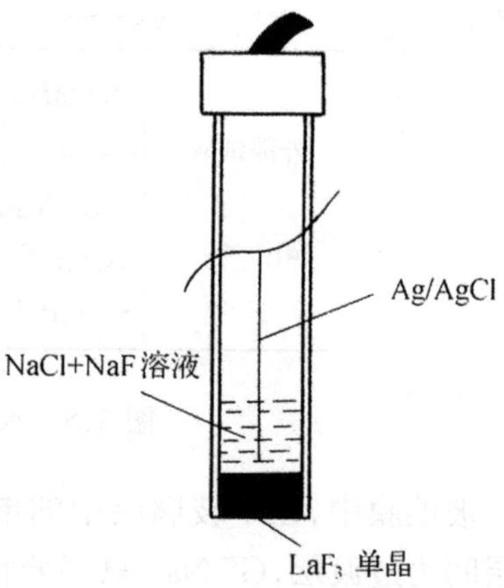

图 3.7　氟离子选择电极

由 Ag|AgCl, $0.1\ \mathrm{mol\cdot L^{-1}}$ NaCl 和 $0.1\ \mathrm{mol\cdot L^{-1}}$ NaF 溶液组成. 该电极如图 3.7 所示.

氟离子选择电极的电位可表示为

$$\varphi_{\mathrm{ISE}} = k - 0.0592\ \lg a_{\mathrm{F}} \tag{3.4}$$

式中, k 为常数, 与内参比电极、内参比溶液和膜的性质有关.

测量时组成如下电池

$$\underbrace{\mathrm{Ag}|\mathrm{AgCl}, \mathrm{Cl^-}(a_{\mathrm{Cl^-}}), \mathrm{F^-}(a_{\mathrm{F^-}})}_{\text{氟离子选择电极}}\ |\text{试液}(a_{\mathrm{F^-}} = x)\ \underbrace{\|\ \mathrm{Cl^-}(a_{\mathrm{Cl^-}}\text{饱和}), \mathrm{Hg_2Cl_2}|\mathrm{Hg}}_{\text{饱和甘汞电极}}$$

298K 时的电池电动势可表示为

$$E = \varphi_{\text{甘汞}} - \varphi_{\mathrm{ISE}} = b + 0.0592\ \lg a_{\mathrm{F^-}} \tag{3.5}$$

(2) 硫离子选择电极

膜由 Ag_2S 粉末压片制成. 硫化银是一种低电阻的导体, 膜内的 Ag^+ 是电荷的传递者. 硫离子选择电极的电位可表示为

$$\varphi_{\mathrm{ISE}} = k - \frac{0.0592}{2}\ \lg a_{\mathrm{S^{2-}}} \tag{3.6}$$

(3) 氯、溴、碘离子选择电极

它们的膜分别由 Ag_2S-AgCl, Ag_2S-AgBr 和 Ag_2S-AgI 粉末混合压片制成. 膜内的电荷也是由 Ag^+ 传递. 电极电位为

$$\varphi_{\mathrm{ISE}} = k - 0.0592\ \lg a_{\mathrm{X^-}} \tag{3.7}$$

(4) 铜、铅、镉离子选择电极

它们的膜分别由 Ag_2S-CuS, Ag_2S-PbS 和 Ag_2S-CdS 粉末混匀压片制得. 膜内电荷的传递是 Ag^+, M^{2+} 不参与电荷的传递. 电极电位为

$$\varphi_{ISE} = k + \frac{0.0592}{2} \lg a_{M^{2+}} \tag{3.8}$$

Ag_2S 和 $AgX(X^- = Cl^-, Br^-, I^-)$以及 Ag_2S 和 $MS(M^{2+} = Cu^{2+}, Pb^{2+}, Cd^{2+})$制成的离子选择电极，它们的检测下限与各自的溶度积 K_{sp}有关.

3. 流动载体电极

流动载体电极与玻璃电极不同.玻璃电极的载体(骨架)是固定不动的,流动载体电极的载体是可流动的,但不能离开膜.由带正电荷的载体制成阴离子流动载体电极;带负电荷的制成阳离子流动载体电极;不带电荷的制成中性载体电极.

流动载体电极又称液膜电极.流动载体电极是由电活性物质(载体)、溶剂(增塑剂)、微孔膜(作为支持体)以及内参比电极和内参比溶液等部分组成.常见的电极的形式有 PVC 膜电极和液膜电极两种.

PVC(聚氯乙烯)膜电极的结构如图 3.8 所示.将电活性物质和 PVC 粉末一起溶于四氢呋喃等有机溶剂中,然后倒在平板玻璃上,待四氢呋喃挥发后得一透明的 PVC 膜为支持体的薄膜.将薄膜切成圆片黏结在电极杆上,管内装入内参比电极和内参比溶液.这种电极的结构与晶体膜电极相似,以 PVC 膜代替晶体膜.

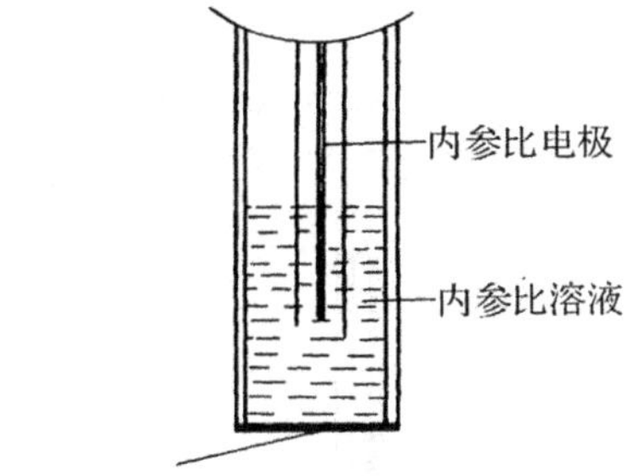

图 3.8　PVC 膜电极

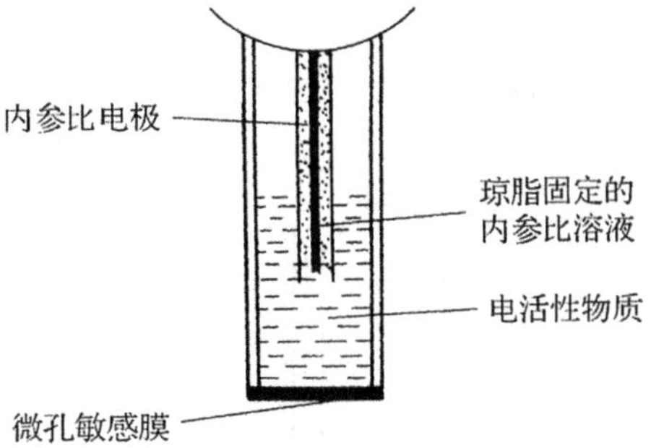

图 3.9　液膜电极

液膜电极的结构如图 3.9 所示.将溶于有机溶剂的电活性物质浸渍在作为支持体的微孔膜的孔隙内,从而使微孔膜成为敏感膜.内参比电极 Ag|AgCl 插入以琼脂固定的内参比溶液中,与液体电活性物质相接触.微孔膜可用聚四氟乙烯、聚偏氟乙烯或素陶瓷片制成.

(1) 硝酸根离子选择电极

该电极的电活性物质是带正电荷的季铵盐,将它转换成 NO_3^- 型,然后溶于邻硝基苯十二烷醚中.将此溶液与含 5%PVC 的四氢呋喃溶液混合(1:5)后,在平板玻璃上挥发制成透明膜.其结构见图 3.8.硝酸根离子选择电极的电位为

$$\varphi_{ISE} = k - 0.0592 \lg a_{NO_3^-} \tag{3.9}$$

(2) 钙离子选择电极

它的电活性物质是带负电荷的二癸基磷酸,将它转换成 Ca^{2+} 型,用苯基膦酸二正辛酯作溶剂,可以制成如图 3.9 所示的电极.钙离子选择电极的电位为

$$\varphi_{ISE} = k + \frac{0.0592}{2} \lg a_{Ca^{2+}} \tag{3.10}$$

(3) 中性载体电极

中性载体电极的电活性物质有冠醚、直链酰胺、缬氨霉素等.电极的结构与带电荷的流动载体电极相似,如钾离子选择电极,可将二甲基二苯并-30-冠-10溶解在邻苯二甲酸二戊酯中,再与含 PVC 的环已酮混合制成薄膜即可.

4. 气敏电极

将离子选择电极,如 pH 玻璃电极等作为指示电极,与参比电极一起插入电极管内组成复合电极,管内充有内电解溶液(称为中介液).在电极管的端部紧贴离子选择电极敏感膜处,用透气膜或空隙将中介液与外部试液隔开.试样溶液中溶解的气体,通过透气膜或空隙进入中介液,直至试液与中介液内该气体的分压相等.中介液离子活度的变化由离子选择电极检测,其电极电位与试样中气体的分压或浓度有关.

气敏电极结构有隔膜式和气隙式两种.隔膜式气敏电极借助透气膜将试液与中介液隔开,如图 3.10 所示.气隙式气敏电极用空隙代替透气膜,如图 3.11 所示.

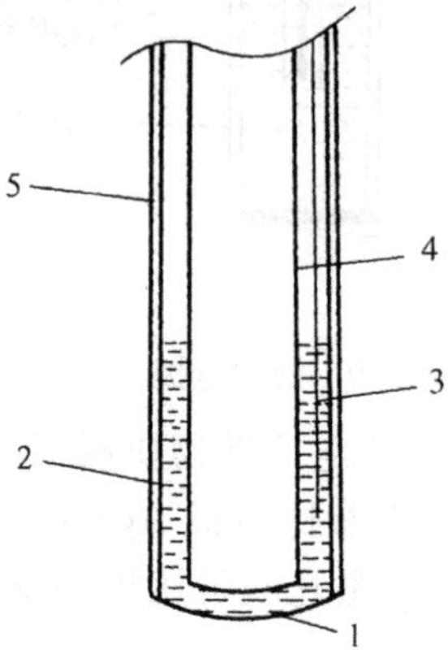

图 3.10　隔膜式气敏电极

1. 透气膜; 2. 中介液; 3. 参比电极; 4. 指示电极(如 pH 玻璃电极); 5. 电极管.

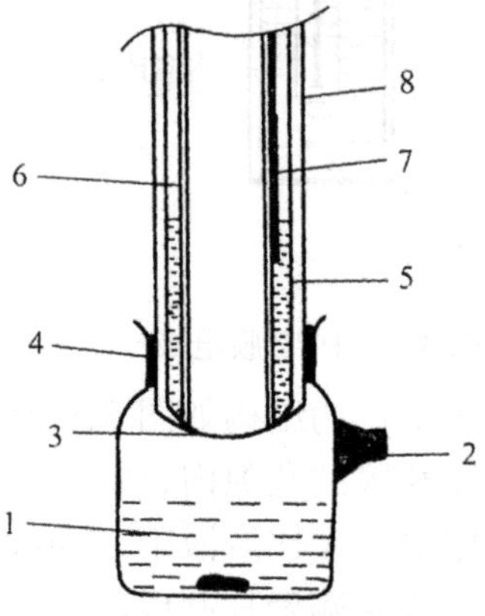

图 3.11　气隙式气敏电极

1. 试液; 2. 试剂入口处; 3. 在指示电极敏感膜上附着一薄层中介液; 4. O 型密封圈; 5. 中介液; 6. 指示电极; 7. 参比电极; 8. 电极管.

例如氨气敏电极，用 pH 玻璃电极作为指示电极，中介液是 $0.1mol \cdot L^{-1}$ NH_4Cl 溶液. NH_3 通过透气膜进入中介液与 H^+ 结合

$$NH_3 + H^+ \rightleftharpoons NH_4^+$$

平衡时

$$K = \frac{a_{NH_4^+}}{a_{H^+} p_{NH_3}}$$

$$a_{H^+} = \frac{a_{NH_4^+}}{K p_{NH_3}}$$

中介液中 NH_4^+ 浓度视为定值，则

$$a_{H^+} = K' \frac{1}{p_{NH_3}}$$

由此可见，氢离子活度与试液中 NH_3 的分压有关. 这样由 pH 玻璃电极指示 a_{H^+}，从而测定氨的量

$$\varphi = 常数 + 0.0592 \lg a_{H^+} = 常数 - 0.0592 \lg p_{NH_3}$$

而 p_{NH_3} 与 $[NH_3]$ 成比例，因此电极电位与液体试样中的 NH_4^+ 或气体试样中的 NH_3 的关系为

$$\varphi_{ISE} = k - 0.0592 \lg [NH_3] \tag{3.11}$$

根据同样的原理，可以制成 CO_2，NO_2，H_2S 和 SO_2 等气敏电极.

5. 生物电极

生物电极是一种将生物化学与电化学分析原理结合而研制成的新型电极，这种电极对生物分子和有机化合物的检测具有高选择性或特异性，生物电极包括酶电极、组织电极、免疫电极和微生物电极等.

(1) 酶电极

它是在指示电极，如离子选择电极的表面覆盖一层酶活性物质，这层酶活性物质与被测的有机物或无机物(底物)反应，形成一种能被指示电极响应的物质.

氨基酸的测定用氨基酸脱羧酶催化，例如

$$HOC_6H_4CH_2CHNH_2COOH \xrightarrow{氨基酸脱羧酶} HOC_6H_4CH_2CH_2NH_2 + CO_2$$

用气敏电极测定 CO_2，或用氨基酸氧化酶催化：

$$RCHNH_2COOH + O_2 + H_2O \xrightarrow{氨基酸氧化酶} RCOCOO^- + NH_4^+ + H_2O_2$$

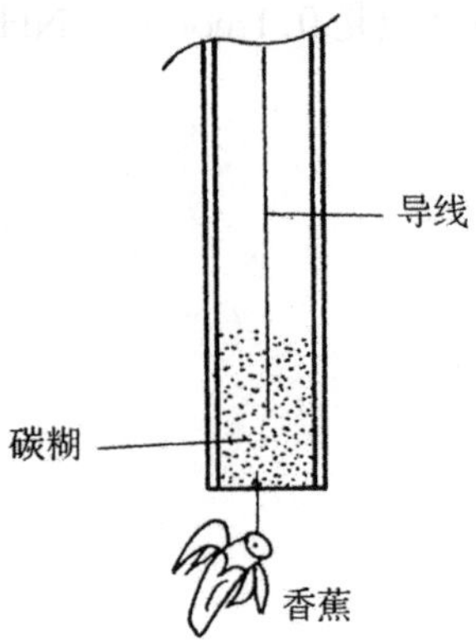

图 3.12 香蕉-碳糊组织电极

这时可用气敏电极测定 NH_4^+ 离子.

酶是一种具有特殊生物活性的催化剂,其催化反应的选择性和催化效率高.

(2) 组织电极

利用动、植物组织内存在的某种酶,可以制备成组织电极.

将猪肝夹在尼龙网中紧贴在氨气敏电极上,猪肝组织内的谷氨酰胺酶能催化谷氨酰胺而释放出氨,从而可测定试样中谷氨酰胺的量.

将香蕉与碳糊混合制成的组织电极如图 3.12 所示,它可以测定多巴胺的含量.

3.2 离子选择电极的特性参数

3.2.1 能斯特响应,线性范围和检测下限

离子选择电极的电位随离子 A 的活度变化的特征称为响应. 若此响应服从能斯特方程,则称为能斯特响应(298K)

$$\varphi = k \pm \frac{0.0592}{z_A} \lg a_A \tag{3.12}$$

在实际测定过程中,离子选择电极的电位值随被测离子活度降低到一定程度之后,便开始偏离能斯特方程. 图 3.13 是以电位值 φ 对 $\lg a_A$ 作图所得的校准曲线. 与此校准曲线的直线部分所对应的离子活度范围称为离子选择电极响应的线性范围. 直线的斜率 S 为离子选择电极的实际响应斜率,理论斜率(298K)为$\frac{59.2}{z_A}$(mV/Pa),直线的斜率 S 也称级差.

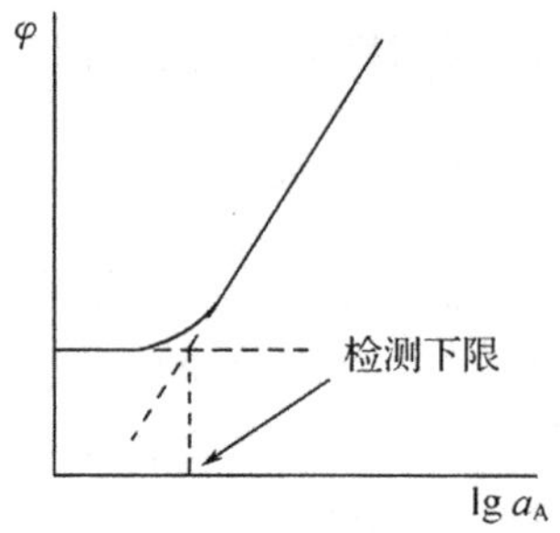

图 3.13 校准曲线

离子选择电极的检测下限为校准曲线的直线部分与水平部分延长线的交点所对应的活度.

3.2.2 电位选择系数

任何一支离子选择电极不可能只对某特定离子有响应,对溶液中其他离子也可能会有响应. 为了表明共存离子对电动势(或电位)的贡献,可用一个更适用的能

斯特方程来表示：

$$E = b \mp \frac{0.0592}{z_A} \lg \left[a_A + K_{A,B}^{pot} a_{B}^{z_A/z_B} + K_{A,C}^{pot} a_{C}^{z_A/z_C} + \cdots \right] \tag{3.13}$$

式中，E 为电池电动势，常数项 b 包括离子选择电极的内外参比电极电位；a 为离子的活度；z 为离子的电荷数；下标 A 为主响应离子；B，C 为干扰离子；$K_{A,B}^{pot}$，$K_{A,C}^{pot}$ 为电位选择系数．

电位选择系数 $K_{A,B}^{pot}$ 表明 A 离子选择电极抗 B 离子干扰的能力．$K_{A,B}^{pot}$ 值越小，A 离子选择电极抗 B 离子干扰的能力越大，选择性越好．利用电位选择系数可以大致地估算在某主响应离子的活度下，由干扰离子所引起的误差

$$误差\% = \frac{K_{A,B} a_{B}^{z_A/z_B}}{a_A} \times 100 \tag{3.14}$$

电位选择系数随溶液浓度和测量方法的不同而异，它不是一个常数，数值可在手册中查到．电位选择系数可以用分别溶液法或混合溶液法等测定．

1．分别溶液法

分别配制活度相同的主响应离子 A 和干扰离子 B 的标准溶液，然后用 A 离子选择电极测量电位值．测得含 A 离子标准溶液的电位值 φ_1；含 B 离子标准溶液的电位值 φ_2．若 A 和 B 为一价阳离子，其电位分别表示为

$$\varphi_1 = k + S \lg a_A \qquad \varphi_2 = k + S \lg K_{A,B}^{pot} a_B$$

将两式相减

$$\varphi_2 - \varphi_1 = S \lg K_{A,B}^{pot} + S \lg a_B - S \lg a_A$$

因 $a_A = a_B$，则

$$\lg K_{A,B}^{pot} = \frac{\varphi_2 - \varphi_1}{S} \tag{3.15}$$

式中，S 为电极的实际斜率．对不同价数的离子，其通式为

$$\lg K_{A,B}^{pot} = \frac{\varphi_2 - \varphi_1}{S} + \lg \frac{a_A}{a_{B}^{z_A/z_B}} \tag{3.16}$$

2．混合溶液法

混合溶液法是在被测离子与干扰离子共存时，求出电位选择系数．它包括固定干扰法和固定主响应离子法两种．

固定干扰法是配制一系列含固定活度的干扰离子 B 和不同活度的主响应离子 A 的标准混合溶液，分别测量电位值，然后将电位值 φ 对 $\lg a_A$ 或 pa_A 作图，如

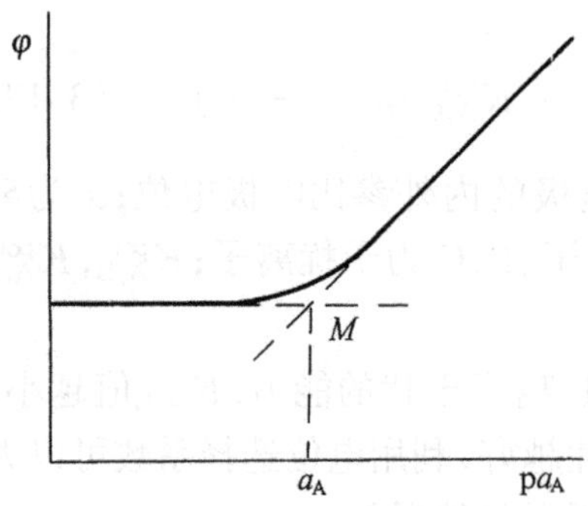

图 3.14　固定干扰法

图 3.14 所示.若 A,B 为一价阳离子,在校准曲线的直线部分($a_A > a_B$,不考虑 B 离子的干扰)的能斯特方程为

$$\varphi_1 = k + S \lg a_A$$

在校准曲线的水平线部分,即 $a_B > a_A$,电位值完全由干扰离子决定,则

$$\varphi_2 = k' + S' \lg K_{A,B}^{pot} a_B$$

假定 $k = k'$, $S = S'$,在两直线交点的 M 处,$\varphi_1 = \varphi_2$,所以由以上两式得

$$K_{A,B}^{pot} = \frac{a_A}{a_B} \tag{3.17}$$

式中,a_A 的活度为交点 M 对应的活度.对不同价数的离子,其通式为

$$K_{A,B}^{pot} = \frac{a_A}{a_B^{z_A/z_B}} \tag{3.18}$$

固定主响应离子法是配制一系列含固定活度的主响应离子 A 和不同活度的干扰离子 B 的标准混合溶液,分别测定它们的电位值,然后用 φ 对 $\lg a_B$ 作图,可以求得 $K_{A,B}^{pot}$,利用该法可确定离子选择电极适用的 pH 范围.

3.2.3　响应时间

离子选择电极的实际响应时间是指从离子选择电极和参比电极一起接触试液到电极电位变为稳定数值(波动在 1mV 以内)所经过的时间.它是整个电池达动态平衡的时间.影响响应时间的因素有离子选择电极的膜电位平衡时间、参比电极的稳定性、溶液的搅拌速度等.测量时,通常用搅拌器搅拌试液的方法来缩短离子选择电极的响应时间.

3.2.4　内阻

离子选择电极的内阻包括膜内组、内充溶液和内参比电极的内阻等.膜内阻起主要作用,它与敏感膜的类型、厚度等因素有关.晶体膜电极的内阻较低,约在千欧至兆欧数量级.流动载体电极的内阻约在几兆欧到数十兆欧不等.玻璃电极的内阻最高,约在 $10^8\Omega$,因此与离子选择电极配用的离子计要有较高的输入阻抗,通常在 $10^{11}\Omega$ 以上.

3.2.5　稳定性

在同一溶液中,离子选择电极的电位值随时间的变化,称为漂移.稳定性以 8h

或 24h 内漂移的毫伏数表示. 漂移的大小与膜的稳定性、电极的结构和绝缘性有关. 测定时液膜电极的漂移较大.

3.3 分析方法

电位分析法包括电位法和电位滴定法. 电位法包括: 标准曲线法、标准加入法和直读法. 电位滴定法采用作图和微商计算法求滴定终点. Gran 作图法对电位法和电位滴定法都适用.

3.3.1 电位法

1. 标准曲线法

配制一系列含被测组分的标准溶液, 分别测定其电位值 φ, 绘制 φ 对 $\lg c$ 曲线. 然后测量样品溶液的电位值, 在标准曲线上查出其浓度, 这种方法称为标准曲线法.

标准曲线法适用于被测体系较简单的例行分析. 对较复杂的体系, 样品的本底较复杂, 离子强度变化大. 在这种情况下, 标准和样品溶液中可分别加入一种称为离子强度调节剂(TISAB)的试剂, 它的作用主要有: 第一, 维持样品和标准溶液恒定的离子强度; 第二, 保持试液在离子选择电极适合的 pH 范围内, 避免 H^+ 或 OH^- 的干扰; 第三, 使被测离子释放成为可检测的游离离子. 例如, 用氟离子选择电极测定自来水中氟离子, TISAB 由 $1.0mol \cdot L^{-1}$ 氯化钠、$0.25mol \cdot L^{-1}$ 乙酸、$0.75mol \cdot L^{-1}$ 乙酸钠和 $1.0 \times 10^{-3} mol \cdot L^{-1}$ 柠檬酸钠组成.

2. 标准加入法

分析复杂的样品应采用标准加入法, 即将样品的标准溶液加入到样品溶液中进行测定. 也可以采用样品加入法, 即将样品溶液加入到标准溶液中进行测定.

采用标准加入法时, 先测定体积为 V_X, 浓度为 c_X 的样品溶液的电位值 φ_X; 然后在样品中加入体积为 V_S, 浓度为 c_S 的样品的标准溶液, 测得电位值 φ_1. 对于一价阳离子, 若离子强度一定, 由 φ_1 和 φ_x 的能斯特方程得

$$\Delta\varphi = \varphi_1 - \varphi_x = S \lg \frac{V_X c_X + V_S c_s}{c_X(V_X + V_S)}$$

取反对数

$$10^{\Delta\varphi/s} = \frac{V_X c_X + V_S c_s}{c_X(V_X + V_S)}$$

则

$$c_X = \frac{V_S c_s}{(V_X + V_S)10^{\Delta\varphi/s} - V_X} \tag{3.19}$$

若 $V_X \gg V_S$

$$c_X = \frac{V_S c_s}{V_X(10^{\Delta\varphi/s} - 1)} = \frac{\Delta c}{10^{\Delta\varphi/s} - 1} \tag{3.20}$$

式中，$\Delta c = \dfrac{V_S c_s}{V_X}$

样品加入法的公式可用同样的方式求得

$$c_X = c_s \frac{V_s + V_X}{V_X}\left(10^{\Delta\varphi/S} - \frac{V_S}{V_X + V_S}\right) \tag{3.21}$$

式(3.20)和(3.21)中，$\Delta\varphi$ 为二次测定的电极电位值差，S 为电极实际斜率，可从标准曲线的斜率求得. 也可以将测得电位值 φ_1 后的试液用空白溶液稀释 1 倍，再测量 φ_2，则

$$S = \frac{|\varphi_2 - \varphi_1|}{\lg 2} = \frac{|\varphi_2 - \varphi_1|}{0.30} \tag{3.22}$$

通常用标准加入法分析时，要求加入的标准溶液体积 V_S 比试液体积 V_X 约小 100 倍，而浓度大 100 倍，这时，标准溶液加入后的电位值变化约 20mV 左右.

3. 直读法

在 pH 计或离子计上直接读出试液的 pH(pM)值的方法称为直读法. 测定溶液的 pH 值时，组成如下测量电池

pH 玻璃电极|试液($a_{H^+} = x$)‖饱和甘汞电极

电池电动势

$$E = \varphi_{甘汞} - \varphi_g$$

$\varphi_{甘汞}$是定值，结合式(3.3)得

$$E = b + 0.0592\text{pH} \tag{3.23}$$

在实际测定未知溶液的 pH 值时，需先用 pH 标准缓冲溶液定位校准，其电动势

$$E_s = b + 0.0592\text{pH}_s$$

再测定未知溶液的 pH，其电动势

$$E_X = b + 0.0592\text{pH}_X$$

合并以上两式得

$$pH_X = pH_S + \frac{E_X - E_S}{0.0592} \tag{3.24}$$

式(3.24)称为 pH 的操作定义.

常用的几种 pH 标准缓冲溶液见表 3.1.

表 3.1　标准缓冲溶液的 pH 值

温度/℃	草酸氢钾/ $0.05mol\cdot L^{-1}$	酒石酸氢钾/ 25℃饱和	邻苯二甲酸氢钾/ $0.05mol\cdot L^{-1}$	KH_2PO_4/ $0.025mol\cdot L^{-1}$ Na_2HPO_4/ $0.025mol\cdot L^{-1}$	硼砂/ $0.01mol\cdot L^{-1}$	氢氧化钙/ 25℃饱和
0	1.666	–	4.003	6.984	9.464	13.423
10	1.670	–	3.998	6.923	9.332	13.003
20	1.675	–	4.002	6.881	9.225	12.627
25	1.679	3.557	4.008	6.865	9.180	12.454
30	1.683	3.552	4.015	6.853	9.139	12.289
35	1.688	3.549	4.024	6.844	9.102	12.133
40	1.694	3.547	4.035	6.838	9.068	11.984

用 pH 玻璃电极测定 pH 值大于 10 的碱性溶液或钠离子浓度较高的溶液时，测得的 pH 值比实际数值偏低，这种现象称为碱差或钠差. 测定强酸溶液，测得的 pH 值比实际数值偏高，这种现象称为酸差.

碱差是由于在水化凝胶层与溶液界面间的离子交换过程中，不仅有 H^+，而且还有 Na^+ 参与所致，结果由电极电位值反映出来的是 H^+ 活度增加，pH 值下降.

酸差的产生是由于在强酸溶液中，水分子活度减小，而 H^+ 以 H_3O^+ 形式传递，结果到达电极表面的 H^+ 减少，pH 值增加.

3.3.2　电位滴定法

电位滴定法是利用电极电位的突跃来指示终点到达的滴定方法. 将滴定过程中测得的电位值 φ 对消耗的滴定剂体积作图，绘制成滴定曲线，由曲线上的电位突跃部分来确定滴定的终点. 电位滴定的装置如图 3.15 所示.

电位滴定终点的确定并不需要知道终点电位的绝对值，仅需注意电位值的变化. 确定电位滴定终点的方法有作图法和微商计算法.

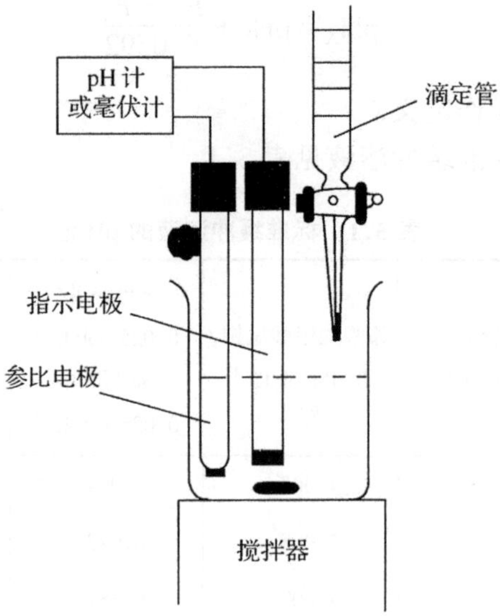

图 3.15 电位滴定装置

1. 作图法

(1) φ-V 曲线

以电位值 φ(或 pH)对滴定剂体积 V 作图,φ-V 曲线上的突跃即 $d\varphi/dV$ 的最大处为终点,如图 3.16(a)所示.

(2) $\dfrac{\Delta\varphi}{\Delta V}$-$V$曲线

以 $\dfrac{\Delta\varphi}{\Delta V}$对 $\Delta\varphi$ 相对应的两体积 V 的平均值作图,得如图 3.16(b)的一级微商曲线.曲线极大值所对应的体积就是终点体积.

(3) $\dfrac{\Delta^2\varphi}{\Delta V^2}$-$V$曲线

以$\dfrac{\Delta^2\varphi}{\Delta V^2}$对 V 作图,得二级微商曲线,如图 3.16(c)所示,在$\dfrac{\Delta^2\varphi}{\Delta V^2}=0$ 时所对应的体积就是终点体积.

(4) $\dfrac{\Delta V}{\Delta\varphi}$-$V$曲线

若以$\dfrac{\Delta V}{\Delta\varphi}$对体积平均值作图,如图 3.17 所示.作图时仅需终点前后几个滴定数据就可画出两条直线,交点所对应的体积即为终点体积.这种图称为 Gran 图,是一种简便求滴定终点的方法.

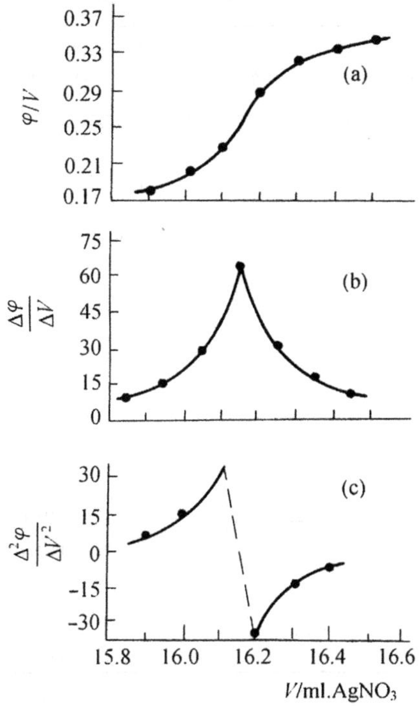

图 3.16　电位滴定曲线

(a) 0.2314 $mol \cdot L^{-1}$ $AgNO_3$ 溶液滴定 3.737 mmol Cl^- 的电位滴定曲线；(b) 一级微商曲线；(c)二级微商曲线.

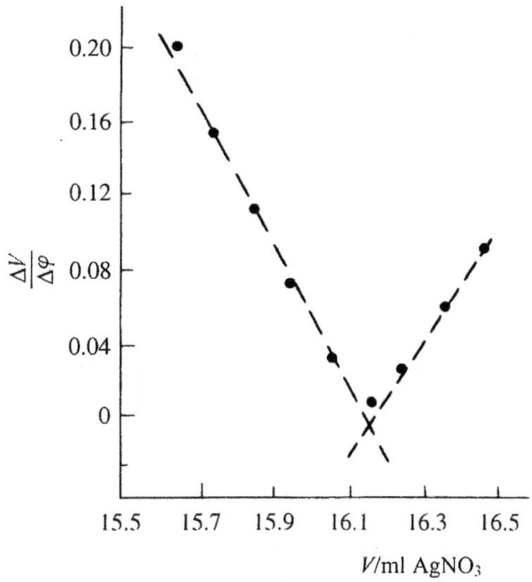

图 3.17　$\frac{\Delta V}{\Delta \varphi}$ -V曲线

2. 二级微商计算法

作图法求终点很费时间，可用数学上二级微商的近似求法计算终点体积. 表 3.2 是以银电极为指示电极，用 0.2314$mol \cdot L^{-1}$$AgNO_3$ 溶液滴定 3.737mmol Cl^- 的电位滴定数据. 在$\frac{\Delta^2 \varphi}{\Delta V^2}$值出现相反符号时所对应的两个体积 V_1 与 V_2 之间，必有$\frac{\Delta^2 \varphi}{\Delta V^2}=0$ 的一点，对应于该点的体积就是终点体积

$$V_{终} = V_1 + (V_2 - V_1) \times \frac{\Delta^2 \varphi_1 / \Delta V_1^2}{(\Delta^2 \varphi_1 / \Delta V_1^2) + |\Delta^2 \varphi_2 / \Delta V_2^2|} \tag{3.25}$$

终点时的电位

$$\varphi_{终} = \varphi_1 + (\varphi_2 - \varphi_1) \times \frac{\Delta^2 \varphi_1 / \Delta V_1^2}{(\Delta^2 \varphi_1 / \Delta V_1^2) + |\Delta^2 \varphi_2 / \Delta V_2^2|} \tag{3.26}$$

表 3.2 $0.2314mol \cdot L^{-1} AgNO_3$ 溶液滴定 3.737mmol Cl^- 的电位滴定数据

$AgNO_3$溶液体积/ml	电位 φ/(V,vs.SCE)	$\Delta\varphi/\Delta V$/(mV/0.1ml)	$\Delta^2\varphi/\Delta V^2$	$\Delta V/\Delta\varphi$
0	0.063			
5.00	0.071			
10.00	0.086			
15.00	0.138			
15.20	0.145			
15.40	0.153			
15.60	0.161			
		5		
15.70	0.166			0.200
		7		
15.80	0.173			0.143
		9		
15.90	0.182		+5	0.111
		14		
16.00	0.196		+15	0.071
		29		
16.10	0.225		+35	0.034
		64		
16.20	0.289		−34	0.016
		30		
16.30	0.319		−14	0.033
		16		
16.40	0.335		−5	0.063
		11		
16.50	0.346			0.091

将表 3.2 中的有关数据代入式(3.25)得

$$V_{终} = 16.10 + 0.10 \times \frac{35}{35 + 34} = 16.15\text{ml}$$

由式(3.26)得

$$\varphi_{终} = 225 + 64 \times \frac{35}{35 + 34} = 257\text{mV}$$

3.3.3 Gran 作图法

Gran 首先提出用图解法确定电位滴定的终点,后来该法又用于离子选择电极的电位法和电位滴定法.离子选择电极的能斯特方程为

$$\varphi = k + S\lg c$$

可改写为

$$c = 10^{-k/S} \cdot 10^{\varphi/S} = K \cdot 10^{\varphi/S} \tag{3.27}$$

若以 $10^{\varphi/S}$对浓度 c 作图,则得通过原点($c = 0$)的直线,如图 3.18(a)所示.若样品溶液中含有浓度为 c_X 的被测离子,在加入浓度为 c_S 的被测离子的标准溶液后,得一条不通过原点的直线,如图 3.18(b)所示.这种作图方法需多次对测得的电位值 φ 进行较繁的指数运算.若采用 Gran 坐标纸(它的纵坐标已按 $10^{\varphi/S}$标度),只需以实测电位值(纵坐标)对实际加入的标准溶液的体积(横坐标)作图,使用相当方便.

Gran 作图法既适用于标准加入法，又适用于电位滴定法．对于低浓度物质的测定更为合适．

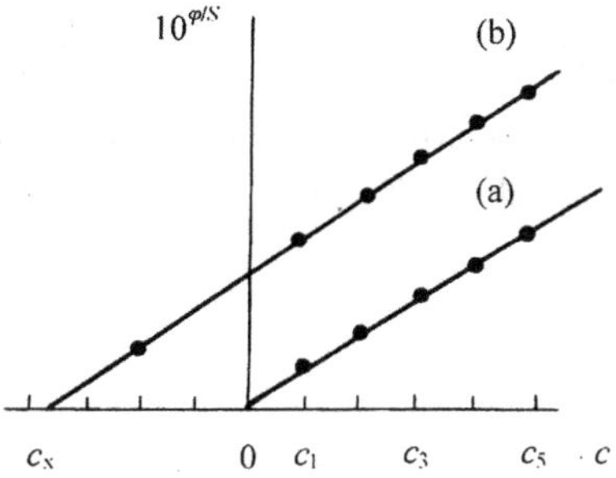

图 3.18　用图解法解式(3.27)

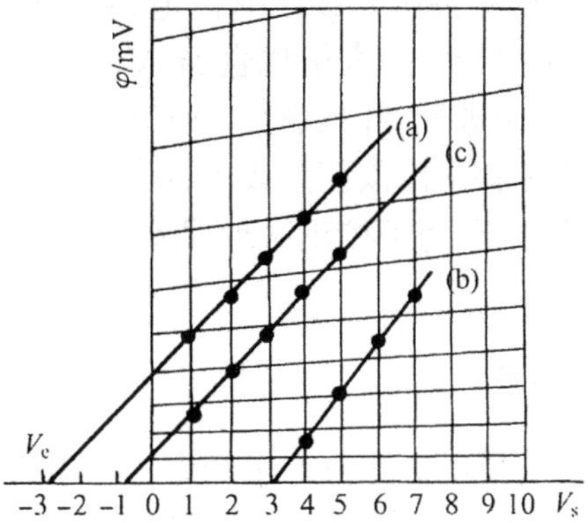

图 3.19　Gran 作图法

(a) 电位法；(b)电位滴定法；(c)空白试验．

离子选择电极的 Gran 作图法相当于多次标准加入法，通常连续加入 5 次．若维持离子强度一定，将浓度为 c_S，体积为 V_S 的被测离子的标准溶液加入浓度为 c_X，体积为 V_X 的试液中，若为一价阳离子，其电极电位可表示为

$$\varphi = k + S\lg\frac{c_S V_S + c_X V_X}{V_S + V_X}$$

经改写得

$$(V_X + V_S)10^{\varphi/S} = (c_S V_S + c_X V_X)10^{k/S} \tag{3.28}$$

以 φ 对 V_S 作图得一直线 a，如图 3.19 所示．将直线外推与横坐标相交于 Ve，即

$$(V_X + V_S)10^{\varphi/S} = 0$$

则由式(3.28)可得被测物质的浓度

$$c_X = -\frac{c_S V_e}{V_X} \tag{3.29}$$

对电位滴定法，外推直线相交于零点的右侧，如图 3.19 中直线 b，被测物质浓度可按下式计算

$$c_X = \frac{c_S V_e}{V_X} \tag{3.30}$$

使用 Gran 坐标纸(图 3.19)作图时，将最后一次加入标准溶液后所测得的电位值标在其对应体积的最上方(右上方)，其余各点可依次向左方向标出．

使用 Gran 坐标纸时应注意：

第一，Gran 坐标纸是已校准 10％体积变化的半反对数坐标纸．若试液 V_X 取

100ml,横坐标每一大格为 1ml.若取 50ml,每一大格为 0.5ml.

第二,Gran 坐标纸制作时纵坐标按 $10^{\varphi/S}$标度. S 是离子选择电极的斜率,规定一价离子是 58mV. φ 是电位值,纵坐标的 $10^{\varphi/S}$按 $10^{5/58}$制成.因此在标定纵坐标时,一价离子每一大格代表 5mV.

第三,应进行空白试验.Gran 坐标纸规定的电极斜率 S 是 58mV,若离子选择电极的实际斜率比该值大或小,则所绘制的直线与横坐标的交点将稍偏离至零点的右侧或左侧.为了校正这种误差,应做空白试验.同时,空白试验还能校正试剂中的空白值.

3.3.4 误差

离子选择电极测量产生的误差与电极的响应特性、参比电极、温度和溶液组成等因素有关.电位测量的误差将影响浓度的测定结果.离子选择电极的电位与浓度关系为

$$\varphi = k + \frac{RT}{zF}\ln\gamma c$$

微分上式得

$$\mathrm{d}\varphi = \frac{RT}{zF}\frac{\mathrm{d}c}{c}$$

上式也可表示为(298K)

$$\frac{\Delta c}{c} = \frac{zF}{RT}\Delta\varphi = 0.04z\Delta\varphi$$

则浓度的相对误差为

$$\text{相对误差 \%} = \frac{\Delta c}{c}\times 100 = 4z\Delta\varphi \qquad (3.31)$$

由此可知,浓度的测定误差大小与电极电位测定的误差和离子价数有关,与测定体积和被测离子浓度无关.若电位值测定的误差为 ±0.1mV,则浓度误差为:一价离子 ±0.4%;二价离子 ±0.8%.若电位值误差为 ±1mV,则浓度误差增加 10 倍.对于标准加入法,每一试液需测定两次电位值才能计算出未知物浓度,浓度误差将会增大.

电位滴定法不需要终点电位的准确数值,仅需注意终点前后电位的变化,因此它的测定误差较小.

3.4 离子计和自动电位滴定计

3.4.1 离子计

使用离子计(或 pH 计)进行测定时,选用的离子计的输入阻抗应≥$10^{11}\Omega$,最

小分度为 0.1mV,量程 ±1000mV 以及稳定性要好.

1. 输入阻抗

测量电极电位是在零电流条件下进行的,如果要求测量误差小于 0.1%,需要离子计的输入阻抗 $\geqslant 10^{11}\Omega$. 玻璃电极的内阻最高,达 $10^8\Omega$,因此由离子选择电极和参比电极组成的电池的内阻,主要决定于离子选择电极的内阻. 用离子选择电极进行电位测量时的等效电路如图 3.20 所示. 电池电动势 E 因电极内阻的存在而不可能全部落在外电路上,根据欧姆定律,离子计的输入阻抗 $R_{入}$ 上的电压降(即仪器的读数)为

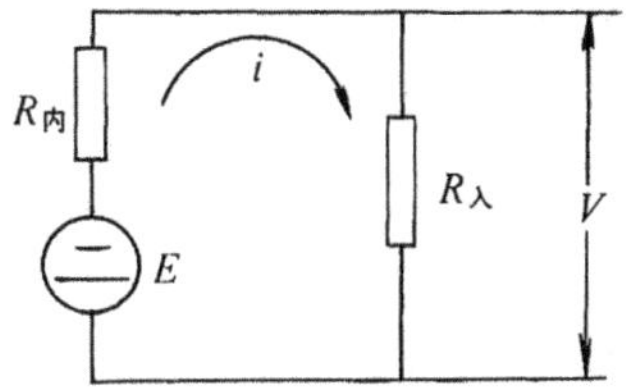

图 3.20　电位测量的等效电路

$$V = iR_{入}$$

电池电动势 E

$$E = i(R_{内} + R_{入})$$

结合以上两式得

$$\frac{V}{E} = \frac{R_{入}}{R_{入} + R_{内}} \tag{3.32}$$

若 $R_{入} = 1000R_{内}$,则

$$V \approx E \tag{3.33}$$

也就是说,若仪器的输入阻抗比电极的内阻大 1000 倍以上,所产生的测量误差小于千分之一.

2. 最小分度

若电位测量有 1mV 的误差,则引起的浓度相对误差对一价离子 4%,二价离子 8%. 若要求浓度的相对误差小于 0.5%,仪器读数的最小分度应为 0.1mV.

3. 量程

在实际应用中,离子选择电极的电位在 ±0～700mV 范围内,因此要求仪器的量程达 ±1000mV.

3.4.2　自动电位滴定计

自动电位滴定计可用于自动滴定,pH 和电位的测定.

自动电位滴定的装置如图 3.21 所示. 滴定管下端连接一段通过电磁阀的细乳胶管,此管下端接毛细管. 根据式(3.26),对具体滴定体系求出终点时的电位值或

pH 值,并在自动电位滴定计上设置该终点数值.当揿下滴定开关,电磁阀断续开、关,滴定自动进行.滴定到达终点时,电磁阀自动关闭,"卡"住乳胶管,滴定终止.

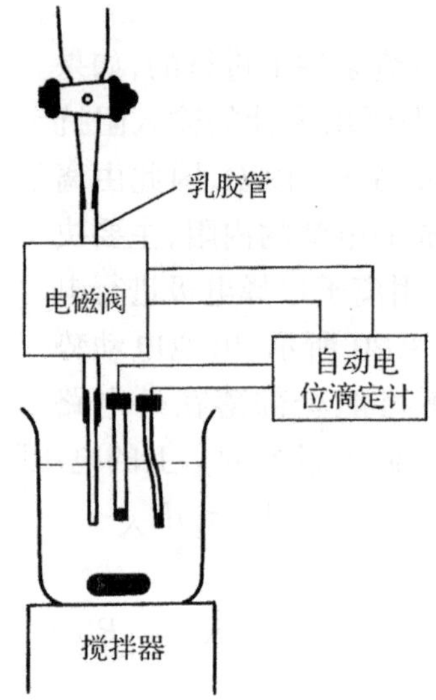

图 3.21 自动电位滴定装置

3.5 应 用

电位分析的应用较广,它可用于环保、生物化学、临床化学和工农业生产领域中的成分分析,也可用于平衡常数的测定和动力学的研究等.

用离子选择电极测定有许多优点.测量的线性范围较宽,一般有 4～6 个数量级,而且在有色或混浊的试液中也能测定,响应快,平衡时间较短(约 1min),适用于流动分析和在线分析,且仪器设备简便.采用电位法时,对样品是非破坏性的,而且能用于小体积试液的测定.它还可用作色谱分析的检测器.离子选择电极的检测下限与膜材料有关,通常为 10^{-6}mol·L^{-1}.

通常,在分析化学中测定的是浓度而不是活度.离子选择电极在一定 pH 范围内响应自由离子的活度,所以必须在试液中加入 TISAB.测定电位时应注意控制搅拌速度和选择合适的参比电极.溶液搅拌速度的快慢会影响电极的平衡时间,测定低浓度试液时搅拌速度应快一些,但不能使溶液中的气泡吸着在电极膜上.选择参比电极时应注意参比电极的内参比溶液是否干扰测定,若有,应采用双液接型参比电极.

3.5.1 电位法

电位法的应用较广泛. 常用的离子选择电极的应用见表 3.3.

表 3.3 电位法的应用

被测物质	离子选择电极	线性范围/($mol \cdot L^{-1}$)	适用的 pH 范围	应用举例
F^-	氟	$10^0 \sim 5\times10^{-7}$	5~8	水,牙膏,生物体液,矿物
Cl^-	氯	$10^{-2} \sim 5\times10^{-5}$	2~11	水,碱液,催化剂
CN^-	氰	$10^{-2} \sim 10^{-6}$	11~13	废水,废渣
NO_3^-	硝酸根	$10^{-1} \sim 10^{-5}$	3~10	天然水
H^+	pH 玻璃电极	$10^{-1}\times10^{-14}$	1~14	溶液酸度
Na^+	pNa 玻璃电极	$10^{-1}\times10^{-7}$	9~10	锅炉水,天然水
NH_3	气敏氨电极	$10^0 \sim 10^{-6}$	11~13	废气,土壤,废水
脲	气敏氨电极			生物化学
氨基酸	气敏氨电极			生物化学
K^+	钾微电极	$10^{-1} \sim 10^{-4}$	3~10	血清
Na^+	钾微电极	$10^{-1} \sim 10^{-3}$	4~9	血清
Ca^{2+}	钾微电极	$10^{-1} \sim 10^{-7}$	4~10	血清

3.5.2 电位滴定法

电位滴定法能用于酸碱滴定、氧化还原滴定、配合滴定和沉淀滴定分析. 它的灵敏度高于用指示剂指示终点的滴定分析,而且还能在有色和混浊的试液中滴定.

1. 酸碱滴定

指示电极用 pH 玻璃电极,参比电极用饱和甘汞电极. 用化学指示剂指示终点的弱酸滴定中,通常用 $cK_a \geqslant 10^{-8}$以及$\dfrac{K_{a_1}}{K_{a_2}} > 10^5$ 作为弱酸能否准确滴定和分步滴定(多元酸)的界限,而在电位滴定中,可用 $cK_a \geqslant 10^{-10}$以及$\dfrac{K_{a_1}}{K_{a_2}} > 4$ 来判断.

用电位滴定法来确定非水滴定的终点较合适. 滴定时使用 pH 计的毫伏标度比 pH 标度更好些.

2. 氧化还原滴定

指示电极用零类电极,如惰性的Pt电极等,参比电极用饱和甘汞电极.滴定过程中的电极电位可以用能斯特方程求得.化学计量点时的电位可由下式表示

$$\varphi_{ep} = \frac{z_1\varphi^{\circ\prime}_1 + z_2\varphi^{\circ\prime}_2}{z_1 + z_2} \tag{3.34}$$

3. 配合滴定

在配合滴定中,常用的指示电极是第三类电极中的pM电极.测量时将Hg电极插入含有微量($1\times10^{-6}mol\cdot L^{-1}$)$Hg^{2+}-Y^{4-}$(EDTA)和被测金属离子$M^{z+}$溶液中,此电极($Hg|HgY^{2-}, MY^{z-4}, M^{z+}$)的电极电位与$M^{z+}$浓度有关,见式(2.21).指示电极也可以用离子选择电极.

4. 沉淀滴定

指示电极用Ag电极、Hg电极或氯、碘等离子选择电极.滴定过程中的电极电位可用能斯特方程表示.终点时的电极电位,如以$AgNO_3$溶液滴定Cl^-溶液为例,终点时的银电极的电位可按下式计算

$$\varphi = \varphi^{\ominus} + 0.0592\lg\sqrt{K_{sp(AgCl)}} \tag{3.35}$$

习　　题

1. 离子选择电极分哪几类？各举一例说明并写出其离子选择电极的能斯特方程.

2. 试说明pH玻璃电极的电位由哪几部分组成.

3. 写出溶液中存在主响应离子A^{z+}和干扰离子B^{z+}时,A^{z+}离子选择电极的能斯特方程,并说明各符号的意义.

4. 比较用标准曲线法、标准加入法和Gran作图法测定未知物浓度时的适用条件及其优缺点.

5. 如何用二级微商法求滴定终点时的滴定剂体积、pH或电位值？

6. 一台优良的离子计应具有什么样的性能？

7. pH玻璃电极与饱和甘汞电极组成如下测量电池

pH玻璃电极|H^+(标准缓冲溶液或未知溶液)‖SCE

298K时若测得pH5.00标准缓冲溶液的电动势为0.218V.若用未知pH溶液代替标准缓冲溶液,测得三个未知pH溶液的电动势分别为:(1)0.060V;(2)0.328V;(3)−0.019V

试计算每个未知溶液的pH值.

8. 电池

Mg^{2+}离子选择电极|Mg^{2+}($6.87\times10^{-3}mol\cdot L^{-1}$)‖SCE

其电动势为 0.367V.

(1) 用一未知镁溶液代替上述已知 Mg^{2+} 溶液,测得电动势为 0.446V,该电极的实际斜率为 0.0296V/PMg^{2+},试计算未知溶液的 pMg 值.

(2) 若测定中的 $\varphi_{液接}$不稳定性为 ±0.002V,那末 Mg^{2+} 浓度在多大范围内变化?

9. 用钠离子选择电极测得 $1.25\times10^{-3}mol\cdot L^{-1}Na^+$ 溶液的电位值为 −0.203V. 若 $K^{pot}_{Na^+,K^+}$ 为 0.24,计算钠离子选择电极在 $1.50\times10^{-3}mol\cdot L^{-1}Na^+$ 和 $1.20\times10^{-3}mol\cdot L^{-1}K^+$ 溶液中的电位值.

10. 用氟离子选择电极测定牙膏中 F^- 含量. 称取 0.200g 牙膏并加入 50ml TISAB 试剂,搅拌微沸冷却后移入 100ml 容量瓶中,用蒸馏水稀释至刻度. 移取其中 25.0ml 于烧杯中测得其电位值为 0.155V,加入 0.10ml $0.50mg\cdot ml^{-1}F^-$ 标准溶液,测得电位值为 0.134V. 该离子选择电极的斜率 59.0mV/pF^-. 试计算牙膏中氟的质量分数.

11. 用氟离子选择电极测定自来水中 F^- 含量. 取水样 25.00ml 并用 TISAB 稀释至 50.00ml,测得电位值为 328.0mV. 若加入 $5.000\times10^{-4}mol\cdot L^{-1}$氟标准溶液 0.50ml,测得电位值为 309.0mV. 该氟离子选择电极的实际斜率为 58.0mV/ pF^-. 计算自来水中氟离子的含量.

12. 用氟离子选择电极测定水样中 F^- 的含量. 取水样 25.00ml,用 TISAB 稀释至 50.00ml 并转移至一只干净烧杯中,加入 $2.000\times10^{-4}mol\cdot L^{-1}F^-$ 标准溶液 0.50ml,测定其电位. 然后再分别四次加入 F^- 标准溶液各 0.50ml 并测定其电位.

再按上述步骤用蒸馏水代替水样进行空白试验. 二者测定结果如下:

次数 / 电位值/mV	1	2	3	4	5
水　样	261.0	253.0	246.5	241.5	237.2
空白试验	271.0	259.0	250.0	244.0	238.8

(1) 用 Gran 作图法求水样中的氟的含量.

(2) 使用 Gran 作图时,进行空白试验的目的是什么?

13. 准确移取 50.00ml 含 NH_4^+ 试液,经碱化后用气敏氨电极测得其电位值为 −80.1mV. 若加入 $1.000\times10^{-3}mol\cdot L^{-1}$的 NH_4^+ 标准溶液 0.50ml,测得其电位值为 −96.1mV. 然后在此试液中加入离子强度调节剂 50.00ml,测得其电位值为 −78.3mV. 计算试样中 NH_4^+ 的浓度为多少?

14. 用氰离子选择电极测定 CN^- 和 I^- 混合试液中 CN^-. 该电极适用的 pH 范围为 11~12. 准确移取试液 100ml,在 pH12 时测得电位值为 −250mV. 然后用固体邻苯二甲酸氢钾调节,使 pH=4,此时 CN^- 以 HCN 形式存在,测得电位值为 −235mV. 若在 pH4 的该试液中再加入 1.00ml $9.00\times10^{-4}mol\cdot L^{-1}$的 I^- 标准溶液,测得电位值为 −291mV. 如果该氰离子选择电极的斜率为 56.0mV/pCN^-,对 I^- 的电位选择系数 $K^{pot}_{CN^-,I^-}$为 1.2,试计算混合试液中 CN^- 的含量.

15. 用电位滴定法测定某试液中 I^- 的含量. 以银电极为指示电极,饱和甘汞电极为参比电极,用 $0.0100mol\cdot L^{-1}$ $AgNO_3$ 溶液进行滴定. 试计算滴定终点时电位计上的读数为多少?(已知 $K_{sp(AgI)}$为 9.3×10^{-17},$\varphi^{\ominus}_{Ag^+,Ag}=0.799V$).

第四章　电重量分析和库仑分析法

基本要求：

1．了解控制电位电解和控制电流电解的原理、特点；

2．掌握库仑滴定法和微库仑分析法的原理及其应用．

电重量分析（electrogravimetric methods）和库仑分析法（coulometric methods）是建立在电解过程基础上的一种电化学分析法．电解过程分为控制电位电解和控制电流电解两类．因此，建立在电解过程基础上的电重量分析和库仑分析法，也相应地分为控制电位和控制电流两种分析方法．

4.1　电解的原理

4.1.1　电解

电解是利用外部电源使化学反应向非自发方向进行的过程．在电解池的两个电极上施加一直流电压，直至电极上发生氧化还原反应，此时电解池中有电流流过，该过程称为电解．

由实验可知，电解某电解质溶液时，加在电解池两电极（惰性电极）上的电压必须达到一定的数值，电解才能不断地进行，该电压就是分解电压．例如用 Pt 电极在 100ml 0.100mol·L^{-1} H_2SO_4 介质中，电解 0.100mol·L^{-1} $CuSO_4$ 溶液，装置如图 4.1 所示．实验时连续记录逐渐增加的外加直流电压 V 以及相应的电流 i，所得的 i-V 曲线如图 4.2 所示．

由图知，外加电压很小时，仅有微小的电流（这种电流称为残余电流）通过电解池．当电压增加到分解电压 $V_{分解}$ 时，两电极上才发生连续不断的电极反应，电流明显增加．再继续增大外加电压，由电极反应产生的电流随电压的增大而直线上升．电解池中发生的电极反应如下

$$\text{Pt}\quad 阳极\quad H_2O \rightleftharpoons \frac{1}{2}O_2\uparrow + 2H^+ + 2e$$

$$\text{Pt}\quad 阴极\quad Cu^{2+} + 2e \rightleftharpoons Cu\downarrow$$

电解开始的瞬间，在电极表面产生少量的 Cu 和 O_2，使两支铂电极分别成为铜

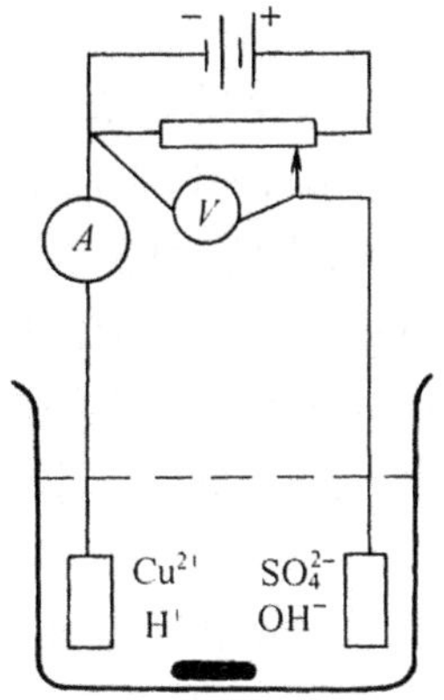

图 4.1　电解装置示意图

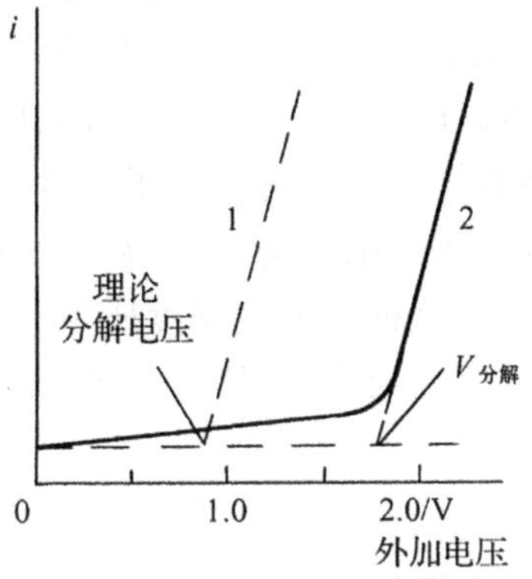

图 4.2　在 H_2SO_4 介质中电解 Cu^{2+} 的电流-电压曲线

1. 理论曲线；2. 实测曲线．

电极($Cu|Cu^{2+}$)和氧电极($Pt|O_2,H_2O$)，构成了一个原电池

$$Cu|Cu^{2+}(0.100mol\cdot L^{-1})H^{+}(0.200mol\cdot L^{-1}),O_2(1.01325\times10^{5}Pa)|Pt$$

这表明铜电极将会自发产生 Cu^{2+} 而被溶解．因此产生一个与外加电压方向相反的反电动势 E_b(或称反电压)，它阻止电解作用的进行．继续增大外加电压，对抗外加电压的反电动势也不断增加．当电极上有氧气泡逸出时，反电动势达到最大值 $E_{b,\max}$．将直线部分外推至电流强度为零处的电压就是 $E_{b,\max}$，这是使某电解质溶液能够连续发生电解所必须的最小外加电压，称为电解质溶液的分解电压，即理论分解电压．理论分解电压等于原电池的电动势

$$E_{分解}=\varphi_{+}-\varphi_{-}\tag{4.1}$$

例 1　计算在 $0.100mol\cdot L^{-1}H_2SO_4$ 介质中，电解 $0.100mol\cdot L^{-1}CuSO_4$ 溶液的理论分解电压．

解　由电极反应及式(4.1)得

$$E_{分解}=\left(\varphi^{\ominus}_{O_2,H_2O}-\frac{0.0592}{2}\lg\frac{1}{p_{O_2}^{1/2}\cdot[H^{+}]^{2}}\right)-\left(\varphi^{\ominus}_{Cu^{2+},Cu}-\frac{0.0592}{2}\lg\frac{1}{[Cu^{2+}]}\right)$$

$$=(1.23-0.337)-\frac{0.0592}{2}\lg\frac{0.100}{(1)^{1/2}\times(0.200)^{2}}$$

$$=0.881V$$

该电压就是图 4.2 中所示的理论分解电压，它可由原电池的电动势求得．

电解时，实际所需的分解电压要比理论分解电压大，超出的部分是由于电极的极化作用引起的．极化是指电流流过电极时，电极电位偏离可逆电极电位的现象．为了表示电极的极化程度，以某一电流密度下的电极电位与可逆电极电位的差值表示，该差值称为超电位或过电位．

根据极化产生的原因,极化分为浓差极化和电化学极化.

浓差极化是由于电解过程中电极表面附近溶液的浓度与本体溶液的浓度的差异引起的.电解时,阴极反应使电极表面附近的离子浓度迅速下降,阴极电位变负;阳极反应使电极表面附近的离子浓度迅速增加,阳极电位变正.电流密度越大,电极表面附近的离子浓度与本体溶液的浓度差越大,使达到稳定状态后的溶液中的浓度梯度越大.这种由浓度梯度所引起的极化称为浓差极化.浓差极化与溶液的搅拌、电流密度等因素有关.增大电极面积、减小电流密度、强化机械搅拌能减小浓差极化.

电化学极化是由于电极反应迟缓引起的.电荷逾越相界面的放电反应所需要的超电位,称为电化学超电位.一般来说,析出金属时的超电位较小,可以忽略.当电极反应产生气体时,尤其是 H_2 和 O_2,超电位较大. H_2 和 O_2 在不同金属材料上的超电位值见表 4.1.超电位的存在使电解时消耗的电能增大,这是不利的一面;有利的一面在于氢在汞电极上的超电位特别大,使电动序中在氢以前的许多金属离子能在汞电极上析出.这是极谱分析法使用滴汞电极的原因之一.

电解时,由于超电位的存在,要使阳离子在阴极上析出,阴极电位一定要比可逆电极电位更负一些;阴离子在阳极上析出,阳极电位一定要比可逆电极电位更正一些.应该指出,在阴极上还原的不一定是阳离子,阴离子同样能在阴极上还原.在阳极上氧化的也不一定是阴离子,阳离子也可以在阳极上氧化.总之,在阴极上,析出电位越正者越容易还原;在阳极上,析出电位越负者越容易氧化.析出电位是对一个电极而言,分解电压是对整个电解池而言.对整个电解池来说,阳极超电位和阴极超电位的绝对值之和等于超电压(或称过电压).

表 4.1 298K,不同电极和电流密度时 H_2 和 O_2 的超电位

电极材料	超 电 位/V							
	$0.0010A\cdot cm^{-2}$		$0.010A\cdot cm^{-2}$		$0.10A\cdot cm^{-2}$		$1.0A\cdot cm^{-2}$	
	H_2	O_2	H_2	O_2	H_2	O_2	H_2	O_2
平滑的 Pt	0.024	0.722	0.068	0.85	0.29	1.3	0.68	1.5
镀铂黑的 Pt	0.015	0.35	0.030	0.52	0.041	0.64	0.048	0.76
Au	0.24	0.67	0.39	0.96	–	–	0.80	1.6
Cu	0.48	0.42	0.58	0.58	0.80	0.66	1.3	0.79
Ni	0.56	0.35	0.75	0.52	1.1	0.64	1.2	0.85
Hg	0.9	–	1.0	–	1.1	–	1.2	–
Zn	0.72	–	0.75	–	1.1	–	1.2	–
Fe	0.40	–	0.56	–	0.82	–	1.3	–
Pb	0.52	–	1.0	–	1.2	–	1.3	–

分解电压包括理论分解电压和超电压，此外，还应包括电解池回路的电压降 ir. 因此实际分解电压为

$$\begin{aligned} V_{\text{分解}} &= [(\varphi_+ + \eta_+) - (\varphi_- + \eta_-)] + ir \\ &= (\varphi_+ - \varphi_-) + (\eta_+ - \eta_-) + ir \\ &= \text{理论分解电压} + \text{超电压} + \text{电压降} \end{aligned} \tag{4.2}$$

这就是电解时所需要的外加电压. 式中，η_+ 为阳极超电位，是正值；η_- 为阴极超电位，是负值. 式(4.2)称为电解方程.

例 2 在图 4.1 的 100ml $0.100\text{mol}\cdot\text{L}^{-1}$ H_2SO_4 介质中电解 $0.100\text{mol}\cdot\text{L}^{-1}$ $CuSO_4$溶液. 若电解池内阻为 0.50Ω，铂电极面积 100cm^2，电流维持 0.10A，问需要外加电压多大?

解 由式(4.2)知

$$V_{\text{分解}} = (\varphi_+ - \varphi_-) + (\eta_+ - \eta_-) + ir$$

理论分解电压从例 1 由式(4.1)计算的原电池电动势得 0.881V.

超电压是 Pt 阳极上 O_2 的超电位与 Pt 阴极上 Cu 的超电位的绝对值之和. 在此题中电流密度是 $0.001\text{A}\cdot\text{cm}^{-2}$，由表 4.1 查得，$O_2$ 在 Pt 阳极上的超电位是 +0.72V，析出金属 Cu 的超电位忽略不计. 因此，超电压是 0.72V.

电压降为

$$ir = 0.10 \times 0.50 = 0.050\text{V}$$

所以需要的外加电压为

$$\begin{aligned} V_{\text{分解}} &= 0.88 + 0.72 + 0.050 \\ &= 1.65\text{V} \end{aligned}$$

4.1.2 电解方式

实现电解的方式有恒电流电解，控制电位电解或控制外加电压电解三种；而控制外加电压电解应用较少. 图 4.3 是三种电解方式的比较. 实验以 Pt 为阴极，在 200ml pH4.5 的 $0.5\text{mol}\cdot\text{L}^{-1}$酒石酸和肼介质中电解沉积 Cu.

1. 控制(恒)电流电解

在控制电流电解过程中，一开始就使电解池中通过一个较为稳定的电流，故也称恒电流电解. 外加电压较高，电极上总会发生氧化还原反应而产生电解电流.

曲线 1 是恒电流电解(电流为 1A)时的阴极电位-时间曲线. 电解一开始，阴极电位迅速负移至 Cu^{2+} 的还原电位. 根据能斯特方程

$$\varphi = \varphi^{\circ\prime} + \frac{0.0592}{z} \lg \frac{[\text{O}]}{[\text{R}]}$$

随着电解反应的进行,氧化态浓度降低,$\frac{[O]}{[R]}$比率下降,阴极电位负移.$\frac{[O]}{[R]}$比率每变化 10 倍,电位负移$\frac{59.2}{z}$mV.显然阴极电位变化是缓慢的,在电位-时间曲线上出现平坦部分.阴极电位负至 -1.0V 时,另一电极反应(H^+还原)开始,再出现平坦.

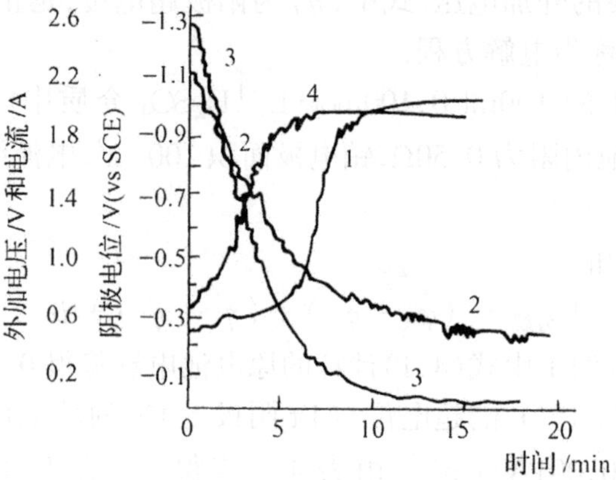

图 4.3 Cu^{2+} 在 Pt 阴极上的电沉积

曲线 1.恒电流电解的阴极电位-时间曲线; 曲线 2.控制阴极电位电解的外加电压-时间曲线; 曲线 3.控制阴极电位电解的电流-时间曲线; 曲线 4.控制外加电压的阴极电位-时间曲线.

2.控制电位电解

在控制电位电解过程中,调节外加电压,使工作电极的电位控制在某一合适的电位值或某一个小范围内,使被测离子在工作电极上析出,其他离子则留在溶液中,以达到分离和测定的目的.溶液中被测离子浓度降低,电流下降,被测离子几乎完全析出后,电流趋近于零.

曲线 2 和 3 属于控制阴极电位电解,阴极电位恒定在 -0.36V(vs.SCE).曲线 2 是外加电压-时间曲线,电解过程中,随电解电流的减小,ir 降也不断地减小,因此需要调节(降低)外加电压来维持恒定的阴极电位,补偿 ir 降的降低.曲线 3 是电流-时间曲线,电流按指数衰减,电解完成时电流趋近于零.

(1) 阴极电位的选择

若溶液中含有金属离子 M_1 和 M_2,要使金属离子 M_1 在 Pt 电极上析出,M_2 仍留在溶液中,那末如何选择阴极电位呢? 图 4.4 是 M_1 和 M_2 金属离子的电流-电位曲线.曲线表明,当阴极电位控制在比 b 点负(如 c 点)时,M_1 和 M_2 两金属离子同时析出．因此，只有将阴极电位控制在 $b<\varphi_{-}<a$，或 φ_{-} 接近于 b 点时，可使 M_1 析出而 M_2 不析出，以达到分离的目的．若 M_1 金属离子的析出电位比 M_2 正，其析出电位分别为

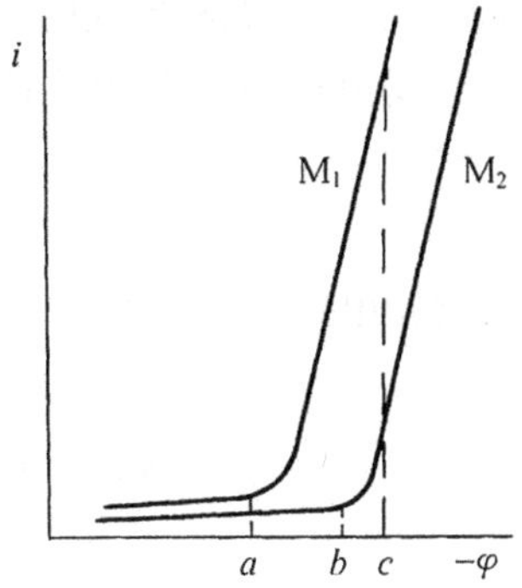

图 4.4　电流-电位曲线

$$\varphi_{M_1} = \varphi^{\ominus} + \frac{0.0592}{z}\lg c_{M_1} + \eta_{M_1} \quad (4.3)$$

$$\varphi_{M_2} = \varphi^{\ominus} + \frac{0.0592}{z}\lg c_{M_2} + \eta_{M_2} \quad (4.4)$$

假定当 M_1 金属离子的浓度降至原浓度的 0.01% 或 $10^{-6}\ mol \cdot L^{-1}$时为完全分离，此时 M_1 金属离子的电位为

$$\begin{aligned}\varphi'_{M_1} &= \varphi^{\ominus} + \frac{0.0592}{z}\lg(c_{M_1}\times 10^{-4}) + \eta_{M_1} \\ &= \varphi_{M_1} - \frac{0.0592}{z}\times 4 \end{aligned} \quad (4.5)$$

若此时 φ'_{M_1} 还比 φ_{M_2} 正，则将电位控制在 φ'_{M_1} 和 φ_{M_2} 之间，可使 M_1，M_2 两种金属离子定量地分离完全．由式(4.3)和式(4.5)得

$$\varphi_{M_1} - \frac{0.0592}{z}\times 4 \geqslant \varphi_{M_2}$$

$$\varphi_{M_1} - \varphi_{M_2} \geqslant \frac{0.0592}{z}\times 4 \quad (4.6)$$

(2) 电流与时间的关系

图 4.3 曲线 3 表示控制电位电解过程中电流随时间而衰减．电解开始时电流较大，随后很快衰减．当电流趋近于零时，表示电解完成．在电流效率 100% 时，i-t 关系为

$$i_t = i_0 10^{-Kt} \quad (4.7)$$

式中，i_0 为 $t=0$ 即电解开始时的电流；i_t 为电解 t s 时的电流；K 为常数，它与电解时溶液的体积、搅拌溶液的速率、电极的面积和被测金属离子的扩散系数等因素有关

$$K = \frac{0.434AD}{V\delta}(s^{-1}) \quad (4.8)$$

式中，A 为电极面积/cm^2；D 为物质在溶液中的扩散系数/$cm^2 \cdot s^{-1}$；V 为溶液体积/cm^3；δ 为扩散层厚度/cm；t 为电解时间/s.

式(4.7)中电解电流与时间的关系也可以改写为浓度的关系

$$c_t = c_0 10^{-Kt} \quad (4.9)$$

式中，c_0 为 $t=0$ 时溶液的初始浓度；c_t 为 $t=t$ 时溶液的浓度. 因此，电解 t s后，被测物残留在溶液中的分数为

$$\frac{c_t}{c_0} = 10^{-Kt} \tag{4.10}$$

则被测物电解沉积的分数 X 可表示为

$$X = 1 - 10^{-Kt} \tag{4.11}$$

式(4.11)表明，被测物电解沉积的分数与初始浓度无关，仅与 A, D, V, δ 和 t 有关.

3. 控制外加电压电解

曲线 4 是控制外加电压电解. 电压恒定在 2.0V 时的阴极电位-时间曲线. 阴极电位发生负移，至 −1.0V 时 H^+ 还原. 在电解过程中，电解电流不断衰减，ir 降将降低. 由于溶液中存在肼，阳极电位几乎不变，因此阴极电位发生负移.

4.2 电重量分析法

4.2.1 控制电位电解分析法

在控制电位电解过程中，开始时被测物质析出速度较快. 随着电解的进行，浓度越来越小，电极反应的速率逐渐变慢，因此电流就越来越小. 当电流趋近于零时，电解完成. 控制电位电解分析的装置如图 4.5 所示. 自动控制阴极电位电解的装置

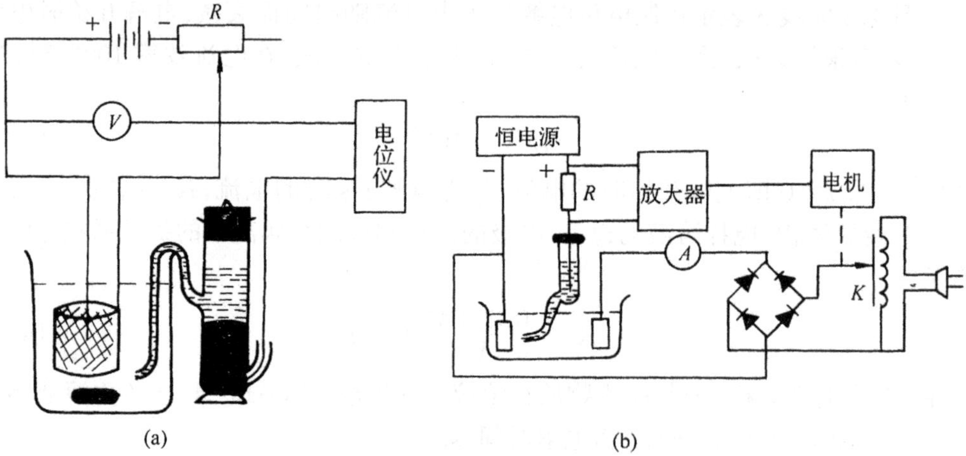

图 4.5 控制阴极电位电解装置示意图

(a) 手动式； (b) 自动式.

按如下方式自动调节电位.若控制阴极电位在某一数值,如 −0.36V(vs.SCE)下电解.随着电解的进行,电流 i 逐渐减小,阴极电位比 −0.36V 更负.这时,有电流流过 R 产生 iR 降,经放大器放大后推动可逆电机,移动滑动键 K,调节自耦变压器的输出电压,以补偿阴极电位至 −0.36V.反之,阴极电位比 −0.36V 更正,流过 R 的电流改变方向,滑动键 K 反向移动,又补偿至 −0.36V.

4.2.2 恒电流电解分析法

恒电流电解分析时,使通过电解池的电流控制在 3～5A 或更小,装置如图 4.6 所示.恒电流电解分析时的电极反应速率比控制电位电解分析的快,但选择性差,往往第一种金属离子还未完全沉积时,由于电位变化,第二种金属离子也会在电极上析出而产生干扰.

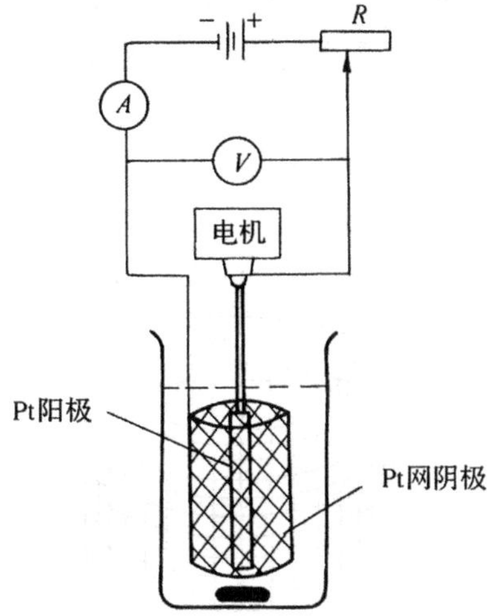

图 4.6　恒电流电解分析装置示意图

为了防止干扰,可使用阳极或阴极去极剂(也称电位缓冲剂)以维持电极电位不变,防止发生干扰的氧化还原反应.例如在 Cu^{2+} 和 Pb^{2+} 混合溶液中分离沉积 Cu 时,在试液中加入 NO_3^- 能防止 Pb 的沉积.NO_3^- 在阴极上还原生成 NH_4^+

$$NO_3^- + 10H^+ + 8e \rightleftharpoons NH_4^+ + 3H_2O$$

由于 NO_3^- 还原电位比 Pb^{2+} 更正,因此,该反应发生在 Pb^{2+} 还原之前.当 Cu^{2+} 电解完成时,因 NO_3^- 的还原防止了 Pb 的沉积.在本例中,铅能在阳极上沉积为 PbO_2

$$Pb^{2+} + 2H_2O \rightleftharpoons PbO_2 + 4H^+ + 2e$$

称量每支电极上的纯沉积物的质量,可以求得金属的含量.

介质中若存在 Cl^- 会在阳极上发生氧化而产生干扰.这时一般在试液中加入盐酸肼或盐酸羟胺.肼的电极反应为

$$N_2H_4 \rightleftharpoons N_2 + 4H^+ + 4e$$

可以有效地消除 Cl^- 的干扰.

可见,若加入的去极剂比干扰物质先在阴极上还原,可以维持阴极电位不变,这种去极剂称为阴极去极剂.加入的去极剂比干扰物质先在阳极上氧化,可以维持阳极电位不变,这种去极剂称为阳极去极剂.

4.2.3　应用

电重量分析法能用于物质的分离和测定.

控制电位电解分析法主要用于物质的分离.通常用于从含少量不易还原的金属离子溶液中分离大量的易还原的金属离子.常用的工作电极有铂网电极和汞阴极.如图 4.7 和图 4.8 所示.利用 Pt 阴极电解,可以分离铜合金(含 Cu,Sn,Pb,Ni 和 Zn)溶液中的 Cu.汞阴极电解法也成功地用于各种分离,例如采用汞阴极,可将 Cu,Pb 和 Cd 等浓缩在汞中而与 U 分离来提纯铀.在酶法分析中,可以用此法除去溶液中的重金属离子,因为即使只有痕量的重金属离子存在,也会使酶抑制或失去活性.

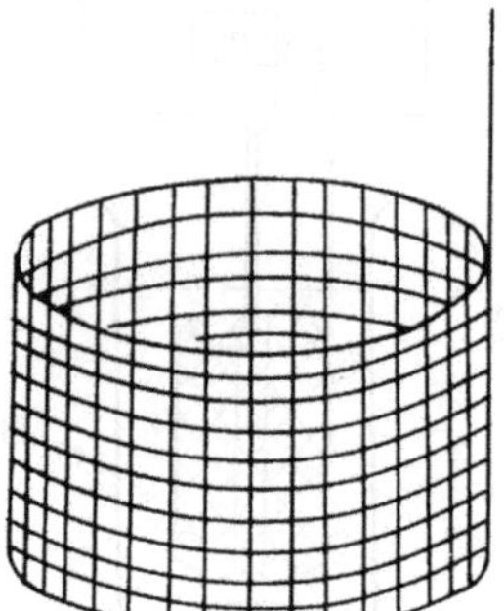

图 4.7　铂网电极

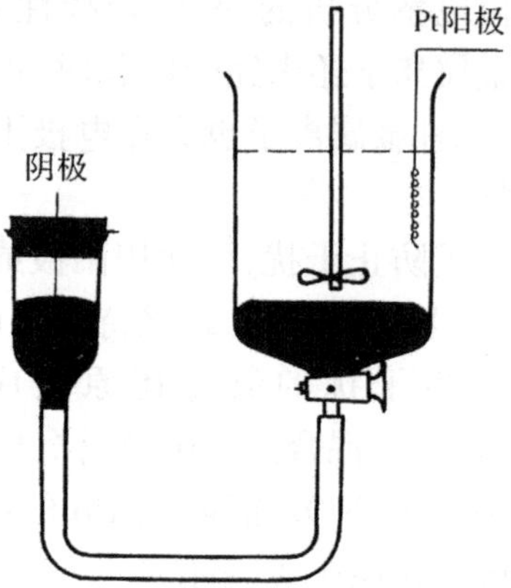

图 4.8　汞阴极

恒电流电解分析法只能分离电动序中氢以上与氢以下的金属离子.电解测定时,氢以下的金属离子先在阴极上析出,当其完全析出后若继续电解,将会析出氢气.

4.3　库仑分析法

库仑分析是根据电解过程中消耗的电量,由法拉第定律来确定被测物质含量的方法.库仑分析法分为恒电流库仑分析法和控制电位库仑分析法两种.

恒电流库仑分析法是在恒定电流的条件下电解,由电极反应产生的电生“滴定剂”与被测物质发生反应,用化学指示剂或电化学的方法确定“滴定”的终点.由恒电流的大小和到达终点需要的时间算出消耗的电量,由此求得被测物质的含量.这种滴定方法与滴定分析中用标准溶液滴定被测物质的方法相似,因此恒电流库仑分析法也称库仑滴定法.

控制电位库仑分析法以控制电极电位的方式电解，当电流趋近于零时表示电解完成.由测得电解时消耗的电量求出被测物质的含量.

库仑分析法的基本要求是 100% 的电流效率.

4.3.1　库仑滴定法

1．原理和装置

库仑滴定的装置如图 4.9 所示.它由电解系统和指示终点系统两部分组成.电解系统包括电解池(或称库仑池)、计时器和恒电流源.电解池中插入工作电极，辅助电极以及用于指示终点的电极.

以强度一定的电流通过电解池，在 100% 的电流效率下由电极反应产生的电生滴定剂与被测物质发生定量反应，当到达终点时，由指示终点系统发出信号，立即停止电解.由电流强度和电解时间按法拉第定律计算出被测物质的质量

$$m = \frac{it}{96\,487} \cdot \frac{M}{z} \tag{4.12}$$

或由库仑仪直接显示电量或被测物质的含量.

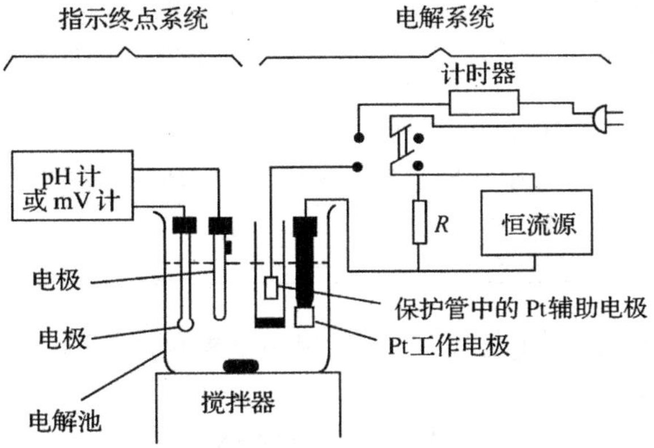

图 4.9　库仑滴定装置示意图

在库仑滴定中，电解质溶液通过电极反应产生的滴定剂的种类很多.它们包括 H^+ 或 OH^-；氧化剂 Br_2，Cl_2，Ce(Ⅳ)，Mn(Ⅲ)，Ag(Ⅱ)和 I_2 等；还原剂 Fe(Ⅱ)，Ti(Ⅲ)和 $Fe(CN)_6^{4-}$ 等；配位剂 EDTA(Y^{4-})；沉淀剂 Ag^+ 等.例如，用库仑滴定法测定 Ca^{2+} 时，可在除 O_2 的 $HgNH_3Y^{2-}$ 和 NH_4NO_3 溶液中在阴极上产生滴定剂 HY^{3-}，其电极反应如下

$$HgNH_3Y^{2-} + NH_4^+ + 2e \rightleftharpoons Hg + 2NH_3 + HY^{3-}$$

又如测定酸或碱时，可在 Na_2SO_4 溶液中，在 Pt 电极上产生滴定剂 OH^- 或 H^+，反应为

$$阴极\quad 2H_2O + 2e \rightleftharpoons H_2 + 2OH^- \quad (滴定酸)$$

$$阳极\quad H_2O \rightleftharpoons \frac{1}{2}O_2 + 2H^+ + 2e \quad (滴定碱)$$

由电解产生滴定剂的条件和应用见表 4.2.

表 4.2 库仑滴定产生的滴定剂及应用

电生滴定剂	介 质	工作电极	测 定 的 物 质
Br_2	$0.1mol\cdot L^{-1}H_2SO_4 + 0.2mol\cdot L^{-1}NaBr$	Pt	Sb(Ⅲ)，I^-，Tl(Ⅰ)，U(Ⅳ)，有机化合物
I_2	$0.1mol\cdot L^{-1}$磷酸盐缓冲溶液 pH8 + $0.1mol\cdot L^{-1}KI$	Pt	As(Ⅲ)，Sb(Ⅲ)，$S_2O_3^{2-}$，S^{2-}
Cl_2	$2mol\cdot L^{-1}HCl$	Pt	As(Ⅲ)，I^-，脂肪酸
Ce(Ⅳ)	$1.5mol\cdot L^{-1}\ H_2SO_4 + 0.1mol\cdot L^{-1}\ Ce_2(SO_4)_3$	Pt	Fe(Ⅱ)，$Fe(CN)_6^{4-}$
Mn(Ⅲ)	$1.8mol\cdot L^{-1}H_2SO_4 + 0.45mol\cdot L^{-1}MnSO_4$	Pt	草酸，Fe(Ⅱ)，As(Ⅲ)
Ag(Ⅱ)	$5mol\cdot L^{-1}HNO_3 + 0.1mol\cdot L^{-1}AgNO_3$	Au	As(Ⅲ)，V(Ⅳ)，Ce(Ⅲ)，草酸
$Fe(CN)_6^{4-}$	$0.2mol\cdot L^{-1}K_3Fe(CN)_6$pH2	Pt	Zn(Ⅱ)
Cu(Ⅰ)	$0.02mol\cdot L^{-1}CuSO_4$	Pt	Cr(Ⅵ)，V(Ⅴ)，IO_3^-
Fe(Ⅱ)	$2\ mol\cdot L^{-1}H_2SO_4 + 0.6\ mol\cdot L^{-1}$铁铵矾	Pt	Cr(Ⅵ)，V(Ⅴ)，MnO_4^-
Ag(Ⅰ)	$0.5\ mol\cdot L^{-1}HClO_4$	Ag	Cl^-，Br^-，I^-
EDTA(Y^{4-})	$0.02\ mol\cdot L^{-1}HgNH_3Y^{2-} + 0.1\ mol\cdot L^{-1}\ NH_4NO_3$pH 8 除 O_2	Hg	Ca(Ⅱ)，Zn(Ⅱ)，Pb(Ⅱ)等
H^+或OH^-	$0.1\ mol\cdot L^{-1}Na_2SO_4$ 或 KCl	Pt	OH^-，或 H^+，有机酸或碱

进行库仑滴定也可以用电极本身，如用银阳极氧化产生的 Ag^+ 来测定卤素、硫化物、硫醇或巯基化合物

$$Ag + X^- \rightleftharpoons AgX + e$$

AgX 直接沉积在电极上.

2. 指示终点的方法

库仑滴定指示终点的方法有化学指示剂法、电位法、永停终点法以及光度法等.

(1) 化学指示剂法

滴定分析中使用的化学指示剂基本上也能用于库仑滴定. 用化学指示剂指示终点可省去库仑滴定中指示终点的装置. 在常量的库仑滴定中比较简便.

(2) 电位法

库仑滴定中用电位法指示终点与电位滴定法确定终点的方法相似.在库仑滴定过程中可以记录电位(或 pH)对时间的关系曲线,用作图法或微商法求出终点.也可用 pH 计或离子计,由指针发生突变表示终点到达.

(3) 永停终点法

永停终点法指示终点的装置如图 4.10 所示.在指示终点系统的两支大小相同的铂电极上,加 50～200mV 的电压.当到达终点时,由于电解液中产生可逆电对或原来的可逆电对消失,使该铂电极回路中的电流迅速变化或停止变化.永停终点法指示终点非常灵敏,常用于氧化还原滴定体系.

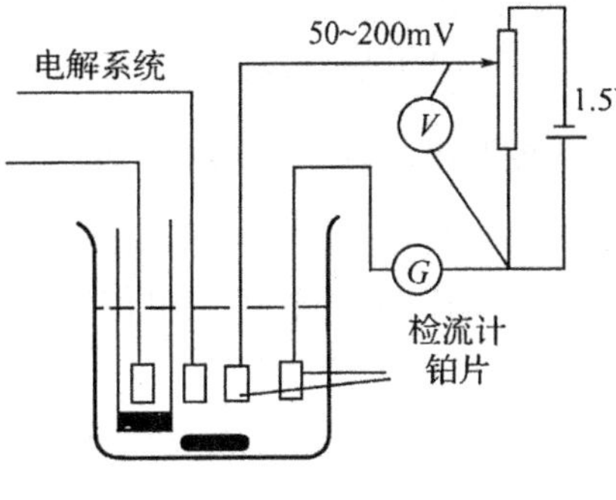

图 4.10　永停终点法装置示意图

3. 100%的电流效率

库仑分析时,应只有被测物质消耗电量,也就是说无副反应发生,即电流效率必须是 100%,这就是库仑分析的先决条件.

为了保证 100%的电流效应,电解装置中可采用盐桥,或将产生干扰物质的电极置于底部装有烧结玻璃或离子交换膜的玻璃套管内隔离等方式.

4.3.2　控制电位库仑分析法

1. 装置

控制电位库仑分析的装置如图 4.11 所示.它包括电解池、库仑计和控制电极电位仪.库仑计用来测量电量,是控制电位库仑分析的重要组成部分.

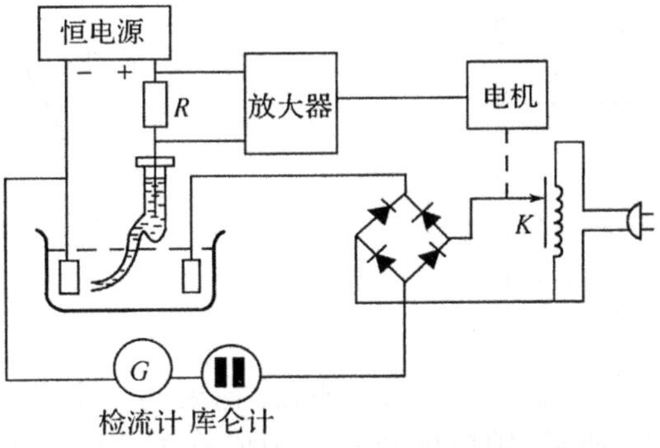

图 4.11　控制电位库仑分析装置示意图

2. 电量的测量

电量由电子积分仪等方法测定,经典的方法用库仑计(如银库仑计、气体库仑计)等来测定.

(1) 电子积分仪

控制电位库仑分析中的电量 $Q=\int_o^t i_t \mathrm{d}t$.采用电子线路积分总电量 Q,并直接由表头显示.

若用作图方法,控制电位库仑分析中的电流随时间而衰减(如图 4.12).

$$i_t = i_o 10^{-Kt}$$

电解时消耗的电量可通过积分求得

$$Q=\int_o^t i_o 10^{-Kt}\mathrm{d}t = \frac{i_o}{2.303K}(1-10^{-Kt}) \quad (4.13)$$

t 增大,10^{-Kt}减小.当 $Kt>3$ 时,10^{-Kt}可以忽略不计,则

$$Q=\frac{i_o}{2.303K} \quad (4.14)$$

对 $i_t=i_o 10^{-Kt}$取对数

$$\lg i_t = \lg i_o - Kt \quad (4.15)$$

则以 $\lg i_t$ 对 t 作图得一直线,如图 4.12 所示.直线的斜率为 K,截距为 $\lg i_o$,将 K 和 i_o 值代入式(4.14)可求出电量 Q 值.

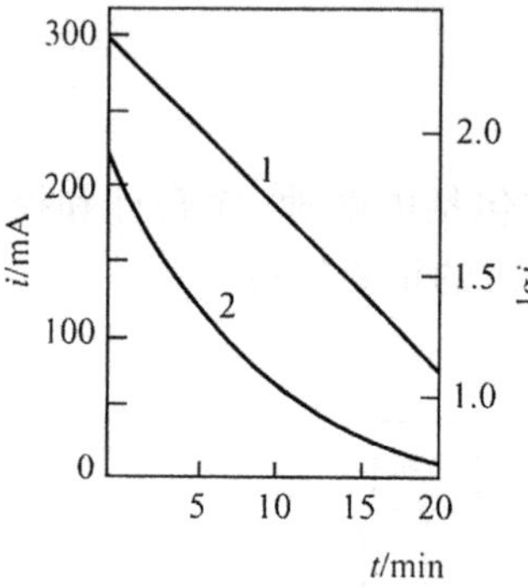

图 4.12 电流-时间曲线

1. $\lg i_t$-t 曲线; 2. i_t-t 曲线.

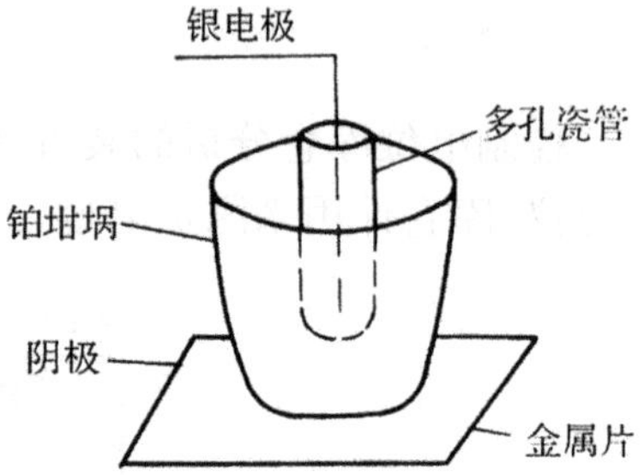

图 4.13 银库仑计

(2) 库仑计

以银库仑计为例,它是以铂坩埚为阴极,纯银棒为阳极,阳极和阴极用多孔陶瓷管隔开,如图 4.13 所示.铂坩埚及瓷管中盛有 1～2mol·L^{-1} $AgNO_3$ 溶液,电解

时发生如下反应

$$\text{阳极}\quad Ag \rightleftharpoons Ag^{+} + e$$

$$\text{阴极}\quad Ag^{+} + e \rightleftharpoons Ag$$

电解结束后,称出铂坩埚增加的重量,由析出的银的质量算出电解所消耗的电量.

4.3.3　微库仑分析法

微库仑分析法与库仑滴定法相似,也是利用电生滴定剂来滴定被测物质,不同之处在于微库仑分析输入的电流不是恒定的,而是随被测物质的含量大小自动调节,装置如图 4.14 所示.

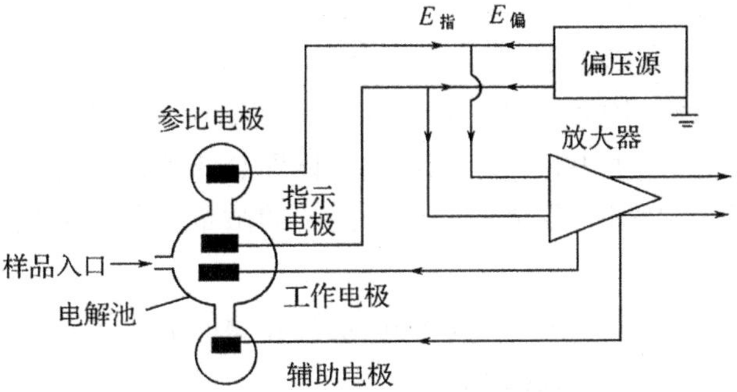

图 4.14　微库仑分析原理图

在电解池中放入电解质溶液和两对电极,一对为指示电极和参比电极,另一对为工作电极和辅助电极. 为了减小电解池体积,参比电极和辅助电极安装在电解池的两端. 样品进入前,电解液中的微量滴定剂浓度一定,指示电极与参比电极上的电压 $E_{指}$ 为定值. 偏压源提供的偏压 $E_{偏}$ 与 $E_{指}$ 大小相同方向相反,两者之间 $\Delta E=0$,此时库仑分析仪放大器的输入为零,则放大器的输出也为零,处于平衡状态. 当样品进入电解池后,使滴定剂的浓度减小,$E_{偏}$ 与 $E_{指}$ 定值 $\Delta E \neq 0$,放大器中就有电流输出,工作电极开始电解,直至滴定剂浓度恢复至原来的浓度,ΔE 恢复至零. 到达终点,电解自动停止.

微库仑分析过程中电流是变化的,所以也称动态库仑分析. 电流-时间关系如图 4.15 所示. 这种方法的灵敏度高,适用于微量成分的分析,因此又称微库仑分析法.

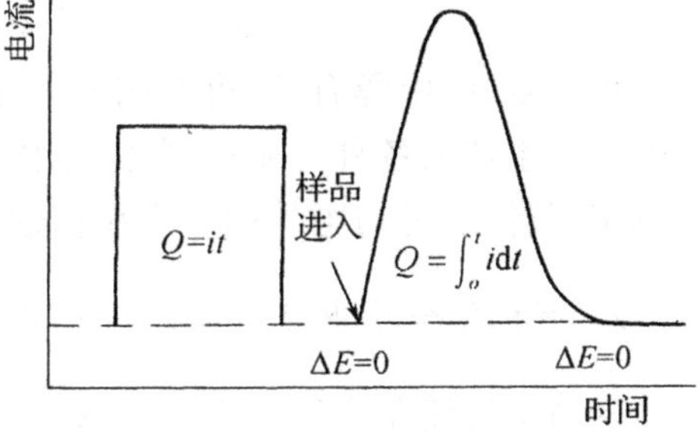

图 4.15　微库仑分析法的电流-时间曲线

4.3.4 应用

库仑分析法与容量分析法相比，它不需要制备标准溶液，不稳定试剂可以就地产生，样品量小，电流和时间能准确测定. 它具有准确、灵敏、简便和易于实现自动化等优点. 库仑分析用途较广，不仅可用于石油化工、环保、食品检验等方面的微量或常量成分分析，而且还能用于化学反应动力学及电极反应机理等的研究.

库仑分析法可以测定微量水、硫、碳、氮、氧和卤素等等.

1. 微量水分的测定

卡尔·费休(Karl Fischer)在 1935 年首先提出测定水分含量的特效容量分析法，称为卡尔·费休法. 它以卡尔·费休试剂作为滴定剂来滴定样品中的水分，相当于滴定分析中的碘量法. 1955 年 Meyer 和 Bogd 等将卡尔·费休容量法与库仑分析法相结合，用电解方式产生 I_2，建立了卡尔·费休库仑法测定水分含量的方法，该方法是一种广泛用于测定液体、气体和固体样品中的微量水分的电化学分析法. 操作方便，易于自动化.

卡尔·费休试剂是含有甲醇、二氧化硫、吡啶和碘的混合试剂.

在醇介质中，卡尔·费休反应如下

$$2ROH + SO_2 \rightleftharpoons RSO_3^- + ROH_2^+ \qquad \text{溶剂化作用}$$

$$B + RSO_3^- + ROH_2^+ \rightleftharpoons BH^+SO_3R^- + ROH \qquad \text{缓冲作用}$$

$$H_2O + I_2 + BH^+SO_3R^- + 2B \longrightarrow BH^+SO_4R^- + 2BHI \qquad \text{氧化还原}$$

在含碱 B(吡啶)的缓冲溶液中，SO_2 与醇反应产生烷基磺酸盐，其最佳 pH 值约为 5～8. pH <3 时，反应缓慢. pH >8 时，副反应发生. 当 H_2O 存在时，若加入 I_2，则发生氧化还原反应. 在容量分析的滴定反应中，I_2 由滴定管加入. 在库仑滴定中 I_2 由 I^- 在阳极上电解而产生

$$\text{Pt} \qquad \text{阳极} \qquad 2I^- \longrightarrow I_2$$

由于吡啶、甲醇有毒，可改用无毒无味卡尔·费休试剂. 江苏苏源云集科技发展有限公司生产的各种无吡啶试剂能用于各种油类、食品、化工等样品中微量 H_2O 的测定，其性能可与国外同类产品相媲美，而价格比它们便宜.

2. 有机化合物中硫等成分的测定

样品中的硫在合适条件下，经燃烧转化为 SO_2，由载气带入电解池中发生如下反应

$$SO_2 + I_3^- + 2H_2O \rightleftharpoons SO_4^{2-} + 3I^- + 4H^+$$

导致 I_3^- 浓度降低,微库仑放大器的平衡状态破坏,$\Delta E \neq 0$,放大器中输出相应的电流,此时,阳极发生如下反应

$$3I^- \rightleftharpoons I_3^- + 2e$$

从而使由 SO_2 消耗的 I_3^- 浓度恢复至原浓度,终点到达,自动停止电解.由读出装置显示其硫的含量.

3. 化学需氧量的测定

在环境保护中需要测定化学需氧量(COD),这是评价水质污染的重要指标之一.COD 是指在一定条件下,1L 水中可被氧化的物质(有机物或其他还原性物质)氧化时所需要的氧的量.

在 10.2mol·L^{-1}硫酸介质中,以重铬酸钾为氧化剂,将水样回流消化 15 min.通过 Pt 阴极电解产生的亚铁离子与剩余的 $K_2Cr_2O_7$ 作用.由消耗的电量计算 COD 值

$$COD = \frac{i(t_0 - t_1)}{96\,487V} \cdot \frac{32}{4} \times (1 \times 10^{-3})$$

式中:i 为恒电流强度,mA;t_0 为电解产生的 Fe^{2+} 标定电解池中重铬酸钾浓度所需要的电解时间/s;t_1 为测定剩余重铬酸钾所需要的电解时间/s;V 为水样体积/ml.

习　题

1. 写出电解方程的数学表达式并说明各符号的含义.
2. 试述控制电位电解过程中电流-时间关系的数学表达式及其含义.
3. 解释控制电流电解过程中电极电位-时间曲线的形状.
4. 简要说明微库仑分析法的原理.
5. 用电解方法分离浓度均为 8.00×10^{-2} mol·L^{-1}Zn^{2+} 和 Ni^{2+} 的混合试液,试问:

(1) 哪一离子先析出? 阴极电位应维持在什么范围内,才可能使这两金属离子分离(vs.SHE)?

(2) 要达到定量分离,阴极电位应维持在什么范围(vs.SHE)?

6. 用电解法从 0.100 mol·L^{-1}Cu^{2+} 和 0.100 mol·L^{-1}Sn^{2+} 溶液中选择性沉积 Cu^{2+},试问:

(1) 阴极电位应控制在何值(vs.SCE)?

(2) 分离的效果如何?

7. 在 0.010A·cm^{-2}电流密度和 0.100A 电流下,用一对平滑 Pt 电极电解 Na_2SO_4 稀溶液,电解池的内阻为 2.00Ω,计算电解时需要的外加电压为多少?
8. 在 pH4 的乙酸盐缓冲溶液中,用铜电极电解 0.010 mol·L^{-1}$ZnSO_4$ 溶液,在实验使用的

电流密度下，H_2 在铜电极上的超电位为 0.75V；O_2 在 Pt 阳极上的超电位为 0.50V，电解池的 ir 降为 0.50V，试问：

(1) 理论分解电压为多少？

(2) 电解开始所需要的实际外加电压为多少？

(3) 电解过程中电压变化吗？

(4) H_2 开始释放时，溶液中 Zn^{2+} 的浓度为多少？

9. 从含 0.200 $mol·L^{-1}$ Ni^{2+} 和 0.400 $mol·L^{-1}$ $HClO_4$ 的 100ml 溶液中，将镍沉积在 Pt 阴极上，Pt 阳极上放出 O_2. 若通过电解池的电流维持为 0.450A，电解池内阻 2.00Ω，Pt 电极的面积为 4.5cm^2，试求：

(1) 理论分解电压；

(2) ir 降；

(3) 开始电解所需的外加电压；

(4) 当 Ni^{2+} 浓度为 0.010 $mol·L^{-1}$时，需要电解时间多长？

10. 用库仑滴定法测定苯酚含量. 将 10.0ml 含苯酚的试液放入烧杯中，再加入一定量的 HCl 和 0.1 $mol·L^{-1}$ NaBr 溶液. 由电解产生 Br_2 来滴定 C_6H_5OH

$$2Br^- \rightleftharpoons Br_2 + 2e$$

$$C_6H_5OH + 3Br_2 \rightleftharpoons C_6H_2Br_3OH + 3HBr$$

电流强度为 6.43mA，到达终点所需时间 112s，计算试液中苯酚的浓度为多少？

11. 用库仑滴定法测定水中钙的含量，在 50.0ml 氨性试液中加入过量的 $HgNH_3Y^{2-}$，使其电解产生的 Y^{4-} 来滴定 Ca^{2+} 若电流强度为 0.0180A，则到达终点需 3.50min，计算每毫升水中 $CaCO_3$ 的毫克数为多少？

12. 用库仑滴定法测定防蚁制品中砷的含量. 称取样品 6.39g，溶解后用肼将 As(Ⅴ)还原为 As(Ⅲ). 在弱碱性介质中，由电解产生的 I_2 来滴定 As(Ⅲ)

$$2I^- \rightleftharpoons I_2 + 2e$$

$$HAsO_3^{2-} + I_2 + 2HCO_3^- \rightleftharpoons HAsO_4^{2-} + 2I^- + 2CO_2 + H_2O$$

电流强度为 95.4mA，到达终点需 14min 2s，计算样品中 As_2O_3 的质量分数为多少？

13. 用库仑滴定法测定蛋白质中氮的含量. 蛋白质样品经硫酸消化，使氮转化为硫酸铵，并稀释至 100.0ml，取 1.00ml 调节 pH 至 8.6，用电解产生的 OBr^- 来滴定

$$Br^- + 2OH^- \rightleftharpoons OBr^- + H_2O + 2e$$

$$2NH_3 + 3OBr^- \rightleftharpoons N_2 + 3Br^- + 3H_2O$$

电流强度为 10.0mA，到达终点需要 159.2s. 计算蛋白质中含氮多少 mg？

14. 用控制电位库仑分析法测定 20.0ml 试液中含 1.00×10^{-3} $mol·L^{-1}$ Ag^+. 若使用的电极面积为 15.0cm^2，扩散层厚度为 2.00×10^{-3} cm，Ag^+ 在该溶液中的扩散系数为 4.20×10^{-3} $cm^2·s^{-1}$. 试问电解完成 99.9%所需要的时间为多少？

15. 根据下述反应

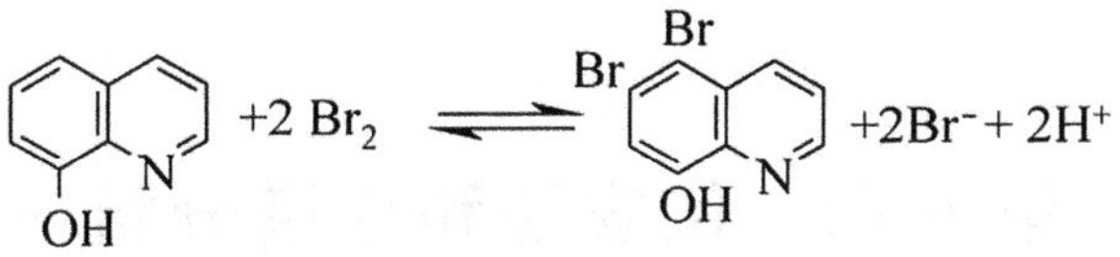

设计用库仑滴定法测定 1mg 8-羟基喹啉的方案.

第五章　伏安法和极谱分析法

基本要求：

1. 掌握直流极谱法的基本原理及其不足之处；
2. 掌握尤考维奇方程和极谱波方程；
3. 理解单扫描极谱法、脉冲极谱法和阳极溶出伏安法灵敏度高的原因；
4. 掌握循环伏安法的原理及应用.

伏安法(voltammetry)和极谱分析法(polarography)都是通过由电解过程中所得的电流-电位(电压)或电位-时间曲线进行分析的方法.它们的区别在于伏安法使用的极化电极是固体电极或表面不能更新的液体电极,而极谱分析法使用的是表面能够周期更新的滴汞电极.

自 1922 年 Heyrovsky 开创极谱学以来,极谱分析在理论和实际应用上发展迅速.继直流极谱法后,相继出现了单扫描极谱法、脉冲极谱法、卷积伏安法等各种快速、灵敏的现代极谱分析方法,使极谱分析成为电化学分析的重要组成部分.极谱分析法不仅可用于痕量物质的测定,而且还可用于化学反应机理,电极动力学及平衡常数测定等基础理论的研究.

与两种电解过程相对应,极谱分析法也可分为控制电位极谱法(如直流极谱法、单扫描极谱法、脉冲极谱法和溶出伏安法等)和控制电流极谱法(如交流示波极谱法和计时电位法等).

5.1　直流极谱法

5.1.1　原理

1. 装置

直流极谱法也称恒电位极谱法,其装置如图 5.1 所示.它包括测量电压、测量电流和极谱电解池三部分.

现以测定 Pb^{2+} 和 Zn^{2+} 为例.在电解池中安装一支面积小的滴汞电极,及一支面积大的饱和甘汞电极,如图 5.2 所示.电解池中盛有浓度均为 1.00×10^{-3} $mol\cdot L^{-1}$ Pb^{2+} 和 Zn^{2+} 溶液以及 $0.1mol\cdot L^{-1}$ KCl(称为支持电解质,浓度比被测离子大 50～100 倍)，并加入 1% 的动物胶(称为极大抑制剂)几滴. 电解前，通入 N_2 除去电解液中溶解的 O_2. 按图 5.1 所示，以滴汞电极为阴极，饱和甘汞电极为阳极，在不搅拌溶液的静止条件下电解. 调节外加电压，逐渐增加加在两电极上的电压. 每改变一次电压，记录一次电流值. 将测得的电流 i，外加电压 V 或滴汞电极的电位 φ_{de}值绘制成 i-V 或 i-φ_{de}曲线，若用极谱仪自动记录，结果如图 5.3 所示. 图中台阶形的锯齿波称为极谱波. 曲线 a 是 Pb^{2+} 和 Zn^{2+} 的极谱波；曲线 b 的平坦部分是残余电流，即背景电流.

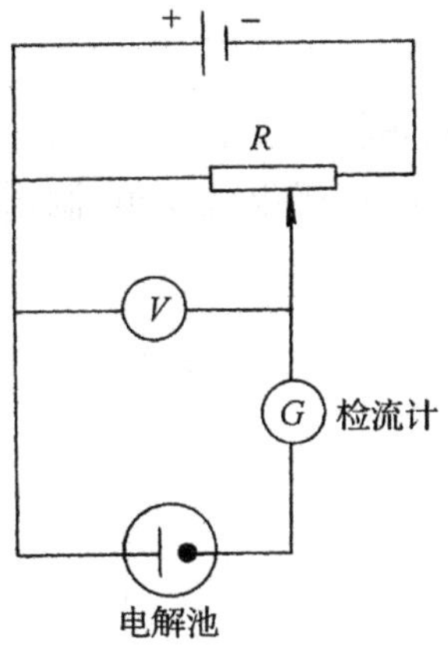

图 5.1 直流极谱装置示意图

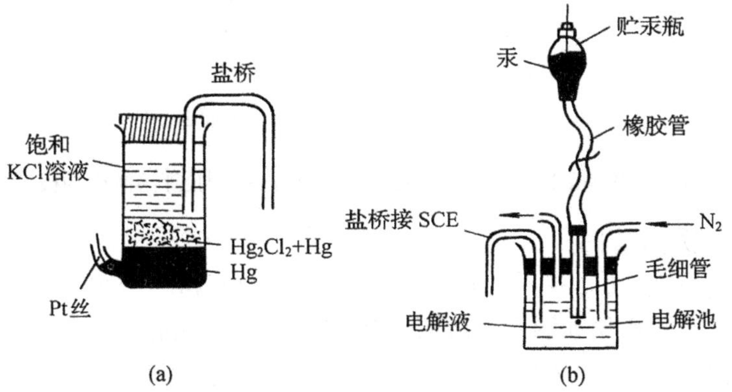

图 5.2 饱和甘汞电极(a)和滴汞电极(b)

2. 极谱波的形成

(1) 残余电流部分

滴汞电极电位比 −0.3V 略正时，只有微小的电流，该电流称为残余电流.

(2) 电流上升部分

滴汞电极电位在 −0.3～−0.5V 间，当电位负至 Pb^{2+} 的析出电位时，Pb^{2+} 在滴汞电极上还原并与汞形成汞齐

$$Pb^{2+} + 2e + Hg \rightleftharpoons Pb(Hg)$$

此时滴汞电极的电位符合能斯特方程

$$\varphi_{de} = \varphi^{\circ\prime} + \frac{0.0592}{2}\lg\frac{[Pb^{2+}]^s}{[Pb(Hg)]^s} \tag{5.1}$$

式中，角标 s 表示对滴汞电极表面而言. 式(5.1)表明电极表面的$[Pb^{2+}]^s$决定于电极电位. 电极电位变负，滴汞电极表面的 Pb^{2+} 迅速还原，电流急剧上升.

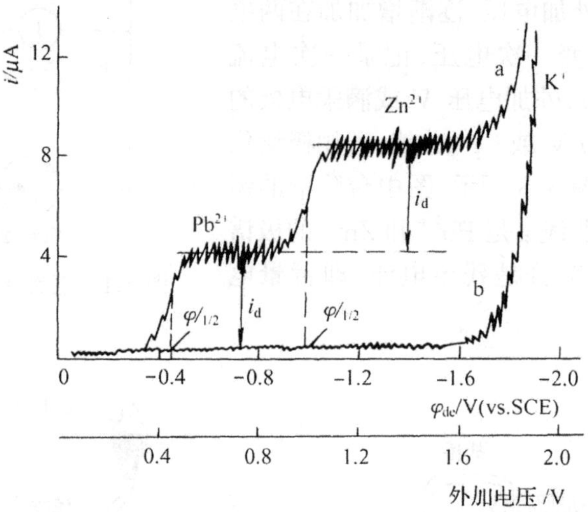

图 5.3　1.00×10^{-3}mol·L^{-1}Pb^{2+} 和 Zn^{2+} 在 0.1mol·L^{-1}KCl 溶液中的极谱图

(3) 极限扩散电流部分

滴汞电极电位在 −0.5～−0.9V 间，滴汞电极表面$[Pb^{2+}]^s$变小并趋近于零，在汞滴周围形成一扩散层如图 5.4 所示，其厚度 δ 约 0.05mm. 在扩散层内随着离开汞滴表面距离增加，浓度从小到大. 扩散层外的 Pb^{2+} 浓度等于本体溶液中 Pb^{2+} 的浓度$[Pb^{2+}]$，所以电极表面的浓度梯度为

$$\left(\frac{\Delta c}{\Delta x}\right)_{\text{电极表面}} = \frac{[Pb^{2+}] - [Pb^{2+}]^s}{\delta} \tag{5.2}$$

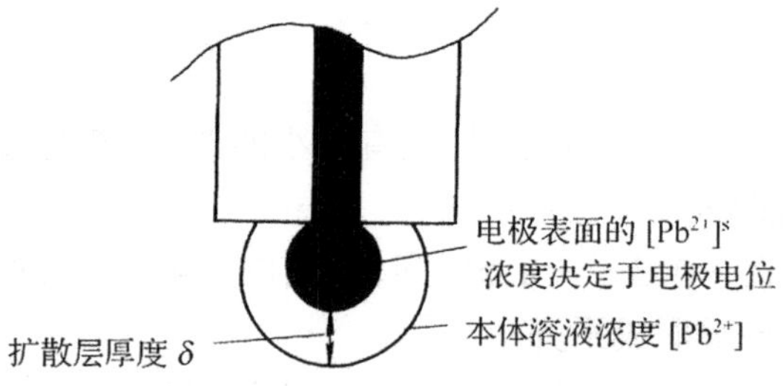

图 5.4　扩散层示意图

Pb^{2+}到达滴汞电极表面的速度受其扩散速度控制，扩散速度又与扩散层中的浓度梯度成比例．由于电极反应的速度远比扩散速度快，因此扩散电流的大小与浓度梯度成比例，即

$$i \propto \frac{[Pb^{2+}] - [Pb^{2+}]^s}{\delta}$$

或

$$i = K_s\{[Pb^{2+}] - [Pb^{2+}]^s\}$$

当滴汞电极的电位负至一定数值时，电极表面 Pb^{2+} 的浓度为零

$$[Pb^{2+}]^s = 0$$

此时电流达极限值，该电流称为极限电流 i_1，如图 5.3 曲线 a 中台阶的平坦部分．极限电流扣除残余电流 i_r 后为极限扩散电流，简称扩散电流 i_d

$$i = i_1 - i_r = i_d = K_s[Pb^{2+}] \tag{5.3}$$

该扩散电流 i_d 与被测物质的浓度成比例，这是定量分析的基础．

极谱波上任何一点的电流都是受扩散控制．

在极谱波上可以测得扩散电流 i_d，同时还可测得半波电位 $\varphi_{1/2}$．半波电位就是与扩散电流值的一半相对应的电位．在支持电解质浓度和温度一定时，$\varphi_{1/2}$为定值，与被测物质浓度无关，可以作为定性分析的一个参数．

极谱波波形以及相关的参数 i_d 和 $\varphi_{1/2}$是反映极谱性质的重要标志．

3．极化电极和去极化电极

极谱分析的指示电极必须是极化电极，如滴汞电极．参比电极是去极化电极，如饱和甘汞电极(SCE)．

极谱过程是一种特殊的电解过程，由电解方程得

$$V = \varphi_{SCE} - \varphi_{de} + ir$$

改写为

$$\varphi_{de} - \varphi_{SCE} = -(V - ir) \tag{5.4}$$

电解时饱和甘汞电极的电极反应为

$$2Hg + 2Cl^- \rightleftharpoons Hg_2Cl_2 + 2e$$

其电极电位(298K)为

$$\begin{aligned}\varphi_{SCE} &= \varphi^{\ominus}_{Hg_2^{2+},Hg} + \frac{0.0592}{2}\lg K_{sp(Hg_2Cl_2)} - 0.0592\lg[Cl^-] \\ &= 0.268 - 0.0592\lg[Cl^-]\end{aligned}$$

由此可见，饱和甘汞电极的电位决定于 Cl^- 的浓度，而$[Cl^-]$变化的大小又决定于电极表面的电流密度大小．若电流密度小，由电极反应引起$[Cl^-]$的改变可以忽

略,则 φ_{SCE}基本不变,成为去极化电极.采用大面积的饱和甘汞电极和小面积的滴汞电极就可以实现这一目的.滴汞电极是电活性物质起反应的电极,电流大小与它的面积和溶液中电活性物质的浓度有关.直流极谱法测定的离子浓度较低,而且滴汞电极的面积小,所以产生的电解电流小(约微安数量级),微安数量级的电流流过大面积的饱和甘汞电极,其电流密度小,则[Cl^-]几乎不变,从而使饱和甘汞电极的电位基本不变,成为去极化电极.

由式(5.4)知,当 φ_{SCE}保持不变时,相对于饱和甘汞电极(vs.SCE)的滴汞电极电位为

$$\varphi_{de}(\text{vs. SCE}) = -(V - ir) \tag{5.5}$$

若电解池的内阻很小,且极谱电流仅微安数量级,电压降可以忽略,则

$$\varphi_{de}(\text{vs. SCE}) = -V \tag{5.6}$$

由此可见,滴汞电极的电位完全随外加电压的改变而改变,它就成为极化电极.

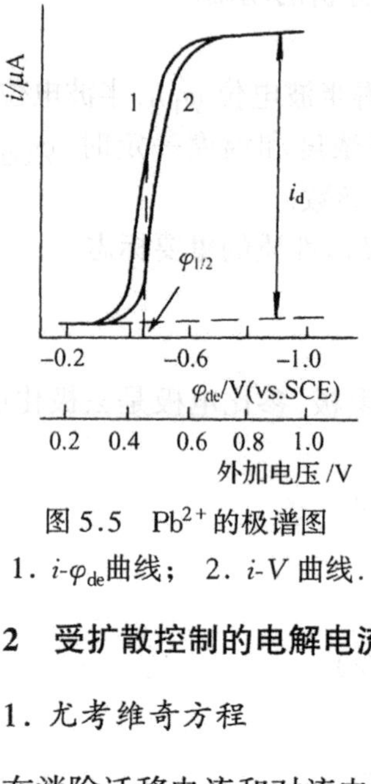

图 5.5　Pb^{2+}的极谱图
1. i-φ_{de}曲线;　2. i-V 曲线.

极化与去极化是相对的.在整个极谱过程中,滴汞电极是极化电极,但在极谱波的电流上升部分,即电活性物质在滴汞电极上还原时,电极电位改变很小而电流变化很大,此时滴汞电极具有去极化的性质,所以电活性物质也称去极化试剂,简称去极剂.

极谱仪上测得的是 i-V 曲线.由式(5.5),从 i, V 和 r 值可求出 φ_{de},由此得 i-φ_{de}曲线,如图 5.5 所示.在 i-φ_{de}曲线中,横坐标可以是正值或负值;在i-V曲线中,横坐标是外加电压,总是正值.当 ir 降很小时,i-V曲线和i-φ_{de}曲线重合;若 ir 降增大,则 i-V 曲线负移.

5.1.2　受扩散控制的电解电流

1. 尤考维奇方程

在消除迁移电流和对流电流后,极谱电流完全受去极剂向电极表面的扩散速度控制.去极剂在滴汞电极表面发生反应使其浓度降低,滴汞电极周围形成一薄层扩散层,产生浓度梯度.对于线性扩散,根据 Fick 第一定律,每秒通过扩散而到达电极表面的被测离子的量 f,与电极面积 A 和浓度梯度成正比,即

$$f = DA\left(\frac{\Delta c}{\Delta x}\right)_{\text{电极表面}} \tag{5.7}$$

若扩散层内浓度从小到大的变化呈直线型，则电极表面的浓度梯度可近似地表示为

$$\left(\frac{\Delta c}{\Delta x}\right)_{\text{电极表面}} = \frac{[M^{z+}] - [M^{z+}]^s}{\delta} \tag{5.8}$$

电解时间越长，扩散层厚度 δ 越大，扩散层内浓度的变化如图 5.6 所示. 则根据法拉第定律得电解电流为

$$i = zFf = zFDA\frac{[M^{z+}] - [M^{z+}]^s}{\delta} \tag{5.9}$$

对于平面电极，扩散层厚度为

$$\delta = \sqrt{\pi Dt} \tag{5.10}$$

当电极电位负至产生扩散电流时，电极表面去极剂浓度趋近于零，所以

$$i_d = zFDA\frac{[M^{z+}]}{\sqrt{\pi Dt}}$$

或

$$i_d = zFD^{\frac{1}{2}}A\frac{[M^{z+}]}{\sqrt{\pi t}} \tag{5.11}$$

该式就是平面电极的 Cottrell 方程.

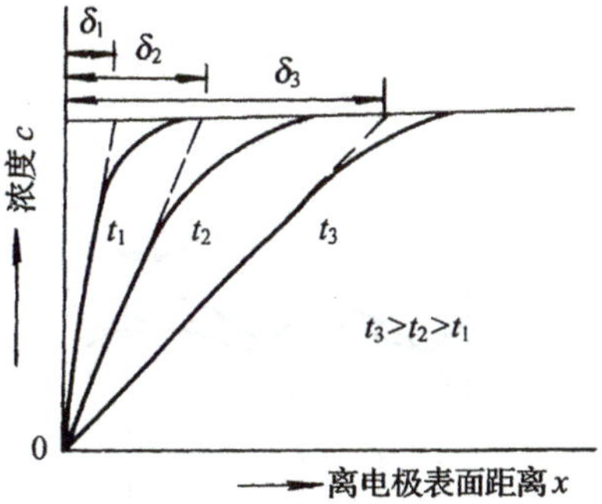

图 5.6　扩散层内浓度随 x 和 t 的变化

在 t 时刻，球形汞滴的面积 A 可以从滴汞流速 m 和汞的密度 ρ 求得

$$\frac{4}{3}\pi r^3 = \frac{mt}{\rho}$$

则汞滴半径 r 为

$$r = \left(\frac{3mt}{4\pi\rho}\right)^{\frac{1}{3}}$$

所以汞滴面积 A 为

$$A = 4\pi r^2 = 4\pi\left(\frac{3mt}{4\pi\rho}\right)^{\frac{2}{3}} = 0.85m^{\frac{2}{3}}t^{\frac{2}{3}} \tag{5.12}$$

在滴汞电极上，扩散层厚度是平面电极的$\sqrt{\frac{3}{7}}$倍，即

$$\delta = \sqrt{\frac{3}{7}\pi Dt} \tag{5.13}$$

将式(5.12)，(5.13)代入式(5.11)得

$$i_{d,\max} = 708zD^{\frac{1}{2}}m^{\frac{2}{3}}t^{\frac{1}{6}}c \tag{5.14}$$

式中，$i_{d,\max}$为最大扩散电流/μA；D 为去极剂在溶液中的扩散系数/$cm^2\cdot s^{-1}$；m 为

汞在毛细管中流速/mg· s^{-1}；t 为在测量电流的电压下，汞滴滴落的时间/s；c 为去极剂浓度/mmol·L^{-1}.

式(5.14)表示在每滴汞寿命的最后时刻获得的最大扩散电流，实际测量的是平均扩散电流附近的小振荡信号，如图 5.7 曲线 2 所示. 平均电流是最大电流的$\frac{6}{7}$倍，则

$$i_d = \frac{6}{7} i_{d,max}$$

即

$$i_d = 607 z D^{\frac{1}{2}} m^{\frac{2}{3}} t^{\frac{1}{6}} c \tag{5.15}$$

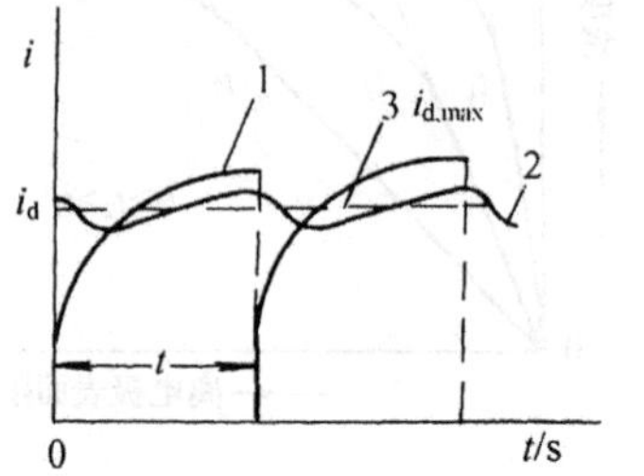

图 5.7 一滴汞上的电流-时间曲线

1. 单个汞滴的最大电流-时间曲线； 2. 观测的电流-时间曲线； 3. 平均扩散电流.

式(5.14)或(5.15)称为尤考维奇方程，是极谱分析的基本公式之一.

滴汞电极上的扩散电流随时间 $t^{\frac{1}{6}}$增加，这是扩散层厚度和滴汞电极面积随时间变化的总结果. 在每一滴汞生长的最初时刻电流迅速增大，随后变缓，汞滴下落时电流下降，如图 5.7 所示. 汞滴周期性的下滴使扩散电流发生周期性变化，使极谱波呈锯齿形.

2. 影响扩散电流的因素

(1) 被测物质的浓度

用同一根毛细管和汞柱高度等因素不变时，扩散电流和被测物质浓度成比例

$$i_d = K_s c \tag{5.16}$$

式中，K_S 称为尤考维奇常数，等于 $607 z D^{\frac{1}{2}} m^{\frac{2}{3}} t^{\frac{1}{6}}$.

(2) 毛细管常数和扩散电流常数

尤考维奇方程中的 $m^{\frac{2}{3}} t^{\frac{1}{6}}$值称为毛细管常数. 将式(5.15)改写得

$$I = 607 z D^{\frac{1}{2}} = \frac{i_d}{m^{\frac{2}{3}} t^{\frac{1}{6}} c} \tag{5.17}$$

I 称为扩散电流常数.

在相同支持电解质溶液中测定同种离子，使用不同的毛细管，其 $m^{\frac{2}{3}} t^{\frac{1}{6}}$值不同，因而测得的 i_d 也不同，但 I 值相同. 利用扩散电流常数可以比较不同实验室由于使用不同毛细管所获得的实验数据是否相符. 在发表极谱论文时，应注明 $m^{\frac{2}{3}} t^{\frac{1}{6}}$

值和 I 值.

(3) 汞柱高度

当去极剂浓度一定时,尤考维奇方程为

$$i_d = Km^{\frac{2}{3}}t^{\frac{1}{6}}$$

显然,改变汞柱高度 h,将引起汞的流速 m 和汞滴下滴的时间 t 的变化,由于 $m \propto h, t \propto \frac{1}{h}$,则

$$i_d = kh^{\frac{1}{2}} \tag{5.18}$$

由此可见,扩散电流与汞柱高度的平方根成比例,所以在极谱分析时,汞柱高度应保持不变.因此遵循式(5.18)的电极过程是受扩散控制.

(4) 温度

在尤考维奇方程中除 z 以外,其余各项均受温度影响.极谱分析时温度应控制在 ±5℃,则其误差约为 ±1%.

3. 干扰电流及其消除

(1) 对流电流和迁移电流

第二章中讨论了对流、电迁移和扩散传质三种过程.电解时电极表面减少的去极剂由对流、电迁移和扩散来补充.

极谱分析中,只有扩散电流与去极剂浓度成比例.为了消除对流传质引起的对流电流,测定时溶液必须静止.加入大量支持电解质的目的是为了消除迁移电流,另一方面还可以降低 ir 降.通常,支持电解质浓度比去极剂浓度大 100 倍以上时,迁移电流基本消除.支持电解质是一些无机酸、碱金属、碱土金属无机盐以及配位剂等.

(2) 氧电流

室温下,空气饱和的溶液含氧约 10^{-4}mol·L^{-1}. O_2 在滴汞电极上的还原分二步进行,因而出现两个极谱波

第一个波　　$O_2 + 2H^+ + 2e \rightleftharpoons H_2O_2$

第二个波　　$H_2O_2 + 2H^+ + 2e \rightleftharpoons 2H_2O$

第一个波的半波电位约为 −0.2V (vs.SCE),第二个波的半波电位为 −0.9V(vs.SCE),如图 5.8 所示.两个还原波所覆盖的电位范围正是大多数金属离子还原的电位范围,因此干扰测定,应预先除去.除去溶液中 O_2 的方法有:

第一,在碱性或中性溶液中加入少量亚硫酸钠,发生以下反应

$$2SO_3^{2-} + O_2 \rightleftharpoons 2SO_4^{2-}$$

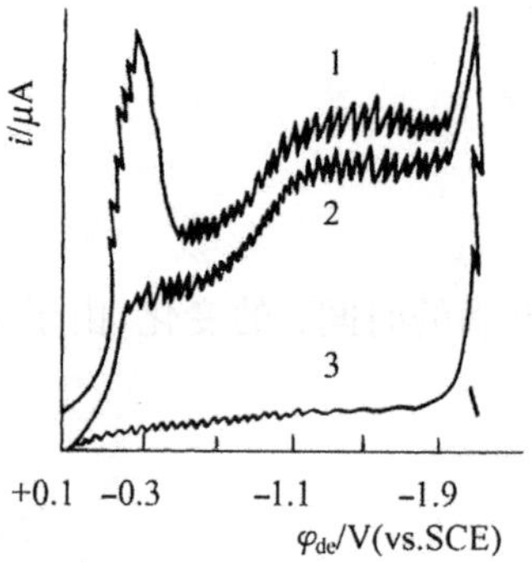

图 5.8 氧的极谱图

1. 空气饱和的 0.05mol·L^{-1}KCl 溶液； 2. 溶液 1 中加入少量动物胶； 3. 溶液 2 通 N_2 除 O_2.

第二，无论是酸性还是碱性溶液，都可用通 N_2 除 O_2.

(3) 极大

极大是滴汞电极上出现的异常现象.当某些电活性物质在滴汞电极上还原或氧化时，随着外加电压的增大，在极谱波的前部出现极大值，称为极大，又称畸峰，如图 5.8 中曲线 1 所示.极大的出现将影响扩散电流和半波电位的准确测定.通常可加入少量表面活性剂如动物胶、TritonX-100 或甲基红试剂等来消除，这种试剂称为极大抑制剂.加入的抑制剂量不宜过大，否则会降低扩散电流.

(4) 残余电流

在极谱波上，外加电压未达到去极剂的分解电压之前有微小的残余电流通过电解池.残余电流一方面是由于溶液中微量的杂质金属离子还原产生的，这可以通过提纯试剂来消除；另一方面是由于滴汞电极上双电层的充放电产生的，称为充电电流或电容电流.对滴汞电极，在 t 时刻的充电电流为

$$i_r = C_o(\varphi_m - \varphi)\frac{dA}{dt} + C_oA\frac{d\varphi}{dt} \tag{5.19}$$

直流极谱法的电位变化率很慢，对于一滴汞而言可视为不变$\frac{d\varphi}{dt}=0$，则式(5.19)为

$$i_r = C_o(\varphi_m - \varphi)\frac{dA}{dt} \tag{5.20}$$

将式(5.12)代入式(5.20)，并通过积分可求得平均充电电流为

$$i_r = 0.85C_o(\varphi_m - \varphi)m^{\frac{2}{3}}t^{-\frac{1}{3}} \tag{5.21}$$

式中，C_o 为比电容，即单位面积的电容；φ_m 为电毛细管曲线的极大电位.

通常，抑制充电电流能力的大小决定了该极谱方法的检测限.直流极谱法的检测限为 10^{-5}mol·L^{-1}.由式(5.21)知，充电电流在汞滴生长的初期最大，而在末期最小.因此现代极谱法根据电解电流比充电电流衰减慢这一性质，采取在汞滴末期记录电解电流的方法来提高极谱分析的灵敏度.

(5) 叠波、前波和氢波

它们都会干扰测定.

① 叠波　直流极谱法中，两种物质的极谱波的半波电位之差小于0.2V时，这两个极谱波发生重叠，不易测定．消除极谱波的叠波，可以加入配位剂以改变半波电位，使两波分开；或用化学方法除去干扰物质．

② 前波　若溶液中存在两种易还原的物质A和B，被测物质A的 $\varphi_{1/2}$较B负，且差值大于0.2V，而浓度比B小10倍以上，当 $\varphi_{1/2}$较正的B先在滴汞电极上还原产生一个大的前波时，该前波将使A的极谱波难以测量．此时也可加入配位剂，改变价态或用化学方法除去B的干扰．

③ 氢波　酸性溶液中，氢离子在 $-1.2 \sim -1.4$V(与酸度有关)电位范围内在滴汞电极上还原产生氢波．被测物质，如 Co^{2+}，Ni^{2+}，Zn^{2+}等，它们的极谱波与氢波相近，氢波将干扰测定．这时应在氨性溶液中进行极谱测定．

在极谱分析的电解液中，除被测物质以外，由极大抑制剂、支持电解质或配位剂等组成的溶液，称为极谱底液．

4．滴汞电极

极谱法中使用滴汞电极作为极化电极，其主要优点为

第一，汞滴下滴，使汞滴表面不断更新且能保持溶液扩散层的厚度一定，实验数据的再现性好，准确度高．

第二，氢在汞上的超电位较大．滴汞电极电位负至 -1.3V(vs.SCE)时才有 H_2放出而产生干扰．

滴汞电极的缺点是汞蒸气有毒，实验时应小心防止汞散落在实验桌上或地上．由于汞的氧化，滴汞电极不能用于太正的电位．

5.1.3　极谱波方程

表示极谱电流与滴汞电极电位之间关系的数学表达式，称为极谱波方程．

电极过程由扩散、电荷转移(非均相动力学)、与电荷转移偶联的化学反应(均相动力学)以及吸附等步骤组成．因此产生的极谱电流可分为受扩散控制的扩散电流，受化学反应速率控制的动力电流以及受吸附过程控制的吸附电流等，极谱波可分为可逆波、不可逆波、动力波吸附波等．

极谱波也能以电极反应是还原或是氧化过程分为还原波或氧化波，还能以参与电极反应的物质的类型分为简单离子极谱波，配离子极谱波和有机化合物极谱波等．

1．可逆金属离子的极谱波方程

(1) 溶于汞的金属离子的还原波方程

溶液中只有氧化态的金属离子,它在滴汞电极上还原生成汞齐

$$M^{z+} + ze + Hg \rightleftharpoons M(Hg)$$

其极谱波如图 5.9 中曲线 2. 滴汞电极电位与电极表面去极剂的浓度之间的能斯特方程(298K)为

$$\varphi_{de} = \varphi^{\circ\prime} + \frac{0.0592}{z} \lg \frac{[M^{z+}]^s}{[M(Hg)]^s} \tag{5.22}$$

式中,$[M^{z+}]^S$ 和 $[M(Hg)]^S$ 分别为汞滴表面的金属离子的浓度和金属汞齐的浓度.

扩散电流一方面受去极剂 M^{z+} 向电极表面扩散速度的控制. 在一定的电位下,电流可表示为

$$i = K_s\{[M^{z+}] - [M^{z+}]^s\} \tag{5.23}$$

另一方面也受产物向汞滴中心或向溶液的扩散速度的控制. 若产物与汞形成汞齐,向汞滴中心扩散;若溶于水,则向溶液扩散. 在“流量平衡”条件下,电流 i 也应遵守以下关系

$$i = K_a\{[M(Hg)]^s - 0\} \tag{5.24}$$

汞滴中心的金属汞齐的浓度等于零. K_s 和 K_a 为比例常数.

电极电位较负时,电流达到极限扩散电流值,则

$$i = i_d = K_s[M^{z+}] \tag{5.25}$$

将式(5.23)和(5.25)结合

$$[M^{z+}]^s = \frac{i_d - i}{K_s} \tag{5.26}$$

将式(5.24)和(5.26)代入式(5.22)得

$$\varphi_{de} = \varphi^{\circ\prime} + \frac{0.0592}{z} \lg \frac{K_a}{K_s} + \frac{0.0592}{z} \lg \frac{i_d - i}{i} \tag{5.27}$$

当 $i = \frac{1}{2} i_d$ 时,$\varphi_{de} = \varphi_{1/2}$则

$$\varphi_{1/2} = \varphi^{\circ\prime} + \frac{0.0592}{z} \lg \frac{K_a}{K_s}$$

$$= \varphi^{\circ\prime} + \frac{0.0592}{z} \lg \sqrt{\frac{D_R}{D_O}} \tag{5.28}$$

$$\varphi_{de} = \varphi_{1/2} + \frac{0.0592}{z} \lg \frac{i_d - i}{i} \tag{5.29}$$

式(5.29)称为还原波方程.

(2) 可逆氧化过程的氧化波方程

可用上述同样的方式求得

$$\varphi_{\mathrm{de}}=\varphi_{1/2}-\frac{0.0592}{z}\lg\frac{i_{\mathrm{d}}-i}{i}\tag{5.30}$$

式中，i 和 i_{d} 为负值. 极谱波如图 5.9 中曲线 3.

(3) 溶液中同时存在氧化态和还原态的综合波方程

例如对 Fe^{3+} 和 Fe^{2+} 体系、醌和氢醌体系等，其电极反应为

$$\mathrm{O}+z\mathrm{e}\rightleftharpoons\mathrm{R}$$

按上述方法可以推得

$$\varphi_{\mathrm{de}}=\varphi^{\circ\prime}+\frac{0.0592}{z}\lg\frac{K_{\mathrm{R}}}{K_{\mathrm{O}}}+\frac{0.0592}{z}\lg\frac{(i_{\mathrm{d}})_{\mathrm{c}}-i}{i-(i_{\mathrm{d}})_{\mathrm{a}}}\tag{5.31}$$

式中，$(i_{\mathrm{d}})_{\mathrm{c}}$ 为还原电流；$(i_{\mathrm{d}})_{\mathrm{a}}$ 为氧化电流.

当 $i=\frac{1}{2}[(i_{\mathrm{d}})_{\mathrm{c}}+(i_{\mathrm{d}})_{\mathrm{a}}]$ 时，$\varphi_{\mathrm{de}}=\varphi_{1/2}$，则

$$\varphi_{1/2}=\varphi^{\circ\prime}+\frac{0.0592}{z}\lg\sqrt{\frac{D_{\mathrm{R}}}{D_{\mathrm{O}}}}\tag{5.32}$$

$$\varphi_{\mathrm{de}}=\varphi_{1/2}+\frac{0.0592}{z}\lg\frac{(i_{\mathrm{d}})_{\mathrm{c}}-i}{i-(i_{\mathrm{d}})_{\mathrm{a}}}\tag{5.33}$$

式(5.33)为综合波方程，也称氧化还原波方程. 其极谱波如图 5.9 中的曲线 1.

溶液中只有氧化态，则 $(i_{\mathrm{d}})_{\mathrm{a}}=0$，式(5.33)变为式(5.29)的还原波方程；溶液中只有还原态，则 $(i_{\mathrm{d}})_{\mathrm{c}}=0$，式(5.33)成为式(5.30)的氧化波方程.

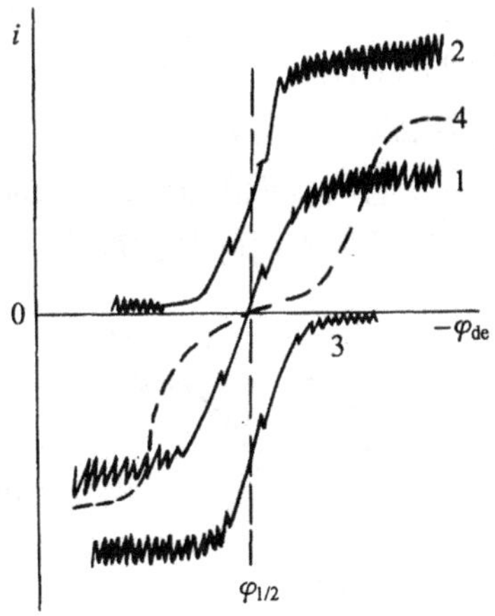

图 5.9　极谱波

1. 综合波；2. 还原波；3. 氧化波；4. 不可逆波.

2. 配离子极谱波方程

金属配离子在滴汞电极上还原至金属状态，溶于汞并生成汞齐，或还原至较低价氧化态，或氧化至较高价氧化态等. 现以金属配离子还原至金属状态，溶于汞并生成汞齐为例，其可逆电极反应可表示为

$$\mathrm{MX}_p^{(z-pb)+}+z\mathrm{e}+\mathrm{Hg}\rightleftharpoons\mathrm{M(Hg)}+p\mathrm{X}^{b-}$$

该反应分二步进行：

$$\mathrm{MX}_p^{(z-pb)+}\rightleftharpoons\mathrm{M}^{z+}+p\mathrm{X}^{b-}$$

$$\mathrm{M}^{z+}+z\mathrm{e}+\mathrm{Hg}\rightleftharpoons\mathrm{M(Hg)}$$

假定配位剂 X^{b-} 浓度和配离子的稳定常数 $K_{稳}$ 较大，可以推得

$$\varphi_{de}=(\varphi_{1/2})_c+\frac{0.0592}{z}\lg\frac{i_d-i}{i} \tag{5.34}$$

而

$$(\varphi_{1/2})_c=\varphi^{\circ\prime}+\frac{0.0592}{z}\lg\frac{K_a}{K_s}-\frac{0.0592}{z}\lg\frac{K_c}{K_s}-\frac{0.0592}{z}\lg K_{稳}-\frac{0.0592}{z}\lg[X]^p$$

$$=(\varphi_{1/2})_s-\frac{0.0592}{z}\lg\sqrt{\frac{D_c}{D_s}}-\frac{0.0592}{z}\lg K_{稳}-\frac{0.0592}{z}\lg[X]^p \tag{5.35}$$

式中，下标 c 和 s 分别为配离子和简单离子. 式(5.34)为金属配离子的极谱波方程. 由式(5.35)得出如下结论：

(1) $(\varphi_{1/2})_c$ 与金属配离子浓度无关.

(2) $(\varphi_{1/2})_c$ 与配位剂浓度和配离子稳定性有关. 配位剂浓度越大或配离子越稳定，则配离子半波电位变化越大. 因此在极谱分析中，可以加入合适的配位剂，使原来半波电位接近的金属离子的测定成为可能.

(3) 利用此式可测定配离子的组成和稳定常数.

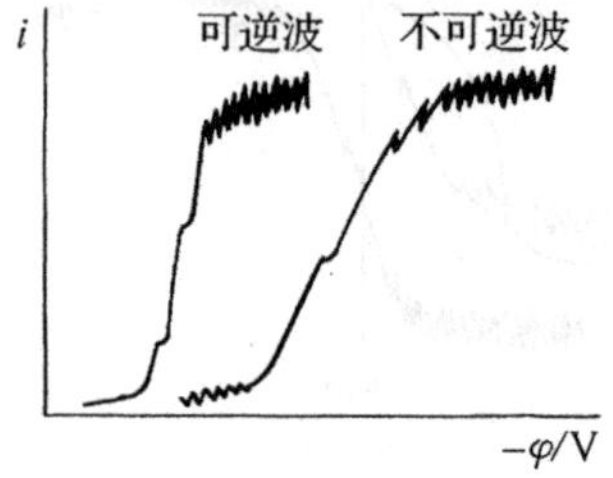

图 5.10 可逆波和不可逆波

3. 不可逆极谱波

前面讨论的可逆波指极谱电流是受扩散控制的一类极谱波. 当电极上的反应速度是最慢的一步时，极谱电流受电极反应速度控制，这类极谱波为不可逆波.

不可逆波的波形倾斜，如图 5.10 所示. 在不可逆波的极限电流部分，其电极反应速度快，此时电流仍受扩散控制，这种波也可用于定量分析.

4. 半波电位

半波电位是极谱学中的重要参数，见表 5.1. 当支持电解质和温度一定时，$\varphi_{1/2}$值与去极剂浓度无关.

表 5.1 极谱半波电位(298K)

电活性物质	支持电解质	$\varphi_{1/2}$/V(vs. SCE)
Al^{3+}	$1mol\cdot L^{-1}KCl$	−1.75
As^{3+}	$2mol\cdot L^{-1}HAc+2mol\cdot L^{-1}NH_4Ac$	−0.25
Cd^{2+}	$1mol\cdot L^{-1}NH_3+1mol\cdot L^{-1}NH_4Cl$	−0.81
	$0.1mol\cdot L^{-1}KCl$	−0.64

续表

电活性物质	支持电解质	$\varphi_{1/2}$/V(vs. SCE)
Co^{2+}	0.1mol·L^{-1}KCl	−1.20
	1mol·$L^{-1}NH_3$ + 1mol·$L^{-1}NH_4Cl$	−1.32
Co^{3+}	2.5 mol·$L^{-1}NH_3$ + 0.1 mol·$L^{-1}NH_4Cl$	−0.53
Cu^{2+}	1 mol·$L^{-1}NH_3$ + 1 mol·$L^{-1}NH_4Cl$	−0.24, −0.50
Fe^{2+}	0.1mol·L^{-1}KCl	−1.3
Fe^{3+}	0.5 mol·L^{-1}酒石酸盐, pH9.4	−1.20, −1.73
Mn^{2+}	1 mol·L^{-1}KCl	−1.51
Ni^{2+}	1 mol·L^{-1}KCl	−1.1
	1 mol·$L^{-1}NH_3$ + 1 mol·$L^{-1}NH_4Cl$	−1.10
O_2	缓冲溶液, pH1-10	−0.2, −0.9
Pb^{2+}	1 mol·L^{-1}KCl	−0.44
	1 mol·L^{-1}NaOH	−0.75
	0.05 mol·L^{-1}EDTA + 1 mol·L^{-1}HAc + 1 mol·L^{-1}NaAc, pH4	−1.10
Sb^{3+}	1 mol·L^{-1}HCl	−0.15
Sn^{2+}	1 mol·L^{-1}HCl	−0.47
Zn^{2+}	0.1 mol·L^{-1}KCl	−0.99
	2 mol·$L^{-1}NH_3$ + 1 mol·$L^{-1}NH_4Cl$	−1.33
	1 mol·L^{-1}NaOH	−1.53
酚	0.1 mol·$L^{-1}(C_2H_5)_4NClO_4$	−2.10
乙醛	0.1 mol·L^{-1}LiOH, pH13	−1.81
苯乙醛	0.1 mol·L^{-1}LiOH + 50%乙醇, pH12.8	−1.51
金霉素	磷酸盐, pH8.1	−1.16
链霉素	3%$(CH_3)_4NOH$, pH12	−1.43
己二酸	0.1 mol·$L^{-1}(C_2H_5)_4NClO_4$	−1.56
6-巯基嘌呤	1 mol·$L^{-1}H_2SO_4$	−1.81
8-羟基喹啉	乙酸盐, pH5	−1.12
己二酮	0.01 mol·L^{-1}HCl + 0.1 mol·L^{-1}KCl, pH2	−1.13

5.1.4 应用

1. 定量分析

尤考维奇方程是极谱定量分析的基础.扩散电流(波高)与被测物质浓度在很宽的范围内成线性关系.极谱波波高用作图法测量,如图 5.11 所示.定量方法可采用标准曲线法或标准加入法.

(1) 标准曲线法

配制一系列含不同浓度的被测离子的标准溶液，在相同实验条件下(支持电解质、滴汞电极、汞柱高度等均相同)，测定极谱波.以波高对浓度作图得一通过原点的标准曲线.在上述条件下测定未知试液的波高，从标准曲线上查得试液的浓度.标准曲线法适用于例行分析.

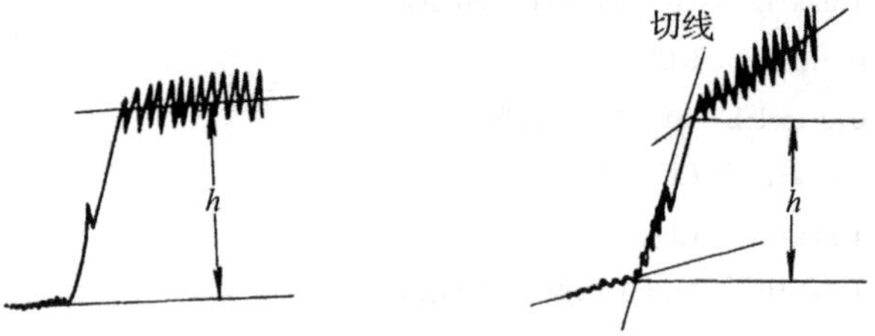

图 5.11　作图法测量波高

(2) 标准加入法

先测得试液体积 V_X 的被测物质的极谱波并量得波高 h.再在电解池中加入浓度为 c_S，体积为 V_S 的被测物质的标准溶液，在同样实验条件下测得波高 H.则

$$h = Kc_X$$

$$H = K\frac{V_Xc_X + V_Sc_S}{V_X + V_S}$$

所以未知试样浓度为

$$c_X = \frac{c_SV_Sh}{H(V_X + V_S) - hV_X} \tag{5.36}$$

极谱分析法广泛用于测定无机和有机化合物.

极谱分析法可测定的典型的无机离子有 Cu(Ⅱ)，Cu(Ⅰ)，Tl(Ⅰ)，Pb(Ⅱ)，Cd(Ⅱ)，Zn(Ⅱ)，Fe(Ⅱ)，Fe(Ⅲ)，Ni(Ⅱ)，Co(Ⅱ)，Bi(Ⅲ)，Sb(Ⅲ)，Sb(Ⅴ)，Sn(Ⅱ)，Sn(Ⅳ)，Eu(Ⅱ)以及 Mo，W，V，Mn，Cr，Ti 和 Pt 等.

极谱分析法对一般有机化合物、高分子化合物、药物和农药等分析也非常有用.许多有机化合物可在滴汞电极上还原产生有机极谱波，如共轭不饱和化合物、羰基化合物、有机卤化物、含氮化合物、亚硝基化合物、偶氮化合物、含硫化合物.

有机极谱分析的原理与无机极谱分析的基本相同.许多有机化合物不溶于水，可以用各种醇等，或者它们与水的混合物作为溶剂，加入适量的锂盐或有机季铵盐作为支持电解质.在有机极谱分析中控制溶液的 pH 和离子强度十分重要.

直流极谱法的检测限为 10^{-5}mol·L^{-1}，误差约 ±3%.

2. 测定配离子的稳定常数和配位数

根据式(3.35)配离子半波电位：

$$(\varphi_{1/2})_c=(\varphi_{1/2})_s-\frac{0.0592}{z}\lg\sqrt{\frac{D_c}{D_s}}-\frac{0.0592}{z}\lg K_{稳}-\frac{0.0592}{z}\lg[X]^p$$

在相同实验条件下，测定不同浓度配位剂时的$(\varphi_{1/2})_c$，以$(\varphi_{1/2})_c$对$\lg[X]$作图得一直线，斜率为$-p\dfrac{0.0592}{z}$，即

$$\frac{\Delta(\varphi_{1/2})_c}{\Delta\lg[X]}=-0.0592\frac{p}{z} \tag{5.37}$$

当 z 已知时，可算出配位数 p，从而求得配离子的组成.

若假定，$D_c \approx D_s$ 则式(5.35)为

$$(\varphi_{1/2})_c=(\varphi_{1/2})_s-\frac{0.0592}{z}\lg K_{稳}-\frac{0.0592}{z}\lg[X]^p \tag{5.38}$$

由上式可求得配离子的稳定常数 $K_{稳}$.

3. 判断电极过程的可逆性

(1) 汞柱高度

根据式(5.18)可判断极谱电流是否受扩散控制.汞柱高度是指贮汞瓶中的汞面到滴汞电极毛细管末端间的距离.

(2) 对数作图

φ_{de}对$\lg\dfrac{i}{i_d-i}$作图的方法在极谱分析中称为对数作图法.根据

$$\varphi_{de}=\varphi_{1/2}+\frac{0.0592}{z}\lg\frac{i_d-i}{i}$$

以φ_{de}为横坐标，$\lg\dfrac{i}{i_d-i}$为纵坐标作图，如图5.12所示.对可逆波，得一直线，其斜率为$\dfrac{z}{0.0592}$；对不可逆波，斜率为$\dfrac{az}{0.0592}$，因 $a<1$，则斜率比可逆波小.

利用对数作图法还可求出 z 值以及半波电位值.用作图法求半波电位时，如果电解池系统 ir 降较大，必须根据式(5.5)扣除 ir 降，算出φ_{de}值后再作图.

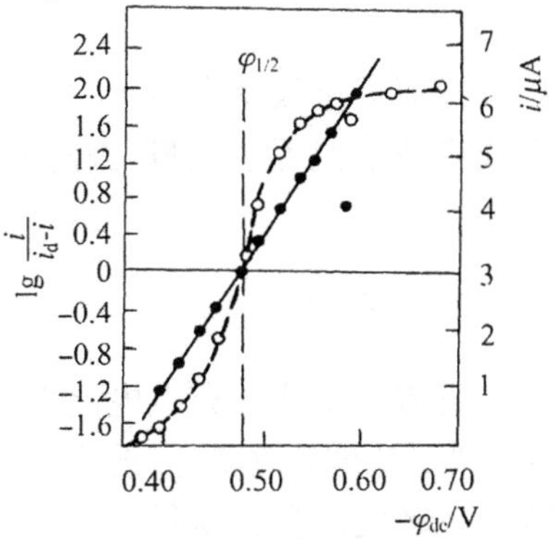

图 5.12 对数作图法

(3) $\varphi_{3/4}$与 $\varphi_{1/4}$差值

在直流极谱波上,分别测量 $i=\frac{3}{4}i_d$ 和 $i=\frac{1}{4}i_d$ 所对应的电位 $\varphi_{3/4}$与 $\varphi_{1/4}$值。由极谱波方程式(5.29)得:

$$\varphi_{3/4}=\varphi_{1/2}+\frac{0.0592}{z}\lg\frac{1}{3}$$

$$\varphi_{1/4}=\varphi_{1/2}+\frac{0.0592}{z}\lg 3$$

$$\varphi_{3/4}-\varphi_{1/4}=-\frac{0.0564}{z} \tag{5.39}$$

若差值符合式(5.39),则极谱波为可逆波.对于不可逆波:

$$\varphi_{3/4}-\varphi_{1/4}=-\frac{0.0517}{az} \tag{5.40}$$

5.1.5 直流极谱法的局限性

直流极谱法又称经典极谱法.自 1922 年以来的数十年中,对它的基础理论和实际应用的研究较深入,积累了丰富的文献资料,为现代极谱分析的发展奠定了基础.

了解直流极谱法某些固有的不足,对掌握现代极谱分析原理非常有益.

1. 用汞量和时间

直流极谱法获得一个极谱波需要数百滴汞,而且施加直流电压的速度缓慢,约 $0.2V\cdot min^{-1}$,在一滴汞的寿命期间,滴汞电极电位可视为不变,因此直流极谱法也称恒电位极谱法.由此可见,直流极谱法费汞又费时间.

2. 分辨率

直流极谱波呈台阶形,当两物质的半波电位差小于 200mV 时两峰重叠,使峰高或半波电位无法测量,因此分辨率差.现代极谱法的极谱波呈峰形,分辨率显著提高.

3. 灵敏度

直流极谱法的充电电流大小与由浓度为 $10^{-5}mol\cdot L^{-1}$的去极剂产生的电解电流相当,因此灵敏度低.设法减少充电电流或增大电解电流,提高信/噪比,是提高测定灵敏度的重要途径.

4. *ir* 降

通常在直流极谱法中使用两支电极，当溶液的 ir 降大时，会造成 $\varphi_{1/2}$的位移以及波形变差，在伏安法和现代极谱法中，采用三电极系统可以克服 ir 降等影响.

5.1.6 三电极系统

在极谱分析法中，若使用两电极，电压施加在滴汞电极和饱和甘汞电极上，滴汞电极电位为 φ_{de}(vs. SCE) $= -V + ir$. 由于溶液内阻产生 ir 降，并且有电解电流通过饱和甘汞电极而不可避免地会产生极化，此时测得的极谱波是 i-V 曲线而不是 i-φ_{de}曲线，这将引起半波电位 $\varphi_{1/2}$负移，总电解电流减小以及极谱波变形等，如图 5.13 所示.

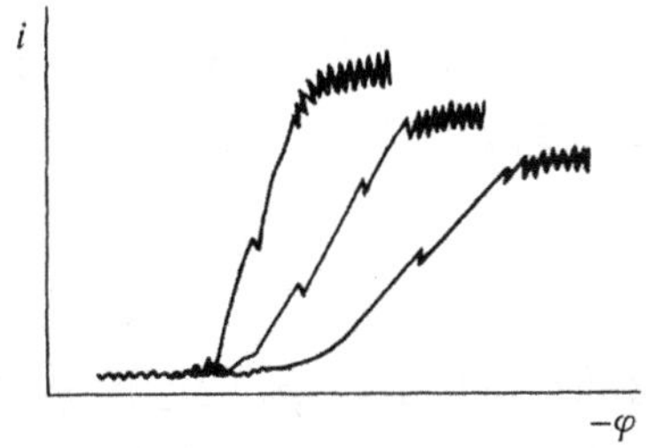

图 5.13　两电极系统记录的极谱波

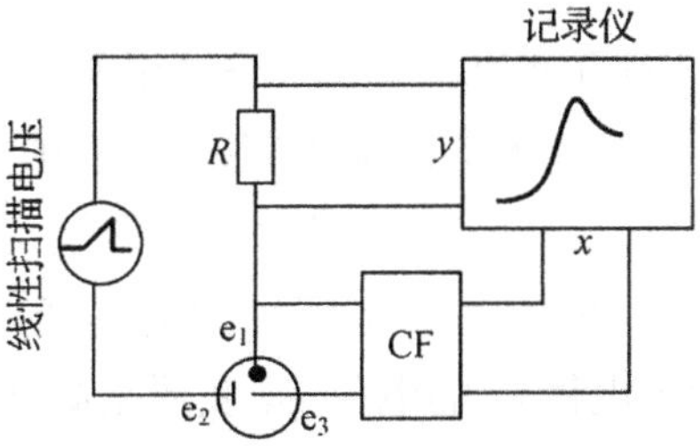

图 5.14　三电极系统原理图

e_1. 指示电极；e_2. 对电极；e_3. 参比电极；CF. 跟随器.

为了克服这些缺点，现代极谱法中采用三电极，即极化电极(如汞滴电极或固体电极)、参比电极(如小面积饱和甘汞电极或银-氯化银电极)和对电极(如 Pt 丝电极)，见图 5.14. 外加电压施加在指示电极 e_1 和对电极 e_2 上. 电解电流 i 通过 e_1 和 e_2 回路，在负载电阻 R 上产生电压降再输至 X-Y 记录仪的 Y 输入端. 指示电极 e_1 相对于参比电极 e_3 的电位信号输入 X-Y 记录仪的 X 输入端. 这样，参比电极 e_3 中无电解电流流过，不会产生极化作用，则就可以使用小面积的参比电极. 跟随器 CF 可将较高阻抗的电压信号变换为低阻抗电压信号，满足输入阻抗不高的 X-Y 记录仪的需要.

图 5.14 中的指示电极 e_1 电位的变化还受线路中电压降的影响. 为了真正达到恒电位控制的目的，通常在跟随器线路中采用运算放大器，它可以自动补偿回路中负载电阻 R 和电解池溶液内阻等对指示电极电位的影响，如图 5.15 所示. 运算放大器有两个特征：第一，当运算放大器接入反馈线路时，正负输入端的电压相等；第二，没有电流从负输入端流进放大器，也就是说，它具有无限大的输入阻抗.

参比电极放置时尽可能靠近指示电极. 将线性扫描电压施加在 A_1 上，A_1 的输

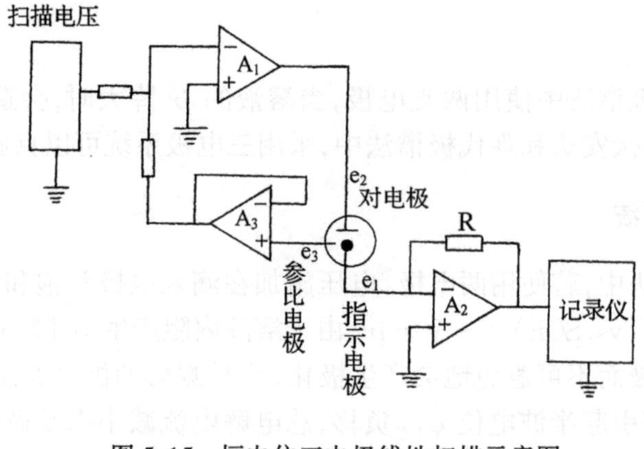

图 5.15 恒电位三电极线性扫描示意图

A_1. 扫描放大器； A_2. 电流放大器； A_3. 反馈放大器.

出电压耦合在对电极 e_2 上，参比电极 e_3 通过反馈放大器 A_3 连接在 A_1 的负输入端. 由于反馈放大器的输入阻抗高达 $10^{14}\Omega$，因此在 e_2 和 e_3 之间没有电流通过，e_3 不可能极化，因此参比电极的电位维持定值. 由指示电极 e_1，对电极 e_2 和负载电阻 R 构成一个回路，去极剂产生的电流经电流放大器 A_2 放大后输入 Y 输入端记录下来. 指示电极 e_1 的电位 φ_1 实质上处于"地"电压数值，参比电极 φ_3 的电位 φ_3 相当于 A_3 的正输入端电压值，即扫描电压 V 的数值. 当扫描电压 V 变化时，φ_3 随 V 而改变，它们之间的关系为

$$\varphi_3 - \varphi_1 = V - V_{地}$$

即

$$\varphi_1 - \varphi_3 = V_{地} - V$$

则

$$\varphi_1(\text{vs.}\ \varphi_3) = -V(\text{vs.}\ V_{地})$$

因此，指示电极的电位(相对于参比电极)按预定的线性扫描电压规律而变化，不受负载电阻 R、溶液内阻和电极极化等因素的影响. 记录的极谱图是电流-电位曲线.

5.2 单扫描极谱法

在经典的直流极谱法中，在电解池的电极上施加一很慢的线性变化直流电压，极谱图为台阶形的锯齿波. 若改变施加电压的方式，极谱法相继又出现了单扫描极谱法、交流极谱法、方波极谱法和脉冲极谱法等. 在这里主要讨论单扫描极谱法和脉冲极谱法.

5.2.1 原理

单扫描极谱法是在一滴汞生长的后期，将一个锯形脉冲电压施加在两个电极上，电压扫描速率比直流极谱法快约 50 倍以上，从而在一滴汞上获得一个完整的极谱波，该极谱波用示波器记录．单扫描极谱法加在滴汞电极上的电位是时间的线性函数，所以也称线性（改）变（电）位示波极谱法或称线性扫描示波极谱法．

单扫描极谱法的原理如图 5.16 所示．在滴汞电极和 Pt 对电极（三电极系统）上施加一个随时间成线性变化的直流电压．使电极电位的变化是时间的函数：

$$\varphi = \varphi_i - vt \tag{5.41}$$

式中，φ_i 为起始电位；v 为电位变化速率；t 为扫描时间．获得的电解电流在电阻 R 上产生电压降（ir），将它放大后加在示波器的垂直偏向板 Y 上；将指示电极的电位（vs. SCE）放大后加在水平偏向板 X 上．由示波器记录的极谱波呈平滑的峰形，如图 5.17 所示．为了能够在一滴汞上记录单扫描极谱的 i-φ 曲线，应使电压扫描时间与汞滴滴下时间同步、补偿 ir 降和充电电流．

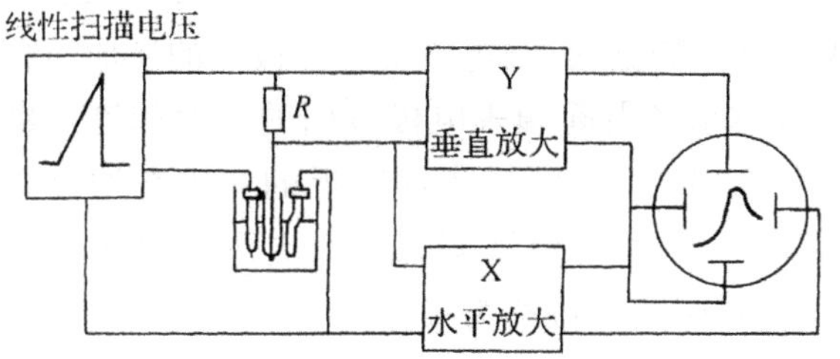

图 5.16　单扫描极谱法原理图

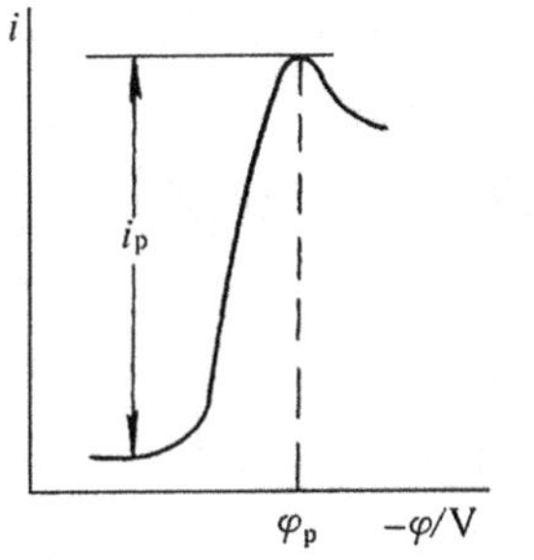

图 5.17　单扫描极谱波

1. 电压扫描时间与汞滴滴下时间同步

电压扫描时间与汞滴滴下时间同步是指在汞滴生长的末期开始扫描，这时滴汞电极的面积基本不变．滴汞电极的面积随时间的变化率：

$$\frac{dA}{dt} = \frac{2}{3} \times 0.85 m^{\frac{2}{3}} t^{-\frac{1}{3}} \tag{5.42}$$

由此可见，滴汞电极面积的变化率在汞滴生长的末期最小．因此，使用示波极谱仪控制汞滴滴落时间为 7s，在汞滴生长的最后 2s 施加极化电压，如图 5.18 所示．

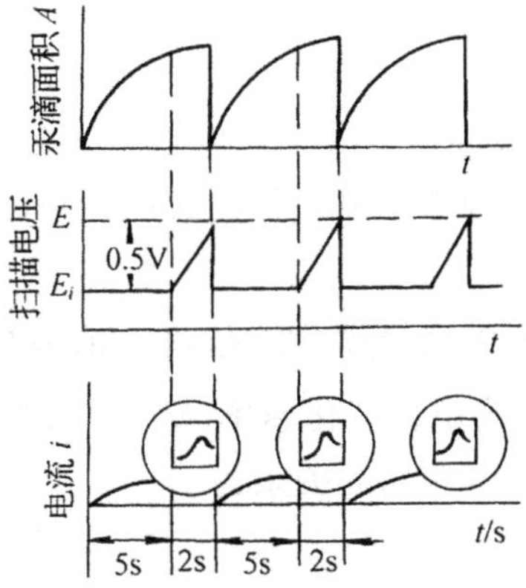

图 5.18　单扫描极谱加电压的方式和记录电流的时间

单扫描极谱法中常用的指示电极是滴汞电极，其再现性好；其次是固体电极 Pt 及玻碳电极等.

2. 补偿 ir 降

当电解电流通过电解系统时，由于存在 ir 降，在扫描过程中将引起加在电极上的电位与时间不成线性关系以及极谱波位移或波形变差. 在示波极谱仪中采用锯齿波补偿器来补偿加在滴汞电极上的电位，使它符合线性关系. 当测试低浓度的被测物质时，通常采用三电极来补偿 ir 降.

3. 补偿充电电流

充电电流随扫描速率加快而增加，在单扫描极谱法中，由示波极谱仪中的充电电流补偿器来补偿充电电流 i_r.

5.2.2 峰电流方程

观察图 5.17 的 i-φ 曲线，扫描开始，极化电极的电位还未负至使去极剂还原，而出现的微小电流是残余电流，形成极谱波的基线. 当电位负至去极剂的还原电位并继续以很快的速度变负时，去极剂的还原将引起滴汞电极表面的浓度梯度不断增大，电流迅速增大至峰值. 随后，电位继续变负，电极表面附近的去极剂浓度贫乏，而且因电解时间的增加使扩散层变厚，电解电流下降，最后，电流仍受扩散控制. 电流峰极大值时的电流称为峰电流，对应的电位称为峰电位.

1. 峰电流与峰电位

对可逆电极反应，由 Sevcik 和 Randles 推导得平面电极上峰电流方程(298K)为

$$i_p = 2.72 \times 10^5 z^{3/2} A D^{1/2} \nu^{1/2} c \tag{5.43a}$$

将滴汞电极面积代入：

$$i_p = k z^{3/2} m^{2/3} t_p^{2/3} D^{1/2} \nu^{1/2} c \tag{5.43b}$$

式中，k 为常数；Randles 值为 2344，Sevcik 值为 1852；t_p 为电流峰出现的时间(s)；ν 为电位变化速率($V \cdot s^{-1}$)；其他符号具有通常含义. 可逆波峰电位与直流极谱半波电位间的关系为

$$\varphi_p = \varphi_{1/2} \pm 1.1 \frac{RT}{zF}$$

在 298K 时，

$$\varphi_p = \varphi_{1/2} \pm \frac{0.028}{z} \tag{5.44}$$

对还原过程 φ_p 比 $\varphi_{1/2}$负 0.028/zV，氧化过程正 0.028/zV.

2. 影响峰电流的因素

峰电流与去极剂浓度、电子得失数、电位扫描速率和汞柱高度等因素有关.

(1) 去极剂浓度

当其他条件一定时，峰电流与去极剂浓度成比例：$i_p = kc$，这就是定量分析的依据.

(2) 电子得失数

峰电流与 $z^{\frac{3}{2}}$成比例，对可逆波，z 越大峰越窄.

(3) 电位扫描速率

峰电流与 $\nu^{\frac{1}{2}}$成比例，电位变化速率 v 大，有利于峰电流增大. 但是，电位变化速率越大，充电电流也越大. 因此，若电位变化速率越大或去极剂浓度越低，信/噪比就越小.

电位变化速率还会影响电极过程的可逆性. ν 增大，可逆性变差，峰变宽，即 i_p 降低.

(4) 极大抑制剂

一般可不加极大抑制剂. 当使用氨性底液时，还会出现极大，此时需加少量极大抑制剂如动物胶等.

5.2.3 应用

单扫描极谱法比直流极谱法灵敏、快速，检测限约 10^{-6}mol·L^{-1}. 分辨率也较好，两物质的半波电位差约 70mV 即可分开. 为了提高分辨率，可采用导数示波极谱法. 一阶、二阶导数示波极谱波如图 5.19 所示. 图中(a)为 1×10^{-3}mol·L^{-1} Pb^{2+} 和 Cd^{2+} 在 2mol·L^{-1} HAc-NH_4Ac 溶液中的单扫描极谱波；(b)为一阶导数示波极

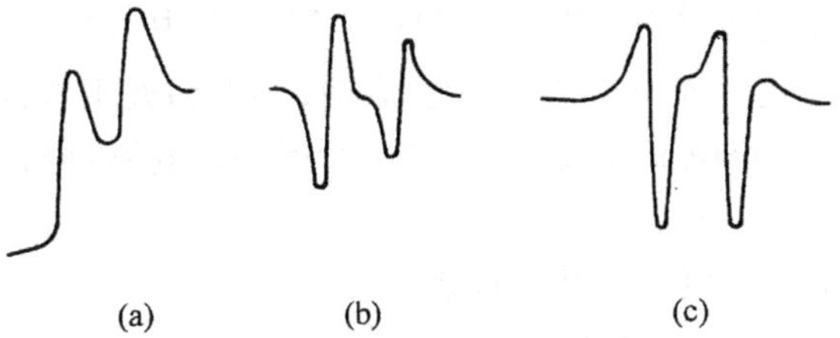

图 5.19 单扫描极谱波(a)及其导数示波极谱波(b)，(c)

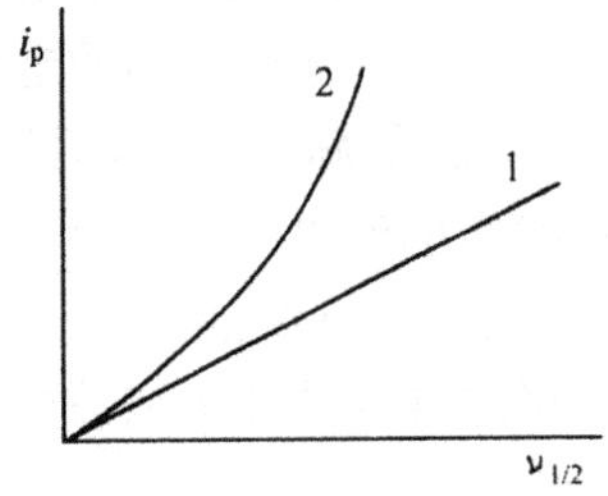

图 5.20 反应物强吸附的判断

1. 无反应物吸附； 2. 反应物被吸附.

谱波;(c)为二阶导数示波极谱波.

单扫描极谱法利用峰高可以进行无机或有机化合物的成分分析.

单扫描极谱法还可根据 i_p 与 $v^{\frac{1}{2}}$ 的关系来鉴别电极过程是受扩散控制还是发生了吸附.若去极剂的传质受扩散控制,则根据式(5.43),i_p 与 $v^{\frac{1}{2}}$ 成线性关系,如图 5.20 曲线 1 所示;若 i_p 比式(5.43)预示的值高,如曲线 2 所示,表示反应物有吸附.

5.3 脉冲极谱法

若将一个几十毫伏的小振幅低频正弦电压叠加在直流极谱的直流电压上,测量通过电解池的交流电流或交流特性的方法,称为交流极谱法.

若在缓慢变化的直流电压上叠加低频小振幅的方波电压,在方波电压改变方向前的瞬间记录通过电解池的交流电流的极谱方法称为方波极谱法.该法在 1952 年由 Barker 提出.方波极谱法灵敏度比交流极谱法高,测定的最低浓度可达 10^{-7} $mol \cdot L^{-1}$.为进一步提高灵敏度,Barker 在 1960 年提出了脉冲极谱法.这里主要讨论脉冲极谱法.

在缓慢变化的直流电压上,在滴汞电极的每一汞滴生长末期,叠加一个小振幅的周期性脉冲电压,并在脉冲电压后期记录电解电流的方法称为脉冲极谱法.由于脉冲极谱法使充电电流和毛细管噪声电流充分衰减,提高了信/噪比,使脉冲极谱法成为极谱方法中灵敏度高的方法之一.

脉冲极谱法按施加脉冲电压和记录电解电流的方式不同,分为常规脉冲极谱(NPP)和示差脉冲极谱(DPP).

5.3.1 常规脉冲极谱法

常规脉冲极谱法是在设定的直流电压上,在每一滴汞末期施加一个矩形脉冲电压.脉冲的振幅随时间而逐渐增加,振幅可在 0 至 2V 间选择,脉冲宽度 τ 为 40 至 60ms,两个脉冲之间的电压回复至起始电压,如图 5.21(a)所示.图中脉冲宽度 τ 为 40ms,加脉冲 20ms 后测量电流,此时充电电流 i_r 很快衰减,几乎趋近于零.毛细管噪声电流也较快地衰减.测得的电解电流经放大后记录,所得的常规脉冲极谱波呈台阶形,与直流极谱波相似,如图 5.21(c)所示.

可逆常规脉冲极谱波的极限电流可用 Cottrell 方程表示:

$$i_l = zFAc\sqrt{\frac{D}{\pi t_m}} \tag{5.45}$$

式中，t_m 为加脉冲与测量电流之间的时间间隔，t_m 比汞滴的滴落时间要小得多.该式也适用于不可逆过程.对于可逆过程，还原极限电流与氧化极限电流之比等于1，因此利用这关系可以区别可逆与不可逆过程.

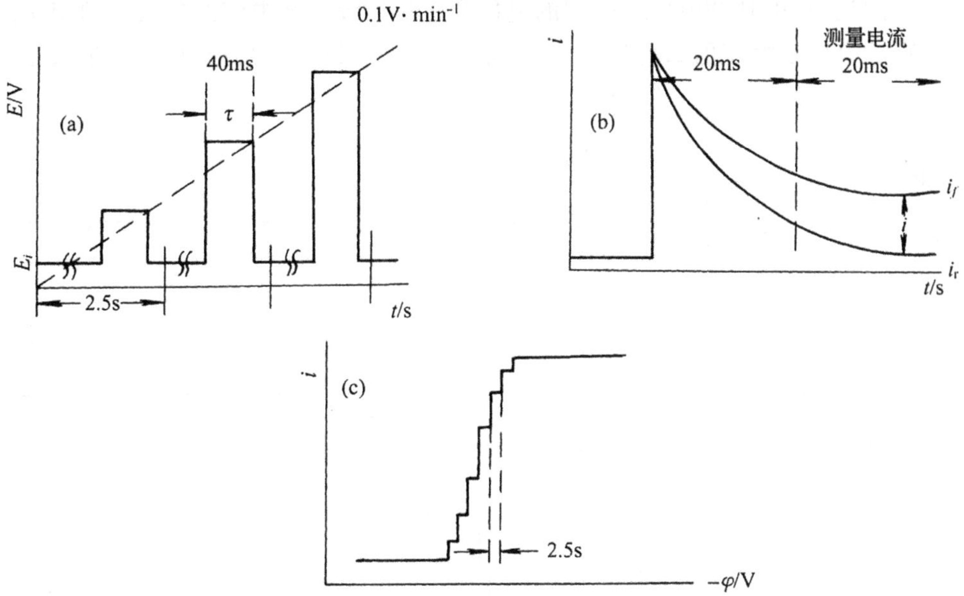

图 5.21　常规脉冲极谱

(a) 激发信号；(b) 一汞滴上电流-时间关系；(c) 常规脉冲极谱波.

常规脉冲极谱法的灵敏度比直流极谱法高约 7 倍，即

$$\frac{i_1}{i_d} = \left(\frac{3t}{7t_m}\right)^{\frac{1}{2}}$$

若 $t = 4s$，t_m 为 40ms，则 i_1/i_d 约等于 7.

可逆常规脉冲极谱波方程与直流极谱波相似：

$$\varphi = \varphi_{1/2} + \frac{0.0592}{z} \lg \frac{i_1 - i}{i} \tag{5.46}$$

$$\varphi_{1/2} = \varphi^{\circ\prime} + \frac{0.0592}{z} \lg \sqrt{\frac{D_R}{D_O}}$$

5.3.2　示差脉冲极谱法

示差脉冲极谱法是在线性变化的直流电压上，在每一汞滴的末期叠加一个振幅 ΔE 为 5～100mV、持续时间为 40～80ms 的矩形脉冲电压，如图 5.22(a)所示.

在脉冲加入前 20ms 和终止前 20ms 内测量电流，如图 5.22(b)所示. 当脉冲电压叠加在直流极谱波的残余电流或极限扩散电流部分的电位时，都不会使电流产生很大的变化，两次测得的电解电流差值 Δi 变化很小. 当脉冲电压叠加在直流极谱波的 $\varphi_{1/2}$附近时，由脉冲电压所引起的电位变化将导致电解电流发生很大的变化. 两次测得的电解电流差值 Δi 变化很大，在 $\varphi_{1/2}$处达到峰值，其极谱波如图 5.22(c)所示.

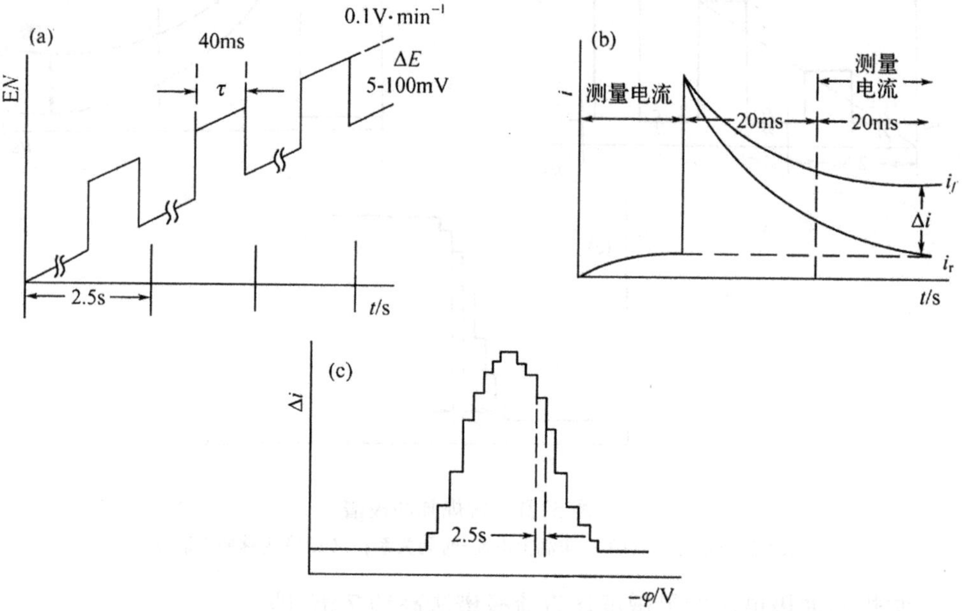

图 5.22 示差脉冲极谱

(a) 激发信号；(b) 一汞滴上电流-时间关系；(c) 示差脉冲极谱波.

示差脉冲极谱波的峰电流最大值为

$$\Delta i = \frac{z^2F^2}{4RT}A\Delta Ec\sqrt{\frac{D}{\pi t_m}} \tag{5.47}$$

式中，ΔE 为脉冲振幅.

示差脉冲极谱波的峰电位：

$$\varphi_p = \varphi_{1/2} \pm \frac{\Delta E}{2} \tag{5.48}$$

峰电流一半处的峰宽称为半峰宽 $W_{1/2}$，对可逆波：

$$W_{1/2} = 3.52\,\frac{RT}{zF}$$

298K 时，

$$W_{1/2} = \frac{90}{z}/\text{mV} \tag{5.49}$$

测定示差脉冲极谱波的半峰宽可以判断可逆波与不可逆波$\left(>\frac{90}{z}\text{mV}\right)$.

示差脉冲极谱法的灵敏度高,检测限约 $10^{-8}\text{mol}\cdot\text{L}^{-1}$,还可使用较低浓度的支持电解质,有利于痕量物质的测定.由于示差脉冲极谱波呈峰形,前还原物质的允许量可达 5000∶1.分辨率高,两物质峰电位之差达 25mV 即可分开.

1. 脉冲极谱的充电电流和毛细管噪声电流

充电电流为

$$i_r = \frac{\Delta E}{R} e^{-\frac{t}{RC}}$$

式中,R 为电解池内阻;C 为双电层电容;ΔE 为脉冲振幅.充电电流取决于电解池的 RC 特性和叠加脉冲后测量电流的时间 t.

当汞滴下滴时,引起毛细管内汞的收缩,使电解液进入毛细管,并在管壁上形成一层液膜.当滴汞电极的电位突然改变时,由于汞线表面充电而产生的微小电流,称为毛细管噪声电流 i_N.它按 $t^{-n}\left(n>\frac{1}{2}\right)$衰减.

脉冲极谱电解池的总电流主要包括电解电流 i_f、充电电流 i_r 和毛细管噪声电流 i_N. i_f 按 $t^{-\frac{1}{2}}$衰减. i_r 按 $e^{-\frac{t}{RC}}$衰减.而 i_N 按 t^{-n}衰减,介于充电电流和电解电流之间.在脉冲极谱中,脉冲持续的时间通常为 40～80ms,比方波极谱的几毫秒长.在脉冲后期测量电流,可使充电电流和毛细管噪声电流几乎衰减至零,测得的主要是电解电流,从而提高了脉冲极谱法测定的灵敏度.

5.4　溶出伏安法

溶出伏安法是一种灵敏度高的电化学分析方法,因此在痕量成分分析中相当重要.它使用原有的极谱分析仪器,可对 40 多种元素进行测定,检测极限有的可达 $10^{-11}\text{mol}\cdot\text{L}^{-1}$.

溶出伏安法的操作分为两步.第一步是预电解过程,第二步是溶出过程.预电解是在恒电位和溶液搅拌的条件下进行,其目的是富集痕量组分.富集后,让溶液静止 30s 或 1min(称为休止期),再用各种极谱分析方法溶出.溶出峰电流或峰高,在一定条件下与被测物质的浓度成比例.

溶出伏安法根据溶出时的工作电极发生氧化反应还是还原反应,分为阳极溶出伏安法(ASV)和阴极溶出伏安法(CSV).

5.4.1 阳极溶出伏安法

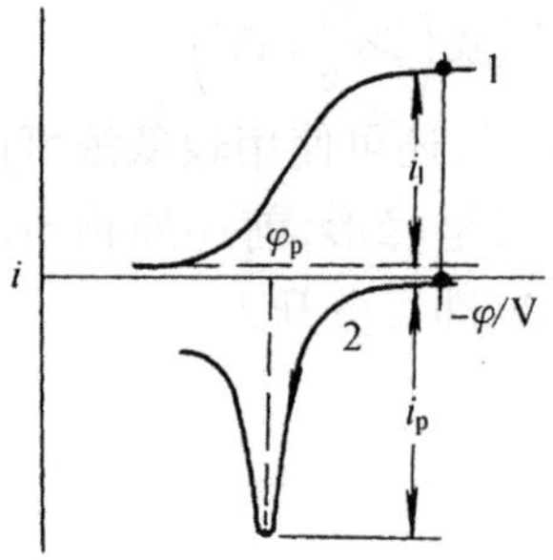

图 5.23 ASV 原理图

1. 预电解过程； 2. 溶出过程.

阳极溶出伏安法原理如图 5.23 所示. 被测物质在恒电位及搅拌条件下预电解数分钟后让溶液静止 30～60s, 然后从负电位扫描到较正的电位, 使富集在电极上的物质发生氧化反应而重新溶出, 该方法称为阳极溶出伏安法.

1. 预电解过程

阳极溶出伏安法的预电解是在溶液搅拌条件下进行的恒电位电解过程. 恒电位选择在被测物质产生极限电流时的电位范围内. 预电解时, 达到电积分数 $x(0<x<1)$所需要的时间由式(4.11)得

$$t = -\frac{V\delta}{0.43AD}\lg(1-x) \tag{5.50}$$

假定电解过程中的溶液浓度没有明显变化, 并且极限电流视为不变, 那末在电极上析出的金属量遵守法拉第定律：

$$n = \frac{i_l t}{zF}$$

在电极上电积的物质的浓度为

$$c_{Hg} = \frac{n}{V}$$

式中, V 为悬汞或汞膜电极的体积.

悬汞电极的体积 $V = \frac{4}{3}\pi r^3$. 预电解后, 电积在悬汞中的被测物质浓度为

$$c_{Hg} = \frac{3i_l t}{4\pi r^3 zF} \tag{5.51}$$

式中, r 为悬汞电极的半径.

对于汞膜电极, 电积在汞膜中的被测物质的浓度为

$$c_{Hg} = \frac{i_l t}{AlzF} \tag{5.52}$$

式中, A 为汞膜面积; l 为汞膜厚度.

式(5.51)和(5.52)表明汞电极的体积越小, 电积的去极剂浓度就越大, 因此减小电极体积, 有利于提高测定的灵敏度.

由 i_l 值可求得电积物质在汞中的浓度 c_{Hg}. 电极不同, 在搅动溶液中的 i_l 值也

不同，悬汞电极上极限电流的半经验式可表示为

$$i_l = 4\pi rzFDc + kzr^2 D^{\frac{2}{3}} f^{\frac{1}{2}} c$$

式中，c 为被测金属离子在本体溶液中的浓度；r 为汞滴半径；f 为搅拌速率；k 为常数，其他符号具有通常含义。由该式可知，增加搅拌速率，有利于提高 i_l 值，但搅拌速率太大，会使汞滴发生变形甚至脱落。

旋转圆盘电极的极限电流为

$$i_l = 0.62zFAD^{\frac{2}{3}} \nu^{-\frac{1}{6}} \omega^{\frac{1}{2}} c \tag{5.53}$$

式中，ω 为电极的角速度，$\omega = 2zf/60$；ν 为溶液动力学黏度/$cm^2 \cdot s^{-1}$。该式称为 Levich 公式。

2．休止期

预电解后让试液静止 30～60s，使汞中的电积物均匀分布，获得再现性好的分析数据。

3．溶出过程

溶出可以采用各种极谱分析方法，如单扫描极谱法、脉冲极谱法、半微分电分析法以及计时电位法等。溶出峰电流的大小与使用的极谱分析方法和电极类型有关。如采用单扫描极谱法，在悬汞电极上的可逆波溶出峰电流（298K）为

$$i_p = 2.72 \times 10^5 z^{\frac{3}{2}} AD^{\frac{1}{2}} \nu^{\frac{1}{2}} c_{Hg} \tag{5.54}$$

式中，ν 为扫描速率。

5.4.2　阴极溶出伏安法

阴极溶出伏安法预电解时，在恒电位下，工作电极 M（如 Ag）本身发生氧化反应：

$$M_{el} \longrightarrow M_{el}^{z+} + ze$$

从而使被测阴离子形成难溶化合物，富集在电极上：

$$A^{m-} + M_{el}^{z+} \longrightarrow M_m A_z$$

预电解一定时间后，电极电位向较负的方向扫描，电极上发生还原反应：

$$M_m A_z + ze \longrightarrow mM_{el} + zA^{m-}$$

这种方法称为阴极溶出伏安法。

5.4.3　溶出伏安法实验条件的选择

溶出伏安法的实验条件，如底液、预电解电位、预电解时间以及电极材料等的

选择，对提高选择性和灵敏度很重要. 这些条件必须通过实验来选择.

1. 底液

底液可采用极谱分析的底液，选择具有配位性的底液对测定更有利.

2. 预电解电位

可以参考半波电位的数据. 通常，实验中选用的预电解电位比 $\varphi_{1/2}$负 0.2～0.5V.

3. 预电解时间

预电解时间的选择与被测物质的浓度和方法的灵敏度有关. 采用单扫描极谱法进行溶出伏安分析时，若使用悬汞电极，对 10^{-6}～10^{-7} $mol \cdot L^{-1}$ 试液约需 5min. 用汞膜电极时，预电解时间短一些.

4. 工作电极

溶出伏安法使用的工作电极分为汞电极和固体电极两类.

汞电极有悬汞电极和汞膜电极等，悬汞电极如图 5.24 所示. 汞膜电极是在银电极或玻璃碳电极上镀一薄层汞即成.

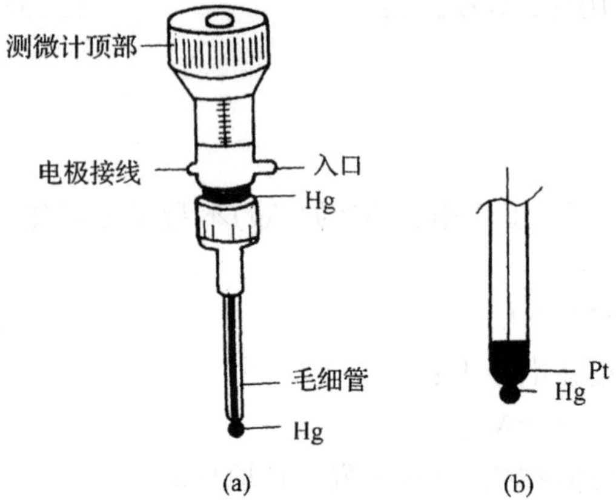

图 5.24　悬汞电极

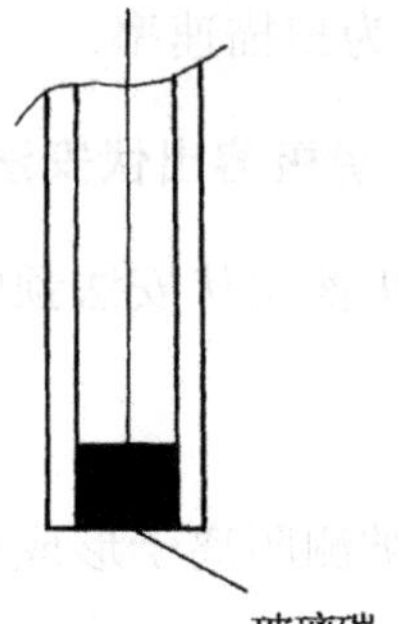

图 5.25　玻璃碳电极

固体电极有碳糊电极、石墨电极、玻璃碳电极和 Pt, Ag 电极等. 玻璃碳电极是一种玻璃状石墨，电极组成如图 5.25 所示.

测定 Cu^{2+}, Pb^{2+}, Cd^{2+}, Zn^{2+} 等金属离子时使用悬汞电极和汞膜电极最合适.

测定贵金属、Hg 以及不形成汞齐的金属时，常用石墨电极、玻璃碳电极和铂电极等.

测定卤素离子和 Cr，Fe 等变价高子时，它们以难溶化合物的形式富集在电极表面. 工作电极采用汞电极、银电极和玻璃碳电极等.

5. 除氧

通常，进行溶出伏安分析时需要除氧，其除氧方法与极谱法相同.

6. 定量方法

定量方法采用标准曲线法或标准加入法.

溶出伏安法可以测定元素周期表中的数十种元素，灵敏度比相应的极谱分析法高一两个数量级，能与无火焰原子吸收光谱法媲美.

5.5　循环伏安法

5.5.1　原理

循环伏安法（cyclic voltammetry，CV）加电压方式与单扫描极谱法相似，是将线性扫描电压施加在电极上，电压与扫描时间的关系如图 5.26 所示. 开始时，从起始电压 E_i 扫描至某一电压 E 后，再反向回扫至起始电压，成等腰三角形.

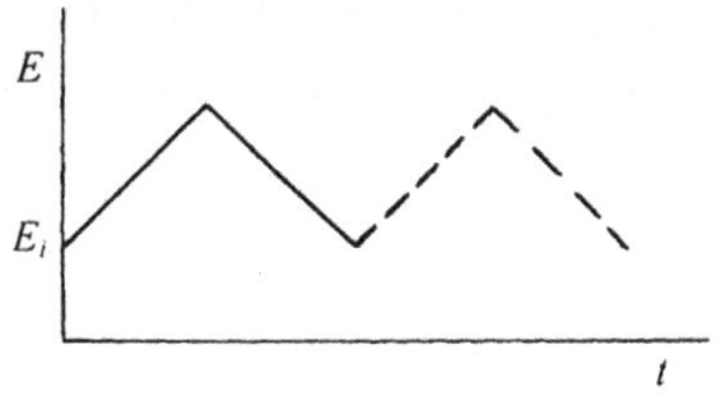

图 5.26　循环伏安法的电压-时间关系

若溶液中存在氧化态 O，当电位从正向负扫描时，电极上发生还原反应：

$$O + ze \rightleftharpoons R$$

反向回扫时，电极上生成的还原态 R 又发生氧化反应：

$$R \rightleftharpoons O + ze$$

循环伏安图如图 5.27 所示. 若需要，可以进行连续循环扫描.

从循环伏安图上，可以测得阴极峰电流 i_{pc}和阳极峰电流 i_{pa}；阴极峰电位 φ_{pc}和阳极峰电位 φ_{pa}等重要参数. 注意，测量峰电流不是从零电流线而是从背景电流线作为起始值.

对于可逆电极过程，峰电流符合 Sevcik-Randles 方程，即式(5.43)亦可写为

$$i_p = Kz^{\frac{3}{2}}AD^{\frac{1}{2}}\nu^{\frac{1}{2}}c \tag{5.55}$$

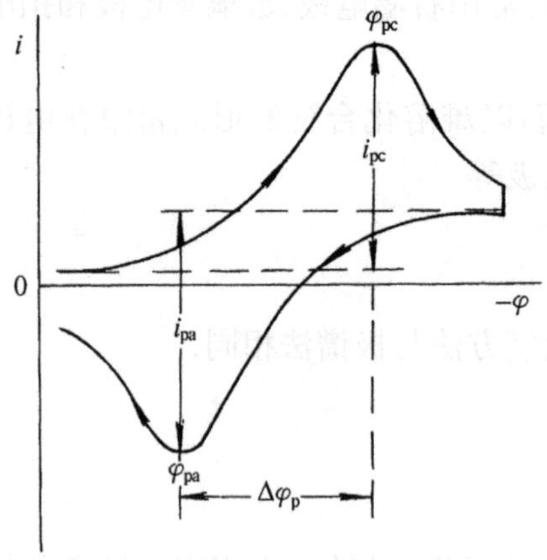

图 5.27 循环伏安图

两峰电流之比为

$$\frac{i_{pa}}{i_{pc}} \approx 1 \tag{5.56}$$

两峰电位之差为

$$\Delta\varphi_p = \varphi_{pa} - \varphi_{pc} \approx \frac{56}{z}\text{mV} \tag{5.57}$$

它与循环扫描时的换向电位有关，换向电位比 φ_{pc}负$\frac{100}{z}$mV 时，$\Delta\varphi_p$ 为$\frac{59}{z}$mV. 通常，$\Delta\varphi_p$ 值在 55～65V 间. 可逆电极过程 φ_p 与扫描速率无关.

峰电位与条件电位的关系为

$$\varphi^{\circ\prime} = \frac{\varphi_{pa} + \varphi_{pc}}{2} \tag{5.58}$$

通常，循环伏安法采用三电极系统. 使用的指示电极有悬汞电极、汞膜电极和固体电极，如 Pt 圆盘电极、玻璃碳电极、碳糊电极等.

在伏安法和极谱分析法中，由 Hg，Pt，C 等材料制成的电极，适用的电位范围不仅与电极材料，而且也与测试溶液的组成有关，如图 5.28 所示. 通常，电极可使用的正电位受水氧化生成 O_2 而产生大电流的限制；负电位受水还原而产生 H_2 的限制. 汞电极适用于较大的负电位范围，因为 H_2 在汞上有高的超电位，所以汞电极应用广泛.

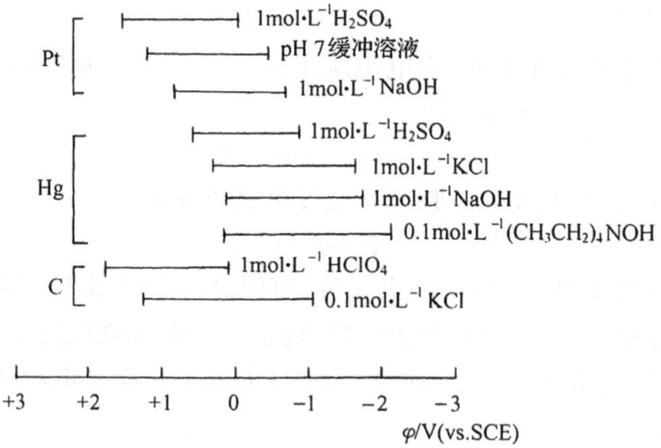

图 5.28 不同支持电解质溶液中 Pt，Hg 和 C 电极适用的电位范围

5.5.2　应用

循环伏安法可用于研究电极过程和化学修饰电极等,它是一种简便而重要的方法.

1. 研究电极过程

(1) 判断电极过程的可逆性

利用式(5.55)、(5.56)、(5.57)和式(5.58),可以判断电极过程的可逆性.对于不可逆电极过程,以上四个关系不适用,两峰电位差比式(5.57)预期的大,反扫时阳极峰电流减小甚至消失.

(2) 研究电极上的吸附现象

用循环伏安法研究吸附现象可以得到清晰的结果.对于可逆电极反应,若反应物或产物在电极表面仅有弱吸附,循环伏安图形的变化不大,如图 5.29 中的(a)、(b)只是电流略有增加.若吸附作用强烈,反应物吸附在电极上将使自由能变得很负,则在主峰后产生一个小的吸附后峰,如图 5.29(c);若反应产物强吸附,则在主峰前出现一个小的吸附前峰,如图 5.29(d).

(3) 电化学-化学偶联反应过程的研究

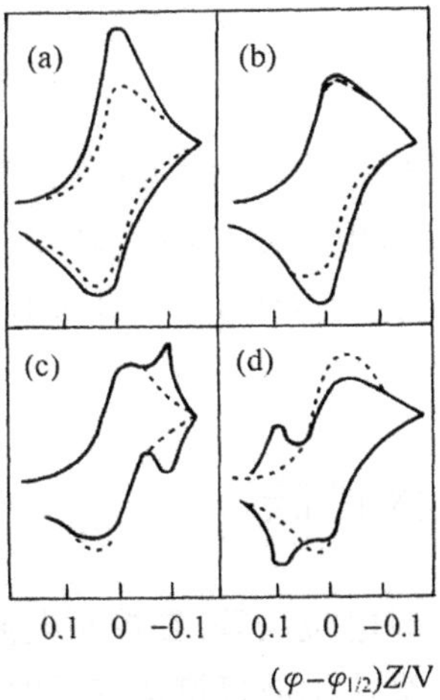

图 5.29　电极反应中反应物或产物吸附的循环伏安图

……无吸附现象; ——存在吸附现象

(a) 反应物弱吸附; (b) 产物弱吸附; (c) 反应物强吸附; (d) 产物强吸附.

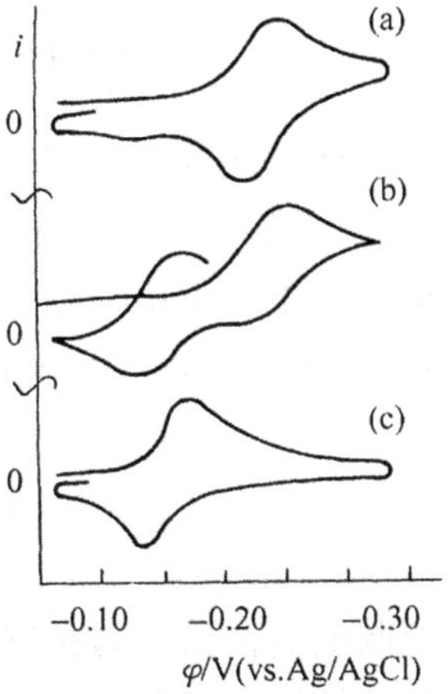

图 5.30　循环伏安图

(a) 扫描时间为 100ms; (b) 溶液同(a),扫描时间为 500ms; (c) 1.0×10^{-3}mol·$L^{-1}$$Ru(NH_3)_5H_2O^{3+}$溶液,循环扫描时间为 100ms.

循环伏安法对于电极反应过程中的偶联(伴随)化学反应的研究也很有用.现以配离子 $Ru(HN_3)_5Cl^{2+}$ 的循环伏安图为例.在 $1.0\times10^{-3}mol\cdot L^{-1}Ru(NH_3)_5Cl^{2+}$ 及 0.17 $mol\cdot L^{-1}$ 甲苯磺酸介质中,在很快的扫描速率下获得的循环伏安图如图 5.30(a).图中只出现一个阴极峰和一个阳极峰,表明只有电极反应:

$$Ru(NH_3)_5Cl^{2+} + e \rightleftharpoons Ru(NH_3)_5Cl^{+}$$

由于扫描速率很快,$Ru(NH_3)_5Cl^+$ 在很短时间内不易生成水合配离子:

$$Ru(NH_3)_5Cl^{+} + H_2O \longrightarrow Ru(NH_3)_5H_2O^{2+} + Cl^{-}$$

因此水合配离子的电极反应也就不明显.

若以较慢的扫描速率进行循环伏安测定,其循环伏安图如图 5.30(b)所示.由于有较长的时间使生成水合配离子的反应能够充分进行,在电极表面的溶液中形成较多的水合配离子 $Ru(NH_3)_5H_2O^{2+}$,在较正的电位处出现了该水合配离子的阴极峰和阳极峰,其电极反应为

$$Ru(NH_3)_5H_2O^{3+} + e \rightleftharpoons Ru(NH_3)_5H_2O^{2+}$$

图 5.30(c)是在 $1.0\times10^{-3}mol\cdot L^{-1}$ $Ru(NH_3)_5H_2O^{3+}$ 溶液中测得的循环伏安图,它证实了在图 5.30(b)在较正电位处的阴极峰和阳极峰是水合配离子的波.

利用式(5.58)可以确定这两个氧化-还原体系的条件电位,而用其他方法难以测得,因为在溶液中 $Ru(NH_3)_5Cl^+$ 极易转化为水合钌的配合物.

2. 研究化学修饰电极

循环伏安法为研究单分子层、多分子层和聚合物膜修饰电极提供许多有用的信息.对于单分子层修饰电极,从循环伏安曲线面积积分获得电量 Q(忽略双电层电容电流),求出电极表面电活性物质的总履盖率($mol\cdot cm^{-2}$),且总履盖率与扫速 ν 无关.循环伏安曲线峰电流 i_p 与 ν 成正比.

5.6 控制电流极谱法

控制电流极谱法包括交流示波极谱法和计时电位法等.在控制电流极谱法中,电流是被控制的对象,电极电位是测定的对象.交流示波极谱法和计时电位法的区别是:在交流示波极谱法中送进电解池的是恒振幅的周期性改变强度的交流电流;而计时电位法中送进电解池的是强度一定的直流电流.

5.6.1 交流示波极谱法

在交流示波极谱中,通入电解池的是恒振幅的正弦交流电流,并用示波器记录

电极电位的变化. 它有 φ-t，$\frac{d\varphi}{dt}$-t，$\frac{d\varphi}{dt}$-φ 三种曲线，其中$\frac{d\varphi}{dt}$-φ 曲线最有用. 获得该曲线的装置如图 5.31 所示. 当溶液中存在去极剂时，$\frac{d\varphi}{dt}$-φ 曲线上出现切口. 去极剂离子在电极上还原，则在阴极支上产生切口；还原产物在电极上重新氧化，则在阳极支上产生切口，如图 5.32 所示. 切口尖端所对应的电位为半波电位. 切口深度 h 与去极剂浓度的关系为

$$h = ae^{-bc} \tag{5.59}$$

式中：a，b 为常数；c 为去极剂浓度. 浓度越大，切口越深，则 h 越小.

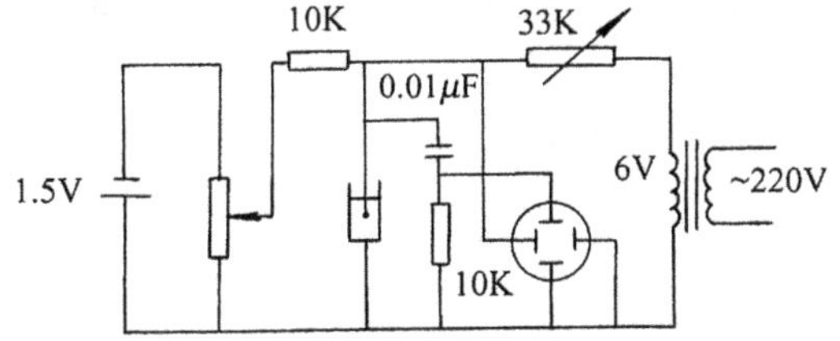

图 5.31　$\frac{d\varphi}{dt}$-φ 曲线的测量装置

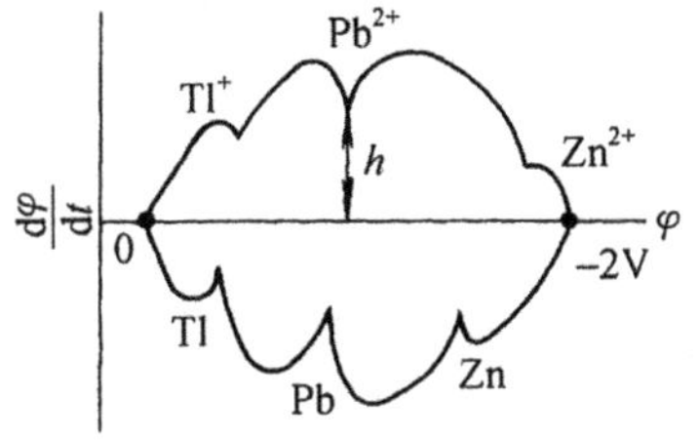

图 5.32　Tl^{+}，Pb^{2+}，Zn^{2+} 的$\frac{d\varphi}{dt}$-φ 曲线

5.6.2　示波滴定法

示波滴定是 20 世纪末由高鸿教授发展起来的一种新的电滴定分析领域，极大地促进了容量分析的发展.

示波滴定法是用阴极射线示波器为终点指示器，利用荧光屏上示波图的突然变化来指示滴定终点的一种电容量分析方法. 其装置如图 5.33 所示. 示波图的突变包括：示波极谱图上切口的出现或消失，示波极谱图的位移、扩张或收缩，荧光线的伸缩和荧光点的位移等. 它可用于沉淀滴定、配位滴定、酸碱滴定和氧化还原滴定. 用示波滴定法进行药物分析特别方便. 该法具有仪器设备简便，终点直观等优点.

示波滴定用的指示电极有铂球汞膜电极、微铂球或铂丝电极和铂片电极. 参比电极有铂片电极、钨电极和银基汞膜电极等. 可按图 5.31 自制$\frac{d\varphi}{dt}$-φ 曲线的测量装置来指示终点. 进行氧化-还原滴定时，可将图 5.31 中的直流电源部分用转换开关断开.

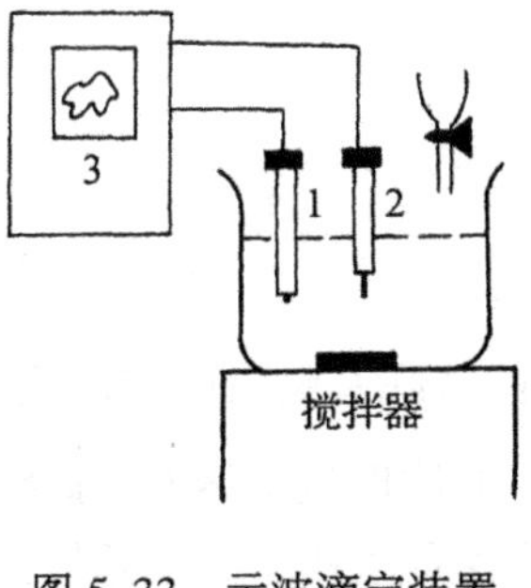

图 5.33　示波滴定装置
1. 指示电极；　2. 参比电极；
3. 终点指示仪(示波器).

5.6.3　计时电位法

1. 计时电位法原理

以强度一定的恒电流通过含有去极剂的静止溶液，测量电解过程中电极电位随时间变化的 φ-t 曲线的方法称为计时电位法，装置如图 5.34 所示．电解池的两个工作电极 e_1 和 e_2 与恒电流源连接，工作电极 e_1 和参比电极 e_3 与示波器或电位计相连．以强度一定的恒电流 i 通过电解池，记录 e_1 的电位变化及电解所需要的时间，测得 φ-t 曲线．电解在含有过量的支持电解质和溶液静止的条件下进行，去极剂通过扩散向电极表面运动．图 5.35 为 Cd^{2+} 在汞电极上还原为镉汞齐的 φ-t 曲线，其可逆电极反应为

$$Cd^{2+} + 2e + Hg \rightleftharpoons Cd(Hg)$$

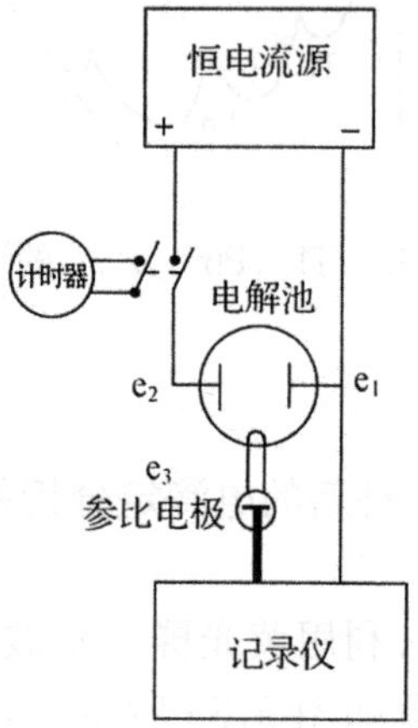

图 5.34　计时电位法装置

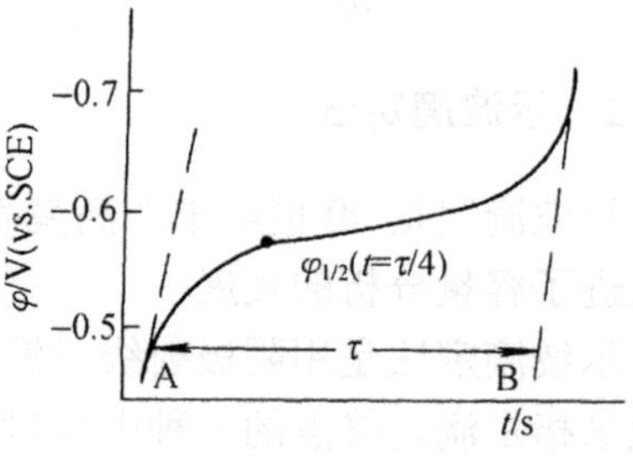

图 5.35　电解 Cd^{2+} 的 φ-t 曲线

则

$$\varphi = \varphi^{\circ\prime} - \frac{0.0592}{2} \lg \frac{[Cd^{2+}]}{[Cd(Hg)]}$$

电解过程中，电极电位决定于电极表面的 $\frac{[Cd^{2+}]}{[Cd(Hg)]}$ 比率．由于电极反应，电极表面 Cd^{2+} 的浓度逐渐减小，汞齐中镉的浓度不断增大，所以汞电极的电位逐渐变负．当电极表面达到高度浓差极化时，电极表面的 Cd^{2+} 耗尽，电位很快向负的方向移动，直至另一物质在电极上还原，电位的变化速率又减慢．图 5.35 中 AB 间隔所代表的时间称为过渡时间．过渡时间 τ 为

$$\tau^{\frac{1}{2}} = \frac{zAFD^{\frac{1}{2}}\pi^{\frac{1}{2}}}{2i}c = \frac{zFD^{\frac{1}{2}}\pi^{\frac{1}{2}}}{2i_0}c \tag{5.60}$$

式中，i 为所加恒电流的强度；A 为电极面积；$i_0 = i/A$ 为电流密度.

对可逆电极过程，φ-t 曲线应遵守下式：

$$\varphi = \varphi_{1/2} + \frac{0.0592}{z}\lg\frac{\tau^{\frac{1}{2}} - t^{\frac{1}{2}}}{t^{\frac{1}{2}}} \tag{5.61}$$

$\varphi_{1/2}$是极谱波的半波电位，相当于图 5.35 中的 $t = \frac{\tau}{4}$时的电位. $t = \tau$ 时，电极表面去极剂的浓度等于零，不能再维持恒定的电流密度，所以，电极电位负移，直至另一电极反应开始.

计时电位法可用来研究电极过程的可逆与不可逆性.

2. 计时电位溶出法和电位溶出法

在恒电位下将被测物质预先电解富集在汞电极上形成汞齐，然后再氧化而溶出. 若溶出是在恒电流条件下，使电积物又重新氧化，并记录电极电位-时间曲线，这种方法称为计时电位溶出法. 若溶出是利用溶液中的氧化剂如 Hg^{2+} 或溶解的 O_2 来氧化电极上的电积物，记录电极电位-时间曲线，这种方法称为电位溶出法.

计时电位溶出法和电位溶出法使用的仪器设备简便，并具有溶出伏安法的选择性和灵敏度.

习　　题

1. 试述尤考维奇方程的数学表达式及其各符号的意义.

2. 解释直流极谱波呈台阶锯齿形的原因.

3. 写出溶液中存在氧化态和还原态时可逆极谱波方程. 若溶液中只有氧化态呢？只有还原态呢？

4. 写出配离子的极谱波方程. 如何用该式求配离子的组成及其稳定常数.

5. 在 0.1mol·L^{-1}KCl 溶液（已除 O_2 和加动物胶）中，$Co(NH_3)_6^{3+}$ 在滴汞电极上还原产生极谱波（直流极谱法）：

$$Co(NH_3)_6^{3+} + e \rightleftharpoons Co(NH_3)_6^{2+} \qquad \varphi_{1/2} = -0.25V(vs.\ SCE)$$

$$Co(NH_3)_6^{2+} + 2e \rightleftharpoons Co + 6NH_3 \qquad \varphi_{1/2} = -1.20V(vs.\ SCE)$$

(1) 画出极谱波示意图；

(2) 两个波中哪一个波高？扼要说明其原因.

6. 用直流极谱法测定某试样中铅的含量. 准确称取 1.000g 样品溶解后转移至 50ml 容量瓶中，加入 5ml1mol·L^{-1}KNO_3 溶液，数滴饱和 Na_2SO_3 溶液和 3 滴 0.5% 动物胶，稀释至刻度. 然后移取 10.00ml 于电解池中，在 −0.2～−1.0V 间记录极谱波. 测得极限扩散电流 i_d 为

9.20μA,再加入 1.0mg·ml^{-1}Pb^{2+} 标准溶液 0.50ml,在同样条件下测得 i_d 为 22.8μA. 试计算试样中铅的质量分数? 扼要说明加入 KNO_3,Na_2SO_3 和动物胶的作用是什么?

7. 在一定底液中测得 1.25×10^{-3} mol·L^{-1}Zn^{2+} 的极限扩散电流 i_d 为 7.12μA,毛细管特性的 $t=3.47$s, $m=1.42$mg·s^{-1}. 试计算 Zn^{2+} 在该试液中的扩散系数为多少?

8. 在 0.1 mol·L^{-1}KCl 底液中,5.00×10^{-3}mol·L^{-1}Cd^{2+} 的极限扩散电流 i_d 为 50.0μA,若汞在毛细管中的流速为 18 滴/min,10 滴汞重 3.82×10^{-2}g,试求:

(1) Cd^{2+} 在 KCl 溶液中的扩散系数;

(2) 若使用另一根毛细管,汞滴的滴落时间 t 为 3.0s,10 滴汞重为 4.20×10^{-2}g ,计算新的极限扩散电流值.

9. 若去极剂在滴汞电极上还原为可逆波. 在汞柱高度为 64.7cm 时,测得极限扩散电流为 1.71μA. 当汞柱高度升至 83.1cm 时,极限扩散电流为多少?

10. 在 0.10 mol·L^{-1} $NaClO_4$ 溶液中,Ni^{2+} 的半波电位为 −1.02V(vs.SCE). 在 0.10 mol·L^{-1}$NaClO_4$ 和 0.10 mol·L^{-1}乙二胺(en)溶液中,半波电位为 −1.46V. 试计算 $Ni(en)_3^{2+}$ 的稳定常数.

11. Pb^{2+} 在滴汞电极上的还原反应为

$$Pb^{2+}+2e+Hg \rightleftharpoons Pb(Hg)$$

为了测定 Pb^{2-} 和 X^- 所形成的配离子的组成及稳定常数,制备一系列含有 2.00×10^{-3}mol·L^{-1} Pb^{2+},不同浓度 X^- 及 0.10 mol·L^{-1}KNO_3 的试液,测得的半波电位的数据如下:

X^-/mol·L^{-1}	$\varphi_{1/2}$/V(vs. SCE)
0.000	−0.405
0.0200	−0.473
0.0600	−0.507
0.101	−0.516
0.300	−0.547
0.500	−0.558

试求该配离子的组成和稳定常数.

12. 在 0.5 mol·L^{-1}NaOH 溶液中 CrO_4^{2-} 在滴汞电极上还原得一极谱波. 当 CrO_4^{2-} 浓度为 2.00×10^{-3}mol·L^{-1}, $m^{\frac{2}{3}}t^{\frac{1}{6}}$为 2.00mg$^{\frac{2}{3}}s^{-\frac{1}{2}}$,在 −1.10V(vs.SCE)时测得的极限扩散电流 i_d 为 23.2μA. 在 −0.84V 时测得的电流 i 为 4.45μA. 若 CrO_4^{2-} 在该溶液中的扩散系数为 1.00×10^{-5}cm^2·s^{-1},试求 z 和 $\varphi_{1/2}$值.

13. 在酸性焦棓酚溶液中 Sn(Ⅳ)获得两个波高相同的直流极谱波,其半波电位 $\varphi_{1/2}$分别为 −0.20V(vs.SCE)与 −0.40V(vs.SCE). 若:

$$Sn^{4+}+2e \rightleftharpoons Sn^{2+} \qquad \varphi^{\ominus}=-0.10V(vs.SCE)$$

$$Sn^{2+}+2e \rightleftharpoons Sn \qquad \varphi^{\ominus}=-0.38V(vs.SCE)$$

试解释:

(1) 两极谱波的波高为何相等?

(2) 焦棓酚与 Sn 的哪一种价态的配位作用强？为什么？

14．解释单扫描极谱波呈平滑峰形的原因．

15．用单扫描极谱法测定某试液中 Ni^{2+} 的含量．在含 25.00ml 含 Ni^{2+} 的试液(已加支持电解质,动物胶并除 O_2)中测得的峰电流 i_p 为 2.36μA．当加入 0.50ml $2.87\times10^{-2}mol\cdot L^{-1}Ni^{2+}$ 标准溶液后测得 i_p 为 3.79μA,试求试液中的 Ni^{2+} 浓度．

16．为什么示差脉冲极谱法的灵敏度较高．

17．解释循环伏安图的形状,并举几例说明循环伏安法的应用．

18．列举数种判断极谱电极过程可逆性的方法．

第六章　色谱分析导论

基本要求：

1. 理解混合物中各组分在色谱柱内得到分离的原因；
2. 理解柱效率的物理意义及其计算方法；
3. 理解速率理论方程对实际分离的指导意义；
4. 掌握分离度的计算及影响分离度的重要色谱参数.

6.1　色谱法及其分类

6.1.1　色谱法

色谱法(chromatography)是一种分离分析方法.它是利用各物质在两相中具有不同的分配系数，当两相作相对运动时，这些物质在两相中进行多次反复的分配来达到分离的目的.

俄国植物学家 M. Tswett 于 1906 年首先提出色谱法. Tswett 把植物绿叶的色素混合液加在一根装有干燥固体碳酸钙颗粒(称固定相)的玻璃长管(称为填充色谱柱)上端，然后让洗脱剂(亦称流动相)石油醚自上而下流过.在石油醚不断冲洗下，原来在柱子上端的色素混合液向下移动.由于色素中各组分性质的差异，与碳酸钙的作用力大小不同，作用力小的先流出，作用力大的后流出，最后分离成不同颜色的清晰色带.因此称这种方法为色谱法.然后将潮湿的碳酸钙挤出玻璃管，用刀将各色带切下，对其中的组分用合适的分析方法分别进行测定.这是经典色谱法，各色素的分离过程与其含量测定过程是离线的，即不能连续进行.现代色谱法的分离过程与其含量测定过程是在线的，即连续进行.当一个二组分(A 和 B)的混合样品在 t_1 时间从柱头加入，随着流动相不断加入，洗脱作用连续进行，直至 A 和 B 组分先后流出柱子而进入检测器，从而使各组分浓度转变成电信号后记录在记录纸上，或显示在荧光屏上，或由电脑贮存后打印出来.图 6.1(a)为色谱柱内 A 和 B 的洗脱过程；(b)则为记录下来的色谱图.一般来说，在图上不同位置的峰代表不同的组分，而峰的面积代表各组分的含量.

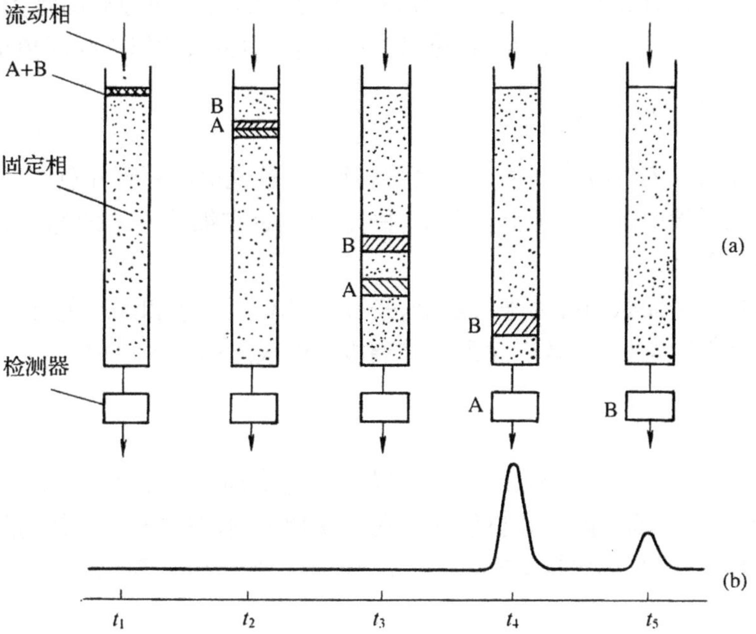

图 6.1　二组分混合样的分离

(a) 柱内洗脱过程；(b) 所记录下来的色谱图.

6.1.2　分类

色谱法种类很多,通常按以下几种方式分类.

1. 按两相状态分类

在 Tswett 的实验中,碳酸钙是固定不动的,称为固定相;石油醚是流动的,称为流动相.根据流动相状态,流动相是气体的,称为气相色谱法;流动相是液体的,称为液相色谱法.若流动相为超临界流体,则称为超临界流体色谱法.

根据固定相状态,是活性固体(吸附剂)还是不挥发液体或在操作温度下呈液体(此液体称固定液,它预先固定在一种载体上),气相色谱法又可分为气-固色谱法和气-液色谱法;同理,液相色谱法也可分为液-固色谱和液-液色谱法.

2. 按分离原理分类

色谱法中,固定相的性质对分离起着决定性的作用.

根据不同组分在固定液中溶解度的大小而分离的称为分配色谱.气相色谱法中的气-液色谱和液相色谱法中的液-液色谱均属于分配色谱.

根据不同组分在吸附剂上的吸附和解吸能力的大小而分离的称为吸附色谱.气相色谱法中的气-固色谱和液相色谱法中的液-固色谱均属于吸附色谱.

3.按固定相的形式分类

固定相在柱内的称为柱色谱,柱色谱有填充柱色谱和开管柱色谱.固定相填充满玻璃或金属管中的称为填充柱色谱;固定相固定在细管内壁的称为开管柱色谱或毛细管柱色谱.

固定相呈平面状的称为平板色谱,平板色谱有纸色谱和薄层色谱.前者以吸附水分的滤纸作固定相,后者以涂敷在玻璃板上的吸附剂作固定相.

4.按固定相材料分类

根据固定相材料的不同进行分类.以离子交换剂为固定相的称为离子交换色谱.以孔径有一定范围的多孔玻璃或多孔高聚物为固定相的称为尺寸排阻色谱.采用化学键合相(即通过化学反应将固定液分子键合于多孔载体,如硅胶上)的称为键合相色谱.

以上分类总结于表6.1.

表6.1 色谱法分类

流动相	名称	固定相	名称
气体	气相色谱(gas chromatography,GC)	固体	气-固色谱(gas solid chromatography,GSC)
		液体	气-液色谱(gas liquid chromatography, GLC)
液体	液相色谱[1](liquid chromatography,LC)	固体吸附剂	液-固色谱(liquid solid chromatography,LSC)
		液体	液-液色谱(liquid liquid chromatography, LLC)
		键合固定相	键合相色谱(bonded phase chromatography, BPC)
		多孔固体	尺寸排阻色谱(size exclusion chromatography, SEC)
		离子交换剂	离子交换色谱(ion exchange chromatography, IEC)
		纸纤维中的水	纸色谱[2](paper chromatography,PC)
		固体吸附剂	薄层色谱[2](thin layer chromatography,TLC)
超临界流体	超临界流体色谱	类似LC	超临界流体色谱(supercritical fluid chromatography,SFC)

1)为泛指名称,目前一般指高效液相色谱(high performance liquid chromatography,HPLC);

2)为平板色谱,其余均为柱色谱.

6.2　色谱流出曲线和术语

6.2.1　色谱流出曲线

在色谱法中，当样品加入后，样品中各组分随着流动相的不断向前移动而在两相间反复进行溶解、挥发，或吸附、解吸的过程．如果各组分在固定相中的分配系数(表示溶解或吸附的能力)不同，它们就有可能达到分离．分配系数大的组分，滞留在固定相中的时间长，在柱内移动的速度慢，后流出柱子，分配系数小的组分则相反．分离后的各组分的浓度经检测器转换成电信号而记录下来，得到一条信号随时间变化的曲线，称为色谱流出曲线，也称为色谱峰，如图 6.2 所示．理想的色谱流出曲线应该是正态分布曲线．

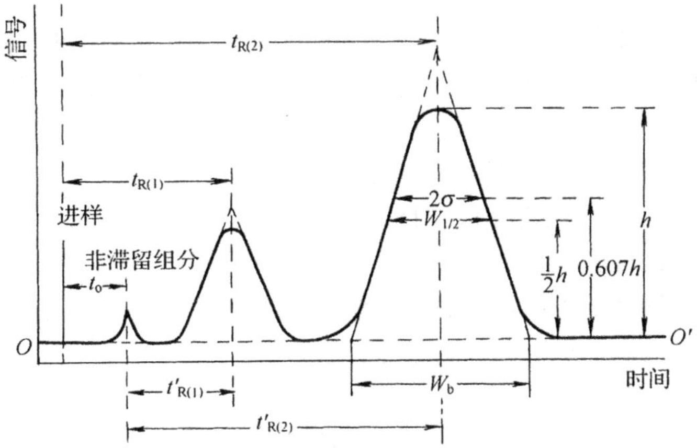

图 6.2　典型色谱流出曲线

(1) 基线　操作条件稳定后，无样品通过时检测器所反映的信号-时间曲线．稳定的基线是一条水平直线，如图 6.2 中的 OO'线．

(2) 死时间 t_o　不被固定相吸附或溶解的组分，即非滞留组分(如空气，适用于热导检测器；甲烷，适用于火焰离子化检测器)从进样开始到色谱峰顶(即浓度极大)所对应的时间．死时间主要与柱前后的连接管道和柱内固定相颗粒内及之间的空隙体积的大小有关．

(3) 保留时间 t_R　组分从进样开始到色谱峰顶所对应的时间．

(4) 调整保留时间 t'_R　扣除死时间后的组分保留时间．它表示该组分因吸附或溶解于固定相后，比非滞留组分在柱内多滞留的时间($t'_R = t_R - t_o$)．

(5)峰高 h　色谱峰顶到基线的垂直距离．

(6) 半峰宽　色谱峰高一半处的宽度,又称半宽度.

(7) 峰底宽　从色谱流出曲线两侧拐点所作的切线与基线交点之间的距离,也称基线宽度.

(8) 标准偏差 σ　正态分布曲线两侧拐点之间距离的一半,即 0.607 倍峰高处的色谱峰宽度的一半. σ 与半峰宽的关系为

$$W_{1/2} = 2\sigma\sqrt{2\ln 2} \tag{6.1}$$

与峰底宽的关系为

$$W_b = 4\sigma \tag{6.2}$$

组分在柱内理想的浓度分布构型可用正态分布曲线方程来表示:

$$c = \frac{m}{F\sigma\sqrt{2\pi}}\exp\left[-\frac{1}{2}\left(\frac{t - t_R}{\sigma}\right)^2\right] \tag{6.3}$$

式中: c 为时间 t 时的浓度; F 为流动相的体积速度; m 为组分的质量; t_R 为组分保留时间,其对应浓度为 c_{max}. 这里的 σ 是以时间为单位的,也可以长度为单位.

该方程表示组分在柱内的浓度分布状况, σ 反映谱带展宽的程度. σ 越小,表示谱带展宽的程度越小,亦表示组分浓度相对集中,检测器给出的信号越大. 更常用的是由方差 σ^2 来描述谱带展宽程度.

由色谱流出曲线可以实现以下目的:

(1) 依据色谱峰的保留值进行定性分析;

(2) 依据色谱峰的面积或峰高进行定量分析;

(3) 依据色谱峰的保留值以及峰宽评价色谱柱的分离效能.

6.3　色谱分析基本原理

色谱分离是一个非常复杂的过程,它是色谱体系热力学过程和动力学过程的综合表现. 热力学过程是指与组分在体系中分配系数相关的过程;动力学过程是指组分在该体系两相间扩散和传质的过程. 组分、流动相和固定相三者的热力学性质使不同组分在流动相和固定相中具有不同的分配系数,分配系数的大小反映了组分在固定相上的溶解-挥发或吸附-解吸的能力. 分配系数大的组分在固定相上的溶解或吸附能力强,因此在柱内的移动速度慢. 反之,分配系数小的组分在固定相上的溶解或吸附能力弱,在柱内的移动速度快. 经过一定时间后,由于分配系数的差别,使各组分在柱内形成差速移行,达到分离的目的.

6.3.1 分配过程

1．分配系数

在色谱分配过程中，假设考虑柱内极小一段的情况（图 6.3）．在一定的温度、压力条件下，组分在该一小段柱内发生的溶解-挥发或吸附-解吸的过程称为分配过程．当分配达平衡时，组分在两相间的浓度之比为一常数，该常数称分配系数（或称分布系数）K．

$$K=\frac{\text{组分在固定相中的浓度}}{\text{组分在流动相中的浓度}}=\frac{c_s}{c_m} \tag{6.4}$$

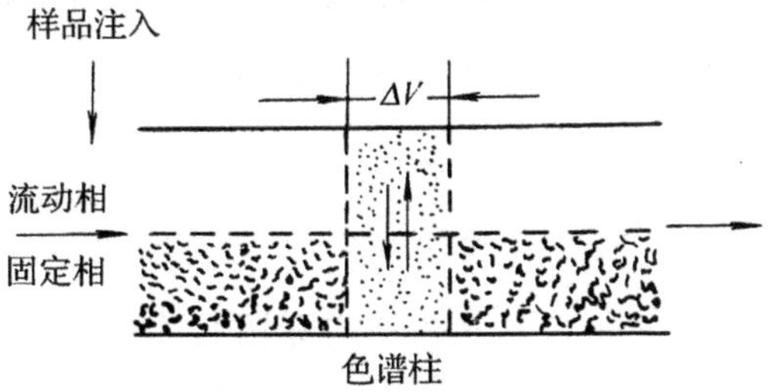

图 6.3 色谱柱柱内的分配平衡

分配系数决定于组分和两相的热力学性质．在一定温度下，分配系数 K 小的组分在流动相中浓度大，先流出色谱柱；反之，后流出色谱柱．两组分 K 值之比大（不是指每一组分的 K 的绝对值越大），是获得良好色谱分离的关键．柱温是影响分配系数的一个重要参数，在其他条件一定时，分配系数与柱温的关系为

$$\ln K=-\frac{\Delta_r G_m}{RT_c} \tag{6.5}$$

这是色谱分离的热力学基础．式中，$\Delta_r G_m$ 为标准状态下组分的自由能；R 为气体常数；T_c 为柱温．

组分在固定相中的 $\Delta_r G_m$ 通常是负值，所以分配系数与温度成反比，升高温度，分配系数变小．在气相色谱分离中，柱温是一个很重要的操作参数，温度的选择对分离影响很大，而对液相色谱分离的影响小．

2．分配比

一定的温度、压力条件下，分配达平衡时，组分在两相中的总量之比称分配比 k'，又称容量因子．

$$k'=\frac{\text{组分在固定相中的总量}}{\text{组分在流动相中的总量}}=\frac{W_s}{W_m} \tag{6.6}$$

k'与K 的关系为

$$K = \frac{c_s}{c_m} = \frac{W_s V_m}{W_m V_s} = k' \frac{V_m}{V_s} = k'\beta \tag{6.7}$$

或

$$k' = K \frac{V_s}{V_m} = \frac{K}{\beta} \tag{6.8}$$

式中，β 为色谱柱的相比；V_m 为柱内的流动相体积，也称为柱的死体积（无效体积或孔隙体积），包括固定相颗粒之间和颗粒内部孔隙中的流动相体积；V_s 为固定相体积，它指真正参与分配的那部分体积，若固定相是吸附剂、固定液、离子交换剂或凝胶，则分别指吸附剂表面积、固定液体积、离子交换剂交换容量或凝胶孔容.

分配比与分配系数的不同在于分配比不仅与组分和两相性质有关，而且还与两相体积有关.

6.3.2　保留值

保留值是色谱分离过程中的组分在柱内滞留行为的一个指标，它可以用保留时间、保留体积和相对保留值等表示. 保留值与分配过程有关，受热力学和动力学因素的控制.

1. 保留体积和调整保留体积

保留体积 V_R 表示在组分的保留时间内所流过的流动相体积：

$$V_R = t_R \times F_c \tag{6.9}$$

式中，F_c 为柱内流动相体积流速（$ml \cdot min^{-1}$）. 流动相流速大，相应的保留时间短，保留体积不变，所以 V_R 与 F_c 无关.

调整保留体积 V'_R 表示扣除死体积后的保留体积，因为死体积不能反映组分在固定相中的保留行为. 调整保留体积可表示为

$$V'_R = V_R - V_m \tag{6.10}$$

V'_R 与 F_c 也无关. V_m 为死体积，它与死时间和柱出口的流动相体积流速有关：

$$V_m = t_o \times F_c \tag{6.11}$$

以上所指的死体积既包括了柱内死体积，也包括柱外死体积，如柱前后连接管道等.

必须注意区分组分和流动相的线速度（$cm \cdot s^{-1}$）：

$$r = \frac{L}{t_R} \tag{6.12}$$

$$u = \frac{L}{t_o} \tag{6.13}$$

式中：L 为柱长；r 和 u 分别为组分与流动相的线速度。

2. 基本保留方程

基本保留方程可表示为

$$t_R = t_o(1 + k') = \frac{L}{u}\left(1 + K\frac{V_s}{V_m}\right) \tag{6.14}$$

它表示组分保留时间与柱长、流动相速度、分配比、分配系数和两相体积之间的关系.也可以用保留体积表示：

$$V_R = t_o(1 + k')F_c = V_m(1 + k') = V_m + KV_s \tag{6.15}$$

式(6.15)是色谱基本保留方程的又一形式，同样适用于任何色谱过程.该式表示某组分从柱后流出所需要的流动相体积，包括柱的死体积以及组分滞留在固定相中的 t'_R 时间内所流过的流动相体积.后者的大小决定于该组分的分配系数和固定相体积，即 KV_s.

由式(6.14)得

$$k' = \frac{t_R - t_o}{t_o} = \frac{t'_R}{t_o} \tag{6.16}$$

由此可知，组分的分配比也等于组分调整保留时间与死时间之比，它可以直接从色谱图上求得.

3. 相对保留值

用相对保留值(α)可以消除由于流动相流速、柱长、填充情况等不能完全重复而带来的实验误差.在柱温和固定相性质不变的条件下，相对保留值不变.

相对保留值定义为

$$\alpha_{2,1} = \frac{K_{(2)}}{K_{(1)}} = \frac{k'_{(2)}}{k'_{(1)}} = \frac{V'_{R(2)}}{V'_{R(1)}} \tag{6.17}$$

$\alpha_{2,1}$用来讨论固定相对组分的分离能力.$\alpha_{2,1}$的计算用后流出柱的组分的调整保留值除以先流出柱的组分的调整保留值.α 主要决定于固定相性质，其次是色谱柱温度.α 值越大，表示固定相对组分的选择性越高，则两组分分离得越开.α 等于 1 时，两组分重叠.

6.3.3 塔板理论和速率理论

1. 塔板理论

Martin 等人于 1952 年提出的塔板理论是将一根色谱柱当作一个精馏塔，用塔板概念来描述组分在色谱柱内的分配行为.塔板的概念是从精馏中借用而来的,可以理解为极小的一段色谱柱.塔板理论是一种半经验理论,但它能成功地解释色谱流出曲线呈正态分布.

塔板理论假定:(1)塔板与塔板之间不连续;(2)塔板之间无分子扩散;(3)组分在每块塔板的两相间的分配平衡瞬时达到,达到一次分配平衡所需的最小柱长称为理论塔板高度;(4)一个组分在每块塔板上的分配系数相同;(5)流动相以不连续的形式加入,即以一个一个的塔板体积加入.把色谱柱比作精馏塔,视作由许许多多小段组成.连续的色谱过程视作一个小段中的两相平衡过程的重复,每小段代表一块塔板.组分进入色谱柱后,在每块塔板上进行两相间的分配.塔板数越多,组分在柱内两相间达到分配平衡的次数也越多,柱效越高,分离就越好.在气相色谱柱内,理论塔板数一般达 $10^3 \sim 10^6$.塔板数越多,其流出曲线越接近于正态分布曲线.根据塔板理论可计算柱子的塔板数,以用来评价一根柱子的柱效.当然,色谱柱中并无真正的塔板,故塔板数又称理论塔板数.理论塔板数可按下式计算:

$$n = 5.54\left(\frac{t_R}{W_{\frac{1}{2}}}\right)^2 = 5.54\left(\frac{V_R}{W_{\frac{1}{2}}}\right)^2 = 5.54\left(\frac{d_R}{W_{\frac{1}{2}}}\right)^2 \tag{6.18}$$

或

$$n = 16\left(\frac{t_R}{W_b}\right)^2 = 16\left(\frac{V_R}{W_b}\right)^2 = 16\left(\frac{d_R}{W_b}\right)^2 \tag{6.19}$$

从上式可以看出,理论塔板数决定于组分保留值和色谱峰宽度,式中 d_R 为保留距离.

假设色谱柱长为 L,则每块理论塔板的高度可按下式计算:

$$H = \frac{L}{n} \tag{6.20}$$

显然,理论塔板高度相当于单位理论塔板所占的柱长度,它与柱长无关,因此在比较柱效时,采用理论塔板高度更可取.理论塔板数越多,理论塔板高度越小,色谱峰越窄,表明柱效越高.特别要注意塔板数计算时,量纲应一致.保留时间乘以记录器纸速即为保留距离;保留时间乘以流动相速度即为保留体积.

在采用塔板数评价一根色谱柱的柱效时,必须指明组分、固定相及其含量、流动相及操作条件等.在色谱柱使用过程中应定期测量柱子的理论塔板数,检查其柱效是否降低,以便及时采取措施,延长柱子使用寿命.

2. 速率理论

当一组分从柱头瞬时加入,其柱截面上浓度分布构型呈极窄的“塞子”状.若在理想状态下,分子不扩散,则理想的色谱峰应呈脉冲形,然而实际上得到的往往是展宽的色谱峰.这用塔板理论是无法解释的,因为塔板理论忽略了在色谱分配过程中,组分在两相中的扩散和传质的动力学因素.1956 年 Van Deemter 等人提出了速率理论,以后 Giddings 等人又进一步加以补充完善.速率理论把塔板理论中的塔板高度概念与组分在两相间的扩散和传质联系起来,采用随机模式描述组分在柱内的分离过程.当用正态分布描述色谱动力学过程的特征时,用 σ^2 作为色谱峰展宽的指标.组分在柱内的展宽受四种动力学过程的控制,这四种过程是:涡流扩散、纵向分子扩散、流动相传质和固定相传质,它们对峰展宽的贡献分别以 σ_e^2,σ_l^2,σ_m^2和 σ_s^2 表示.

(1) 涡流扩散

当色谱柱内同时起步的组分(①,②,③)随流动相在固定相颗粒间的空隙间穿行,朝柱出口方向移动,如果固定相颗粒不均匀,则组分在穿过这些空隙时碰到大小不一的颗粒而必须不断地改变方向,于是在柱内形成了紊乱的"涡流"流动,使流经障碍情况不同的流路中的分子先后到达柱出口,而使谱带展宽,如图 6.4 所示.涡流扩散使色谱峰展宽的程度可表示为

$$\sigma_e^2 = 2\lambda d_p L \tag{6.21}$$

式中:λ 为填充不规则因子;d_p 为固定相颗粒平均直径;L 为柱长.

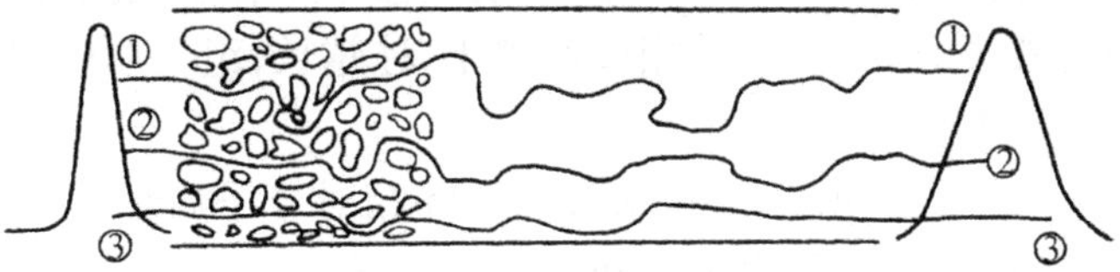

图 6.4　涡流扩散使峰展宽

由上式可知,固定相颗粒大小是影响涡流扩散的主要原因.一般来说,颗粒细,有利于填充均匀,但太细的颗粒会增加柱的阻力,使渗透性变坏.λ 与填充技术和固定相颗粒均匀度有关.对填充柱,颗粒间空隙大小越不一致,λ 越大,涡流扩散越严重.涡流扩散与组分、流动相性质以及线速度无关.

减小涡流扩散的办法是选择细而均匀的颗粒,采用良好的填充技术和尽可能使用短柱.

(2) 纵向分子扩散

由于组分的加入,在柱的轴向上形成浓度梯度,因此当组分以"塞子"形式随流动相移动时,分子必然会自发地向前和向后扩散.这种由浓度梯度引起的其方向沿着轴向进行的扩散,称为纵向分子扩散.它使谱带展宽的情况如图 6.5 所示.展宽程度可表示为

$$\sigma_1^2 = 2\gamma D_m \frac{L}{u} \tag{6.22}$$

式中：γ 为弯曲因子；D_m 为组分在流动相中的扩散系数；u 为流动相线速度.

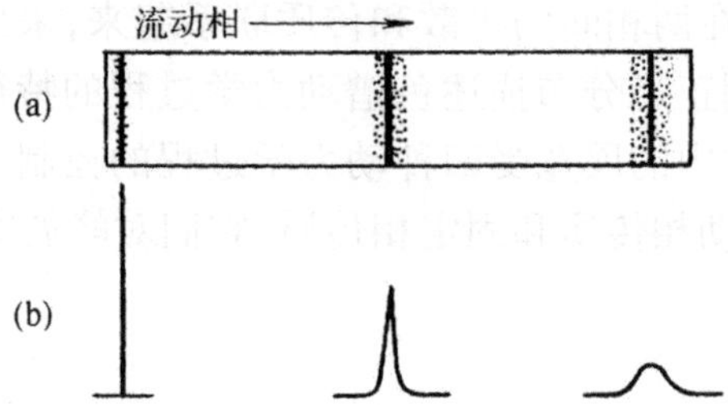

图 6.5　纵向分子扩散使峰展宽

(a) 柱内谱带浓度分布构型；(b) 相应的响应信号.

弯曲因子反映了固定相颗粒的几何形状阻碍分子扩散的程度，一般小于 1. D_m 与组分和流动相的性质及柱温有关. D_m 与流动相的相对分子质量的关系为 $D_m \propto 1/\sqrt{M}$，因此在气相色谱中，对同一组分若用氢气作流动相(亦称载气)产生的纵向分子扩散要比用氮气时严重. 组分在液体中的扩散系数约为气体中的 $1/10^5$，所以在液相色谱中，纵向分子扩散一般可忽略. D_m 随柱温升高而增加，而与柱压成反比. 由上式还可看出，流动相线速越小，柱越长，组分在柱内的滞留时间越长，纵向分子扩散程度就越大.

欲使纵向分子扩散减少，应选择球状颗粒和相对分子质量较大的物质作流动相，并适当增加流线相线速，采用短柱和较低的柱温.

(3) 流动相传质阻力

在组分从流动相扩散到流动相与固定相界面的传质过程中所受到的阻力称为流动相传质阻力，如图 6.6 所示. 它使谱带展宽，其展宽程度可表示为

$$\sigma_m^2 = \frac{\omega\, d_p^2 L u}{D_m} \tag{6.23}$$

式中，ω 为由柱填充性质决定的因子，其余符号同前.

组分从流动相扩散到两相界面需要一定的时间，该时间与扩散时经过的距离平方成正比，与组分扩散系数成反比，而扩散经过的路径决定于固定相颗粒间空隙的大小，即决定于 d_p 的大小. 由于组分处在颗粒空隙间的不同位置，因此到达两相界面的时间不同，从而使谱带展宽. d_p 越大，组分到达两相界面的时间越长，谱带展宽越严重. L 增加，组分停留在流动相中的时间增加，传质阻力相应增加. 流动相线速增加造成组分难以接近两相界面，使传质阻力增加，引起谱带展宽.

采用细颗粒的固定相，增大组分在流动相中的扩散系数，适当降低流动相线

速，选用短柱等均可使流动相传质阻力尽可能地减小.

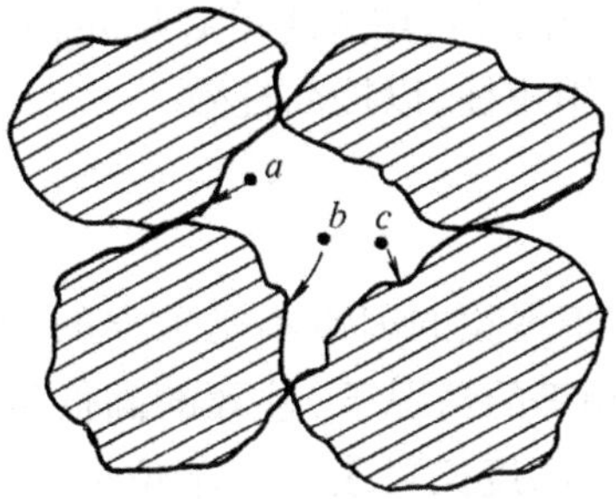

图 6.6　组分在流动相中的传质

(4) 固定相传质阻力

组分从两相界面扩散到固定相内部，达到分配平衡后又返回两相界面时受到的阻力，称为固定相传质阻力. 固定相传质阻力使谱带展宽程度可表示为

$$\sigma_s^2 = \frac{qk' d_f^2 Lu}{(1+k')^2 D_s} \tag{6.24}$$

式中：q 为与固定相性质、构型有关的因子；k' 为分配比；d_f 为有效平均液膜厚度. 当使用多孔固定相时，d_f 可用 d_p 代替；D_s 为组分在固定液中的扩散系数，其余符号同前.

固定相传质速率受组分在固定相内扩散速率的控制. 当组分达到分配平衡后的瞬间内，流动相仍不断地载着其中的组分向前移动，使固定相中的组分来不及返回流动相而落后于谱带平衡浓度的位置. 当流动相和固定相间重新建立平衡后，谱带更展宽，如图 6.7 所示. 液膜厚度决定于固定液含量的大小，固定液含量低，d_f 降低，组分在固定液内扩散的时间缩短，有利于分配平衡的建立，但含量过低，易使载体表面的活性中心暴露，造成峰拖尾现象. 柱长和流速的影响与流动相传质阻力类似.

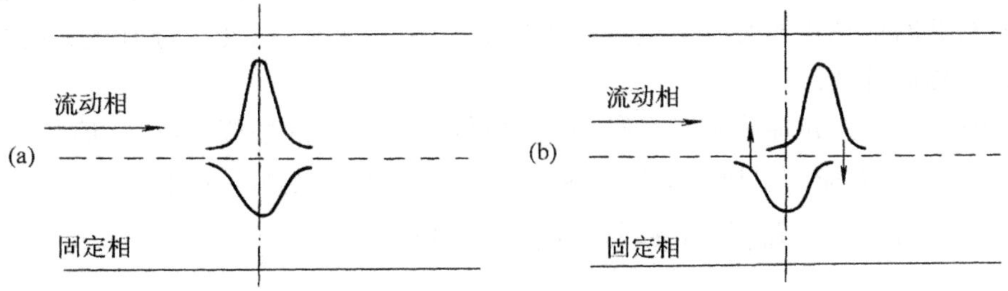

图 6.7　固定相传质对谱带展宽的影响

(a)两相达平衡时；(b)达平衡后的瞬间内.

使固定相传质阻力减小的办法是采用低含量固定液，以减小固定液液膜厚度，但使 k' 也减小. 选用低黏度固定液，增大组分在固定液中的扩散系数，适当提高柱温及降低流速，并尽可能使用短柱，以提高柱效.

3. 速率理论方程

在色谱分离中，柱内谱带展宽的因素不是独立的，而是同时发生的，而且方差具有加和性. 因此，在柱长相等的情况下，柱效的高低可用峰的宽窄来衡量. 峰窄，σ^2 小，H 小，柱效高，故塔板高度又可表示为单位柱长内的谱带展宽程度. 注意这里的 σ 是以长度为单位.

$$H = \frac{\sigma^2}{L} = \frac{\sigma_e^2 + \sigma_1^2 + \sigma_m^2 + \sigma_s^2}{L} \tag{6.25}$$

将 $\sigma_e^2, \sigma_1^2, \sigma_m^2$ 和 σ_s^2 相应值代入上式，得

$$H = 2\lambda d_p + \frac{2\gamma D_m}{u} + \frac{\omega\, d_p^2 u}{D_m} + \frac{qk' d_f^2 u}{(1+k')^2 D_s} \tag{6.26}$$

式(6.26)是速率理论方程，即 Van Deemter 方程，亦简称范氏方程. 当除 u 以外的实验参数都视作常数时，Van Deemter 方程可简写为

$$H = A + B/u + C_m u + C_s u = A + B/u + Cu \tag{6.27}$$

常数 A 为涡流扩散项系数；B 为纵向分子扩散项系数；C 为流动相传质阻力和固定相传质阻力项系数之和.

由该式知，流动相线速 u 一定时，仅在 A, B, C 较小时，塔板高度 H 才能较小，柱效才较高；反之柱效较低，色谱峰将展宽.

对气相色谱，以不同流速下测得的塔板高度 H 对流动相线速作图，得如图 6.8 所示的 H-u 曲线. 由图 6.8 可得出以下结论：(1)涡流扩散与流动相线速无关；(2)在低流速区时，纵向分子扩散占主导地位，此时应选用相对分子质量较大的 N_2，Ar 作为载气，使组分在流动相中有较小的扩散系数；(3)在高流速区时，传质阻力占主导地位，此时应选用相对分子质量较小的 H_2，He 作为载气，使组分有较大的扩散系数，以提高柱效.

由图可知，H-u 曲线有一最低点，与最低点所对应的塔板高度 H 值最小(即 H_{min})，该点所对应的线速为最佳线速 u_{opt}，此时可得到最高的柱效.

最小塔板高度 H_{min} 和最佳线速 u_{opt} 可通过对式(6.27)微分，并令其等于 0，求得

$$\frac{dH}{du} = -\frac{B}{u^2} + C = 0$$

$$u_{opt}=\sqrt{\frac{B}{C}} \tag{6.28}$$

$$H_{min}=A+2\sqrt{BC} \tag{6.29}$$

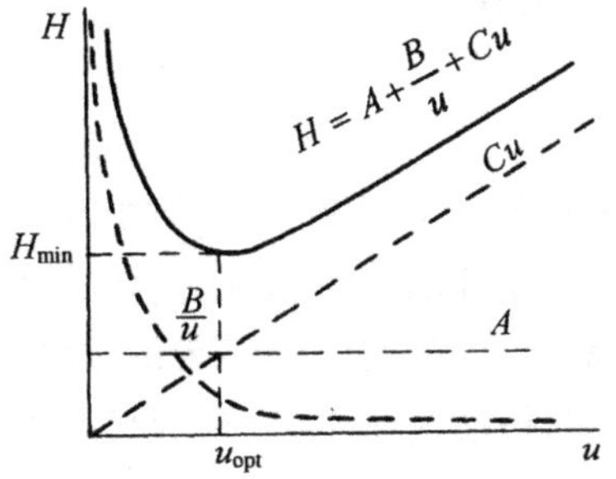

图 6.8　*H-u* 曲线

Van Deemter 方程对于选择色谱最佳分离条件具有普遍指导意义，它表明了色谱柱填充的均匀程度，载体粒度的大小，流动相的种类和线速，固定相液膜厚度及柱温等对柱效的影响.

例 1　长度相等的两色谱柱，其 Van Deemter 方程中的常数 A，B，C 如下表所示：

	A/cm	B/cm^2·s^{-1}	C/s
柱 Ⅰ	0.16	0.40	0.27
柱 Ⅱ	0.080	0.20	0.040

试计算：

(1) 柱 Ⅱ 的柱效是柱 Ⅰ 的几倍？

(2) 柱 Ⅱ 的最佳线速是柱 Ⅰ 的几倍？

解　(1) 柱效由式(6.29)计算的最小塔板高度来表示. 对柱 Ⅰ：

$$H_{min}=A+2\sqrt{BC}=0.16+2\sqrt{0.40\times0.27}=0.82\ \text{cm}$$

柱 Ⅱ：

$$H_{min}=0.080+2\sqrt{0.20\times0.040}=0.26\ \text{cm}$$

所以，柱 Ⅱ 的柱效是柱 Ⅰ 的 3.2 倍.

(3) 由式(6.28)计算最佳线速. 对柱 Ⅰ：

$$u_{opt}=\sqrt{\frac{B}{C}}=\sqrt{\frac{0.40}{0.27}}=1.2\ \text{cm}\cdot\text{s}^{-1}$$

柱 Ⅱ：

$$u_{\text{opt}} = \sqrt{\frac{0.20}{0.040}} = 2.3 \text{ cm} \cdot \text{s}^{-1}$$

所以,柱Ⅱ的最佳线速是柱Ⅰ的1.9倍.

6.3.4 影响谱带展宽的其他因素

1. 非线性色谱

速率理论虽然比较全面地考虑了两相中的传质和扩散,但仍假定等温线是线性的.事实上,等温线经常是非线性的.特别在吸附色谱中,由于等温线的非线性决定了分配系数不是常数,而是浓度的函数,使谱带的高浓度区域(中心附近)和低浓度区域(前沿和尾部)的分子的移动速率不等,造成色谱峰“拖尾”或“伸舌”现象,从而使峰展宽.

2. 活性中心

由于载体表面不完全惰性,即使涂布少量固定液后,在它表面存在的活性中心(如酸或碱作用中心)对极性强的组分仍会产生吸附,使这些组分释放的速度慢于其他分子而造成拖尾.解决办法是将载体预处理,除去或减少这些活性中心.

3. 柱外效应

在色谱柱以外的某些因素,使谱带展宽,降低柱的实际分离效率的现象称为柱外效应.造成柱外效应的因素有两类:柱前后死体积和与进样有关的技术.前者包括较大的气化器体积、连接管体积和检测器死体积等;后者包括进样速度慢,进样量大及气化温度不够高等.这些因素对组分在两相中的分配系数不起任何作用,反而使组分初始带宽增加,加剧分子扩散,造成谱带展宽.因此,必须将柱外效应抑制到最低程度.

6.3.5 分离度

分离度是对两色谱峰分离程度的量度.图6.9说明柱效和选择性对分离度的影响.图中(a)两组分的保留值相差大,表示固定相对它们有足够的选择性,但柱效差,色谱峰宽.(b)中两色谱峰窄,柱效高,但距离相差小,说明固定相的选择性差,α小.(c)中两色谱峰窄,又有一定的距离,柱效和选择性都好.由此可知,柱效或柱选择性只能说明两组分在柱中的分离情况的一个方面,因此采用分离度来表示两色谱峰的实际分离程度.

分离度又称分辨率或总分离效能指标,它定义为相邻两组分的色谱峰保留值之差与峰底宽总和的一半的比值:

$$R_s = \frac{t_{R(2)} - t_{R(1)}}{\frac{1}{2}(W_{b(1)} + W_{b(2)})} \tag{6.30}$$

式中，下标(1)和(2)分别为第一和第二组分. 分离度的另一种表示方法是用半峰宽代替峰底宽：

$$R'_s = \frac{t_{R(2)} - t_{R(1)}}{\frac{1}{2}(W_{1/2(1)} + W_{1/2(2)})} \tag{6.31}$$

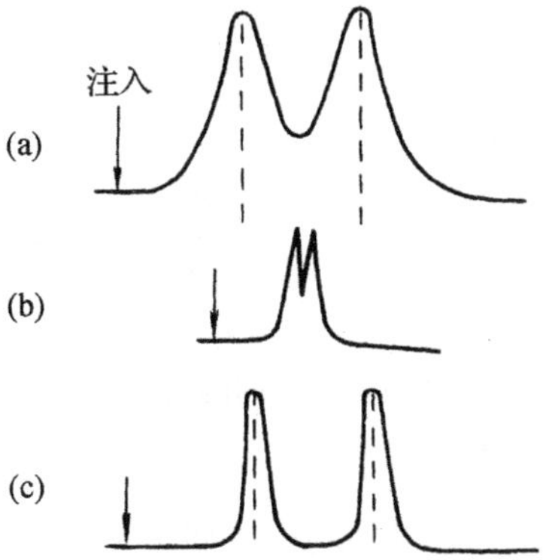

图 6.9 柱的柱效和选择性对分离的影响

两组分的保留时间的差别取决于固定相的热力学性质，差别越大，表示固定相对组分的选择性越高；两峰底宽越窄，表示柱效越高.

分离度可全面反映柱选择性和柱效，它是相邻两色谱峰实际分离程度的量度，如图 6.10 所示. 对于两个峰高相同的对称峰，达到基线分离时，$R_s = 1.5$，此时，两组分的分离程度达 99.87%，因此用 $R_s = 1.5$ 作为相邻两峰完全分离的指标. 当 $R_s = 1.0$ 时，两峰分离程度达 97.72%. 如果两峰的高度相差 10 倍，当 $R_s = 1.0$ 时，低含量组分的分离程度只有 88%，这是因为两峰交叉"污染"时，在低含量组分中夹杂的高含量组分与在两峰等高时的相同高含量组分相比所占的比例增大. 利用式(6.30)可直接从色谱图上求出分离度.

对分离度的要求可以根据分析目的而定. 在一般分析中，使用峰面积定量，$R_s = 1.0$ 已可满足要求. 如用峰高定量，R_s 还可小些，但对于制备色谱，为了保证纯度，要求有足够大的 R_s.

6.3.6 基本分离方程

分离度表达式(6.30)未表明影响分离度的因素. 若假定相邻两组分(1)和(2)的峰底宽相等，利用式(6.14)、(6.19)以及式(6.30)，经推导可得

$$R_s = \frac{\sqrt{n_2}}{4} \cdot \frac{\alpha - 1}{\alpha} \cdot \frac{k'_2}{1 + k'_2} \tag{6.32}$$

上式为色谱基本分离方程式.式中下标 2 为相邻两组分中的第二组分.该方程可视为三个因素的函数:柱效因子 n,柱选择性因子 α 和容量因子k',这三个参数可以直接从色谱图上计算得到.

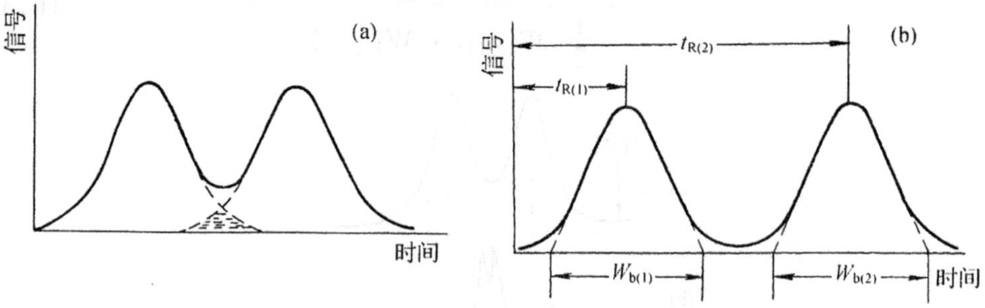

图 6.10　面积和峰高均相等的两对称色谱峰的分离

(a) 分离度 = 1.0;　(b) 分离度 = 1.5.

当 n、k'为 0 或 α 为 1 时,分离度为零.增加 n 或k'和α 值对分离有利.

(1) 柱效的影响

柱长 $L \propto n$,增加柱长可以提高分离度,但会延长分析时间,而且峰宽也会随保留时间的延长而增加.因此为了增高柱效,用减小塔板高度 H 的办法比增加柱长要好.为了达到实际工作中所需要的分离度,根据下式可以计算出在给定分离度下应具有的塔板数 n.

$$n = 16R_s^2\left(\frac{a}{a-1}\right)^2\left(\frac{1+k'_2}{k'_2}\right)^2 \tag{6.33}$$

(2) 分配比的影响

增加 k'可以增加分离度,根据式(6.14),k'值越大,分析时间越长,峰越展宽.通常 k'值选择在 1～10 范围内.改变分配比的方法有:改变柱温或改变流动相性质和组成,或改变固定相的含量.

(3) 相对保留值

α 越大,柱选择性越好,对分离越有利.分离度对 α 值微小变化很敏感,见表 6.2.α 从 1.01 增加至 1.10,约增加 9%,而分离度增加 9 倍.

改变 α 值的方法有:改变固定相性质,或改变流动相性质及组成,或采用较低柱温,从而增大 α 值.在气相色谱法中,通过改变固定相来改善 α 值,因为流动相是惰性的.在液相色谱中,则往往改变流动相来改变 α 值,因为其固定相过于昂贵.

由上可知,在 n,k'及α 三个参数中,增加 α 对改进分离最有效,但也不是越大越好．当 α 值趋近 1 时，增加 α，对改进 R_s 显著，但当 α 值超过 1.5 后，α 的改变对 R_s 的影响较小．

表 6.2　相对保留值 α 对分离度影响

α	1.01	1.02	1.03	1.04	1.05	1.10	1.20	1.30	1.50	2.00	3.00
$\frac{\alpha-1}{\alpha}$	0.010	0.020	0.029	0.038	0.048	0.091	0.167	0.231	0.333	0.500	0.667
n $\begin{pmatrix} R_s=1.5, \\ k'=2 \end{pmatrix}$	826281	210681	95377	54756	35721	9801	2916	1514	730	324	182
L/m (H=0.6mm)	495	126	52	33	21	5.8	1.7	1.0	0.44	0.19	0.11

当固定相选定后，即 α 一定，k' 大对分离有利．当 k' 超过 10 时，对 R_s 的改进不明显，而保留时间却大大延长．

例 2　在 3.0m 色谱柱上，分离组分 X 和 Y 的色谱图如下，计算 X 和 Y 达到基线分离时的柱长为多少？

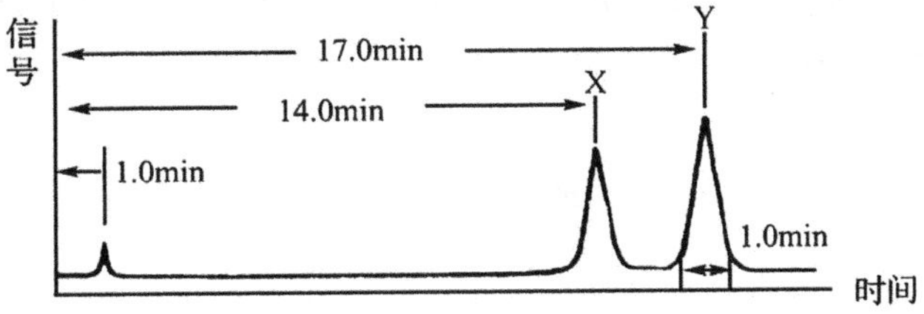

解　解法(一)

先计算组分 Y 的相对保留值 $\alpha_{Y,X}$，分配比 k'_Y 和理论塔板数 n．

组分 Y 的相对保留值：

$$\alpha_{Y,X} = \frac{t'_{R(Y)}}{t'_{R(X)}} = \frac{17.0-1.0}{14.0-1.0} = 1.23$$

组分 Y 的分配比：

$$k'_Y = \frac{t'_{R(Y)}}{t_o} = \frac{17.0-1.0}{1.0} = 16.0$$

组分 Y 的理论塔板数：

$$n_Y = 16\left(\frac{t_R}{W_{b(Y)}}\right)^2 = 16\left(\frac{17.0}{1.0}\right)^2 = 4624$$

再计算达到基线分离，即分离度 $R_s=1.5$ 时所需要的理论塔板数：

$$n_Y = 16R_s^2\left(\frac{\alpha_{Y,X}}{\alpha_{Y,X}-1}\right)^2\left(\frac{1+k'_Y}{k'_Y}\right)^2$$

$$= 16\times(1.5)^2\left(\frac{1.23}{1.23-1}\right)^2\left(\frac{1+16.0}{16.0}\right)^2 = 1155$$

因 $n\propto L$，则达到基线分离时的柱长：

$$L = L_{原}\times\frac{n}{n_{原}} = 3.0\times\frac{1155}{4624} = 0.75\ \text{m}$$

或算出理论塔板高度：

$$H_Y = \frac{300}{4624} = 0.65\ \text{mm}$$

因操作条件不变，H 值不变，柱长：

$$L = Hn = 0.65\times10^{-3}\times1155 = 0.75\ \text{m}$$

解法(二)

同解法(一)，先算 $\alpha_{Y,X}$ 和 k'_Y，再由式(6.32)计算出分离度：

$$R_s = \frac{\sqrt{n_Y}}{4}\cdot\frac{\alpha_{Y,X}-1}{\alpha_{Y,X}}\cdot\frac{k'_Y}{1+k'_Y} = \frac{\sqrt{4624}}{4}\times\frac{1.23-1}{1.23}\times\frac{16.0}{1+16.0} = 3.0$$

因 $R_s\propto\sqrt{n_Y}$，$n\propto L$，则

$$\frac{R_{s,原}}{R_s} = \frac{\sqrt{L_{原}}}{\sqrt{L}}$$

达到基线分离时的柱长：

$$L = \frac{L_{原}}{R_{s,原}^2}\cdot R_s^2 = \frac{3.0}{(3.0)^2}\times(1.5)^2 = 0.75\ \text{m}$$

习 题

1. 何谓色谱热力学过程和动力学过程？你能判断哪些实验参数属热力学参数？哪些属动力学参数？

2. 解释分别改变下列色谱实验条件时，色谱峰变化的情况，并解释原因.

(1) 增加柱温；

(2) 柱长增加 1 倍；

(3) 增加流动相线速；

(4) 使用颗粒更细的载体；

(5) 使用黏度大的固定液；

(6) 流动相速度处于低速区，使用相对分子质量大的流动相.

3. 载体粒度由 60 目改变为 100 目，若其他条件不变，*H*-*u* 曲线有何变化？为什么？（在原图上画出变更的曲线）？

4. 色谱图上两峰间的距离大小的本质是什么？峰的宽度的本质又是什么？

5. 一柱长 100cm，某组分停留在固定相中的时间分数为 0.70，在流动相中则为 0.30. 计算：

(1) 组分的移动速度是流动相线速的几倍？

(2) 组分洗脱出柱的时间是它停留在流动相中时间的几倍？

6. 某组分的移动速度与流动相速度之比为 0.10，柱内流动相的体积为 2.0ml，若流动相的流量为 $10ml \cdot min^{-1}$，则该组分滞留在固定相中的时间为多少？若固定相体积为 0.5ml，则组分的分配系数为多少？

7. 一柱内的固定相体积为 1.5ml，死体积为 16.6ml，组分 A 在该柱上保留体积为 76.2ml，计算组分 A 的分配系数.

8. 在一色谱柱上，组分 A，B 和非滞留组分的保留时间分别为 6.0、16.0 和 1.0min，问：

(1) B 的分配比是 A 的几倍？

(2) B 滞留在固定相中的时间是 A 的几倍？

(3) B 的分配系数是 A 的几倍？

9. 一柱长为 50.0cm，从色谱图上获得庚烷的保留时间为 59 s，半峰宽为 4.9 s，计算该柱的理论塔板为多少？塔板高度又为多少？

10. 从色谱图上测得组分 X 和 Y 的保留时间分别为 10.52 和 11.36min，两峰的峰底宽为 0.38 和 0.48min，问该两峰是否达到完全分离？

11. 一色谱柱长 122cm，160℃ 时空气、庚烷和辛烷的保留时间分别为 0.90，1.22 和 1.43min，辛烷的峰底宽为 0.20min，计算分离度达到 1.5 时的柱长？

12. 若用 He 为载气，Van Deemter 方程中，$A=0.080cm$，$B=0.024cm^2 \cdot s^{-1}$，$C=0.040s$. 试求：

(1) 最小塔板高度；

(2) 最佳线速.

13. 一色谱柱的效率相当于 4.2×10^3 个理论塔板数，对于十八烷和 2-甲基十七烷的保留时间分别为 15.05 和 14.82min. 试问：

(1) 该柱能将这个化合物分离到什么程度？

(2) 若保留时间不变，分离度要达到 1.0，需要理论塔板数多少？

(3) 在分离度 1.0 时，若塔板高度为 0.10mm，应采用多少柱长？

第七章　气相色谱法

基本要求：

1. 了解气相色谱法的优点及适用范围；
2. 理解固定相及重要操作条件选择的原则；
3. 理解常用检测器原理、优缺点及适用范围；
4. 理解常用定性方法及定量方法的优缺点.

气相色谱法是一种以气体为流动相的柱色谱分离分析方法，它又可分为气-液色谱法和气-固色谱法. 它的原理简单，操作方便. 在全部色谱分析的对象中，约20%的物质可用气相色谱法分析. 气相色谱法具有分离效率高、灵敏度高、分析速度快及应用范围广等特点.

气相色谱法能分离性质极相似的物质，如同位素、同分异构体、对映体以及组成极复杂的混合物，如石油、污染水样及天然精油等. 它的分离能力主要是通过选择高选择性固定相和增加理论塔板数来达到.

气相色谱法使用高灵敏度的检测器，有的检测器其检测下限可达 10^{-12} ～ 10^{-14}g，是痕量分析不可缺少的工具之一. 例如，它可检测食品中 10^{-9}数量级的农药残留量、大气污染中 10^{-12}数量级的污染物等.

气相色谱法测定一个样品只需几分钟到几十分钟，分析速度很快，如用微机控制整个操作过程和数据处理系统，分析周期更短.

在仪器允许的气化条件下，凡是能够气化且热稳定、不具腐蚀性的液体或气体，都可用气相色谱法分析. 有的化合物因沸点过高难以气化或热不稳定而分解，则可以通过化学衍生化的方法，使其转变成易气化或热稳定的物质后再进行分析.

7.1　气相色谱仪

气相色谱仪的型号和种类较多，但它们都是由气路系统、进样系统、色谱柱、温度控制系统、检测器和信号记录系统等部分组成，如图 7.1 所示.

气相色谱法中把作为流动相的气体称为载气. 载气自钢瓶经减压后输出，通过净化器、稳压阀或稳流阀以及流量计后，以稳定的流量连续不断地流过气化室、色谱柱、检测器，最后放空．被测物质(若液体须在气化室内瞬间气化)随载气进入色谱柱，根据被测组分的不同分配性质，它们在柱内形成分离的谱带，然后在载气携带下先后离开色谱柱进入检测器，转换成相应的输出信号，并记录成色谱图．

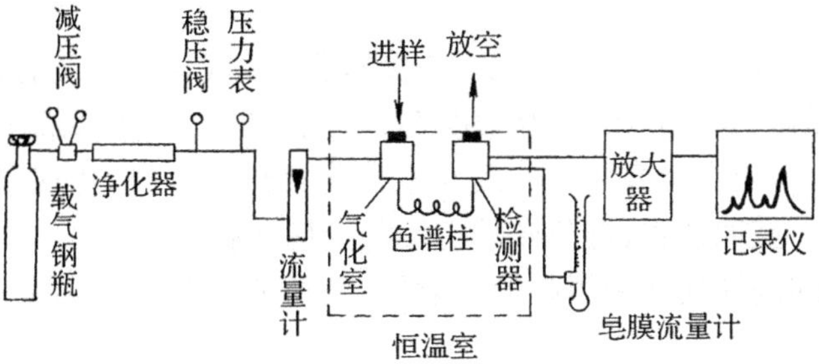

图 7.1　气相色谱仪示意图

7.1.1　气路系统

气相色谱仪的气路是一个载气连续运行的密闭系统，常见的气路系统有单柱单气路和双柱双气路．单柱单气路适用于恒温分析；双柱双气路适用于程序升温分析，它可以补偿由于固定液流失和载气流量不稳等因素引起的检测器噪声和基线漂移．气路的气密性、载气流量的稳定性和测量流量的准确性，对气相色谱的测定结果起着重要的作用．

1．载气

气相色谱常用的载气为氮气、氢气和氦气等．载气的选择主要由检测器性质及分离要求所决定．载气在进入色谱仪前必须经过净化处理．例如载气中若含有微量水会使聚酯类固定液解聚，载气中的氧在高温下易使某些极性固定液氧化．对电子捕获检测器，载气中水分含量更是严重影响仪器的稳定性和检测灵敏度．某些检测器除载气外还需要辅助气体，如火焰离子化和火焰光度检测器需用氢气和空气作燃气和助燃气．各气路都应有气体净化管．常用的气体净化剂为分子筛、硅胶、活性炭等．

载气流量由稳压阀或稳流阀调节控制．稳压阀有两个作用，一是通过改变输出气压来调节气体流量的大小，二是稳定输出气压．恒温色谱中，整个系统阻力不变，用稳压阀便可使色谱柱入口压力稳定．在程序升温中，色谱柱内阻力不断增加，其载气流量不断减少，因此需要在稳压阀后连接一个稳流阀，以保持恒定的流量．色谱柱的载气压力(柱入口压)由压力表指示，压力表读数反映的是柱入口压与大气压之差，柱出口压力一般为常压.柱前流量由流量计指示，柱后流量必要时可用皂膜流量计测量.

7.1.2 进样系统

液体样品在进柱前必须在气化室内变成蒸气.气化室由绕有加热丝的金属块制成，温控范围在 50～500℃.对气化室要求热容量大，使样品能够瞬间气化，并要求死体积小.对易受金属表面影响而发生催化、分解或异构化现象的样品，可在气化室通道内置一玻璃插管，避免样品直接与金属接触.

液体样品的进样通常采用微量注射器，气体样品的进样通常采用医用注射器或六通阀.

7.1.3 色谱柱

色谱柱是色谱仪的心脏，安装在温控的柱室内，色谱柱有填充柱和开管柱(亦称毛细管柱)两大类.填充柱用不锈钢或玻璃等材料制成，根据分析要求填充合适的固定相.填充柱制备简单，对于气液色谱填充柱，制备时可以根据固定液与载体的合适配比(通常为 5%～20%)，称取一定量固定液，并溶解于合适的有机溶剂中，然后加入定量载体混合均匀，在红外灯下烘烤，让溶剂慢慢挥发殆尽.最后，将此已涂布有固定液的载体填充至色谱柱内.对气-固色谱柱，只需将合适的吸附剂直接填充进柱.填充固定相时要求均匀紧密，以保证良好的柱效.开管柱用石英制成，其固定相涂布在毛细管内壁，或使某些固定相通过化学反应键合在管壁上.开管柱分离效率高，对较复杂样品都采用开管柱.具体内容将在开管柱一节中详细介绍.

7.1.4 温度控制系统

温度控制系统用于设置、控制和测量气化室、柱室和检测室等处的温度.

气化室温度应使试样瞬间气化但又不分解，通常选在试样的沸点或稍高于沸点.对热不稳定性样品，可采用高灵敏度检测器，则大大减少进样量，使气化温度降低.

检测室温度的波动影响检测器(火焰离子化检测器除外)的灵敏度或稳定性，为保证柱后流出组分不致于冷凝在检测器上，检测室温度必须比柱温高数十度，检测室的温度控制精度要求在 ±0.1℃以内.

柱室温度的变动会引起柱温的变化，从而影响柱的选择性和柱效，因此柱室的温度控制要求精确.温控方法根据需要可以恒温，也可以程序升温.

当被测样品复杂，其中的组分 k' 范围过宽，而分离在恒温下进行，这往往会带

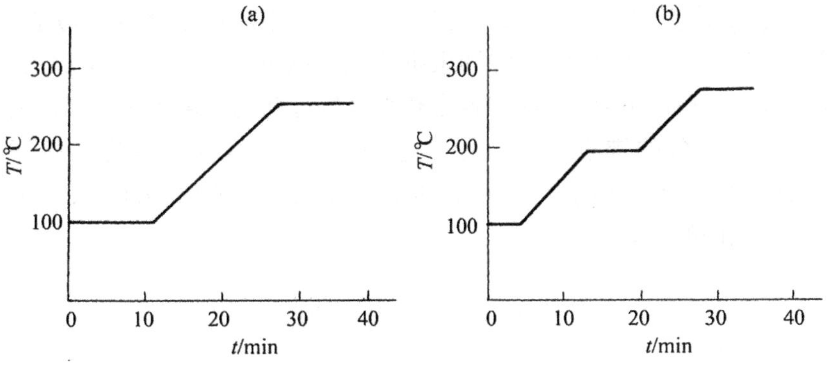

图 7.2　程序升温方式

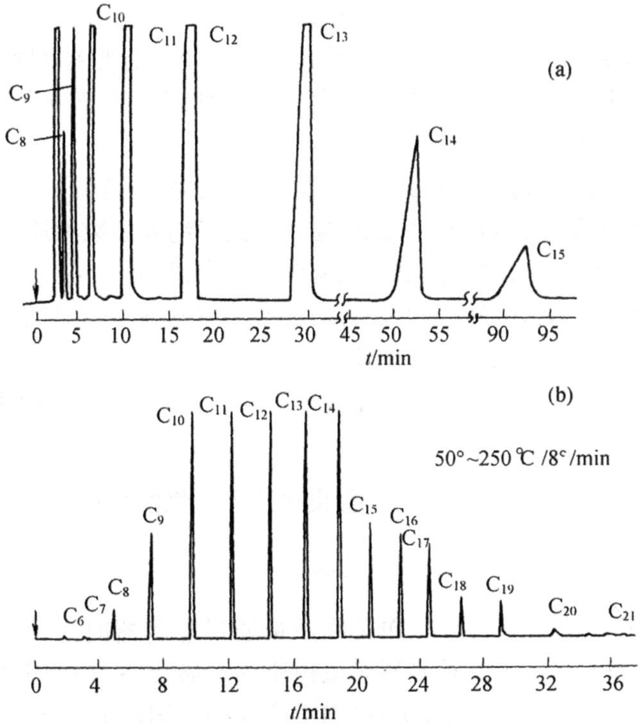

图 7.3　恒温色谱（a）与程序升温色谱（b）分离直链烷烃的比较

柱长 6m，柱径 1.6mm，固定液 Apiezon L，载体 100～120 目 VarAport30，He 流速 10ml/min.
恒温分离时，检测器灵敏度比程序升温时高 16 倍.

来两个麻烦．首先是高沸点样品保留时间过长，而使色谱峰既宽又矮，使分离变坏，且难以准确定量．更严重的是某些高沸点组分迟迟不流出，若对未知样品，则会误认为组分已全部洗脱出柱,但到了以后的分析中,它又被洗脱出来,造成组分的漏检和误检.其次对沸点过低的组分,峰会相互紧挨,而不能很好分离.解决此种麻烦的办法是采用程序升温气相色谱法.即根据样品组成的性质使柱温按照人为优化的升温速率改变,从而使各组分能在各自获得良好分离的温度下洗脱.程序升温方式应根据样品中组分的沸点分布范围来选择,可以是线性或多阶线性等(如图7.2).程序升温的优点有分离改进、峰窄、检测限下降以及省时等.图7.3为程序升温色谱与恒温色谱的比较.

7.2 检 测 器

7.2.1 检测器类型

气相色谱检测器约有10多种,常用的是热导检测器、火焰离子化检测器、电子捕获检测器、火焰光度检测器等.这四种检测器都是微分型检测器.微分型检测器的特点是被测组分不在检测器中积累,色谱流出曲线呈正态分布,即呈峰形.峰面积或峰高与组分的质量或浓度成比例.

气相色谱检测器可分为通用性检测器,如热导和火焰离子化检测器及选择性检测器,如电子捕获、火焰光度检测器.通用性指对绝大多数物质都有响应,选择性指只对某些物质有响应,对其他物质无响应或响应很小.

根据检测原理,又可将检测器分为浓度型和质量型.热导和电子捕获检测器属浓度型;火焰离子化及火焰光度检测器属质量型.浓度型检测器指其响应与进入检测器的浓度的变化成比例;质量型检测器指其响应与单位时间内进入检测器的物质量成比例.

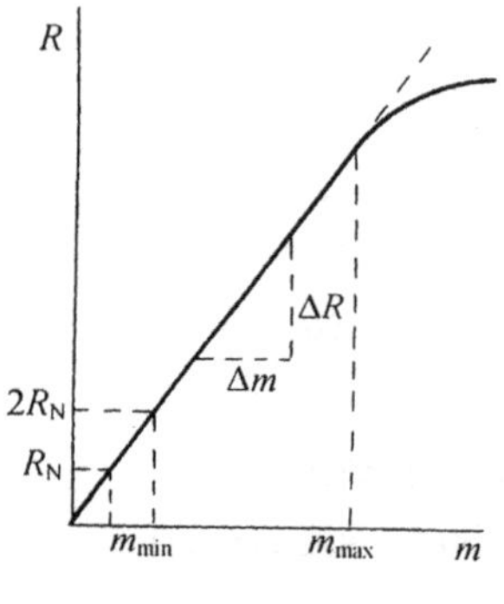

图7.4 检测器响应曲线

7.2.2 优良检测器的性能指标

1. 灵敏度高

单位物质量通过检测器时产生的信号大小称为检测器对该物质的灵敏度 S.以组分的浓度(c)或质量(m)对响应信号(R)作图,得一条通过原点的直线,如图7.4所示.直线的斜率就是检测器的灵敏度.其通式为

$$S = \frac{\Delta R}{\Delta m} \tag{7.1}$$

由此可知,灵敏度是响应信号对进入检测器的被测物质量的变化率.

2. 检测限低

检测限 D 又称检测度或敏感度,定义为当检测器产生的信号(峰高)恰是噪声的 2 倍时,单位时间或单位体积内进入检测器的最小物质量(图 7.5).

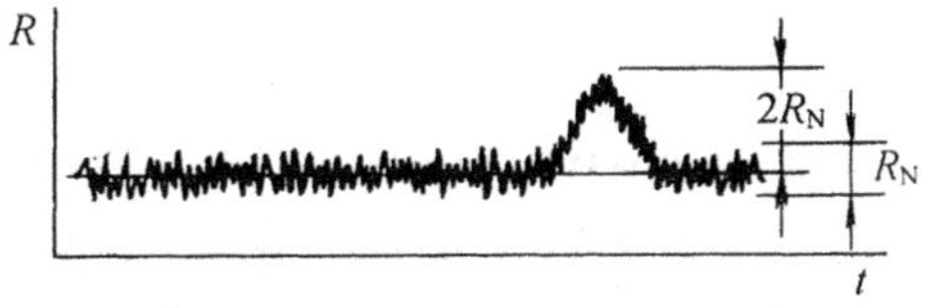

图 7.5　检测器噪声

检测限可表示为

$$D = \frac{2R_N}{S} \tag{7.2}$$

式中,R_N 为噪声信号,单位为 mV. 由此可见,检测限不仅决定于灵敏度,而且受制于噪声,所以它是衡量检测器性能好坏比较全面的指标.

通常情况下,D 值越小的检测器,越有利于痕量分析.

3. 最小检测量低

最小检测量 m_{min}是针对色谱体系提出的一个检测指标,它与检测限不同. 因为实际工作中,被测组分不可能单独与检测器发生关系,检测器总是处在与气化室、色谱柱、记录系统等构成的一个完整的色谱体系中. 色谱体系的最小检测量指色谱峰高等于 2 倍噪声时被测组分的进样量. 见图 7.5. 它与检测器本身性能及色谱操作条件之间存在以下关系(对质量型检测器).

$$m_{min} = 1.065 W_{1/2(t)} D \tag{7.3}$$

由此可见,最小检测量 m_{min}与检测限和半峰宽(以载气流过的时间表示)成正比,色谱峰越窄,m_{min}越小. 与最小检测量紧密相关的就是最小检测浓度(C_{min}). 它可表示为

$$C_{min} = \frac{m_{min}}{Q} \tag{7.4}$$

即最小检测量与进样量 Q 之比,它表示在一定进样量时,色谱体系所能检测出的组分最低浓度.

4. 线性范围宽

检测器的线性范围是指检测器响应信号与被测组分质量或浓度呈线性关系的

范围.通常以线性范围内最大进样量(m_{max})与最小进样量(m_{min})的比值,或以最大允许进样浓度与最小检测浓度的比值表示.比值越大,线性范围越宽,越有利于定量测定.图 7.4 中 $m_{min} \sim m_{max}$ 范围即为检测器进样量的线性范围,它的实际意义是,当组分的进样量变化 m_{max}/m_{min} 倍时,仍呈线性关系.

7.2.3 热导检测器

热导检测器(thermal conductivity detector,TCD)是气相色谱常用的检测器.其结构简单,稳定性好,对有机物或无机物都有响应,适用范围广,但灵敏度较低,一般适宜作常量或 10^{-6} 数量级分析.热导检测器的线性范围约为 10^4.

1. 结构与原理

热导检测器的主要部件是一个热导池,它由池体和热敏元件构成,其结构如图 7.6 所示.热导池池体由不锈钢制成.池体上有四个对称的孔道.在每个孔道中固定一根长短和阻值相等的螺旋形热丝(钨或铼钨合金),与池体绝缘.该金属热丝称为热敏元件.

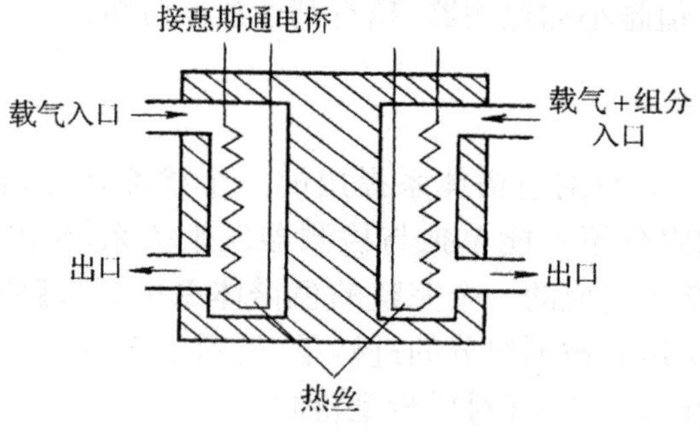

图 7.6 热导池结构

由四根热线组成的四臂热导池,其中二臂为参比臂,二臂为测量臂.将参比臂和测量臂接入惠斯通电桥,通入恒定的电流,组成热导池测量线路,如图 7.7 所示. R_2,R_3 为参比臂,R_1,R_4 为测量臂,$R_1 = R_2$,$R_3 = R_4$.

热导检测器是根据不同物质与载气具有不同的热导系数 λ 这一原理而设计的.热导系数 λ 反映了物质的传热本领,热导系数大的组分,传热的本领大;反之,传热的本领小.某些气体的热导系数见表 7.1.

当无样品,仅有纯载气通过时,电流流过热丝产生的热量与载气带走的热量建立热动平衡,这时参比臂和测量臂热丝的温度相同,$R_1 \times R_4 = R_2 \times R_3$,电桥处于平衡状态,无信号输出,此时记录仪上记录的是一条直线.

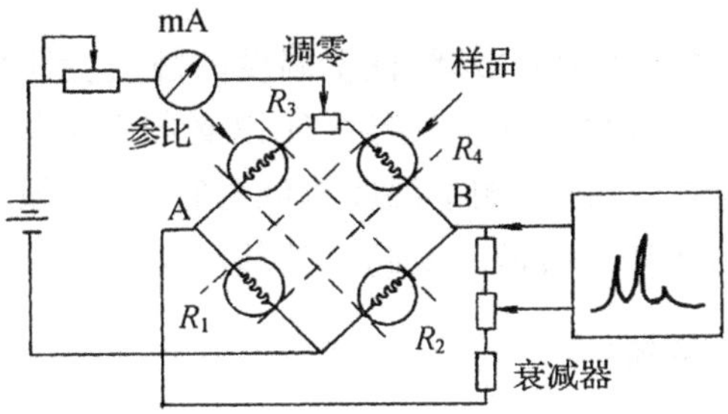

图 7.7　热导池惠斯通电桥测量线路

表 7.1　某些气体的热导系数

气体	$\lambda\times10^5$/(J·cm^{-1}·s·℃)		相对分子质量	气体	$\lambda\times10^5$/(J·cm^{-1}·s·℃)		相对分子质量
	0℃	100℃			0℃	100℃	
氢	174.1	223.4	2	氩	16.7	21.6	40
氦	145.6	174.9	4	戊烷	13.0	22.2	72
甲烷	30.1	45.6	16	己烷	12.6	20.9	86
氮	24.3	31.4	28				

当样品组分随载气通过测量臂时，组分与载气组成的二元体系的热导系数与纯载气的热导系数不同，热传导带走测量臂的热量不同，引起热丝温度变化，使电阻值改变．而参比臂电阻值保持不变，这时，$R_1\times R_4\neq R_2\times R_3$，电桥失去平衡，A，B 两点间的电位不等，于是输出信号．信号大小与组分含量成比例．

2．影响灵敏度的因素

(1) 桥电流

电桥通过的电流称为桥电流，桥电流是热导检测器的一个重要操作参数．热导池的灵敏度与桥电流三次方成正比．但桥电流过大，热丝温度迅速升高，影响其寿命，同时由于与池体壁温差过大，使噪声增大．桥电流的选择要根据池体温度和载气性质．若池体温度较低，桥电流可适当大些．用氢气或氦气作载气时，桥电流可选在 180～200mA，用氮气或氩气作载气时，应选在 80～120mA．

(2) 载气

载气与组分的热导系数差别越大，相应的输出信号也越大．所以一般采用热导系数大的载气如氢气或氦气，而不采用热导系数小的氮气或氩气．如果组分的热导系数比载气的热导系数大，就会得到负信号，而且线性差，灵敏度也低．使用氢气作载气比氮气作载气的最小检测量低一个数量级．

(3) 温度

热导检测器对温度变化十分敏感,柱室温度的波动会使热丝温度发生变化,而检测室温度的波动将影响热传导的稳定性,所以必须严格控制柱室和检测室的温度,否则灵敏度和稳定性下降.检测室温度较低为宜,但必须高于柱温,以防止组分蒸气在检测室中冷凝,热导池若被冷凝的组分玷污,基线漂移增加,稳定性下降.

7.2.4 火焰离子化检测器

火焰离子化检测器(flame ionization detector, FID)是一种高灵敏度通用性检测器.它几乎对所有的有机物都有响应,而对无机物、惰性气体或火焰中不解离的物质等无响应或响应很小.它的灵敏度比热导检测器高 $10^2 \sim 10^4$ 倍,检测限达 $10^{-13} g \cdot s^{-1}$,对温度不敏感,响应快,适合连接开管柱进行复杂样品的分离,线性范围为 10^7.

1. 结构与原理

火焰离子化检测器是根据有机物在氢氧焰中燃烧产生离子而设计的,主要部件是用不锈钢制成的离子室,结构见图 7.8.离子室由收集极、发射极(或称极化极)、气体入口和火焰喷嘴等部分组成.氢气与载气预先混合,从离子室下部进入喷嘴,空气从喷嘴周围引入助燃,生成的氢氧焰为离子化能源.喷嘴本身作为发射极,火焰上方的圆筒状电极为收集极,在两电极间施加极化电压产生电场.无组分进入火焰时,两极间不应有电流流过,但实际上仍有微弱电流产生,这是由于杂质在火焰中解离的结果,此微弱电流称为基始电流.

当有机物随载气进入火焰时,发生离子化反应,C_nH_m 在火焰中发生裂解,生成自由基 CH·.

$$C_nH_m \longrightarrow CH\cdot$$

CH·与空气中氧作用,生成 CHO^+ 和 e:

$$2CH\cdot + O_2 \longrightarrow 2CHO^+ + e$$

生成的离子被发射极捕获而产生电流,经高阻($10^7 \sim 10^{10}\Omega$)放大后由记录系统记录.产生的离子数与单位时间内进入火焰的碳原子数量有关,所以火焰离子化检测器是质量型检测器.它对绝大多数有机化合物有很高的灵敏度,有利于分析痕量有机物.对氢火焰中不电离的 CO, CO_2, SO_2, H_2S, NH_3,空气、水和惰性气体等不能检测.由于对空气和水无响应,因此特别适合于大气和水污染物质的分析.

2. 影响灵敏度的因素

氢火焰离子化检测器的喷嘴内径、电极形状及间距、极化电压的高低均影响其检测灵敏度.但这些参数都已有厂家经过优化选择,惟独气体流量之比应仔细选择.氢气流量有一最佳值,在最佳值时可得到最大的响应.氢气与载气的流量比一般为 1∶1 左右.氢气与空气的流量比约为 1∶10,因为导入的空气中的一部分须通过扩散进入火焰,为了保证有足够的氧气与组分分子接触,必须提供充足的空气.空气的最低流量为 $400ml \cdot min^{-1}$,低于此流量时,响应值随空气流量增加而增加,到达 $400ml \cdot min^{-1}$后,响应值趋于稳定.

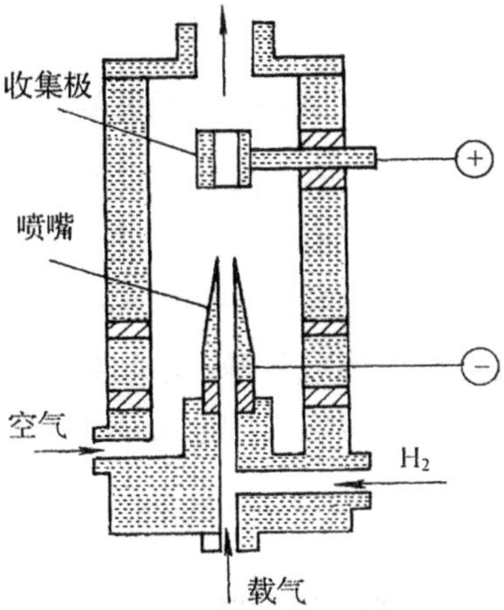

图 7.8　火焰离子化检测器

7.2.5　电子捕获检测器

电子捕获检测器(electron capture detector, ECD)只对电负性物质有响应,物质的电负性越强,检测灵敏度越高,其最小检测浓度可达 $10^{-14}g \cdot ml^{-1}$,线性范围为 10^3 左右.

电子捕获检测器是一种放射性离子化检测器,结构见图 7.9.与火焰离子化检测器相似,同样需要能源和电场.在检测器内装有一个圆筒状 β 放射源,如^{63}Ni 为负极,另一电极为正极,两极之间用聚四氟乙烯绝缘,极间施加直流或脉冲电压,极间距离根据放射源和供电形式精确确定.

当载气(氮气或氩气)进入检测室,受 β 放射源发射出的 β 粒子(初级电子)的不断轰击而电离,生成正离子和次级电子.

$$N_2 \xrightarrow{\beta} N_2^+ + e$$

当外加电场存在时,初级电子和次级电子向正极迁移并被收集,形成一恒定的微电流($10^{-9} \sim 10^{-8}A$),即检测器的基始电流,简称基流.

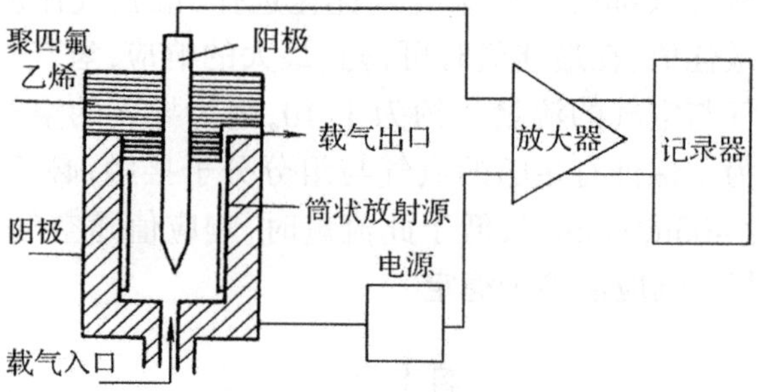

图 7.9　电子捕获检测器

当电负性物质(AB)随载气进入检测器后,立即捕获这些自由电子而生成稳定的负离子,负离子再与载气正离子复合成中性化合物:

$$AB^- + N_2^+ \rightleftharpoons AB + N_2$$

其结果使基流下降,产生负信号而形成负峰.电负性组分的浓度越大,负峰越大;组分中电负性元素的电负性越强,捕获电子的能力越大,负峰也越大.

7.2.6　火焰光度检测器

火焰光度检测器(flame photometry detector,FPD)是一种对硫、磷化合物有高响应值的选择性检测器,又称“硫磷检测器”.它对硫、磷的响应比烃类高 1 万倍,适合于分析含硫、磷的有机化合物和气体硫化物,在大气污染和农药残留分析中应用很广,检测限可达 $10^{-13}g \cdot s^{-1}$(P)、$10^{-11}g \cdot s^{-1}$(S).火焰光度检测器对硫和磷的线性范围分别为 10^3 和 10^4.

火焰光度检测器是根据硫、磷化合物在富氢火焰中燃烧时能发射出特征波长的光而设计的.它由燃烧系统和光学系统组成,其结构见图 7.10.

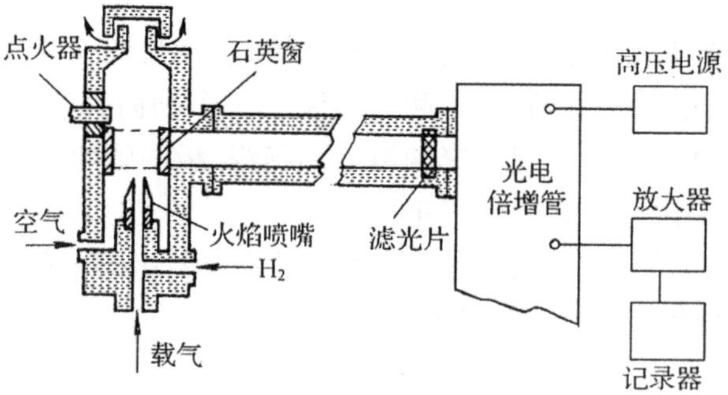

图 7.10　火焰光度检测器

当含硫的化合物随载气进入富氢火焰中燃烧时，其机理一般认为

$$RS + 2O_2 \longrightarrow CO_2 + SO_2$$

$$2SO_2 + 4H_2 \longrightarrow 4H_2O + 2S$$

$$S + S \xrightarrow{390℃} S_2^* \text{(化学发光物质)}$$

当激发态 S_2^* 分子返回基态时发射出特征波长的光（λ_{max}为 394nm），并由光电倍增管转换成电信号，经微电流放大器放大，最后送至记录系统.

含磷的化合物首先燃烧成磷的氧化物，然后在富氢火焰中被氢还原形成化学发光的 HPO 碎片，它可发射出 λ_{max}为 526nm 的特征光.

四种常用检测器的性能列于表 7.2 中.

表 7.2　常用检测器的性能

检测器 / 性能	热　导	火焰离子化	电子捕获	火焰光度
类　型	浓　度	质　量	浓　度	质　量
通用性或选择性	通　用	基本通用	选　择	选　择
检 测 限	$10^{-8}mg·ml^{-1}$	$10^{-13}g·s^{-1}$	$10^{-14}g·ml^{-1}$	$10^{-13}g·s^{-1}$(P) $10^{-11}g·s^{-1}$(S)
线性范围	10^4	10^7	$10^2 \sim 10^4$	10^4(P)10^3(S)
适用范围	有机物和无机物	含碳有机物	卤素及亲电子物、农药	含硫、磷化合物、农药

7.3　填充柱气相色谱固定相

气相色谱根据使用的固定相性质分为气-固色谱和气-液色谱.气-固色谱固定相为吸附剂，气-液色谱填充柱固定相由固定液和载体组成.由于使用惰性气体作流动相，可以认为组分与流动相分子之间基本没有作用力，决定色谱分离的主要因素是组分和固定相分子之间的相互作用力，所以固定相的性质对分离起着关键的作用.

7.3.1　载体

色谱用的载体是为固定液提供一个具有较大表面积的惰性表面.理想的载体应是能牢固地保留固定液并使它呈均匀薄膜状的无活性物质.因此要求载体具有化学惰性，无表面吸附作用，孔穴均匀，比表面大，耐热性强，无催化活性以及有一定机械强度和浸润性.

气-液色谱一般都使用硅藻土载体.硅藻土载体 由天然硅藻土经煅烧制得.按制造方法不同,分为红色载体和白色载体.

红色硅藻土载体其孔径小,约 2μm,比表面大,约 $4m^2·g^{-1}$,机械强度较好,但表面存在活性吸附中心,有一定的催化活性,对极性化合物易产生拖尾现象.它适宜涂布非极性固定液,分析非极性和弱极性化合物.国产 6201,201,301,国外的 Chromosorb P,Chezasorb 和 Gas Chrom R 等均属此类.

白色硅藻土载体其孔径较大,约 8~9μm,比表面小,约 $1m^2·g^{-1}$.机械强度不如红色载体,但表面吸附和催化活性小,适宜涂布极性固定液,分析极性或氢键型化合物.国产 101,102,国外的 Chromosorb(A,G,W),Celite545,Gas Chrom(A,P,Q,S,Z)等均属此类.

硅藻土载体表面由于存在硅醇基 Si—OH,易与极性物质形成氢键,造成拖尾,拖尾程度按下列顺序排列:氨>水>肼>乙二醇>酸>醇>胺>酯>醚>烃.因此,必须用酸洗、碱洗、硅烷化等方法进行处理,目的是要分别消除碱性作用中心、酸性作用中心、硅醇基活性氢与组分的作用,以减少峰的拖尾,或不可逆吸附,改进分离.

7.3.2 固定液

1. 对固定液的要求

气液色谱中使用的固定液是高沸点有机物,它涂布在惰性载体表面.理想的固定液应满足如下要求:

对被测组分化学惰性.热稳定性好,在操作温度下固定液的蒸气压很低,不易流失.对不同的物质具有较高选择性.黏度小、凝固点低,从而可降低固定液的最低使用温度,扩大温度使用范围.对载体表面具有良好浸润性,易涂布均匀.

2. 组分与固定液分子间的作用力

固定液能将不同组分分离是由于组分在固定液中的溶解度不同,而溶解度的差别与组分和固定液分子间的相互作用力大小有关.显然,与固定液作用力大的组分较迟流出,与固定液作用力小的组分先流出.

分子间的作用力主要有定向力、诱导力、色散力和氢键力等.

(1)定向力　又称静电力或 Keeson 力.这是由于具有永久偶极矩的极性分子之间的静电作用力而产生的.

(2)诱导力　又称 Debye 力.在具有永久偶极的极性分子诱导下,使非极性分子产生诱导偶极矩.这种诱导力也可以产生在极性分子相互之间.

(3)色散力　又称 London 力.由于电子运动使非极分子内部正负电荷中心相

对位置的瞬间变化而产生瞬间偶极作用力.这是非极性分子相互之间惟一的作用力.

(4)氢键力 分子中,与电负性原子构成共价键的氢原子,同时又能与另一个电负性原子以静电作用力形成类似配位键状态,这种力称为氢键力,是一种特殊的定向力.常见的氢键强弱次序为:

$$F-H\cdots F > O-H\cdots F > O-H\cdots N > N-H\cdots N$$

3. 固定液特征常数

(1)Kovats 保留指数

也称保留指数,是 Rohrschneider 和 McReynolds 常数系统的基础数据.人为规定,在任一色谱条件下,对碳数为 n 的任何正构烷烃,保留指数为 $100n$.如正己烷,保留指数为600.在指定实验条件下测得组分的调整保留值后,被测组分的保留指数 I_X 可按下式计算:

$$I_X = 100\,n + 100\left[\frac{Z(\lg t'_{R,X} - \lg t'_{R,n})}{\lg t'_{R,n+z} - \lg t'_{R,n}}\right] \tag{7.5}$$

式中,$t'_{R,X}$,$t'_{R,n}$和$t'_{R,n+z}$分别为被测组分、碳数为 n 和 $n+z$ 的正构烷烃的调整保留时间.Z 为两正构烷烃碳原子数之差,一般为数个.

由上式可知,欲测定一个组分的保留指数,必须测定两个经过选择的相邻(或间隔)正构烷烃的调整保留时间,而这两个调整保留时间必须在被测组分的前后.

保留指数与相对保留值相似,也是用来表示一个组分的相对保留能力的大小.两者之间的差别在于,相对保留值以任意选定的单个化合物为参比标准,保留指数以正构烷烃系列为参比标准.

例 1 气液色谱柱上,在恒定的温度下获得如下数据:

组 分	空 气	正 己 烷	样品组分	正 庚 烷
保留时间/min	0.22	4.13	5.20	6.35

试计算样品组分的保留指数.

解 由题意知,在样品组分之前出峰的正构烷烃是正己烷,碳数 $n=6$,代入式(7.5),样品组分的保留指数为:

$$\begin{aligned} I_X &= 100n + 100\left[\frac{(\lg t'_{R,X} - \lg t'_{R,n})}{\lg t'_{R,n+z} - \lg t'_{R,n}}\right] \\ &= 100\times 6 + 100\left[\frac{\lg(5.20-0.22) - \lg(4.13-0.22)}{\lg(6.35-0.22) - \lg(4.13-0.22)}\right] \\ &= 653.8 \end{aligned}$$

这一结果表明该组分在此色谱体系下的保留值相当于具有 6.538 个碳原子数的正构烷烃的保留值.事实上不可能存在这种正构烷烃,但 I 值为保留值文献数据的统一比较提供了一种更可行的途径.

(2)Rohrschneider 和 McReynolds 常数

Rohrschneider 于 1966 年提出用保留指数的差值 ΔI 来表示固定液的相对极性.ΔI 值越大,表示固定液和组分之间的作用力越大,固定液的选择性越高.他选用五种分别代表不同作用力的标准物质来测定固定液的特征:苯(电子给予体)表示易极化物质,乙醇(质子给予体)代表氢键型化合物,甲乙酮(质子接受体)代表接受氢键能力强的化合物,硝基甲烷(质子接受体)代表特殊氢键化合物,吡啶(质子接受体)代表氮杂环上可形成大 π 键的物质,也是易极化物质.若分别测定它们在被测固定液和参比固定液角鲨烷(非极性)上的保留指数,并计算出在两种固定液上的保留指数差值,即 ΔI.

1970 年,McReynolds 对 Rohrschneider 的工作加以改进,选用苯、正丁醇、2-戊酮、1-硝基丙烷、吡啶、2-甲基-2-戊醇、碘丁烷、2-辛炔、二氧六环、顺八氢化茚 10 种物质,在柱温 120℃ 下分别测定它们在 226 种固定液和角鲨烷上的 ΔI 值.由于前 5 种物质的 ΔI 值已足以表达固定液的相对极性,所以把该 5 项之和称为总极性.表 7.3 列出一些常用固定液的 McReynolds 常数.X′,Y′,Z′,U′,S′分别表示 5 种物质的 ΔI 值,从而为固定液与不同功能团分子之间的作用提供了量化指标.

表 7.3 McReynolds 常数

固定液	商品型号	苯	正丁醇	2-戊酮	1-硝基丙烷	吡啶	平均极性	总极性	最高使用温度/℃
		X′	Y′	Z′	U′	S′			
角鲨烷	SQ	0	0	0	0	0	0	0	100
甲基硅橡胶	SE-30	15	53	44	64	41	43	217	300
苯基(10%)甲基聚硅氧烷	OV-3	44	86	81	124	88	85	423	350
苯基(20%)甲基聚硅氧烷	OV-7	69	113	111	171	128	118	592	350
苯基(50%)甲基聚硅氧烷	DC-710	107	149	153	228	190	165	827	225
苯基(60%)甲基聚硅氧烷	OV-22	160	188	191	283	253	219	1075	350
三氟丙基(50%)甲基聚硅氧烷	QF-1	144	233	355	463	305	300	1500	250
氰乙基(25%)甲基硅橡胶	XE-60	204	381	340	493	367	357	1785	250
聚乙二醇-20000	PEG-20M	322	536	368	572	510	462	2308	225
己二酸二乙二醇聚酯	DEGA	378	603	460	665	658	553	2764	200
丁二酸二乙二醇聚酯	DEGS	492	733	581	833	791	686	3504	200
三(2-氰乙氧基)丙烷	TCEP	593	857	752	1028	915	829	4145	175

4. 固定液的选择

当样品中的组分分子进入色谱柱后，有两种力促使不同的组分分子先后流出色谱柱. 一种是建立在拉乌尔定律基础上的纯组分的蒸气压的大小，即它们的相对挥发度的大小. 另一种力是组分分子与固定液分子之间的分子作用力. 由于这两种力的共同作用结果决定了固定液的选择性大小. 这种选择性可以由式 7.6 表达出来.

$$\alpha_{2,1} = \frac{p_1^\circ \gamma_1^\circ}{p_2^\circ \gamma_2^\circ} \tag{7.6}$$

p° 表示纯组分的蒸气压，γ° 是组分在分配体系中的活度系数，即反映了在进行两相分配时，组分(溶质)与固定液(溶剂)之间的作用力大小. 作用力越大，γ° 值越远离 1. 由式(7.6)可知，两组分要获得良好选择性，必须满足两个条件：蒸气压有足够差别或活度系数要有足够差别. 例如分离苯和环己烷时，由于它们的沸点十分接近，前者为 80.1℃，后者为 80.8℃，因此在同一柱温下，它们的 p° 值十分接近，要获得良好分离只有选择与两者的作用力有足够大差别的固定液. 显然选择非极性固定液难以分离，而选择极性固定液使苯分子容易被极化而保留，环己烷则不易被极化而先流出柱子. 这一次序正好与沸点顺序相反. 因此从式(7.6)也可大致预测组分在已知固定液上的流出次序. 由于两种力交叉作用，且力的大小不可能量化，因此只有通过实验才知道正确流出的次序.

根据以上理论，固定液选择的原则大致如下.

对非极性混合物一般选择非极性固定液，组分和固定液分子间的作用力主要是色散力. 各组分按沸点顺序出峰，即低沸点的先流出，高沸点的后流出. 如果非极性混合物中含有极性组分，则沸点相近的极性组分先流出.

对中等极性混合物一般选择中等极性固定液，这时组分和固定液分子间的作用力主要是色散力和诱导力. 若诱导力很小，则组分基本上按沸点顺序出峰. 但在分离沸点相近的非极性和可极化组分的混合物时，则诱导力起主要作用. 对强极性组分一般选择强极性固定液，这时组分和固定液分子间的作用力主要是定向力. 极性越大，作用力越大，各组分按极性顺序出峰，即极性小的先流出. 如果极性组分中含有非极性组分，则非极性组分最先流出.

对易形成氢键的组分应选用氢键型固定液或极性固定液，如腈醚、多元醇等，此时组分按其与固定液分子间形成氢键能力的大小顺序出峰，不易形成氢键的先流出，易形成氢键的后流出.

表 7.3 列出的 12 种常用固定液，它的特点是极性均匀递增，反映分子间的全部作用力，可作为色谱分离的优选固定液.

5. 手性选择剂

光学异构体在生物活性、毒性及其代谢机制方面都不相同. 例如手性药物分子的两种对映体的药理作用相同或完全不同, 它们的药效差别很大或完全相反. 因此外消旋体的拆分极为重要. 常见的拆分方法有直接结晶法、酶拆分法、化学拆分法以及色谱分析法. 色谱分析法又可分为间接法和直接法.

间接法就是让手性衍生化试剂与被分析组分反应, 使对映体转变为非对映体后, 利用其物理和化学性质的不同, 可以在普通的非手性固定相上进行分离. 然后再经过化学转化, 使其再生出原对映体. 由于间接法具有以下缺点, 使用受到极大的限制. 这些缺点是: 必须进行样品预处理, 使其转变成非对映体, 因而费时; 被分析组分必须具有可反应的活性基团; 手性衍生化试剂的纯度要很高, 且与两种对映体的衍生化速率相同; 检测器对两种外消旋体的响应也应相同; 为了避免衍生化反应中的立体转换, 反应条件应恰当选择. 要解决以上问题很不容易. 但是间接法在直接法无法采用时, 或被分析物的检测灵敏度达不到时, 有其特别用处.

直接法就是采用手性选择剂(手性固定相和手性流动相添加剂, 后者只用于液相色谱和毛细管电泳法中)进行分离. 由于手性固定相可成千次使用, 不要更换各种手性添加剂, 而且对分离机理的解释和确定分子构型显示出它的优越性, 因此手性固定相得到迅速发展. 寻找合适的手性固定相也成了分离对映体的关键.

(1) 天然手性物质

环糊精(cyclodextrin, CD)是由淀粉经酶发酵而生成的. 它是一个含有多个 D-(+)-吡喃葡萄糖单元, 通过 1,4-α-苷键首尾相接形成一个大环分子. 它的结构如图 7.11 所示. 其中几种常用环糊精的物理性质见表 7.4.

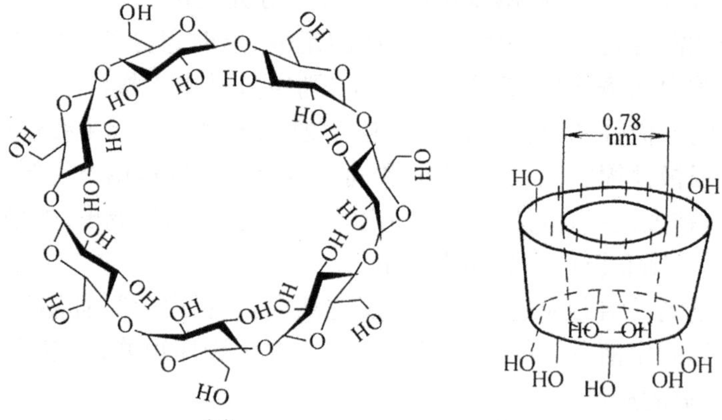

(a) (b)

图 7.11 环糊精结构

表 7.4　几种常用环糊精的物理性质

环糊精	含葡萄糖单元	相对分子质量	空穴尺寸/nm			水溶性/mol/L
			外径	内径	深度	
α-CD	6	973	1.37	0.57	0.78	0.114
β-CD	7	1135	1.53	0.78	0.78	0.016
γ-CD	8	1297	1.69	0.95	0.78	0.179

从环糊精的结构看,每个葡萄糖单元上含两个二级羟基,处于洞穴大口,C-6上的一级羟基处在小口处,故唇口较亲水,洞穴内部是由两圈 C—H 键组成的醚环构成. 当被拆分组分进入环糊精洞穴中,形成稳定性不同的包络物,就成了此手性固定相能识别对映体的必要条件. 下面以心得安这一药来说明其分离机理,心得安的结构如下:

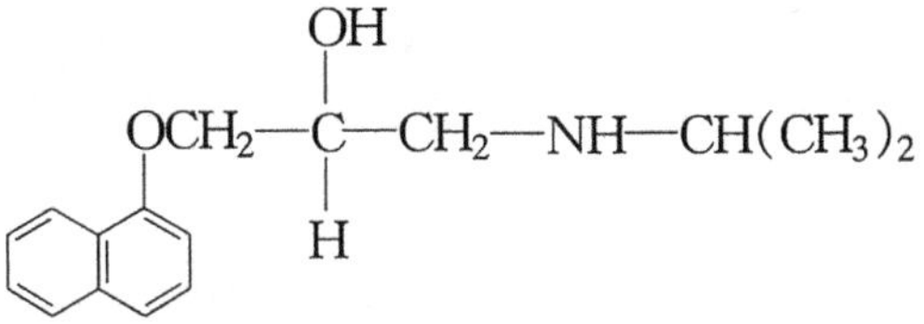

由 X 射线结晶学数据经计算机投影所形成的 β-环糊精包络物结构如图 7.12 所示.

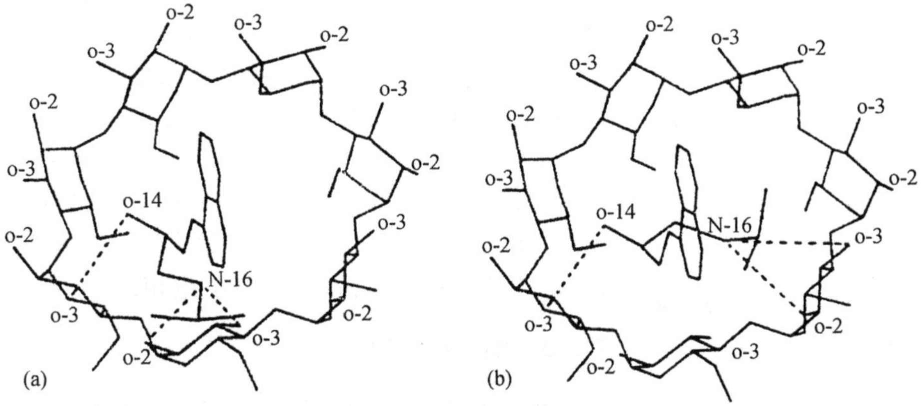

图 7.12　环糊精与心得安包络物的计算机投影图

(a)*D* 型;　(b)*L* 型.

此对映体二级胺所处的位置决定了新形成的包络物的稳定性. 因为 *D* 型结构中 N 原子与 β-CD 上离得最近的是 2-羟基和 3-羟基,其距离分别为 0.33nm 和 0.28nm. 此距离是形成氢键的合理距离,作用强,保留值大. 反之 *L* 型结构中的 N

原子与相隔一个葡萄糖单元的2-羟基和3-羟基的距离分别为0.38和0.45nm，从而使两者之间的氢键力大大削弱，保留值变小．这样 D 型和 L 型就能获得良好分离．为了改进对不同对映体的分离，还可以将环糊精上的羟基进行衍生化，改变两洞穴口基团性质，使它的应用前景更为广阔．

（2）合成的手性固定相

合成手性固定相就是根据所要分离的对映体的性质，通过合理的分子设计思想来实现．要使手性固定相有效识别对映体，在固定相设计时必须遵循 Dalgleish 提出的“三点作用模式”理论．即手性固定相与其中一个对映体最少必须有三个作用中心发生相互作用，而其中一个作用中心必定是由立体化学结构决定的（图7.13）．

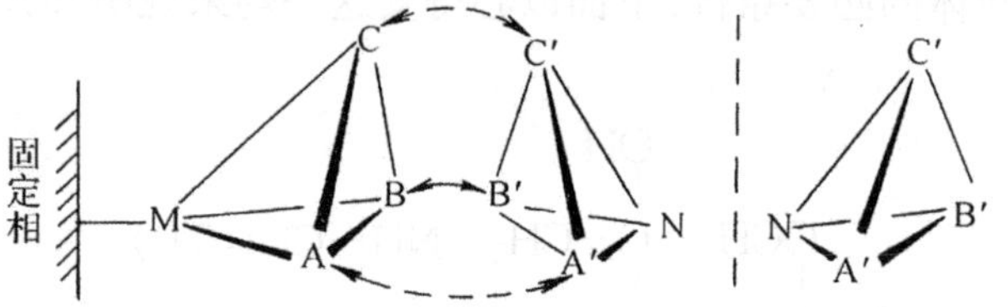

图7.13　三点相互作用模式

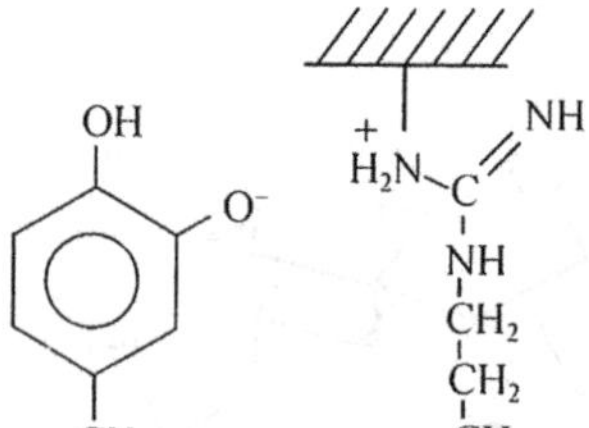

图7.14　β-3，4-二羟基苯丙氨酸对映体拆分机理

很显然，一种对映体同时有A，B，C三个作用中心与手性固定相作用，而另一种对映体则不可能实现．因此作用力的强弱决定了对映体的保留值大小．

例如要分离 β-3，4-二羟基苯丙氨酸对映体，可以将L-精氨酸通过化学键合至硅胶上作为手性固定相．根据“三点作用”理论（图7.14），即能成功地拆分此对映体．为了增加手性固定相的稳定性，提高使用温度，氨基酸的衍生物可通过合适化学反应键合到非挥发性的聚硅氧烷上后，再用作固定相．

7.3.3　固体吸附剂

在气固色谱分析中，固定相是一种表面具有一定活性的固体吸附剂．固体吸附剂的吸附能力很强，最适于分离气体和低沸点烃类．对固体吸附剂要求吸附容量大，热稳定性好，在使用温度下不发生催化活性．但由于吸附等温线的非线性而产生不对称峰．吸附剂的吸附焓大而使保留值过长．

1．炭

炭是非极性吸附剂．把炭黑置于惰性气体中加热至 3000℃得到石墨化炭黑．石墨化炭黑可分离醇、酸、酚、胺等多种极性化合物且峰不拖尾，也可分离某些异构体．国外商品名为 Carbopack．炭分子筛，又称碳多孔小球，由聚偏二氯乙烯小球经高温热解处理得到．炭分子筛孔径具有典型的非极性表面，适于分析低碳烃和气体及短链极性化合物．国产的 TDX 系列，国外的 CarbosieveB 属此类．

2．氧化铝

氧化铝是一种中等极性吸附剂，热稳定性和机械强度都很好，主要用于分析 $C_1 \sim C_4$ 烃类及其异构体．氧化铝的含水量对分离影响很大，一般要求小于 1%．

3．硅胶

硅胶是一种强极性吸附剂．硅胶常用于分析硫化物，如在 40℃时，在 4min 内可分离 COS，H_2S 和 SO_2．国产的 DG 系列多孔硅珠，国外的 Chromosil，Porasil，Spherosil 等均属此类．硅胶还可作为键合固定相的载体．

4．分子筛

分子筛是强极性吸附剂，是人工合成的硅铝酸盐，主要组成为 $M_xO \cdot Al_2O_3 \cdot SiO_2$（M 表示 Na^+ 或 Ca^{2+}），常用型号有 13X 和 5A，前者属钠型，后者属钙型．分子筛使用前必须经过活化，活化温度 300～500℃，以除去孔穴中吸附的水分子．充分活化的分子筛在室温条件下可使 H_2，O_2，N_2，CH_4 和 CO 得到很好的分离．

5．高分子多孔微球

高分子多孔微球是一种新型的合成有机固定相．它可分为极性和非极性两种．如果在聚合时，引入不同极性的基团，就可以得到具有一定极性的高聚物，如国产的 GDX-3 型和 4 型，401 有机载体，国外的 PorapakN 等均属此类．非极性的是由二乙烯基苯与苯乙烯共聚而成，如国产的 GDX-1 型和 2 型，国外的 Chormosorb-104 等均属此类．高分子多孔微球的比表面大，机械强度较好，耐腐蚀．它可分析极性的多元醇、脂肪酸、腈类、胺类或非极性的烃、醚、酮等，而且峰形对称，拖尾现象很少，尤其适合于分析有机物中的微量水，它的最高使用温度为 250℃，超过此温度会发生分解．

7.4　开管柱气相色谱法

7.4.1　开管柱的优缺点

1957年,Golay以内壁涂布了一薄层固定液的毛细管代替普通的填充柱,发现其分离能力远高于填充柱.由于固定液附着在管内壁,中心是空的,因此称开管柱(图7.15).也称毛细管柱.

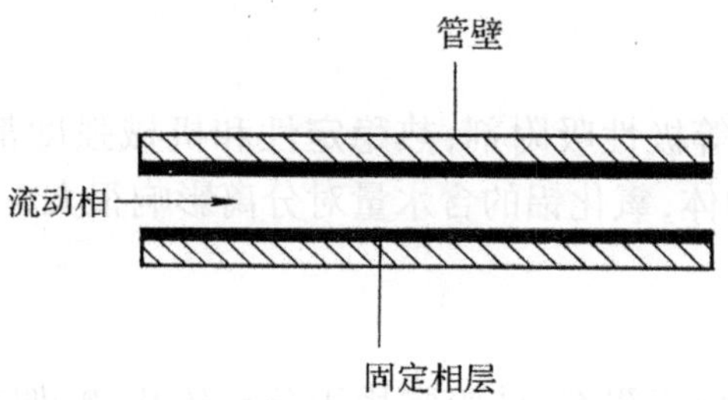

图7.15　开管柱剖面图

1. 总柱效高

开管柱内径一般为0.1～0.7mm,内壁固定液膜极薄,中心是空的,因此传质阻力很小,而且涡流扩散项不存在,谱带展宽变小.由于开管柱的阻力很小,因此柱长可为填充柱的几十倍,其总柱效显然比填充柱高得多.

2. 分析速度快

开管柱的相比约为填充柱的数十倍.由于液膜极薄,分配比 k' 很小,相比大,组分在固定相中的传质速度极快,因此有利于提高柱效和分析速度.

3. 柱容量小

开管柱的相比高,k' 必然很小,因此使最大允许进样量受到限制,对单个组分而言,约0.5μg就达到极限.为将极微量样品导入开管柱,一般需采用分流进样法.分流进样法就是将均匀挥发的样品进行不等量的分流,只让极小部分样品(约几十分之一或几百分之一)进入柱内.进入柱内的样品量占注射样品量的比例,称为分流比.

采用分流法进样的最大缺点是大部分样品放空,这对痕量分析来说极为不利,而且容易使宽沸程样品在分流以后失真,因此近年来发展了大口径开管柱.它的分离能力比填充柱高,分析速度快,而 k' 比普通开管柱大,可以采用气化后直接进样而不分流.大口径开管柱的内径一般大于 0.5mm,液膜约 1μm 厚,而小口径开管柱的液膜只有 0.2μm 左右.

7.4.2 开管柱类型

1. 涂壁开管柱(wall-coated open tubular column , WCOT 柱)

最早的涂壁开管柱是将固定液直接涂布在光滑的玻璃柱内壁(图 7.16).由于表面积有限,可涂固定液量很少,加之玻璃表面的浸润性差,对表面张力大的固定液的涂布更困难,液膜不易均匀,分离能力差.一般通过提高玻璃的临界表面张力,改变非浸润性.通常采用氯化氢或氟化氢腐蚀玻璃表面的方法,使其表面粗糙化,减小固定液液滴的接触角,使固定液铺展开来.

表面粗糙化虽然改进了对固定液的浸润性,但表面的活性也随之增大,吸附严重.通常采用硅烷化的方法,使表面的活性硅醇基被硅烷醚基取代.常用的硅烷化试剂有:三甲基氯硅烷、六甲基二硅氨烷,或者是两者的混合物.以六甲基二硅氨烷为例,其反应如下:

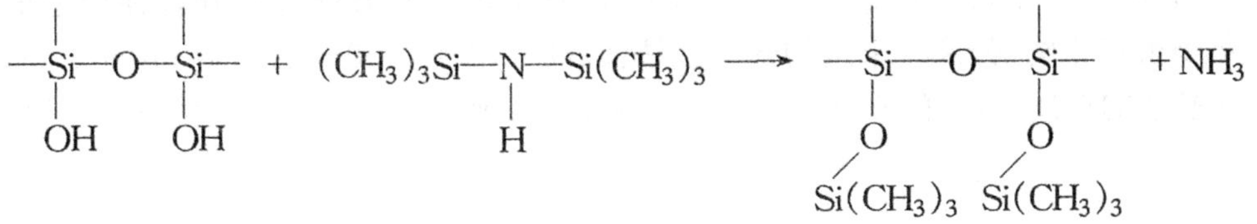

2. 多孔层开管柱(porous-layer open tubular column ,PLOT 柱)

在管壁上涂有一层多孔材料,如分子筛、氧化铝、石墨化炭黑及高分子多孔微球等,就成了吸附型多孔层开管柱.若将普通的载体沉积于表面,再涂布合适的固定液,就制成分配型的载体涂布开管柱(support-coated open tubular column, SCOT 柱).所有的 SCOT 柱都属 PLOT 柱,但并非所有的 PLOT 柱都是 SCOT 柱(图 7.16).与 WCOT 柱相比,SCOT 柱与 PLOT 柱的柱容量大,固定液流失少.

若从其他角度出发,开管柱还可以分为

(1) 键合型开管柱

将固定液通过化学键合的方法,与玻璃表面的硅醇基反应而键合到开管柱内壁.这类柱子的热稳定性好,固定液的使用温度的上限大为提高.

(2) 交联型开管柱

在自由基的引发下,或在高能辐射诱导下,产生原位分子间的共价交联,从而使固定液固化.固定液通过交联以后,具有耐高温、抗溶剂冲洗、化学稳定性好、柱流失少、柱寿命长等优点，并且有利于大口径厚液膜柱的制备.

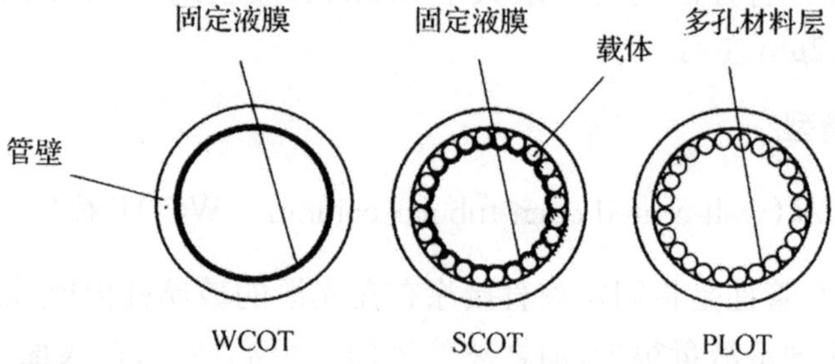

图 7.16 开管柱类型

目前，开管柱都用高纯度的熔融二氧化硅或天然石英拉制成开管柱. 为了保持其柔性，不易断裂，在柱子外表面包以聚酰亚胺高分子材料. 由于它容易操作，石英的惰性好，分离能力强，其应用广泛程度已远远超过填充柱. 对复杂样品的分离，基本都采用化学键合开管柱.

例如在光学异构体的分离中更显示出优越性. 将开管柱柱壁首先进行化学改性，然后进行手性固定相键合. 图 7.17 中的手性固定相为键合在开管柱壁上的 *L*-缬氨酸衍生物. 分离中采用的开管柱柱长 39m，内径 0.30mm，柱温 110℃. 当有些氨基酸的挥发性不好，不能直接进样分析，而需预先通过化学衍生化，使它转变

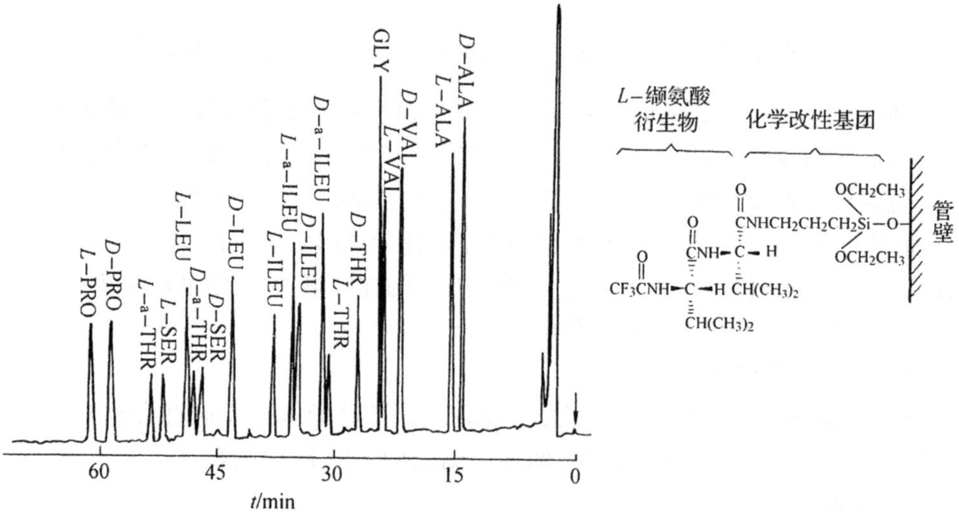

图 7.17 氨基酸对映体分离

成更具挥发性的 N-三氟乙酰基异丙基酯.

7.4.3　填充柱与开管柱的比较

填充柱与开管柱相比的最大优点是前者制备方便、廉价、允许进样量大，而开管柱一般都购买商品柱.由于柱长可达数十米，因此总柱效高，有利分离.两者的比较见表7.5.

表7.5　气相色谱填充柱与开管柱的比较

	填充柱	WCOT	SCOT
柱长/m	1～5	10～100	10～100
内径/mm	2～4	0.1～0.7	0.5
柱效/n/m	$5\times10^2\sim1\times10^3$	$1\times10^3\sim4\times10^3$	$6\times10^2\sim1.2\times10^3$
允许进样量/μg	$0.01\sim10^3$	0.01～1	0.01～1
柱压	高	低	低

7.5　定性和定量分析

进行色谱分析时，有些试样可以直接用注射器抽取进行分析，但对不少试样需要进行预处理，如试样中干扰物质的消除或低浓度试样的浓缩.此外，对一些极性较大的有机酸、醇等，它们的挥发性过低，或对于一些热稳定性差的试样需进行化学衍生化，如重氮甲烷甲酯化、三甲基硅烷化等，使它们转变为稳定的、易挥发的物质后进行色谱分析.

7.5.1　定性分析

气相色谱法定性主要采用未知组分的保留值与相同条件下的标准物质的保留值进行比较，必要时还需应用其他化学方法或仪器分析方法联合鉴定，才能准确判断存在的组分.

1. 利用保留值定性

利用保留值定性是最常用的也是最简单的方法.在相同条件下，如果标准物质的保留值与被测物中某色谱峰的保留值一致，可初步判断二者可能是同一物质.也可以在样品中加入一已知的标准物质，若某一峰明显增高，则可认为此峰代表该物质.在无纯的标准物质时，可将得到的相对保留值 $r_{i,s}$ 与文献报道的 $r_{i,s}$ 值比较，但必须在相同条件下进行.在定性分析时，相对保留值 α，往往用 $r_{i,s}$ 表示.i 代表需定性的某一组分，s代表标准的物质.

利用保留值定性必须注意，在同一柱上，不同的物质常常会有相同的保留值，所以单柱定性是不可靠的，解决的办法是选择极性不同的二根或二根以上柱子再进行比较，若在二根极性不同的柱上，标准物质与被测组分的保留值相同，则可确定该被测组分的存在.

Kovats保留指数是广泛采用的定性指标，在无纯的标准物质对照时，可利用文献中的保留指数定性. 在与文献相同的条件下，根据式(7.5)测定被测物的保留指数，然后与文献值比较定性. 该方法的误差小于1%.

也可利用比保留体积定性. 保留体积 V_R，V'_R 不受载气流量变化的影响，但受柱温、固定液含量、柱长、柱内径等影响. 而比保留体积 V_g 仅是温度的函数. V_g 定义为0℃时，单位质量固定液所具有的净保留体积($ml \cdot g^{-1}$)：

$$V_g = \frac{V_N}{W_s} \cdot \frac{273}{T_c} \tag{7.7}$$

式中：V_N 为净保留体积；W_s 为固定液质量.

净保留体积指经过校正后的调整保留体积：

$$V_N = t'_R \bar{F}_c \tag{7.8}$$

$\bar{F}_c$ 为经过校正后的柱内载气平均流量：

$$\bar{F}_c = Fj\left(\frac{T_c}{T_r}\right)\left(\frac{P_o - P_w}{P_o}\right) \tag{7.9}$$

F 为在室温下，用皂膜流量计测得的柱后体积流量. T_c 和 T_r 分别为柱温和室温(K)，P_o 为柱出口压力，P_w 为饱和水蒸气压力.

式中，j 为压力校正因子，可由柱的入口压力 P_i 和出口压力 P_o 计算：

$$j = \frac{3}{2}\left[\frac{\left(\frac{P_i}{P_o}\right)^2 - 1}{\left(\frac{P_i}{P_o}\right)^3 - 1}\right] \tag{7.10}$$

表7.6列出了不同进口压力比$\left(\frac{P_i}{P_o}\right)$时的 j 值.

由式(6.15)知，

$$V'_R = KV_s$$

在气相色谱中，经过三项校正的 V'_R 即为 V_N，所以

$$V_N = KV_s \tag{7.11}$$

则

表 7.6　压力校正因子

P_i/P_o	j	P_i/P_o	j	P_i/P_o	j	P_i/P_o	j
1.00	1.00	1.40	0.826	1.80	0.695	2.20	0.597
1.10	0.952	1.50	0.790	1.90	0.668	2.30	0.576
1.20	0.907	1.60	0.756	2.00	0.643	2.40	0.557
1.30	0.865	1.70	0.725	2.10	0.619	2.50	0.539

$$V_g = \frac{KV_s}{W_s} \cdot \frac{273}{T_c} \tag{7.12}$$

或

$$V_g = \frac{K}{\rho} \cdot \frac{273}{T_c} \tag{7.13}$$

式中：ρ 为固定液密度；K 为分配系数.

2. 色谱-质谱联用定性

色谱-质谱联用是分离、鉴定未知物最有效的手段.利用气相色谱的高分离能力和质谱的高鉴别能力，将多组分混合物先通过气相色谱仪分离成单个组分，然后逐个送至质谱仪中，获得质谱图.根据质谱图上碎片离子的特征信息和分子裂解规律可推测其分子结构.也可以与标准图谱对照，查找出结构.更方便的是对计算机贮存的质谱图进行检索.也可以由色谱与傅里叶变换红外光谱联用，即可确定每个峰的归属.

例 2　在一色谱柱上，戊烷的实验条件和保留数据如下：戊烷的保留时间为 4.50min，空气峰保留时间为 30 s，用皂膜流量计测得载气流量为 75.0ml·min^{-1}，柱温 100℃，室温 24℃，柱前压力表读数为 0.60×10^5Pa，大气压为 1.01×10^5Pa.固定液质量 4.20g，相对密度 ρ 为 0.95g·ml^{-1}(100℃).试计算：

(1)戊烷的比保留体积；

(2)戊烷的分配系数.

解　(1)注意，压力表读数为柱入口压与大气压之差，则入口压为 1.61×10^5Pa.

从表 7.7 查得压力校正因子 $j = 0.756$，从文献可查得 24℃时饱和水蒸气压为 0.2983×10^4Pa，根据式(7.8)，净保留体积为

$$V_N = t'_R \overline{F}_c = t'_R jF \cdot \frac{P_o - P_w}{P_o} \cdot \frac{T_c}{T_r}$$

$$= (4.50 - 0.50) \times 0.756 \times 75.0 \times \frac{1.01 \times 10^5 - 0.2983 \times 10^4}{1.01 \times 10^5} \times \frac{373}{273 + 24}$$

$$= 277\text{ml}$$

因此由式(7.7),比保留体积为

$$V_g = \frac{V_N}{W_s} \cdot \frac{273}{T_c} = \frac{277}{4.20} \cdot \frac{273}{373} = 48.3\ \text{ml} \cdot \text{g}^{-1}$$

(2)根据式(7.11),净保留体积:

$$V_N = KV_s$$

得分配系数:

$$K = \frac{V_N}{V_s} = \frac{277}{4.20/0.95} = 62.7$$

或根据式(7.13)

$$V_g = \frac{K}{\rho} \cdot \frac{273}{T_c}$$

得

$$K = V_g \rho \frac{T_c}{273} = 48.3 \times 0.95 \times \frac{373}{273} = 62.7$$

7.5.2 定量分析

色谱定量分析的依据是组分的量(m_i)与检测器的响应信号(峰面积 A_i 或峰高 h_i)成比例:

$$m_i = f_i A_i \tag{7.14}$$

因此必须求得峰面积和定量校正因子 f_i(简称校正因子).

1. 峰面积的测量

一个色谱峰的面积,在理想状态下视作一个等腰三角形,利用几何学方法即可求得,但此面积与相应高斯曲线的积分面积相比,只有 0.94,因此准确的面积可按下式计算.

$$A_i = 1.065\ hW_{1/2} \tag{7.15}$$

若峰拖尾或前伸,或峰太窄,太矮都会带来测量误差.

目前的色谱仪都配有电子积分仪或微处理机,甚至计算机工作站.

电子积分仪的原理是将色谱信号直接输入电压频率转换器,转换器将色谱信号以脉冲方式输出并累加(脉冲总数正比于峰面积),然后以积分形式打印出峰面积.电子积分仪测量峰面积的准确性超过其他任何方法,而且快速.由于动态线性范围广,因此对痕量和常量组分的测定都合适.许多积分仪都具有校正数据的能力,并可打印出峰面积或峰高,保留时间,并根据选择的定量方法给出样品中组分的浓度.先进的色谱仪具有内存的电子积分和数据处理能力,并可通过网络系统将检测器给出的大量信息输入中心计算机,以进行面积测量和一系列数据处理.

2. 校正因子

(1) 绝对校正因子

由式(7.14)可得到绝对校正因子:

$$f_i = \frac{m_i}{A_i} \tag{7.16}$$

由此可知,绝对校正因子表示单位峰面积或单位信号所代表的组分量.

f_i 值与检测器性能、组分和流动相性质及操作条件等有关.

(2)相对校正因子

由于不易得到准确的绝对校正因子,在实际定量分析中采用相对校正因子.组分的绝对校正因子 f_i 和标准物的绝对校正因子 f_s 之比即为该组分的相对校正因子 f'_i:

$$f'_i = \frac{f_i}{f_s} = \frac{m_i/A_i}{m_s/A_s} = \frac{m_iA_s}{m_sA_i} \tag{7.17}$$

式中,m_i 和 m_s 分别为组分和标准物的量;而 A_i 和 A_s 分别为组分和标准物的峰面积.

(3)相对校正因子的测定

相对校正因子,一般都应由实验者自己测定.准确称取组分和标准物,配制成一溶液,取一定体积注入色谱柱,经分离后,测得各组分的峰面积,再由式(7.17)可计算出该组分的相对校正因子.标准物可以是外加的,也可以指定某一被测组分.

相对校正因子与组分和标准物的性质及检测器类型有关,与操作条件无关.当无法得到被测的纯组分时,也可利用文献值.文献中的相对校正因子常用苯(对热导检测器)或庚烷(对火焰离子化检测器)作标准物.

测定相对校正因子时应注意:组分和标准物的纯度应符合色谱分析要求,一般不小于98%.在某一浓度范围内,响应值与浓度呈线性关系,组分的浓度应在线性范围内.

3. 定量方法

(1) 归一化法

归一化法简便、准确,且操作条件的波动对结果的影响较小.当样品中所有组分经色谱分离后均能产生可以测量的色谱峰时才能使用.样品中组分的质量分数 P_i 可按下式计算:

$$P_i = \frac{m_i}{m} = \frac{m_i}{m_1 + m_2 + \cdots + m_n} = \frac{A_i f'_i}{A_1 f'_1 + A_2 f'_2 + \cdots + A_n f'_n} \quad (7.18)$$

式中，$A_1 \cdots A_n$ 和 $f'_1 \cdots f'_n$ 分别为样品中各组分的峰面积和相对校正因子.

如果样品中各组分的相对校正因子相近，如同分异构体，上式可简化为

$$P_i = \frac{A_i}{A_1 + A_2 + \cdots + A_n}$$

也可采用峰高归一化法：

$$P_i = \frac{h_i f'_{h,i}}{h_1 f'_{h,1} + h_2 f'_{h,2} + \cdots + h_n f'_{h,n}} \quad (7.19)$$

式中，$f'_{h,i}$为峰高相对校正因子，测定 $f'_{h,i}$的方法与 f'_i 同. 由于峰高相对校正因子易受操作条件影响，因此必须严格控制实验条件.

(2) 内标法

选择一种与样品性质相近的物质为内标物，加入到已知质量的样品中，进行色谱分离，测量样品中被测组分和内标物的峰面积，被测组分的质量分数可按下式计算：

$$P_i = \frac{m_i}{m} = \frac{m_i}{m_s} \times \frac{m_s}{m} = \frac{A_i f_i}{A_s f_s} \times \frac{m_s}{m} = \frac{A_i f'_i}{A_s f'_s} \times \frac{m_s}{m} \quad (7.20)$$

在测定相对校正因子时，常以内标物本身作为标准物，则 $f'_s = 1$. 式中，A_i 和 A_s 分别为样品中被测组分和内标物峰面积；f'_i 为相对校正因子；m 和 m_s 分别为样品和内标物的质量.

内标物色谱峰位置尽量靠近被测组分，但不与其重叠，且其含量应与组分含量接近.

内标法定量准确，对进样量和操作条件控制的要求不很严格，但必须准确称量样品和内标物. 此法适用于只需对样品中某几个组分进行定量分析的情况.

(3) 校准曲线法

用被测组分的纯物质配制一系列不同含量的标准溶液，在一定色谱条件下分别进样分离，测得相对应的响应值(峰高或峰面积)，绘制含量-响应曲线，通过原点的直线部分为校准曲线的线性范围. 在同样条件下测得被测组分的响应值，再从曲线上查得相应的含量.

在已知样品校准曲线呈线性的前提下，配制一个与被测组分含量相近的标准物，在同一条件下先后对被测组分和标准物进行测定，被测组分的质量分数可按下式计算：

$$P_i = \frac{A_i}{A_s} \cdot P_s \quad (7.21)$$

式中，A_i 和 A_s 分别为被测组分和标准物的数次峰面积的平均值；P_s 为标准物的质量分数.也可用峰高代替峰面积进行计算.

校准曲线法要求操作条件稳定，进样体积一致.此法适用于样品的色谱图中无内标峰可插入，或找不到合适的内标物的情况.

7.6　气相色谱法的应用

气固色谱的分离原理是基于不同的物质(特别对于气体)在固体表面的吸附能力不同.它常用于永久性气体及低碳数化合物的分离.例如采用 10m 长，直径为 0.53mm 的多孔层分子筛柱可以分离 He，Ne，Ar，O_2，N_2 及甲烷等气体；采用多孔层高聚物开管柱(长 25m，内径 0.53mm)可以分离 He，空气，CH_4，CO_2，CO，C_2H_4 及 C_2H_6 等气体，也可用来分离低碳数的卤代烃.用 Porapak Q(25m 长，0.53mm 内径)可以分离低碳数的醇类(如甲醇、乙醇、异丙醇)、脂类(如乙酸甲酯、乙酸乙酯)、烃类(正戊烷、正己烷)等.

气液色谱法的应用面要远远广于气固色谱法.只要在气相色谱仪允许的条件下可以气化而不分解的物质，都可以用气相色谱法分析.对部分热不稳定物质，或者难以气化的物质，通过化学衍生化的方法，仍可以用气相色谱法分析.所谓化学衍生化，就是通过合适的化学反应，使原先热不稳定性物质或难以气化物质转变成三甲基硅烷基衍生物或酯类、醚类等衍生物，以降低沸点和极性，增加稳定性和挥发度.

对被分析对象的分离，主要是选择良好的固定液及优化的操作条件，而对固定液，不是只有惟一的选择.下面举例说明用气相色谱法对不同类物质的分离.对低沸点烃类分离可以用角鲨烷柱或 GDX 类吸附剂；对高沸点烃类，可以用 SE-30 或 OV-101 类.分离醇、醚、醛、酯、酮、酸类等可以用 PEG-20M.分离生物碱可以用 SE-30，或 OV 类.分离氨基酸衍生物可以用 OV 类或 XE-60.分离碳水化合物或糖类可以预先衍生化为三甲基硅烷基衍生物，用 OV 类、SE-30 或 XE-60.分离药物可以用 OV 类或 DEGS.杀虫剂可以用 SE-30、OV 类或 PEG-20M.分离萜类可以用 SE-30、PEG-20M、OV 类或 DEGS.

分离比较简单的样品，可以用填充柱，分离比较复杂的样品应用开管柱，并采用程序升温方式.

图 7.18 为一种香水的成分分析.色谱柱为化学键合交联开管柱，固定液为 PEG-20M，柱长 30m，内径 0.25mm，键合相层厚度 0.25μm.采用程序升温方式.

气相色谱除了用于一个样品的定性及定量分析之外，还可用于物理化学研究中多种参数的测量.例如测量一种固体的比表面积；利用溶质(被分析组分)与溶剂

(固定液)的相互作用,可以研究溶液热力学过程;通过测量吸附热可以研究吸附剂与被吸附物质之间的作用;通过分析在不同时间间隔内的反应混合物成分的变化来研究化学反应动力学过程,等等.

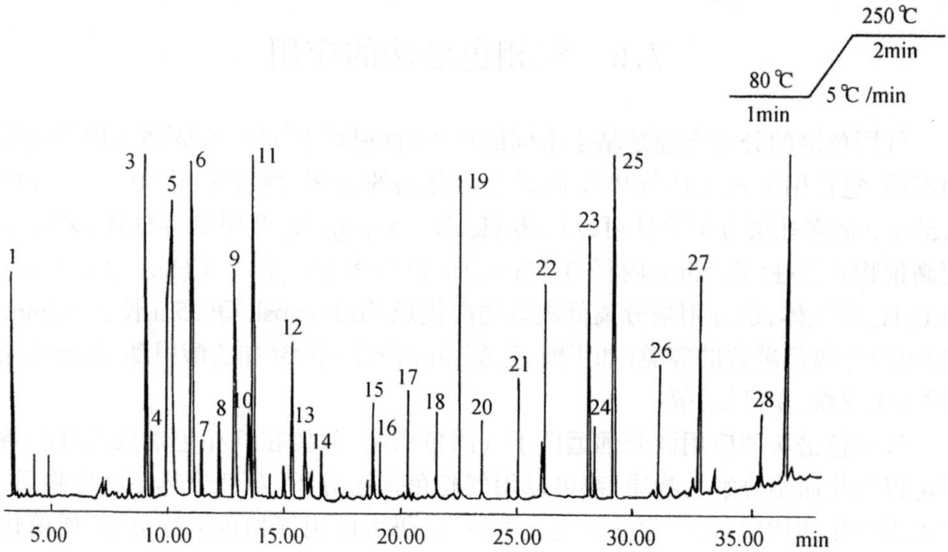

图 7.18　香水成分分析

1. *L*-萱烯;　2. 未知;　3. 芳樟醇;　4. 乙酸里哪酯;　5. 1,2-pronanediol;　6. 薄荷醇;　7. 2,7-二甲-1-辛醇;　8. α-萜品烯;　9. 乙酸苄酯;　10. 香叶烯乙酸酯;　11. β-香茅醇;　12. 香叶醇;　13. 苯甲醇;　14. 苯乙醇;　15. 茴香醛;　16. 水杨酸异戊酯;　17. 水杨酸戊酯;　18. 绿叶醇;　19. 天芥菜精;　20. OTMS;　21. 邻苯二甲酸二乙酯;　22. 香豆素;　23. 香草醛;　24. 麝香黄葵;　25. 苯甲酸苄酯;　26. 麝香 T;　27. 麝香酮;　28. 安息香酸(苯甲酸).

习　题

1. 为什么要采用程序升温? 一般说它对色谱仪有什么特殊要求?

2. 对气相色谱仪的一些部件的要求,你能用色谱基本理论来解释它的原因吗?

3. 一个性能优良的检测器应具备的特点是什么?

4. 你能自己总结一下什么情况下应该想到使用何种检测器吗? 为什么在热导检测器上有进样信号,而在氢火焰离子化检测器上没有?

5. 请用色谱基本理论来解释对载体和固定液应该具有的要求?

6. 用气相色谱法分析苯中微量水,分析氧气和氮气,可选用下列固定相中哪一种,并说明原因.

(1) 分子筛;

(2) 高分子多孔微球;

(3) 氧化铝;

(4) 硅胶.

7. 用邻苯二甲酸二壬酯作固定液,分离二氯甲烷、三氯甲烷和四氯化碳,预测出峰次序并说明其原因.

8. 根据 MeReynolds 常数来选择下面样品的合适固定液:

(1) 苯乙酮和苯甲醇;

(2) 乙醇中痕量苯.

9. 一样品含水、甲醇、乙醛、乙醚、乙醇、1-丙醇,请问选用何种固定液为佳?预测它们可能的出峰次序,并解释原因.

10. 何谓手性分离中的"三点作用模式"理论?

11. 你认为环糊精能分离手性化合物的原理是什么?

12. 有人认为开管柱的单位柱长分离能力要比填充柱高,你认为对吗?为什么?

13. 开管柱最大缺点是什么?有何方法可解决?你认为此方法可能带来什么麻烦?

14. 为什么要求定量校正因子?在什么情况下可以不使用定量校正因子?求定量校正因子时,是否需要考虑进样体积?

15. 以 Chromosorb P 为载体,邻苯二甲酸二壬酯为固定液,固定液重 2.40g,其相对密度为 $0.97g \cdot ml^{-1}$,用皂膜流量计测得载气流量为 $38.4ml \cdot min^{-1}$,柱入口压力为 162kPa,大气压力 101kPa,柱温为 50.0℃,室温为 22.0℃,记录纸走速为 $2.50cm \cdot min^{-1}$.从色谱图上测得苯与空气峰的间隔为 52.0cm,试计算:

(1) 调整保留体积;

(2) 净保留体积;

(3) 比保留体积;

(4) 分配系数.

16. 在一色谱柱上 A,B 两组分的比保留体积分别为 14.2 和 $12.9ml \cdot g^{-1}$,且能达到基线分离,柱温为 100℃,柱死体积 9.80ml,固定液重 1.40g,试求该柱的理论塔板数.

17. 一色谱图上有六个色谱峰,在记录纸上量得各峰从进样开始至峰极大值间的距离如下:

组　分	空　气	正己烷	环己烷	正庚烷	甲　苯	正辛烷
距离/cm	2.20	8.50	14.60	15.90	18.70	31.50

试计算甲苯和环己烷的保留指数.

18. 用热导检测器分析仅含乙二醇、丙二醇和水的某试样,测得结果如下.求各组分的质量分数.

组　　分	乙 二 醇	丙 二 醇	水
峰高/mm	87.9	18.2	16.0
半峰宽/mm	2.0	1.0	2.0
相对校正因子 f'_i(文献值)	1.0	1.16	0.826

19. 用内标法测定二甲苯氧化母液中的乙苯和二甲苯异构体,该母液中含有杂质甲苯和甲酸等,称取样品 0.2728g,加入内标物正壬烷 0.0228g,测得结果如下:

组　　分	正壬烷	乙　苯	对二甲苯	间二甲苯	邻二甲苯
相对校正因子 f'_i	1.02	0.970	1.00	0.960	0.980
峰面积/cm^2	0.890	0.741	0.906	1.42	0.880

试求样品中乙苯和二甲苯各异构体的质量分数.

第八章　高效液相色谱法及超临界流体色谱法

基本要求：

1. 了解高效液相色谱法的优点及适用范围；
2. 理解常用检测器的原理、优缺点及适用范围；
3. 理解各种分离方式的原理、适用的分析对象及选择原则；
4. 理解超临界流体色谱法的原理、优缺点及适用范围.

高效液相色谱法是一种以液体为流动相的现代柱色谱分离分析方法.它是在经典液相色谱的基础上,引入气相色谱的理论和技术而发展起来的,因此气相色谱的许多理论与技术同样适用于高效液相色谱法.

高效液相色谱法与气相色谱法的主要差别在于流动相和操作条件.在气相色谱中,流动相是惰性的气体,分离主要取决于组分分子与固定相之间的作用力,而在高效液相色谱中,流动相与组分之间有一定的亲和力,分离过程的实现是组分、流动相和固定相三者间相互作用的结果,分离不但取决于组分和固定相的性质,还与流动相的性质密切相关.高效液相色谱一般可在室温下进行.由于采用颗粒极细的固定相,柱内压降很大,加上流动相黏度高,必须采用高入口压,以维持一定的流动相线速.

高效液相色谱法与经典液相色谱法的主要差别在于固定相的性质和粒度等.高效液相色谱所用固定相颗粒细而规则,孔浅,能承受高压,加上使用高压输液设备和高灵敏度的检测器,其分离效率、分析速度和灵敏度都远远高于经典液相色谱法.

原则上讲,只要能溶解在流动相中的物质都可以用高效液相色谱法分析,尤其适合那些不宜用气相色谱法分析的难挥发性物质、热不稳定性物质、离子型物质和生物大分子等.在目前已知的有机化合物中,有 80% 的有机化合物能用高效液相色谱法分析.由于此法不破坏样品,因此可方便地制备纯样.

8.1　固定相和流动相

8.1.1　固定相

高效液相色谱固定相按承受的高压能力可分为刚性固体和硬胶两大类.刚性

固体以二氧化硅为基质,它可以承受较高的压力,若在它的表面键合各种功能团,其应用范围更广泛.硬胶由聚苯乙烯与二乙烯基苯交联而成,承受压力较低,主要用于离子交换和尺寸排阻色谱.

固定相按孔隙深度可分为表面多孔型和全多孔微粒型两大类,如图 8.1 所示.表面多孔型是在实心玻璃外面覆盖一层多孔活性物质,如硅胶、氧化铝、离子交换剂和聚酰胺等,其厚度为 1~2μm,以形成无数向外开放的浅孔.全多孔微粒型由直径为 10^{-3}μm 数量级的硅胶微粒凝聚而成.

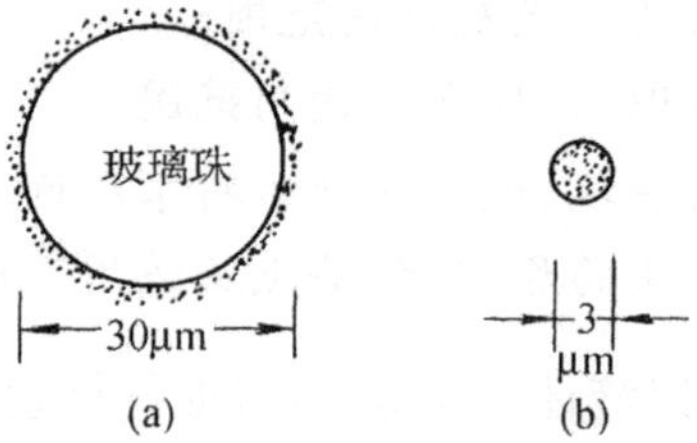

图 8.1　高效液相色谱固定相类型

(a) 表面多孔型；(b) 全多孔微粒型.

表面多孔型固定相的多孔层厚度小、孔浅、相对死体积小,出峰快,柱效高.但因多孔层厚度小,最大允许进样量受限制.

全多孔微粒型固定相颗粒细,孔仍然浅,因此传质速率仍很快,柱效高,但需更高的操作压力.最大允许进样量比表面多孔型大 5 倍.因此,通常采用此类固定相.

根据分离模式的不同而采用不同性质的固定相,如活性吸附剂、键合有不同极性分子功能团的化学键合相、离子交换剂和具有一定孔径范围的多孔材料,从而分别用作吸附色谱、键合相色谱、离子交换色谱及尺寸排阻色谱固定相,见表 6.1.

8.1.2　流动相

高效液相色谱中,流动相对分离起着极其重要的作用,在固定相选定之后,流动相的选择是最关键的.不论采用哪一种色谱分离方式,对用作流动相的溶剂的要求是:

(1) 纯度高

溶剂的纯度极大地影响色谱系统的正常操作和色谱分离效果.溶剂中若存在杂质会污染柱子,存在固体颗粒会损害高压泵或输液通道,使压力升高,基线漂移.

(2) 黏度低

高效液相色谱中为获得一定流速必须使用高压,若溶剂黏度较高,操作压力也更大.高的压力会使色谱柱性能降低,而且泵也容易损坏.

(3) 化学稳定性好

流动相不能与固定相或组分发生任何化学反应.

(4) 溶剂沸点要高于 55℃

低沸点溶剂挥发度大,容易使流动相浓度或组成发生变化,也容易产生气泡.

(5) 溶剂要能完全浸润固定相并与流动相匹配

溶剂对所测定的组分要有合适的极性,最好选择样品的溶剂作流动相,否则发生溶剂与流动相不相混溶的情况,使分离变坏.

(6) 溶剂要与检测器匹配

溶剂要适合于检测器,例如采用示差折光率检测器,必须选择折光率与样品有较大差别的溶剂作流动相;若采用紫外吸收检测器,所选择的溶剂在检测器的工作波长下不能有紫外吸收.

8.2　高效液相色谱仪

高效液相色谱仪主要由贮液器、脱气器、高压泵、进样器、色谱柱和检测器等组成.如图 8.2 所示.

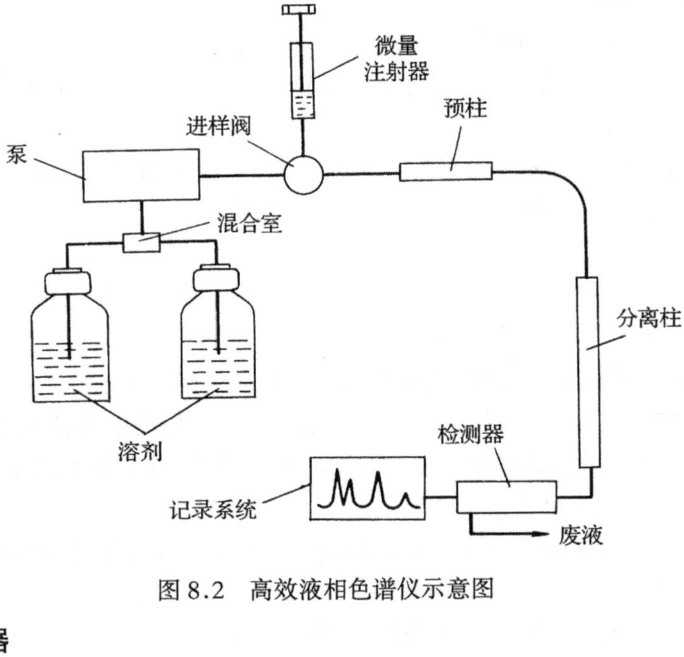

图 8.2　高效液相色谱仪示意图

8.2.1　贮液器

贮液器用于存放溶剂.溶剂必须很纯,贮液器材料要耐腐蚀,对溶剂呈惰性.通常采用 1～2L 的大容量玻璃瓶，也可用不锈钢制成. 贮液器应配有溶剂过滤器，以防止流动相中的颗粒进入泵内. 溶剂过滤器一般用耐腐蚀的镍合金制成，孔隙大小一般为 2μm.

8.2.2 脱气装置

脱气的目的是为了防止流动相从高压柱内流出时，释放出气泡进入检测器而使噪声剧增，甚至不能正常检测. 通常用氦气鼓泡来驱除流动相中溶解的气体. 因为氦气在各种液体中的溶解度极低. 先用氦气快速清扫溶剂数分钟，然后以极小流量不断流过此溶剂.

8.2.3 高压泵

高压泵用于输送流动相，其压力一般为几 MPa 至数十 MPa. 这是因为液体的黏度比气体大 10^2 倍，同时固定相的颗粒极细，柱内压降大，为保证一定的流速，必须借助高压迫使流动相通过柱子.

高压泵应无脉动或脉动极小，以保证输出的流动相具有恒定的流速. 采用脉动阻尼装置可将产生的脉动除去，使流动相的流量变动范围不宜超过 2%～3%.

泵应耐压、耐腐蚀、密封性好.

泵有恒压泵和恒流泵两类.

恒压泵输出的压力恒定，如气动放大泵. 具有一定压力的气体作用在一个大面积活塞上，大面积活塞又驱动一个小面积活塞，小面积活塞承受的压力是大面积活塞的几十倍，从而得到压力恒定的流出液. 缺点是泵腔体积大，且流量随外界阻力而改变，不适于梯度洗脱. 它正逐渐被恒流泵所取代.

恒流泵输出的流量恒定，如往复柱塞泵、螺旋传动注射泵等. 往复柱塞泵与恒压泵不同，通常用电驱动活塞，当活塞迅速向上运动时，由于减压使入口止逆阀开启，出口止逆阀关闭，贮液器中的流动相被吸入泵内. 当活塞反向运动时，入口止逆阀关闭，出口止逆阀开启，泵内流动相被压入柱内，然后再开始下一个循环. 使用这种泵时一定要连接脉动阻尼器，将产生的脉动除去. 若采用双活塞泵，使双活塞在相移 180°下工作，可使脉动互相抵消，减小噪声. 往复柱塞泵的流量与外界阻力无关，体积小，非常适于梯度洗脱.

螺旋传动注射泵用电力以很慢的恒定速率驱动活塞，使流动相连续输出. 当活塞到达末端时，输出中止，然后由另一个吸入冲程使溶剂重新充满，再开始第二次输出. 输出时间的长短决定于泵腔体积及输出流量.

8.2.4　梯度洗脱装置

对比较简单的分析问题,可以采用一种均匀的混合溶剂作流动相.如果此时分离不良,或分析时间过长,可以采用梯度洗脱的方法,它极类似于气相色谱中程序升温的作用.

梯度洗脱是在分离过程中通过逐渐改变流动相的组成增加洗脱能力的一种方法.通过梯度装置将两种或三种、四种溶剂按一定比例混合进行二元或三元、四元梯度洗脱.梯度洗脱一般采用低压梯度,低压梯度采用低压混合设计,只需一个高压泵.在常压下,将两种或两种以上溶剂按一定比例混合后,再由高压泵输出,梯度改变可呈线性、指数型或阶梯型.

图 8.3 表示用二元梯度来分离几种氨基甲酸酯类杀虫剂.采用 4.6mm 内径,长度为 15cm 的 C_{18} 柱(5μm 颗粒直径),溶剂的组成在 15min 内,从 10%(V/V) CH_3CN-H_2O 随时间改变至 50% CH_3CN-H_2O.由于 CH_3CN 量的增多,流动相极性减小,杀虫剂与非极性的固定相 C_{18} 柱的作用力减弱,而在流动相中的溶解度增大,因而使分析时间缩短.

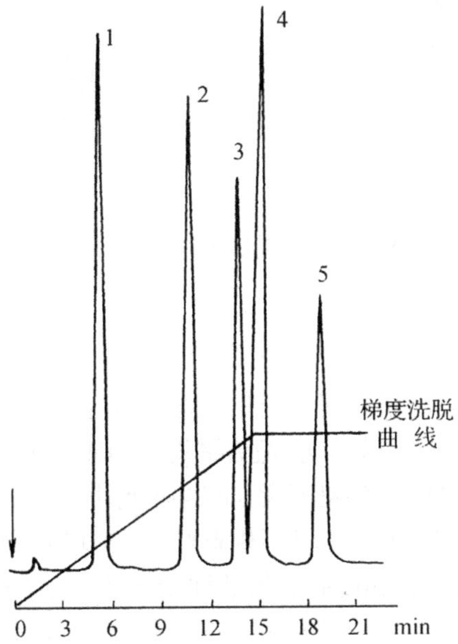

图 8.3　杀虫剂分析

1. 灭多虫;　2. Aldicarb;　3. 虫螨威;　4. 西维因;
5. Methiocab.

总之,梯度洗脱具有以下优点:改善峰形;提高柱效;减少分析时间;使强烈滞留的组分不容易残留在柱上,因而可保持柱的性能良好.但是,在进行下次分析时,更换流动相达到平衡的时间长.

8.2.5 进样器

高效液相色谱进样普遍使用高压进样阀.用微量注射器将样品注入样品环管,样品环管有不同的尺寸(从10μl到2ml),可根据分析要求选用.图8.4为六通高压进样阀进样示意图.当进样阀手柄放在吸液位置时,流动相直接通过孔2和孔3之间的通路流向色谱柱.样品通过注射器从孔4进入样品环管,过量的样品从出口孔6排出.然后将手柄转到进样位置,此时流动相便将样品带入柱子.

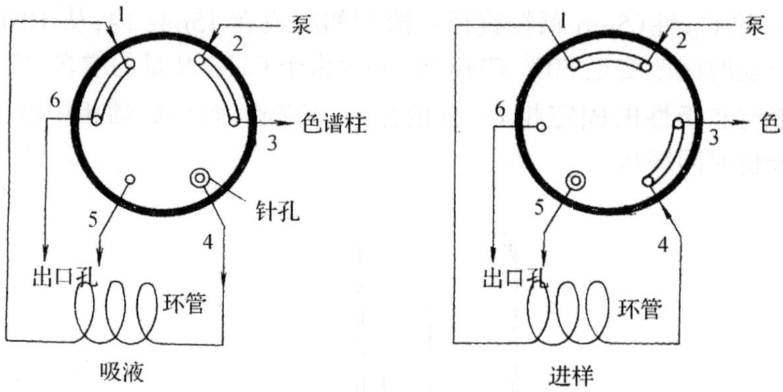

图8.4　六通高压进样阀工作示意图

8.2.6 色谱柱

色谱柱是整个色谱系统的心脏,它的质量优劣直接影响分离效果.色谱柱通常采用优质不锈钢管制成.柱内壁要求光洁平滑,否则内壁的纵向沟痕和表面多孔性也会引起谱带的展宽,柱接头的死体积应尽可能小.柱长一般为10～25cm,内径4～5mm.若使用直径为5～10μm固定相颗粒,理论塔板数可达5×10^4/m.尺寸排阻色谱柱的内径通常大于5mm,制备色谱柱则更大.为了减少溶剂用量,可采用微径柱,内径约1mm,长度为30～75mm.若采用3μm颗粒,理论塔板数高达1×10^5/m.为了保护分析柱不被污染,有时需在分析柱前加一短柱,约数厘米长.此柱称为卫柱.为了防止由于卫柱而过分增加柱阻力,在卫柱中使用的颗粒大小约10～30μm.

8.2.7 检测器

高效液相色谱常用的检测器有紫外吸收、示差折光率、荧光和安培检测器等.对它们的要求和性能指标与气相色谱检测器基本相同.

1. 紫外吸收检测器

紫外吸收检测器(ultra-violet detector, UVD)是一种选择性浓度型检测器,它仅对那些在紫外波长下有吸收的物质有响应.它具有灵敏度高、噪声低等优点,在高效液相色谱中应用最广,约占70%.其结构如图8.5所示.

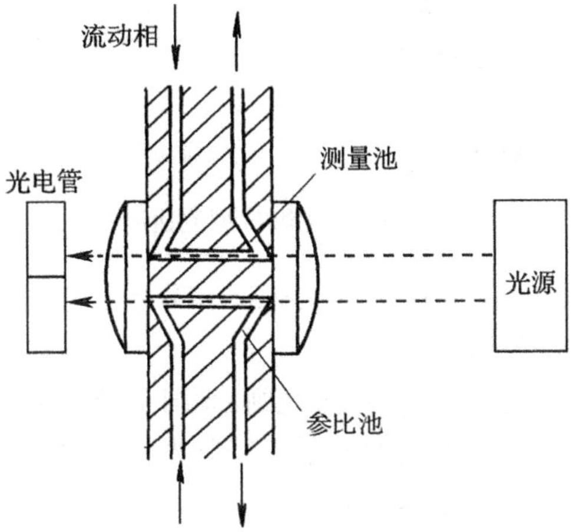

图8.5 紫外吸收检测器

紫外吸收检测器常用氘灯作光源,氘灯则发射出紫外-可见区范围的连续辐射,并安装一个光栅型单色器,通过扫描获得所需的工作波长.它有两个流通池,一个作参比,一个作测量用.光源发出的紫外光照射到流通池上,若两流通池通过纯的均匀溶剂,它们在紫外波长下几乎无吸收,光电管上接受到的辐射强度相等,无信号输出.当组分进入测量池时,吸收一定的紫外光,使两光电管接受到的辐射强度不等,这时有信号输出,输出信号的大小与组分浓度有关.

紫外流通池有Z型和H型,见图8.6.H型具有抵消流动相对光线的干扰,减少噪声和漂移的特点.为了减少峰的展宽,池体积约在1～10μl.

紫外吸收检测器的灵敏度很高,许多功能团在紫外区有很高的摩尔吸光系数.若采用可调波长的氘灯作光源,在组分的最大吸收波长处进行检测,其检测灵敏度可达0.002AUFS(满刻度吸收单位),最小检测量为几个ng.

紫外吸收检测器适用于梯度洗脱,对流动相速度变化不敏感,流动相组成的变化对检测器响应几乎无影响.但是只有在检测器所提供的波长下有较大吸收的分子才能进行检测,而且流动相的选择受到一定限制,即具有一定紫外吸收的溶剂不能作流动相.每种溶剂都有紫外截止波长.当小于该截止波长的紫外光通过溶剂时,溶剂的透光率降至10%以下.因此检测器的工作波长不能小于溶剂的紫外截止波长.主要溶剂的截止波长见表8.3.

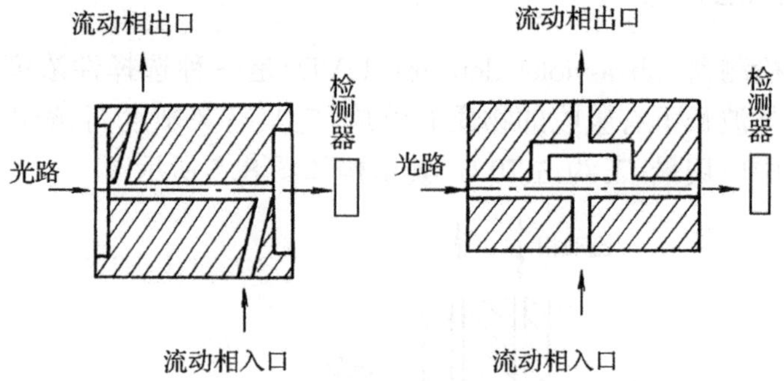

图8.6　Z型和H型流通池

二极管阵列检测器(diod array detector, DAD)是更为先进的检测器.二极管阵列检测器的光路图如8.7所示.

从氘灯发出的紫外-可见辐射,穿过光闸.光闸是惟一可以移动的部件,它用于暗电流的测量和波长的校正.然后此辐射不经分光直接通过吸收池、狭缝至衍射光栅.经光栅分光的辐射分别投射至约有千个二极管的阵列检测器上,约10ms给出一次信号.获得数据如此高速,可以保证保留时间极短的色谱组分的光谱图也不失真.固定光栅和二极管阵列,可以消除因机械传动的不确定性带来的误差.因此数据的重现性好,而且灵敏度高,适用于痕量分析.

这种检测器的最大优点是同时获得吸收值是保留时间和波长函数的类似于等高线的三维图(图8.8).由于同时获得多种信息,使每个组分在整个波长范围内的光谱信息大大增加.而且可以及时观察与每一组分的色谱图相应的光谱数据,从而迅速决定具有最佳选择性和灵敏度的波长.它可与色谱工作站联用,通过评估程序,可以从比较光谱图获得样品纯度的信息,而且可以对每一个峰从程序库中进行检索来确定该化合物.

2. 荧光检测器

荧光检测器(fluorescent detector, FD)是最灵敏的高效液相色谱检测器,见图8.9.

它属于选择性浓度型检测器.光源发出的光束通过透镜和激发滤光片,分离出

特定波长的紫外光，此波长称为激发波长，再经聚焦透镜聚集于吸收池上，此时荧

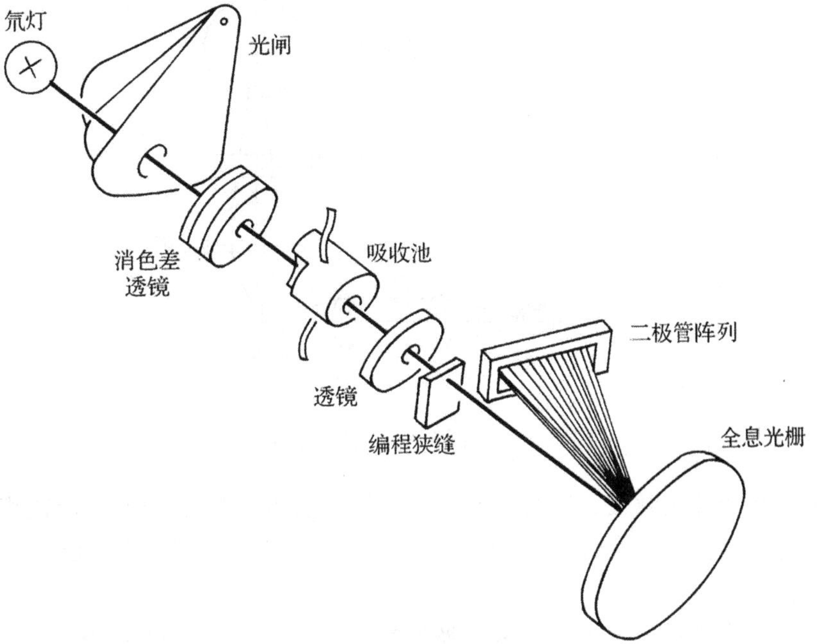

图 8.7　二极管阵列检测器光路图

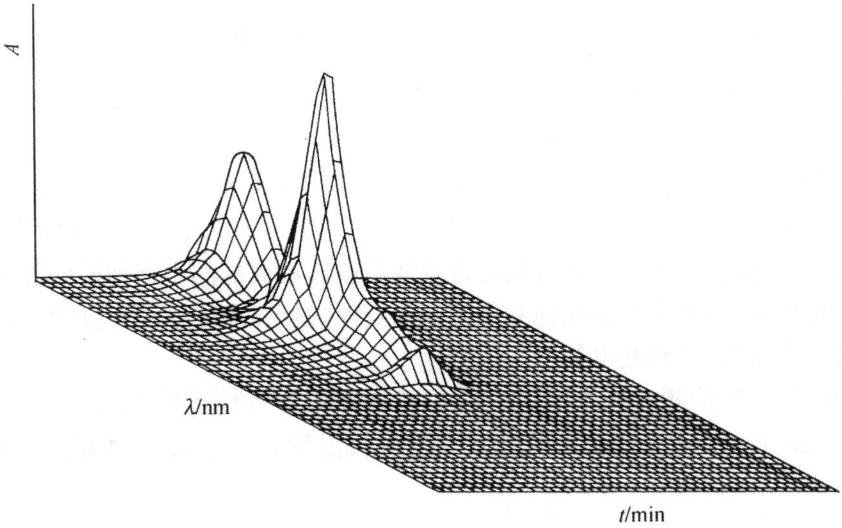

图 8.8　菲的三维图谱

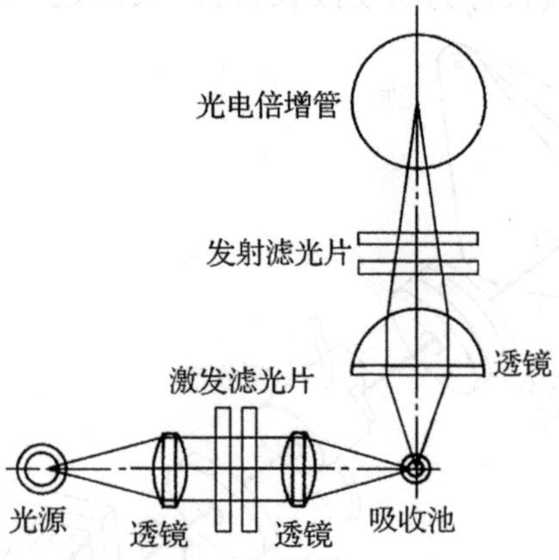

图 8.9　荧光检测器

光组分被紫外光激发,产生荧光.在与光源垂直的方向上经聚焦透镜将荧光聚焦,再通过发射滤光片,分离出发射波长,并投射到光电倍增管上.荧光强度与组分浓度成比例.

荧光检测器的灵敏度比紫外吸收检测器约高二个数量级,因此特别适合于痕量分析.非荧光物质可通过与荧光试剂反应变成荧光物质后检测,扩大了该检测器的应用范围.

3. 示差折光率检测器(refractive index detector, RID)

示差折光率检测器是一种通用性检测器,只要组分折光率与流动相折光率不同,就能进行检测.

反射型示差折光率检测器根据 Fresnel 反射定律设计,其结构见图 8.10.光源发出的光束分别投射到测量池和参比池上,其中有一部分入射光在液体和棱镜界面上就被反射出来,而另一部分则穿过液体后被棱镜底部的不锈钢板反射出来,投射到光电管上.由于流经参比池和测量池的液体的折光率不等,因此反射出来的两束光强就有差别,导致光电管产生信号.

示差折光率检测器的通用性好,可以检测的化合物的范围广,特别在尺寸排阻色谱中用得较多.但它灵敏度低,折光率随环境温度的变化很大,不能用于梯度洗脱.

4. 电化学检测器(electrochemical detector,ECD)

电导检测器、库仑检测器、伏安检测器及安培检测器一般说都可用作高效液相色谱的检测器,但安培检测器最常用.

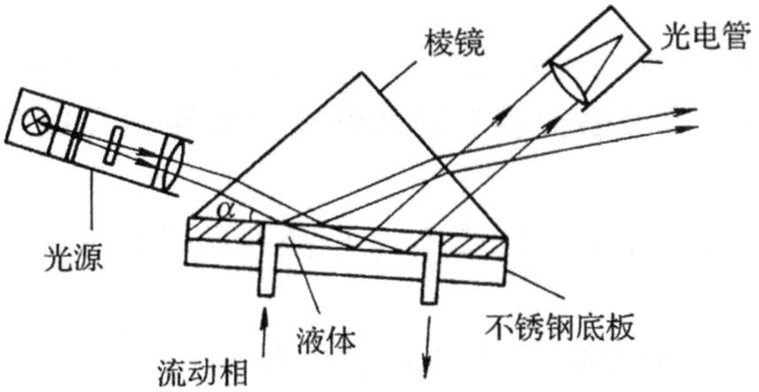

图 8.10　反射型示差折光率检测器

安培检测器由一恒电位仪和一个薄层反应池构成.图 8.11 是薄层安培检测器的示意图.下部的薄层反应池由两块有机玻璃夹着一层中心挖空的聚四氟乙烯薄膜(厚度约为 50～150μm)所组成.

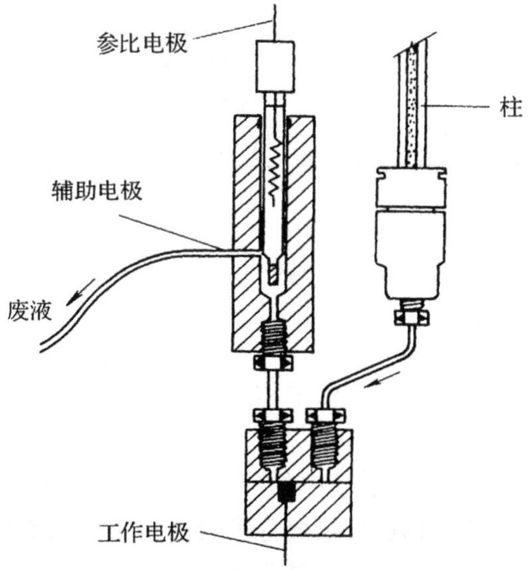

图 8.11　薄层安培检测器

通过三电极系统将它与恒电位仪相连接.工作电极一般为玻璃碳电极,或石墨电极;参比电极一般为 Ag-AgC1 电极,辅助电极一般为 Pt 丝.当柱后流出物进入反应池,在工作电极表面发生氧化或还原反应,两电极之间就有电流流过,此电流大小与被测物的浓度成比例.采用安培检测器时,流动相必须含有电解质,且呈电化学惰性.它最适合于与反相色谱匹配.但它只能检测电化学活性物质,即在工作电极的电位范围内,可以氧化或还原的物质.若采用衍生化技术,可扩大它的应用范围.

安培检测器的选择性好,灵敏度较高,例如对肾上腺素和去甲肾上腺素,检测限达 10^{-12}mol.但是电极表面容易被活性物质如蛋白质以及表面活性物质等毒化.

电导检测器主要用于离子色谱,伏安检测器只用于特殊研究中.库仑检测器很少用.

常用高效液相色谱检测器的性能比较见表 8.1.

表 8.1 高效液相色谱检测器性能

性能 \ 检测器	紫外吸收	示差折光率	荧 光	安 培
类 型	选择性	通用性	选择性	选择性
线性范围	2.4×10^4	10^4	$\sim10^3$	10^4
最小检测量/ng	0.1~1	$10^2\sim10^3$	$10^{-3}\sim10^{-2}$	0.01~1
能否用于梯度洗脱	能	不 能	能	不 能
对流速的敏感性	不敏感	不敏感	不敏感	敏 感
对温度的敏感性	低	敏 感	低	敏 感

8.3 液-固色谱法

8.3.1 原理

液-固色谱法是利用各组分在固定相上吸附能力的不同而将它们分离的,故又称液-固吸附色谱法.

当组分随着流动相通过色谱柱中的吸附剂时,组分分子及流动相分子对吸附剂表面的活性中心发生吸附竞争.组分分子对活性中心的竞争能力的大小,决定了它们保留值的大小.被活性中心吸附越强的组分分子,越不容易被流动相洗脱,k'值就大;反之,k'值小.组分之间的 k'值相差越大,分离越容易.

吸附剂吸附能力的强弱与吸附剂的比表面积、物理化学性质、组分分子的结构和组成以及流动相的性质等因素有关.若组分与吸附剂之间的作用力强,则易被吸附;组分分子的构型与吸附剂表面活性中心的刚性几何构型相适应,易被吸附.因此,液-固色谱可分离几何异构体.

8.3.2　固定相

常用的液-固色谱固定相是表面多孔和全多孔微粒型硅胶、氧化铝等.一般采用 5～10μm 的全多孔型微粒.表 8.2 列出了常用吸附剂的性质.

表 8.2　液-固色谱常用吸附剂

型　号	颗粒尺寸/μm	表面积/m^2/g	形　状	材　料
Lichrosorb si	5,10,20	400	不规则	硅　胶
Micropak si	5,10	400	不规则	硅　胶
μ-Porasil	8～12	400	球　形	硅　胶
Partisil	5,10,20	400	不规则	硅　胶
Spherisorb-s	5,10,20	200	球　形	硅　胶
Zorbax	6～8	300	球　形	硅　胶
Lichrosphere	5,10,20	250	球　形	硅　胶
Lichrosorb Alox	5,10,20	70～90	不规则	氧化铝
Micropak Al	5,10	70～90	不规则	氧化铝
Spherisorb Al	5,10,20	95	球　形	氧化铝

8.3.3　流动相

通常液-固色谱以硅胶和氧化铝为固定相,组分的保留和分离情况两者基本相似.实现最佳分离与流动相的选择有关.相对说,对极性较大的组分可选用较强极性的流动相,对极性小的则选用弱极性的流动相.

对于给定的吸附剂,溶剂的强度用溶剂强度参数 ε° 表示.ε° 表示单位面积吸附剂表面的溶剂吸附能.ε° 越大,溶剂的极性也越大.表 8.3 列出不同溶剂在硅胶和氧化铝上的 ε° 值,以 ε° 增加的次序排列,该次序称为洗脱序列.若组分 k' 值太小,流出太快,应改用弱极性的溶剂;若 k' 值太大,组分流出过慢,则改用强极性的溶剂.

选择溶剂时,可参考溶剂的洗脱序列,并通过实验确定合适强度的溶剂.

液-固色谱特别适用于非离子的、不溶于水的化合物以及几何异构体.例如非极性石油烃族的组成分析,马钱子类生物碱、止痛药、吩噻嗪类药物的分析,农药残留的分析,以及许多芳香族异构体分析都可用液固色谱进行.组分的保留值主要决定于功能团类型及数目.各类化合物的保留值按以下次序递增:饱和烃＜烯烃＜芳烃≈有机卤化物＜硫化物＜醚＜硝基化合物＜腈＜酯≈醛≈酮＜醇≈胺＜酰胺＜羧酸＜磺酸.

表 8.3 溶剂强度参数 ε^0 和溶剂物理性质

溶 剂	ε^0(硅胶)	ε^0(氧化铝)	黏度/($mN\cdot s\cdot m^{-2}$)20℃	折光率 20℃	紫外截止波长/nm
正戊烷	0.00	0.00	0.23	1.358	195
正己烷		0.00	0.313	1.375	190
环己烷	0.05	0.04	0.980	1.426	200
二硫化碳	0.14	0.15	0.363	1.628	380
四氯化碳	0.14	0.18	0.965	1.460	265
1-氯丁烷		0.26	0.47	1.402	220
二异丙醚		0.28	0.379	1.368	220
2-氯丙烷		0.29	0.335	1.378	230
苯	0.25	0.32	0.65	1.501	280
甲基特丁基醚		0.35	0.27(25℃)	1.369(25℃)	210
二乙基醚	0.38	0.38	0.23	1.353	218
氯仿	0.26	0.40	0.57	1.443	245
二氯甲烷		0.42	0.44	1.425	233
四氢呋喃		0.45	0.55	1.407	212
丙酮	0.47	0.56	0.32	1.359	330
1,4-二噁烷	0.49	0.56	1.54	1.422	215
乙酸乙酯	0.38	0.58	0.45	1.370	256
乙腈		0.65	0.375	1.344	190
异丙醇		0.82	2.00(25℃)	1.38	205
甲醇		0.95	0.60	1.329	205
水		大	1.00	1.333	170

8.4 化学键合相色谱法

采用化学键合相的液相色谱称为化学键合相色谱法.化学键合相是通过化学反应将有机分子键合在载体表面所形成的柱填充剂.这种固定相的分离机理既不是单一的吸附作用,也不是单一的液液分配机理.一般认为吸附和分配两种机理兼有,键合相的表面覆盖率大小决定何种机理起主导作用.对多数键合相来说,以分配机理为主.

8.4.1 化学键合相

通常,化学键合相的载体是硅胶,硅胶表面有硅醇基,≡Si—OH,能与合适的有机化合物反应,使具有不同极性功能团的有机分子键合在表面而获得不同性能的化学键合相,它的制备方法主要有以下几种:

1. 硅酯化

使醇与硅醇基发生酯化反应

$$\equiv Si—OH + ROH \rightarrow \equiv Si—O—R$$

生成 Si—O—C 键合相. 这种固定相对热不稳定,遇水、醇等强极性溶剂会发生水解,使酯链断裂. 因此仅适用以干燥的无水乙醇为流动相的体系.

2. 氯化

先氯化,再与有机锂或格氏试剂反应

$$\equiv Si—OH \xrightarrow{SOCl_2} \equiv Si—Cl$$

$$\equiv Si—Cl \xrightarrow[\text{或 } RMgCl]{RLi} \equiv Si—R$$

生成 Si—C 键,或与 $H_2NCH_2CH_2NH_2$ 反应,生成 Si—N 键合相. 这种固定相热稳定性和抗水解能力都好.

3. 硅烷化

用有机氯硅烷与硅醇基发生反应

$$\equiv Si—OH + R_3SiCl \rightarrow \equiv Si—O—SiR_3 + HCl$$

生成 Si—O—Si—C 键合相. 这种固定相在 pH 2～8.5 范围内对水稳定,应用广泛. 由于有机分子与载体间的牢固结合,固定相不易流失,稳定性好. 常用化学键合相见表 8.4.

表 8.4 常用化学键合固定相

类 型	基 团	粒度/μm	型 号
全多孔型	十八烷基硅烷(C_{18})	5,10	MicropakMCH, Partisil-10ODS
	辛基硅烷(C_8)	5,10	MicropakCH, Rsil-C_8-D
	氰基硅烷	～10	Micropak-CN, Partisil-10PAC
	氨基硅烷	～10	Micropak-NH_2
	烷基苯基硅烷	13±5	Allylpheny-Sil-X-1

8.4.2 正相键合相色谱法

正相键合相色谱法的流动相极性小于固定相极性,它往往是一种混合溶剂,由非极性烃类溶剂如己烷、庚烷、异辛烷等及适量的极性溶剂如氯仿、醇、乙腈等配成. 若溶剂极性增加,流动相的溶剂强度增加,则样品中组分的 k' 值减小.

正相键合相色谱法适用于分离中等极性化合物，如脂溶性维生素、甾族、芳香醇、芳香胺、脂、有机氯农药等.

8.4.3 反相键合相色谱法

反相键合相色谱法的流动相极性大于固定相极性. 流动相为强极性的溶剂，如甲醇/水，乙腈/水等. 固定相一般为 C_{18} 和 C_8（表 8.5）. 在反相键合相色谱中，极性大的组分先流出，极性小的组分后流出.

表 8.5 C_{18} 和 C_8 键合固定相

型 号	颗粒尺寸/μm	碳负载量/%	型 号	颗粒尺寸/μm	碳负载量/%
Patisil ODS-1[1)]	5,10	5	Apex C_8	5	5
Spherisorb-ODS	5,10	7	Nucleosil C_8	5,10	10～11
Zorbax ODS	6	15	Zorbax C_8	6	15
Spherosil-C_{18}	5,7	20～23	Micropak CH(C_8)	10	22

1) ODS 为十八烷基硅烷的英文 Octadecylsilane 的缩写.

在反相色谱中，影响组分保留值的因素有：

（1）碳链长度　保留值随着碳链长度增加而增加. 除常用的 C_8，C_{18} 外，还有其他烷基，其保留值增加次序为：$C_1 < C_6 < C_8 < C_{18} < C_{22}$.

（2）碳的负载量和表面覆盖率　保留值随碳负载量和载体上烷基覆盖率增加而增加.

（3）载体孔径尺寸和纯度　硅胶载体的孔径大，组分出入自由，受到排阻的概率小. 硅胶中的杂质，如金属等，都有可能与组分发生选择性作用而影响保留值.

（4）残余硅醇基数目　由于位阻等各种原因，不是硅胶表面所有的硅醇基都能发生键合反应，残余的硅醇基将会与组分发生相互作用而影响保留值和发生峰拖尾现象等.

反相键合相色谱的流动相是以水为底溶剂，再加入一种与水相混溶的有机溶剂组成. 根据分离需要，溶剂强度可通过改变有机溶剂的含量来调节. 表 8.6 列出了反相键合相色谱的常用溶剂及相对强度. 甲醇、乙腈和四氢呋喃为更常用. 表中溶剂极性参数 P' 越大，溶剂的极性越强，在液固色谱中洗脱能力越强，而在反相色谱中的洗脱能力越弱.

反相键合相色谱法得到最广泛的应用，是由于它以水为底溶剂，在水中可以加入各种添加剂，以改变流动相的离子强度、pH 和极性等，以提高选择性，而且水的紫外截止波长低，有利痕量组分的检测. 反相键合相稳定性好，不易被强极性组分污染. 水廉价易得. 还有一个很重要的原因就是可以利用二次化学平衡，使原来不易用反相色谱分析的样品也可以采用反相色谱进行分析.

表 8.6　反相键合色谱的常用溶剂

溶　剂	P'	k'减少值[1)]	溶　剂	P'	k'减少值[1)]
水	10.2	—	甲　醇	5.1	2.0
二甲亚砜	7.2	1.5	二氧杂环己烷	4.8	2.2
乙二醇	6.9	1.5	四氢呋喃	4.0	2.8
乙　腈	5.8	2.0	异丙醇	3.9	3.0

1) 以加 10%溶剂到水中,k'减少的倍数.

反相键合相色谱分离弱酸或弱碱样品时会发生拖尾.如分离十二烷酸时,可在流动相乙腈/水中加入少量乙酸,以抑制十二烷酸的离解,使它以游离酸的形式在键合相上分离,以获得对称的色谱峰.这种对水溶液中可离解的弱酸或弱碱样品,通过调节流动相的 pH 值来抑制它们的离解,从而使分离改进的方法称为离子抑制法.流动相的 pH 值应调节至比组分的 pK_a 值大(对碱)或小(对酸)两个单位以上.pH 值变化较大时会影响组分的保留值.当弱酸的 pK_a 值在 $3 \leqslant pK_a \leqslant 7$ 或弱碱的 pKa 值在 $7 \leqslant pK_a \leqslant 8$ 时可采用离子抑制法.

对于 $pK_a < 3$ 的酸或 $pK_a > 8$ 的碱可以采用离子对色谱法.离子对色谱法是分离离子,或可电离的分子的另一种色谱法.它是离子对提取技术与色谱结合的产物.若键合相为 C_{18},流动相为水溶液,组分离子为负离子,并在其中加入一种电性与组分离子相反的 B^+ 离子.由于 B^+ 离子与带负电荷的组分离子 A^- 之间的静电作用力,使它们生成离子对:

$$A^-_{水相} + B^+_{水相} \rightleftharpoons A^- \cdot B^+_{有机相}$$

通过选择合适的具有疏水性的平衡离子 B^+,从而使 $A^- \cdot B^+$ 离子对具有较强疏水性,因而被 C_{18}键合相提取.这种提取能力决定于组分离子的性质,与平衡离子形成离子对的能力,以及所生成离子对的疏水性的强弱.离子对疏水性越强,以上离子对形成反应的平衡常数越大,以及平衡离子浓度越高,因而其保留值越大.正由于以上影响保留值的参数的不同,导致各组分先后离开色谱柱.

由于反相离子对色谱法的固定相就是普通反相键合相色谱的固定相,所以只要改变流动相的成分就可转变为反相离子对色谱法.常用的流动相是加有平衡离子和某些改性剂的水/甲醇或水/乙腈缓冲溶液.流动相中的有机溶剂增加,溶剂强度也增加,k'值减小.分离酸时,在流动相中加入季铵盐,如磷酸四丁基铵等来提供平衡离子;分离碱时,加入磺酸盐,如庚磺酸盐或高氯酸等来提供平衡离子.

当然离子对色谱法也可以采用正相模式,正相离子对色谱法的固定相是硅胶上吸着的含平衡离子的缓冲水溶液,如 $0.1 mol \cdot L^{-1} HClO_4$ 溶液,或加有四丁基铵

盐的 HPO_4^{2-}/PO_4^{3-} 缓冲溶液，前者的平衡离子为 ClO_4^-，用于分离阳离子；后者的平衡离子为 $(C_4H_9)_4N^+$，用于分离阴离子．流动相是有机相，如丁醇-正庚烷、丁醇/二氯乙烷/己烷等．

一般，反相键合相色谱法适用于极性较小的样品分离．它可以分离同系物、复杂的稠环芳烃以及其他亲脂化合物．也用于药物、激素、天然产物及农药残留量等测定．利用离子对色谱法，使它的应用面扩大到强酸和强碱．

8.4.4 手性选择剂

在高效液相色谱中，手性选择剂可直接键合于硅胶上用作固定相，也可以将手性选择剂加入至流动相中，从而形成一种立体选择性环境．不少手性选择剂可与组分生成两种不稳定的非对映体包络物，它们具有不相同的稳定常数，从而得到较满意的分离．较常见的手性选择剂有环糊精、冠醚衍生物，大环抗菌素以及多糖衍生物等．

1．环糊精及其衍生物

环糊精结构已在 7.3.2 节中介绍．被分离组分的尺寸必须适合环糊精空腔，这可以是整个分子的匹配，也可以是组分的疏水部分的匹配．除了尺寸匹配外，还需视在两者之间能否形成弱化学键，如组分的不对称中心上的取代基能否与伯羟基之间生成弱化学键．为了改变环糊精的手性选择性，可以将其羟基改性，如改性成甲氧基，则使环糊精的空腔变深，且溶解度改变．不同环糊精具有不同空穴尺寸．通过衍生化，也可使环糊精转变成带负电荷的衍生物，如四磺基丁基-β-CD．它具有四个磺酸基通过丁基链与环糊精母体相连，因此在任何 pH 下都带负电荷，大大扩展了应用面．

2．冠醚及其衍生物

冠醚能与数种无机、有机阳离子以及带有氨基的有机化合物形成主客体包络物．通过导入合适的基团可以使冠醚获得手性中心，如 18-冠-6-2,3,11,12-四羧酸(图 8.12)．它对对映体的分离机理是被分析物能否适合空穴的疏水部分，并能与氧原子形成离子-偶极键，同时被分析物的不对称中心上的取代基与羟基之间形成弱化学键．这类冠醚特别适合胺类药物等分离．

3．大环抗菌素

大环抗菌素相对分子质量在 700～2100 之间，在不同 pH 的流动相中，它们可以是以带电形式或非带电形式存在．以万古霉素为例(图 8.13)，它除了有各种功能团之外，还有多个立体中心，分子中存在一个“刚性口袋”，可以提供疏水作用中心、极性中心以及可以伸缩及旋转的空间臂，因此有利于许多药物对映体分离. 它的缺点是对 250nm 以下的紫外辐射有强烈吸收.

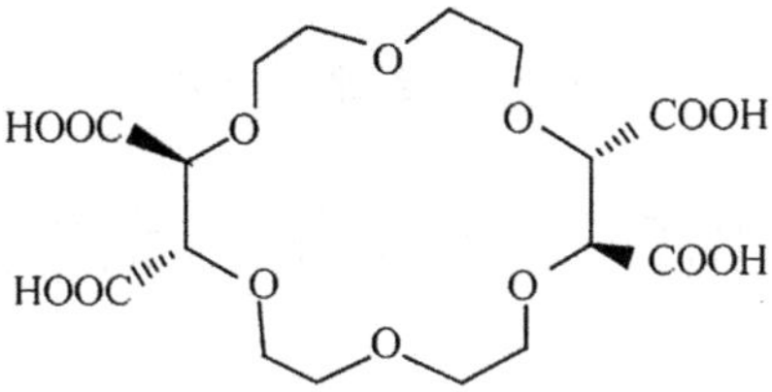

图 8.12　18-冠-6-2,3,11,12-四羧酸

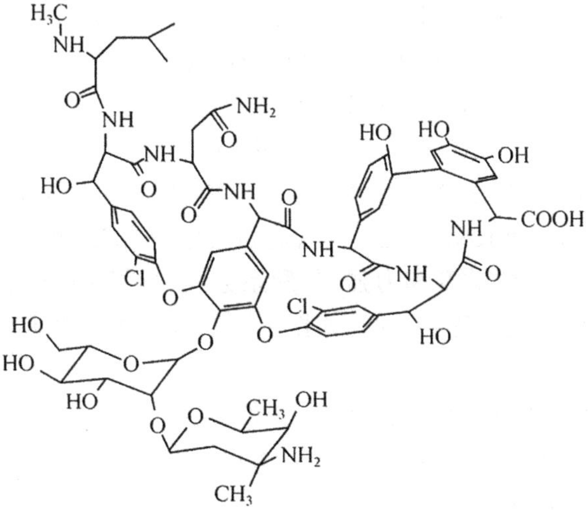

图 8.13　万古霉素结构

4. 多糖衍生物

由纤维素、淀粉等多糖衍生物制备的手性选择剂应用也十分广泛. 如纤维素是由单一的 D-(+)葡萄糖 1,4 缩合而成的链状分子，它的每一个链节的主体构型熟知，因此有利于揭示手性分离机理. 纤维素的结构如图 8.14. 纤维素的不同类衍生物，其分离对象和分离能力也不相同，如纤维素三苯基氨基甲酸酯或纤维素三(3,5-二硝基)苯甲酸酯可以分离某些外消旋药物.

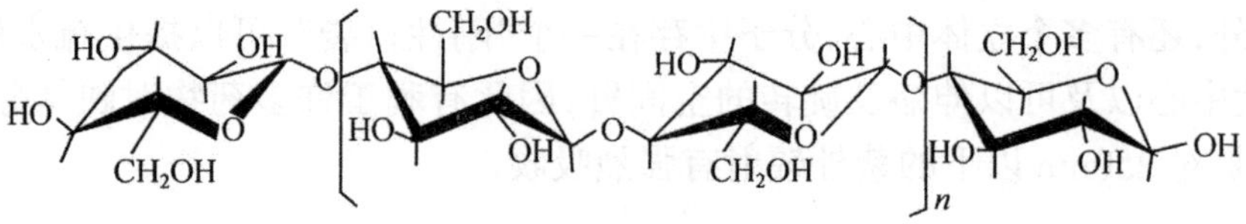

图 8.14　纤维素结构

8.5　离子交换色谱法

8.5.1　原理

离子交换色谱的固定相是离子交换剂,根据交换剂性质,可分阳离子交换剂和阴离子交换剂.交换剂由固定的离子基团和可交换的平衡离子组成.当流动相带着组分离子通过离子交换柱时,组分离子与交换剂上可交换的平衡离子进行可逆交换,最后达到交换平衡.阴、阳离子的交换平衡可表示为

阴离子交换:　　　$R^+Y^- + X^- \rightleftharpoons R^+X^- + Y^-$

阳离子交换:　　　$R^-Y^+ + X^+ \rightleftharpoons R^-X^+ + Y^+$

X^- 和 X^+ 为组分离子,Y^- 和 Y^+ 为可交换的平衡离子.R^+ 和 R^- 为交换剂上的固定离子基团,如 RSO_3^- 或 RNH_3^+;Y^+ 可以是 H^+ 或 Na^+,Y^- 可以是 OH^- 或 Cl^- 等.组分离子对固定离子基团的亲和力强,分配系数大,其保留时间长;反之,分配系数小,保留时间短.因此离子交换色谱是根据不同组分离子对固定离子基团的亲和力的差别而达到分离的目的.

对阴离子交换剂,阴离子的选择性系数次序为

柠檬酸根离子 $> SO_4^{2-} > C_2O_4^{2-} > I^- > HSO_4^- > NO_3^- > CrO_4^{2-} > Br^- > SCN^- > Cl^- > HCOO^- > CH_3COO^- > OH^- > F^-$

在阳离子交换剂上,阳离子的选择性系数次序为

$Fe^{3+} > Ba^{2+} > Pb^{2+} > Sr^{2+} > Ca^{2+} > Ni^{2+} > Cd^{2+} > Cu^{2+} > Co^{2+} > Zn^{2+} > Mg^{2+} > UO_2^{2+} > Tl^+ > Ag^+ > Cs^+ > Rb^+ > K^+ > NH_4^+ > Na^+ > H^+ > Li^+$

8.5.2　固定相

离子交换色谱固定相为离子交换剂,其常用基质有合成树脂(聚苯乙烯－二乙烯基苯)及硅胶等二种.

根据离子交换基团性质,离子交换剂又可分为阳离子交换或阴离子交换剂.阳离子交换剂又可分为强酸性和弱酸性两类,前者的可交换基团为—SO_3H,后者的为—COOH.阴离子交换剂也可分为强碱性和弱碱性两类,前者的可交换基团为—$N(CH_3)_3Cl$,后者的为—NH_2.常用的离子交换剂为磺酸型(RSO_3H)和季铵盐

($RN(CH_3)_3Cl$).

若在全多孔微粒型硅胶的基质上化学键合各种离子交换基团,便形成了键合相离子交换剂.一般可采用 5～10μm 的全多孔微粒型键合相交换剂.对酸性化合物,可用阴离子交换剂;碱性化合物则用阳离子交换剂.对两性样品,如氨基酸、蛋白质等,可调节流动相的 pH 值,使氨基酸以阳离子或阴离子的形式存在,然后再用阳离子或阴离子交换剂分离.一般采用阳离子交换剂分离,选择性较好.

常用的离子交换色谱固定相见表 8.7.由于强碱或强酸型离子交换剂比弱碱、弱酸型交换剂使用的 pH 范围更广,可分离许多不同类型的化合物,若采用 pH 梯度洗脱则更能改进分离.但是,强烈滞留的化合物,且又不能承受强酸或强碱的剧烈条件,则可在弱碱或弱酸型的离子交换剂上更易洗脱.

表 8.7　常用离子交换色谱固定相

类　型	基　团	粒度/μm	酸碱强度	型　　号
全多孔(阳离子)	$—SO_3^-$	10	强　酸	Partisil-10-SCX(硅胶基)
	$—SO_3^-$	5,10	强　酸	NucleosilsA(硅胶基)
	$—SO_3^-$	6～8	强　酸	ZorbaxSCX(硅胶基)
	$—SO_3^-$	130±2	强　酸	AminexASeriesA5(树脂基)
全多孔(阴离子)	$—NMe_3^+$	5,10	强　碱	NueleosilSB (硅胶基)
	$—NR_3^+$	7	强　碱	ZorbaxSAX(硅胶基)
	$—NR_3^+$	7±1	强　碱	AminexASeriesA29(树脂基)
	$—NR_3^+$	10	强　碱	Partisil-10-SAX(硅胶基)

8.5.3　流动相

离子交换色谱的流动相是盐类的缓冲溶液.通过改变流动相的 pH、缓冲剂(平衡离子)的类型、离子强度以及加入有机溶剂、配位剂等都会改变交换剂的选择性,影响样品的分离.

流动相的 pH 值会影响酸或碱的离解平衡,它能控制组分以离子形式存在的分数.若组分以分子形式存在,则不被固定相保留.离子形式所占的分数越大,保留值也越大;反之,保留值越小.流动相的 pH 可用缓冲剂调节.常用的缓冲剂有磷酸盐、柠檬酸盐、甲酸盐、乙酸盐、氨水等.

流动相离子强度的变化对保留值的影响比 pH 更显著.组分的保留值受流动相中盐类的总浓度控制.增加外加阴离子或阳离子总数,会增强它们对 R^+ 或 R^- 的竞争能力,使组分离子的保留值减小.通过加入不同性质的外加盐类,可以影响柱的选择性,因为不同外加离子对交换剂的固定基团的亲和力大小不同.

若在流动相中加入配位剂 L,它会与金属离子 M 和离子交换剂形成的离子对中的金属离子形成配合物.当组分 X 随流动相进入柱后,发生配位剂交换反应:

$$RM—L + X \rightleftharpoons RM—X + L$$

RM—X 比 RM—L 稳定,X 将 L 从金属改性的树脂上取代下来.这种方法可用于分离各种氨基酸或碱类.例如使阳离子交换树脂与 Cu^{2+} 或 Ni^{2+} 作用,形成金属改性树脂.当氨基酸进入色谱柱后,在金属中心上发生各种氨基酸与流动相中配位剂的竞争作用,由于竞争能力不同,从而达到氨基酸分离目的.这种分离方法称作配体交换色谱.

8.5.4　离子色谱法

从离子交换柱中流出的各种离子量可用电导检测器检测.但是,由于流动相几乎都是强电解质,这种强背景电导可能会完全掩盖被测组分离子的信号.1975 年 Small 等提出了离子色谱法,从而产生了一种新型的离子交换色谱技术.

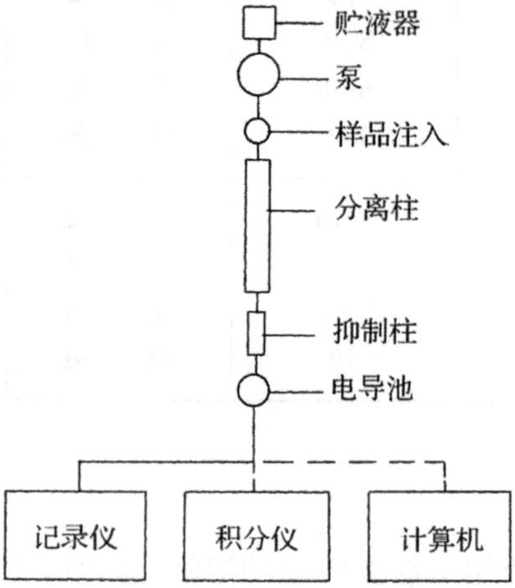

图 8.15　离子色谱流程图

离子色谱的流程装置如图 8.15 所示.离子色谱法与普通离子交换色谱法的差别通常在于分离柱之后增加一个抑制柱.这种具有抑制柱的离子色谱法称为抑制型离子色谱法,又称双柱离子色谱法.若样品为阳离子,用无机酸作为流动相,抑制柱为高容量的强碱性阴离子交换剂.当组分离子经填充阳离子交换剂的分离柱之后,随流动相进入抑制柱,在抑制柱中发生两个重要反应:

$$R^+—OH^- + H^+Cl^- \rightarrow R^+—Cl^- + H_2O$$

$$R^+—OH^- + M^+Cl^- \rightarrow M^+—OH^- + R^+—Cl^-$$

$R^+—OH^-$ 为抑制柱中的阴离子交换剂,M^+ 为样品中被测阳离子.由于抑制柱的作用,一方面使流动相中的酸生成 H_2O,使流动相电导率大大降低;另一方面使样品阳离子从原来的盐转变成相应的碱,由于 OH^- 离子的淌度比 Cl^- 大,因此提高了组分电导检测的灵敏度.

若样品为阴离子,分离柱为阴离子交换剂,用 NaOH 溶液作为流动相.抑制柱为高容量的强酸性阳离子交换剂.当流动相进入抑制柱时,发生下列反应:

$$R^-—H^+ + Na^+OH^- \rightarrow R^-—Na^+ + H_2O$$

$$R^-—H^+ + Na^+A^- \rightarrow R^-—Na^+ + H^+A^-$$

抑制柱使碱生成 H_2O,其背景电导率大大降低.样品中的阴离子生成了相应的酸,由于 H^+ 离子的淌度比 Na^+ 大得多,因此提高了组分电导检测的灵敏度.

由于离子交换反应,抑制柱逐渐失去了抑制能力,因此必须定期再生,但再生期较短.为了克服这一缺点,以膜离子抑制器来代替.这实际上是具有磺酸基团或季铵基团的聚苯乙烯多孔纤维制成的离子交换膜管,管内流过洗脱液,管外流过离子交换剂再生液.这与前面介绍的抑制柱的差别主要在于交换膜管始终处于动态再生状态下.图 8.16 说明了这一过程.$NaHCO_3$ 洗脱液和再生液 H_2SO_4 分别从管内和管外流过,方向相反.Na^+ 离子与膜上的 H^+ 离子交换生成 H_2CO_3,使本底电

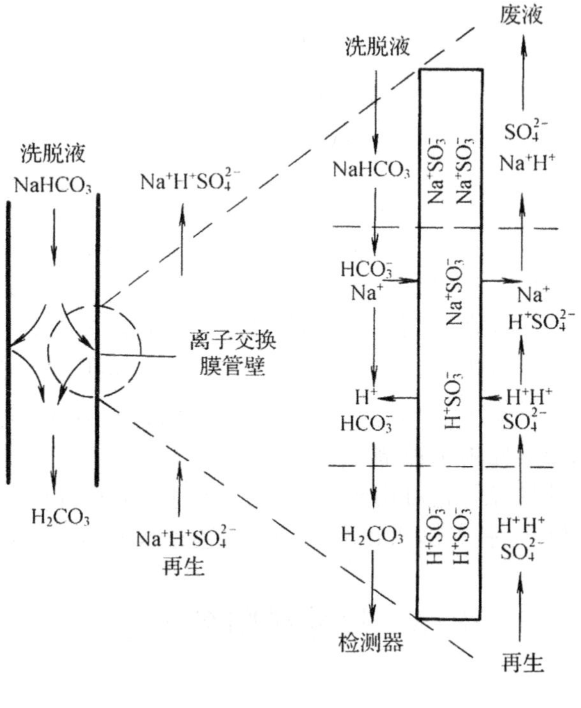

图 8.16　阴离子色谱纤维抑制柱抑制反应示意图

导大大下降. H_2SO_4 不断从下而上流过,其 H^+ 离子透过管壁,使已被交换的磺酸基团不断得到再生.

管内的样品阴离子和再生液中的 SO_4^{2-} 离子都不能穿过膜管.最终只使阴离子到达电导检测器(图 8.17).

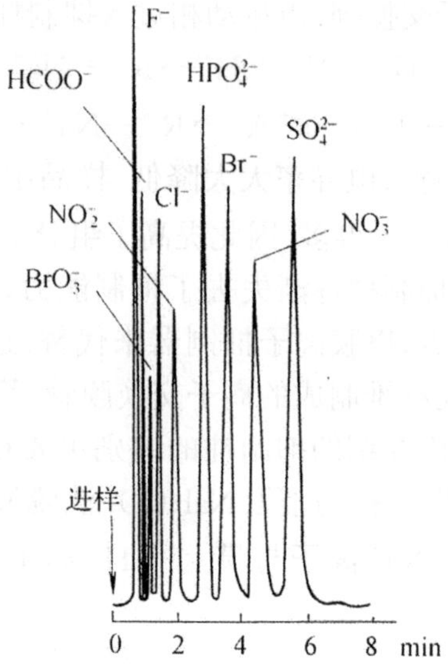

图 8.17 双柱阴离子色谱图

色谱柱:HPIC-AS4A;洗脱液为 7.5×10^{-4}mol·L^{-1} $NaHCO_3$,2.2×10^{-3}mol·L^{-1}Na_2CO_3;检测器为抑制型电导检测器.

若分离阳离子,只是以含季铵基团的离子交换膜管代替而已,抑制原理雷同.

如果所采用的分离柱的离子交换容量很低,且洗脱液的浓度也很低,这时就不必采用离子抑制柱.例如在分离阴离子时,离子交换剂的交换容量约为普通交换剂的千分之一左右,洗脱液为 10^{-4}mol·L^{-1}有机酸盐,如苯甲酸钠或邻苯二甲酸钠溶液,因此背景电导值都很小.当被分析的阴离子从柱后流出进入电导检测器时仍能被检测出来.这就是单柱离子色谱.

离子色谱法应用广泛.它可用于简单的无机阴离子和许多金属离子混合物的分离,也可用于有机酸、胺和碳水化合物、醇、表面活性剂、氨基酸等的分离.

8.6 尺寸排阻色谱法

8.6.1 原理

尺寸排阻色谱法是按分子尺寸的差异进行分离的一种液相色谱方法,也称凝

胶色谱法.

以水溶液作流动相的尺寸排阻色谱称为凝胶过滤色谱(gel filtration chromatography, GFC);以有机溶剂作流动相的称为凝胶渗透色谱(gel permeation chromatogrphy, GPC).

尺寸排阻色谱用凝胶作为填充剂,凝胶是一种表面惰性,其孔径有一定分布范围的多孔材料.当被测组分随流动相通过凝胶色谱柱时,尺寸大于孔径的组分分子不能渗入凝胶孔穴而被全部排斥,则最先流出色谱柱;尺寸小于孔径的分子则全部渗入凝胶,最后流出;尺寸中等的分子部分渗入较大孔穴,而排斥于较小孔穴时,因此介于中间流出.

当组分 X 进入色谱固定相达到扩散平衡时:

$$X_m \rightleftharpoons X_s$$

组分的分配系数为

$$K=\frac{[X_s]}{[X_m]}$$

若组分分子尺寸大于固定相凝胶的孔径时,被全部排斥在外,则组分分子在凝胶中的浓度$[X_s]=0$,$K=0$;若组分分子直径小于凝胶的孔径,因两相间存在浓度梯度,组分分子将向凝胶孔穴扩散,当扩散达到平衡时,$K=1.0$.若组分分子的大小介于以上两种极限情况之间,则 K 的范围为 0～1.因此,在尺寸排阻色谱中任何组分的分配系数应符合:$0\leqslant K\leqslant 1$.

尺寸排阻色谱中组分的保留体积 V_R 也可用式(6.15)色谱基本保留方程表示:

$$V_R = V_m + KV_s$$

重排得

$$K = \frac{V_R - V_m}{V_s}$$

式中:V_m 为凝胶颗粒间流动相体积;V_s 为凝胶孔穴内流动相体积.对于不能渗入凝胶孔穴的大的组分分子,$K=0$, $V_R=V_m$;对于小的组分分子,因它能完全渗入凝胶,$K=1$, $V_R=V_m+V_s$;中间大小的组分分子,介于这两个极限之间,V_R 值则为:$V_m\leqslant V_R\leqslant V_m+V_s$.

以相对分子质量(或分子尺寸)对保留体积作图得一曲线,该曲线称为相对分子质量校准曲线,如图 8.18(a),曲线上有两个转折点 A 和 B.若组分分子的相对分子质量比 A 点所对应的相对分子质量大,则被全部排斥在凝胶孔穴之外,它们都以相同的保留体积流出.A 点为排斥极限,$K=0$,即该固定相能够分离的组分的相对分子质量的上限.若组分分子的相对分子质量比 B 点所对应的小,则它们全部渗入凝胶孔穴内，也都以相同的保留体积流出，B 点为全渗透极限，$K=1$，即能分离的组分的相对分子质量的下限. 只有相对分子质量介于 A，B 两个极限之间的组分才有可能分离，它们按相对分子质量降低的次序先后洗脱，见图 8.18(b). A 与 B 间的线性部分称为选择渗透范围.

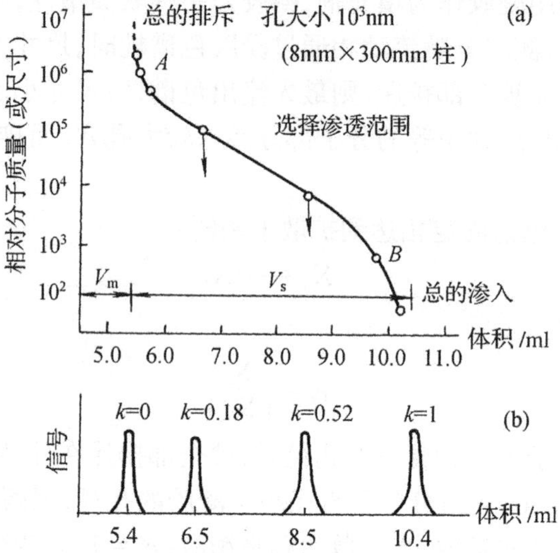

图 8.18　尺寸排阻色谱相对分子质量校准曲线(a)
和各组分的洗脱曲线(b)

8.6.2　固定相

尺寸排阻色谱中常用的固定相有无机和有机两大类，前者如多孔玻璃或硅胶；后者如苯乙烯二乙烯基苯共聚物等. 颗粒大小在 5～10μm.

多孔玻璃和硅胶有以下优点. 组分与溶剂分子扩散进入孔穴中能迅速达到平衡；稳定性好，耐较高温度；且制造相对容易，其孔径范围约在 4～250nm. 但它们会产生吸附效应，因此其表面常常通过硅烷化进行去活.

苯乙烯二乙烯基苯共聚物的孔径，在制造时，可通过加入的交联剂二乙烯基苯的含量来控制. 二乙烯基苯的含量多少决定了交联度大小，也决定了孔径的大小. 由于这种共聚物的疏水性，流动相必须是非水溶剂. 如果在交联剂中引入亲水基团，如磺化二乙烯基苯等，就可得亲水性的共聚物.

选择尺寸排阻色谱固定相时，孔径大小是极重要的参数，它表明可分离的相对分子质量的范围. 某些固定相的尺寸排阻限列于表 8.8 中.

表 8.8 尺寸排阻色谱固定相性质

固定相	平均孔径/nm	排阻限(相对分子质量/u)
硅 胶	125	$2\times10^3\sim5\times10^4$
	500	$5\times10^3\sim5\times10^5$
	1000	$5\times10^5\sim20\times10^5$
苯乙烯二乙烯基苯共聚物	10^2	700
	10^4	$1\times10^4\sim2\times10^5$
	10^6	$5\times10^6\sim10\times10^6$

图 8.19 表示用不同孔径的固定相分离时的相对分子质量校准曲线.由曲线可以预测固定相对某一样品的分离情况.当样品分子的相对分子质量处在校准曲线中间部分时才有可能分离.校准曲线平坦,表明当使用该固定相分离两个相对分子质量相近的组分时,其保留体积相差大,选择性好;校正曲线陡,使用该固定相分离时的保留体积相差小,选择性差.

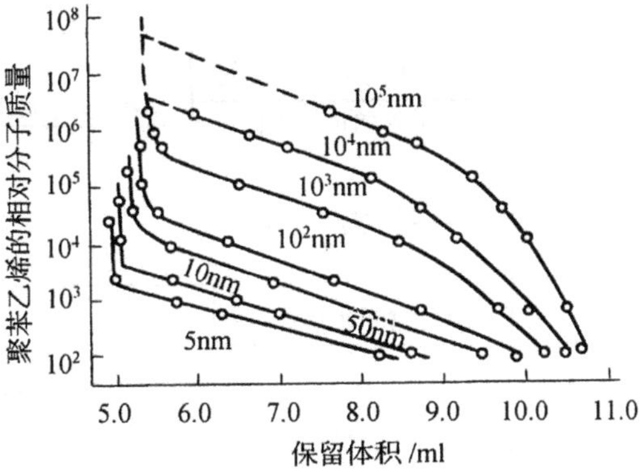

图 8.19 不同孔径固定相的分离范围

8.6.3 流动相

流动相的选择决定于固定相类型.尺寸排阻色谱法应选用能溶解样品、沸点比柱温高 25～50℃、黏度低、与样品的折光率相差大的物质作流动相,以提高柱效和灵敏度.常用的流动相有四氢呋喃、甲苯、氯仿、二甲基甲酰胺和水等.以水溶液为流动相的凝胶过滤色谱适用于水溶性样品;以有机溶剂为流动相的凝胶渗透色谱适用于非水溶性样品.

尺寸排阻色谱法可用于分离相对分子质量大的分子,如蛋白质、核酸等,也可用于测定合成高聚物的相对分子质量的分布,研究聚合机理等.

8.7 分离方式的选择及应用

一般总是从相对分子质量出发,考虑样品的水溶性,以及样品分子的极性与分子结构来选择分离方式.

对于不同样品的分离方式的选择可参见图 8.20.但对某一给定样品,不是只有惟一的一种分离方式可选择.采用何种方式更为合理,要综合考虑样品性质、方法特点及个人经验等因素.

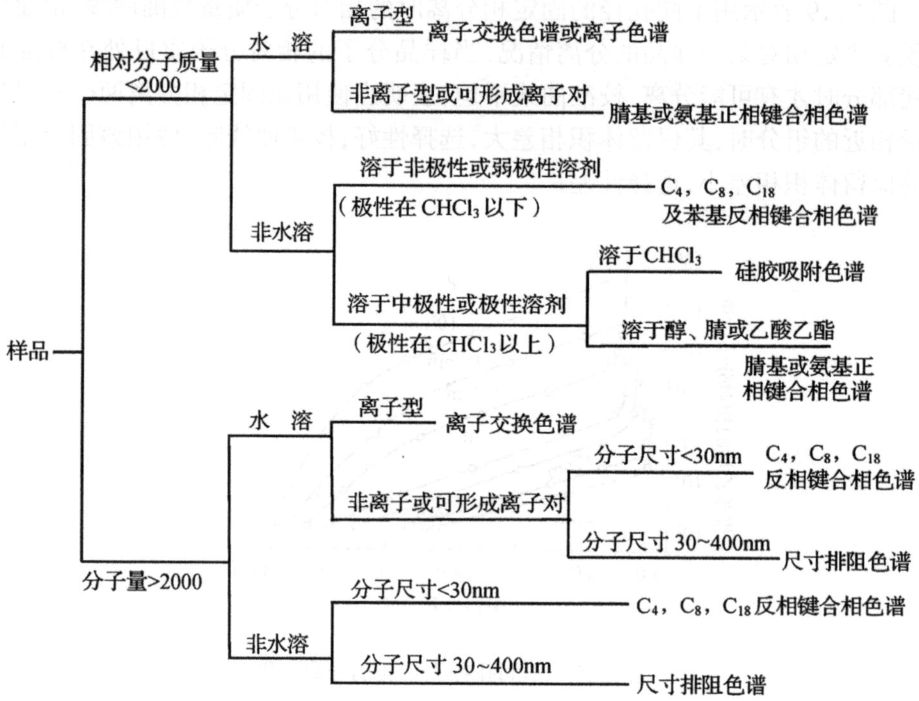

图 8.20 分离方式的选择

高效液相色谱法的应用远远广于气相色谱法,它非常适合于挥发性差或不挥发以及具有某种生物活性的化合物的分析.它广泛用于合成化学、石油化工、生命科学、临床化学、药物研究、环境监测、商品检验及法学检验等领域.

液固色谱由于吸附剂数目有限及其固有的缺点,应用面不广,不少分析逐渐被反相键合相色谱所取代.但是,适合于异构体分离、族(如烷、烯和芳烃)分离.由于硅胶比较便宜,有利进行制备色谱分离.

离子交换色谱可用于分离许多无机与有机阳离子和阴离子,特别在分离氨基酸、蛋白质、核糖核酸、药物等方面得到较广泛应用.离子色谱特别适合于测定空气、环境水、工业废水、食品工业及临床化学中各种体液内的离子的测定.

尺寸排阻色谱在高分子领域研究中用途很广.它可用于高聚物材料的组成分析、多孔膜材料形态与结构的表征、研究高聚物分子量的分布以及它与加工、性能、老化等过程的关系.

在高效液相色谱中,应用最为广泛的是反相键合相色谱.它除了可以分离常见的化工产品及其中间产物外,它还可分离氨基酸、甾族类化合物、维生素、糖类、合成药物、天然药物、核糖核酸、多肽、蛋白质、酶等.至今,可以用反相键合相色谱法测定的蛋白质和酶(如各种胰岛素、激素、细胞色素、干扰素、酶等)已达 100 多种.图 8.21 为氨基酸分离结果.色谱柱为十八烷基键合相(ultrasphere C_{18}),颗粒直径 $3\mu m$,$75mm\times4.6mm$,流动相为 $50mmol\cdot L^{-1}Na_2HPO_4$(pH7.2)、$CH_3OH$ 和四氢呋喃溶液,并进行梯度洗脱.为了提高灵敏度,通过衍生化使氨基酸与邻苯二醛反应,生成荧光衍生物后,用荧光检测器检测.

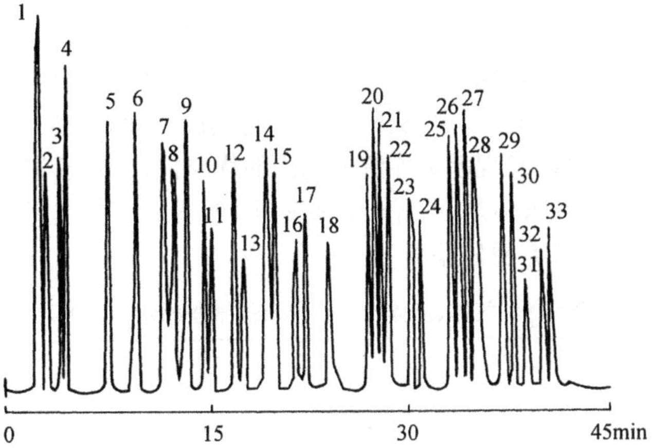

图 8.21 氨基酸衍生物的分离

1. 丙氨酸; 4. 天冬氨酸; 5. 谷氨酸; 7. 天冬酰胺; 9. 丝氨酸; 10. 谷氨酰胺; 11. 组氨酸; 14. 甘氨酸; 15. 苏氨酸; 17. 精氨酸; 18. β-丙氨酸; 19. 丙氨酸; 21. 酪氨酸; 25. 色氨酸; 26. 甲硫氨酸; 27. 缬氨酸; 28. 苯丙氨酸; 29. 异亮氨酸; 30. 亮氨酸; 31. 羟赖氨酸; 33. 赖氨酸.

8.8 超临界流体色谱法

8.8.1 原理

以超临界流体作为流动相的色谱法称为超临界流体色谱法.此时的流动相处

在该液体的临界点以上的压力和温度下，它既不是液体，也不是气体.

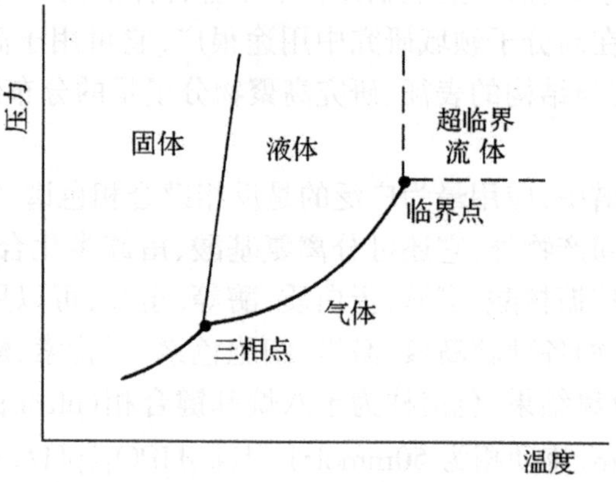

图 8.22　纯组分的相图

由图 8.22 可知，当增加温度或增加压力至临界点以上，液体或气体就变成超临界流体. 图中的虚线表明从一种液体或一种气体转变成超临界流体时没有相变发生. 正由于超临界流体色谱的流动相采用超临界流体，因此它将气相色谱与高效液相色谱的优点互相结合起来，从而弥补了它们的不足. 从表 8.9 的数据，并结合色谱基本理论，就可以发现超临界流体色谱的优越性. CO_2 超临界流体的密度和扩散系数都介于气体和液体之间，黏度也有所不同，因此它的选择性与柱效同气相色谱和高效液相色谱都有明显差别.

表 8.9　气体、液体与超临界流体某些相对性质的比较

	流动相			
	He	CO_2[1)]	CO_2	H_2O
压力/MPa	0.15	8	20	
温度/℃	200	100	35	20
状态	气体	超临界流体	超临界流体	液体
密度/g·cm^{-3}	2×10^{-4}	0.15	0.8	1
扩散系数/cm^2·s^{-1}	1	10^{-3}	10^{-4}	10^{-5}
黏度 cP[2)]	0.02	0.02	0.1	1

1) CO_2的临界压力为 7.4MPa，临界温度 31.3℃；2) 1cP = 10^{-3}Pa·s.

当压力增加，流动相密度增加，与组分的作用力增加，洗脱能力增强，k'值下降.

温度对保留值有明显影响. 若在低温区，流动相仍是一般液体，流动相密度几乎与温度无关.此时相当于一般液相色谱的情况.若在恒定压力下,当温度增加时,发现 k'增加,这是因为流动相密度减小,组分与流动相作用力减弱.这相当于处在超临界流体范围.若温度继续升高,到达高温区,此时流动相密度不再占优势,而组分的挥发性则占主导地位,导致温度增加,k'下降.此时相当于气相色谱的范围.

可见,超临界流体色谱可以视作当温度增加而导致 k'增加的一种特殊色谱方法.

8.8.2　仪器

超临界流体色谱的仪器与气相色谱和液相色谱仪很类似.同样需要流动相源、净化系统、高压泵、进样系统、色谱柱和检测器及数据处理系统,关键的差别有以下几点.

(1) 在高效液相色谱仪中,只有在柱入口加高压,而超临界流体色谱仪整个体系都处在足够高压下.只有高压,才能使流动相处于高密度状态,洗脱能力才强.因此必须有程序升压的精密控制设备.若以 CO_2 为例,压力从 7MPa 升至 9MPa,保留时间可以缩短 5 倍.

(2) 色谱柱的控温系统类似气相色谱仪,但必须很精密.

(3) 超临界流体在柱出口则以气体形式释放出来,一般进入氢火焰离子化检测器.因此在柱后必须装有毛细管限流器,以实现限流器两端的相的瞬时转变.毛细管限流器一般长约 2～10cm,内径要比开管柱细得多,约 5～10μm,由于限流器两端的相变过程属吸热过程,并防止高沸点组分冷凝,限流器应保持在约 300～400℃.

8.8.3　固定相和流动相

超临界流体色谱可以使用填充柱,这与普通高效液相色谱柱相似,直径为数毫米,长度不超过 25cm,固定相颗粒直径 3～10μm.也可采用开管柱,如聚硅氧烷键合柱,10～20cm 长,内径 0.05～1.0mm,固定液膜厚约 0.05～1μm.用作超临界流体色谱流动相的化合物见表 8.10.由于 CO_2 廉价易得,温度与压力可在较宽范围内调节,紫外截止波长小于 190nm,且无毒,因此是常用流动相.为改进选择性,与高效液相色谱类似,在流动相中也可以加入某些改性剂.

8.8.4　检测器

由于氢火焰离子化检测器的通用性好,对 CO_2 等无机流体无响应.因此得到广泛使用.CO_2 的紫外辐射透过性好,有利于紫外吸收检测器的使用.目前,超临界流体色谱已与不少检测技术,如质谱、傅里叶变换红外光谱等联用,进一步拓宽了它的应用范围.

表 8.10 用于超临界流体色谱的流动相的临界性质

超临界流体	温度/℃	压力/MPa	密度/g·cm^{-3}	超临界流体	温度/℃	压力/MPa	密度/g·cm^{-3}
CO_2	31.3	7.4	0.468	正丁烷	152.0	3.8	0.228
N_2O	36.5	7.3	0.457	二氯二氟甲烷	111.8	4.1	0.558
NH_3	132.5	11.4	0.235	二乙基醚	195.6	3.6	0.265
甲醇	239.4	8.1	0.272				

8.8.5 应用

超临界流体色谱法特别适用于气相色谱和高效液相色谱法不能分析的样品，如某些天然产物、农药、高聚物、药物活性剂或原油等. 例如对于蜕皮类固醇的测定用超临界流体色谱最合适. 它的结构如图 8.23 所示. 由图可以知道羟基多，用气相色谱法分析时易分解. 采用液相色谱法时，紫外吸收检测器对它不敏感. 这种物质在昆虫皮层和卵中的含量为 10^{-6}～10^{-12}数量级，即使为降低极性而进行衍生化，产率亦不高，且不易稳定. 但是氢火焰离子化检测器对它敏感. 又如，萜烯类物质中，不少对热极敏感，不稳定. 十五聚葡萄糖这类生化样品，为使它更稳定，采用三甲基硅烷基衍生化方法，使羟基转变为三甲基硅烷醚，但分子量高达 5832. 对于以上两样品，用超临界流体色谱分析比较理想.

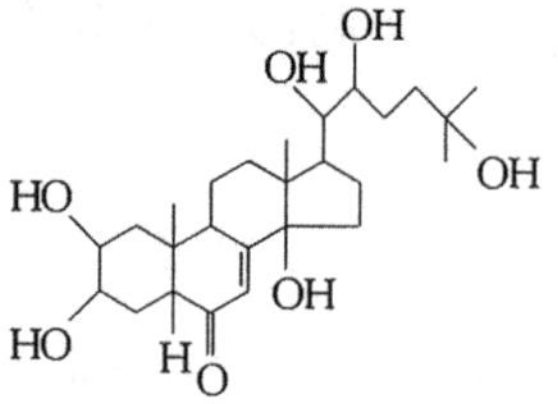

图 8.23 蜕皮类固醇的结构

但是超临界流体色谱的仪器更复杂，可选择的流动相数目有限.

习 题

1. 从色谱基本理论出发，试述高效液相色谱法能实现高效、高速分离的原因.

2. 为什么一般都采用全多孔微粒型固定相?

3. 试比较程序升温与梯度洗脱的异同之处.

4. 试述各种检测器的应用范围. 若某样品不适合某检测器，而仪器又不配置其他检测器，此时你该怎么办? 能否举例说明?

5. 试析液-固色谱法的主要用途及主要缺限.

6．若分别对正相色谱和反相色谱而言，现有下列溶剂：正己烷、甲醇、水、乙酸乙酯、二氯甲烷、丙酮、乙腈和四氯化碳．若采用的工作波长为254nm，则哪些溶剂可以选作流动相？以哪一种为优？

7．目前在高效液相色谱法所能解决的问题中，约有70％是用反相色谱解决的．为什么？影响反相色谱的保留值因素有哪些？

8．为什么离子色谱法的应用比较广泛？它与普通的离子交换色谱法相比，有何优缺点？

9．采用离子交换色谱法分离含酚样品．流动相的pH值从比它的 pK_a 值小一个单位，改变到大一个单位时，该酚的分配比将如何变化？为什么？

10．有人认为"尺寸排阻色谱的分离机理截然不同于其他三种分离方式"．你是否同意这种观点，为什么？

11．什么是超临界流体色谱法？与气相色谱法和高效液相色谱法相比，它有什么优缺点？

12．高效液相色谱法与超临界流体色谱法的 H-u 曲线如下图所示．请你解释原因．

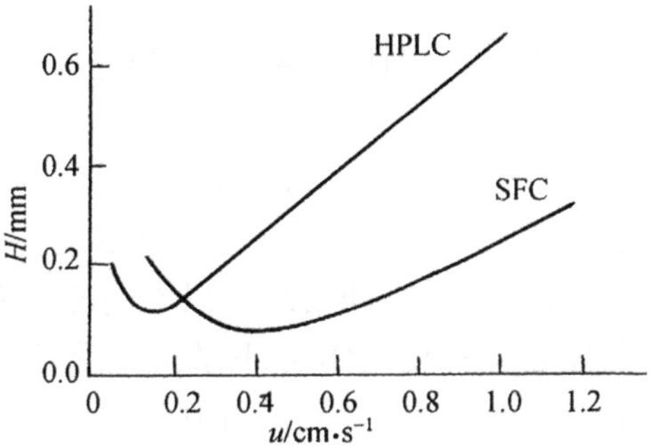

13．在学习过气相色谱法、高效液相色谱法和超临界流体色谱法之后，当你接受一个实际样品时，如何进行合理的分析，提出比较合适的分析方法及分析思路？（样品和分析对象可以自己假设，如大气、水、土壤及植物中的无机和有机物质）．

第九章　毛细管电泳法

基本要求：

1. 理解毛细管电泳法分离的原理；
2. 理解胶束电动毛细管色谱法分离的基本原理；
3. 理解影响毛细管电泳与胶束电动毛细管色谱法分离优劣的因素.

9.1　电泳基本原理

电泳是指带电粒子在电场作用下作定向运动的现象.电泳有自由电泳和区带电泳两类,分析工作者感兴趣的是区带电泳.区带电泳是将样品加于载体上,并加一个电场.在电场作用下,各种性质不同的组分以不同的速率向极性相反的两极迁移,此时不考虑样品与载体之间的相互作用,因此电泳不是一个色谱分离过程.实际上,样品与载体之间总有一定作用力,人们就利用这种作用力,并与电泳过程结合起来,以期得到良好的分离.因此,电泳又称电色谱.区带电泳总是在固体或类固体这类载体上进行,常用载体有滤纸(故称纸电泳)、凝胶(故称凝胶电泳)以及醋酸纤维膜、淀粉、琼脂、高聚物等.

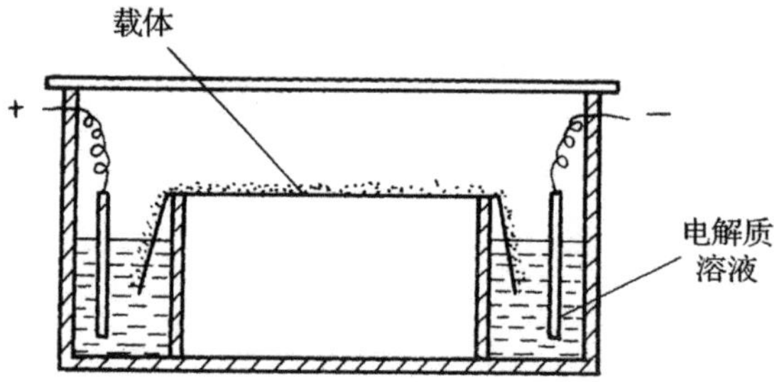

图 9.1　区带电泳设备示意图

电泳设备简单,操作方便.图 9.1 就是区带电泳设备的示意图.在左右两边的电解质贮槽中,放入合适的电解质溶液,载体架于两槽之间.电解液通常是一种缓冲液,浓度约 0.1mol·L^{-1}.电解液体积要大,以防止电解产物扩散至载体上,最好在浸入载体的电解液与插入电极的电解液之间有一隔板.载体上所加电压梯度为每厘米数十伏.高电压可以加速迁移,缩短分析时间,但电压梯度须增至每厘米数百伏.可将样品加入其载体一端的起始点.在各组分分离之后,用合适的方法,如喷洒显色剂、紫外光照射等,使组分斑点出现,然后进行定性和定量分析.

9.2 高效毛细管电泳装置

将开管柱气相色谱理论与技术应用于经典电泳,从而诞生了一种新的高效的分离模式,高效毛细管电泳(high performance capillary electrophoresis, HPCE).它的性能在分离许多生化物质上要优于一般色谱法.

毛细管电泳仪装置如图 9.2 所示.

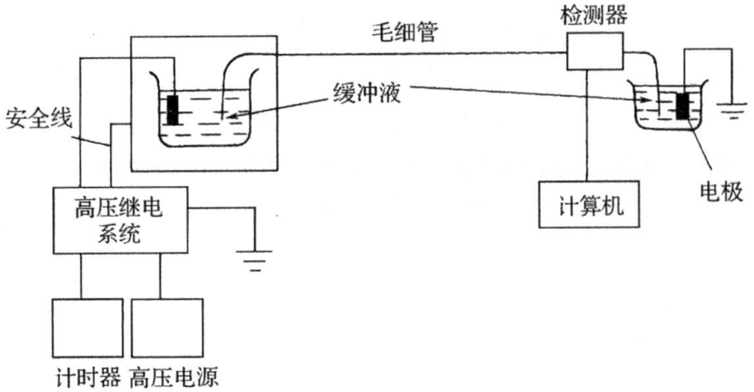

图 9.2 毛细管电泳仪结构示意图

高压电源供给 Pt 电极上的电压高达 5～30kV.典型毛细管长约 10～100cm,内径为 25～100μm,其材料可以是熔融石英.为了分离需要,也可采用预先经化学或物理吸附改性的毛细管.一般通过加压到电解质缓冲剂容器中或在毛细管出口减压,强使溶液通过毛细管.两端缓冲剂必须定期更换,这是由于在实验过程中,离子不断地被消耗,阴极和阳极缓冲液的 pH 值升高或降低.

被分析样品的加入可以通过两种方法来实现.一是重力注射,即把毛细管一端浸没在样品溶液中,将此溶液提升,超过另一端缓冲液液面约 10cm,使样品进入毛细管.二是电动进样,即在数秒钟内,加 5kV 的短脉冲,由于电渗流的作用,使 5～50μl 的样品进入毛细管.

常用的检测器有紫外吸收检测器(二极管阵列检测器)、荧光检测器、采用碳纤维的安培检测器以及电导检测器等.

9.3 电渗流迁移率

毛细管电泳分离的一个重要特性是毛细管内存在电渗流.电渗流的来源如图9.3所示.当缓冲液的pH在4以上,石英管壁上的硅醇基(≡Si—OH)离解生成阴离子(≡Si—O^-),使表面带负电荷,它又会吸引溶液中的正离子,形成双电层,从而在管内形成一个个紧挨的"液环".在强电场作用下,它自然向阴极移动,形成电渗流.电渗流迁移率大小与缓冲液的pH值高低及离子强度有密切关系.pH值越高,电渗流迁移率越大;离子强度越高,电渗流迁移率反而变小;在pH为9的20mmol·L^{-1}的硼酸盐缓冲液中,电渗流迁移率的典型值约为2mm·s^{-1}.pH值越小,硅醇基带的电荷越少,电渗流迁移率越小;pH值越大,管壁负电荷密度越高,电渗流迁移率越大.若在管内壁涂上合适的物质或进行化学改性,可以改变电渗流的迁移率.例如蛋白质带有许多正电荷取代基,会紧紧地被束缚于带负电荷的石英管壁上,为消除这种情况,可将一定浓度的二氨基丙烷加入到电解质溶液中,此时以离子状态存在的$^{+}H_3NCH_2CH_2CH_2NH_3^{+}$,起到中和管壁电荷的作用.也可通过硅醇基与不同取代基发生键合反应,使管壁电性改变.

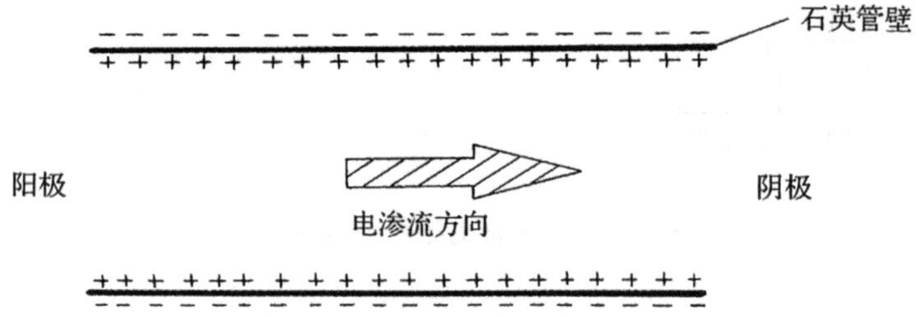

图9.3 电渗流的形成

在外加强电场之后,正离子向阴极迁移,与电渗流方向一致,但移动速度比电渗流更快.负离子应向阳极迁移,但由于电渗流迁移率大于负离子的电泳迁移率,因此负离子慢慢移向阴极.中性分子则随电渗流迁移.可见正离子、中性分子、负离子先后到达检测器.实验证明,不电离的中性溶剂也在管内流动,因此利用中性分子的出峰时间可以测定电渗流迁移率的大小.

9.4　影响分离的因素

9.4.1　影响选择性的因素

1. 离子迁移率

离子迁移率(U)决定于离子的电荷.通常,电荷相同的两种离子 A 和 B 的分离距离 Δd 可表示为:

$$\Delta d = d_A - d_B = (U_A - U_B)\frac{tV}{L} \tag{9.1}$$

式中,V 为加在长度为 L 的毛细管两端的电压;t 为迁移时间.为了得到良好分离,离子的迁移率差别要大,电压梯度要大,迁移时间要长.显然,溶剂的黏度低会有利于迁移速率的增加和分离时间缩短.电解质浓度越高,离子强度越大,离子迁移率变小.离子电荷增加,半径减小,其迁移率增大.

2. 组分电离度

被分离组分的电离度影响迁移速率.电泳时,所用溶剂常常是一种缓冲溶液,它的 pH 值是一定的.在此 pH 值下,对 pK_a 不同的组分,离子形式与分子形式所占的比例不会相同,它们在电场下的迁移速率也就不同.例如谷氨酸具有酸碱二重性.它的结构式如下:

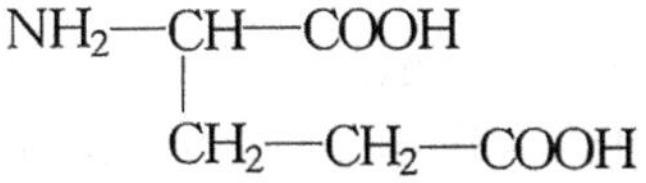

($pK_{a_1}2.30$, $pK_{a_2}4.18$)

当缓冲溶液 pH=2.30 时,谷氨酸分子与其阳离子各占一半;当 pH=4.18 时,则分子与阴离子各占一半.但在 pH 处于 pK_{a_1} 与 pK_{a_2} 之间的某一值时,谷氨酸一定全部以分子形式存在,没有净电荷,在电场下不迁移,此 pH 值称为等电点.谷氨酸的等电点在 pH3.3 处.因此用电泳法分离弱酸时,可以选择合适 pH 的缓冲溶液,使不同组分之间的电离度和迁移率差别最大.

3. 选择合适配体

通过形成合适的配合物以改变分子或离子的电性,达到分离目的.

9.4.2　影响柱效的因素

由于在高效毛细管电泳中,没有固定相,消除了来自涡流扩散和固定相的传质阻力,而且很细的管径,也使流动相传质阻力降至次要地位.因此纵向分子扩散成了制约提高柱效的主要因素.

根据式(6.20)和式(6.25)可得:

$$n = \frac{L^2}{\sigma^2} \tag{9.2}$$

若只考虑纵向分子扩散,由此引起的方差可表示为

$$\sigma = \sqrt{2Dt} \tag{9.3}$$

式中:D 为组分的扩散系数;t 为从组分注入到检测器的组分迁移时间,它又可表示为

$$t = \frac{L^2}{U_{app}V} \tag{9.4}$$

式中,L 为样品注入口到检测器的毛细管长度. U_{app}为组分的表观迁移率,即组分的电泳迁移率与电渗流迁移率之和. V 为外加电压.

将式(9.3)和式(9.4)代入式(9.2)得

$$n = \frac{U_{app}V}{2D} \tag{9.5}$$

可见,高电压可获得高柱效.在恒定的高电压下,柱效与柱长无关,但是,使用长柱有利施加高电压.但所加电压的极限值又受毛细管热效应的限制.

在毛细管电泳中,采用较低电流,可使毛细管内产生的焦耳热大大减小.焦耳热正比于 I^2R,I 为通过毛细管的电流,R 为溶液电阻.所产生焦耳热可通过窄径毛细管壁迅速传递给周围空气或用来冷却的液体介质,因此有的毛细管加有冷却套管.如果毛细管的表面积与体积之比不足够大,散热就不够良好.由于管壁与管中心的温差,使溶液黏度改变,使正常的电渗流流型受到扰动,而向流体动力学流型转变,使峰展宽(图 9.4).

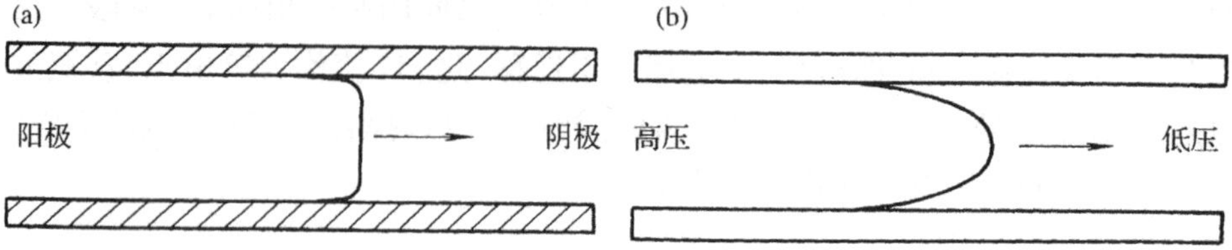

图 9.4　电渗流速度流型(a)和流体动力学速度流型(b)

在毛细管电泳中,还有一些其他因素使峰展宽,如所加入样品的初始带宽,组分在管壁上的吸附效应,组分与缓冲剂离子的迁移率以及样品浓度与电解质浓度的不相匹配而偏离理想的电泳电行为,等等.

9.5 胶束电动毛细管色谱法

9.5.1 原理

用普通毛细管电泳方法无法分离中性分子，因为它们只随电渗流而迁移，其迁移速率与电渗流迁移速率相同．胶束电动毛细管色谱法(micellar electrokinetic capillary chromatography，MEKC)，既可以分离离子，更重要的是可以分离中性分子．

将一种离子表面活性剂，如十二烷基磺酸钠加入到毛细管电泳的缓冲溶液中，当表面活性剂分子的浓度超过临界胶束浓度(即形成胶束的最低浓度)时，它们就会聚集形成具有三维结构的胶束．所形成的胶束有这样的特点，疏水尾基都指向中心，而带电荷的首基则指向表面．由十二烷基磺酸钠形成的胶束是一种阴离子胶束，它必然向阳极迁移，而强大的电渗流使缓冲液向阴极迁移．由于电渗流速度高于以相反方向迁移的胶束迁移率，从而形成了快速移动的缓冲液水相和慢速移动的胶束相，后者相对前者来说，移动极慢，或视作"不移动"，因此把胶束相称为"准固定相"．当被分析的中性化合物从毛细管一端注入后，就在水相与胶束相两相之间迅速建立分配平衡，一部分分子与胶束结合，随胶束相慢慢迁移，而另一部分则随电渗流迅速迁移．由于不同的中性分子在水相与胶束相之间的分配系数有差异，经过一定距离的差速移行后便得到分离(图 9.5)．出峰的次序一般决定于被分析物的疏水性．越是疏水性物质，与胶束中心的尾基作用越强，迁移时间越长；反之，越是亲水物质，迁移时间越短．若不同的离子与胶束的带电荷首基之间的作用强弱不同，从而使不同离子的分离选择性也可以提高．

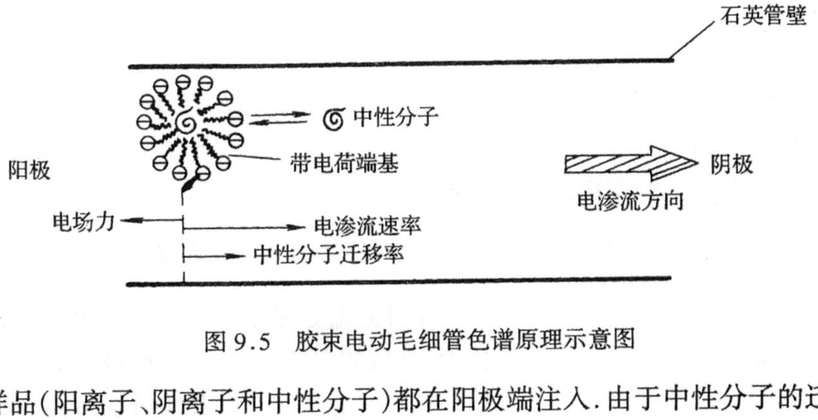

图 9.5 胶束电动毛细管色谱原理示意图

样品(阳离子、阴离子和中性分子)都在阳极端注入．由于中性分子的迁移时间(t_R)介于电渗流迁移时间(t_o)与胶束迁移时间(t_{mc})之间，其分配比可表示为

$$k' = \frac{t_R - t_o}{t_o(1 - t_R/t_{mc})} \tag{9.6}$$

当胶束相移动速度趋近于零时，t_{mc}趋向无穷大，则式(9.6)与式(6.16)相同. t_o 可以通过注入与胶束不作用的物质，如丙酮、甲酰胺等来测得. 使用全部溶于胶束的物质，如亲脂染料来测定 t_{mc}.

在胶束电动色谱中，被分离的物质对分离度的表示，类似于式(6.32).

$$R_s = \frac{\sqrt{n_2}}{4}\frac{\alpha - 1}{\alpha}\frac{k'_2}{1 + k'_2}\left(\frac{1 - t_o/t_{mc}}{1 + (t_o/t_{mc})k'_1}\right) \tag{9.7}$$

式中最后一项说明了胶束电动色谱不同于高效液相色谱之处，是此方法特征的体现. 当胶束相的移动速度趋近于零时，最后一项趋近于 1，则式(9.7)变成式(6.32). 与在高效毛细管电泳中一样，外加电压越高，理论塔板数越大，但过高的电压，使温度上升，反而不利分离. 合适的 k'值应为$(t_{mc}/t_o)^{1/2}$，此时分离度最大. 一般，k'在 1～5 之间为佳，它可以通过改变准固定相的浓度来达到. 迁移时间比越小，分离度越大. 对大多数离子胶束而言，在中性或碱性条件下，t_o/t_{mc}范围在 0.2～0.4之间. 通过电渗流速度的减小，加入有机溶剂以及减小 pH，都可以使 t_o/t_{mc}值减小，但分析时间延长. α 值的改变，可以通过选择准固定相的类型、缓冲液的性质(特别是含有不同手性选择剂的缓冲液)以及添加剂等来改变.

9.5.2　常用表面活性剂

在胶束电动毛细管色谱法中，影响分离的变数更多，如在缓冲液中加入不同的阴、阳离子和两性离子，加入不同有机溶剂，以及加入不同表面活性剂，从而改变被分析物在两相之间的分配系数. 其中尤以表面活性剂的影响最大. 不同类型的活性剂强烈影响分离体系的选择性.

1. 长链烷基表面活性剂

常用的是阴离子型十二烷基磺酸钠. 它们会形成球形胶束，离子基团裸露在外，中心为疏水基团. 溴化十六烷基三甲铵属阳离子型. 由光学活性氨基酸衍生化合成的表面活性剂，可以用来分离对映体.

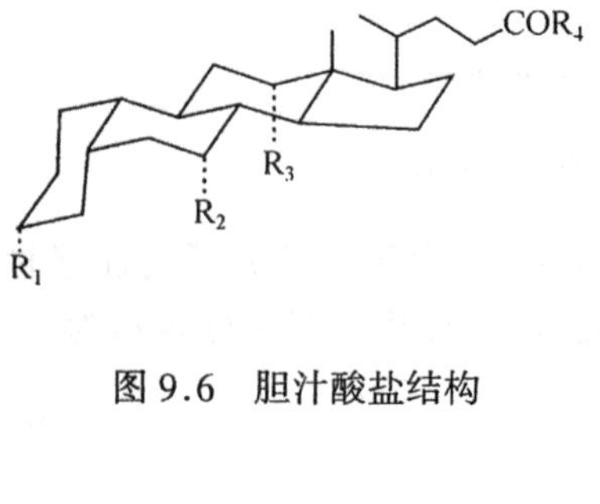

图 9.6　胆汁酸盐结构

2. 胆汁酸盐表面活性剂

胆汁酸盐是来源于生物体的阴离子表面活性剂，结构如图 9.6 所示，它们可以形成一个螺旋形胶束. R_1，R_2 和 R_3 基团可以是氢、羟基，R_4 可以是不同的羧基或磺酸钠盐. 与长链烷基表面活性剂比较，它的相对溶解能力较弱. 胆汁酸盐是一种天然手性表面活性剂,因此除了成功分离疏水化合物外,还可以分离对映体.

3. 高分子质量表面活性剂

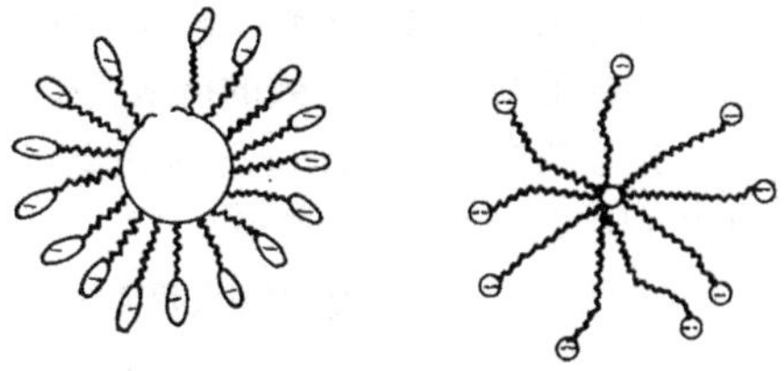

图 9.7　高分子质量表面活性剂

大多数表面活性剂在形成分子聚集体时.都有一个临界胶束浓度和聚集数目的问题.由于高分子质量表面活性剂的结构特殊(图 9.7),它能与一种分子形成胶束.与低分子量表面活性剂相比,刚性和稳定性好,分子尺寸可以调控,临界胶束浓度基本为零,因此与温度、缓冲剂浓度和添加剂性质等无关.有机溶剂浓度较高时不会破坏胶束.若在制备聚合表面活性剂时,引入含手性中心的基团,则可用来分离对映体.

9.6　应　　用

由于毛细管电泳的分离模式多样化,毛细管内壁的修饰方法及流动的缓冲液中的添加剂的不同,以及新检测技术的发展,使毛细管电泳的应用非常广泛.将各种高效液相色谱的柱制备技术移植到毛细管电泳中,就产生了毛细管电色谱.它可用来分离、检测土壤及水等环境中的多环芳烃;分离多种阴离子和阳离子;获得不同价态或形态的无机离子的信息.毛细管电泳的另一个重要应用是在药物及临床方面,已成为研究中的不可缺少的手段.它可用于几百种药物中主要成分、所含杂质的定性及定量分析.在临床诊断中,可用于检测药物及其在体内的代谢过程的研究.在生命科学中,毛细管电泳技术更显出它的优越性,因而应用更广.它可用来测定 DNA 的各种形式及 DNA 序列.用毛细管胶束电动色谱可以分离碱基、核苷酸等.毛细管电泳在生物大分子蛋白和肽的研究中应用十分广泛.它可用来检测纯度,如可以检测出多肽链上的单个氨基酸的差异;若与质谱联用,可以推断蛋白质的分子结构.采用最新技术,甚至可以检测单细胞、单分子,如监测钠离子和钾离子在胚胎组织膜内外的传送.单细胞的检测为在分子水平上研究细胞的行为提供了极为重要的工具,而单分子的检测为在单分子水平上开展动力学研究展示了广阔的前景.由于目前有多种手性选择剂可以使用,因此具有高分离能力的毛细管电泳在手性分离中极为重要.将合适的手性选择剂加入缓冲剂中,其分离效率优于高效液相色谱法.

习　题

1. 用色谱基本理论来解释高效毛细管电泳能实现高效和高速分离的原因.

2. 提高毛细管电泳柱效的措施有哪些?

3. 按经典电泳理论,阳离子和阴离子分别向阴极和阳极迁移,在高效毛细管电泳中,为什么可以在阴极检测出所有离子?

4. 在低 pH 缓冲溶液中检测阴离子会发生困难,这是为什么? 为了解决这一困难,你认为应该怎样做(提示:从仪器方面考虑)?

5. 有什么办法可以测得电渗流迁移率和准固定相迁移率?

6. 你能否通过物理或化学的处理方法,使电渗流的迁移率改变或方向逆转(即流向阳极)?

7. 从色谱基本理论出发,比较胶束电动毛细管色谱与毛细管电泳的最大差别是什么?

8. 采用什么方法可以使中性分子分离? 为什么?

9. 对于下列化合物,哪一个电泳迁移率大? 为什么?

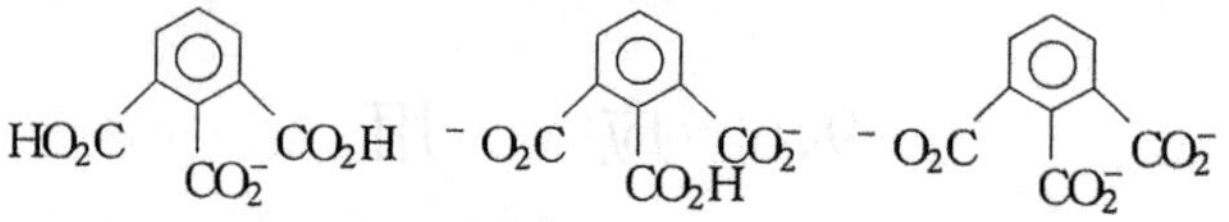

10. 用毛细管电泳法分离以下两个化合物. 在缓冲液的 pH 分别为 8.5 和 4.0 时,请判断它们出峰的次序(在 pH8.5 时都呈二价阴离子;pH4.0 时为一价阴离子).

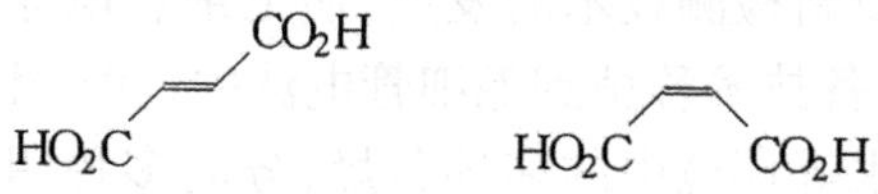

第十章　光学分析法导论

基本要求：

1. 了解光与物质的相互作用特点及其与光学分析法的关系；
2. 了解光学分析法的基本分类；
3. 掌握光学分析仪器的基本构成单元及其作用.

光学分析(optical analysis)是基于电磁辐射与物质相互作用后产生的辐射信号或发生的变化来测定物质的性质、含量和结构的一类分析方法. 它是仪器分析的重要分支,应用范围很广. 原子发射光谱或原子吸收光谱法常用于痕量金属的测定. 紫外-可见吸收光谱法和荧光光谱法可用于金属、非金属和有机物质的测定. 红外吸收光谱、拉曼光谱、核磁共振波谱和穆斯堡尔谱法可测定纯化合物的性质和结构. 旋光和圆二向色性法为研究分子的立体化学和电子结构提供了重要的信息. 总之,光学分析法在定性、定量和化学结构的研究方面起着极其重要的作用.

10.1　电磁辐射的性质

电磁辐射是一种以极大的速度(在真空中为 $2.9979\times10^{10}\mathrm{cm\cdot s^{-1}}$)通过空间传播能量的电磁波. 电磁波包括无线电波、微波、红外光、可见-紫外以及 X 射线和 γ 射线等.

10.1.1　波动性和微粒性

电磁波具有波动性和微粒性.

电磁波的波动性可以用电场矢量 E 和磁场矢量 M 来描述,如图 10.1 所示. 它是最简单的单个频率的平面偏振电磁波. 平面偏振就是它的电场矢量 E 在一个平面内振动,磁场矢量 M 在另一个与电场矢量相垂直的平面内振动. 电场和磁场矢量都是正弦波形,并且垂直于波的传播方向. 与物质的电子相互作用的是电磁波的电场,所以磁场矢量可以忽略,仅用电场矢量代表电磁波. 波的传播以及反射、衍射、干涉、折射和散射等现象表现了电磁波具有波的性质,可以用速度、频率、波长和振幅等参数来描述.

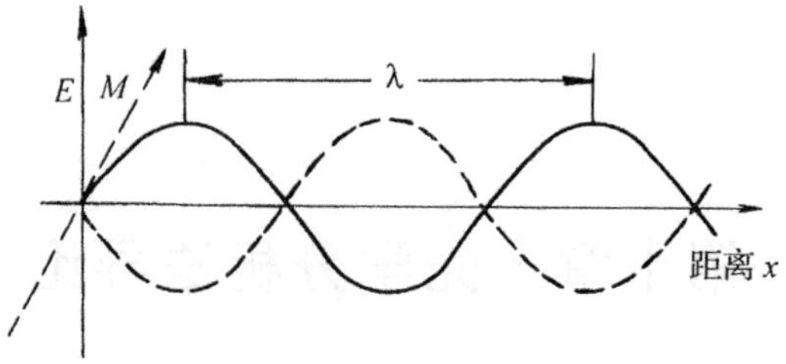

图 10.1　电磁波的电场矢量 E 和磁场矢量 M

周期 T：

相邻两个波峰或波谷通过空间某一固定点所需要的时间间隔称为周期，单位为 s(秒).

频率 ν：

单位时间内通过传播方向上某一点的波峰或波谷的数目，即单位时间内电磁场振动的次数称为频率，它等于周期的倒数 $1/T$. 单位为 1/s(1/秒)，称为赫，以 Hz 表示. 电磁波的频率只决定于辐射源，与通过的介质无关.

波长 λ：

相邻两个波峰或波谷间的直线距离. 若电磁波传播速度为 c，频率为 ν，那末波长 λ 为

$$\lambda = c \times \frac{1}{\nu} \tag{10.1}$$

波长的单位为 m(米)、cm(厘米)、μm(微米)、nm(纳米)和 Å(埃). 换算关系：

$$1\text{cm} = 10^{-2}\text{m}$$

$$1\text{mm} = 10^{-3}\text{m} = 10^{-1}\text{cm}$$

$$1\mu\text{m} = 10^{-6}\text{m} = 10^{-4}\text{cm}$$

$$1\text{nm} = 10^{-9}\text{m} = 10^{-7}\text{cm}$$

$$1\text{Å} = 10^{-10}\text{m} = 10^{-8}\text{cm}$$

波数 $\tilde{\nu}$：

每厘米长度内含有的波长数目，即波长的倒数：

$$\tilde{\nu} = \frac{1}{\lambda} = \frac{\nu}{c} \tag{10.2}$$

单位为 cm^{-1}(厘米$^{-1}$)，波数也可用符号 K(Kayser)表示. 将波长换算成波数的关系式为

$$\tilde{\nu}\,(\text{cm}^{-1}) = \frac{1}{\lambda(\text{cm})} = \frac{10^4}{\lambda(\mu\text{m})} \tag{10.3}$$

电磁波的波动性不能解释辐射的发射和吸收现象.对于光电效应及黑体辐射的光谱能量分布等现象,需要把辐射视为微粒(光子)才能满意地解释.Planck 认为,被热激发的振动质点的能量是量子化的,当振子从一个允许的高能级向低能级跃迁时就有一个光子的能量发射出来,能量与辐射频率的关系为

$$E = h\nu = \frac{hc}{\lambda} \tag{10.4}$$

式中:h 为普朗克常量,等于 6.626×10^{-34}J.s;c 为光速.该式表明,光子能量与它的频率成正比,或与波长成反比,而与光的强度无关.该式统一了属于粒子概念的光子的能量 E 与属于波动概念的光的频率 ν 两者之间的关系.

光子的能量可用焦耳或电子伏等单位表示.电子伏(eV)常用来表示高能量光子的能量单位,它表示一个电子通过电位差为 1V 的电场时获得的能量.能量单位之间的换算见表 10.1.

表 10.1　能量单位的换算

	J	cal[1)]	erg[1)]	eV
1 焦(J)	1	0.2390	10^7	6.241×10^{18}
1 卡(cal)	4.184	1	4.184×10^7	2.612×10^{19}
1 尔格(erg)	10^{-7}	2.390×10^{-8}	1	6.241×10^{11}
1 电子伏(eV)	1.602×10^{-19}	3.829×10^{-20}	1.602×10^{-12}	1

1) cal, erg 为非许用单位,为便于与以前的文献资料核对,故暂时保留.

在化学中用 $J\cdot mol^{-1}$为单位表示 1mol 物质所发射或吸收的能量:

$$E = h\nu N_A = hc\tilde{\nu}\ N_A$$

将普朗克常量 h、光速 c 和阿伏加德罗常量 N_A 代入得

$$E = 6.626\times10^{-34}\times2.998\times10^{10}\times6.022\times10^{23}\times\tilde{\nu} = 11.96\tilde{\nu}\ J\cdot mol^{-1}$$

10.1.2　电磁波谱

若将各种电磁波按照波长或频率的大小顺序排列所画成的图表称为电磁波谱.表 10.2 列出了电磁波的有关参数.电磁波的波长愈短,其能量愈大.γ 射线的波长最短,能量最大;其次是 X 射线区;再者是紫外-可见和红外光区;无线电波区波长最长,其能量最小.电磁波的波长或能量与跃迁的类型有关.若要使分子或原子的价电子激发所需要的能量为 1～20eV,该能量范围相应的电磁波的波长为 1240～60nm.波长从 200～300nm 的电磁波属于紫外光区,400～800nm 属于可见光区.因此分子吸收紫外-可见光区的光子获得的能量足以使价电子跃迁.根据式(10.4)可以算出各种类型跃迁需要的能量所对应的波长.

表 10.2 电磁波谱

E/eV	ν/Hz	λ	电磁波	跃迁类型
$>2.5\times10^5$	$>6.0\times10^{19}$	<0.005nm	γ 射线区	核能级
$2.5\times10^5\sim1.2\times10^2$	$6.0\times10^{19}\sim3.0\times10^{16}$	0.005～10nm	X 射线区	K,L 层电子能级
$1.2\times10^2\sim6.2$	$3.0\times10^{16}\sim1.5\times10^{15}$	10～200nm	真空紫外光区	
6.2～3.1	$1.5\times10^{15}\sim7.5\times10^{14}$	200～400nm	近紫外光区	外层电子能级
3.1～1.6	$7.5\times10^{14}\sim3.8\times10^{14}$	400～800nm	可见光区	
1.6～0.50	$3.8\times10^{14}\sim1.2\times10^{14}$	0.8～2.5μm	近红外光区	分子振动能级
$0.50\sim2.5\times10^{-2}$	$1.2\times10^{14}\sim6.0\times10^{12}$	2.5～50μm	中红外光区	
$2.5\times10^{-2}\sim1.2\times10^{-3}$	$6.0\times10^{12}\sim3.0\times10^{11}$	50～1000μm	远红外光区	分子转动能级
$1.2\times10^{-3}\sim4.1\times10^{-6}$	$3.0\times10^{11}\sim1.0\times10^{9}$	1～300mm	微波区	
$<4.1\times10^{-6}$	$<1.0\times10^{9}$	>300nm	无线电波区	电子和核的自旋

10.2 光与物质的作用

10.2.1 吸收

当原子、分子或离子吸收光子的能量与它们的基态能量和激发态能量之差满足 $\Delta E = h\nu$ 时,将从基态跃迁至激发态,这个过程称为吸收.若将测得的吸收强度对入射光的波长或波数作图,得到该物质的吸收光谱.对吸收光谱的研究可以确定试样的组成、含量以及结构.根据吸收光谱原理建立的分析方法称为吸收光谱法.

10.2.2 发射

当物质吸收能量后从基态跃迁至激发态,激发态是不稳定的,大约经 10^{-8}s 后将从激发态跃迁回至基态,此时若以光的形式释放出能量,该过程称为发射.

试样的激发有通过电子碰撞引起的电激发、电弧或火焰的热激发以及用适当波长的光激发等.

10.2.3 散射

光通过介质时将会发生散射现象.

当介质粒子(如在乳浊液、悬浮液、胶体溶液中)的大小与光的波长差不多时,散射光的强度增强,用肉眼也能看到,这就是 Tyndall 效应.散射光的强度与入射光波长的平方成反比,可用于高聚物分子和胶体粒子的大小及形态结构的研究.

当介质的分子比光的波长小时发生 Rayleigh 散射.这种散射是光子与介质分

子间发生弹性碰撞所致.碰撞时没有能量交换,只改变光子的运动方向,因此散射光的频率不变.散射光的强度与入射光波长的 4 次方成反比.

1928 年,印度物理学家 C. V. Raman 发现占总强度约 0.1% 的散射光的频率发生了变化,这种散射现象被命名为拉曼散射.拉曼散射是光子与介质分子间发生了非弹性碰撞,碰撞时光子不仅改变了运动方向,而且还有能量的交换,因此散射光的频率发生了变化.频率高于入射光的称为反 Stokes 线;频率低于入射光的则称为 Stokes 线.Stokes 线和反 Stokes 线称为拉曼谱线,散射光频率与入射光频率之差称为拉曼位移.拉曼位移与分子的振动频率有关.具有拉曼活性的分子振动时伴有极化率的变化,振动时极化率的变化愈大,拉曼散射愈强.利用拉曼位移可研究物质的结构,其方法称为拉曼光谱法.

10.2.4　折射和反射

1. 折射

当光从介质(1)照射到另一介质(2)的界面时,一部分光在界面上改变方向返回介质(1),称为光的反射.反射在法线 NN' 的另一侧离开界面,而入射角 i 与反射角 i' 相等.另一部分光则改变方向以 r 的角度(折射角)进入介质(2),这种现象称为光的折射,如图 10.2 所示.折射的程度用折射率 n 表示.介质的折射率定义为光在真空中的速度 c 与光在该介质中的速度 c_2 之比:

$$n = \frac{c}{c_2} \tag{10.5}$$

折射角 r 与介质(2)的折射率有关:

$$n_2 \sin r = n_1 \sin i$$

即

$$\frac{\sin i}{\sin r} = \frac{n_2}{n_1} = n$$

该式为 Snell 折射定律.真空中介质的折射率(n 为 1.000 00)称为绝对折射率.介质(1)常为空气,绝对折射率为 1.000 29,由此得到的物质折射率称为常用折射率.

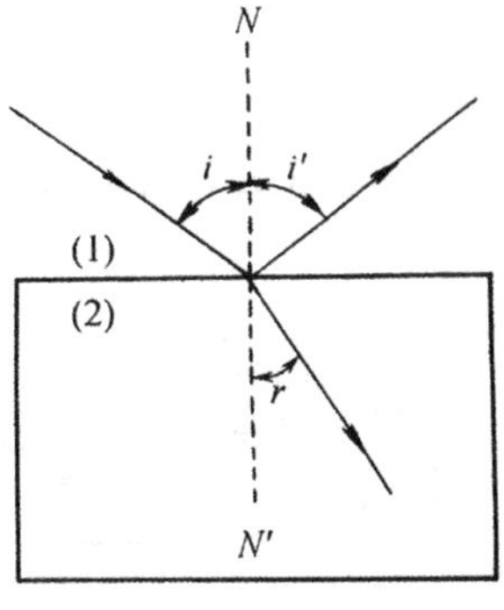

图 10.2　光的折射与反射

不同介质的折射率不同,同一介质对不同波长的光具有不同的折射率.波长越长,折射率越小,据此棱镜可以进行分光.

2. 反射

当光通过具有不同折射率的两种介质的界面时会产生反射. 反射的分数随两种介质的折射率之差增加而增大. 当光垂直投射到界面上时,反射分数(反射率)ρ:

$$\rho = \frac{I_r}{I_o} = \frac{(n_2 - n_1)^2}{(n_2 + n_1)^2}$$

式中,I_o 和 I_r 分别为入射光和反射光的强度.

当光由空气(n 为 1.00029)通过玻璃(n 约为 1.5)时,在每一空气-玻璃界面约有 4%的反射损失. 必须注意这种反射损失存在于各种光学仪器中,尤其是有数个界面的光学仪器.

由物质的折射率求出该物质的浓度或纯度的方法称为折射法.

10.2.5 干涉和衍射

1. 干涉

在一定条件下光波会相互作用,当其叠加时,将产生一个其强度视各波的相位而定的加强或减弱的合成波. 当两个波的相位差 180°时,发生最大相消干涉. 当两个波同相位时,则发生最大相长干涉. 通过干涉现象,可获得明暗相间的条纹. 若两波相互加强,得明亮条纹;若相互抵消,得暗条纹.

2. 衍射

光波绕过障碍物或通过狭缝时,以约 180°的角度向外辐射,波前的方向发生了弯曲,这是波的衍射现象,它是干涉的结果.

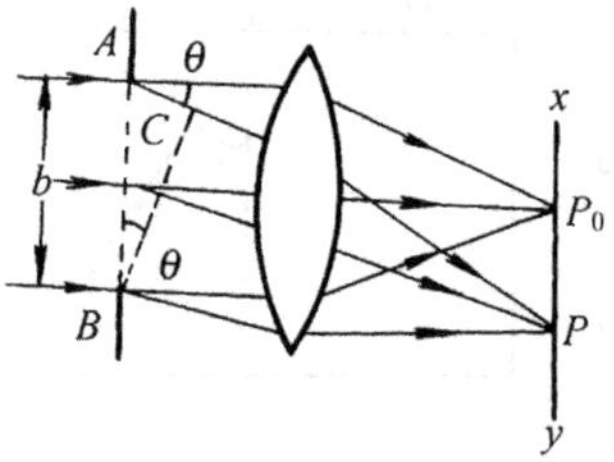

图 10.3 单狭缝衍射示意图

若以一束平行的单色光通过一狭缝 AB 时,可以在屏幕 xy 上看到或明或暗交替的衍射条纹. 图 10.3 中 b 为狭缝宽度,θ 为衍射角. 经聚光镜聚光在 P_0 时相位不变,在 P_0 处出现一明亮的中央明条纹(或称零级亮条纹);经聚光镜聚光于 P 点时,各光波到达 P 点的相位不等. AP 与 BP 的光程差 AC 应为

$$AC = b\sin\theta$$

P 点是明还是暗决定于光程差. 为使两光波在 P 处同相,必须使 AC 对应于相应的波长:

$$\lambda = AC = b\sin\theta$$

此时两波相互加强，在 P 点出现明条纹．当光程差为 $2\lambda, 3\lambda, \cdots n\lambda$ 时，也产生增强效应．因此，在中央明条纹两边的各亮带的一般表示式为

$$n\lambda = b\sin\theta \tag{10.6}$$

式中，n 为整数，称为干涉的级．

入射光为单色光时，衍射角 θ 随狭缝宽度 b 变小而增大，也就是中央明条纹区增大；反之，b 变大，θ 变小，中央明条纹区缩小．当狭缝 b 一定时，波长越长，衍射角越大，中央明条纹也越大．

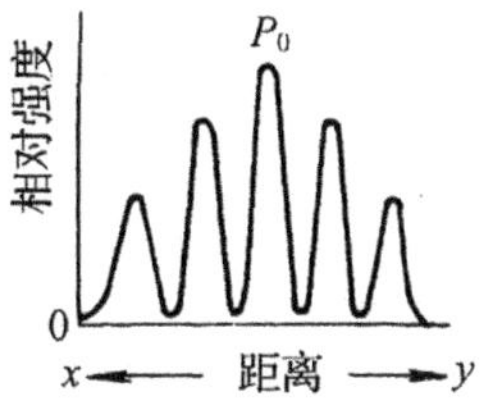

图 10.4　单狭缝衍射条纹中各带强度

单狭缝衍射的光能主要集中在中央明条纹上．狭缝宽度接近于光的波长时，各亮带的强度将随与中央明条纹距离的增加而降低，如图 10.4 所示．

10.3　光学分析法的分类

光学分析法包括非光谱法和光谱法两类．

10.3.1　非光谱法

非光谱法是基于光与物质相互作用时，测量光的某些性质，如折射、散射、干涉、衍射和偏振等变化的分析方法．非光谱法不涉及物质内部能级的跃迁，其分析方法有折射法、光散射法、干涉法、衍射法、旋光法和圆二向色性法等．

10.3.2　光谱法

光谱法是基于光与物质相互作用时，测量由物质内部发生量子化的能级之间的跃迁而产生的发射或吸收光谱的波长和强度进行分析的方法．

光谱法分为原子光谱法和分子光谱法．原子光谱是由原子外层或内层电子能级的变化产生的，它的表现形式为线光谱．分析方法有原子发射光谱、原子吸收光谱、原子荧光光谱以及 X 射线荧光光谱法等．分子光谱是由分子中电子能级、振动和转动能级的变化产生的，表现形式为带光谱．分析方法有红外吸收光谱、紫外-可见吸收光谱、分子荧光和磷光光谱法等．

1．吸收光谱法

当物质吸收的光能与该物质两能级间跃迁所需要的能量之间的关系满足 $\Delta E = h\nu$ 时，将产生吸收光谱，如图 10.5 所示．吸收光谱法包括原子吸收光谱法、紫

外-可见吸收光谱法、红外吸收光谱法、核磁共振波谱法、电子自旋共振波谱法、穆斯堡尔谱法和 X 射线吸收光谱法等.

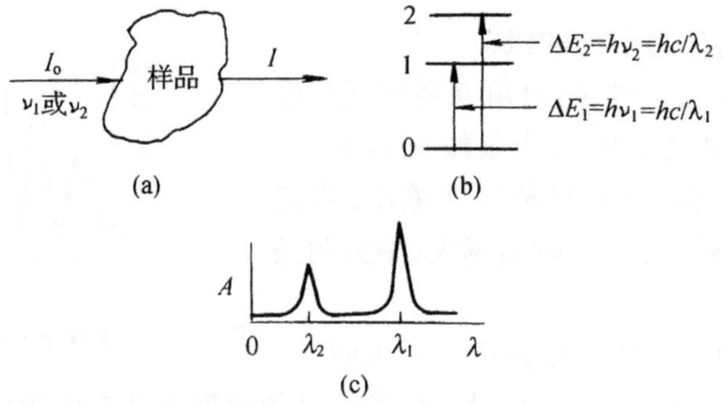

图 10.5　光吸收示意图

(a) 强度为 I_o 的入射光通过样品后其强度减小为 I；
(b) 频率为 ν_1 或 ν_2 的入射光的能量相当于两能级的能量差；(c) 吸收光谱图.

一束单色光通过均匀的样品介质时,入射光强度的减弱与它的强度和吸收光的样品的浓度成比例:

$$-\frac{dI}{db} = kcI$$

式中:I 表示在吸收光的样品中任一点 b 处的光强度;c 为样品的浓度.将上式重排得

$$-\frac{dI}{I} = kcdb$$

若样品厚度为 b,并假定 I_o 为 $b=0$ 处的入射光强度,I 为 $b=b$ 处的透过光强度.在整个 0—b 区间对上式积分:

$$-\int_{I_o}^{I} d\ln I = kc\int_{o}^{b} db$$

则

$$\ln I_o - \ln I = kbc$$

或

$$\ln\frac{I_o}{I} = kbc$$

$$\lg\frac{I_o}{I} = k'bc \tag{10.7}$$

$\lg\frac{I_o}{I}$称为吸光度 A;$\frac{I}{I_o}$称为透光度 T.也可用百分透光度表示:

$$T\% = T \times 100 \tag{10.8}$$

式(10.7)可写为

$$A = -\lg T = abc \tag{10.9}$$

式(10.9)是朗伯-比尔定律,简称比尔定律.式中,c 为浓度,其单位为 $g \cdot L^{-1}$;b 的单位为 cm;a 为吸光系数,其单位为 $L \cdot g^{-1} \cdot cm^{-1}$.当浓度的单位为 $mol \cdot L^{-1}$时,比尔定律可写成:

$$A = -\lg T = \varepsilon bc \tag{10.10}$$

式中,ε 称为摩尔吸光系数,单位为 $L \cdot mol^{-1} \cdot cm^{-1}$.在特定的波长和溶剂的条件下,$\varepsilon$ 是吸光物质的一个特定常数,它是吸光物质吸光能力的量度.

例 1　Fe(Ⅱ)-2,2′,2″-三联吡啶在波长 522nm 处的摩尔吸光系数 ε 为 $1.11 \times 10^4\ L \cdot mol^{-1} \cdot cm^{-1}$,用 1cm 吸收池在该波长处测得百分透光度为 38.5.试计算铁的浓度为多少?

解　首先将百分透光度改写成透光度并换算为吸光度:

$$100T = 38.5$$

$$T = 0.385$$

$$A = -\lg T = 0.415$$

由比尔定律得

$$c = \frac{A}{\varepsilon b} = \frac{0.415}{1.11 \times 10^4 \times 1} = 3.74 \times 10^{-5} mol \cdot L^{-1}$$

2. *发射光谱法*

(1) 用热能激发发光

用火焰、电弧或电火花等热能使物质激发,当跃迁回至低能态或基态时产生发射光谱,如图 10.6 所示.这种光谱法有原子发射光谱和火焰光度法等.

在一定的实验条件下,谱线强度与浓度的关系为

$$I = ac^b \tag{10.11}$$

该式为赛伯-罗马金公式,是原子发射光谱定量分析的基本公式.

(2) 光致发光

物质吸收光能后跃迁至激发态,当回到低能态或基态时将发射辐射,如图 10.7 所示.这种光谱法有原子荧光光谱、分子荧光光谱和磷光光谱法.

在分子荧光和原子荧光中,发光强度 I_L 为

$$I_L = 2.303\ \Phi I_o \varepsilon bc \tag{10.12a}$$

式中,Φ 为量子效率,它与发光物质的性质和环境有关.在 I_o 一定时:

$$I_L = kc \tag{10.12b}$$

低浓度时,在 I_0 一定的条件下,荧光的发光强度与被测物质的浓度成正比.

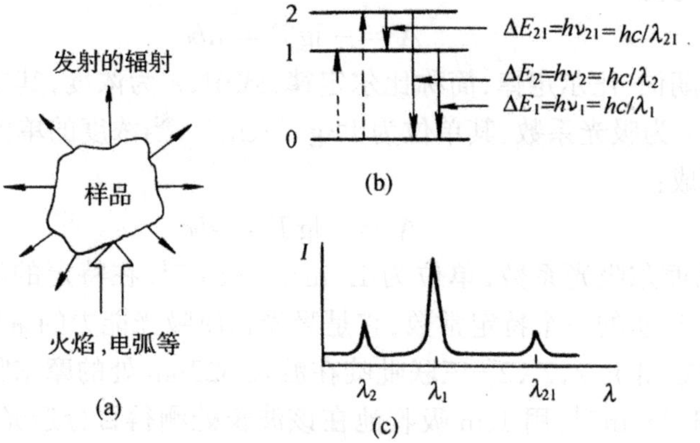

图 10.6　用火焰、电弧等激发的发射光谱示意图

(a) 用火焰、电弧等激发; (b) 激发(虚线)或发射(实线)过程中能量的变化; (c) 光谱图.

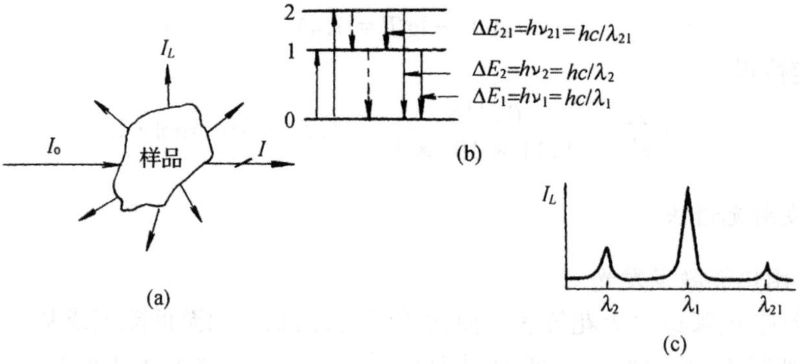

图 10.7　光致发光示意图

(a) 用光照射样品使它激发; (b) 激发态以发射光子(发光)或非辐射过程(虚线)释放能量; (c) 光谱图.

10.4　光谱法仪器

用于研究与波长有关的光的发射、吸收或荧光的仪器,称为光谱仪或分光光度计.

光谱仪或分光光度计大同小异.构成仪器的各基本单元相似,一般包括五个基本单元:(1)光源;(2)单色器;(3)吸收池;(4)检测器(或传感器);(5)读出装置,如图 10.8 所示.

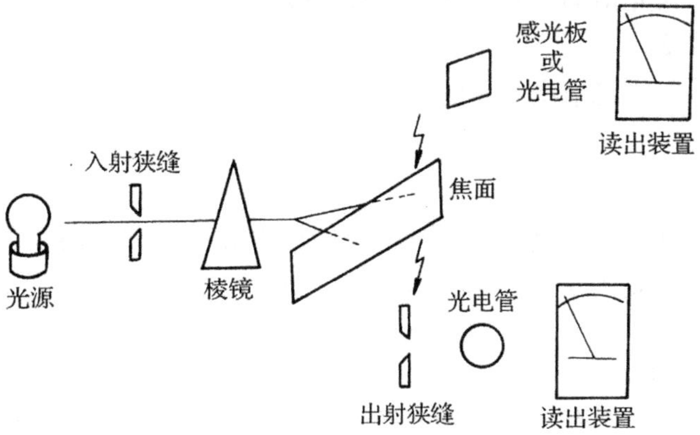

图 10.8　光谱仪或分光光度计

10.4.1　光源

光谱测量使用的光源应该是稳定的,并具有一定的强度.光源采用高压放电或加热的方式获得,而且要用稳压装置以保证获得稳定的外加电压.

光源有连续光源、线光源和激光光源等.

1. 连续光源

(1) 紫外光源

紫外连续光源主要采用氢灯或氘灯.它们在低压下以电激发的方式所产生的连续光谱范围为 160～375nm.在同样的条件下,氘灯产生的光谱强度比氢灯大 3～5倍,而且寿命也比氢灯长.

(2) 可见光源

可见光源通常使用钨灯.在大多数仪器中,使用的工作温度约为 2870K,光谱波长范围为 320～2500nm.

氙灯, 光源的强度大,可使用的光谱波长范围为 200～700 nm.

(3) 红外光源

它是将一种惰性固体,通过电加热的方式来产生连续光源.在 1500～2000K 温度范围内,所产生的最大辐射强度的波长范围为 6000～5000cm^{-1}.如能斯特灯、硅碳棒.能斯特灯的发光强度大,寿命约 2000h,比硅碳棒短.

2. 线光源

(1) 金属蒸气灯

常见的是汞和钠蒸气灯.汞蒸气灯产生的线光谱的波长范围为 254～734nm.

钠蒸气灯的一对线光谱的波长为 589.0 和 589.6 nm.

(2) 空心阴极灯

这是在原子吸收光谱中常用的一种光源.

3. 激光光源

激光光源具有单色性好,方向性强,高亮度及相干性好等特点,它使光谱分析的灵敏度和分辨率都大大改善.激光光源有气体激光器、固体激光器、染料激光器和半导体激光器等.

(1) 气体激光器

常用的气体激光器有 He-Ne 激光器和 Ar^+ 激光器等.He-Ne 激光器的典型发射线是 632.8nm.Ar^+ 激光器的强发射线是 514.5nm 和 488.0nm.另外,Kr^+ 激光器也是激光光谱仪的常备激光器.

(2) 固体激光器

光谱分析中常用的固体激光器是红宝石(Al_2O_3 掺 Cr^{3+})激光器和 N_d:YAG(掺钕的钇铝石榴石)激光器.前者的激光波长为 694.3 nm,后者使用的激光波长是 1064 nm.

此外,光谱分析中使用的激光器还有染料激光器和半导体激光器等.这两类激光器都具有波长可调谐的特点.

10.4.2 单色器

将多色光色散成含有一定波长范围的谱带的装置称为单色器.单色器由入射狭缝和出射狭缝,准直镜以及色散元件(分光器),如棱镜或光栅等组成.图 10.9 是以棱镜或光栅为色散元件所构成的单色器.

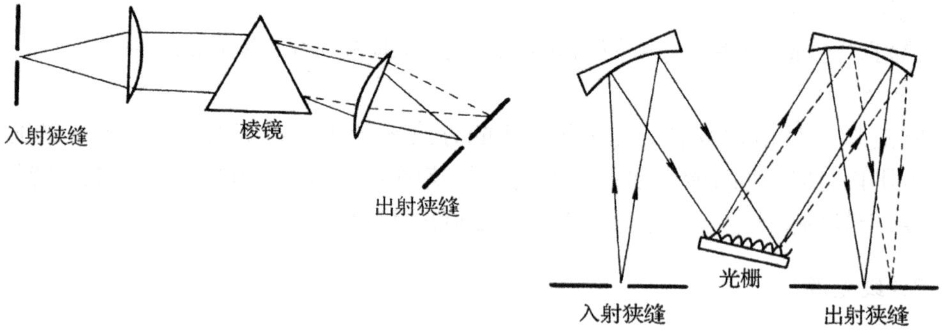

图 10.9 单色器

1. 棱镜

棱镜的色散作用是基于构成棱镜的光学材料对不同波长的光具有不同的折射率.常用的棱镜有考纽棱镜(Cornu prism)和立特鲁棱镜(Littrow prism),如图10.10所示.前者是一个顶角 α 为 60°的棱镜.为了防止生成双像,该 60°棱镜是由两个 30°棱镜组成.一边为左旋石英,另一边为右旋石英.后者由左旋或右旋石英做成 30°棱镜,在其纵轴表面上镀上铝或银.棱镜的色散能力用色散率和分辨率表示.

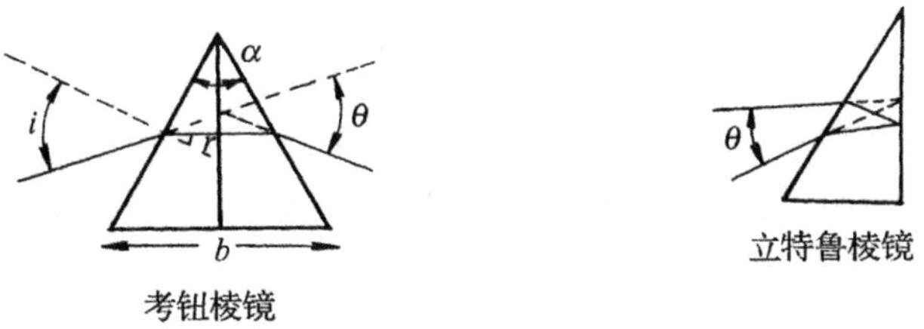

图 10.10 棱镜的折射

(1) 色散率

棱镜的色散率,即折射率对波长的变化率 $\frac{dn}{d\lambda}$,可用棱镜的角色散率 $\frac{d\theta}{d\lambda}$ 表示.它表示入射线与折射线的夹角,即偏向角 θ 对波长的变化率.角色散率越大,波长相差很小的两条谱线分得越开.角色散率与棱镜的折射率、棱镜的顶角和棱镜的材料有关.若要增大光谱仪的角色散率,可采用如下方式:第一,改变棱镜的材料.玻璃棱镜比石英棱镜的色散率大,但在紫外光区,玻璃吸收紫外光,不能使用,只能用在可见光区;第二,增大棱镜顶角,一般顶角为 60°;第三,增加棱镜数目,但由于设计和结构上的困难,一般只采用 1~2 个.

棱镜的色散能力也可用线色散率 $\frac{dl}{d\lambda}$ 表示,它表示两条谱线在焦面上被分开的距离对波长的变化率.在实际工作中常采用线色散率的倒数表示,$\frac{d\lambda}{dl}$ 值越大,色散率越小.

(2) 分辨率

棱镜的分辨率 R 是指将两条靠得很近的谱线分开的能力,可表示为

$$R = \frac{\bar{\lambda}}{\Delta\lambda} \tag{10.13}$$

式中,$\bar{\lambda}$ 为两条谱线的平均波长.$\Delta\lambda$ 为刚好能分开的两条谱线间的波长差.

分辨率与棱镜底边的有效长度 b 和棱镜的材料的色散率$\frac{dn}{d\lambda}$成比例：

$$R = \frac{\bar{\lambda}}{\Delta\lambda} = b\frac{dn}{d\lambda}$$

或

$$R = \frac{\bar{\lambda}}{\Delta\lambda} = mb\frac{dn}{d\lambda} \tag{10.14}$$

式中，mb 为 m 个棱镜的底边总长度. 在工作时，应将通过准直镜产生的平行光照射到棱镜的整个入射面，否则分辨率会降低. 由该式可知，分辨率随波长而变化，在短波部分分辨率较大.

2. 光栅

光栅分为平面透射光栅和反射光栅. 反射光栅在仪器中应用广泛. 反射光栅又可分为平面反射光栅（简称为平面光栅或闪耀光栅）和凹面反射光栅（简称凹面光栅）两种.

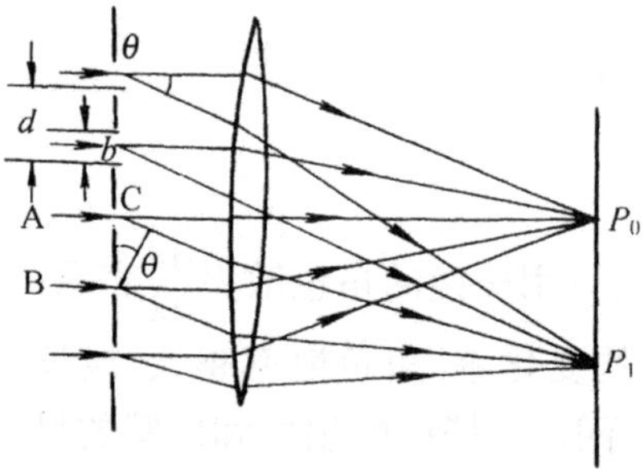

图 10.11　光栅衍射示意图

(1) 平面透射光栅

它由在一块透明的材料上刻有很多等距离、等宽度的平行狭缝所构成. 当一束平行的单色光照射在该光栅上时，每条狭缝将发生衍射，产生相互干涉，如图 10.11 所示. 图中 b 为狭缝宽度，d 为光栅常数，它等于狭缝宽度加两狭缝之间的距离，即相邻两刻痕间的距离. θ 为衍射角. 由式(10.6)知，产生明亮时的条件为

$$n\lambda = d\sin\theta \qquad n = 0, \pm 1, \pm 2, \cdots$$

因此，可以得到称为零级，一级，二级，……的光栅光谱.

若入射光不是垂直地照射在光栅上，而是有一定的角度，则上式写为

$$n\lambda = d(\sin\theta + \sin i) \tag{10.15}$$

该式称为平面衍射光栅方程，简称光栅方程.

如果入射光是多色光，零级光谱出现的是未经色散的白光. 不同波长的光的衍射角不同，产生一级光谱的位置也不同. 波长短的衍射角小，落在靠近零级光谱处两边，波长长的衍射角大，落在距零级光谱稍远处的两边，形成一均匀排列的光谱（图中仅画出一边的光谱）. 这样，多色光通过光栅后成为单色光. 二级光谱距零级光谱更远些. 波长短的二级光谱接近一级光谱，波长长的距一级光谱更远些. 因此，多色光被色散后将会造成不同级次光谱的重叠.

(2) 闪耀光栅

在平面光栅中,不同级次光谱的能量分布是不均匀的.未经色散的零级光谱的能量最大,按正负一级、二级光谱等逐渐减弱.若将光栅刻成具有三角形的槽线,使每一刻痕的小反射面与光栅平面的夹角保持一定,以控制每一小反射面对光的反射方向,使光能集中在所需要的一级光谱上,获得特别明亮的光谱,这种光栅称为"闪耀"光栅,如图 10.12 所示. i 是入射角;θ 是衍射角;β 是光栅刻痕小反射面与光栅平面的夹角,称为闪耀角.由图可知,I_1 和 I_2 两束光在入射和反射时的总光程差为:$BC - AD = d(\sin i - \sin\theta)$.若入射角与衍射角在光栅法线 N 同侧,$I_2$ 总比

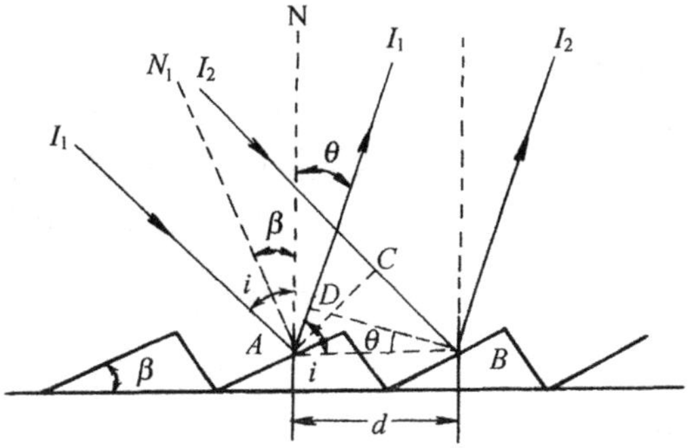

图 10.12 闪耀光栅

I_1 超前,其总光程差为 $d(\sin i + \sin\theta)$.当光程差是波长的整数倍时,相互形成增强干涉.光栅方程式(10.15)也适用于闪耀光栅:

$$d(\sin i \pm \sin\theta) = n\lambda \tag{10.16}$$

入射角和衍射角在光栅法线 N 同侧,用正号;在异侧,用负号.

在入射角 i、衍射角 θ 和闪耀角 β 相等时,光栅衍射的光线最强,则

$$2d\sin\beta = n\lambda_\beta \tag{10.17}$$

式中,λ_β 称为闪耀波长.

(3) 光谱级的重叠

多色光经光栅色散后,对 $n=0$ 的零级光谱,衍射光与波长无关,是白光;当 $n>0$时,衍射角随波长而变化,也就是说,不同波长的多色光经光栅衍射后将成为单色光.一级、二级……光谱均匀地分布在零级光谱两边,但是在

$$n_1\lambda_1 = n_2\lambda_2 = n_3\lambda_3 = \cdots$$

时出现光谱线的重叠,例如波长为 600nm 的一级光谱,将与波长 300nm 的二级光谱和波长 200nm 的三级光谱相互重叠,如图 10.13 所示,这样就产生了干扰.在实际应用时应设法消除各级光谱之间的部分重叠现象,如采用滤光片或低色散的棱

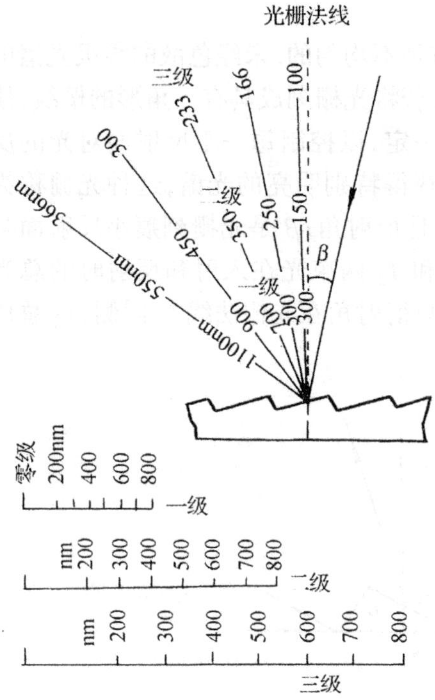

图 10.13　光栅的光谱级的重叠示意图

镜分级器等方法.

(4) 色散率

光栅的色散能力可以用色散率或线色散率表示. 当入射角 i 不变时,对光栅方程微分得

$$\frac{\mathrm{d}\theta}{\mathrm{d}\lambda} = \frac{n}{d\cos\theta} \tag{10.18}$$

$\frac{\mathrm{d}\theta}{\mathrm{d}\lambda}$为衍射角对波长的变化率,称为光栅的角色散率.

当衍射角很小时,$\cos\theta \doteq 1$,表示在同一级光谱中色散率的变化很小,可得到均匀的光谱. 而色散率随光谱级次的增大而增加.

在实际工作中用线色散率$\frac{\mathrm{d}l}{\mathrm{d}\lambda}$表示. 对于平面光栅,线色散率为

$$\frac{\mathrm{d}l}{\mathrm{d}\lambda} = \frac{\mathrm{d}\theta}{\mathrm{d}\lambda} \cdot f = \frac{nf}{d\cos\theta} \tag{10.19}$$

式中,f 为会聚透镜的焦距.

由于 $\cos\theta \doteq 1$(θ 约 6°),则

$$\frac{\mathrm{d}l}{\mathrm{d}\lambda} = \frac{nf}{d} \tag{10.20}$$

对于凹面光栅,线色散率为

$$\frac{\mathrm{d}l}{\mathrm{d}\lambda} = \frac{nr}{d\cos\theta} \tag{10.21}$$

式中,r 为凹面光栅的曲率半径.

光栅色散率方程表明,光栅色散率与光栅常数 d、光谱级 n 以及会聚透镜的焦距等因素有关.

(5) 分辨率

光栅的分辨率为

$$R = \frac{\bar{\lambda}}{\Delta\lambda} = nN \tag{10.22}$$

式中,N 为光栅的总刻线数,它等于单位长度刻线数与光栅宽度的乘积.

从式(10.22)知:第一,光栅的宽度越大,总刻线数就越多,分辨率就越大. 使用时应将光对准,使光栅刻线全部照明,否则分辨率会降低;第二,对同一级光谱而言,光栅的分辨率是常数,不随波长而变化.

3．中阶梯光栅

根据光栅的分辨率公式 $R=nN$，即光栅分辨能力等于光谱级 n 和总刻线数 N 的乘积．若要提高光栅的分辨率，可通过增大 n 或 N 两种途径．在一般刻痕光栅中，是通过增大 N（增加每毫米刻线数或光栅刻划宽度，一般光栅刻线数为 300～2000/mm）的方法．

(1) 中阶梯光栅(echelle)

它是一种刻线数较少的锯齿状的光栅（如图 10.14），这种光栅称为中阶梯光栅．普通光栅的刻槽深度以 Å 计，而中阶梯光栅的刻槽深度可达几微米(μm)．每毫米的刻线数较少，仅为每毫米几条到 1000 条．典型的中阶梯光栅刻线数为 75 条/mm，闪耀角为 63°26′，而普通闪耀光栅的闪耀角为 10°22′．中阶梯光栅常用光谱级为几十到 100 多级．

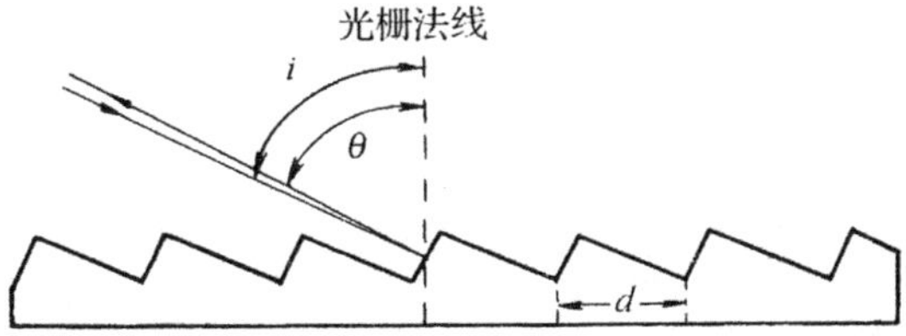

图 10.14　中阶梯光栅

普通光栅方程式(10.15)同样也适合于中阶梯光栅

$$n\lambda = d(\sin i \pm \sin\theta)$$

一般地讲，中阶梯光栅多在 $i=\theta$ 时使用，故上述方程为

$$n\lambda = 2d\sin\theta,\quad n = 2d\sin\theta/\lambda$$

光栅总刻线数 $N=W/d$（W 为刻划宽度），故中阶梯光栅的分辨率为

$$R = \frac{\bar{\lambda}}{\Delta\lambda} = nN = \frac{2W}{\lambda}\sin\theta$$

即用高的光谱级（即 θ 角大，闪耀角也大）和大的光栅宽度 W 可以达到很高的分辨率．如 254mm 宽的中阶梯光栅，在紫外区的分辨率可达 10^6 以上，而普通光栅为 10^5 以下．

(2) 中阶梯光栅装置

中阶梯光栅装置是用中阶梯光栅与低色散率的棱镜（有些系统中用光栅）进行交叉色散．这种装置有两种：一种是先经棱镜将光谱级分离，再经中阶梯光栅色散（立特鲁型）；另一种是先经中阶梯光栅色散，再经棱镜光谱级分离．这两种装置均可使 200～800nm 的光谱形成光谱级－波长的二维光谱.整个谱集中在直径不大于 40mm 的焦面上,适合于多道检测器的同时检测.图 10.15 是中阶梯光栅单色仪对光谱的交叉色散原理.图 10.15(a)表明由中阶梯光栅色散的光谱,再经棱镜进一步使光谱级分离形成一个二维空间谱.图 10.15(b)表明在焦面方向上观察到二维光谱的排列.

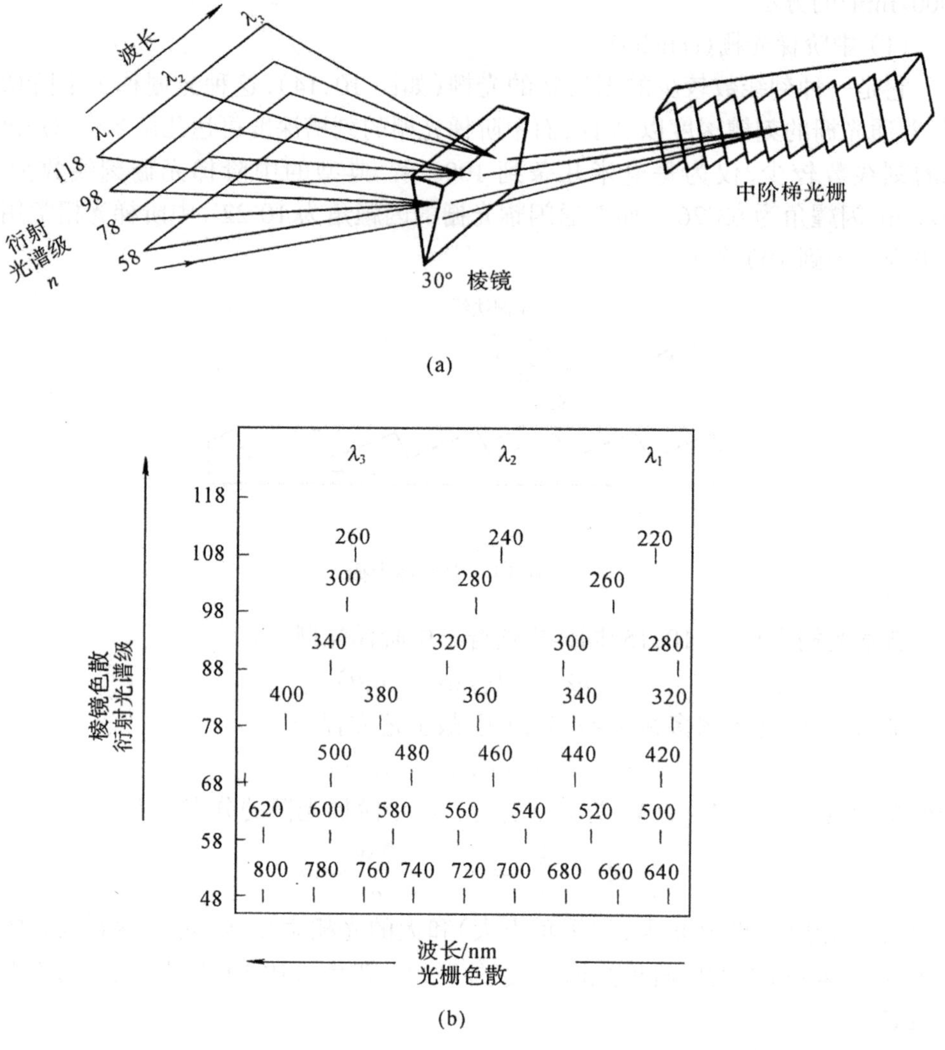

图 10.15　中阶梯光栅装置

(a)色散元件的排列及分光原理;(b)从检测器观测到二维色散光谱区.

目前,新一代的原子发射光谱仪已经使用了中阶梯型光栅分光系统,达到了多元素的同时测定.

4. 滤光片

在简易的比色计中,使用滤光片能够获得有限波长范围的光.滤光片分为吸收滤光片和干涉滤光片两种.

吸收滤光片由有色玻璃,或由夹在两玻璃片之间的有色染料的明胶所组成.这种滤光片适用于可见光区.

干涉滤光片是根据光的干涉原理设计的.它是由透明的电解质(如氟化钙或氟化镁),夹在两块内侧涂有一层半透明金属(如银)薄膜的玻璃或石英片之间所组成.电解质的厚度必须严格控制.这种滤光片适用于紫外光区.

5. 狭缝

狭缝是由两片经过精密加工,且具有锐利边缘的金属片组成,其两边必须保持互相平行,并且处于同一平面上,如图10.16所示.

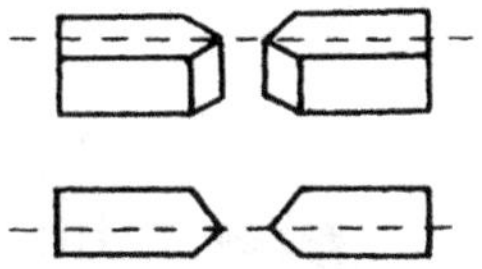

图 10.16　狭缝

单色器中的狭缝宽度有的是固定的,有的可自动调节.

入射狭缝似一个辐射源,其像被聚焦在带有出射狭缝的平面上.若入射狭缝与出射狭缝的大小相等,在理论上,当单色器正好调节到相应波长位置时,入射狭缝的像恰好充满整个出射狭缝的宽度.光强度与单色器狭缝的宽度有关.在定性或半定量分析中,需要高的分辨率,应采用较小的狭缝宽度;在定量分析中,需要一定的光强度,应采用较宽的狭缝宽度.单色器的分辨能力表示能分开最小波长间隔的能力.波长间隔的大小决定于分辨率、狭缝宽度和光学材料的性质等,它用有效带宽 S 表示:

$$S = DW \tag{10.23}$$

式中:D 为线色散率倒数;W 为狭缝宽度.对于色散率固定的仪器,S 将随 W 而变化.

6. 准直镜

准直镜的作用是将来自入射狭缝的光束变为平行光.此光束再经光栅或棱镜色散后经透镜聚焦在出射狭缝上,形成光谱像.

10.4.3 吸收池

盛放试样的吸收池(也称比色皿、样品池)由透明的材料制成.在紫外光区工作时采用石英材料;可见光区则用硅酸盐玻璃;红外光区应根据不同的波长范围选用不同材料的晶体制成吸收池窗口.

吸收池的形状有方型、圆柱型等,其光程长度有 1cm,2cm,10cm 等.

10.4.4　量子化检测器和热检测器

现代光谱仪器中,检测器通常分为两类.一类是量子化检测器,即光子检测器,它包括单道光子检测器和多道光子检测器.单道光子检测器,如光电池、光电管、光电倍增管等,多道光子检测器,如光二极管阵列(PDAs)检测器和电荷转移元件阵列(CTDs)检测器等.另一类是热检测器,如真空热电偶、热电检测器等.

检测器将光能转变为电信号,然后通过计算机输出打印或用记录仪、表头、显示屏等显示.这种检测器在一定宽度的波长范围内,必须具有对光能响应快、灵敏度高、稳定性好等性能.

1. 单道光子检测器

(1) 光电池

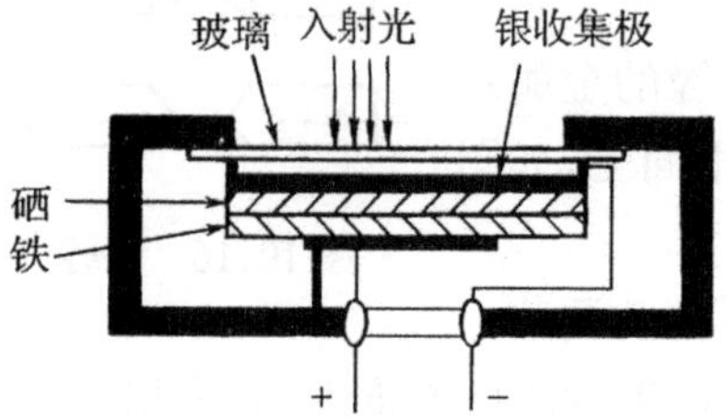

图 10.17　硒光电池

硒光电池是最常用的阻挡层光电池,如图 10.17 所示.将一层半导体硒涂在铁或铝的金属底板上,金属底板和硒之间是欧姆接触.在硒表面再涂一层导电性和透光性良好的金属薄膜,如金、银等作为收集极,然后再在金属薄膜表面涂一层保护层即成.

对硒光电池,当光透过金属薄膜照射到半导体硒时,硒将释放出电子.在硒层中的电子只能向金属膜流动,电子的流动产生了电流,其大小为 10～100μA.外电路的电阻小于 200Ω 时,其电流的大小与入射光强度呈线性关系.硒光电池光谱响应的波长范围为 350～750nm,在 550nm 左右波长处最灵敏.这与正常人眼睛的光谱曲线相似.这种光电池不需要外加电源,产生的电流较大,不经放大就可用检流计测量,但长时间使用后,容易发生“疲劳”现象.

(2) 光电管

光电管也称真空光电二极管.它是由一个半圆筒状的金属阴极和一个丝状阳极密封在透明的真空套管中组成.在阴极的内表面涂有碱金属氧化物,或碱金属氧化物与其他金属氧化物,如氧化铯,或氧化钾与氧化银等光电发射物质,从而组成光电阴极.当光照射光电阴极时将发射出电子,电子被加在两电极间的外加电压(约 90V 直流电压)加速,并被阳极收集而产生电流.在一定的光强度下,电流为硒光电池的四分之一.由于光电管有高的内阻,电流容易放大,其装置如图 10.18 所示.它的光谱响应特性和灵敏度取决于所采用的光电发射物质的性质以及光照到光电阴极时所通过的窗口材料的透射性.国产751型分光光度计中,紫敏光电管采用锑-铯(Cs_3Sb)光电阴极,光谱响应范围为200～625nm,红敏光电管采用银-氧-铯(Ag-O-Cs)光电阴极,光谱响应范围为625～1000nm.

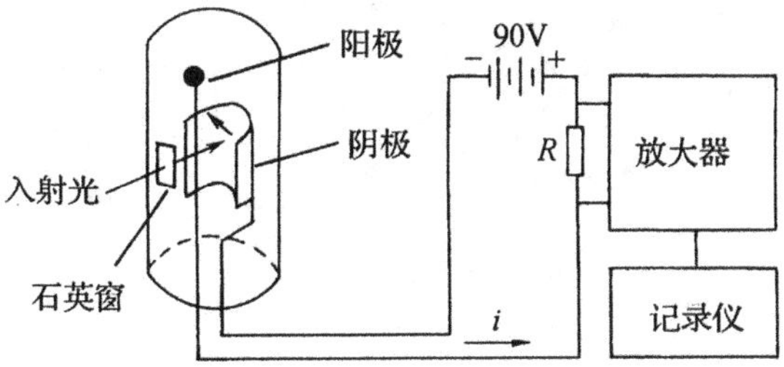

图10.18　光电管及其电流测量示意图

(3) 光电倍增管

光电倍增管如图10.19所示.它的阴极与光电管的相似,但它还有一组称为打拿极的附加电极,打拿极的电位比阴极正.在光照射下,阴极发射的电子在高真空中被电场加速并向第一打拿极运动.当电子飞向第一个打拿极上时,每一个入射电子将平均使打拿极表面发射出几个电子,这就是二次发射过程.然后二次发射的电子又被加速并向第二打拿极运动,电子数目再次被二次发射过程倍增.此过程多次重复,最后电子被收集在阳极上.在这总过程中,有的电子会损失,所以总的增益过程 G 为

$$G = f(g\delta)^n$$

式中:f 为第一打拿极对阴极电子的收集效率,其值约0.9;g 为打拿极间的传递效率;δ 为二次发射系数,是每一入射电子产生的二次电子的平均数目,数值在3～6之间;n 为打拿极的数目.获得的电流经过放大后测量,光电倍增管适用的波长范围为160～700nm.

2. 多道光子检测器

多道光子检测器是将小的光电敏感单元的一组阵列以线性或以两维模式排列在一只含有电子线路的单片硅半导体芯片上(该芯片能将每个光电敏感单元的电信号直接输出).该芯片被置于光谱仪的焦平面上.来自单色仪色散的各种光谱单元均能通过该芯片转换成电信号并同时检测.多道光子检测器的特点是快速,一次可同时测量较宽的光谱范围.

(1) 光二极管阵列检测器

在光二极管阵列(PDAs)检测器中,单个光电敏感单元是小的硅光电二极管.

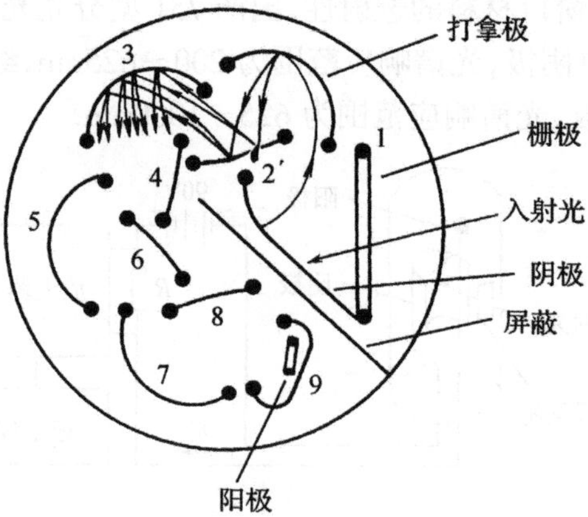

图 10.19　光电倍增管示意图

1～9. 为打拿极.

每个光二极管含有一个反向偏流的 p-n 结. 一系列 p-n 结并行排列在一只芯片上, 如图 10.20 所示. 这样的光电转换单元在一只芯片上可排列从 64～4096 个. 当光入射到这些光电敏感单元上时, 能在 p 和 n 两个区产生电荷. 大量电荷形成的电流在电路中产生电压信号, 该电压信号与光的辐射强度成正比. 电压信号经放大后, 通过模数转换器送到计算机或读出系统. 测量时, 光谱仪的狭缝要调整到使入射狭缝的像正好充满光二极管阵列的整个表面的面积. 在传统光谱仪中需要逐步扫描得到的光谱, 而在光二极管阵列检测器中可一次同时得到整个光谱.

(2) 电荷转移元件阵列检测器

电荷转移元件阵列(CTDs)检测器单元是通过硅半导体基体吸收光子产生流动的电荷, 然后转移、收集, 并进行放大及检测. CTD 检测器根据所利用的电荷测量模式不同还可分为电荷注入元件(CID)检测器和电荷耦合元件(CCD)检测器.

在 CID 阵列中, 单个检测器单元是用 n-型硅半导体材料作为基体. 该材料多数载流子是电子, 少数载流子是空穴. 而检测器收集及检测的是光照产生的空穴.

在 CCD 阵列中, 单个检测器单元是用 P-型硅半导体材料作为基体. 该材料的多数载流子是空穴, 少数载流子是电子. 而检测器收集及测量的是光照产生的电子.

单个 CTD 检测器单元的基本工作原理可用图 10.21 CID 检测器的原理图来描述. 在半导体硅基体上面有一层 SiO_2 绝缘层, 在该绝缘层的上方装有两支导体电极. SiO_2 绝缘层的作用是将电极与半导体硅基体隔离, 并允许光通过辐射到半导体硅基体上. 这种组装同时构成了一个金属、半导体氧化物的电容器. 该电容器能储存光照射半导体硅时所产生的电荷.

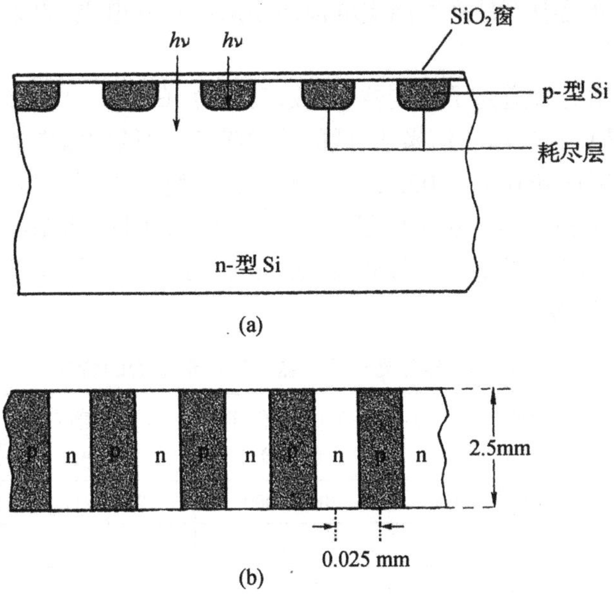

图 10.20　光二极管阵列检测器

(a)横截面图；（b)俯视图.

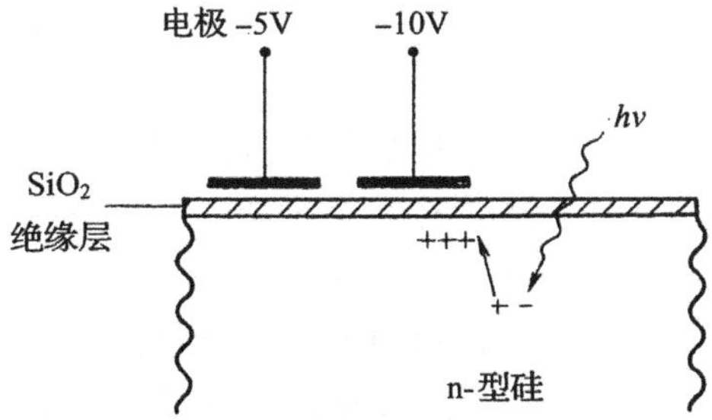

图 10.21　CID 检测器的横截面图

在 CID 检测器单元中，硅基体是 n-型半导体，在两支电极上施加一个负向偏压.结果在电极下方形成了一个反向正电荷区.当光照射时，由于吸收光子，在半导体基体中产生流动的空穴.电极的负偏移电压使这些空穴迁移到电极下方的反向电荷区并被收集.反向电荷区能保持多达 $10^5 \sim 10^6$ 的电荷数.两支电极施加电压不等，一支电极比另一支电极的电压更负些.电压更负的电极作为电荷收集电极，而另一支电极作为信号测量的传感电极.

当电极上施加的电压是正向偏压，且使用的基体材料是 P-型硅半导体时，这种情况下的 CTD 检测器则称为 CCD 检测器.其原理类似于 CID 检测器.不同的是在 CCD 检测器单元中不是采用两支电极而是采用三支电极.收集及检测的是光照产生的流动电子.

目前,在使用的多道光子检测器中,较广泛采用的是 CCD 阵列检测器.该检测器的突出优点是具有较高的信噪比,低的读数噪声,超低的暗电流和较宽的动态范围.其波长范围可达到 0.1～1000nm.如有的 CCD 阵列可形成多达 1152×1242 个单元,而读数噪声只有 4～6 个电子,其读数动态范围可达 16 位到 18 位.使用 CCDs 检测器可同时记录整个二维光谱.表 10.3 列出了几种多道光子检测器及光电倍增管的特性比较.

表 10.3　多道光子检测器及光电倍增管的特性

类　型	电荷耦合元件阵列 (CCDs)	电荷注入元件阵列 (CIDs)	光二极管阵列 (PDAs)	光电倍增管 (PMT)
光谱响应/nm	0.1～1000	200～1000	200～1000	200～650
最高量子效率/%	90	50	73	18
暗电流/(e^-/s)	0.001	0.008	624	3
读数噪声/e^-	5	60	1200	0

3. 热检测器

(1) 真空热电偶

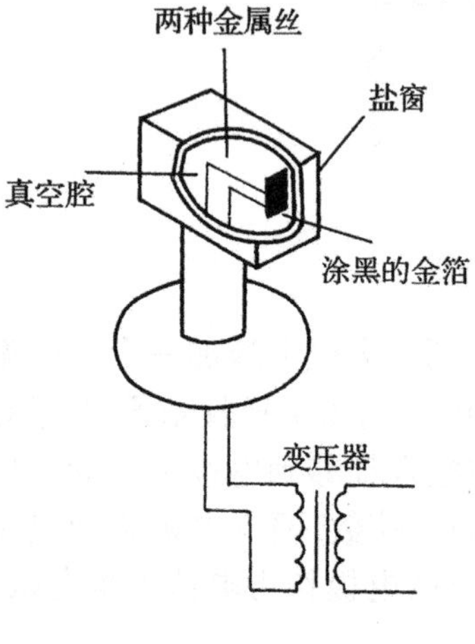

图 10.22　真空热电偶

真空热电偶是利用两种不同金属导体构成闭路时的温差现象,使温差转变为电位差的一种装置,如图 10.22 所示.在厚约 0.5μm 的金箔的一面焊有两种不同的金属作为热接点,金箔另一面涂黑作为红外辐射的接受面.在冷端(通常是室温)接有金属导线.为了避免热损失和受环境的热干扰,热电偶密封在真空度为 0.01Pa 的真空腔内.当红外辐射透过盐(如 KBr,CsI 等)窗口照射到涂黑的金箔上时,热接点温度升高,产生温差电位,在闭路中就有电流通过.真空热电偶是红外分光光度计中常用的检测器之一,此外,还有测热辐射计等.

(2) 热电检测器

热电检测器是利用热电材料的热敏极化性质把光辐射的热能转换为电信号的一类检测器.最常

使用的热电检测器材料是氘代硫酸三甘肽(DTGS)晶体.使用时把 DTGS 晶体置于两个电极之间(其中一支电极是光透的),这样就产生了一个随温度变化的电容器.当红外光辐射到晶体上时,晶体的温度发生变化,进而改变了晶体两端的电荷分布.结果在连接电容器两侧的外部电路中产生了一个可测量的电流.该电流的大小不仅正比于晶体的受光表面积,也正比于晶体的极化强度随温度的变化速率.

热电检测器响应时间较快,因此大多富里叶变换红外光谱仪中使用了该类检测器.

4. 其他

感光板

它使用在原子发射光谱法中.感光板是由感光层和支持体两部分组成.感光层也称感光乳剂,它由感光物质 AgBr 的微小晶粒均匀地分散在精制的明胶中组成.感光板感光后经显影、定影处理呈现出黑色条纹状的光谱图.

10.4.5　读出装置

由检测器将光信号转变为电信号后,通过模数转换器送于计算机处理打印或用记录仪、数字显示和显示屏显示测量结果.

习　　题

1. 光谱法的仪器由哪几部分组成?它们的作用是什么?
2. 单色器由几部分组成?它们的作用是什么?
3. 简述光栅和棱镜分光的原理.
4. 简述光电管或光电倍增管的作用原理.
5. 简述 CID 和 CCD 检测器的工作原理.
6. 比较多道光子检测器与单道光子检测器的异同点.
7. 在波长 440nm 处,用 2cm 吸收池测得 $5.00\times10^{-4}mol\cdot L^{-1}CoX_2^-$ 配离子溶液的吸光度为 0.750,试计算:

(1) 该配离子在 440nm 波长处的摩尔吸光系数;

(2) 在 440nm 波长处,用 1cm 吸收池测定 $4.00\times10^{-4}mol\cdot L^{-1}CoX_2^-$ 溶液,那么吸光度为多少?

8. 腺嘌呤溶液在波长 263nm 时的摩尔吸光系数为 13 100,若将 2ml 的腺嘌呤溶液放在 1.0cm 的吸收池中,测得的百分透光度为 75.0,试求该溶液的浓度为多少?

第十一章 原子发射光谱法

基本要求：

1. 理解原子发射光谱法的基本原理；
2. 理解光谱项的含义及其与谱线的关系；
3. 了解原子发射光谱法的各种光源及仪器特点；
4. 掌握原子发射光谱法的分析方法及其适用范围.

原子发射光谱法(atomic emission spectrometry,AES)是一种成分分析方法.它具有快速、灵敏和选择性好等优点,应用广泛.原子发射光谱分析是基于原子外层的电子跃迁所产生的线光谱,故属原子光谱.

11.1 基本原理

11.1.1 谱线的产生

原子发射光谱是基于当原子受激的外层电子从较高的激发态能级跃迁到较低的能级或基态能级时,多余的能量以光的形式辐射出来,从而产生发射光谱.这样产生的光谱是线光谱.

原子的线光谱是元素的特征.不同的元素具有不同的特征光谱.测量时,适当地选择被测元素的特征谱线作为分析线,利用元素的这种特征谱线检测样品中该元素的存在(定性分析),以及测定谱线的强度确定该元素的含量(定量分析).原子发射光谱法就是利用元素发射的特征谱线进行定性、定量分析的方法.原子发射光谱法是元素分析的重要方法之一.

原子光谱是原子外层电子在不同能级间跃迁的结果.在量子力学中,电子的运动状态可用四个量子数,即主量子数 n、角量子数 l、磁量子数 m_l 和自旋量子数 m_s 来描述.

主量子数 n 表示核外电子离核的远近,n 值越大,电子的能量越高,电子离核越远.n 值取为 1,2,3,…,任意正整数.

角量子数 l 表示电子在空间不同角度出现的概率,即电子云的形状,也代表电子绕核运动的角动量.l 取小于 n 的整数,0,1,2,…,$n-1$.

磁量子数 m_l 表示电子云在空间的不同取向.m_l 值取为 $-l \leqslant m_l \leqslant +l$,可以

取 $m_l=0,\pm1,\pm2,\cdots,\pm l$. 同一个 l 值,磁量子数 m_l 有 $(2l+1)$ 个不同的数值.

自旋量子数 m_s 表示电子的自旋. m_s 的取值为 $m_s=\pm1/2$,分别表示电子的自旋运动有顺时针方向和反时针方向.

钠原子的核电荷数为 +11,核外有 11 个电子,其分布为 $(1s)^2(2s)^2(2p)^6(3s)^1$. 最外层电子是 $(3s)^1$,它的运动状态为: $n=3$, $l=0$, $m_l=0$, $m_s=1/2$.

对于含有多个价电子的原子要比单价电子的原子复杂. 价电子可用量子数 n, L, S 和 J 来描述.

主量子数 n,其值为 1,2,3,…,任意正整数.

总角量子数 L 的数值等于每一个价电子的角量子数 l 的矢量和,即

$$L=\sum_i l_i \tag{11.1}$$

若有两个价电子,其角量子数 l_2 和 l_1 偶合成总角量子数的 L 的方法如下:

$$L=(l_1+l_2),(l_1+l_2-1),(l_1+l_2-2)\cdots,|l_1-l_2|$$

L 的可能数值为 0,1,2,3,…,显然 L 也是整数. 共 $(2L+1)$ 个值.

总自旋量子数 S 的数值等于每一个电子的自旋量子数 m_s 的矢量和,即

$$S=\sum_i m_{s,i} \tag{11.2}$$

S 的取值为 $S=\frac{N}{2},\frac{N}{2}-1,\frac{N}{2}-2,\cdots\frac{1}{2}$ 或 0. 其中 N 为价电子数,在一个 S 之下,可以有不同的 m_s,

即　　$m_s=0,\pm1,\pm2,\cdots,\pm s$　　(当 S 为整数时)

或　　$m_s=\pm\frac{1}{2},\pm\frac{3}{2},\cdots,\pm s$　　(当 S 为半整数时)

共有 $2S+1$ 个值.

总角动量量子数(也称总内量子数) J 等于 L 和 S 的矢量和,即

$$J=L+S \tag{11.3}$$

J 的取值为

$$J=L+S,L+S-1,L+S-2,\cdots|L-S|$$

若 $L\geqslant S$,数值从 $J=L+S$ 到 $L-S$,共有 $(2S+1)$ 个;若 $L<S$,数值从 $J=S+L$ 到 $S-L$,共 $(2L+1)$ 个值. 例如, $L=2$, $S=1$,即 $2S+1=3$,则 $J=3,2,1$. 有三个 J 值.

光谱学中用光谱项表示原子中电子所处各种能级状态,用符号 $n^{2S+1}L_J$ 表示. n 是主量子数. L 是原子的总角量子数,用大写英文字母 $S,P,D,F\cdots$ 表示 $L=0,1,2,3\cdots$. $(2S+1)$ 的数值写在 L 符号的左上角, $(2S+1)$ 为光谱项的多重性,也可用符号 M 表示. 因每一光谱项可有 $(2S+1)$ 个不同的 J 值,把 J 值注在 L 符号的右下角表示光谱支项,每一光谱项有 $(2S+1)$ 个光谱支项. 由于 L 与 S 的

相互作用,光谱支项的能级略有不同,这$(2S+1)$个略有不同的能级在光谱中形成$(2S+1)$条距离很近的线,称为多重线.若$(2S+1)$等于2或3,分别称为二重线或三重线.当$L<S$时,每一光谱支项只有$(2L+1)$个支项,但$(2S+1)$还称多重性,所以“多重性”的定义是$(2S+1)$,不一定代表光谱支项的数目.

钠原子的价电子结构为$(3s)^1$,光谱项为$3^2S_{1/2}$.它表示钠原子的价电子处于$n=3, L=0, S=1/2, J=1/2$的能级状态,J只有一个取向,只有一个光谱支项$3^2S_{1/2}$.钠原子第一激发态的电子结构为$(3P)^1$,$n=3, L=1, S=1/2, M=2$,有二个光谱支项,$3^2P_{1/2}$和$3^2P_{3/2}$.

在光谱学中,还把原子中所有可能存在的能级状态及能级跃迁用图解的形式表示出来,这种图称为能级图,如图11.1所示.通常纵坐标表示能量E,用eV或cm^{-1}表示.基态原子的能量最低,$E=0$,能级的高低用一系列水平线表示.与发射出的谱线相关的能级以斜线相联.横坐标表示实际存在的光谱项.

根据量子力学的原理,原子内电子的跃迁不可能在所有的两个能级之间发生,

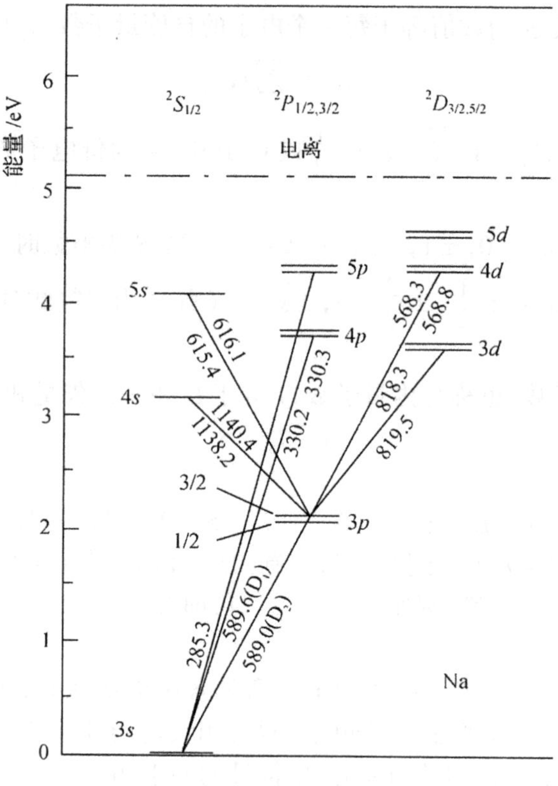

图11.1 钠的能级图

有些跃迁是禁阻的,有些跃迁是允许的.只有符合下列规则的两光谱项之间才能发生跃迁.

(1) $\Delta n=0$ 或任意正整数.

(2) L 的差值为1,即 $\Delta L=\pm 1$,跃迁只允许在 S 与 P,P 与 S 或 D 与 P 之间,等等.

(3) $\Delta S=0$,单重态只能跃迁到单重态,三重态只能跃迁到三重态.

(4) J 值相等或差值为 1,即 $\Delta J=0,\pm 1$.但当 $J=0$,$\Delta J=0$ 的跃迁是禁阻的.

以上条件称为原子光谱选律或选择定则.

如图 11.1 中的钠双线

$$589.0\ \text{nm}\quad 3^2S_{1/2}-3^2P_{3/2}$$

$$589.6\ \text{nm}\quad 3^2S_{1/2}-3^2P_{1/2}$$

完全符合上述选择定则.也有个别的情况例外,例如,Mg 的 457.1nm 这条谱线,它相应于两个光谱项为 $3^1S_0-3^3P_1$ 的跃迁,其中 $\Delta S=1$,不符合上述定则,为禁阻跃迁.禁阻跃迁线的概率要比正常跃迁低得多,谱线的强度也要弱得多.

每一光谱支项还包括$(2J+1)$个可能的状态,在无外加磁场时它们的能级是相同的.当在外加磁场作用下可分裂为$(2J+1)$个能级,一条谱线分裂为$(2J+1)$条谱线,这种效应称为 Zeeman 效应.当在外加强电场作用下,也可产生谱线分裂效应,这种效应称为 Stark 效应.

当辐射跃迁的低能级是原子的基态能级时,该跃迁称为共振跃迁,所发射的谱线称为共振线.从最低激发态跃迁到基态所发射的谱线称为第一共振线或主共振线.一般元素的灵敏线主要是指主共振线.因为主共振线需要的激发能较低,易于被激发.当激发能量高于原子的电离能时,原子则失去某个电子成为离子,离子同样也发射出相应的离子线,如 Al 的 167.08nm 和 266.92nm 是 Al 的一次离子线.有时元素的灵敏线是离子线.

11.1.2 谱线的强度

当原子发射谱线的强度与发射粒子的浓度相关时,则便可能利用该谱线的强度进行定量分析.当原子外层电子在高能级 E_m 和低能级 E_k 之间跃迁时,其发射谱线的强度正比于:

(1)两能级之间的能量差;

(2)在高能级 E_m 上的粒子总数 n_m;

(3)单位时间内在两能级间可能的跃迁次数,其数值以跃迁几率 A_{mk}表示.

因此,谱线的强度 I 正比于:

$$I \propto (E_m - E_k) n_m A_{mk} \tag{11.4}$$

在各能级上的粒子数服从玻耳兹曼(Boltzmann)分布,若在能级 E_m 和 E_k 上的粒子数分别为 n_m 和 n_k,则两能级上的粒子数之比由 Boltzmann 定律给出为

$$\frac{n_m}{n_k} = \frac{g_m \cdot \exp(-E_m/kT)}{g_k \cdot \exp(-E_k/kT)} \tag{11.5}$$

式中:k 是 Boltzmann 常量;T 是激发温度;g 是统计权重($g=2J+1$);J 是总内量子数. 当低能级是基态时 $E_k=0$,则有:

$$\frac{n_m}{n_o} = \frac{g_m \cdot \exp(-E_m/kT)}{g_o} \tag{11.6}$$

式中,n_o 为基态粒子数. 实际上,在激发温度下,除了激发态 E_m 和基态以外,其他能级上也或多或少地可能存在不同能量的粒子,因此在各能级上的总粒子数 N 应为

$$N = n_0 + n_1 + \cdots + n_m + \cdots$$

同样对所有可能的能级类似于 $g_m \cdot \exp(-E_m/kT)$ 的分布,总和项定义为分布函数 Z,则 Z 为

$$Z = g_0 + g_1 \cdot \exp(-E_1/kT) + \cdots + g_m \cdot \exp(-E_m/kT) + \cdots \tag{11.7}$$

所以 Boltzmann 定律修正为

$$\frac{n_m}{N} = \frac{g_m \cdot \exp(-E_m/kT)}{Z} \tag{11.8}$$

其中分布函数 Z 是激发温度 T 的函数. 一般分析化学中使用的激发源的温度在 2000～7000K,因此对激发态粒子数 n_m 与总粒子数 N 之比值影响不大.

因此谱线的强度为

$$I = \Phi\left(\frac{hcg_m \cdot A_{mk} \cdot N}{4\pi Z\lambda}\right)\exp(-E_m/kT) \tag{11.9}$$

式中,Φ 是考虑在 4π 球面角度上发射各向同性的一个系数.

当激发源保持足够稳定,则激发温度 T 维持一个常数,Z 也是常数,那么总粒子数 N 将正比于浓度 C. 对于某一元素而言,当确定了分析线 λ,g_m,A_{mk} 和 E_m 均为常数. 因此谱线强度 I 正比于浓度 C,这是原子发射光谱定量分析的基础.

11.2 仪 器

原子发射光谱分析使用的仪器设备主要包括激发光源和光谱仪两个部分.

11.2.1　等离子体、电弧、高压火花和激光微探针激发光源

在常温下,原子绝大多数处于基态.为了获得原子的发射光谱,首先需要给原子施以某种能量,使原子激发到较高的能级.激发光源就是提供试样蒸发、原子化和激发所需的能量.原子发射光谱中使用的光源有等离子体、电弧、高压火花和激光微探针光源等.目前,最重要、应用最广泛的激发光源是等离子体(plasma)光源.它包括电感耦合高频等离子体(ICP)光源、直流等离子体(DCP)和微波等离子体(MIP)光源.

1. 电感耦合高频等离子体

电感耦合高频等离子体是20世纪60年代提出,70年代获得迅速发展的一种新型的激发光源.等离子体在总体上是一种呈中性的气体,由离子、电子、中性原子和分子所组成,其正负电荷密度几乎相等.电感耦合高频等离子体装置的原理示意图如图11.2所示.通常,它是由高频发生器、等离子矩管和雾化器等三部分组成.

高频发生器的作用是产生高频磁场,供给等离子体能量.它的频率一般为27～41MHz,最大输出功率2～4kW.

等离子炬管是由一个三层同心石英玻璃管组成.外层管内通入冷却气Ar,以避免等离子炬烧坏石英管.中层石英管出口做成喇叭状,通入Ar以维持等离子体.内层石英管的内径为1～2mm,由载气(一般用Ar)将试样气溶胶从内管引入等离子体.使用单原子惰性气体Ar在于它性质稳定、不与试样形成难离解的化合物,而且它本身的光谱简单.

试液进样使用雾化器,图11.3是气动雾化器,也有使用超声雾化器.

当高频电源与围绕在等离子炬管外的负载感应线圈(用圆铜管或方铜管绕成2～5匝的水冷却线圈)接通时,高频感应电流通过线圈,产生轴向高频磁场.此时向炬管的外管内切线方向通入冷却气Ar,中层管内轴向(或切向)通入辅助气体Ar,并用高频点火装置引燃,使气体触发产生载流子(离子或电子).当载流子多至足以使气体有足够的导电率时,在垂直于磁场方向的截面上产生环形涡电流.几百安的强大感应电流瞬间将气体加热至10 000K,在管口形成一个火炬状的稳定的等离子炬.等离子炬形成后,从内管通入载气,在等离子炬的轴向形成一通道.由雾化器供给的试样气溶胶经过该通道由载气带入等离子炬中,进行蒸发、原子化和激发.

电感耦合高频等离子体光源的各不同部位的温度如图11.4所示.典型的电感耦合高频等离子体是一个非常强而明亮的白炽不透明的"核",核心延伸至管口数毫米处,顶部有一个火焰似的尾巴.电感耦合高频等离子体分为焰心区、内焰区和尾焰区三个部分.

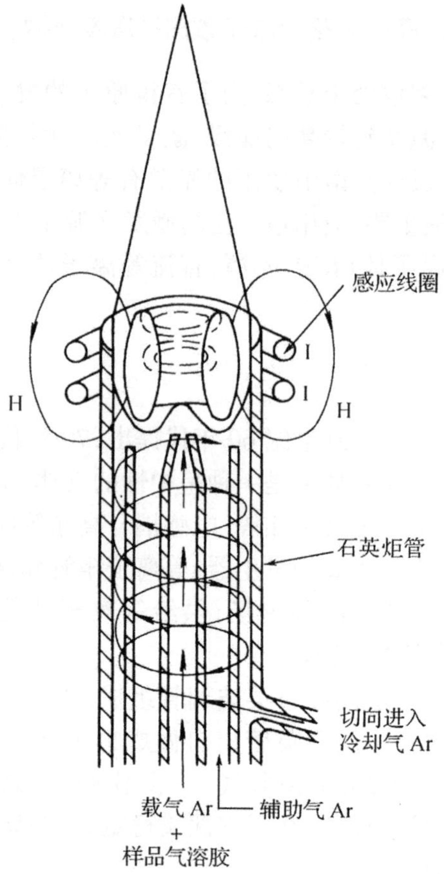

图 11.2　电感耦合高频等离子体光源示意图

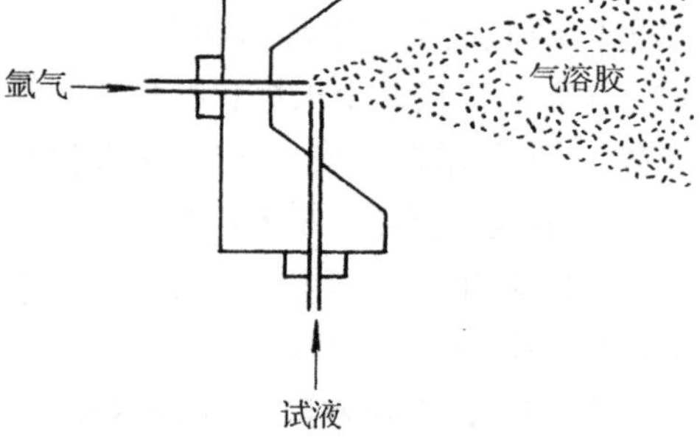

图 11.3　气动雾化器示意图

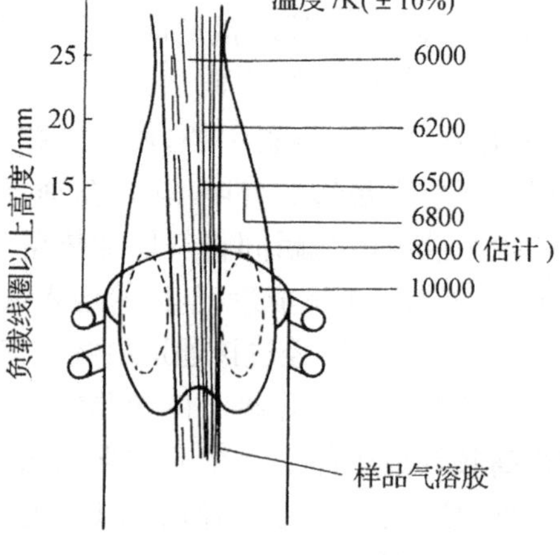

图 11.4　电感耦合高频等离子体光源的温度

焰心区呈白炽不透明，是高频电流形成的涡电流区，温度高达 10 000K. 由于黑体辐射，氩或其他离子同电子的复合产生很强的连续背景光谱. 试液气溶胶通过该区时被预热和蒸发，又称预热区. 气溶胶在该区停留时间较长，约 2ms.

内焰区在焰心区上方，在感应线圈以上约 10～20mm，呈淡蓝色半透明，温度约 6000～8000K，试液中原子主要在该区被激发、电离，并产生辐射，故又称测光区. 试样在内焰区停留约 1ms，比在电弧光源和高压火花光源中的停留时间 10^{-2}～10^{-3}ms长. 这样，在焰心和内焰区使试样得到充分的原子化和激发，对测定有利.

尾焰区在内焰区的上方，呈无色透明，温度约 6000K，仅激发低能态的试样.

电感耦合高频等离子体光源具有稳定性好、线性范围宽，可达 4～6 个数量级，检测限低达 10^{-9}～10^{-10}，它应用范围广，能测定数十种元素. 但它的雾化效率较低，设备贵.

2. 电弧光源

电弧光源有直流电弧和交流电弧两种.

(1)直流电弧

直流电弧发生器由一个电压为 220～380V，电流为 5～30A 的直流电源、一个铁芯自感线圈和一个镇流电阻所阻成，如图 11.5 所示. 铁芯自感线圈 L 用于防止电流的波动，镇流电阻 R 用于调节和稳定电流.

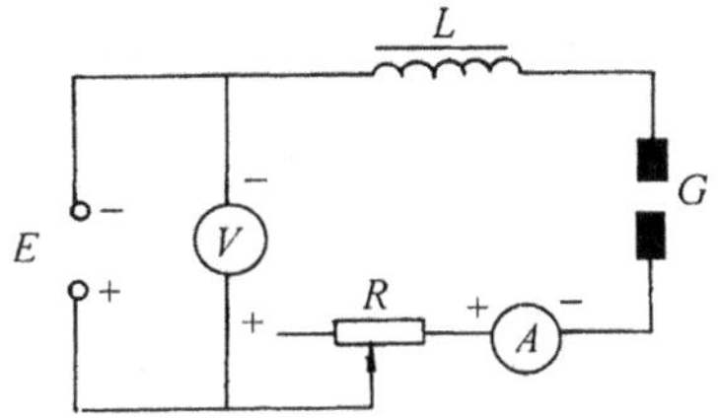

图 11.5　直流电弧发生器

它利用直流电源作为激发能源，使上下电极接触短路引燃电弧，也可用高频引燃电弧. 当装有试样的下电极置于分析间隙 G 处，并使上下电极接触通电，此时电极尖端烧热，引燃电弧后使两电极相距 4～6mm，就形成了电弧光源.

燃弧后，从灼热的阴极端发射出的热电子流，高速穿过分析间隙而飞向阳极，冲击阳极时形成灼热的阳极斑，使阳极温度达 3800K，阴极温度 3000K，使试样在电极表面蒸发和原子化. 产生的原子和电子碰撞，再次产生的电子向阳极奔去，正离子则冲击阴极又使阴极发射电子，该过程连续不断地进行，使电弧不灭. 这种弧焰温度(激发温度)约为 4000～7000K.

直流电弧光源的电极温度高，蒸发能力强，分析的绝对灵敏度高. 常用于定性分析及矿石难熔物中低含量组分的定量测定. 缺点是弧焰不稳定，谱线容易发生自吸现象.

(2)低压交流电弧

交流电弧又分为高压交流电弧和低压交流电弧.高压交流电弧的工作电压为2000～4000V,电流为3～6A.由于装置复杂,操作危险,因此很少采用.低压交流电弧的工作电压为110～220V,设备简单,操作安全.

低压交流电弧光源的电极温度较低,弧焰温度较高,因为其电弧的电流有脉冲性,电流密度比直流电弧大,且稳定性好,在光谱定性、定量分析中获得广泛的应用,但灵敏度低些.

3. 高压火花

高压火花发生器的电路如图 11.6 所示.220V 交流电压经变压器 T 升压至 1×10^4V以上,通过扼流线圈 D 向电容器 C 充电.当电容器 C 两端的充电电压达到分析间隙的击穿电压时,通过电感 L 向分析间隙 G 放电而产生电火花.在交流电下半周时,电容器 C 又重新充电、放电,如此反复进行.

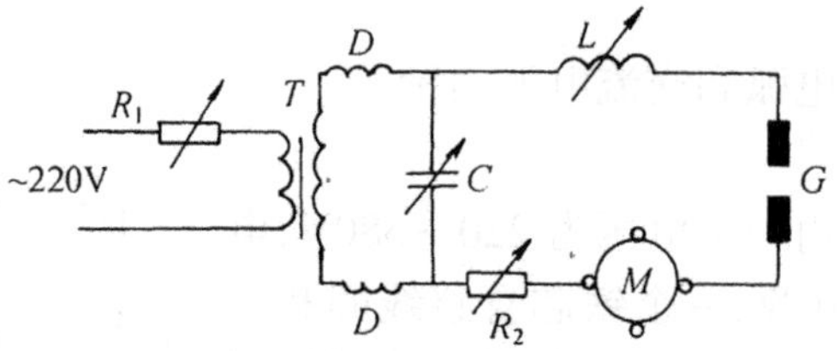

图 11.6　高压火花发生器

M 转动电极,在圆盘上装上钨电极,圆盘由同步电机带动,50r/s.

高压火花放电的稳定性好,电极温度较低,但是它的激发温度高,这是由于高压火花的放电时间极短,瞬间通过分析间隙的电流密度很高,因此弧焰的瞬间温度高达 10 000K,激发能量大.

高压火花光源主要用于易熔金属、合金以及高含量元素的定量分析.

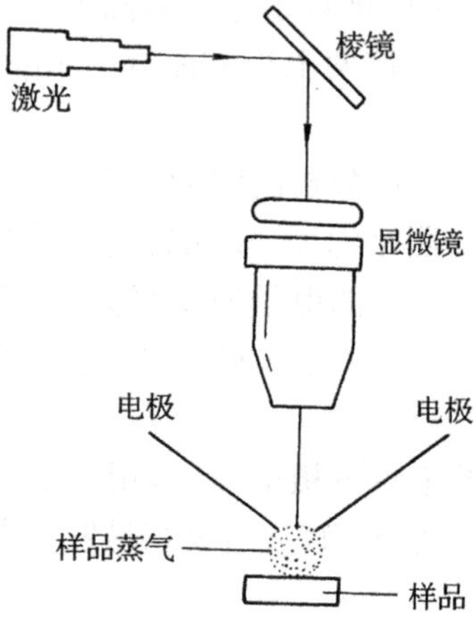

图 11.7　激光微探针

4. 激光微探针

激光微探针使用激光蒸发试样表面上的微小区域,如图 11.7 所示.蒸发的试样通过两电极间隙时,电极放电将试样激发,产生的光谱由光谱仪测定.

激光微探针适用于试样表面上一个微小区域

内的检测．显微镜将一束高强度的脉冲激光束聚焦在一个直径约 10～50μm 的微小区域内，激光照射在两电极之间，电极放在试样表面上方约 25μm 处．

5．光源的选择

光源的选择应根据试样的性质（如挥发性、电离电位等）、试样的形状（如块状、粉末等）、含量大小以及不同类型光源的蒸发温度、激发温度和放电的稳定性．几种常见光源的性质和应用见表 11.1．

表 11.1　几种常见光源的性质和应用

光源	蒸发温度/K	激发温度/K	放电稳定性	用途
火焰	低	1000～5000	好	溶液、碱金属、碱土金属的定量分析
直流电弧	800～3800	4000～7000	较差	难挥发元素的定性、半定量及低含量杂质的定量分析
交流电弧	比直流电弧低	比直流电弧略高	较好	矿物、低含量金属的定性、定量分析
火花	比交流电弧低	10 000	好	高含量金属、难激发元素的定量分析
ICP	很高	6000～8000	很好	溶液、合金的定量分析

11.2.2　光电直读光谱仪和摄谱仪

光谱仪包括分光系统和检测系统．通过照相方式将谱线记录在感光板上的光谱仪器称为摄谱仪．按分光系统使用的色散元件不同分为棱镜摄谱仪和光栅摄谱仪．直接利用光电检测系统将谱线的光信号转换为电信号，并通过计算机处理、打印分析结果的光谱仪器称为光电直读光谱仪．摄谱仪现正逐步被光电直读光谱仪所取代．

根据测量方式不同，光电直读光谱仪又分为多通道光电直读光谱仪和单通道扫描光电直读光谱仪，这类仪器主要是用 ICP 作为激发光源．目前在原子发射光谱分析中，ICP 光电直读光谱仪已被广泛采用．

1．多通道光电直读光谱仪

多通道光电直读光谱仪包括两种模式．一种是采用多色分光光学系统，使用几十只光电倍增管作为检测器；另一种是采用阵列检测器，即使用二维的电荷注入元件（CID）阵列或电荷耦合元件（CCD）阵列作为检测器．

根据检测方式的差别，通常将它们分别称为多色光谱仪、电荷注入光谱仪和电荷耦合光谱仪．

(1) 多色光谱仪

多色光谱仪是在凹面光栅单色仪的曲面焦平面上安装多个出射狭缝,每个出射狭缝的后面可固定一只光电倍增管检测一条谱线.在有些仪器中,可安装多达60只光电倍增管,这样可以在一个样品中同时检测几十种元素的存在和含量.图11.8是多色分光光学系统的示意图.图中入射狭缝,每个出射狭缝,凹面光栅均沿着罗兰(Rowland)圆的圆周安装.每个出射狭缝的辐射由反射镜反射到光电倍增管.经积分的光信号输入到计算机处理、显示及打印等.整个光谱测量过程由计算机控制自动完成.

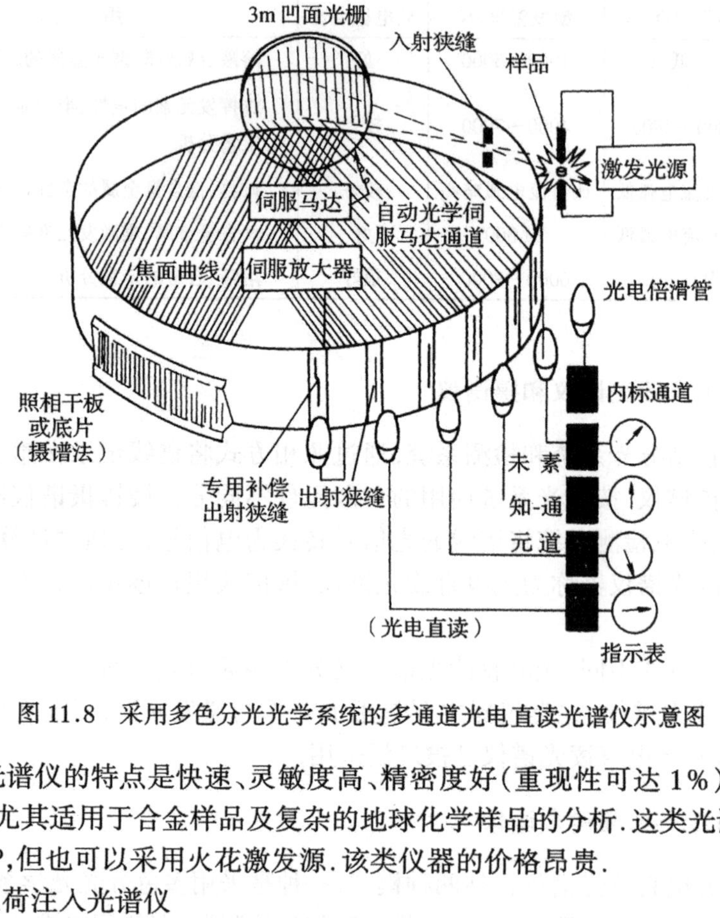

图 11.8 采用多色分光光学系统的多通道光电直读光谱仪示意图

多色光谱仪的特点是快速、灵敏度高、精密度好(重现性可达1%),能同时检测多元素.尤其适用于合金样品及复杂的地球化学样品的分析.这类光谱仪的光源主要是ICP,但也可以采用火花激发源.该类仪器的价格昂贵.

(2) 电荷注入光谱仪

图11.9是使用CID阵列检测器的中阶梯光栅光谱仪的光路图.图中使用了一块CaF_2棱镜和一块中阶梯光栅作为分光系统.检测器是CID阵列,其尺寸为8.7mm×6.6mm,共含有94 672个检测元件单元.一只曲面镜把狭缝的像聚焦到检测器的表面.为了消除检测器单元的暗电流,CID阵列检测器被置于液氮的冷阱

里，从而维持检测器温度为135K. CID阵列检测器的特点是无电荷损失，可以使电荷积累到满意的信噪比. 用ICP作为激发源，检测限范围可从几十ng/ml到10^4ng/ml.

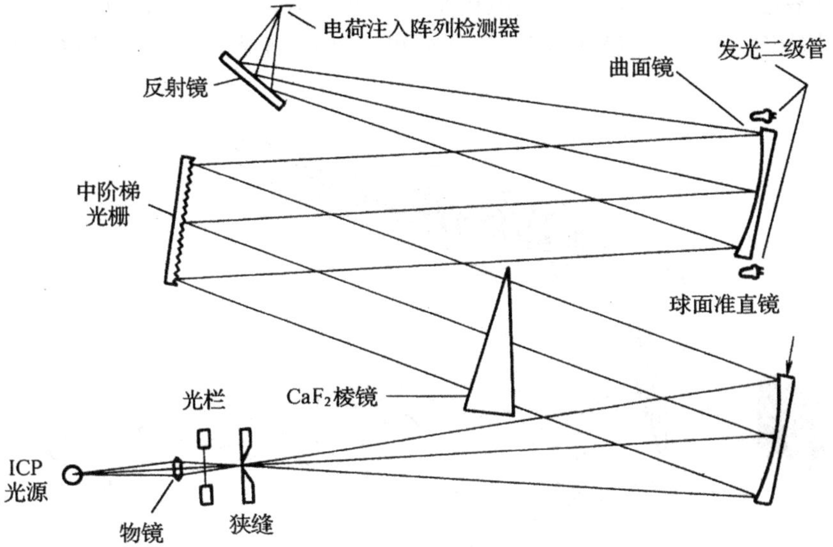

图11.9 使用CID检测器的中阶梯光栅光谱仪的光路图

(3) 电荷耦合光谱仪

电荷耦合(CCD)光谱仪是最近发展起来的新一代多通道光谱仪. 仪器使用两套中阶梯光栅分光系统和两组CCD阵列检测器. 其中一组设计的光谱检测区为160～375nm，另一组为375～782nm. 两组色散的光束各自被聚焦到检测器单元的表面. 该仪器可以同时检测几千条谱线. 由于CCD检测器的优点使该类仪器的发展前景良好.

2. 单通道扫描光电直读光谱仪

单通道扫描光电直读光谱仪分为两类：一类是变速扫描光谱仪；另一类是扫描中阶梯光栅光谱仪.

变速扫描光谱仪是用一个双速马达驱动仪器的光栅或狭缝和检测器进行变速扫描. 即先快速扫描到接近要检测的谱线，然后很快变为慢扫描跨过该谱线以便测量其强度. 扫描阶跃可慢到0.01～0.001nm. 这种方法的优点是能很快地找到要测量的谱线. 避免在无用的波长区花费时间，而在分析线上有足够的测量时间以便得到满意的信噪比. 该类仪器通常采用两块光栅组成的复合光栅，一块光谱区在160～380 nm，另一块光谱区在380～850 nm. 同时有两个出射狭缝和两支光电倍增管作为检测器. 这类仪器比多通道仪器价格便宜.

扫描中阶梯光栅光谱仪是 20 世纪 70 年代发展起来的仪器.该仪器的分光系统是使用了一块中阶梯光栅和一个棱镜.在仪器的焦平面上装有一个狭缝板,该板被光刻有多达 300 条狭缝.用步进电机驱动光电倍增管在 X 和 Y 方向上扫描狭缝板,从而检测需要测量的谱线.该仪器同样可以变速扫描方式工作.如图 11.10 所示.

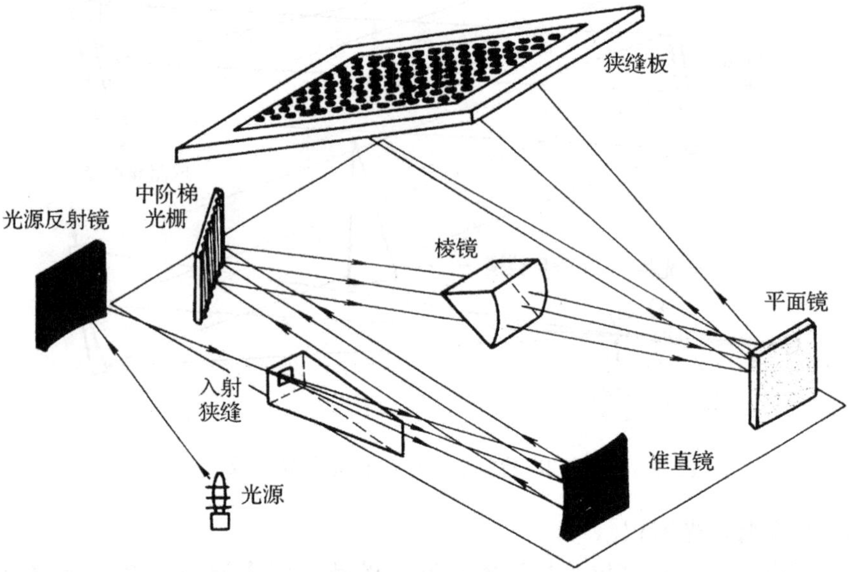

图 11.10 扫描中阶梯光栅光谱仪光路图

3. 摄谱仪

(1) 棱镜摄谱仪

根据棱镜色散率大小,分为大型、中型和小型三种摄谱仪.中型石英摄谱仪的光路图如图 11.11 所示.由光源 B 产生的光经过三透镜 L_1,L_2,L_3 组成的照明系统均匀地聚焦在狭缝 S 上.该入射光经准光系统的准直镜 Q_1 后,成为平行光照射至棱镜 P,并经棱镜色散成为单色光.最后由测量系统的照相物镜 Q_2 将单色光聚焦在感光板上,形成按波长顺序排列的光谱.

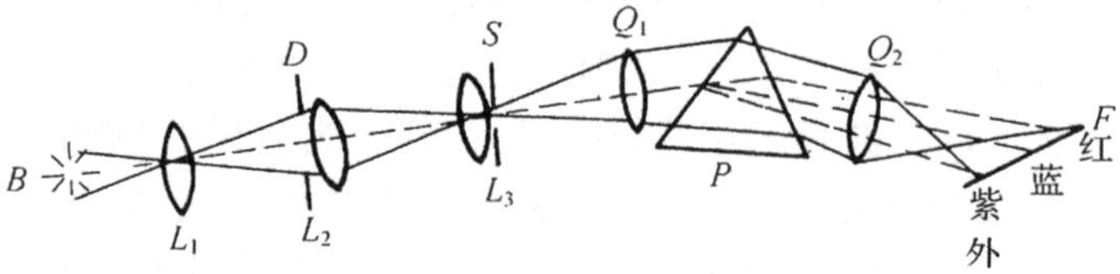

图 11.11 中型摄谱仪光学系统图

通常,检查仪器的分辨率以能否分开 Fe 310.067,310.037 和 309.997nm 的三条谱线来评价:

$$R=\frac{\bar{\lambda}}{\Delta\lambda}=\frac{310.0}{0.030}>10\ 000 \tag{11.10}$$

即分辨率大于 10 000 时才能将此三条谱线分开.

(2) 光栅摄谱仪

它用平面反射光栅作为色散元件.图 11.12 是平面光栅摄谱仪的光路图.由光源 B 产生的光经三透镜照明系统 L 及狭缝 S 投射到反射镜 P_1,经 P_1 反射后折向球面反射镜 M 下方的准直镜 Q_1 成为平行光,再经光栅 G 衍射成单色光束,不同波长的光经球面反射镜 M 上方的照相物镜 Q_2 聚焦在感光板 F 上,形成按波长顺序排列的光谱.

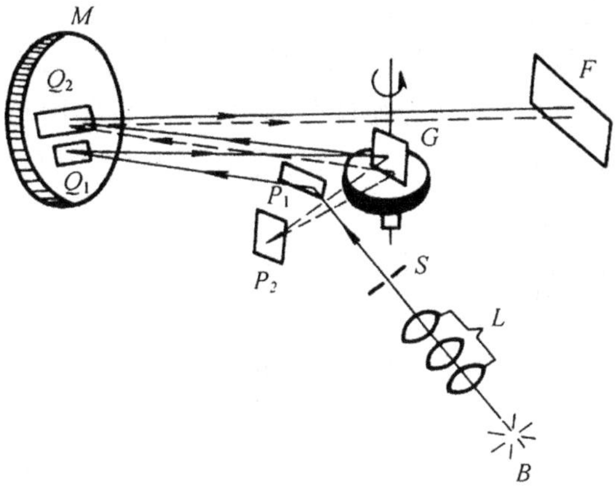

图 11.12　平面光栅摄谱仪光路图

将光栅转动可改变光栅的入射角,用来获得需要的波长范围和光谱级次.

(3) 谱线强度的测量

摄谱仪用感光板记录光谱.感光板放置在摄谱仪焦面上,一次曝光可以永久记录光谱的许多谱线.感光板感光后经显影、定影处理,呈现出黑色条纹状的光谱图.

用映谱仪观测谱线的位置进行光谱定性分析,用测微光度计测量谱线的黑度进行光谱定量分析.

11.3　分析方法

11.3.1　光谱定性分析

不同元素的原子由于结构不同而发射各自不同的特征光谱.根据元素的特征

谱线可以确定该元素是否存在于样品中.

1. 分析线的选择

一般元素都有许多条特征谱线，分析时，不必将所有谱线都一一检出，只需要检出该元素的二条以上的灵敏线或最后线，就可以确定该元素的存在.灵敏线一般是元素的共振线.共振线由于激发电位低，发射强度大因而能灵敏指示元素的存在.最后线是指随样品中元素的含量逐渐减少，谱线强度逐渐降低，到元素含量很少时，最后消失的谱线，最后线通常是元素的最灵敏线.所以光谱定性分析就是选择元素的灵敏线或最后线作为分析谱线判断元素的存在.

2. 定性分析方法

(1)用光电直读光谱法可直接确定元素的含量及存在；

(2)用摄谱法把谱线摄谱到感光板上，然后进行分析.通常将试样与标样在相同条件下并列摄谱或(和)将试样与纯铁并列摄谱，然后采用与标准试样比较或与铁光谱比较的方法来确定元素的存在.前者适用于几个元素的定性分析，后者适用于多个元素的定性分析.

11.3.2 光谱半定量分析

光谱半定量分析主要是用于摄谱法、通常采用谱线强度比较法.在相同实验条件下，把试样与一系列不同含量的标准样品摄谱在同一感光板上.然后将摄得的谱片置于光谱投影仪上，目测两者的灵敏线的黑度，由此得出试样中被测成分的含量.

11.3.3 光谱定量分析

目前，光谱定量分析主要使用光电直读光谱法，整个测量过程一般由计算机控制，能自动打印出分析结果，样品的测量可在几分钟内完成.

摄谱法首先需要把样品摄谱到光谱干板上，再进行显影定影，然后在映谱仪上对照标准谱图标识谱线，并在测微光度计上测量谱线的黑度，最后根据谱线的黑度确定元素的含量.整个分析过程约需 2～3h.

1. 赛伯-罗马金公式

光谱定量分析是根据试样中被测元素的特征谱线的强度(I)来确定其浓度.由赛伯-罗马金公式(10.11)得

$$\lg I = b\lg c + \lg a \tag{11.11}$$

式中：a 与试样的蒸发、激发过程以及试样的组成有关；b 与试样的含量、谱线的自吸有关，称为自吸系数.

以 $\lg I$ 为纵坐标，$\lg c$ 为横坐标作图得一校准曲线，在一定浓度范围内呈直线. 在高浓度时，$b<1$，曲线发生弯曲.

在赛伯-罗马金公式 $I=ac^b$ 中，自吸系数 b 随浓度 c 增加而减小. 当浓度很小时，$b=1$，无自吸现象. 在光源的弧焰中，弧焰中心的温度最高，边缘的温度比较低，因此在弧焰边缘，处于基态的同类气态原子较多. 当弧焰中心的激发态原子发射的光通过弧焰边缘时，就被同类基态原子吸收，导致谱线中心强度减弱. 这种现象称为自吸现象. 弧焰层越厚，焰弧中气态原子浓度越大，则自吸现象越严重. 自吸现象严重时，谱线中心的辐射完全被吸收，这种现象称为自蚀，其谱线称为自蚀线. 严重的自蚀形成双线，如图 11.13 所示，在光谱波长表中自吸线用 γ 表示，自蚀线用 R 表示.

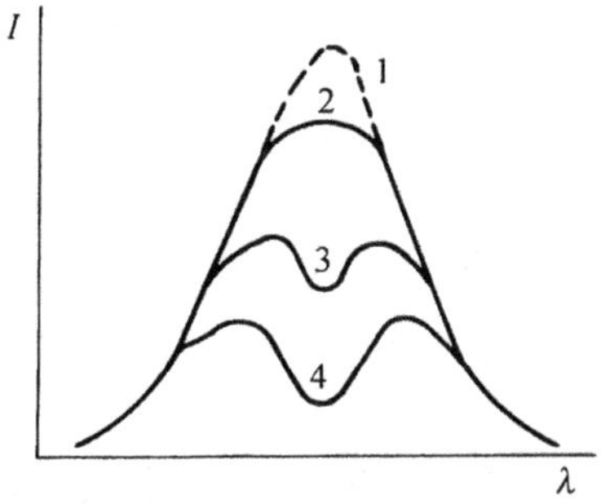

图 11.13　自吸与自蚀

1. 无自吸；2. 自吸；3,4. 自蚀.

在光谱分析中，影响谱线强度的主要因素是蒸发参数和激发温度. 蒸发参数影响等离子区原子的总浓度，激发温度影响等离子区激发的原子数.

蒸发参数与被蒸发物质的沸点、熔点以及试样的蒸发温度等因素有关. 通常被蒸发物质的沸点越低，越易挥发. 试样的蒸发温度决定于激发光源的温度、试样的组成以及电极的材料和形状.

试样的蒸发与激发条件，以及试样的组成等都会影响谱线的强度. 在实际工作中要完全控制这些因素有一定的困难. 因此，用测量谱线的绝对强度进行定量分析，难以获得准确的结果，因而采用内标法.

2. 内标法

内标法是以测量谱线的相对强度来进行光谱定量分析的方法. 测定时，选择一条分析线和一条内标线组成分析线对，以分析线和内标线的强度比（即相对强度）对被测元素的含量绘制工作曲线进行光谱定量. 提供内标线的元素称为内标元素. 内标元素可以是基体元素，也可以是外加一定量的其他元素.

设被测元素的浓度为 c，分析线的强度为 I，则

$$I=ac^b$$

内标元素的浓度为 c_1，内标线的强度为 I_1，则

$$I_1=a_1c_1^{b_1}$$

因此,分析线对的强度比为

$$\frac{I}{I_1}=\frac{ac^b}{a_1c_1^{b_1}} \tag{11.12}$$

假定内标元素的含量一定,且无自吸,因此,内标线的强度为常数.式(11.12)变为

$$R=\frac{I}{I_1}=Kc^b \tag{11.13}$$

对上式取对数:

$$\lg R=b\lg c+\lg K \tag{11.14}$$

该式为内标法光谱定量分析的基本公式.

选择内标元素和分析线对时应注意:

(1) 若内标元素是外加的,在分析试样中,该元素的含量应极微或不存在.

(2) 被测元素和内标元素的蒸发性质应相近.

(3) 分析线和内标线的激发电位和电离电位应尽量接近.激发电位和电离电位相等的谱线称为"均称线对".

(4) 分析线和内标线的波长及强度应接近.

(5) 分析线和内标线应无自吸或自吸极小,并且不受其他元素的干扰.

在实际工作中,选择完全合乎以上要求的分析线对是不容易的,只能大致符合以上要求.因此,采用内标法进行光谱定量分析时也应严格控制光谱分析的条件.

3. 光谱定量分析方法

在实际分析工作中,常用的光谱定量分析方法有校准曲线法和标准加入法.

(1) 校准曲线法

又称三标准试样法.校准曲线法是指在分析时,配制一系列被测元素的标准品(不少于三个),将标准样品和试样置于相同的实验条件下,测量分析线或分析线对的强度(或黑度),以强度或强度的对数值对浓度或浓度的对数值作校准曲线,并由该校准曲线求出试样中被测元素的含量.

①光电直读光谱法

光电直读光谱法主要使用 ICP 作为激发光源.一般将样品制备成水溶液或有机溶液.由于使用溶液样品喷雾,因此样品的均匀性与基体效应对试样蒸发和挥发的影响大大改善.在多通道光谱仪器中,每个通道检测一种元素,各通道元素的谱线强度与浓度的关系按公式(11.11)或(11.14)求得相关参数储存于计算机中,从而在计算机中形成一个参数矩阵表.在不同实验条件的测量中,可以先通过测定三个标准样品修改矩阵表中的参数.然后进行试样测定,最后计算机根据矩阵表中各

元素的相关参数，自动计算并打印出试样中各元素的浓度或含量. 使用内标法时，由计算机将指定的元素通道设定为内标通道，分析时按公式(11.14)确定的矩阵参数表.

②摄谱法

将标准样品和试样在同一感光板上摄谱、曝光，并经显影、定影后，形成的谱线就呈现在感光板上，其谱线变黑的程度称为黑度. 测量试样和标准样品的分析线对黑度值差，然后将标准样品的黑度值差与其含量的对数值 $\lg c$ 绘制校准曲线. 再由试样的分析线对黑度值差，从校准曲线上查出试样中被测元素的含量.

(2) 标准加入法

又称增量法. 在测定微量元素时，若不易找到不含被分析元素的物质作为配制标准样品的基体，此时可以在试样中加入不同已知量的被分析元素来测定试样中的未知元素的含量，这种方法称为标准加入法.

设试样中被分析元素的含量为 c_x，在试样中加入不同已知浓度 $c_1, c_2, c_3, \cdots, c_i$ 的该元素，然后在同一实验条件下测量分析线对的相对强度 R，以 R 对不同浓度 c_i 作图得到一直线，如图 11.14 所示. 将直线外推，与横坐标相交的截距绝对值为试样中分析元素的含量 c_x. 根据式(11.13)：

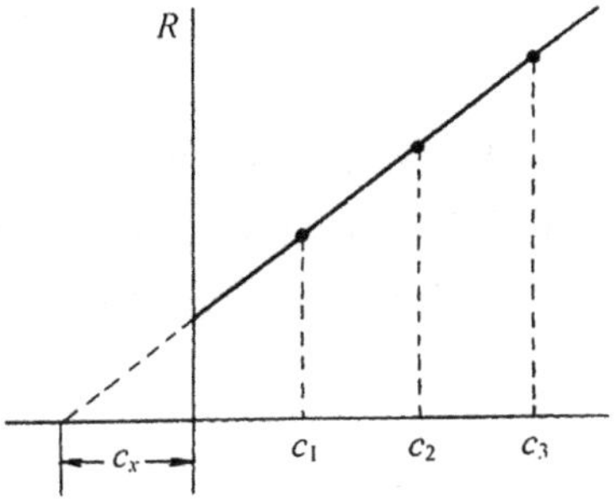

图 11.14　标准加入法

$$R = \frac{I}{I_1} = kc^b$$

在 $b = 1$ 时

$$R = k(c_x + c_i)$$

当 $R = 0$ 时

$$c_x = -c_i \tag{11.15}$$

4. 基体效应

在发射光谱分析中，试样基体组成的改变会影响被测元素的谱线强度，这种效应称为基体效应，或称“第三”元素的影响. 为了减小这种影响，常常在试样中加入一种物质，使试样稀释以达到电弧燃烧稳定，控制弧焰温度的作用. 这种物质称为光谱缓冲剂. 常用的光谱缓冲剂有碱金属、碱土金属盐类，如 $NaCl$，KCl，Na_2CO_3 和 $CaCO_3$ 等，炭粉、碱金属的卤化物、$AgCl$、NH_4Cl 以及低熔点的 B_2O_3、硼砂、硼酸等.

对难熔物质可加入低熔点的 B_2O_3 等，使试样熔点降低，减小试样组成的变化以抑制基体效应.

对难挥发物质 Nb，Ta，Ti，Zr，Hf 等，加入碱金属卤化物或 AgCl，生成易挥发的氯化物，增强分析元素的谱线强度或抑制基体谱线的出现，提高了微量元素测定的灵敏度，加入的这种物质称为光谱载体.

在实际应用上，光谱缓冲剂和光谱载体并无严格的界限.

11.4 应 用

原子发射光谱分析除有机物及大部分非金属元素外，约有 70 多种元素可以测定.

原子发射光谱分析可用于定性和定量测定. 它能同时测定多种成分的含量，分析速度快、试样的消耗量少、灵敏度高，适宜于低含量或痕量物质的分析，检测限达 10^{-9}g/ml；精密度较好，相对标准偏差约 5%～20%.

习 题

1. 光谱项的意义是什么？
2. Na 原子的下列光谱项间哪个能发生跃迁？说明其理由.

   (1) $3^2S_{1/2}-4^2S_{1/2}$　　(2) $3^2P_{1/2}-4^2D_{5/2}$

   (3) $3^2S_{1/2}-3^2D_{5/2}$　　(4) $3^2S_{1/2}-3^2P_{1/2}$
3. 光谱分析常用的激发光源有哪几种？比较它们各自的特点.
4. ICP 光源的特点是什么？
5. 简述光谱定量分析内标法的原理.
6. 发射光谱分析中，如何选择分析线及分析线对？
7. 试比较多通道光电直读光谱仪与单通道扫描光电直读光谱仪的特点.

第十二章　原子吸收光谱法

基本要求：

1. 了解影响原子吸收谱线轮廓的因素；
2. 理解峰值吸收与积分吸收的关系；
3. 理解火焰原子化的基本过程；
4. 了解原子吸收光谱法的仪器及光源特点；
5. 掌握原子吸收光谱法的分析方法及实验条件选择原则.

原子吸收光谱法(atomic absorption spectrometry, AAS)是澳大利亚物理学家A.Walsh在1953年建议使用的原子光谱分析方法.早在1802年,人们就观察到原子吸收现象.1955年,Walsh的论文从理论上探讨了这种方法,为原子吸收光谱法作为一种新的极有用的分析方法奠定了基础.原子吸收光谱法已成为一种重要的痕量分析方法.它可测定70多种元素,且准确、快速,应用广泛.

此外,本章还介绍了原子荧光光谱法.

12.1　基本原理

12.1.1　原子吸收过程

原子吸收的过程及原子吸收光谱分析的仪器装置如图12.1所示.试液喷成细雾,与燃气在雾化器中混合送至燃烧器,被测元素在火焰中转化为原子蒸气.气态

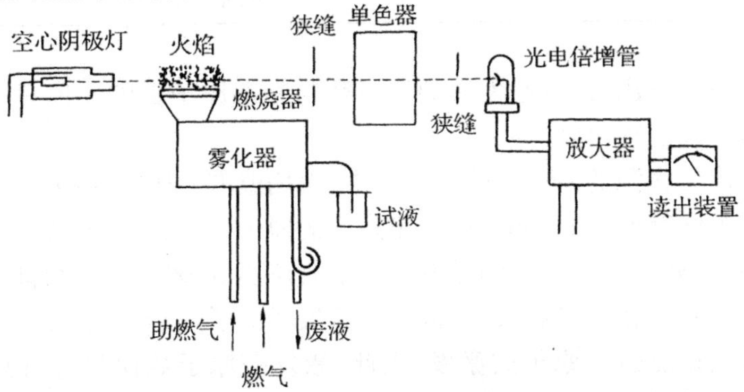

图12.1　原子吸收光谱法原理图

的基态原子吸收从光源(空心阴极灯)发射出的与被测元素吸收波长相同的特征谱线,使该谱线的强度减弱,再经单色器分光后,由光电倍增管接收,并经放大器放大,从读出装置中显示出吸光度值或光谱图.

气态的基态原子对特征谱线的吸收是原子吸收光谱的基础.在一定温度下,处于热动平衡的基态原子数 N_o 和激发态原子数 N_i 的比值服从玻耳兹曼公式:

$$\frac{N_i}{N_o}=\frac{g_i}{g_o}e^{\frac{-\Delta E}{kT}}$$

由该式可知:

(1) 当大量原子达到热动平衡时,基态原子数总是大于激发态原子数,$N_o>N_i$;

(2) 温度 T 越高,ΔE 越小,$\frac{N_i}{N_o}$的比值就越大.

表 12.1 为不同温度下一些元素的共振线的$\frac{N_i}{N_o}$值.

表 12.1 不同温度下一些元素的$\frac{N_i}{N_o}$值

共振线/nm	g_i/g_o	ΔE/eV	N_i/N_o	
			T=2000K	T=3000K
Cs 852.1	2	1.45	4.44×10^{-4}	7.24×10^{-3}
Na 589.0	2	2.10	9.86×10^{-6}	5.88×10^{-4}
Ca 422.7	3	2.93	1.21×10^{-7}	3.69×10^{-5}
Fe 372.0		3.33	2.29×10^{-9}	1.31×10^{-6}
Cu 324.8	2	3.82	4.82×10^{-10}	6.65×10^{-7}
Mg 285.2	3	4.35	3.35×10^{-11}	1.50×10^{-7}
Zn 213.9	3	5.80	7.45×10^{-15}	5.50×10^{-10}

从表中可以看出,最低激发态的原子数与基态原子数的比值只有在高温和长波长共振线时才变得可观.

在采用火焰光源的原子吸收光谱法中,火焰温度一般约 3000K,而且大多数元素的最强共振线都低于 600nm,所以激发态的原子数 N_i 还不到基态原子数 N_o 的 1%,甚至更少.处于更高能级的激发态原子数还要少.若将所有可能的激发态原子数累加起来,与 N_o相比仍然很小.以上讨论仅考虑了热动平衡,而在火焰中的自由电子和紫外光也能引起原子的激发,因此,激发态原子数比只考虑热动平衡时要大.但是,即使激发态原子数增加 10 倍,基态原子数的比例还是相当大.因此,在原子吸收光谱中,可以将 N_0 视作被测元素的原子总数 N.

12.1.2　谱线的轮廓及其影响因素

若将一束不同频率,强度为 I_0 的平行光通过厚度为 1cm 的原子蒸气时(图 12.2),一部分光被吸收,而透射光的强度 I_ν 仍服从比尔定律:

$$I_\nu = I_0 e^{-K_\nu l} \qquad (12.1)$$

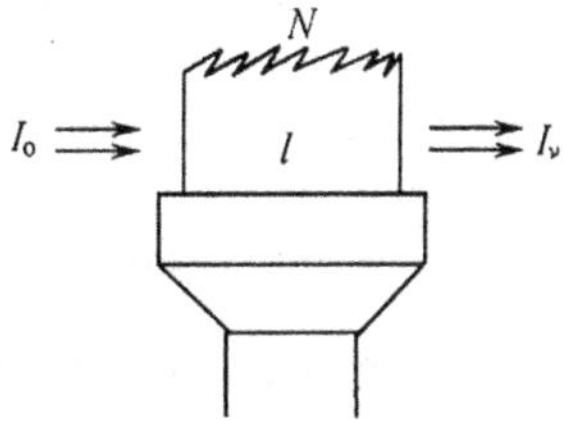

图 12.2　基态原子对光的吸收

式中,K_ν 是基态原子对频率为 ν 的光的吸收系数,基态原子对光的吸收有选择性,吸收系数 K_ν 是光源的辐射频率 ν 的函数. 因此,透射光的强度 I_ν 随光的频率而变化,如图 12.3 所示. 该图表明在频率 ν_0 处,透射的光最少,即吸收最大. 因此,频率 ν_0 处为基态原子的最大吸收,ν_0 是谱线的中心频率或峰值频率.

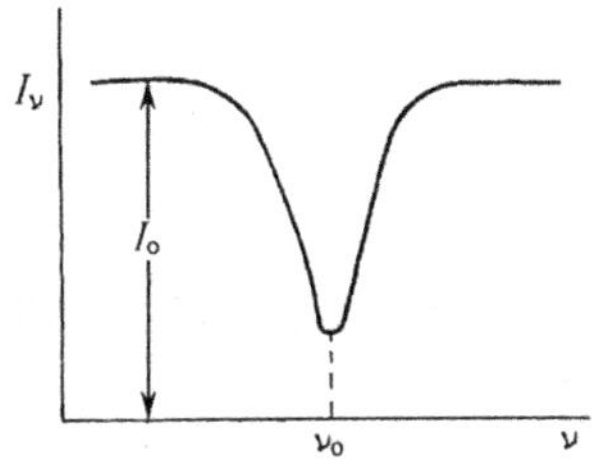

图 12.3　I_ν 与 ν 曲线

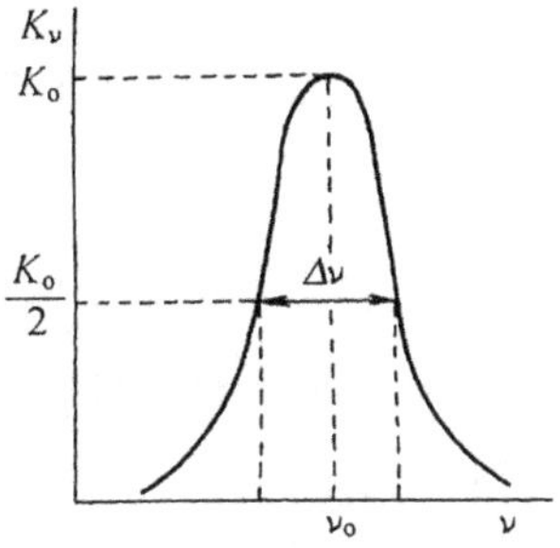

图 12.4　吸收线轮廓

若将吸收系数 K_ν 对频率 ν 作图得一曲线(见图 12.4),该曲线的形状称为吸收线的轮廓. 在频率 ν_0 处 K_ν 有极大值 K_0,K_0 称为峰值吸收系数或中心吸收系数. 吸收线具有一定的宽度. K_ν 等于峰值吸收系数值一半时所对应的吸收线轮廓上两点间的距离称为吸收线的半宽度,以 $\Delta\nu$ 表示. $\Delta\nu$ 的大小直接反映了吸收线的宽度. 原子吸收线的半宽度约为 0.001～0.005nm,比分子吸收带的半宽度(约 50nm)要小得多.

无论是原子发射线还是吸收线,谱线都有一定的宽度. 这主要是由原子的性质以及外界因素引起的,影响谱线宽度的因素有:

1. 自然宽度

无外界影响时谱线具有的宽度称为自然宽度. 处于每一能级的激发态原子有一定的寿命,它决定了谱线固有宽度,其大小一般在 10^{-5}nm 数量级.

2. 多普勒(Doppler)变宽

它与原子无规则的热运动有关,故又称热变宽,其变宽程度($\Delta\nu_D$)可表示为

$$\Delta\nu_D = \frac{2\nu_0}{c}\sqrt{\frac{2(\ln 2)RT}{M}} = 0.716\times 10^{-6}\nu_0\sqrt{\frac{T}{M}} \tag{12.2}$$

式中:c 为光速;R 为气体常量;T 为绝对温度;M 为相对原子质量;ν_0 为中心频率.

该式表明,$\Delta\nu_D$ 与 $T^{\frac{1}{2}}$ 成正比,与 $M^{\frac{1}{2}}$ 成反比,而与压力无关.原子吸收光谱的火焰光源温度一般在 1500~3000K,温度的微小变化对吸收线宽度的影响比较小.若被测元素的相对原子质量越小,温度越高,则多普勒变宽就越大.

多普勒变宽时,中心频率无位移,只是两侧对称变宽,但 K_0 值减小.对吸收系数积分值无影响.

3. 洛伦兹(Lorentz)变宽

它是由于原子同其他外来粒子(原子、分子、电子、离子)相互碰撞而产生.变宽的程度($\Delta\nu_L$)随气体压力 p 增加而增大,故又称压力变宽.它可表示为

$$\Delta\nu_L = 2N_A\sigma^2 p\sqrt{\frac{2}{\pi RT}\left(\frac{1}{A}+\frac{1}{M}\right)} \tag{12.3}$$

式中:N_A 为阿伏伽德罗常量;σ 为碰撞截面积;A 和 M 分别为外来粒子和被测元素的相对原子质量.

应该指出,洛伦兹变宽使中心频率位移,谱线轮廓不对称.这样,使空心阴极灯发射的发射线和基态原子的吸收线产生错位,影响了原子吸收光谱分析的灵敏度.

在 1500~3000K 温度间,外来气体压力在约 1.013×10^5Pa 时,谱线变宽主要受多普勒和洛伦兹变宽的影响,两者具有相同的数量级,约为 0.001~0.005nm.采用火焰原子化装置时,$\Delta\nu_L$ 是主要的;采用无火焰原子化装置时,若共存原子浓度很低,则 $\Delta\nu_D$ 是主要的.

谱线变宽除受以上因素影响外,还有赫尔兹马克(Holtsmark)变宽和场致变宽.赫尔兹马克变宽是由同种原子碰撞产生的,又称共振变宽.场致变宽包括由外部电场或由带电粒子、离子形成的电场所产生的斯塔克(Stark)变宽,以及由磁场产生的塞曼(Zeeman)效应.

4. 自吸与自蚀

由于光源空心阴极灯阴极周围的同种气态基态原子吸收了由阴极发射出的共振线,从而导致与发射光谱相类似的自吸或自蚀现象.当灯电流或被测物质浓度大时,自吸与自蚀现象更显著.

12.1.3　原子吸收的测量

1. 积分吸收

积分吸收就是将图 12.4 中吸收线轮廓所包含的吸收系数进行积分，从而代表总的吸收．其数学表达式为

$$\int K_\nu \mathrm{d}\nu = \frac{\pi e^2}{mc} f N_o \tag{12.4}$$

式中，e 为电子的电荷；c 为光速；m 为电子质量；N_o 为单位体积内基态原子数；f 为吸收振子强度，它表示每个原子中能够吸收（或发射）特定频率光的平均电子数．f 与能级间跃迁概率有关，它反映了谱线的强度，在一定的条件下对一定的元素可视为定值．

在一定条件下，$\frac{\pi e^2}{mc} f$ 为常数，则

$$\int K_\nu \mathrm{d}\nu = k N_o \tag{12.5}$$

这是原子吸收光谱分析的理论基础．

若能够测量吸收系数积分值，则可求得被测元素的浓度．然而在实际工作中，要测量出半宽度只有 0.001 ～ 0.005nm 的原子吸收线的吸收系数积分值，所需单色器的分辨率（设波长为 500nm）为 $R = \frac{500}{0.001} = 500\,000$．这是难以达到的．若采用连续光源时，把半宽度如此窄的原子吸收轮廓叠加在半宽度很宽的光源发射线轮廓上，这样，实际被吸的能量相对于发射线的总能量来说极其微小，在这种条件下要准确记录信噪比十分困难．因此，原子吸收光谱分析的应用一直未能成功．直到 1955 年，A. Walsh 提出以锐线光源为激发光源，用测量峰值吸收系数的方法代替吸收系数积分值才得到了解决．

锐线光源是指发射线半宽度很窄的光源．

2. 峰值吸收

若仅考虑原子的热运动，并且吸收线的轮廓取决于 Doppler 变宽，则吸收系数为

$$K_\nu = K_o e^{-\left[\frac{2(\nu-\nu_o)\sqrt{\ln 2}}{\Delta\nu_D}\right]^2} \tag{12.6}$$

积分上式得

$$\int_0^\infty K_\nu \mathrm{d}\nu = \frac{1}{2}\sqrt{\frac{\pi}{\ln 2}} \cdot K_o \Delta\nu_D \tag{12.7}$$

与式(12.4)结合得

$$K_o = \frac{2}{\Delta\nu_D}\sqrt{\frac{\ln 2}{\pi}} \cdot \frac{\pi e^2}{mc} \cdot N_o f \tag{12.8}$$

为了测定峰值 K_o 值,必须用锐线光源代替连续光源,也就是说,必须有一个与吸收线中心频率 ν_o 相同、半宽度比吸收线更窄的发射线作为光源,如图 12.5 所示. 实验中用空心阴极灯作为锐线光源.

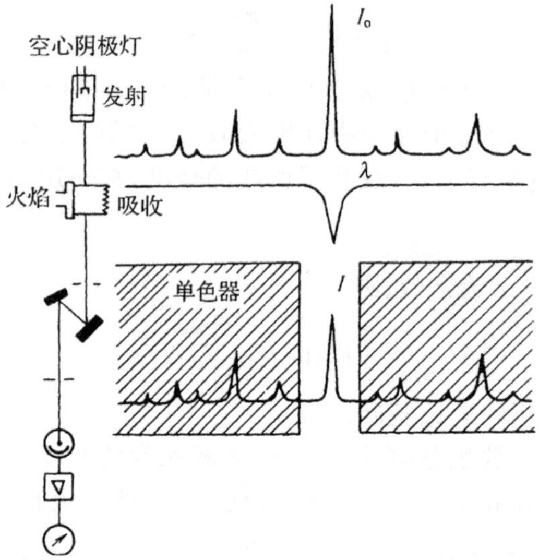

图 12.5　原子吸收的测量

根据吸收定律:

$$A = \lg \frac{I_o}{I_\nu}$$

式中,I_o 和 I_ν 分别为在 $\Delta\nu$ 频率范围内入射光和透射光的强度,则

$$I_o = \int_0^{\Delta\nu} I \mathrm{d}\nu$$

$$I_\nu = \int_0^{\Delta\nu} I e^{-K\nu l} \mathrm{d}\nu$$

由于使用锐线光源,$\Delta\nu$ 很小. 在 $\Delta\nu$ 范围内可近似地将 K_ν 作为常数,与频率变化无关,用峰值吸收系数 K_o 代替吸收系数 K_ν,结合以上三式得

$$A = \lg \frac{I_o}{I_\nu} = \lg \frac{\int_0^{\Delta\nu} I \mathrm{d}\nu}{\int_0^{\Delta\nu} I e^{-K\nu l} \mathrm{d}\nu} = \lg \frac{\int_0^{\Delta\nu} I \mathrm{d}\nu}{e^{-K\nu l}\int_0^{\Delta\nu} I \mathrm{d}\nu} = 0.4343 K_o l \tag{12.9}$$

将式(12.8)的 K_0 值代入上式得

$$A=\left[0.4343\frac{2}{\Delta\nu_D}\sqrt{\frac{\ln 2}{\pi}}\cdot\frac{\pi e^2}{mc}\cdot fl\right]N_0 \tag{12.10}$$

在一定条件下,上式中括号内的参数为定值,则

$$A=kN_0 \tag{12.11}$$

在原子吸收光谱中,单位体积内被测元素的基态原子数 N_0 近似地等于总原子数 N,则总原子数 N 与被测元素的浓度 c 成比例:

$$N\propto c \tag{12.12}$$

由式(12.11)和(12.12)得

$$A=Kc \tag{12.13}$$

该式是原子吸收光谱分析的定量基础,它只适用于低浓度试样的测定.

12.2 原子吸收分光光度计

原子吸收分光光度计由光源、原子化系统、单色器、检测器和读出装置等部分组成,如图 12.6 所示.

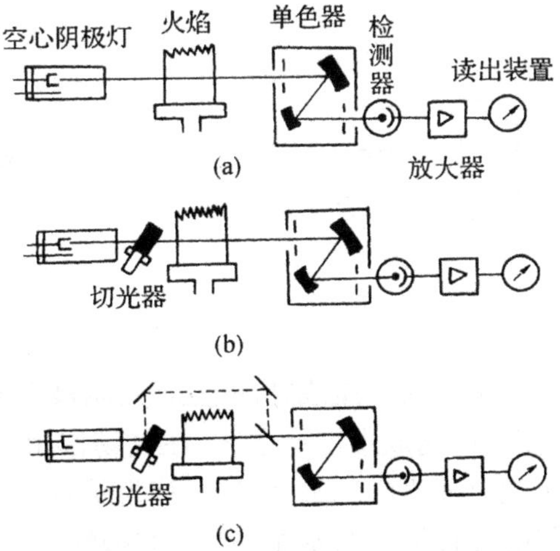

图 12.6　原子吸收分光光度计示意图

(a),(b)单道单光束;(c)单道双光束.

图 12.6 中 a 和 b 是单道单光束型仪器,它只有一个空心阴极灯、一个光束、一个单色器和检测器.这类仪器结构简单、操作方便,但它会受到光源不稳定的影响

而引起基线漂移.为了消除来自火焰发射的辐射线的干扰,空心阴极灯的电源采用脉冲供电,或使用机械扇形板切光器,将光束调制成具有固定频率的辐射通过火焰,从而在检测器中得到的是交流信号.由于火焰发射的辐射属直流信号,通过交流放大器可将它们分开,达到消除发射背景的影响.

双光束型仪器见图 12.6 c.空心阴极灯发出的光束被切光器分成一束测量光(通过火焰)和一束参比光(绕过火焰),这两束光被火焰后面的反射镜反射后交替地进入同一单色器和检测器.检测器将接收到的脉冲信号进行光电转换,并由放大器放大,最后用读出装置显示.由于两光束来源于同一个光源,光源的漂移通过参比光束的作用而得到补偿,所以,能获得一个稳定的输出信号.

12.2.1 光源

原子吸收光谱法要求锐线光源发射的被测元素共振线的半宽度小于吸收线的半宽度,辐射强度大,稳定性高和背景小.目前普遍使用的锐线光源是空心阴极灯,此外还有高频无极放电灯、蒸气放电灯等.

空心阴极灯的结构如图 12.7 所示.它是一种阴极呈空心圆柱形的气体放电管,在阴极内腔衬上或熔入被测元素的金属或它的化合物.阳极材料用钨、镍、钛或钽等有吸气性能的金属制成.灯内充有一定压力的惰性气体或氖或氩,这种气体也称载气.

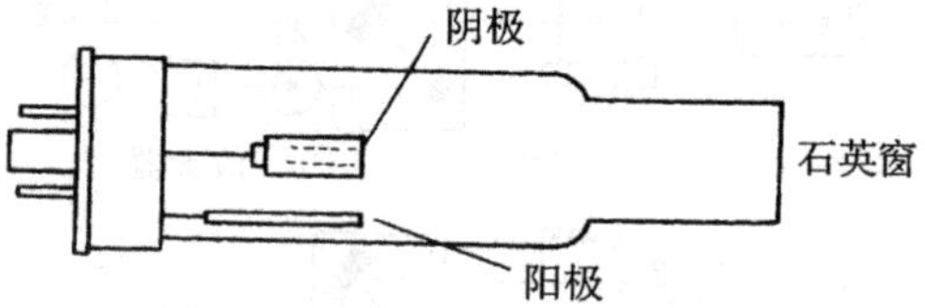

图 12.7 空心阴极灯

在阴极和阳极之间施加直流电压或脉冲电压后,阴极发射出的电子流向阳极,碰撞充入的载气原子,使它电离放出二次电子.在电场作用下,载气离子有足够的动能从阴极表面轰击出被测元素的原子,该过程称为溅射.溅射出来的原子再与载气的原子、离子和电子碰撞,使原子激发而发射出共振线.

空心阴极灯发射的共振线强度和半宽度与电极的材料、构造及供电方式等因素有关,还与灯电流、载气种类和压力有关.灯电流小,热变宽及自吸现象小.灯内载气压力约 133～266Pa,压力变宽也可忽略.因此,由空心阴极灯发射出的共振线半宽度很窄,且以热变宽为主.如果提高灯电流,将会增大热变宽和自蚀,使谱线强度减弱,对测定不利.

12.2.2　原子化系统

原子吸收光谱分析必须将被测元素的原子转化为原子蒸气，即原子化. 被测元素原子化的方法有火焰原子化和非火焰原子化等方法. 火焰原子化法利用火焰热能使试样转化为气态原子. 非火焰原子化法利用电加热或化学还原等方式使试样转化为气态原子.

1. 火焰原子化

它的装置如图 12.8 所示，包括喷雾器、雾化器和燃烧器三部分. 燃烧器有全消耗型和预混合型两种. 全消耗型燃烧器是将试液直接喷入火焰，也称紊流燃烧器. 预混合型燃烧器也称层流燃烧器，它用喷雾器将试液雾化，在雾化器中除去较大的雾滴后，再喷入火焰. 一般原子吸收分光光度计中采用预混合型燃烧器.

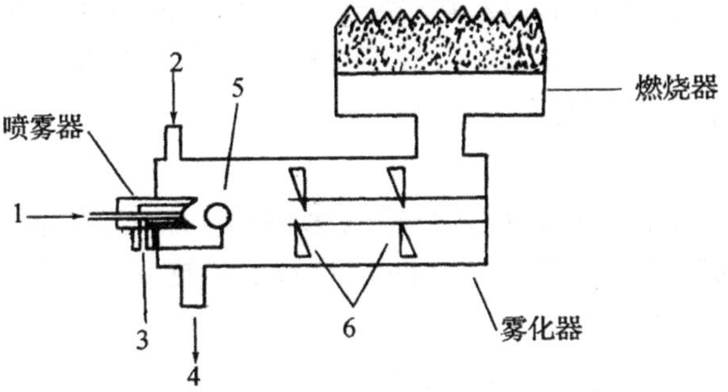

图 12.8　预混合型燃烧器

1. 试液; 2. 燃料气体; 3. 助燃气体; 4. 废水; 5. 撞击球; 6. 扰流器.

(1) 喷雾器

图 12.8 中的喷雾器是一种气动同心型喷雾器. 它的作用是使试液雾化成细小的雾滴，生成的雾滴随气流运动并被加速，形成粒子直径为微米级的气溶胶. 气溶胶粒子的直径越小，在火焰中生成的基态原子就越多.

(2) 雾化器

它的作用是使气溶胶粒度更小、更均匀，使燃气、助燃气充分混合. 因此，在雾化室中装有撞击球和扰流器.

雾化器的记忆效应要小，记忆效应也称残留效应. 它是指将试液喷雾后，立即用蒸馏水喷雾，仪器读数返回至零点或基线的时间. 记忆效应小，仪器返回基线的时间短.

为了降低记忆效应，雾化室内壁的浸水性要好；雾化器本身要稍有倾斜，便于让未雾化的废液排出，废液排出管须用水封，否则会引起火焰不稳定，甚至回火.

(3) 燃烧器

它用不锈钢制成，有单缝和三缝燃烧器，常用的是单缝燃烧器. 气溶胶进入燃烧器，在火焰中干燥、蒸发和原子化. 对燃烧器的要求是火焰稳定、原子化效率高、吸收光程长和噪声小. 燃烧器应能旋转一定角度，其高度能调节，便于选择合适的位置.

火焰由燃气(燃料气体)和助燃气燃烧而形成. 火焰按燃气与助燃气的比例(燃助比)不同，可分为化学计量火焰、富燃火焰及贫燃火焰三类.

(4)化学计量火焰

也称中性火焰. 燃助比与化学计量关系接近. 这类火焰层次清晰、温度高、稳定、干扰少. 许多元素可采用这类火焰. 以乙炔-空气为例，燃助比为1:4.

(5)富燃火焰

燃助比超过化学计量焰，以乙炔-空气为例约1:3. 这类火焰中有大量燃气未燃烧完全，含有较多的碳、CH基等，故温度略低于化学计量焰，具有还原性，适用于易形成难离解氧化物的元素的测定.

(6)贫燃火焰

燃助比小于化学计量焰，以乙炔-空气为例约1:6，燃烧完全，氧化性强. 由于助燃气充分，冷的助燃气带走火焰中的热量，火焰温度降低. 适宜于易离解、易电离的元素，如碱金属元素的测定.

几种化学计量火焰的燃烧特性见表12.2.

表 12.2 几种常用火焰的特性

燃 气	助燃气	燃烧速度/$cm \cdot s^{-1}$	温度/℃
乙 炔	空 气	160～266(160)	2400
乙 炔	氧化亚氮	260	2800
乙 炔	氧 气	800～2480(1100)	3140
氢 气	空 气	324～440	2045
氢 气	氧化亚氮	390	2690
氢 气	氧 气	900～3680(2000)	2660
丙 烷	空 气	43	1925

选择火焰时应注意火焰的以下特性：

①火焰温度

合适的火焰温度有利于试样的原子化. 温度过高会使激发态原子增加而基态原子减少.

②火焰对光的吸收

不同火焰在短波长范围内对光的吸收如图 12.9 所示. 若原子吸收光谱分析在短波长范围内测定时,应考虑火焰本身对光的吸收,如用 Se 196.1nm 的吸收线测定硒,应采用氢气-空气或氢气-氩气(空气),而不用乙炔-空气.

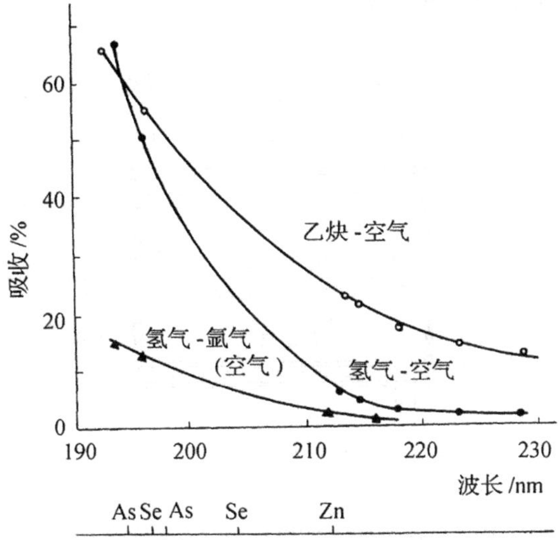

图 12.9　几种火焰对光的吸收与波长关系

③燃烧速度

它是指着火点向可燃混合气其他点的传播速度($cm \cdot s^{-1}$). 为了获得稳定的火焰,可燃混合气的供气速度应大于燃烧速度. 但若供气速度过大,会使火焰不稳定,甚至使火焰吹熄;若供气速度过小,会使火焰产生回闪.

原子吸收光谱分析中,常用的火焰是乙炔-空气火焰. 它能用于 30 多种元素的测定,但在短波长范围内有吸收. 乙炔-氧化亚氮火焰温度高,它能用于 70 多种元素的测定,尤其适合于难原子化元素的测定.

2. 非火焰原子化

它可采用管式石墨炉原子化器以及还原气化和热分解等方法.

(1) 管式石墨炉原子化器

它由加热电源、惰性气体保护系统和石墨管炉组成,装置如图 12.10 所示. 石墨管长约 50mm,内径 5mm. 试样以溶液(5～100μl)或固体(几毫克)放入石墨管中,在 Ar 或 N_2 惰性气体保护下分步升温加热,使试样干燥、灰化(或分解)和原子化,如图 12.11 所示. 在干燥过程中,于 105～120℃下加热以蒸发溶剂. 溶剂的蒸发必须慢而平稳，以避免飞溅而损失. 灰化过程主要是除去易挥发的基体和有机物等干扰物质. 干燥和灰化约 20～45s. 原子化时，升高温度至最佳原子化温度，原子化约 3～10s，使试样成为基态自由原子，并观察响应的吸收信号. 在原子化过程中，停止通气可延长原子在石墨管炉中停留时间. 对于电加热过程，必须仔细通过实验来选择合适的温度和时间参数.

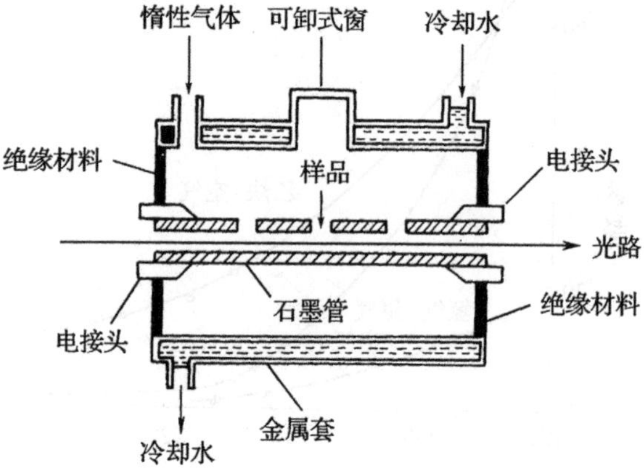

图 12.10　管式石墨炉原子化器示意图

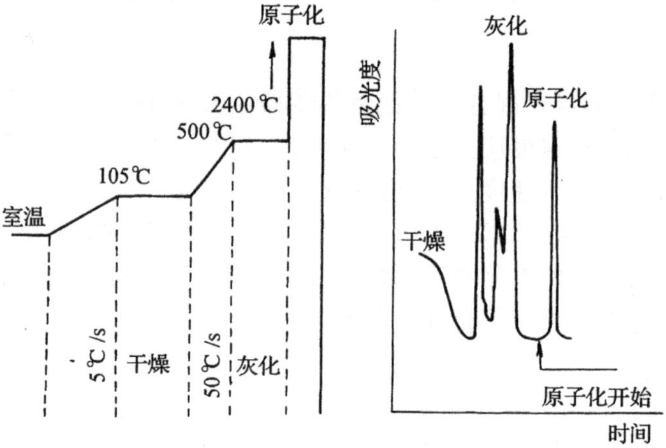

图 12.11　石墨炉升温示意图

采用石墨炉原子化，样品消耗少，灵敏度比火焰原子化法高，其绝对灵敏度可达 10^{-6}～10^{-11}g. 但是分析结果的精密度比火焰原子化法差，而且记忆效应较严重.

(2) 冷原子吸收测汞法

将试液中的汞离子用 $SnCl_2$ 还原为汞，在室温下，用空气将汞蒸气引入气体吸收管中测定其吸光度.

(3) 氢化物原子化法

对 As，Bi，Ge，Sb，Se 和 Te 等元素，将其还原成相应的氢化物，然后引入加热的石英吸收管内，使氢化物分解成气态原子，并测定其吸光度.

12.2.3　单色器

单色器由入射狭缝、出射狭缝和色散元件(光栅或棱镜)组成.单色器可将被测元素的共振线与邻近谱线分开.由锐线光源发出的辐射的光谱，谱线比较简单，对单色器的分辨率要求不高，能分开 Mn 279.5 和 279.8nm 即可.

12.2.4　检测器和读出装置

原子吸收分光光度计用光电倍增管作为检测器.光电倍增管的工作电源的稳定性要好.使用时应注意光电倍增管的疲劳现象，避免使用大的工作电压和使用强光，或照射时间太长.

吸光度值直接显示在表头上，或用记录仪记录吸收曲线，或将测量数据用微机处理.

12.3　干扰及其抑制方法

原子吸收光谱的谱线比原子发射光谱少得多，因此谱线干扰少.但是，在实际工作中干扰仍然存在.原子吸收光谱的干扰主要有物理干扰、电离干扰、化学干扰和光谱干扰等.

12.3.1　物理干扰

试液的黏度、表面张力、相对密度等物理性质变化时，将改变试液喷入火焰的速度及雾滴的大小等.由试液和标准溶液物理性质的差别所产生的干扰称为物理干扰.

试液中盐的浓度增大使溶液的黏度和比重增大，从而影响试液喷入的速度.表面张力的改变会影响雾滴的大小和分布等.以上这些因素都会影响试样中基态自由原子数的变化.配制与被测试液组成相似的标准溶液或采用标准加入法，可以消除物理干扰.若试液的浓度较高，可采用稀释法.

12.3.2 电离干扰

元素在高温火焰中会或多或少地发生电离,电离作用将影响单位体积内基态原子的总数,使分析的灵敏度降低.这种干扰称为电离干扰.

电离干扰与火焰温度、被测元素的电离电位以及浓度等有关.元素的电离度随温度的升高而增加,随元素的电离电位和浓度的增大而减少.碱金属元素的电离电位低,电离干扰就明显.

电离干扰可通过加入易电离的碱金属元素抑制,如 Ca 在 $C_2H_2-N_2O$ 火焰中,加入 KCl 后,由于钾电离产生的大量电子使钙离子获得电子而生成中性原子:

$$K \longrightarrow K^+ + e$$

$$Ca^{2+} + 2e \longrightarrow Ca$$

这种能抑制钙电离的试剂称为消电离剂.

12.3.3 化学干扰

化学干扰是指被测元素与共存的其他元素发生化学反应,生成一种稳定的化合物而影响原子化效率.化学干扰与试样中各成分的化学性质、火焰类型及温度等多种因素有关,它是一个很复杂的过程.

化学干扰可采用提高原子化温度,选择合适的火焰类型,加入释放剂或保护剂等方法加以抑制.

(1)一般情况下,化学干扰随原子化温度的提高而减少,因此,可用高温火焰或提高石墨炉原子化温度,使难离解化合物分解.

(2)采用还原性强的富燃火焰或石墨炉原子化器,使氧化物还原.如测定铬时,用乙炔-空气富燃火焰,发生如下反应:

$$CrO + C \longrightarrow Cr + CO$$

(3)加入一种试剂,使被测元素从化合物中释放出来.测定钙时,PO_4^{3-} 发生干扰,加入镧后生成更稳定的 $LaPO_4$ 使钙释放出来.加入的试剂称为释放剂.

(4)加入一种试剂,把被测元素保护起来,使被测元素处于“保护层”的情况下进入火焰,在高温下保护剂先被破坏而释放出被测元素,或这种试剂与干扰元素生成稳定的化合物,将被测元素离解出来.加入的试剂称为保护剂.保护剂大多是配位剂,如 EDTA、8-羟基喹啉及卤化物等.

抑制化学干扰还可采用溶剂萃取、沉淀分离、离子交换等方法.溶剂萃取是常用的分离方法,它不仅可以分离,而且还有富集被测元素的作用.

溶剂萃取用有机溶剂作为萃取剂.一种方法是加入适当的有机溶剂与被测元素形成配合物,萃取后将有机相直接喷雾,或将萃取的有机溶剂蒸发,配成水溶液后喷雾;另一种方法用有机溶剂萃取除去干扰元素,再将水相喷雾.

最适宜的萃取剂有酯类、酮类.它们在测定波长范围内,一般对光无吸收、燃烧完全、火焰稳定.不宜采用氯仿、苯、环己烷及异丙醚等,因为它们对光有吸收,由燃烧不完全产生的微粒使光发生散射.原子吸收光谱中采用的萃取方法,见表12.3.

表 12.3　原子吸收光谱中的溶剂萃取

元　素	被萃取的配合物	水　相	有　机　相
Al(Ⅲ)	$Al(Cf)_3$	pH 3.6	甲基异丁酮(MIBK)
Au(Ⅲ)	$AuBr_4^-$	HBr $3mol \cdot L^{-1}$	MIBK
Bi(Ⅲ)	$Bi(PDTC)_3$	pH 2.8	甲基正戊酮(MAK)
Ca(Ⅱ)	$Ca(OX)_2$	pH>13	异戊醇
Cd(Ⅱ)	$Cd(PDTC)_2$	pH 2.8	MAK
Co(Ⅱ)	$Co(PDTC)_2$	pH 6.5	异戊醇
Cr(Ⅲ)	$Cr(Ac)_3$	pH 6～7	MIBK
Cu(Ⅱ)	$Cu(PDTC)_2$	酸性溶液	乙酸乙酯
Fe(Ⅲ)	$Fe(OX)_3$	pH～4.5	乙酸乙酯
Hg(Ⅱ)	$Hg(PDTC)_2$	pH 2.8	MAK
Mg(Ⅱ)	$Mg(OX)_2$	pH>11	MIBK
Mn(Ⅱ)	$Mn(DDTC)_2$	pH 7	MIBK
Mo(Ⅵ)	$Mo_2O_3(OH_2)(OX)_4$	pH 2.0	MAK
Ni(Ⅱ)	$Ni(DDTC)_2$	pH 9～9.5	MIBK
Pb(Ⅱ)	H_2PbI_4	HCl 5%	MIBK
Pd(Ⅱ)	$Pd(DDTC)_2$	pH>11	MIBK
Sb(Ⅲ)	$Sb(PDTC)_3$	pH 3.5	MIBK
Te(Ⅳ)	K_2TeI_6	HCl 5%	MIBK
	$Te(DDTC)_4$	pH 8.5～8.8	MIBK
Zn(Ⅱ)	$Zn(PDTC)_2$	pH 2.5～5	MIBK

注: Cf 为铜铁试剂;PDTC 为吡咯啶二硫代氨基甲酸铵;OX 为 8-羟基喹啉;Ac 为乙酰丙酮;DDTC 为二乙基二硫代氨基甲酸钠.

12.3.4　光谱干扰

光谱干扰包括谱线干扰和背景干扰.

1. 谱线干扰

谱线干扰如光谱通带内存在与分析线相邻的非吸收线以及谱线重叠等.

与分析线相邻的非吸收线的干扰,如充氩气的铬空心阴极灯,氩的 357.7nm

线干扰铬的 357.9nm 吸收线，这种情况通过缩小狭缝宽度可以消除或减小干扰.

被测元素的分析线与共存元素的吸收线相重叠，如用 Ge 的 422.66nm 吸收线测定 Ge 时，Ca 的 422.67nm 线会干扰. 由于大多数元素都有几条分析线，可选用其他谱线测定或用分离手段将干扰元素除去.

2. 背景干扰

它包括分子吸收和光散射. 这主要是由火焰或石墨炉原子化器中形成的分子或半分解产物对光的吸收或散射引起的. 背景干扰使吸收值增大，产生正误差.

石墨炉原子化器的背景干扰比火焰原子化器更严重.

当存在背景吸收时，被测元素的总吸光度 A_t 是被测元素无背景吸收时的吸光度 A_x 与背景吸光度 A_b 之和：

$$A_t = A_x + A_b \tag{12.14}$$

若设法测出背景吸光度 A_b，并从总吸光度中扣除，则背景吸收可以校正，被测元素的净吸光度为

$$A_x = A_t - A_b = KC_x \tag{12.15}$$

背景校正可以采用邻近非共振线、连续光源、塞曼效应等方法校正.

(1) 邻近非共振线背景校正法

以分析线测量总吸光度 A_t，以空心阴极灯发射的与分析线邻近的非吸收线测量背景吸光度 A_b. 若被测元素对邻近非吸收线无吸收，其波长与分析线波长之差不超过 10nm，或背景分布比较均匀时，用邻近非吸收线测得的背景吸光度 A_b 与分析线测得的背景吸收 A'_b 近似相等，则被测元素的吸光度 A_x 为 A_t 与 A_b 之差.

(2) 连续光源背景校正法

图 12.12 为氘灯自动背景校正的原理图. 由空心阴极灯发射出的被测元素的共振线通过原子化器时，总吸光度中包括原子吸收和背景吸收两部分. 从连续光源氘灯发出的辐射，由于原子吸收线对连续辐射的吸收可以忽略，因此通过原子化器时连续辐射强度的衰减则是由背景吸收或散射等造成的. 由空心阴极灯测得的总吸光度 A_t 与连续光源测得的背景吸收 A_b 之差为背景校正后的净吸收光度值. 用

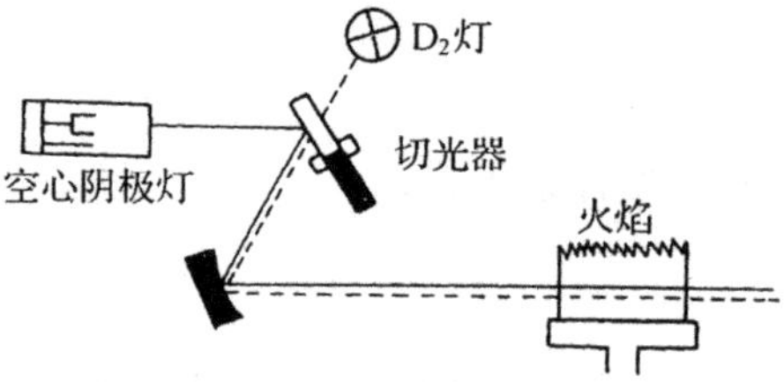

图 12.12 氘灯背景校正原理图

于背景校正的连续光源的有氘灯或氢灯(紫外光区)和卤钨灯(可见光区).该法要求连续光源与空心阴极灯光源的两束光重叠,这在仪器调整上较困难,会影响背景校正的能力.

(3) 塞曼效应背景校正法

塞曼效应是指谱线在磁场作用下发生分裂的现象.塞曼效应背景校正根据磁场将简并的谱线分裂成具有不同偏振特性的成分,由谱线的磁特性和偏振特性区别被测元素和背景吸收.塞曼效应背景校正可通过光源调制或吸收线调制方式来实现.光源调制是将强磁场加在光源上,而吸收线调制则将强磁场加在原子化器上,后者应用较广.调制吸收线的方式有恒定磁场和可变磁场调制两种.图 12.13 是通过恒定磁场调制的原子吸收塞曼背景校正示意图.在原子化器上施加一永久磁场,由于塞曼效应,吸光原子的吸收线分裂为 π 和 $\sigma_{\pm}$ 成分,π 成分与磁场方向平行,波长不变;$\sigma_{\pm}$ 成分与磁场方向垂直,波长分别向长波和短波方向移动.

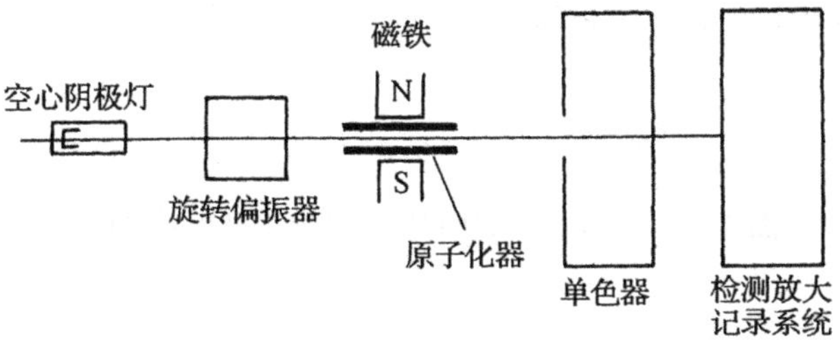

图 12.13 塞曼效应背景校正装置示意图

由空心阴极灯发射的发射线通过旋转偏振器成为偏振光.由于偏振器的旋转,在某一时刻使它平行于磁场的偏振光 $P_{\parallel}$ 通过原子化器,吸收线 π 成分和背景产生吸收;另一时刻,则使垂直于磁场的偏振光 $P_{\perp}$ 通过原子化器,此时只有背景产生吸收,如图 12.14 所示.两次吸光度差为背景校正后的被测元素的净吸光度.

$\sigma_{\pm}$ 仅吸收 $P_{\perp}$,且很弱.

可变磁场调制方式是在原子化器上加一电磁铁,电磁铁只在原子化时激磁.偏振器固定不变,仅产生垂直于磁场方向的偏振光 $P_{\perp}$.激磁时,测得背景吸收偏振光 $P_{\perp}$ 的吸光度;零磁场时,测得的是背景和被测元素的总吸光度.两次吸光度差为背景校正后的被测元素的净吸光度.

塞曼效应背景校正比连续光源背景校正优越,可在各波长范围进行,背景校正的准确度高.与常规原子吸收光谱法相比,测定的灵敏度低,仪器的价格贵而复杂.

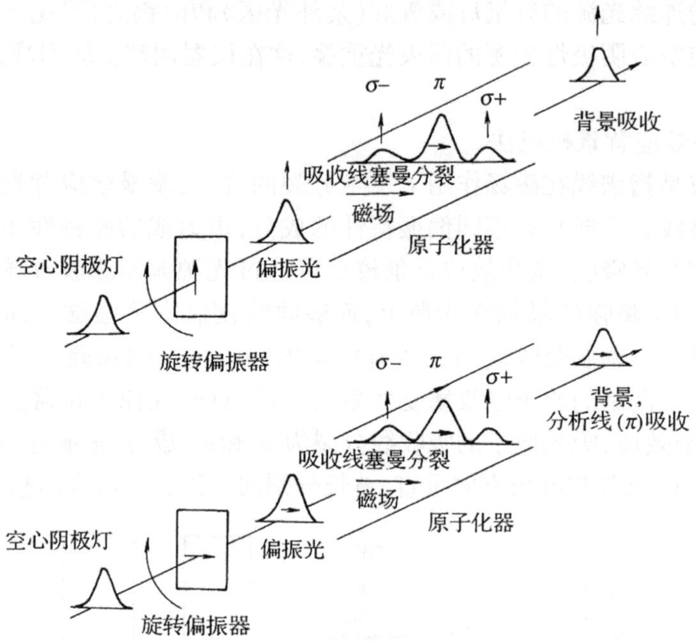

图 12.14　吸收线调制塞曼背景校正过程示意图

12.4 分析方法

各种仪器的结构、性能不同,试样组成的差别以及含量的变化都会影响测定的结果,因此,通过选择最佳实验条件才能获得满意的分析结果.

12.4.1 测定条件的选择

1. 空心阴极灯的工作电流

通常,空心阴极灯需要预热约 30min,灯电流低时谱线变宽小,不产生自蚀;但灯电流过低放电不稳定.灯电流过高,谱线轮廓变坏,灯的寿命变短.一般空心阴极灯的灯电流选择在额定电流的 40%～60%比较合适.最适宜的工作电流必须通过实验选择,这可通过喷雾在线性范围内浓度低的标准溶液,由吸光度-电流曲线来确定.

2. 分析线

一般选用元素的共振线作为分析线.原子吸收光谱中常用的分析线见图 12.15

Li 670.8 A	Be 234.9 N											B 249.7 N					
Na 589.0 A	Mg 285.2 A											Al 309.3 A	Si 251.6 N				
K 766.5 A	Ca 422.7 A	Sc 391.2 N	Ti 364.3 N	V 318.4 N	Cr 357.9 A	Mn 279.5 A	Fe 248.3 A	Co 240.7 A	Ni 232.0 A	Cu 324.8 A	Zn 213.9 A	Ga 287.4 A	Ge 265.2 N	As 193.7 H	Se 196.0 A		
Rb 780.0 A	Sr 460.7 A	Y 410.2 N	Zr 360.1 N	Nb 358.0 N	Mo 313.3 N		Ru 349.9 A	Rh 343.5 A	Pd 244.8 A	Ag 328.1 A	Cd 228.8 A	In 303.9 A	Sn 224.6 H	Sb 217.6 A	Te 214.3 A		
Cs 852.1 A	Ba 553.6 N	La 392.8 N	Hf 307.2 N	Ta 271.5 N	W 255.1 N	Re 346.0 N		Ir 264.0 N	Pt 265.9 A	Au 242.8 A	Hg 253.7 A	Tl 377.6 A	Pb 217.0 A	Bi 223.1 A			

	Pr 495.1 N	Nd 463.4 N		Sm 429.7 N	Eu 459.4 N	Gd 368.4 N	Tb 432.6 N	Dy 421.2 N	Ho 410.3 N	Er 400.8 N	Tm 410.6 N	Yb 398.8 N	Lu 331.2 N
		U 351.4 N											

图 12.15 可用原子吸收光谱法分析的元素、吸收线波长及火焰

A 为乙炔-空气火焰；H 为氢气-空气火焰；N 为乙炔-氧化亚氮火焰.

所示.若测定高含量的元素,可选择非共振线作为分析线.对于吸收线在 200nm 以下的 As,Se 等元素,乙炔-空气火焰对此吸收线也有吸收,则可用其他火焰或选择非共振线进行测定.

3. 狭缝宽度

狭缝宽度 W 与色散元件的倒线色散率 D 以及光谱通带 S 之间的关系由式(10.23)$S=DW$ 表示.狭缝宽度会影响光谱通带宽度和通过狭缝到达检测器的能量.

通带宽度的选择以能将吸收线与邻近干扰线分开为原则.实际工作中,通过改变狭缝宽度来选择不同的通带宽度.

在原子吸收光谱中,由空心阴极灯发射的谱线大多数是共振线,光谱比较简单,通常,可以使用较宽的狭缝.对碱金属、碱土金属元素,谱线较简单,用较大狭缝宽度.对多谱线元素如铁族元素等以及背景干扰大的,则用较小的狭缝宽度.适宜的狭缝宽度须通过实验,绘制吸光度-浓度曲线来确定.

4. 火焰类型和燃烧器高度

选择合适的火焰类型和燃烧器高度可使被测元素充分离解成自由原子,减少各种干扰效应.

火焰的选择主要决定于它的类型和性质.对于分析线 200nm 以下的元素,乙炔-空气火焰有吸收,宜采用氢气-空气火焰.易离解的元素,用温度较低的火焰.易生成难离解化合物的元素,用温度较高的乙炔-空气火焰或乙炔-氧化亚氮火焰.氧化物熔点较高的元素,用富燃火焰.氧化物不稳定的元素,用化学计量火焰或贫燃火焰.为了获得所需特性的火焰,应通过实验调节燃助比来选择.一般采用先固定助燃气流量,然后改变燃气流量,由吸光度和燃气流量之间的关系来确定.

火焰自下而上可以分为底部、内核、反应区和外焰等区域.试样的雾滴从火焰底部进入并蒸发,使试样以固体微粒形式进入内核,在内核区发生原子化、激发和吸收过程,在反应区原子转变为氧化物,然后进入外焰并从火焰中排出.各元素在火焰中都有合适的测量位置,这可以通过调节燃烧器的高度来获得最大的吸收信号.图 12.16 是 Cr,Ag 和 Mg 自由原子在不同火焰区域的分布曲线.火焰的氧化性随火焰高度的升高而逐渐增加.铬氧化物的稳定性高,从底部开

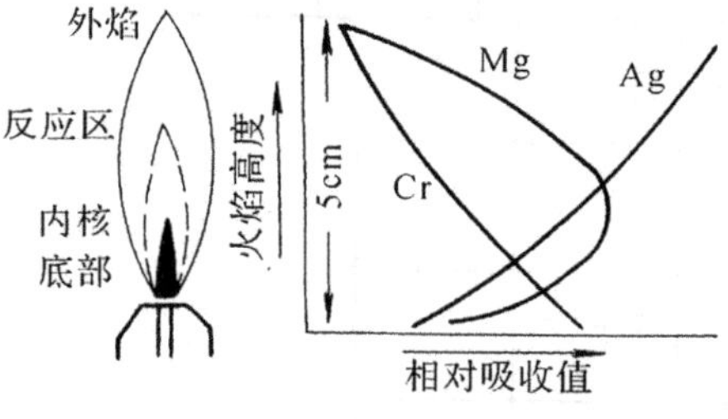

图 12.16　Cr,Ag 和 Mg 自由原子在不同火焰区域的分布曲线

始随火焰高度的升高形成氧化物的趋势增大，自由原子浓度减小，因此吸收值也相应地减小.银氧化物不稳定，火焰高度升高，温度也升高，对银化合物原子化有利，因此吸收值增大.而镁氧化物的稳定性中等，火焰高度升高，在内核区对镁原子化有利，吸收值升高；然后在反应区，自由镁原子又因生成氧化物而减少，吸收值降低，在火焰的中部吸收值有一极大值.因此，应调节燃烧器高度，使空心阴极灯发射的发射线通过自由原子浓度最大的火焰区，提高测定的灵敏度.

石墨炉原子化法中，通过选择适宜的干燥、灰化以及原子化温度和时间，以获得更大的吸收值.原子化后迅速升温至某温度，使石墨炉空烧很短时间，以消除残留物产生的记忆效应.

5. 进样量

进样量过大或过小对测量都不利.进样量可通过实验由吸光度与进样量关系来选择.

12.4.2 分析方法

1. 标准曲线法

这是原子吸收光谱法中常用的一种分析方法.首先配制含有不同浓度被测元素的一系列标准溶液，喷雾并测定吸光度值，绘制吸光度对浓度的标准曲线.然后在标准曲线上内插试样溶液的吸光度值，即可求出试样中被测元素的含量.

2. 标准加入法

先测定一定体积试液的吸光度，然后在该试液中加入一定量的与未知试液浓度相近的标准溶液，其浓度为 c_s，测得的吸光度为 A，则

$$A_x = kc_x$$

$$A = k(c_x + c_s)$$

整理以上两式得

$$c_x = \frac{A_x}{A - A_x} \cdot c_s \tag{12.16}$$

实际测定时，采用作图外推法.取相同体积的试液 4 份或 5 份，并在其中 3 份或 4 份中按比例加入不同量的标准溶液并稀释至一定体积，然后分别测定 c_x，$c_x + c_s$，$c_x + 2c_s$，$\cdots c_x + 4c_s$ 的吸光度.绘制吸光度对未知元素加入量 c_s 的曲线，将此曲线外推，与浓度坐标的交点即为试液中未知元素的含量，见图 12.17.

当试样组成复杂，配制的标准溶液与试液的组成之间存在较大差别时，可以采

用标准加入法.标准加入法不能清除背景干扰.使用标准加入法时,被测元素的浓度应在通过原点的标准曲线的线性范围内.

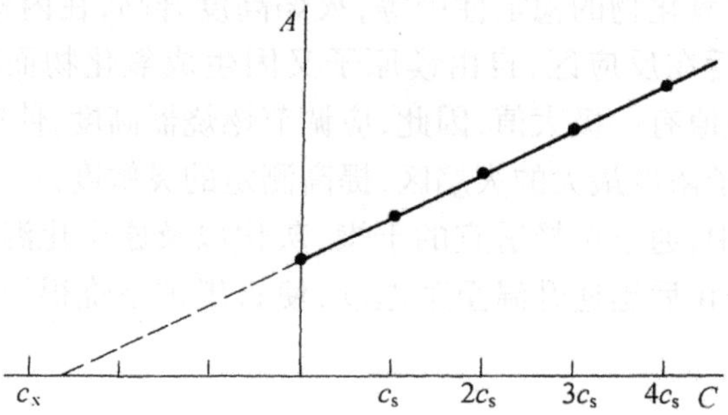

图 12.17 标准加入法

12.4.3 灵敏度和检测限

1. 灵敏度

灵敏度包括相对灵敏度和绝对灵敏度.

原子吸收光谱法中的相对灵敏度以能产生 1% 吸收即吸光度值为 0.004 34 时,水溶液中元素的浓度来表示:

$$S=\frac{0.00434\times c}{A}(\mu g/ml/1\%) \quad (12.17)$$

式中,c 为被测元素浓度,$\mu g/ml$;A 为吸光度.灵敏度 S 的数值越小,灵敏度越高.

原子吸收光谱法中,吸光度值在 0.1~0.5 范围内,测量准确度较高,其相应的浓度范围约为灵敏度的 25~125 倍.

在火焰原子吸收光谱法中,用相对灵敏度比较方便.在石墨炉原子吸收光谱法中,灵敏度决定于石墨炉原子化器中试样的加入量,常用绝对灵敏度来表示.

绝对灵敏度指产生 1% 吸收时水溶液中元素的质量:

$$S=\frac{0.00434\times c\times V}{A}(g/1\%) \quad (12.18)$$

式中,c 为被测元素浓度,$\mu g/ml$; V 为试液体积,ml;A 为吸光度.

2. 检测限

它以被测元素能产生 3 倍于标准偏差的读数时的浓度来表示:

$$L.D.=\frac{c\times 3s}{\bar{A}}(\mu g/ml) \quad (12.19)$$

式中，c 为试液浓度，μg/ml；$\bar{A}$ 为吸光度平均值；s 为空白溶液吸光度的标准偏差．对空白溶液(或接近于空白的标准溶液)，至少连续测定 10 次，从所得吸光度值来求标准偏差．

绝对检测限以 g 表示．

灵敏度及检测限是衡量分析方法和仪器性能的重要指标．检测限考虑了噪声的影响，其意义比灵敏度更明确．同一元素在不同仪器上有时灵敏度相同，但由于两台仪器的噪声水平不同，检测限可相差一个数量级以上．因此，降低仪器噪声，如将仪器预热，选择合适的空心阴极灯的工作电流，光电倍增管的工作电压等等，有利于改进检测限．

原子吸收光谱法具有灵敏度高、干扰少、操作方便等特点．因此，它应用广泛，可测定 70 多种元素，见图 12.15．

12.5　原子荧光光谱法

在 19 世纪末和 20 世纪初已经观察到原子荧光现象，但原子荧光光谱作为一种新的分析方法，直到 1964 年后才获得了应用．

12.5.1　原子荧光光谱的产生及类型

气态自由原子吸收特征波长的辐射后，原子的外层电子从基态或低能态跃迁到高能态，约经 10^{-8}s，又跃迁至基态或低能态，同时发射出与原激发波长相同或不同的辐射．这种现象称为原子荧光．原子荧光分为共振荧光、非共振荧光、敏化荧光和多光子荧光，如图 12.18 所示，其例见表 12.4．

表 12.4　荧光类型

荧光类型	元 素	激发波长/nm	发射波长/nm
共振线	Zn	213.9	213.9
激发态共振线	Ga	417.2	417.2
斯托克斯直跃线	Pb	283.3	504.8
激发态斯托克斯直跃线	Sn	270.7	333.1
反斯托克斯直跃线	In	451.1	410.2
斯托克斯阶跃线	Na	330.3	589.0
激发态斯托克斯阶跃线	Pb	283.3	368.4
热助反斯托克斯阶跃线	Cr	359.4	357.9

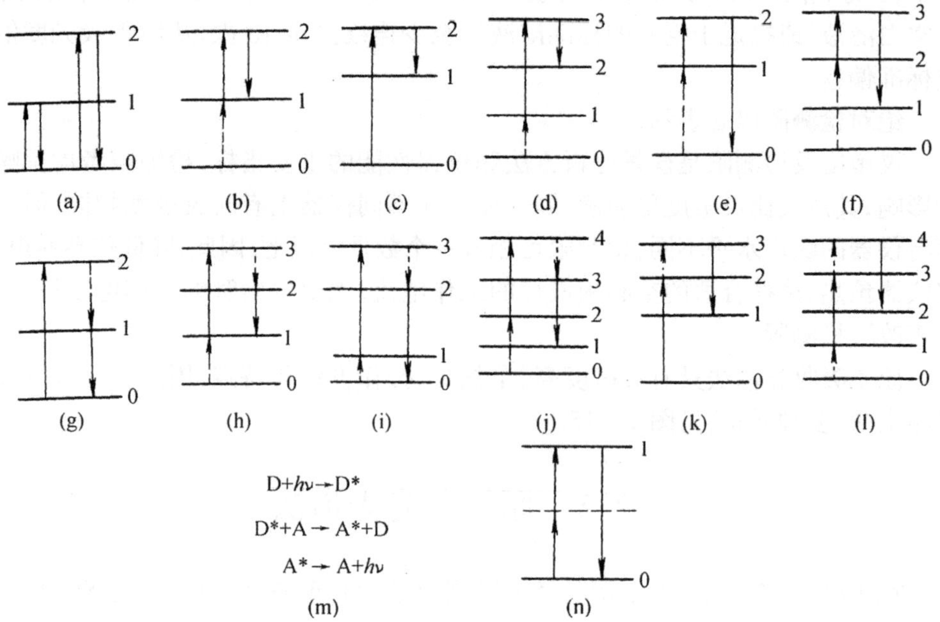

图 12.18　原子荧光的类型

(a),(b)共振荧光;(c)～(f)直跃荧光;(g)～(l)阶跃荧光;(m)敏化荧光;(n)多光子荧光.

1. 共振荧光

气态原子吸收共振线后,发射出与吸收的共振线相同波长的光称为共振荧光.共振荧光在激发和去激发过程中涉及相同的基态和激发态,见图 12.18(a)和(b).(a)为共振荧光,(b)为激发态共振荧光.

2. 非共振荧光

荧光的波长与激发光的波长不同时,称为非共振荧光,如直跃荧光和阶跃荧光.

(1) 直跃荧光

它是受激发的气态原子直接跃迁回至高于基态的亚稳态时所发射的荧光,见图 12.18(c)～(f).直跃荧光在激发和发射过程中高能级相同.(c)为斯托克斯直跃荧光.(d)为激发态斯托克斯直跃荧光.(e)为反斯托克斯直跃荧光.(f)为激发态反斯托克斯直跃荧光.

(2) 阶跃荧光

它是受激发的气态原子先以非辐射的形式失去部分能量回至较低的激发态,

然后去激发，跃迁回至基态而产生荧光，见图 12.18(g)～(l). 阶跃荧光在激发和去激发过程中高能级不同. (g)为斯托克斯阶跃荧光；(h)为激发态斯托克斯阶跃荧光；(i)为反斯托克斯阶跃荧光；(j)为激发态反斯托克斯阶跃荧光；(k)为热助斯托克斯或热助反斯托克斯阶跃荧光；(l)为激发态热助斯托克斯或热助反斯托克斯阶跃荧光.

3. 敏化荧光

给予体 D 吸收辐射成为激发态 D^*，D^* 与接受体 A 相碰撞将能量转给 A，使 A 成为激发态 A^*，然后 A^* 去激发，从而发射出原子荧光. 这种荧光称为敏化荧光. 见图 12.18(m).

4. 多光子荧光

两个以上的光子使原子成为激发态，然后再发射出荧光，称这种荧光为多光子荧光，见图 12.18(n).

若高能态和低能态均属激发态，由这种过程产生的荧光称为激发态荧光，见图 12.18(b)，(d)，(f)，(h)，(j)和(l).

若激发过程先涉及辐射激发，随后再热激发，由这种过程产生的荧光称为热助荧光，见图 12.18(k)和(l).

在分析中由于共振荧光强，应用最多. 其次是非共振荧光.

12.5.2　原子荧光强度

若在稳定的激发光源照射下，忽略自吸，则基态原子吸收的辐射强度为

$$I_a = I_o A(1 - e^{-\varepsilon l N}) \tag{12.20}$$

式中：I_o 为火焰表面单位面积上接受的光源强度；A 为受光源照射的检测系统中观察到的有效面积；l 为吸收光程长；N 为单位体积内的基态原子数；ε 为峰值吸收系数.

荧光强度 I_f 与 I_a 的关系为

$$I_f = \Phi I_a \tag{12.21}$$

式中，Φ 为量子效率，它表示处于激发态的原子跃迁至低能态时，发射共振线、非共振线以及无辐射弛豫的程度. 荧光的量子效率一般小于 1.

由式(12.21)和(12.20)得

$$I_f = \Phi I_o A(1 - e^{-\varepsilon l N})$$

将上式括号内展开：

$$I_f = \Phi I_o A\left[\varepsilon l N - \frac{(\varepsilon l N)^2}{2!} + \frac{(\varepsilon l N)^3}{3!} - \frac{(\varepsilon l N)^4}{4!} + \cdots\right]$$

$$= \Phi I_o A \varepsilon l N\left[1 - \frac{\varepsilon l N}{2} + \frac{(\varepsilon l N)^2}{6} - \cdots\right]$$

在原子浓度很低时，$\frac{\varepsilon l N}{2}$及后面的高次项可忽略，则

$$I_f = \Phi I_o A \varepsilon l N \tag{12.22}$$

在一定的实验条件下，上式可写为

$$I_f = KC \tag{12.23}$$

原子荧光强度与被测元素的浓度成正比.

12.5.3 原子荧光光度计

原子荧光光度计分为色散型(图 12.19)和非色散型，它们在结构上相似，其不同之处在于单色器.原子荧光光度计包括光源、原子化器(火焰和非火焰)、单色器(指色散型)、检测器、放大器和读出装置，与原子吸收分光光度计基本相同.

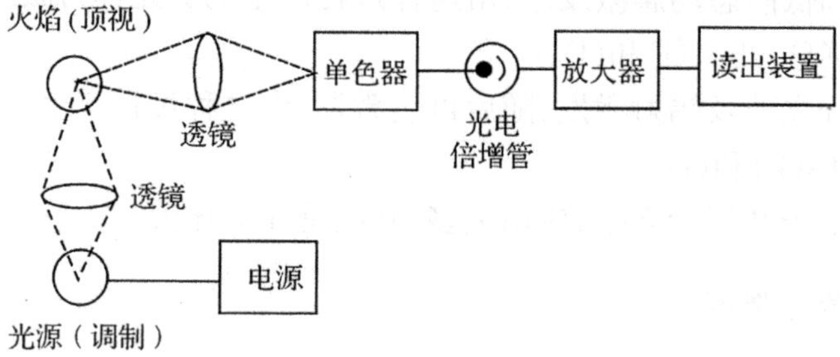

图 12.19 色散型原子荧光光度计

在色散型中用单色器，非色散型中用滤光器或日盲光电倍增管.

1. 光源

激发光源用锐线光源或连续光源.常用的锐线光源有空心阴极灯、高强度空心阴极灯、无极放电灯等.连续光源是氙弧灯.激光和 ICP 是很好的激发光源.

2. 原子化器

与原子吸收光谱法基本相同.

3. 色散元件

色散型原子荧光光度计用光栅，非色散型用滤光器.

4．检测器

色散型原子荧光光度计用光电倍增管，非色散型用日盲光电倍增管，其光阴极用 C_s-T_e 材料制成，对 160～280nm 波长的光灵敏；对大于 320nm 波长的光不灵敏.

检测器位置与激发光源、原子化器成 90°角，以避免激发光源等对原子荧光信号的影响.

12.5.4　应用

原子荧光光谱法具有灵敏度高、谱线简单，在低浓度时线范围宽达 3～5 个数量级等优点. 但是，对高含量和基体复杂的样品分析，有一定困难. 表 12.5 列出利用原子共振荧光测定的部分元素.

表 12.5　用共振荧光测定的部分元素

元　素	波长/nm	元　素	波长/nm
Ag	328.1	Mg	285.2
As	193.7	Mn	279.5
Au	249.7,267.6	Mo	313.3
Ba	455.4	Na	589.0
Be	234.0	Ni	232.0
Bi	302.5,306.8	Pb	283.3
Ca	422.7	Rh	369.2
Co	240.7	Sb	217.6,231.1
Cr	357.9	Se	196.0
Cu	324.8	Sr	460.7
Fe	248.3,372.0	Te	214.3
Ge	265.2	Tl	377.6
Hg	253.7	Zn	213.9
In	410.5		

习　题

1．何谓积分吸收和峰值吸收？测量峰值吸收的条件是什么？

2．使谱线变宽的主要因素是什么？对原子吸收的测量有什么影响？

3．何为锐线光源？为什么原子吸收光谱要使用锐线光源？

4．简述火焰的类型及其应用.

5. 简述消除背景干扰的方法及其原理.

6. 简述原子荧光光谱产生的原因及其类型.

7. 试从原理、仪器和应用等方面比较原子发射光谱、原子吸收光谱和原子荧光光谱法的异同点.

8. 在 3000K 时,Zn 的 $4^1S_0-4^1P_1$ 跃迁的共振线波长为 213.9nm. 试计算其激发态和基态原子数之比值为多少?

9. 用原子吸收光谱法测定铜. 火焰用乙炔-空气贫燃火焰,其温度为 3000K. Cu 原子的基态与激发态的光谱项分别为 $4^2S_{1/2}$ 和 $4^2P_{3/2}$,若此时基态原子数是激发态原子数的 1.29×10^6 倍. 试问测定时所选择的波长应为多少?

10. 用原子吸收光谱法测定尿中 Cu. 采用标准加入法,在 324.8nm 波长处测得的结果如下:

加入铜标准溶液/$\mu g\cdot ml^{-1}$	吸光度
0(样品)	0.280
2.00	0.440
4.00	0.600
6.00	0.757
8.00	0.912

试计算尿中 Cu 的浓度为多少?

11. 用原子吸收光谱法测定水样中 Co 的含量. 分别吸取水样 10.0ml 于 5 只 50ml 容量瓶中,然后在容量瓶中加入不同体积的 6.23mg/L Co 标准溶液,并稀释至刻度. 测得的吸光度如下:

溶液号	未知水样/ml	Co 标准溶液/ml	吸光度
1	0	0	0.042
2	10.0	0	0.201
3	10.0	10.0	0.292
4	10.0	20.0	0.378
5	10.0	30.0	0.467
6	10.0	40.0	0.554

试计算 Co 的含量为多少?

12. 用原子吸收光谱法测定试液中的 Pb,准确移取 50ml 试液 2 份. 用铅空心阴极灯在波长 283.3nm 处,测得一份试液的吸光度为 0.325. 在另一份试液中加入浓度为 50.0$mg\cdot L^{-1}$ 铅标准溶液 300μl,测得吸光度为 0.670. 计算试液中铅的浓度($mg\cdot L^{-1}$)为多少?

第十三章　紫外-可见吸收光谱法

基本要求：

1. 理解紫外-可见吸收光谱的产生
2. 理解比尔定律用于紫外-可见吸收光谱法的条件及其偏离因素；
3. 了解紫外-可见吸收光谱仪的基本构成部分及其作用；
4. 理解紫外-可见吸收光谱仪的误差及与仪器方法和浓度的关系；
5. 掌握紫外-可见吸收光谱法的定性分析和定量分析方法及其应用.

紫外-可见吸收光谱法(ultraviolet-visible molecular absorption spectrometry, UV-VIS)是研究在200至800nm光区内的分子吸收光谱的一种方法.它广泛地用于无机和有机物质的定性和定量测定,灵敏度和选择性较好.紫外-可见吸收光谱法使用的仪器设备简便,易于操作.

13.1　紫外-可见吸收光谱的产生

紫外-可见吸收光谱和红外吸收光谱等均属于分子光谱.分子和原子一样,它具有特征的分子能级.分子的总能量 $E_{总}$ 由以下几部分组成:

$$E_{总} = E_{内能} + E_{平动能} + E_{电子} + E_{振动} + E_{转动}$$

式中:$E_{内能}$是分子固有的内能,不随运动而改变;$E_{平动能}$是分子在空间作自由运动所需要的能量,是连续变化的,它仅是温度的函数;$E_{电子}$是分子中电子相对于原子核运动所具有的能量;$E_{振动}$是分子内原子在平衡位置附近振动的能量;$E_{转动}$是分子绕着重心转动的能量.对于分子中电子运动的能量,各原子在平衡位置附近的振动和分子转动的能量,其能量的变化是不连续的,它们只能是量子化的,如图13.1所示.当分子吸收外界辐射能后,总能量变化 $\Delta E_{总}$ 是电子运动能量变化 $\Delta E_{电子}$,振动能量变化 $\Delta E_{振动}$和转动能量变化 $\Delta E_{转动}$的总和:

$$\Delta E_{总} = \Delta E_{电子} + \Delta E_{振动} + \Delta E_{转动} \qquad (13.1)$$

三类能量的大小为

$$\Delta E_{电子} > \Delta E_{振动} > \Delta E_{转动} \qquad (13.2)$$

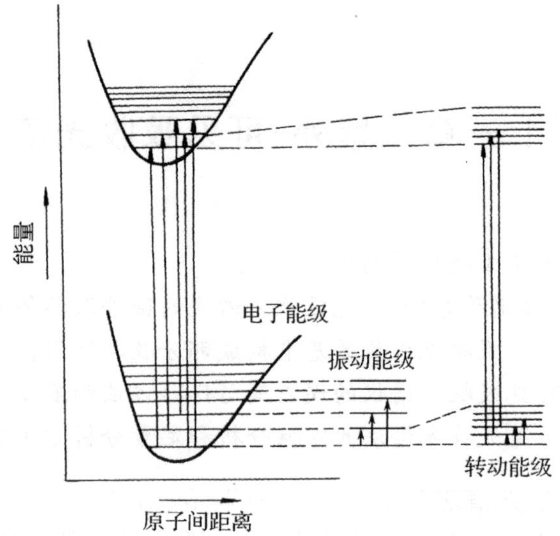

图 13.1 分子的能级和跃迁示意图

根据量子理论,若分子从外界吸收的辐射能($h\nu$)等于该分子的较高能级与较低能级的能量之差时:

$$\Delta E = h\nu = h\frac{c}{\lambda} \tag{13.3}$$

分子将从较低能级跃迁至较高能级. 由于发生三种能级跃迁需要的能量 $\Delta E_{电子}$、$\Delta E_{振动}$和 $\Delta E_{转动}$不同,所以分别在紫外-可见光区、红外光区和远红外光区产生吸收带.

通常情况下,发生电子能级间跃迁需要的能量约为 1～20eV,由式(13.3)可计算出与该能量相应的波长为 1230～62nm. 紫外-可见光区的波长为 200～800nm,见表 13.1. 分子吸收紫外-可见光获得的能量足以使价电子发生跃迁,因此,由价电子跃迁产生的分子吸收光谱称为紫外-可见吸收光谱或电子光谱.

分子振动能级间跃迁需要的能量较小,一般在 0.025～1eV 之间,与该能量相应的波长约为 50～1μm,它属于红外光区. 因此,若用红外光照射分子时将引起振动能级间的跃迁,由此产生的分子吸收光谱称为红外吸收光谱或振动-转动光谱.

分子转动能级间跃迁需要的能量更小,约为 0.025～0.004eV 之间,相应的波长为 50～300μm,它属于远红外光区. 当用远红外光照射分子时,只能产生转动能级间的跃迁. 这种分子吸收光谱称为转动光谱或远红外光谱.

表 13.1　可见光的吸收与颜色

波长/nm	颜色	
	吸　收　的	观察到(透过)的
380～435	紫	黄绿
435～480	蓝	黄
480～490	绿蓝	橙
490～560	蓝绿	红
500～560	绿	红紫
560～580	黄绿	紫
580～595	黄	蓝
595～650	橙	绿蓝
650～780	红	蓝绿

$\Delta E_{电子} > \Delta E_{振动} > \Delta E_{转动}$,因此当分子吸收外界辐射能而引起电子能级跃迁时,必然伴有振动和转动能级的跃迁;发生振动能级跃迁时,也一定伴有转动能级的跃迁.所以分子光谱远比原子光谱复杂,它是带光谱,而原子吸收光谱是线光谱.

13.1.1　有机化合物分子的电子跃迁和吸收带

按分子轨道理论,有机化合物分子中价电子包括形成单键的 σ 电子、双键的 π 电子和非成键的 n 电子,如甲醛:

H:C::O　　· = σ　× = π　∘ = n

当分子吸收一定能量后,其价电子将从能量较低的轨道跃迁至能量较高的反键轨道.分子内各种电子的能级高低的次序为:

$$\sigma^* > \pi^* > n > \pi > \sigma$$

如图 13.2 所示.在大多数有机化合物分子中,价电子总是处在 n 轨道以下的各个轨道中,当受到光照射时,处在较低能级的电子将跃迁至较高能级.由图可见,可能的跃迁有 $\sigma\rightarrow\sigma^*$,$\sigma\rightarrow\pi^*$,$\pi\rightarrow\sigma^*$,$n\rightarrow\sigma^*$,$\pi\rightarrow\pi^*$ 和 $n\rightarrow\pi^*$ 等六种.其中 $\sigma\rightarrow\sigma^*$ 跃迁需

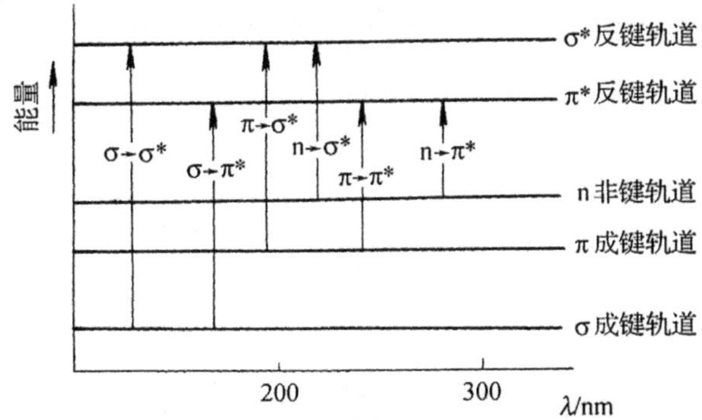

图 13.2　有机化合物分子中电子跃迁的能量

要的能量最大,而 n→π* 跃迁需要的能量最小.由于 σ→σ*,σ→π* 和 π→σ* 跃迁需要的能量大,因此产生这三种跃迁所吸收的光波长小于 200nm,位于远紫外光区,对它们的紫外-可见吸收光谱研究得较少.饱和碳氢化合物具有 σ 电子,这类分子受到光照射时将发生 σ→σ* 跃迁,例如

甲烷 C—H σ→σ* $\lambda_{max}=125nm$

乙烷 C—C σ→σ* $\lambda_{max}=135nm$

它们在紫外-可见光区无吸收带.所以在紫外-可见吸收光谱分析中,常用作溶剂,如己烷、环己烷等.下面讨论 n→σ* 和 π→π*,n→π* 的跃迁.

1. n→σ* 跃迁的吸收带

n→σ* 跃迁需要的能量比 σ→σ* 小,相应的吸收峰波长在 200nm 附近.

当饱和碳氢化合物中的 H 被含有 n 电子的 N,O,S 和 X(Cl,Br,I)等杂原子取代时,将发生 n→σ* 跃迁,因此在较长波长处比相应的饱和碳氢化合物多一个吸收带.在某些有机化合物中,由取代反应而引入的含有未共享电子对的杂原子基团,如$—NH_2$,$—NR_2$,—OH,—OR,—SH,—Cl,—Br,—I 等后,使吸收峰的波长向长波方向移动,这种效应称为红移效应.这种能使吸收波长红移,并使吸收强度增加的杂原子基团称为助色团.

n→σ* 跃迁需要的能量主要与含有未成键电子的杂原子的电负性和非成键轨道是否重叠有关.对于$(CH_3)_2S$和$(CH_3)_2O$分子,S 上的电子较 O 上的电子结合得松,因此$(CH_3)_2S$的 n→σ* 跃迁的吸收带的最大波长比$(CH_3)_2O$的最大波长长.在CH_3Cl,CH_3Br 和 CH_3I 中的情况也类似,见表 13.2.从该表中还可以知道 n→σ* 跃迁的摩尔吸光系数较小.

表 13.2 某些 n→σ* 跃迁的吸收

化合物	λ_{max}/nm	ε_{max}/(L·mol^{-1}·cm^{-1})
H_2O	167	1480
CH_3OH	184	150
CH_3Cl	173	200
CH_3Br	204	200
CH_3I	258	365
$(CH_3)_2S$	229	140
$(CH_3)_2O$	184	2520
CH_3NH_2	215	600
$(CH_3)_2NH$	220	100
$(CH_3)_3N$	227	900

水、醇和醚等在紫外-可见吸收光谱分析中可以作为溶剂.

2. $\pi\rightarrow\pi^*$ 和 $n\rightarrow\pi^*$ 跃迁的吸收带

有机化合物中由 $\pi\rightarrow\pi^*$ 和 $n\rightarrow\pi^*$ 产生的吸收带最有用,它们的吸收峰在近紫外光区或可见光区.由吸收带波长可以预测未知有机化合物的某些官能团或由有机化合物的结构推算最大吸收波长 λ_{max}.

一些具有不饱和键和含有孤对电子对的基团,能对 200nm 以上的光产生吸收,这种基团称为生色团.表 13.3 列出了某些生色团的吸收特性.

表 13.3　某些生色团的特征

生　色　团	实　例	溶　剂	λ_{max}/nm	ε_{max}	跃迁类型
烯	$C_6H_{13}CH{=}CH_2$	正庚烷	177	13 000	$\pi\rightarrow\pi^*$
炔	$C_5H_{11}C{\equiv}CCH_3$	正庚烷	178	10 000	$\pi\rightarrow\pi^*$
羰基	$CH_3\overset{O}{\overset{\|}{C}}CH_3$	正己烷	186	1 000	$n\rightarrow\sigma^*$
			280	16	$n\rightarrow\pi^*$
	$CH_3\overset{O}{\overset{\|}{C}}H$	正己烷	180	大	$n\rightarrow\sigma^*$
			293	12	$n\rightarrow\pi^*$
羧基	CH_3COOH	乙醇	204	41	$n\rightarrow\pi^*$
酰基	CH_3CONH_2	水	214	60	$n\rightarrow\pi^*$
偶氮基	$CH_3N{=}NCH_3$	乙醇	339	5	$n\rightarrow\pi^*$
硝基	CH_3NO_2	异辛烷	280	22	$n\rightarrow\pi^*$
亚硝基	C_4H_9NO	乙醚	300	100	—
			665	20	$n\rightarrow\pi^*$
硝酸酯	$C_2H_5ONO_2$	二氧六环	270	12	$n\rightarrow\pi^*$

含有 π 电子的基团,如 $\rangle C{=}C\langle$,$-C{\equiv}C-$和 $\rangle C{=}O$ 会发生 $\pi\rightarrow\pi^*$ 跃迁.含有未共享 n 电子的 N,O,S 以及卤素等基团会发生 $n\rightarrow\pi^*$ 跃迁.发生这两种跃迁的分子中需要有不饱和键,以提供 π^* 轨道.在许多有机化合物中往往同时含有 n 电子和 π 电子,因此,可以同时发生 $\pi\rightarrow\pi^*$ 和 $n\rightarrow\pi^*$ 跃迁.$\pi\rightarrow\pi^*$ 跃迁的概率比 $n\rightarrow\pi^*$ 大,因此吸收带强度大,ε_{max} 达 $10^4 L\cdot mol^{-1}\cdot cm^{-1}$.而 $n\rightarrow\pi^*$ 吸收带弱,ε_{max} 小.

在简单不饱和有机化合物分子中,若含有几个双键,但它们被二个以上的 σ 单键隔开,这种有机化合物的吸收带位置不变,而吸收带强度略有增加.如果是具有共轭体系的化合物,则原吸收带消失而产生新的吸收带.根据分子轨道理论,共轭

效应使 π 电子进一步离域，在整个共轭体系内流动.这种离域效应使轨道具有更大的成键性，从而降低了能量，使 π 电子易激发，吸收带最大波长向长波方向移动，颜色加深（红移），摩尔吸光系数增大（$\varepsilon_{max}>10^4$）.这种在共轭体系中由 $\pi\rightarrow\pi^*$ 跃迁产生的吸收带称为 K 吸收带（德文 Konjugation，共轭作用）.K 吸收带的波长及强度与共轭体系中的双键数目、位置及取代基的种类有关.化合物的共轭双键越多，红移越显著，甚至还会产生颜色.

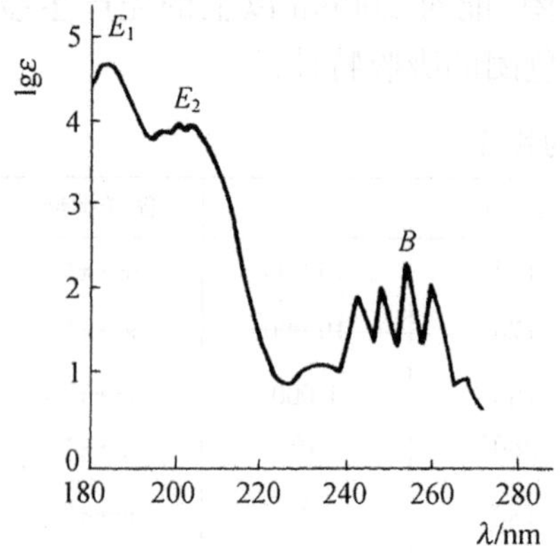

图 13.3　苯在乙醇溶剂中的紫外吸收光谱图

苯是最简单的芳香族有机化合物，它具有环状共轭体系.图 13.3 是苯在乙醇溶剂中的紫外吸收光谱图，其吸收带是由 $\pi\rightarrow\pi^*$ 跃迁产生的.苯在 λ_{max}185nm 处有一强吸收带，称为 E_1 吸收带（ε_{max}50000）；在 λ_{max}204nm 处，有一较强的吸收带，称为 E_2 吸收带（ε_{max}7000）；在 230～270nm 处还有一个较弱的吸收带（λ_{max}254nm；ε_{max}200）称为精细结构吸收带，也称 B 吸收带（德文，Benzenoid 苯的）它是由 $\pi\rightarrow\pi^*$ 跃迁与苯环的振动重叠引起的，常用来鉴别芳香族化合物.

苯的三个特征吸收带会受苯环上取代基的影响，它对 E_2 和 B 吸收带的影响容易观察到.当苯环上有助色团取代基时，精细的 B 吸收带简化并发生 λ_{max}红移，吸收强度增加.

线性多环芳香族化合物，缩合环越多，λ_{max}红移越显著.萘 λ_{max}为 314nm，蒽 λ_{max}为 380nm，都是无色，而丁省（
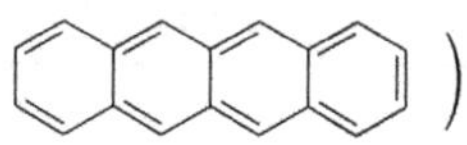
）λ_{max}为 480nm，带黄色，戊省
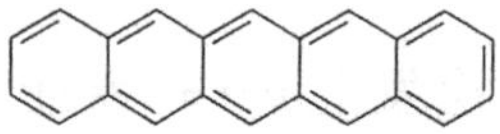
λ_{max}为 580nm，带蓝色.

13.1.2　电荷转移吸收带

电荷转移吸收带是指外来辐射照射到某些无机或有机化合物时，可能发生一个电子从体系的电子给予体的部分转移到该体系的另一部分，即电子接受体时，所产生的吸收带.电荷转移跃迁是指给予体的一个电子向接受体的一个电子轨道跃迁：

$$\underset{\text{给予体}}{D}-\underset{\text{接受体}}{A}\xrightarrow{h\nu}D^+-A^-$$

例如：

$$Fe^{3+}-SCN^{-}\xrightarrow{h\nu}Fe^{2+}-SCN$$

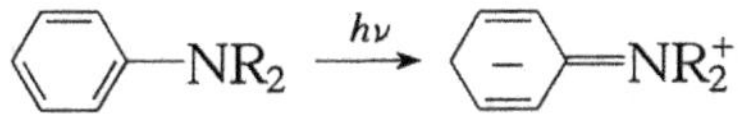

A　D

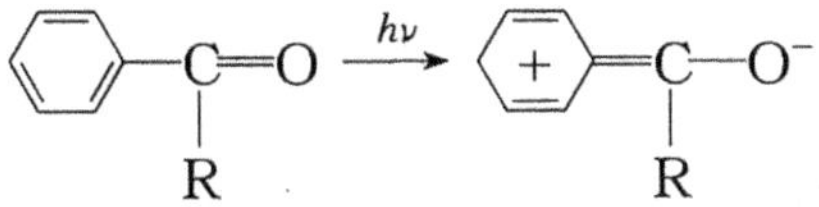

D　A

通常，配合物中的中心离子是电子接受体，配位体是电子给予体．若中心离子的氧化能力（或配位体的还原能力）越强，或中心离子的还原能力（或配位体的氧化能力）越强，产生电荷转移跃迁需要的能量就越小，吸收波长红移．

电荷转移吸收带的特点是吸收强度大，$\varepsilon_{max}>10^4(L\cdot mol^{-1}\cdot cm^{-1})$．利用它进行定量分析，有利于灵敏度的提高．

13.1.3　配位体场吸收带

配位体场吸收带包括 $d-d$ 和 $f-f$ 跃迁产生的吸收带，这两种跃迁必须在配位体的配位场作用下才有可能发生．配位体场吸收带主要用于配合物结构的研究．

$d-d$ 电子跃迁吸收带是由于 d 电子层未填满的第一、二过渡金属离子的 d 电子，在配位体场影响下分裂出的不同能量的 d 轨道之间的跃迁而产生的．这种吸收带在可见光区，强度较弱，ε_{max}约为 $0.1\sim100(L\cdot mol^{-1}\cdot cm^{-1})$．

$f-f$ 电子跃迁吸收带在紫外-可见光区，它是由镧系和锕系元素的 $4f$ 和 $5f$ 电子跃迁产生的．因 f 轨道被已填满的外层轨道屏蔽，不易受溶剂和配位体的影响，所以吸收带较窄．

13.1.4　影响吸收带的因素

分子结构、溶剂的极性和温度等因素都会影响电子光谱，使吸收带红移或蓝移；强度增强或减弱，精细结构的出现或消失．

饱和有机化合物中引入生色团或助色团，将使吸收带 λ_{max}位移和 ε_{max}发生变化．

配位体场的改变会使吸收带的特性变化．

溶剂的极性会影响 $\pi\rightarrow\pi^*$ 和 $n\rightarrow\pi^*$ 跃迁．当物质溶解在溶剂中时，溶剂分子将该溶质分子包围，即溶剂化，从而限制了溶质分子的自由转动，使转动光谱消失．溶剂的极性大，使溶质分子的振动受到限制，由振动引起的精细结构也不出现．当物质溶解在非极性溶剂中时,其光谱与该物质的气态的光谱相似,可以观测到孤立分子产生的转动-振动的精细结构,图 13.4 是对称四嗪

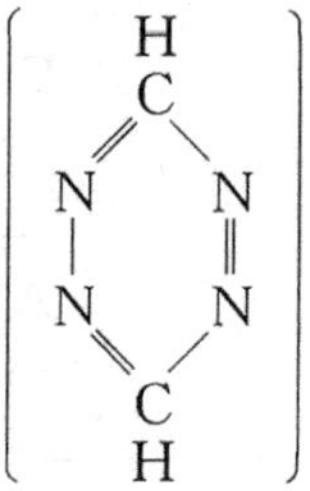

在气态、非极性和极性溶剂中的吸收光谱图.

溶剂的极性不同,对由 $\pi\rightarrow\pi^*$ 和 $n\rightarrow\pi^*$ 跃迁产生的吸收带的影响不同.通常,极性大的溶剂使 $\pi\rightarrow\pi^*$ 跃迁的吸收带向长波方向移动;对 $n\rightarrow\pi^*$ 跃迁的吸收带,则向短波方向移动.发生 $n\rightarrow\pi^*$ 跃迁的分子含有非成键的 n 电子,这些 n 电子与极性溶剂形成氢键,降低了基态的能量,使基态与激发态间的能量差比在非极溶剂中的大($\Delta E'_2>\Delta E_2$),则引起吸收带的最大吸收波长 λ_{max} 蓝移.大多数发生 $\pi\rightarrow\pi^*$ 跃迁的分子激发态极性比基态大,在极性溶剂作用下,激发态的能量降低大,使基态与激发态间的能量差变小($\Delta E'_1<\Delta E_1$),则造成吸收带 λ_{max} 红移.图 13.5 说明溶剂极性对 $\pi\rightarrow\pi^*$ 和 $n\rightarrow\pi^*$ 跃迁能量的影响.由此可见,溶剂的极性增大,$\pi\rightarrow\pi^*$ 跃迁的 λ_{max} 发生红移,$n\rightarrow\pi^*$ 跃迁的 λ_{max} 发生蓝移.表 13.4 列出了溶剂对异丙叉丙酮($H_3C-C(CH_3)=CHC(=O)-CH_3$)紫外吸收光谱的最大吸收波长的影响.

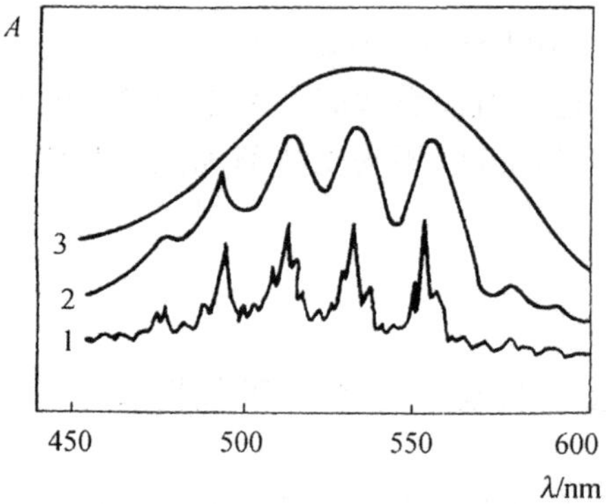

图 13.4 对称四嗪的吸收光谱图

1.蒸气状态;2.环己烷中;3.水中.

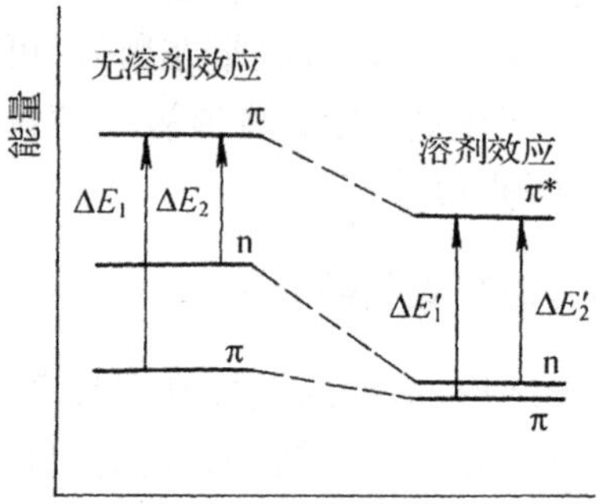

图 13.5 溶剂对 $\pi\rightarrow\pi^*$ 和 $n\rightarrow\pi^*$ 跃迁能量的影响

表 13.4　溶剂效应对异丙叉丙酮的 λ_{max} 影响

跃迁类型	λ_{max}/nm				
	正己烷	乙腈	氯仿	甲醇	水
$\pi \to \pi^*$	230	234	238	237	243
$n \to \pi^*$	329	314	315	309	305

在测定紫外-可见吸收光谱时，应标明使用的溶剂．通常，烷烃溶剂对 λ_{max} 和 ε_{max} 的影响较小，在测定紫外吸收光谱时应尽可能采用非极性溶剂．在可见光测量范围内，可使用无色溶剂．在 300～400nm 的紫外光区测量，溶剂在大于 250nm 的区域内应无吸收；在小于 300nm 测量时，可选用己烷、环己烷或庚烷等饱和烷烃．表 13.5 列出了常用的紫外吸收光谱溶剂允许使用的最短波长，也就是截止波长，它表明当紫外光波长大于截止波长时，该溶剂无吸收，不引起干扰，反之会产生干扰．

表 13.5　紫外吸收光谱中常用的溶剂

溶剂	截止波长/nm	溶剂	截止波长/nm
十氢萘	200	二氯甲烷	235
十二烷	200	1,2-二氯乙烷	235
己烷	210	氯仿	245
环己烷	210	甲酸甲酯	260
庚烷	210	四氯化碳	265
异辛烷	210	*N*,*N*-二甲基甲酰胺	270
甲基环己烷	210	苯	280
水	210	四氯乙烯	290
乙醇	210	二甲苯	295
乙醚	210	苄腈	300
正丁醇	210	吡啶	305
乙腈	210	丙酮	330
甲醇	215	溴仿	335
异丙醇	215	二硫化碳	380
1,4-二噁烷	225	硝基苯	380

13.2　吸收定律

13.2.1　比尔定律

比尔定律如式(10.10)所示：

$$A = -\lg T = \varepsilon bc$$

它是比色或分光光度分析的基础.比尔定律成立的前提是:(1) 入射光是单色光;(2) 吸收发生在均匀的介质中;(3) 吸收过程中,吸收物质互相不发生作用.

比尔定律用于互相不作用的多组分体系测定时,总吸光度是各组分吸光度之和:

$$A_{总} = \varepsilon_1 bc_1 + \varepsilon_2 bc_2 + \cdots \varepsilon_i bc_i \tag{13.4}$$

以百分透光度和吸光度分别对溶液浓度作图得一条指数曲线和一条通过零点的直线.读出装置上刻有百分透光度 T 和吸光度 A,如图 13.6 所示.

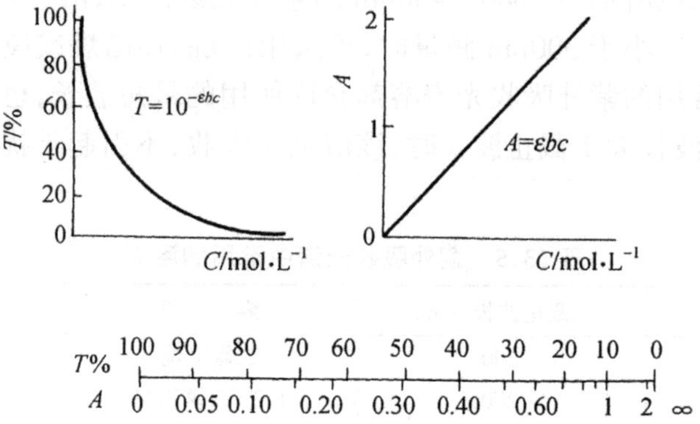

图 13.6 透光度和吸光度曲线及 T,A 标度

根据比尔定律,在理论上,吸光度对溶液浓度作图所得的直线的截距为零,斜率为 εb.实际上,吸光度与浓度的关系有时是非线性的,或者不通过零点,这种现象称为偏离比尔定律.

若溶液的实际吸光度比理论值大,则为正偏离比尔定律;吸光度比理论值小,为负偏离比尔定律,如图 13.7 所示.

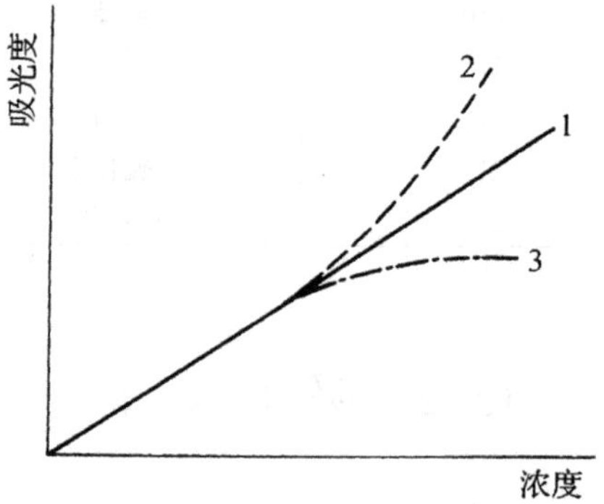

图 13.7 偏离比尔定律

1. 无偏离;2. 正偏离;3. 负偏离.

13.2.2　引起偏离比尔定律的因素

偏离比尔定律是由比尔定律本身的局限性、溶液的化学因素以及仪器因素等引起的.

1. 比尔定律本身的局限性

比尔定律适用于浓度小于 $0.01\mathrm{mol\cdot L^{-1}}$ 的稀溶液. 摩尔吸光系数 ε 或吸光系数 a 与浓度无关,但与折射率 n 有关,即

$$\varepsilon\cdot\frac{n}{(n^2+2)^2}\text{或 }a\cdot\frac{n}{(n^2+2)^2}$$

在低浓度时,n 基本不变,即

$$\varepsilon\cdot\frac{n}{(n^2+2)^2}\text{或 }a\cdot\frac{n}{(n^2+2)^2}$$

仍为常数,服从比尔定律. 在高浓度时,由于 n 随浓度增加而增加,因此,引起偏离比尔定律.

当入射光通过具有不同折射率的两种介质的界面时会发生反射作用. 若被测溶液的折射率和空白溶液的折射率基本相同,反射作用的影响互相抵消. 当被测溶液的浓度增加时,二者的差异增加,校正曲线不通过零点. 为了校正或消除这种差异,测定时可用空白溶液作相对校正. 空白溶液应与被测溶液的组成相近,且二者应装入大小、形状和材料相同的吸收池中.

2. 化学因素

若溶液中发生了电离、酸碱反应、配位反应及缔合反应等,则改变了吸光物质的浓度,导致偏离比尔定律. 若化学反应使吸光物质浓度降低,而产物在测量波长处不吸收,则引起负偏离;若产物比原吸光物质在测量波长处的吸收更强,则引起正偏离.

对配位反应,例如在二甲基甲酰胺溶液中,Cu^{2+} 与 Cl^- 形成配离子:

$$Cu^{2+}+4Cl^-\rightleftharpoons CuCl_4^{2-}$$

该配离子在 λ_{max}438nm 处有吸收,而 Cu^{2+} 在该波长处无吸收. 若将溶液稀释或加入 Cl^- 使平衡移动,由于吸光的配离子 $CuCl_4^{2-}$ 浓度的变化将引起偏离比尔定律.

对酸碱反应,现考虑弱酸 HB,其最大吸收波长为 λ_{max},在该波长下 B^- 对光不吸收. 弱酸 HB 在溶液中存在下列平衡:

$$HB\rightleftharpoons H^+ + B^-$$

$$K_a=\frac{[H^+][B^-]}{[HB]}$$

HB的总浓度可表示为

$$c=[\mathrm{HB}]+[\mathrm{B}^-]$$

只要未离解的HB分数$[\mathrm{HB}]/c$不变，吸光度与HB的关系服从比尔定律．而$[\mathrm{HB}]/c$，即分布系数δ_{HB}，决定于溶液的pH：

$$\delta_{\mathrm{HB}}=\frac{[\mathrm{HB}]}{c}=\frac{[\mathrm{HB}]}{[\mathrm{HB}]+[\mathrm{B}]}=\frac{[\mathrm{H}^+]}{[\mathrm{H}^+]+K_a} \tag{13.5}$$

从上式知，若$[\mathrm{H}^+]\gg K_a$，该弱酸主要以HB形式存在，服从比尔定律；若$[\mathrm{H}^+]\ll K_a$，几乎完全离解，主要以B^-离子形式存在，其吸光度可以忽略．在pH缓冲溶液中，$[\mathrm{HB}]/c$比率恒定，则服从比尔定律．若以酸碱指示剂甲基红为例：

$$\mathrm{HIn} \rightleftharpoons \mathrm{H}^+ + \mathrm{In}^-$$

红　　　　黄

在溶液中存在两种吸光物质，它们的比例与溶液的pH有关．在不同pH值时的吸收曲线如图13.8所示．注意，图中465nm处的吸光度与pH无关．该波长称为等吸光点．在某波长处，若平衡中的两种(或两种以上)吸光物质具有相同的摩尔吸光系数时，可以获得等吸光点．等吸光点在分析上是一个非常有用的波长，在该波长处测定可以避免偏离比尔定律．

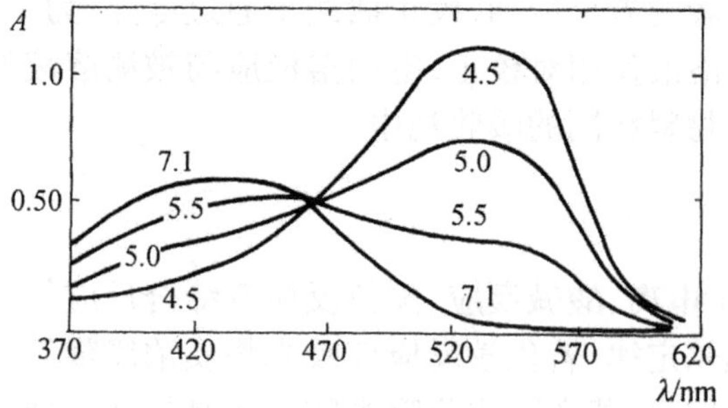

图13.8　甲基红在不同pH值时的吸收曲线

在测定波长下，吸光物质在溶液中发生聚合反应，如二聚反应：

$$2\mathrm{M} \rightleftharpoons \mathrm{D}$$

单体　　二聚物

反应的平衡常数可以表示为

$$K=\frac{[\mathrm{D}]}{[\mathrm{M}]^2}$$

其总浓度c为

$$c=[\mathrm{M}]+2[\mathrm{D}]=[\mathrm{M}]+2\mathrm{K}[\mathrm{M}]^2$$

总吸光度由式(13.4)得

$$A=b(\varepsilon_D[D]+\varepsilon_M[M])$$

将浓度D和M代入上式:

$$A=\frac{b}{2}\left[\varepsilon_D c+(2\varepsilon_M-\varepsilon_D)\frac{(8Kc+1)^{1/2}-1}{4K}\right] \tag{13.6}$$

若 $\varepsilon_D=2\varepsilon_M$,式右边第二项等于零,服从比尔定律.若 $\varepsilon_D<2\varepsilon_M$,负偏离比尔定律;若 $\varepsilon_D>2\varepsilon_M$,正偏离比尔定律.

3. 仪器因素

分光光度计仪器的性能会影响光源的稳定性、入射光的单色性等.

(1) 入射光的非单色性

当入射光为单色光时,溶液的吸收才严格服从比尔定律.实际上,真正的单色光却难以得到.现考虑由 λ_1 和 λ_2 两种波长组成的入射光,假定比尔定律应用于该两波长.在 λ_1 处:

$$A_1=\lg\frac{I_{0,1}}{I_1}=\varepsilon_1 bc$$

或

$$\frac{I_{0,1}}{I_1}=10^{\varepsilon_1 bc} \tag{13.7}$$

同样,在 λ_2 处:

$$\frac{I_{0,2}}{I_2}=10^{\varepsilon_2 bc} \tag{13.8}$$

当用 λ_1 和 λ_2 混合光测量时,吸光度为

$$A=\lg\frac{I_{0,1}+I_{0,2}}{I_1+I_2} \tag{13.9}$$

将式(13.7)和(13.8)代入式(13.9)得

$$A=\lg\frac{I_{0,1}+I_{0,2}}{I_{0,1}10^{-\varepsilon_1 bc}+I_{0,2}10^{-\varepsilon_2 bc}} \tag{13.10}$$

当 $\varepsilon_1=\varepsilon_2$ 时,则

$$A=\varepsilon_1 bc$$

则服从比尔定律.

当 $\varepsilon_1\neq\varepsilon_2$时,则吸光度与浓度关系是非线性的.$\varepsilon_1$ 与 ε_2 差别愈大,对线性关系的偏离也愈大.$\varepsilon_1>\varepsilon_2$ 时,测得的吸光度A比在“单色光”λ_1 时测得的低,产生负偏离;$\varepsilon_1<\varepsilon_2$ 时,则产生正偏离.

(2) 谱带宽度与狭缝宽度

"单色光"仅是一种理想情况,即使用棱镜或光栅等单色器所得到的"单色光"实际上是有一定波长范围的光谱带(此波长范围即谱带宽度).单色器由色散元件和入射及出射狭缝等组成.单色光的纯度与狭缝宽度有关,狭缝越窄,它所包含的波长范围也越窄,单色的纯度越好.

13.3　紫外-可见分光光度计

紫外-可见分光光度计分为单波长和双波长分光光度计两类.单波长分光光度计又分为单光束和双光束分光光度计.

13.3.1　单波长分光光度计

1. 单波长单光束分光光度计

单波长单光束分光光度计的工作原理如图 13.9 所示.光源发出的混合光经单色器分光,其获得的单色光通过参比(或空白)吸收池后,照射在检测器上转换为电信号,并调节由读出装置显示的吸光度为零或透光度为 100%,然后将装有被测试液的吸收池置于光路中,最后由读出装置显示试液的吸光度值.设通过参比吸收池的单色光强度为 I_0,通过试液吸收池的光强度为 I,由比尔定律知,若入射光波长一定时,摩尔吸光系数为常数,吸光度 A 与浓度 c 成比例.若在一系列不同波长处,测定试液的吸光度 A 或百分透光度 $T\%$,可以获得吸收光谱图.

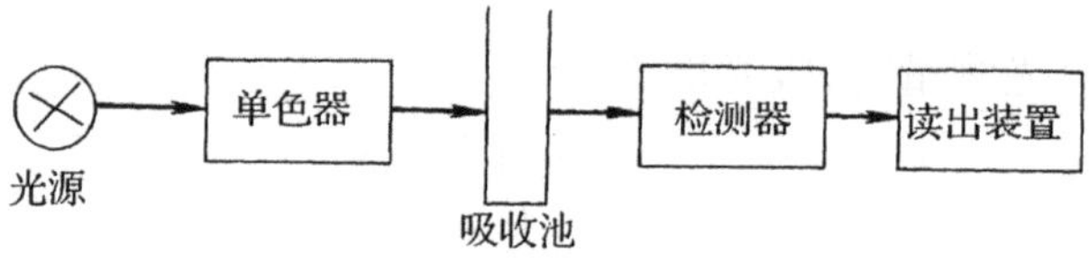

图 13.9　单波长单光束原理图

(1) 722 型光栅分光光度计

它是一种应用较广的简便的可见分光光度计,波长范围为 330～800nm.由钨卤灯光源、单色器、吸收池、光电管以及微电流放大器、对数放大器、数字显示器和稳压电源等部件组成.光路图如图 13.10 所示.

由钨卤灯光源(1)发出的混合光经滤光片(消除二级光谱(2)和聚光镜(3)至入射狭缝(4)聚焦成像,再通过平面反射镜(5)反射至准直镜(6)使成平行光后,被光栅(7)色散,再经准直镜聚焦在出射狭缝(8).调节波长调节器可获得所需要的单色光,此单色光通过聚光镜(9)和试液后,照射在光电管(11)上,所产生的电流经放大,由数字显示器直接读出吸光度 A 或百分透光度 T%或浓度 c.

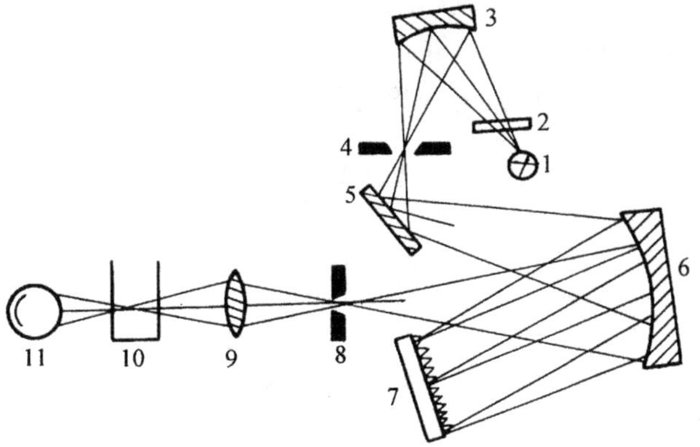

图 13.10　722 型光栅分光光度计光路图

1. 钨卤灯;2. 滤光片;3. 聚光镜;4. 入射狭缝;5. 反射镜;6. 准直镜;7. 光栅;8. 出射狭缝;9. 聚光镜;10. 吸收池;11. 光电管.

(2) 751 型紫外-可见分光光度计

它是一种较精密的仪器,波长范围为 200～1000nm. 200～320nm 用氢弧灯,320～1000nm 用钨灯. 用石英棱镜分光. 光电管用 GD-5 紫敏光电管和 GD-6 红敏光电管. GD-5 为锑铯阴极面,适用的波长范围为 200～625nm;GD-6 为银氧铯阴极面,适用的波长范围为 625～1000nm. 光路图如图 13.11 所示.

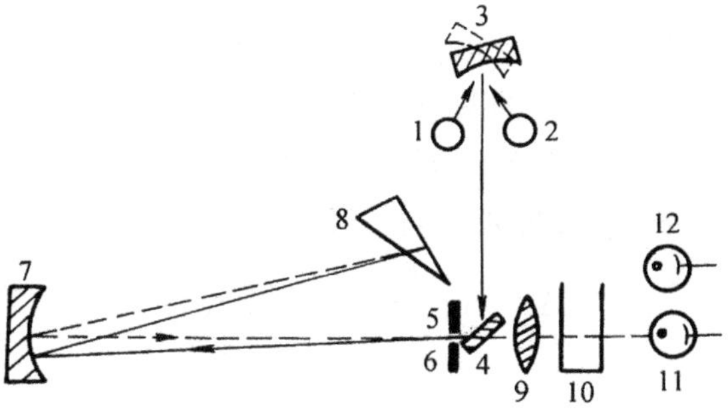

图 13.11　751 型紫外-可见分光光度计光路图

1. 氢弧灯;2. 钨灯;3,4. 反射镜;5,6. 上下狭缝;7. 准直镜;8. 石英棱镜;9. 聚光镜;10. 吸收池;11. 紫敏光电管;12. 红敏光电管.

2. 单波长双光束分光光度计

单波长双光束分光光度计原理如图 13.12 所示.它将光源的光束分成两路,并分别射入参比池和试液池,这样消除了单光束受光源强度变化的影响.设入射光强度为 I_o,通过参比池和试液后的光强度分别为 I_R 和 I_S,则

$$A_1 = \lg \frac{I_o}{I_S}$$

$$A_2 = \lg \frac{I_o}{I_R}$$

$$A = A_1 - A_2 = \lg \frac{I_R}{I_S} \tag{13.11}$$

可见,A 值与光源强度无关.

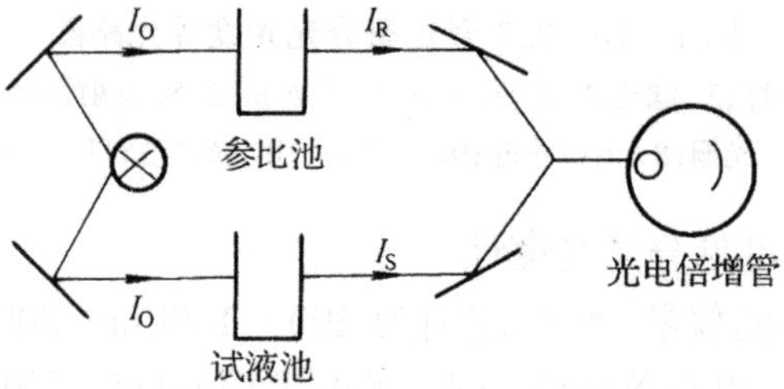

图 13.12　双光束分光光度计原理图

13.3.2　双波长分光光度计

双波长分光光度计采用两个单色器,如图 13.13 所示.光源的光束经两个单色器后分别产生波长为 λ_1 和 λ_2 的两单色光,由切光器使两单色光以一定的时间间隔交替通过同一吸收池,并被光电倍增管交替接收,测得吸光度差 ΔA.当光强度为 I_o 的两单色光 λ_1 和 λ_2 交替通过同一吸收池时,根据比尔定律,对 λ_1 波长:

$$A_{\lambda_1} = \lg \frac{I_o}{I_{\lambda_1}} = \varepsilon_{\lambda_1} bc + \Delta A_{S_1}$$

对 λ_2 波长:

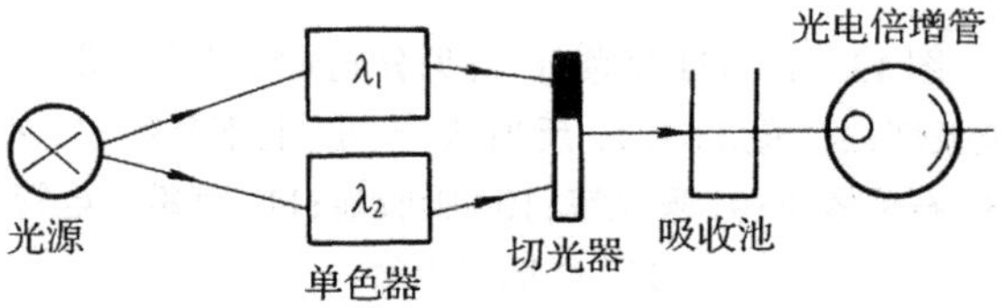

图 13.13　双波长分光光度计原理图

$$A_{\lambda_2} = \lg \frac{I_0}{I_{\lambda_2}} = \varepsilon_{\lambda_2} bc + \Delta A_{S_2}$$

式中，ΔA_{S_1} 和 ΔA_{S_2} 为背景吸收，若 λ_1 和 λ_2 很相近，可视为相等. 因此通过吸收池后的光强度差为

$$\Delta A = \lg \frac{I_{\lambda_1}}{I_{\lambda_2}} = A_{\lambda_2} - A_{\lambda_1} = (\varepsilon_{\lambda_2} - \varepsilon_{\lambda_1}) bc \tag{13.12}$$

该式表明，试样溶液中被测组分的浓度与两个波长 λ_1 和 λ_2 处的吸光度差 ΔA 成比例，这是双波长法的定量依据.

双波长分光光度计既可作为双波长的方式，也可作为单波长双光束的方式工作.

双波长分光光度计不仅可测定多组分混合试样、混浊试样，而且还可测得导数吸收光谱. 测量时使用同一吸收池，不用空白溶液作参比，消除了参比池的不同和制备空白溶液等产生的误差. 此外，使用同一光源来获得两束单色光，减小了由光源电压变化而产生的误差，因此，灵敏度高.

13.3.3　多通道分光光度计

多通道分光光度计早在 20 世纪 80 年代已出现商品仪器. 它与常规仪器不同之处在于使用了一个光二极管阵列检测器. 仪器光路如图 13.14 所示. 由光源发出的辐射聚焦到吸收池上，光通过吸收池到达光栅，经分光后照射到光二极管阵列检测器上. 该检测器含有一个由几百个光二极管构成的线性阵列. 典型的仪器使用了 316 个硅光二极管阵列作为检测器. 整个阵列在一只长 1～6cm 的芯片上，单个光

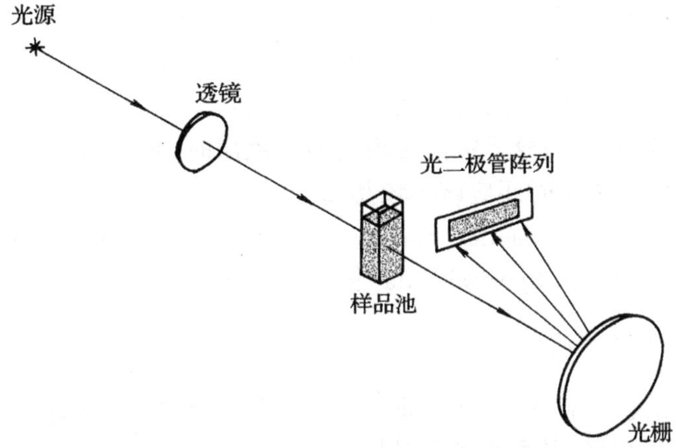

图 13.14　光电二极管阵列多通道分光光度计光路图

二极管宽约 15～50μm. 整个仪器由计算机控制. 该类仪器可在 200～820nm 的光谱范围内保持波长分辨率达到 2nm.

光二极管阵列仪器的特点是具有多路优点，信/噪比高于单通道仪器，此外，测量快速，整个光谱的记录时间仅需 1s 左右. 因此该类仪器是研究反应中间体的有力工具，并且在动力学研究，液相色谱和毛细管电泳流出组分的定性和定量分析中也得到广泛应用.

13.4 紫外-可见吸收光谱法的应用

紫外-可见吸收光谱法可以用于定性和定量分析，以及配合物的组成和稳定常数的测定等.

13.4.1 定性分析

利用紫外-可见吸收光谱研究有机化合物，尤其是共轭体系很有用. 通常情况下：(1)在 200～800nm 范围内无吸收峰，该有机化合物可能是链状或环状的脂肪族化合物，或是它的简单的衍生物，如醇、胺、氯代烷及不含双键的共轭体系. (2)在 210～250nm 范围内有强吸收带($\varepsilon = 2\times10^4 \sim 1\times10^4$)，可能含有两个共轭双键. (3)在 210～300nm 有强吸收带，可能含有 3～5 个共轭双键. (4)在 250～300nm 有吸收峰，表示有羰基存在；有中强吸收峰且有振动结构时，表示有苯环.

1. 比较法

通常，通过对未知纯试样的紫外吸收光谱图与标准纯试样的紫外吸收光谱图，或与标准紫外吸收光谱图比较进行定性. 当溶剂和试样浓度相同时，若两紫外吸收光谱图的 λ_{max} 和 ε_{max} 相同，表明它们是同一有机化合物.

必须注意，有机化合物的紫外吸收光谱的吸收带宽而平坦，并且数目也不多. 当它们的结构有差异，而分子中含有相同的生色团时，吸收曲线的形状基本相同，因此在比较它们的 λ_{max} 时还应该比较其 ε_{max}.

常用的工具书有：Sadtler Standard Spectra (Ultraviolet), Heyden, London, 1978；Organic Electronic Spectral Data 等.

2. 计算最大吸收波长

利用紫外吸收光谱中的经验规律计算不饱和有机化合物的最大吸收波长 λ_{max}，并与实验值比较，从而推断其结构.

(1) Woodward-Fieser 经验规则

共轭二烯、三烯和四烯以及 α,β-不饱和羰基化合物的 $\pi\rightarrow\pi^*$ 跃迁的最大吸收波长 λ_{max}，可用 Woodward-Fieser 经验规律来计算，见表 13.6 和表 13.7. 计算时以母体生色团的最大吸收波长 λ_{max} 为基数，再加上连接在母体 π 电子体系上的不同取代基助色团的修正值. 通常，同一化合物的计算值和实验值比较接近，约相差 5nm 或更小.

表 13.6　计算共轭二烯 λ_{max}

生　色　团	λ_{max}/nm
二烯　—C═C—C═C—	217
异环二烯 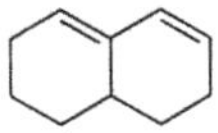	214
同环二烯  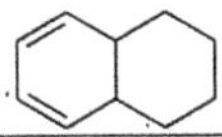	253
助　色　团	**λ_{max}/nm**
每扩展一个共轭双键	30
共轭体系上环外双键 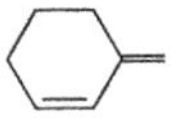	5
烷基—R	5
—$OCOCH_3$	0
—O—R	6
—Cl 或—Br	17(稠环 5)
—SR	30
—NR_2	60

例 1

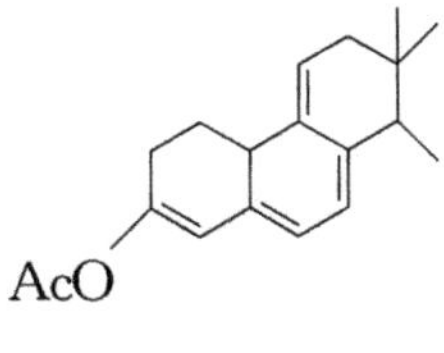

母体同环二烯		253nm
三个环外双键	3×5	15
二个扩展共轭双键	2×30	60
五个取代烷基	5×5	25
酰氧取代基	1×0	0
	计算值(λ_{max})	353nm
	观测值(λ_{max})	355nm

例 2

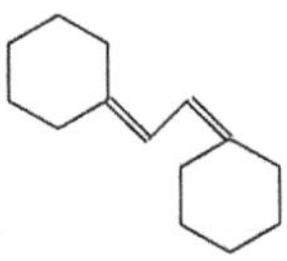

母体二烯		217nm
四个取代烷基	4×5	20
二个环外双键	2×5	10
	计算值(λ_{max})	247nm
	观测值(λ_{max})	247nm

表 13.7 计算 α, β-不饱和羰基化合物 λ_{max}(溶剂:乙醇)

生 色 团		λ_{max}/nm
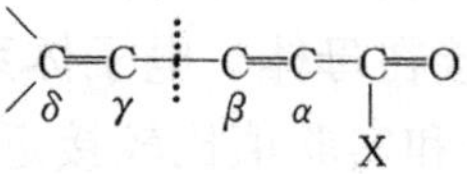	X=—R(烷)	215
	X=—H	207
	X[1)]=—OH	193
	—OR	
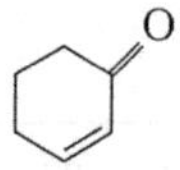		215
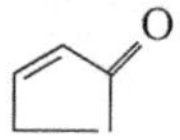		202

助 色 团	λ_{max}/nm					
	α	β	γ	δ	δ+1	δ+2
烷基—R	10	12	18	18	18	18
	10	10	10	10	10	10(酸、酯)
—Cl	15	12	12			
—Br	25	30	25			
—OH	35	30	30			
—OR	35	30	17			
—SR		85				
—OCOR	6	6	6			
$—NR_2$		95				
残余环		12				
每扩展一个共轭双键		30				
环外双键		5				
同环共轭二烯		39				
溶剂校正值						
乙醇,甲醇		0				
环己烷		11				
乙醚		7				
二氧六环		5				
氯仿		1				
水		−8				

1)指 α, β-不饱和酸酯,共轭体系内有五节或七节环内双键时,193+5=198nm.

例 3

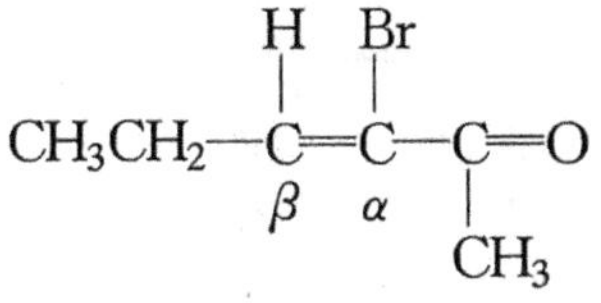

母体		215nm
α - Br	1×25	25
β -烷基	1×12	12
计算值(λ_{max})		252nm
观测值(λ_{max})		252nm

例 4

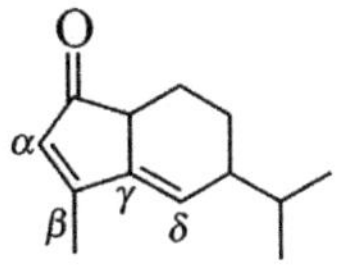

母体		202nm
β -烷基	1×12	12
γ -烷基	1×18	18
δ -烷基	1×18	18
一个扩展双键	1×30	30
一个环外双键	1×5	5
计算值(λ_{max})		285nm
观测值(λ_{max})		285nm

例 5

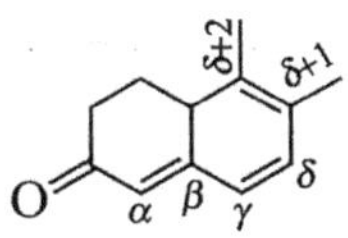

母体		215nm
同环共轭二烯	1×39	39
二个扩展双键	2×30	60
环外双键	1×5	5
β -烷基	1×12	12
一个(δ + 1)-烷基	1×18	18
二个(δ + 2)-烷基	2×18	36
计算值(λ_{max})		385nm
双测值(λ_{max})		388nm

(2) Scott 经验规则　它用于计算苯甲酸、苯甲醛或苯甲酸酯等芳香族羰基衍生物 R—C_6H_4—COX 的 λ_{max},参见表 13.8.

例 6

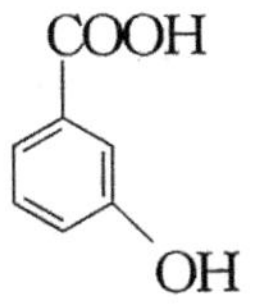

母体	230nm
间位—OH	7
计算值(λ_{max})	237nm
观测值(λ_{max})	237nm

例 7

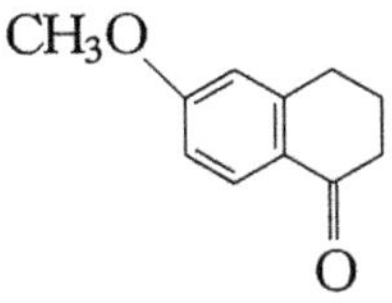

母体	246nm
邻位 —残余环	3
双位 —OCH_3	25
计算值(λ_{max})	274nm
观测值(λ_{max})	276nm

表 13.8　计算芳香族羰基衍生物 λ_{max}(溶剂:乙醇)

助色团	λ_{max}/nm		
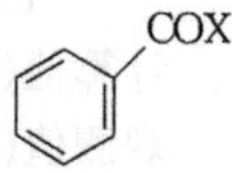	X═烷基—R　246 X═—H　250 X═—OH,—OR　230		
苯环上取代基,—R	λ_{max}/nm		
	邻位	间位	对位
烷基—R,残余环	3	3	10
—OH,—OR	7	7	25
$—O^-$	11	20	78
—Cl	0	0	10
—Br	2	2	15
$—NH_2$	13	13	58
—NHAc	20	20	45
$—NR_2$	20	20	85

例 8

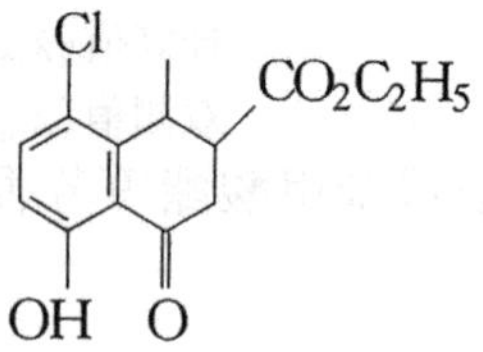

母体	246nm
邻位—残余环	3
邻位—OH	7
间位—Cl	0
计算值(λ_{max})	256nm
观测值(λ_{max})	257nm

紫外吸收光谱法不是定性分析的主要工具,但它可为红外吸收光谱、核磁共振波谱和质谱等方法进行有机化合物的结构分析提供有用的信息.

13.4.2　定量分析

对单组分或多组分体系,若溶液对光的吸收服从比尔定律,那么可用紫外-可见吸收光谱法进行定量测定.

1. 实验条件的选择

(1) 波长

通常,测定时选择最大吸收处的波长 λ_{max} 作为分析波长,测定的灵敏度高,并

且在最大吸收波长 λ_{max}附近，吸光度随波长的变化小，测定的误差也小．但选用 λ_{max}并不一定都是可行的，因为有的显色剂在被测物质的 λ_{max}处往往也有吸收，例如 3,3′-二氨基联苯(DAB)和 Se 形成配合物 Se-DAB 的最大吸收波长在 340 和 420nm，如图 13.15 所示．在 340nm 波长处，DAB 也有很强的吸收，在这种情况下，分析波长应选用 420nm，否则测量误差较大．

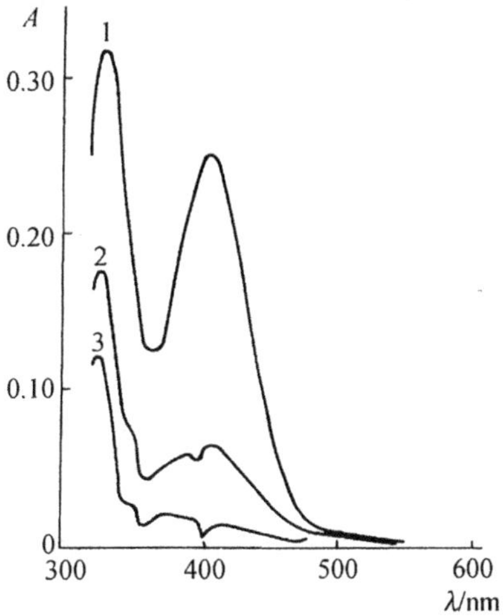

图 13.15　DAB 和 Se-DAB 在甲苯溶液中的吸收曲线

1.25mg Se-DAB 在 10ml 甲苯溶液中；
2.5mg Se-DAB 在 10ml 甲苯溶液中；
3.DAB 在甲苯溶液中．

(2) 狭缝宽度

理论上，定性分析时采用最小的狭缝宽度．在定量分析中，为了避免狭缝太小，使出射光太弱而引起信噪比降低，可以将狭缝开大一点．通过测定吸光度随狭缝宽度的变化规律，可选择出合适的狭缝宽度．狭缝宽度在某范围内，吸光度恒定，狭缝宽度增大至一定程度时吸光度减小．因此，合适的狭缝宽度就是在吸光度不减小时的最大狭缝宽度．

(3) 吸光度值

吸光度值控制在某一范围内，以使测定的相对误差较小．

(4) 有色化合物的形成

在许多情况下，样品中的被测组分不产生吸收，必须加入另一种试剂(显色剂)，使该试剂与被测组分作用形成有色化合物．

使用的显色剂应具有选择性好，灵敏度高，所形成的有色化合物的组成恒定，化学性质稳定．常用的显色剂有无机和有机显色剂两种，通常有机显色剂中含有生色团和助色团．生色团如：

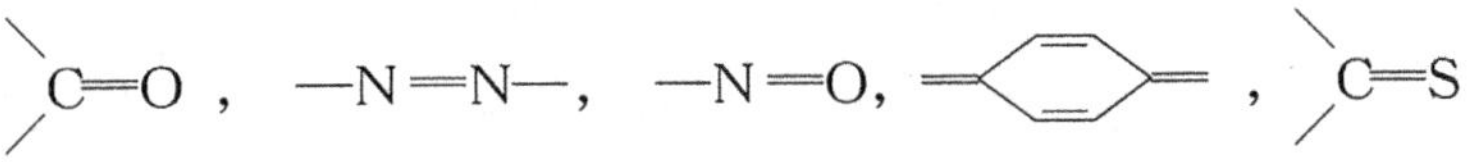

助色团如：

$$—OH,\quad —NH_2,\quad —SH,\quad Br^-,\quad Cl^-$$

常用的有机显色剂见表 13.9．无机显色剂较少，常用的几种显色剂见表 13.10．

在形成有色化合物过程中，应注意几个重要因素：

表 13.9　一些常用的有机显色剂

试　剂	结　构	测定的离子
1,10-二氮菲	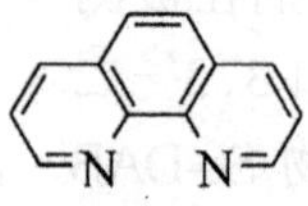	Fe^{2+}
磺基水杨酸	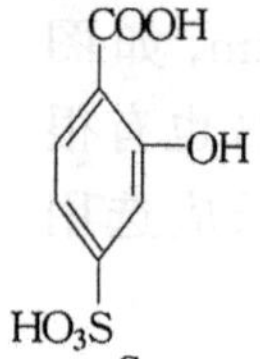	Fe^{3+},Ti^{4+}
硫脲	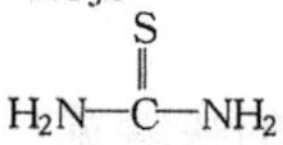	Bi^{3+},Os^{6+}
双硫腙	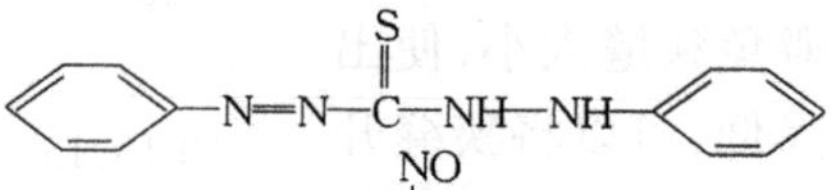	Pb^{2+}, Hg^{2+}, Zn^{2+}, Bi^{3+}
α-亚硝基-β-萘酚	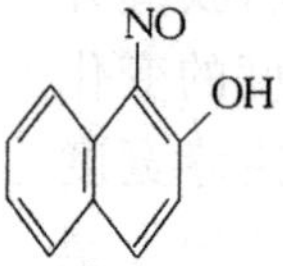	Co^{2+}
铜试剂(DDTC)	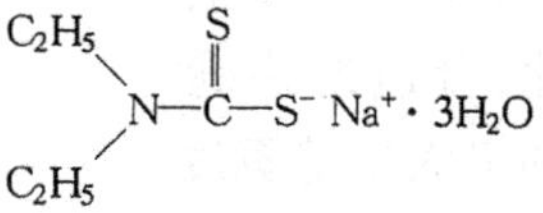	Cu^{2+}
丁二酮肟	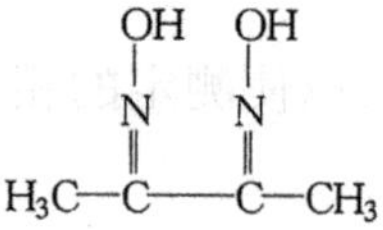	Ni^{2+}
偶氮胂Ⅲ	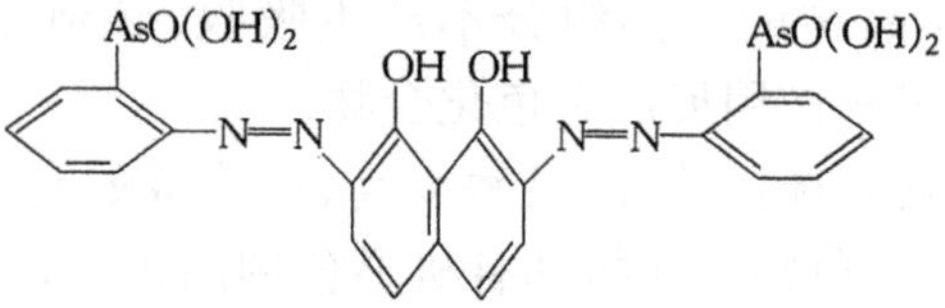	Zr^{4+},Hf^{4+},Th^{4+}
铬天青 S(CAS)	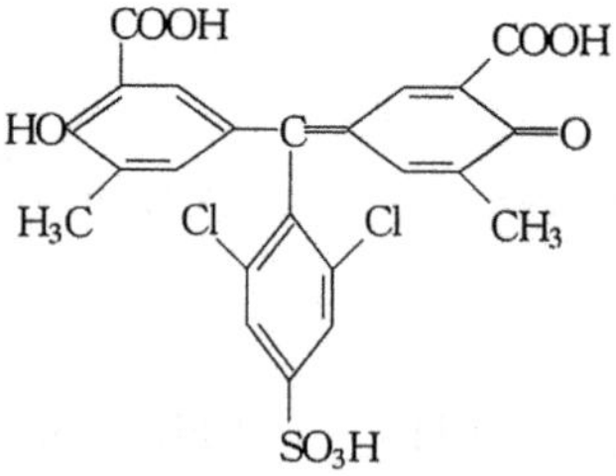	Be^{2+},Al^{3+},Y^{3+} Ti^{4+},Zr^{4+},Hf^{4+}
镉试剂	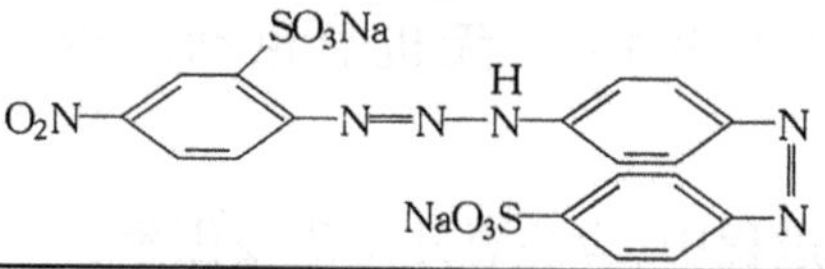	Cd^{2+}

表 13.10 某些无机显色剂

测定元素	显色剂	酸度/mol·L⁻¹	配合物组成及颜色	测定波长/nm
铁	硫氰酸盐	0.05~0.2 HNO_3	$Fe(SCN)^{2+}$ 红	480
钼	硫氰酸盐	1.5~2 H_2SO_4	$MoO(SCN)_5^{2-}$ 橙	450
钨	硫氰酸盐	1.5~2 H_2SO_4	$WO(SCN)_4^-$ 黄	405
硅	钼酸铵	0.15~0.3 H_2SO_4	$H_4SiO_410MoO_3Mo_2O_5$ 蓝	670~820
磷	钼酸铵	0.5 H_2SO_4	$H_3PO_410MoO_3Mo_2O_5$ 蓝	670~820
钛	过氧化氢	0.7~1.8 H_2SO_4	$TiO(H_2O_2)^{2+}$ 黄	420

(a) 溶液的 pH　pH 对显色剂的平衡浓度、被测组分的存在形态以及配合物的形成起了重要作用.适当调节 pH 或使用缓冲溶液还可以消除某些干扰反应.通常通过实验来确定溶液的适宜 pH 值.在被测组分浓度和显色剂浓度一定的条件下,测定不同 pH 试液的吸光度,当吸光度值基本不变的某 pH 范围即为适宜的 pH 范围.

(b) 显色剂量　所需显色剂的量决定于形成有色化合物的组成.显色剂太多或太少都会引起偏离比尔定律.最佳显色剂浓度及量由实验确定.

(c) 时间　由于各显色反应的速率以及形成有色化合物的稳定性不同,因此必须控制显色反应的时间.

(d) 温度　通常,显色反应在室温下进行,但有的反应需要升温或降温.

(e) 加试剂的次序　以一定的次序加入试剂很重要,否则显色反应不完全或不可能发生,而发生了干扰反应.

(f) 稳定性　若形成的有色化合物不很稳定,测量应尽快进行,有色化合物对光敏感,则应避光.

(g) 掩蔽　实际上,特效显色反应很少,然而可以通过掩蔽干扰离子来达到高选择性.一些重要的掩蔽剂见表 13.11.

对于无紫外生色团的化合物,也可通过与具有紫外生色团的试剂反应,生成具有紫外吸收的物质.

2. 单组分定量分析

对试样中某种组分的测定,常常采用标准曲线法.配制一系列不同浓度的被测组分的标准溶液,在选定的波长和最佳的实验条件下分别测定其吸光度 A.以吸光度对浓度作图得一条直线.在相同条件下,再测量样品溶液的吸光度,然后可以从标准曲线上查得样品溶液的浓度.

表 13.11 一些重要的掩蔽剂

元素	使用的掩蔽剂	元素	使用的掩蔽剂
Ag	CN^-,$S_2O_3^{2-}$,Br^-,I^-,Cl^-,NH_3	Ga	EDTA,酒石酸,柠檬酸,草酸
Al	F^-,草酸,柠檬酸,酒后酸,EDTA	Ge	草酸,F^-
As	S^{2-},OH^-	Hg	I^-,CN^-,Cl^-,NO_2^-
Au	CN^-,Cl^-,Br^-,$S_2O_3^{2-}$	Mg	EDTA,草酸,柠檬酸,酒石酸
B	F^-	Mn	草酸,$P_2O_7^{4-}$,EDTA,三乙醇胺
Ba	EDTA,柠檬酸,酒石酸,SO_4^{2-}	Mo	F^-,Cl^-,草酸,H_2O_2,柠檬酸
Be	F^-,柠檬酸,酒石酸,磺基水杨酸	Ni	CN^-,EDTA,NH_3
Bi	柠檬酸,酒石酸,EDTA,I^-,硫脲	Pb	乙酸盐,$S_2O_3^{2-}$,I^-,柠檬酸
Ca	EDTA,柠檬酸,酒石酸,$P_2O_7^{4-}$	Pt	I,CN,Cl,SCN
Cd	EDTA,CN^-,$S_2O_3^{2-}$,SCN^-,I^-	Sn	柠檬酸,酒石酸,草酸,OH^-,S^{2-}
Ce	F^-,EDTA,柠檬酸,酒石酸	Ti	SO_4^{2-},H_2O_2,F^-,柠檬酸,酒石酸
Co	NH_3,NO_2^-,SCN^-,CN^-,$S_2O_3^{2-}$	T1	Cl^-,草酸,ETDA
Cr(Ⅲ)	EDTA,柠檬酸,酒石酸,草酸	V	H_2O_2,EDTA,F^-,草酸
Cu	NH_3,I^-,CN^-,$S_2O_3^{2-}$,硫脲,EDTA	W	F^-,Cl^-,H_2O_2,草酸,酒石酸
F	H_3BO_3,Al,Be	Zn	CN^-,EDTA,SCN^-,OH^-,NH_3
Fe(Ⅲ)	F^-,PO_4^{3-},EDTA,三乙醇胺	Zr	F^-,SO_4^{2-},草酸,柠檬酸,酒石酸
Fe(Ⅱ)	CN^-,$S_2O_3^{2-}$		

也可以采用目视比色法,它是用眼睛比较溶液颜色的深浅来确定试样中被测组分的含量.常用的目视比色法采用标准系列法.将一系列被测组分的标准溶液加入各比色管中,再分别加入等量的显色剂等,然后稀释至刻度,显色,便制成了一套标准色阶.将样品溶液在同样条件下显色,然后与标准色阶比较,可以确定其含量.目视比色法的仪器设备简单,操作方便,适合于大量试样的分析,但相对误差较大,约5%～20%.

3. 多组分定量分析

需要同时测定试样中的 n 个组分,若它们在吸收曲线上的吸收峰互相不重叠,可以不经分离分别选择适当的波长,按单组分的方法进行测定.

若试样中需要测定 n(2～5)个组分的吸收峰重叠,但不严重.若服从比尔定律,则根据吸光度的加和性,可不经分离,在 n 个指定的波长处测量样品混合组分的吸光度,然后解 n 个联立方程,求出各组分的含量.图13.16为含被测组分A和

B的试样的吸收曲线,两吸收曲线互相重叠,但服从比尔定律.若选定二个波长 λ_1 和 λ_2,测得试液的吸光度为 A_1 和 A_2,则

$$A_1 = \varepsilon_{A_1} b c_A + \varepsilon_{B_1} b c_B (在 \lambda_1 处)$$

$$A_2 = \varepsilon_{A_2} b c_A + \varepsilon_{B_2} b c_B (在 \lambda_2 处)$$

式中,4个摩尔吸光系数可以分别在 λ_1 和 λ_2 处,从纯物质A和B求得.解此方程组即可求出混合物中两组分的浓度 c_A 和 c_B.

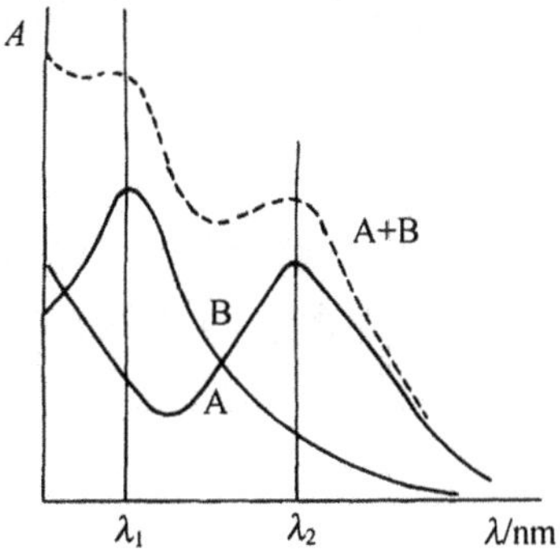

图 13.16 两组分试样的吸收曲线

例9 输铁蛋白是血液中发现的输送铁的蛋白,它的相对分子质量为81 000,并携带两个Fe(Ⅲ)离子.脱铁草氨酸是铁的有效螯合剂,常用于治疗铁过量的病人,它的相对分子质量为650,并能螯合一个Fe(Ⅲ).脱铁草氨酸能从人体的许多部位摄取铁,通过肾脏与铁一起排出体外.被铁饱和的输铁蛋白(T)和脱铁草氨酸(D)在波长 λ_{max} 428nm和470nm处的摩尔吸光系数分别为

λ_{max}/nm	$\varepsilon/(mol \cdot L^{-1} \cdot cm^{-1})$	
	T	D
428	3540	2730
470	4170	2290

铁不存在时,两个化合物均为无色.含有T和D的试液在波长470nm处,用1.00cm吸收池测得的吸光度为0.424;在428nm处测得吸光度为0.401,试计算被铁饱和的输铁蛋白(T)和脱铁草氨酸(D)中铁各占多少分数.

解 由吸光度的加和性得

在 λ_{max}470nm处

$$0.424 = 4170 \times 1.00 \times c_T + 2290 \times 1.00 \times c_D$$

在 λ_{max}428nm处

$$0.401 = 3540 \times 1.00 \times c_T + 2730 \times 1.00 \times c_D$$

由以上两式解得T和D的浓度:

$$[T] = 7.30 \times 10^{-5} mol \cdot L^{-1}$$

$$[D] = 5.22 \times 10^{-5} mol \cdot L^{-1}$$

在输铁蛋白中铁的质量分数为

$$W_{Fe} = \frac{2[T]}{2[T]+[D]} = \frac{2 \times 7.30 \times 10^{-5}}{2 \times 7.30 \times 10^{-5} + 5.22 \times 10^{-5}} = 0.737$$

在脱铁草氨酸中铁的质量分数为

$$W_{Fe}=\frac{[D]}{2[T]+[D]}=0.263$$

利用等吸光点也可以测定混合试样中两组分的含量.在等吸光点处两组分的 ε 相同.测量时,首先测出该波长处两组分的总浓度,然后再测定一个组分在指定分析波长处的浓度.从总浓度中减去一个组分的浓度,可求得另一组分的浓度.

4. 双波长分光光度法

采用双波长分光光度法时,当两个测定波长 λ_1 和 λ_2 相靠近,式(13.12)即为双波长分光光度法的定量分析依据.

对于混浊试样或成分复杂、背景吸收较大的试样,采用经典的分光光度法就难以找到合适的参比溶液来消除其干扰.若采用双波长分光光度法,将 λ_2 选择在被测组分的最大吸收波长处,λ_1 选择在基本无吸收的波长处,这样可以从分析波长的信号中减去参比波长的信号,消除了干扰,大大提高了方法的选择性和灵敏度.

(1) 单组分的分析

测定波长 λ_2 和 λ_1 通常选用被测组分的最大吸收波长和等吸光点波长进行测定.若无等吸光点或等吸光点无法准确确定,可以选用被测组分的最大吸收波长和该组分吸收光谱曲线下端的某一波长作为测定波长.

(2) 双组分中某一组分的分析

试样中含有 A,B 两组分,组分 B 干扰组分 A 的测定.若采用双波长分光光度法,可不分离 B 而直接测定 A 的含量.

(a) 等吸光度波长法 为了消除干扰组分 B 的吸收,分析波长 λ_2 选择在组分 A 的最大吸收峰或它的附近,参比波长 λ_1 用作图法确定,如图 13.17 所示.在组分 A 的 λ_2 处作一垂直于 X 坐标的直线,该直线与干扰组分 B 相交于某一点,再从这点作平行于 X 坐标的直线并与组分 B 的吸收曲线相交于一点或几点,与该交点相对应的波长作为参比波长,如图中的 λ_1 或 λ'_1.所选择的 λ_2 和 λ_1 应符合以下条件:第一、干扰组分在该两波长处的吸光度相同;第二、被测组分在该两波长处的吸光度差 A 要足够大.由吸光度的加和性可知,混合试样在 λ_2 和 λ_1 处的吸光度

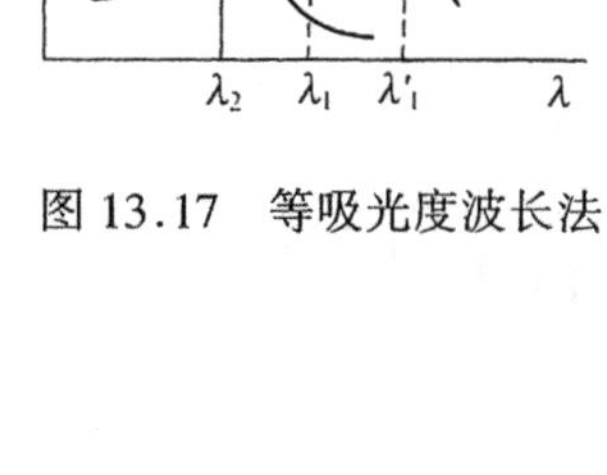

图 13.17 等吸光度波长法

可表示为

$$A_{\lambda_2} = A_{\lambda_2}^{A} + A_{\lambda_2}^{B}$$

$$A_{\lambda_1} = A_{\lambda_1}^{A} + A_{\lambda_2}^{B}$$

双波长分光光度计的输出信号为 ΔA：

$$\Delta A = A_{\lambda_2} - A_{\lambda_1}$$

合并以上三式得

$$\Delta A = A_{\lambda_2}^{A} + A_{\lambda_2}^{B} - A_{\lambda_1}^{A} - A_{\lambda_1}^{B}$$

因

$$A_{\lambda_2}^{B} = A_{\lambda_1}^{B}$$

所以

$$\Delta A = A_{\lambda_2}^{A} - A_{\lambda_1}^{A} = \left(\varepsilon_{\lambda_2}^{A} - \varepsilon_{\lambda_1}^{A}\right) bc \quad (13.13)$$

式(13.13)与式(13.12)一致．该式表明，此时测得的 ΔA 与干扰组分无关．

(b) 系数倍率法　当干扰组分 B 的吸收光谱曲线无吸收峰，仅出现陡坡，不存在吸光度相等的两个不同波长，如图 13.18 所示．在这种情况下，采用系数倍率法．利用双波长分光光度计本身的电子线路，选择被测组分吸收差值大的波长进行测定．用差分放大器可获得混合试样在波长 λ_2 和 λ_1 处的差示信号 S：

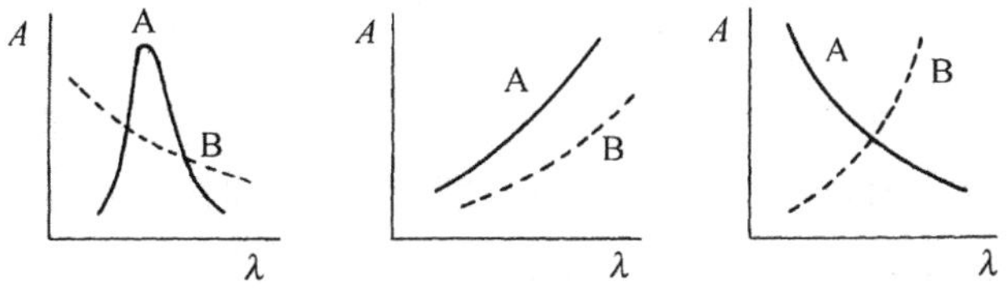

图 13.18　系数倍率法

A. 被测组分的吸收光谱曲线；B. 干扰组分的吸收光谱曲线．

$$S = K_2 A_{\lambda_2} - K_1 A_{\lambda_1} \quad (13.14)$$

式中，K_2 和 K_1 分别为在 λ_2 和 λ_1 处的放大系数；组分 A 和 B 在 λ_2 和 λ_1 处的吸光度分别为 $A_{\lambda_2}^{A}$，$A_{\lambda_2}^{B}$和 $A_{\lambda_1}^{A}$，$A_{\lambda_1}^{B}$，则

$$S = K_2 A_{\lambda_2}^{A} + K_2 A_{\lambda_2}^{B} - K_1 A_{\lambda_1}^{A} - K_1 A_{\lambda_1}^{B} \quad (13.15)$$

调节仪器中的信号放大器，使干扰组分 B 在波长 λ_2和 λ_1 处的信号相等，由此得系数倍率 K 为

$$K=\frac{K_1}{K_2}=\frac{A_{\lambda_2}^B}{A_{\lambda_1}^B} \tag{13.16}$$

$$K_2A_{\lambda_2}^B-K_1A_{\lambda_1}^B=0$$

则式(13.15)为

$$S=K_2A_{\lambda_2}^A-K_1A_{\lambda_1}^A \tag{13.17}$$

该式表明,干扰组分消除,信号 S 与被测组分的吸光度值有关,从而可以测定其含量.

在紫外-可见吸收光谱定量分析中,有时也采用导数分光光度法.

导数分光光度法对吸收强度随波长的变化非常敏感,灵敏度高.对重叠谱带及平坦谱带的分辨率高,噪声低.导数分光光度法对痕量分析、稀土元素、药物、氨基酸、蛋白质的测定,以及废气或空气中污染气体的测定非常有用.

5. 分光光度法的灵敏度

通常,灵敏度是指校准曲线的斜率.分光光度法的灵敏度由吸收物质在最大吸收波长 λ_{max}处的摩尔吸光系数表示

$$\varepsilon=\frac{A}{bc}(\mathrm{L\cdot mol^{-1}\cdot cm^{-1}}) \tag{13.18}$$

或用吸光系数 a 表示,它可由 ε 换算得到:

$$a=\frac{\varepsilon}{\text{相对原子质量}}\times10^{-3}(\mathrm{ml\cdot g^{-1}\cdot cm^{-1}}) \tag{13.19}$$

分光光度法的灵敏度还可用由 Sandell 提出的灵敏度指数即 Sandell 指数(S)表示.Sandell 指数表示光程长为 1cm,吸光度为 0.001 时,1 ml 溶液中所含的吸收物质的 μg 数,以 $\mu\mathrm{g\cdot cm^{-2}}$表示.$S$ 与 ε 或 a 间的关系为

$$S=\frac{1.0\times10^{-3}}{a}(\mu\mathrm{g\cdot cm^{-2}}) \tag{13.20}$$

$$S=\frac{\text{相对原子质量}}{\varepsilon}(\mu\mathrm{g\cdot cm^{-2}}) \tag{13.21}$$

用双硫腙在波长 λ_{max}550nm 处所测得的 Cu(Ⅱ)灵敏度可分别表示为

$\varepsilon(\mathrm{L\cdot mol^{-1}\cdot cm^{-1}})$	4.52×10^4
$a(\mathrm{ml\cdot g^{-1}\cdot cm^{-1}})$	0.71
$S(\mu\mathrm{g\cdot cm^{-2}})$	0.0014

6. 分光光度法的误差

分光光度法的误差与使用的方法和被测物的浓度有关. 通常比色法的误差为5%～10%, 分光光度法为0.5%～2%. 当测定的量在10^{-3}%～10^{-4}%时, 误差为10%.

透光度与浓度呈对数关系. 由透光度的读数误差而引起的浓度的相对误差可按以下方法求得

$$c=\frac{A}{ab}=-\frac{\lg T}{ab}$$

对上式微分:

$$\frac{\mathrm{d}c}{\mathrm{d}T}=-\frac{0.434}{Tab}$$

代入比尔定律并重排:

$$\frac{\mathrm{d}c}{c}=\frac{0.434}{\lg T}\left(\frac{\mathrm{d}T}{T}\right)$$

或

$$\frac{\Delta c}{c}=\frac{0.434}{T\lg T}\Delta T \tag{13.22}$$

该式表明, 结果中浓度的相对误差与透光度的相对误差有关. 而透光度的误差 $\mathrm{d}T$ 的最恰当表示是用它的标准偏差 σ_T 来代替, 同样用浓度的标准偏差 σ_c 代替 $\mathrm{d}c$, 则由式(13.22)得

$$\frac{\sigma_c}{c}=\frac{0.434}{\lg T}\times\frac{\sigma_T}{T} \tag{13.23a}$$

而实际工作中, 使用样本标准偏差 S_c 和 S_T 代替 σ_c 和 σ_T, 则

$$\frac{S_c}{c}=\frac{0.434}{\lg T}\times\frac{S_T}{T} \tag{13.23b}$$

式中, S_c/c 和 S_T/T 分别是浓度和透光度的相对标准偏差.

从方程(13.23)可以看出, 分光光度法测量浓度的相对标准偏差随透光度大小而改变, 其变化方式较为复杂. 而实际实验就更复杂. 因为浓度测量误差既依赖于 T, 又依赖多种测量环境下的 S_T. 人们经长期的理论与实验研究发现, 仪器的随机误差对浓度测量精度的误差影响大致分为三种情况:

① S_T 与 T 无关;

② S_T 正比于$\sqrt{T^2+T}$;

③ S_T 正比于 T.

表 13.12 总结了三种误差的来源.将表 13.12 中第一列的 S_T 代入式(13.23b)得到浓度相对标准偏差的三个方程见表 13.12 第三列.

表 13.12 透光度测量中仪器的随机误差类型

误差类型	误差来源	T 对浓度相对标准偏差 S_c/c 的影响
$S_T=K_1$	读数分辨率 热检测器噪声 暗电流和放大器噪声	$\frac{S_c}{c}=\frac{0.434}{\lg T}\times\frac{K_1}{T}$ (13.24)
$S_T=K_2\sqrt{T^2+T}$	光子检测器的噪声	$\frac{S_c}{c}=\frac{0.434}{\lg T}\times K_2\sqrt{1+\frac{1}{T}}$ (13.25)
$S_T=K_3T$	吸收池的位置变化 光源强度的波动	$\frac{S_c}{c}=\frac{0.434}{\lg T}\times K_3$ (13.26)

注:K_1,K_2,K_3 对指定的仪器均为常数.

(1) 当 $S_T=K_1$ 时的浓度误差

对许多光度计和光谱仪而言,T 的标准偏差 S_T 是一个常数,而与 T 的大小无关.这类误差通常在直接读数的仪器中遇到,这是由于仪器的读数刻度的分辨率有限造成的.对一些典型的仪器读数系统表头分度的读数重现性均不优于千分之几.对廉价的仪器,读数的标准偏差为 $0.003T$($S_T=\pm0.003T$).以吸光度为横坐标,$\frac{S_c}{c}$为纵坐标作图可得图 13.19 曲线 A,从图中可以看出,当吸光度小于 0.1 或超过 1.0 时,其浓度相对标准偏差均上升较快.吸光度在 0.2~0.8 之间,浓度相对标准偏差约为 1%~2%.由式(13.22)可以求得浓度相对标准偏差最小值时的吸光度为 0.434.

(2) 当 $S_T=K_2\sqrt{T^2+T}$时的浓度误差

这类误差主要存在于使用高质量光谱仪的测量中.误差来源于光电倍增管及光电管输出的随机波动.式(13.25)描述了该种噪音对浓度测量的影响.图 13.19 中曲线 B 表明了这种情况下吸光度与浓度相对标准偏差的关系.这里假定 $K_2=\pm0.003$,该值是高质量光谱仪的典型值.由曲线 B 可以看出,这类仪器的吸光度可到 2.0 或更大,对浓度测量数据的质量影响不严重.但是在透光度大于 95% 或吸光度小于 0.02 时,所测浓度数据便不可靠.

(3) 当 $S_T=K_3T$ 时的浓度误差

由式(13.26)表明浓度的相对标准偏差反比于透光度的对数.图 13.19 中曲线

C 表明了吸光度与浓度相对标准偏差的关系. 可以看到,在较低吸光度时,误差将是很大的,但在高吸光度时,误差接近于零. 在低吸光度下,这样的误差主要存在于高质量的双光束仪器中. 其误差来源主要是吸收池的位置在测量中不能精确重复,或者池壁的均匀性而造成反射损失等,对高质量光谱仪 K_3 的典型是 0.013.

光源强度的波动同样也影响浓度的标准偏差. 但这种影响对低档仪器同样也存在.

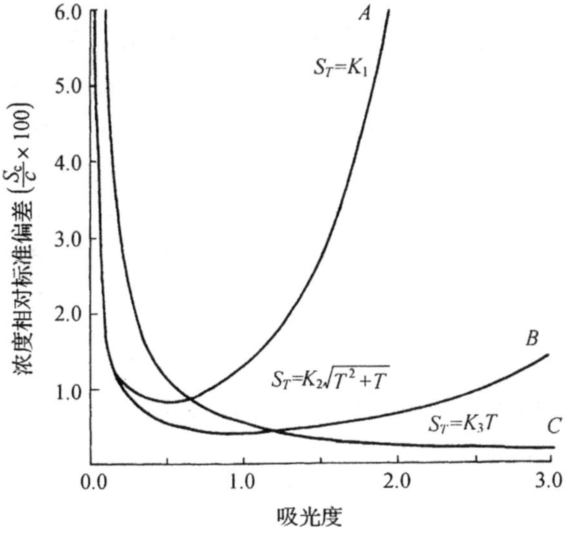

图 13.19　浓度相对标准偏差与不同类仪器吸光度的误差曲线

13.4.3　测定平衡常数

分光光度法可以测定酸碱离解常数,若为一元弱酸,在溶液中的离解反应为

$$HB \rightleftharpoons H^+ + B^-$$

$$K_a = \frac{[H^+][B^-]}{[HB]}$$

$$pK_a = pH - \lg\frac{[B^-]}{[HB]} \tag{13.27}$$

若测出$[B^-]$和$[HB]$,就可算出 K_a. 测定时,配制三份不同 pH 的 HB 溶液. 一份为强碱性溶液,另一份为强酸性溶液,分别在 B^- 和 HB 的吸收峰波长处测定吸光度,由此计算出 B^- 和 HB 的摩尔吸光系数. 第三份为已知 pH 值的缓冲溶液,其 pH 值在 pK_a 附近,在测得 B^- 和 HB 的总吸光度后,用双组分测定的方法算出 B^- 和 HB 的浓度,再由式(13.27),即可计算出弱酸的离解常数.

由式(13.27)知,当[HB]和[B]相等时:

$$pK_a = pH$$

若以 pH 为横坐标,以某波长处测得的不同 pH 时的吸光度为纵坐标作图,得一条 S 形曲线,该曲线的中点所对应的 pH 值即为 pK_a 值.

分光光度法也可以测定配合物的组成及其不稳定常数.

例 10 用分光光度法测定以下反应的平衡常数.

$$Zn^{2+} + 2L^{2-} \rightleftharpoons ZnL_2^{2-}$$

配离子 ZnL_2^{2-} 的最大吸收波长 λ_{max}为 480nm,测量时用 1.00cm 的吸收池.配位剂 L^{2-}的量至少比 Zn^{2+} 大 5 倍,此时的吸光度仅决定于 Zn^{2+} 的摩尔浓度.Zn^{2+} 和 L^{2-}在 λ_{max}480nm 处无吸收.测得含 $2.30\times10^{-4}\,mol\cdot L^{-1}\,Zn^{2+}$ 和 $8.60\times10^{-3}\,mol\cdot L^{-1}\,L^{2-}$溶液的吸光度为 0.690.在同样条件下,含 $2.30\times10^{-4}\,mol\cdot L^{-1}\,Zn^{2+}$ 和 $5.00\times10^{-4}\,mol\cdot L^{-1}\,L^{2-}$溶液的吸光度为 0.540.试计算平衡常数.

解 根据题意,可由吸光度为 0.690 的溶液计算配离子的摩尔吸光系数 ε

$$\varepsilon = \frac{A}{bc} = \frac{0.690}{1.00\times2.30\times10^{-4}} = 3.00\times10^{3}(L\cdot mol^{-1}\cdot cm^{-1})$$

由吸光度为 0.540 的溶液分别计算平衡时,ZnL_2^{2-},Zn^{2+}和 L^{2-} 的浓度.由于 Zn^{2+}和 L^{2-}在 λ_{max}480nm 无吸收,则

$$[ZnL_2^{2-}] = \frac{A}{\varepsilon b} = \frac{0.540}{3.00\times10^{3}\times1.00} = 1.80\times10^{-4}mol\cdot L^{-1}$$

因 $c(Zn^{2+}) = [Zn^{2+}] + [ZnL_2^{2-}]$,则

$$[Zn^{2+}] = 2.30\times10^{-4} - 1.80\times10^{-4} = 5.00\times10^{-5}mol\cdot L^{-1}$$

$c(L^{2-}) = [L^{2-}] + 2[ZnL_2^{2-}]$,则

$$[L^{2-}] = 5.00\times10^{-4} - 2\times1.80\times10^{-4} = 1.40\times10^{-4}mol\cdot L^{-1}$$

则平衡常数为

$$K = \frac{[ZnL_2^{2-}]}{[Zn^{2+}][L^{2-}]^2} = \frac{1.80\times10^{-4}}{5.00\times10^{-5}\times(1.40\times10^{-4})^2} = 1.84\times10^{8}$$

13.4.4 研究有机化合物的异构体

紫外光谱可以用于研究有机化合物的顺反异构体和互变异构体等.

通常,反式异构体的最大吸收波长比顺式异构体的长,强度也大.这是由于反式异构体分子比顺式异构体长,空间位阻小,电子的非定域性大,而顺式异构体的空间位阻大,使共轭程度降低,波长较短.

紫外光谱也可用来研究有机化合物的互变异构体. 例如,乙酰丙酮存在酮式和醇式两种异构体:

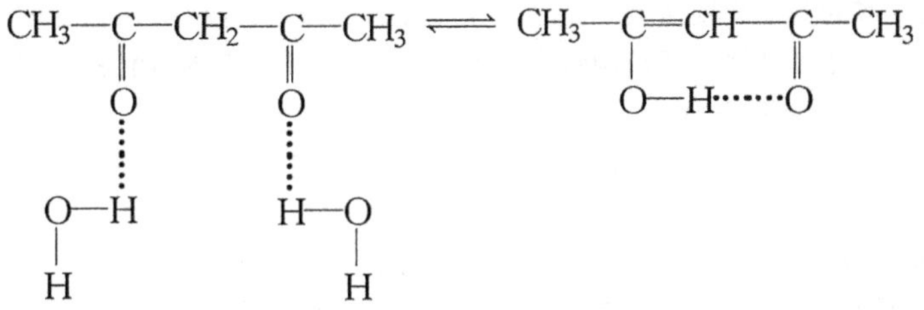

酮式与水形成分子间氢键　　　　烯醇式形式分子内氢键

在极性溶剂水中,以酮式异构体为主,它与水形成分子间氢键,使体系的能量降低,从而达到稳定状态,其最大吸收波长 λ_{max}为 277nm,ε_{max}为 1.9×10^3. 在非极性溶剂己烷中,则以烯醇式为主,形成分子内氢键,λ_{max}为 269nm,ε_{max}为 1.2×10^4. 又如,*N*-(2-苯甲酰乙酰基)苯胺也存在酮式和烯醇式两种互变异构体:

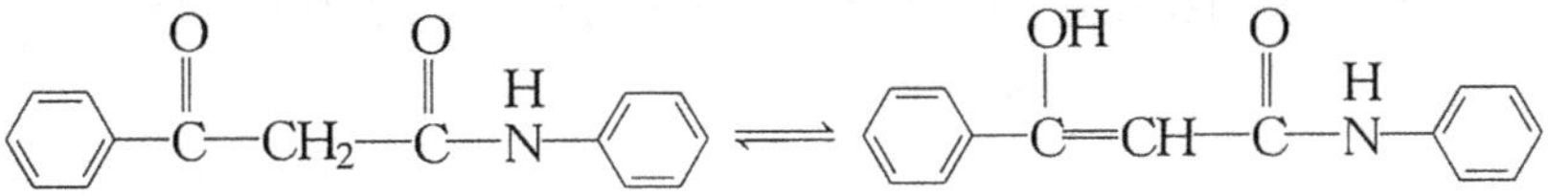

酮式　　　　烯醇式

在环己烷中测定这个混合物的紫外光谱,有二个吸收带,酮式异构体的 λ_{max}在 245nm,烯醇式异构体的 λ_{max}在 308nm. 在 pH≥12 的强碱性溶液中,烯醇式异构体的羟基失去一个质子转变为烯醇离子,λ_{max}则变为 323nm:

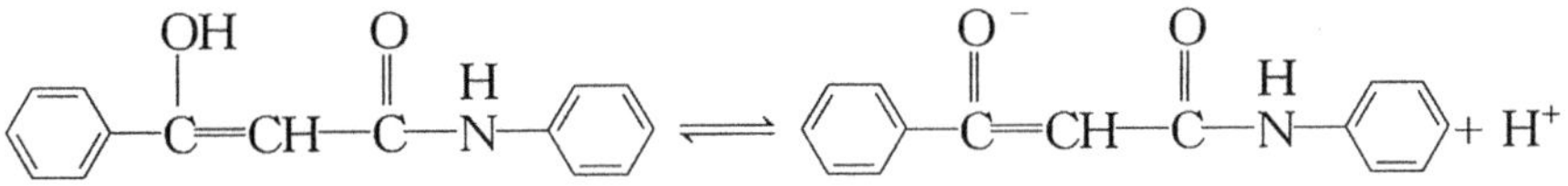

烯醇式　　　　烯醇离子

13.4.5　测定相对分子质量

若一化合物在紫外-可见波长范围内无吸收,将它与摩尔吸光系数已知的生色团作用形成衍生物. 经验表明,对同类衍生物,所生成的衍生物的 ε 与生色团的 ε 相近. 根据比尔定律,该化合物的相对分子质量 M 与有关参数存在以下关系

$$M=\frac{\varepsilon mb}{A} \tag{13.28}$$

式中,m 为 1L 溶液中该化合物的质量. 测得一定质量的该化合物的吸光度后,若 ε 已知,由上式可求得其相对分子质量.

习　题

1. 有机化合物分子中电子跃迁产生的吸收带有哪几类? 各有什么特点?

2. 简述引起偏离比尔定律的原因.

3. 试比较紫外-可见吸收光谱法与原子吸收光谱法的异同点.

4. 试比较通常的分光光度法与双波长分光光度法的差别,并说明其理由.

5. 使用普通分光光度计一般控制吸光度值在 0.2～0.8 范围内,而使用高质量的仪器吸光度可到 2.0 或更大,试说明原因.

6. 1.28×10^{-4}mol·L$KMnO_4$ 溶液在波长 525nm 处用 1cm 吸收池测得透光度为 0.500,试问:

(1) 若 KMO_4 溶液浓度为原溶液的 2 倍时,其吸光度为多少?

(2) 假定使用普通分光光度计,在浓度的相对误差最小时测定,则 $KMnO_4$ 溶液的浓度为多少?

7. 若在下列情况进行比色测定:

(1) 蓝色的 Cu(Ⅱ)- NH_3 配离子;

(2) 红色的 Fe(Ⅲ)- SCN^- 配离子;

(3) H_2O_2 加入 Ti(V)溶液中形成黄色配离子. 试问各应选用何种颜色的滤光片?

8. 分光光度法的绝对误差为 $\Delta T=0.01$,试问浓度的最小相对误差为多少?

9. 在下列化合物中,哪一个的摩尔吸光系数最大:

(1) 乙烯;

(2) 1,3,5-已三烯;

(3) 1,3-丁二烯.

10. 下列化合物中哪一个的 λ_{max}最长:

(1) CH_4;

(2) CH_3I;

(3) CH_2I_2.

11. 计算化合物 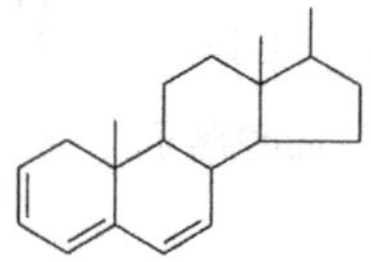 的 λ_{max}

12. 计算化合物 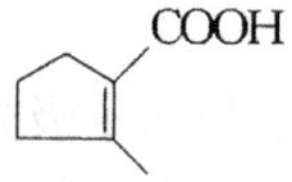 的 λ_{max}

13. 计算化合物 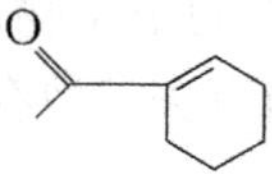 的 λ_{max}

14. 计算化合物 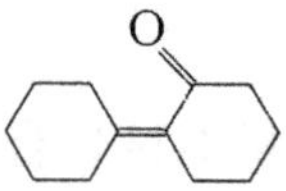 的 λ_{max}

15. 计算化合物 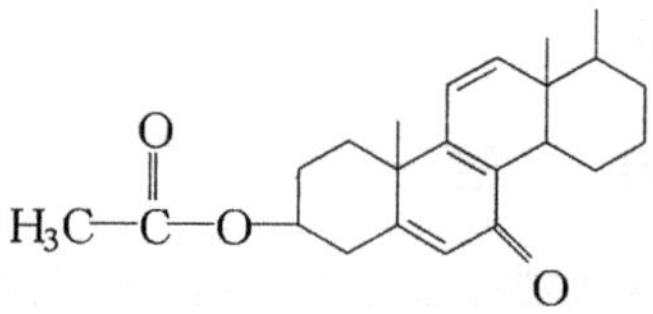 的 λ_{max}

16. 计算化合物 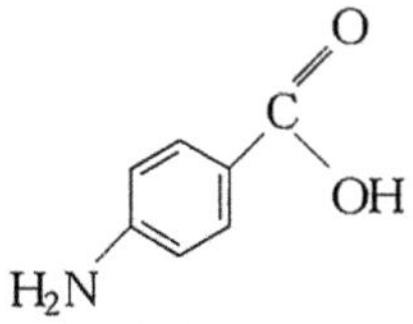 的 λ_{max}

17. 用分光光度法分析含有 Cr 和 Mn 的合金试样. 称取试样 0.246g，用酸溶解并稀释至 250.00ml. 准确移取该溶液 50ml，在催化剂 Ag^+ 的存在下用 $K_2S_2O_8$ 将 Cr 和 Mn 转化为 $Cr_2O_7^{2-}$ 和 MnO_4^-，并将它稀释至 100.00ml. 用 1cm 吸收池，在波长 440 和 545nm 处分别测得吸光度为 0.932 和 0.778，已知：

λ/nm	$\varepsilon_{Cr_2O_7^-}$	$\varepsilon_{MnO_4^-}$
440	369	95
545	11	2350

试计算合金试样中 Mn 和 Cr 的质量分数为多少？

18. Co 和 Ni 与 2,3-二巯基喹喔啉生成的配离子在波长 510nm 和 656nm 下测得如下数据：

λ	510nm	656nm
ε_{Co}	3.64×10^4	1.24×10^4
ε_{Ni}	5.52×10^3	1.75×10^4

将 0.376g 土壤样品溶解，并稀释至 50.00ml. 移取 25.00ml，并除去干扰，然后加入显色剂 2,3-二巯基喹喔啉并稀释至 50.00ml. 用 1cm 吸收池，在波长 510 和 656nm 处分别测得吸光度为 0.467 和 0.347，试计算土壤中钴和镍的质量分数.

19. 用分光光度法测定酸碱指示剂 HIn 的离解常数. HIn 的总浓度为 $5.00\times10^{-4}mol\cdot L^{-1}$，测量时，用 1cm 吸收池和相同波长，其结果如下：

溶液号	其他成分	吸光度
1	$0.100mol\cdot L^{-1}$HCl	0.085
2	pH 5.00 缓冲溶液	0.351
3	$0.100mol\cdot L^{-1}$NaOH	0.788

若加入的酸碱试剂无吸收，试求该指示剂 HIn 的离解常数.

第十四章　分子发光光谱法

基本要求：

1. 理解分子荧光和分子磷光的基本原理；
2. 理解分子荧光激发光谱、发射光谱、同步光谱和三维荧光光谱的含义；
3. 掌握分子荧光发射光谱的特性；
4. 了解荧光光谱仪的组成及各部分作用；
5. 掌握荧光分析法和磷光分析法的主要应用范围；
6. 了解化学发光分析法的原理及应用.

分子发光光谱法(Molecular Luminescence Spectrometry)包括光致发光(photoluminescence)、化学发光(chemiluminescence)和生物发光(bioluminescence)等.分子荧光(molecular fluorescence)和分子磷光(molecular phosphorescence)属于光致发光.分子荧光光谱法的灵敏度比紫外-可见吸收光谱法高几个数量级.近些年来,荧光分析法作为高效液相色谱、毛细管电泳的高灵敏度检测器以及激光诱导荧光分析法在超高灵敏度的生物大分子的分析方面受到广泛关注.

本章主要讨论分子荧光光谱法,也介绍了磷光分析法、化学发光分析法及生物发光分析法.

14.1　荧光和磷光的基本原理

14.1.1　分子荧光和磷光的产生

分子吸收了电磁辐射后处于激发态,激发态分子经历一个碰撞及发射的去激发过程.一般用Jablonski能级图来定性描述分子吸收和发射过程.

1. Jablonski 能级图

图14.1是分子吸收和发射过程的Jablonski能级图,由图可见总能量主要包括三个部分,即电子能量,振动和转动能量.由于一般的光谱仪器分辨不出转动能量因而图中未画出.

若分子的电子数是偶数(对大多数有机化合物分子而言属于这种情况),则分子中电子净的自旋之和为 $S=0$,即基态分子的电子是自旋成对的.由分子多重性

的定义有 $M=2S+1=1$,称之为单重态.图 14.1 中,基态单重态以 S_0 表示,S_1 和 S_2 则分别代表分子的第一和第二激发单重态.当分子处于激发态时,若分子的电子自旋与基态相同,仍然是单重态,即分子处于 S_1 或 S_2.在激发态中,分子的某个电子也有可能改变自旋,即自旋平行,那么有 $S=+\frac{1}{2}+\frac{1}{2}=1$,所以多重性 $M=2S+1=3$,分子处于这样的激发态称为三重态.图中最低三重态以符号 T_1 表示.T_2 代表较高的激发三重态.由于自旋平行比自旋配对的状态更稳定,故三重态的能级比单重态的能级略低.每个电子能级都有多个振动能极,在同一个电子能级中,最低的线代表该能级的振动基态.图 14.1 表明,分子吸收了光可能被激发产生两个电子吸收带,即 λ_1 是 $S_0 \rightarrow S_2$ 的跃迁,λ_2 是 $S_0 \rightarrow S_1$ 的跃迁.但是根据光谱选律,分子直接被激发到三重态 T_1 的概率比较小,因为 $S_0 \rightarrow T_1$ 属于"禁阻"跃迁.当分子吸收光子被激发到高能的单重激发态时,这种吸收过程符合朗伯-比尔定律.吸收过程发生在更短的时间内,一般为 10^{-15}s 左右.

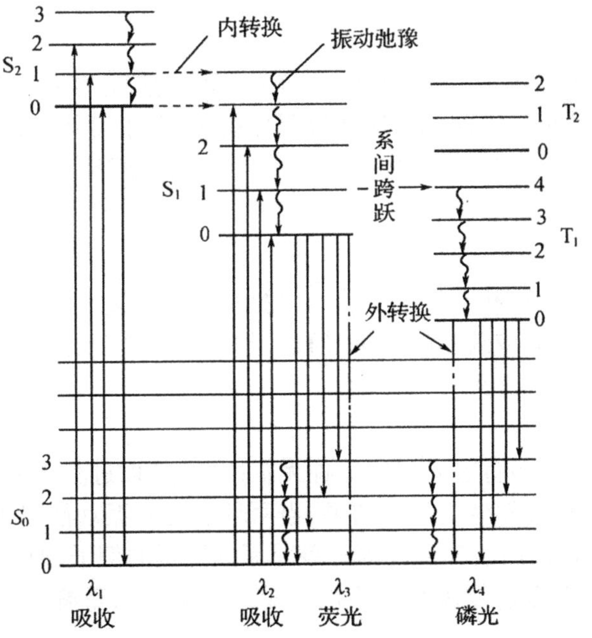

图 14.1　分子吸收和发射过程的 Jablonski 能级图

2. 分子的去激发过程

分子被激发到较高的能级后不稳定,将以不同途经释放多余的能量回到基态,这个过程即为分子的去激发过程.去激发过程包括下面几个可能的途径.

(1) 振动弛豫

在凝聚相体系中,被激发到激发态(如 S_1 和 S_2)的分子能通过与溶剂分子的碰撞迅速以热的形式把多余的振动能量传递给周围的分子,而自身返回该电子能级的最低振动能级,这个过程称为振动弛豫.振动弛豫过程发生极为迅速,约为 10^{-12}s.图 14.1 中以各振动能级间的小箭头表示振动弛豫.

(2) 内转换

当 S_2 的较低振动能级与 S_1 的较高振动能级的能量相当或重叠时,分子有可能从 S_2 的振动能级以无辐射方式过渡到 S_1 的能量相等的振动能级上.这个过程称为内转换.内转换发生的时间约在 10^{-12}s.内转换过程同样也发生在激发三重态的电子能级间.

由于振动弛豫和内转换过程极为迅速(10^{-12}s),因此,激发后的分子很快回到电子第一激发单重态 S_1 的最低振动能级.所以高于第一激发态的荧光发射十分少见.

(3) 荧光发射

对大多数分子而言,当分子处于第一激发单重态 S_1 的最低振动能级时,分子返回基态的过程比振动弛豫和内转换过程慢得多.分子可能通过发射光子跃迁回到基态 S_0 的各振动能级上.这个过程称为荧光发射,如图 14.1 中 λ_3 所表示的波长.荧光发射过程约为 10^{-8}s.

(4) 外转换

激发态分子与溶剂和其他溶质分子间的相互作用及能量转移等过程称为外转换.外转换过程是荧光或磷光的竞争过程,因此该过程使发光强度减弱或消失,这种现象称为"猝灭"或"熄灭".

(5) 系间跨跃

系间跃迁是不同多重态之间的一种无辐射跃迁.该过程是激发态电子改变其自旋态,分子的多重性发生变化的结果.当两种能态的振动能级重叠时,这种跃迁的概率增大.图 14.1 中的 $S_1 \rightarrow T_1$ 跃迁就是系间跨跃的例子,即单重态到三重态的跃迁.即较低单重态振动能级与较高的三重态振动能级重叠.这种跃迁是"禁阻"的.

(6) 磷光发射

激发态分子经过系间跨跃到达激发三重态后,并经过迅速的振动弛豫到达第一激发三重态(T_1)的最低振动能级上,从 T_1 态分子经发射光子返回基态.此过程称为磷光发射.磷光发射是不同多重态之间的跃迁.(即 $T_1 \rightarrow S_0$)故属于"禁阻"跃迁,因此磷光的寿命比荧光要长得多,约为 10^{-3}到 10s.所以,将激发光从磷光样品移走后,还常可观察到后发光现象.而荧光发射却观察不到该现象.

14.1.2　荧光量子效率

荧光量子效率,也称为量子产率,是发荧光的分子数与总的激发态分子数之比.也可以定义为物质吸光后发射的荧光的光子数与吸收的激发光的光子数之比值.即

$$\Phi=\frac{\text{发射的光子数}}{\text{吸收的光子数}}$$

由荧光去激发过程可以看出,物质吸收光被激发后,既有发射荧光返回基态的可能,也有无辐射跃迁回到基态的可能.对于强的荧光物质而言.如荧光素分子,荧光发射将是主要的,而对低荧光物质而言,则无辐射过程占主导.因此,荧光量子效率与荧光发射过程的速率及无辐射过程的速率有关.即

$$\Phi=\frac{K_{\mathrm{f}}}{K_{\mathrm{f}}+\sum K_{\mathrm{i}}} \tag{14.1}$$

式中,K_{f} 是荧光发射过程的速度常数,$\sum K_{\mathrm{i}}$ 是系间跨跃和外转换等有关无辐射跃迁过程的速率常数的总和.一般而言,K_{f} 主要取决于分子的化学结构,而 $\sum K_{\mathrm{i}}$ 主要取决于化学环境.

化学结构能使体系的 K_{f} 升高、K_{i} 降低,从而可使体系的荧光增强;反之,则使体系的荧光减弱.

14.1.3　荧光的激发光谱和发射光谱及同步荧光光谱,三维荧光光谱

任何荧光分子都具有两种特征的光谱,即激发光谱和发射光谱.

1. 荧光激发光谱

荧光激发光谱简称激发光谱,它是通过固定发射波长,扫描激发波长而获得的荧光强度-激发波长的关系曲线.激发光谱反映了在某一固定的发射波长下,不同激发波长激发的荧光的相对效率.激发光谱可以用于荧光物质的鉴别,并作为进行荧光测定时供选择恰当的激发波长.

2. 荧光发射光谱

荧光发射光谱又称荧光光谱.通过固定激发波长,扫描发射(即荧光测定)波长所获得的荧光强度-发射波长的关系曲线为荧光发射光谱.它反映了在相同的激发

条件下，不同波长处分子的相对发射强度. 荧光发射光谱可以用于荧光物质的鉴别，并作为荧光测定时选择恰当的测定波长或滤光片.

在通常的荧光仪上所测绘的荧光的激发光谱和发射光谱属于"表观"光谱，当对仪器的光源、单色器和检测器等的光谱特征进行校准后，才能绘得"校准"(或称"真实")的荧光的激发光谱和发射光谱.

3. 同步荧光光谱

在通常的荧光分析中所获得的光谱为荧光的激发光谱和发射光谱，见图 14.2(a). 1971 年由 Lloyd 首先提出用同步扫描技术来绘制光谱图. 该技术是在同时扫描激发和发射单色器波长的条件下，测绘光谱图，所得到的荧光强度-激发波长(或发射波长)曲线为同步荧光光谱. 测定同步荧光光谱有三种方法：(1)在扫描过程中，激发波长和发射波长有一个固定的波长差，即 $\Delta\lambda = \lambda_{em} - \lambda_{ex} =$ 常数，此方法称为固定波长同步扫描荧光法. (2)使发射单色器与激发单色器之间保持一个恒定的波数差($\Delta\bar{\nu}$)，即 $(1/\lambda_{ex} - 1/\lambda_{em}) \times 10^7 = \Delta\bar{\nu} =$ 常数，此方法称为固定能量同步扫描荧光法. (3)使两单色器在扫描过程中以不同的速率同时进行扫描，即波长可变，此方法称为可变波长同步扫描荧光法.

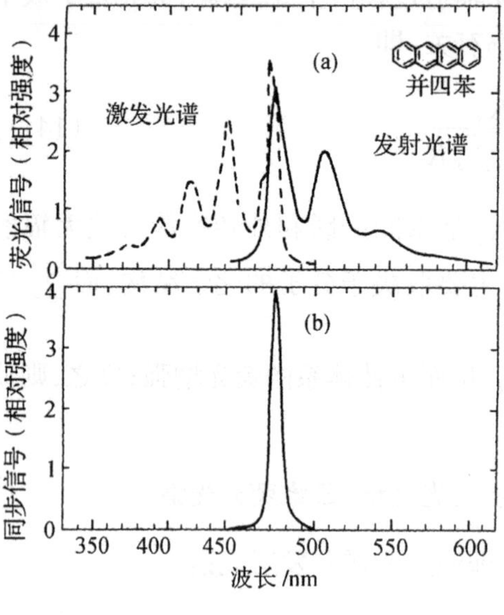

图 14.2 并四苯的激发光谱和发射光谱(a)及同步荧光光谱(b)

$\Delta\lambda = 3$nm.

同步扫描荧光法有如下特点：(1)使光谱简化；(2)使谱带窄化；(3)减小光谱的重叠现象；(4)减小散射光的影响. 图 14.2(b)是并四苯的同步荧光光谱图. 从图可以看出同步荧光光谱相当简单. 仅在 475nm 处出现一个同步荧光光谱峰. 这种光谱简化，提高了分析测定的选择性，避免了其他谱带所引起的干扰. 但对光谱学的研究不利，因为它损失了其他光谱带所含的信息.

4. 三维荧光光谱

三维荧光光谱是 20 世纪 80 年代发展起来的一种新的荧光技术. 以荧光强度为激发波长和发射波长的函数得到的光谱图为三维荧光光谱，也称总发光光谱，等高线光谱等. 三维荧光光谱可用两种图形表示：(1)三维曲线光谱图；(2)平面显示的等强度线光谱图,如图 14.3 所示.从三维荧光光谱可以清楚看到激发波长与发射波长变化时荧光强度的信息.它能提供更完整的光谱信息,可作为光谱指纹技术用于环境检测和法庭试样的判证.

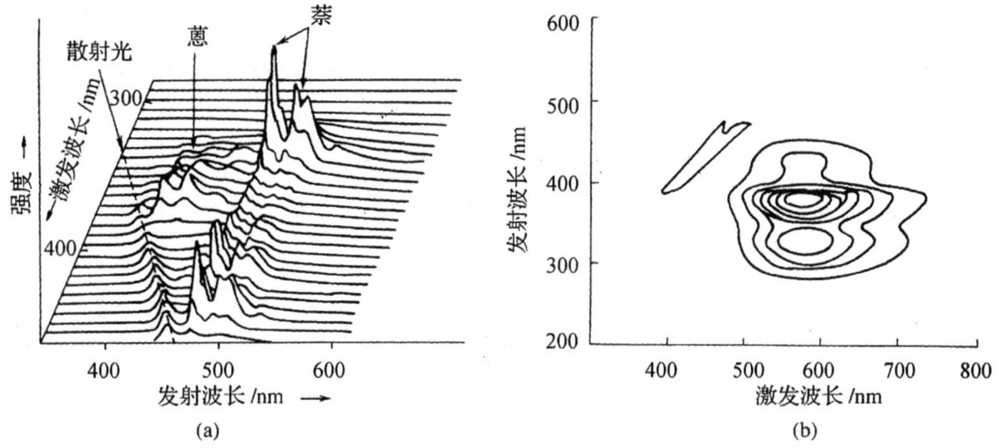

图 14.3 三维荧光光谱图

(a)蒽和萘的三维荧光光谱图;(b) 8-羟基苯芘的等强度线光谱图

14.1.4 荧光光谱的特征

在溶液中,荧光光谱显示了某些普遍的特征.这些特征为我们识别荧光物质的正常荧光提供了基本原则.

1. 斯托克斯(Stokes)位移

在溶液中,分子的荧光发射波长总是比其相应的吸收(或激发)光谱的波长长.荧光发射这种波长位移的现象是由 Stokes 在 1852 年首次观察到的,因此称为 Stokes 位移.处于激发态的分子一方面由于振动弛豫等损失了部分能量,另一方面溶剂分子的弛豫作用使其能量进一步损失,因而产生了发射光谱波长的位移.这种位移表明在荧光激发和发射之间所产生的能量损失.

2. 镜像对称规则

一般而言,分子的荧光发射光谱与其吸收光谱之间存在着镜像关系.如图 14.4 是苝在苯溶液的吸收和荧光发射光谱图.由图看出吸收和发射间存在较好的镜像关系.但是大多数化合物虽然存在这样的镜像关系,不过其对称程度不像苝这样好.镜像对称规则的产生是由于大多吸收光谱的形状表明了分子的第一激发态的振动能级结构，而荧光发射光谱则表明了分子基态的振动能级结构．一般情况下，分子的基态和第一激发单重态的振动能级结构类似，因此吸收光谱的形状与荧光发射光谱的形状呈镜像对称关系．

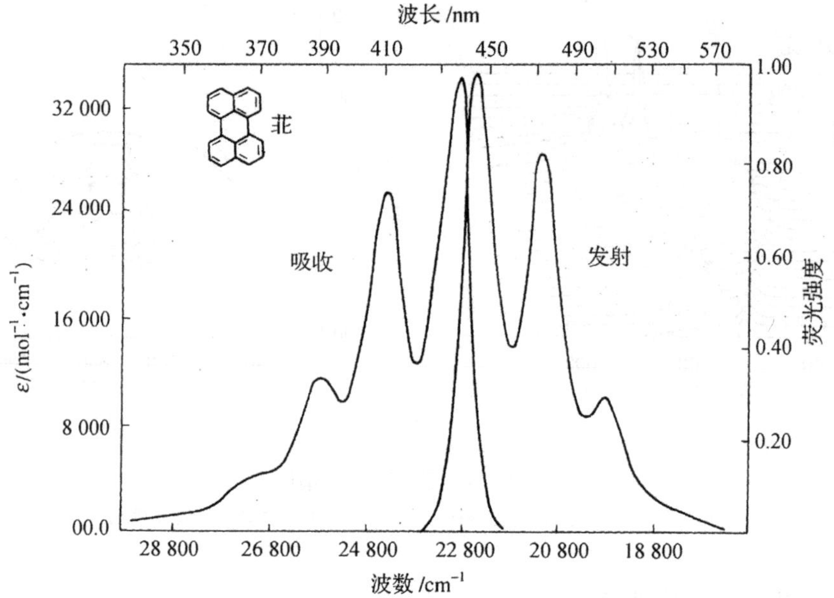

图 14.4 苝在苯溶液中的吸收和发射光谱图

3．荧光发射光谱的形状与激发波长无关

一般地，用不同波长的激发光激发荧光分子，可以观察到形状相同的荧光发射光谱．这是由于荧光分子无论被激发到哪一个激发态，处于激发态的分子经振动弛豫及内转换等过程后最终回到第一激发态的最低振动能级．而分子的荧光发射总是从第一激发态的最低振动能级跃迁到基态的各振动能级上．所以荧光光谱的形状与激发波长无关．

14.1.5 影响荧光强度的因素

荧光是由具有荧光结构的物质吸收光后产生的，其发光强度与该物质分子的吸光作用及荧光效率有关，因此荧光与物质分子的化学结构密切相关．而对于发光弱的物质可以转化为强荧光物质，从而提高选择性和灵敏度．所以，影响物质荧光强度的因素主要有两个：一、分子结构；二、发光分子所处的环境．

1. 分子结构

一般地，具有强荧光的分子都具有大的共轭 π 键结构，供电子取代基，刚性的平面结构等，这有利于荧光的发射.因此，分子中至少具有一个芳环或具有多个共轭双键的有机化合物才容易发射荧光，而饱和的或只有孤立双键的化合物，不呈现显著的荧光.结构对分子荧光的影响主要表现在以下几个方面：

(1) 跃迁类型

经验表明，大多数荧光化合物都是由 $\pi\rightarrow\pi^*$ 或 $n\rightarrow\pi^*$ 跃迁所致的激发态去活后，发生 $\pi^*\rightarrow\pi$ 或 $\pi^*\rightarrow n$ 跃迁而产生的，其中 $\pi^*\rightarrow\pi$ 跃迁的量子效率高.这是由于 $\pi\rightarrow\pi^*$ 跃迁的摩尔吸光系数比 $n\rightarrow\pi^*$ 跃迁大 100～1000 倍，跃迁的寿命($10^{-7}\sim10^{-9}$s)又比 $n\rightarrow\pi^*$ 跃迁寿命($10^{-5}\sim10^{-7}$s)短，因此 K_f 较大；其次，系间跨跃的速率常数小，有利于发射荧光.

(2) 共轭效应

含有 $\pi\rightarrow\pi^*$ 跃迁能级的芳香族化合物的荧光最强，最有用.含脂肪族和脂环族羰基结构的化合物也会发射荧光，但这类化合物的数量比芳香族少.

稠环化合物一般会产生荧光.

最简单的杂环化合物，如吡啶、呋喃、噻吩和吡咯等不产生荧光.但当苯环被稠化至杂环核上时，吸收峰的摩尔吸光系数增加，因此像喹啉、吲哚等化合物也会产生荧光.

(3) 取代基效应

苯环上的取代基会引起最大吸收波长的位移及相应荧光峰的改变.通常，给电子基团，如—NH_2，—OH，—OCH_3，—$NHCH_3$ 和—$N(CH_3)_2$ 等，使荧光增强，吸电子基团，如—Cl，—Br，—I，—$NHCOCH_3$，—NO_2 和—COOH 等，使荧光减弱.表 14.1 列出了乙醇溶液中某些取代基对苯的荧光波长及其强度的影响.

(4) 结构刚性效应

实验表明，具有刚性结构的分子容易发生荧光.如荧光素(见下页结构式)呈平面构型，其结构具有刚性，它是强荧光物质，在 0.10mol·L^{-1} NaOH 溶液中，荧光素的量子效率为 0.92，而酚酞分子由于不易保持平面构型，故而不是荧光物质.又如芴，由于其分子中存在成桥的亚甲基，使刚性增加，从而有强的荧光，其量子效率接近于 1，而联苯在同样条件下的荧光量子效率仅为 0.20.同理，偶氮苯不发荧光，而杂氮菲则发荧光.若荧光染料吸附在固体表面上，由于固体表面提供的附加刚性，也会使荧光增强.此外，分子的这种平面刚性结构效应对许多金属配合物的荧光发射也有影响.如 8-羟基喹啉本身的荧光强度远比其锌配合物低.利用这种性质可进行痕量金属离子的测定.

表 14.1　取代基对苯的荧光的影响

化合物	分子式	荧光波长/nm	相对荧光强度
苯	C_6H_6	270～310	10
甲苯	$C_6H_5CH_3$	270～320	17
丙苯	$C_6H_5C_3H_7$	270～320	17
一氟代苯	C_6H_5F	270～320	10
一氯代苯	C_6H_5Cl	275～345	7
一溴代苯	CH_5Br	290～380	5
一碘代苯	C_6H_5I	—	0
苯酚	C_6H_5OH	285～365	18
酚离子	$C_6H_5O^-$	310～400	10
苯甲醚	$C_6H_5OCH_3$	285～345	20
苯胺	$C_6H_5NH_2$	310～405	20
苯胺离子	$C_6H_5NH_3^+$	—	0
苯甲酸	C_6H_5COOH	310～490	3
苯基氰	C_6H_5CN	280～360	20
硝基苯	$C_6H_5NO_2$	—	0

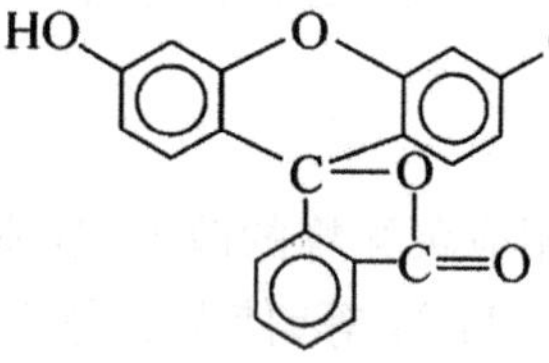

荧光素

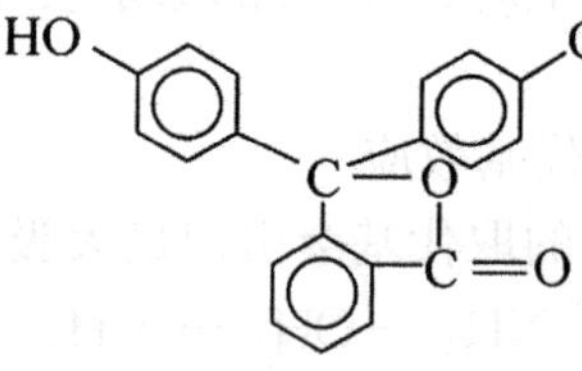

酚肽

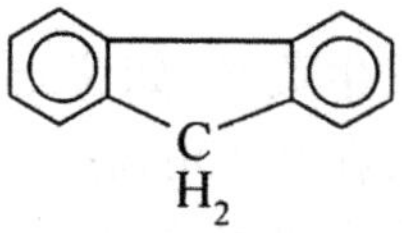

芴

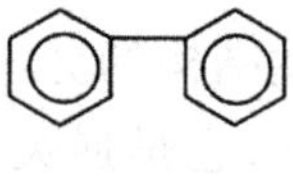

联苯

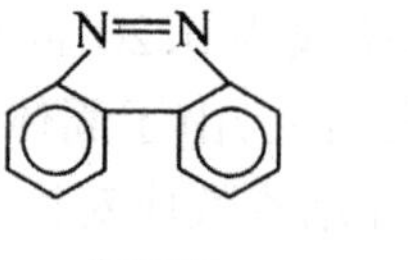

杂氮菲

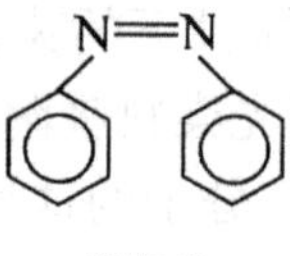

偶氮苯

2．环境因素

荧光分子所处的溶液环境对其荧光发射有直接的影响．因此适当地选取实验条件有利于提高荧光分析的灵敏度和选择性．溶液环境对荧光发射的影响因素主要有以下几个方面：

(1) 溶剂效应

溶剂对荧光光谱的影响主要是由于溶液的介电常数和折射率等因素的作用，这称为一般溶剂效应，这种效应是普遍存在的．另一种溶剂作用是由于荧光分子与溶剂分子形成氢键，从而影响荧光强度．这种溶剂效应称为特殊溶剂效应．一般地，增大溶剂的极性，由于 $\pi \rightarrow \pi^*$ 跃迁的能量减小，从而使荧光光谱向长波方向移动，即红移．如图 14.5 表明了 2－苯胺基－6－萘磺酸在不同溶剂中的荧光光谱．由此可以看出，从乙腈到水，随极性增大，该分子的荧光光谱逐渐红移．

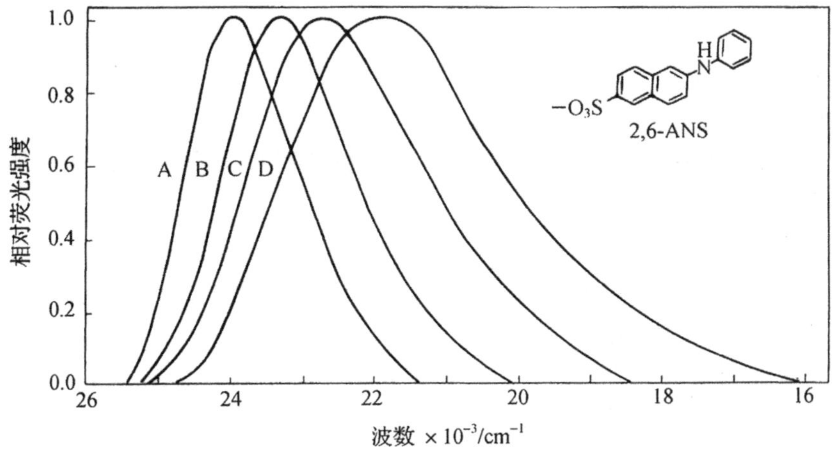

图 14.5　2－苯胺－6－萘磺酸的荧光发射光谱

A．乙腈；B．乙二醇；C．30％乙醇 70％水；D．水．

(2) 温度的影响

一般地，随温度降低，溶液中荧光物质的量子效率和荧光强度将增大，并伴随光谱的蓝移．当温度升高时，荧光量子效率下降．这是由于当温度降低时，介质的黏度增大，溶剂的弛豫作用大大减小．而温度升高时，碰撞频率增加，使外转换的去激发概率增加．因此，选择低温条件下进行荧光检测将有利于提高分析的灵敏度．

(3) pH 的影响

对于含有酸性或碱性基团的荧光物质而言，溶液的 pH 将对这类物质的荧光强度产生较大的影响.如在 pH 5～12 的溶液中,苯胺以分子形式存在,产生蓝色荧光;当 pH<5 时,它以苯胺阳离子形式存在,而 pH>12 时,它又以阴离子存在,二者均无荧光.因此在荧光测量中往往需要控制溶液的 pH 值.

溶液的 pH 也影响金属配合物的荧光性质.例如 Ga^{3+} 离子与邻、邻二羟基偶氮苯在 pH3～4 的溶液中形成 1∶1 配合物,该配合发荧光;而在 pH 6～7 的溶液中形成不发荧光的 1∶2 配合物.

(4) 荧光猝灭

荧光分子与溶剂或其他溶质分子之间相互作用,使荧光强度减弱的作用称为荧光猝灭.能引起荧光强度降低的物质称为猝灭剂.荧光猝灭包括动态猝灭和静态猝灭.动态猝灭是被激发的荧光分子与猝灭剂发生碰撞,从而使荧光分子以无辐射形式跃迁回到基态而使荧光猝灭.静态猝灭是荧光分子与猝灭剂形成不发荧光的基态配合物从而使荧光猝灭.氧是最常见的碰撞猝灭剂,因此在较严格的荧光实验中,一般需要除氧.利用荧光的这两种猝灭作用可以检测猝灭剂的浓度.

除了上述两种猝灭过程以外,当荧光物质的浓度较大时,会产生激发态的荧光分子与基态的荧光分子碰撞从而使荧光猝灭,这种猝灭现象称为自猝灭.因此在荧光测量中,荧光物质的浓度不应太高.

另外,当溶液中存在能与荧光分子发生能量转移的物质时,有时也使体系的荧光强度下降.

(5) 内滤作用

当溶液中存在能吸收荧光物质的激发光或发射光的物质时,也会使体系的荧光减弱,这种现象称为内滤作用.

如果荧光物质的荧光发射光谱与该物质的吸收光谱有重叠,当浓度较大时,部分基态分子将吸收体系发射的荧光,从而使荧光强度降低,这种自吸现象也是一种内滤作用.

14.2 分子荧光光谱仪

荧光光谱仪是由光源、激发单色器、样品池、发射单色器、检测器及记录系统等组成.其原理图如图 14.6 所示.

在该图中,由光源发出的光经激发单色器分光后得到特定波长激发光,然后入射到样品使荧光物质激发产生荧光,通常在 90 度方向上进行荧光测量.因此,发射单色器与激发单色器互成直角.经发射单色器分光后使荧光到达检测器而被检测.此外,通常在激发单色器与样品池之间及样品池与发射单色器之间还装有滤光片架以备不同荧光测量时选择使用各种滤光片.滤光片的作用是为了消除或减小瑞利散射光及拉曼光等的影响.在更高级的荧光仪器中,激发和发射滤光片架同时也可安装偏振片以备荧光偏振测量时选用.仪器由计算机控制,并可进行固体物质的荧光测量及低温条件下的荧光测量等.

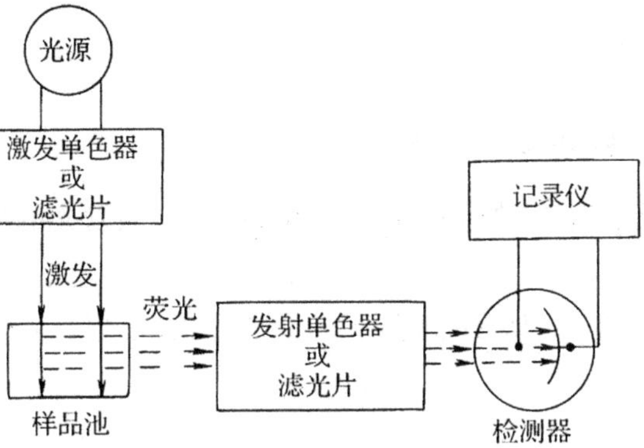

图 14.6　荧光光谱仪基本部件方框图

1. 光源

常见的光源有氙灯和高压汞灯.常用的是氙灯.其功率一般在 100～500W 之间.有的荧光光谱仪中使用脉冲氙灯,其峰值功率可达 20kW,而平均功率仅 8W.

此外激光器也可用作激发光源.它可提高荧光测量灵敏度.

2. 单色器

现代仪器中单色器有激发单色器和发射单色器两种,激发单色器用于荧光激发光谱的扫描及选择激发波长;发射单色器用于扫描荧光发射光谱及分离荧光发射波长.

3. 样品池

荧光测量用的样品池通常用四面透光的方形石英池.

4. 检测器

现代荧光光谱仪中普遍使光电倍增管作为检测器.新一代荧光光谱仪中使用了电荷偶合元件检测器,可一次获得荧光二维光谱.

14.3　分子荧光光谱法的应用

分子荧光光谱法具有高的灵敏度和好的选择性.一般而言,与紫外-可见分光光度法相比，其灵敏度可高出 2～4 个数量级，其检测下限通常可达 0.1～$0.001\mu g \cdot cm^{-1}$. 荧光分析法的应用广泛，可测定 60 余种元素，尤其对生物大分子的检测. 此外，还可作为高效液相色谱及毛细管电泳的检测器.

14.3.1 荧光定量分析

1. 荧光强度与浓度的基本关系式

发射的荧光(或磷光)的强度正比于该体系吸收的激发光的强度. 荧光强度 I_f 为

$$I_f = \Phi_f[I_0 - I]$$

式中，I_0 为入射光强度；I 为通过厚度 b 的介质后的光强度. 由比尔定律得

$$I_f = \Phi_f I_0(1 - 10^{-\varepsilon bc})$$

将上式进行 Taylor 展开：

$$I_f = \Phi_f I_0\left[2.303\varepsilon bc - \frac{(2.303\varepsilon bc)^2}{2!} + \frac{(2.303\varepsilon bc)^3}{3!} - \cdots + \frac{(2.303\varepsilon bc)^n}{n!}\right]$$

当 εbc 小于 0.01 时，高次项的值小于 1%，可以忽略，则

$$I_f = 2.303\Phi_f I_0 \varepsilon bc \tag{14.2}$$

在 I_0 一定时

$$I_f = kc \tag{14.3}$$

因此，在低浓度时，荧光强度与物质浓度成线性关系. 在高浓度时，由于自猝灭和自吸收等原因使荧光强度与浓度不成线性关系.

从式(14.2)可以看出荧光强度 I_f 与入射光的强度 I_0 成正比，因此使用激光器作为激发光源可以获得较高的荧光测量灵敏度.

2. 单组分的荧光直接测定和间接测定

在荧光测定时可以采用直接测定和间接测定的方法来测定单组分荧光被测物质的浓度.

若被测物本身发生荧光，则可以通过测量其荧光强度来测定该物质的浓度.

大多数的无机化合物和有机化合物，它们或不发生荧光，或荧光量子效率很低而不能直接测定，此时可采用间接测定的方法. 第一种间接方法是利用化学反应使非荧光物质转变为能用于测定的荧光物质；第二种间接方法是荧光猝灭法. 若被测物质是非荧光物质，但它具有使某荧光化合物的荧光猝灭的作用，此时，可测量荧光化合物荧光强度的降低来测定该荧光物质的浓度. 例如对氟、硫、铁、银、钴和镍等元素的测定.

(1) 无机化合物

表 14.2 列出了几种常用的荧光测定试剂及被测定的无机金属离子. 利用金属离子,如铍、铝、硼、镓、硒、镁及某些稀土元素等,与有机试剂形成荧光配合物来进行荧光分析.

(2) 有机化合物

荧光分析可以测定许多类有机化合物,因此在临床、生物化学和环境保护等领域中十分重要.

芳香族化合物具有共轭不饱和体系,可用荧光分析法测定,胺类、甾族化合物、蛋白质、酶与辅酶、维生素及多种药物等也可用荧光分析法测定.

对于不产生荧光的物质:如甾族化合物,经浓 H_2SO_4 处理后,可使不产生荧光的环状醇类结构改变为能产生荧光的酚类结构. 几种用于有机化合物的荧光试剂见表 14.3.

表 14.2　几种常用的荧光试剂

试　剂		测定的元素
安息香	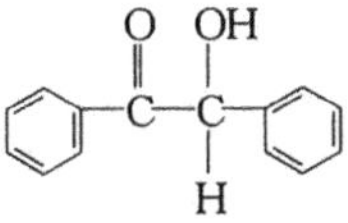	B, Zn, Ge, Si
2,2′-二羟基偶氮苯	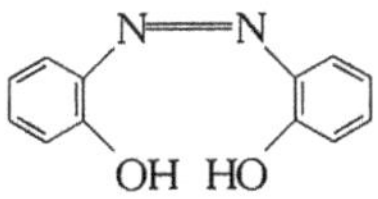	Al, F, Mg
2-羟基-3-萘甲酸	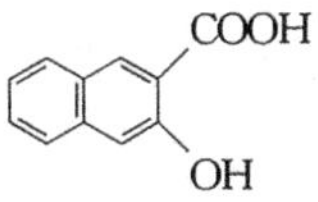	Al, Be
8-羟基喹啉	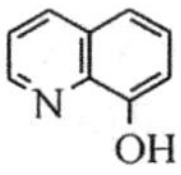	Al, Be

表 14.3　用于有机化合物的常见荧光试剂

被测物质	试　剂
雌激素	H_2SO_4
皮质甾族	H_2SO_4
氨基酸	邻苯二醛(缩合)
维生素 B_1	$Fe(CN)_6^{3-}$ 或 Hg^{2+}(氧化至硫胺荧)

定量方法可采用标准曲线法. 首先测定一系列的标准溶液的荧光强度,绘制荧光强度-浓度标准曲线,然后再测量试样的荧光强度,从而求得其浓度. 注意:绘制标准曲线时应采用同一种稳定的荧光物质,如用荧光塑料板或荧光基准物质-硫酸奎宁溶液来校准仪器的读数.

3. 多组分的荧光测定

利用荧光物质本身具有荧光激发光谱和发射光谱,实验时可以选择任一波长来进行多组分的荧光测定.

若二组分的荧光光谱峰不重叠,可选用不同的发射波长来测定各组分的荧光强度;若二组分的荧光光谱峰相近,甚至重叠,而激发光谱有明显差别,这时可选用不同的激发波长来进行测定.

14.3.2 其他应用

1. 溶液中单分子行为的研究

分子荧光方法利用激光诱导产生超高灵敏度,这已能实时检测到溶液中单分子的行为. 这一研究工作受到了广泛的关注. 目前,已观察到溶液中罗丹明 6G 分子,荧光素分子等及其标记的 DNA 分子的单分子行为.

2. 基因研究及检测

遗传物质的脱氧核糖核酸(DNA),自身的荧光效率很低,一般条件下几乎检测不到 DNA 的荧光. 因此,人们常选用某些荧光分子作为探针,通过探针标记分子的荧光变化来研究 DNA 与小分子及药物的作用机理,从而探讨致病原因及筛选和设计新的高效低毒药物. 目前,典型的荧光探针分子为溴化乙锭(EB). 此外也使用 Tb^{3+},吖啶类染料,钌的配合物等. 在基因检测方面,已逐步使用荧光柒料作为标记物来代替同位素标记,从而克服了同位素标记物产生的污染、价格昂贵及难保存等的不足.

14.4　磷光光谱法

分子磷光光谱在原理、仪器和应用等方面与分子荧光光谱相似,其差别在于磷光是由第一激发单重态的最低能级,经系间跨跃至第一激发三重态,并经过振动弛豫至最低振动能级,然后经禁阻跃迁回到基态而产生的,因此发光速率较慢. 荧光则来自短寿命的单重态,所以磷光的平均寿命比荧光长,在光照停止后还可保持一段时间.

14.4.1　低温磷光

按惯例,将试样溶于有机溶剂中,在液氮(温度 77K)条件下形成刚性玻璃状物后,测量磷光.这样,试样的刚性可减小分子的碰撞使磷光猝灭.

溶剂的选择很重要.溶剂在低温下应使试样溶解并形成刚性玻璃状物,且具有低的磷光背景.最常用的溶剂 EPA,它由乙醇、异戊烷和二乙醚按体积比 2:5:5 混合而成.其他溶剂如乙醇,或混合溶剂如乙醇-甲醇、异丙醇-异戊烷和水-甲醇也使用.溶剂应提纯,以除去芳香族和杂环化合物等杂质.

使用含有重原子的混合溶剂 IEPA(由 EPA:碘甲烷 = 10:1 组成),有利于系间跨跃,因此可增加磷光效率.

14.4.2　室温磷光

低温磷光的测量需要低温条件,而测量室温磷光避免了这一条件.将试样固定在固体基体上,也可溶解在胶束溶液或环糊精溶液中,从而在室温下就能测量磷光.

固体基体有纤维载体(如滤纸)、无机载体(如硅胶、氧化铝)以及有机载体(如纤维素、蔗糖、淀粉等).固体基体将被测物质束缚在固体上以增加其刚性,减小三重态的碰撞猝灭,增强磷光强度.

将具有非极性的疏水基团连接在极性的亲水基团上的分子称为表面活性剂或洗涤剂.非极性基团通常是碳氢链,极性基团是离子或是中性化合物.表面活性剂在溶液中形成的胶状聚集体称为胶束.在室温下,许多有机分子在含有表面活性剂(如十二烷基硫酸钠)的溶液中,由于形成胶束缔合物,使其刚性增强而发生磷光.试样测定时,用超声波将小量试样与胶束溶液混合均匀(如果掺入含有重原子离子 T1(Ⅰ),Pb(Ⅱ)的盐类可增强量子效率),然后将试液通 N_2 除 O_2,转入样品池中激发并测量磷光.

也可使用环糊精溶液进行室温磷光测定.

14.4.3　磷光分析仪

磷光分析仪与荧光分析仪相似,由光源、样品池、分光器和检测器等组成.此外,磷光分析还需有装液氮的石英杜瓦瓶以及可转动的斩波片或可转动的圆柱形筒,如图 14.7 所示.

装液氮的杜瓦瓶用于低温磷光的测定.

利用斩波片能测定磷光和荧光,而且还能测定不同寿命的磷光.两斩波片可调节成同相或异相.当可转动的两斩波片同相时,测定的是荧光和磷光的总强度;异相时,激发光被斩断,因荧光寿命比磷光短,消失快,所测定的就是磷光的强度.

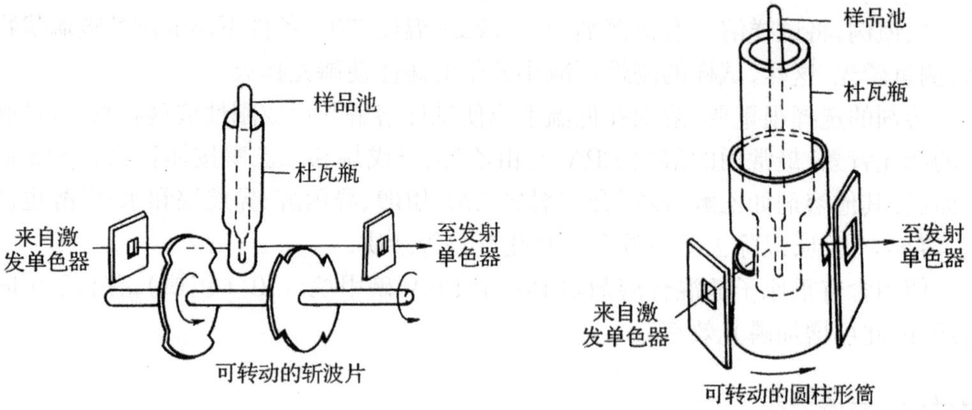

图 14.7 石英杜瓦瓶和斩波片或圆柱形筒

14.4.4 应用

磷光分析在无机化合物测定中应用较少.它主要用于环境分析、药物研究等方面的有机化合物的测定.表 14.4 列出了一些用磷光分析测定的有机化合物.

表 14.4 一些有机化合物的磷光分析[1)]

化合物	溶剂	λ_{ex}/nm	λ_{em}/nm	化合物	溶剂	λ_{ex}/nm	λ_{em}/nm
腺嘌呤	WM	278	406	吡啶	EtOH	310	440
	RTP	290	470	吡哆素盐酸	EtOH	291	425
蒽	EtOH	300	462	水杨酸	EtOH	315	430
	EPA	240	380		RTP	320	470
阿斯匹林	EtOH	310	430	磺胺二甲基嘧啶	EtOH	280	405
苯甲酸	EPA	240	400	磺胺	EtOH	297	411
咖啡因	EtOH	285	440		RTP	267	426
柯卡因盐酸	EtOH	240	400	磺胺吡啶	EtOH	310	440
	RTP	285	460	色氨酸	EtOH	295	440
可待因	EtOH	270	505		RTP	280	448
DDT	EtOH	270	420	香草醛	EtOH	332	519

1) WM 为水-甲醇;RTP 为室温磷光.

14.5　化学发光分析

化学发光(chemiluminescence)是由化学反应所释放的化学能激发了体系中某种化学物质分子，当受激的分子跃迁回到基态时而产生的光发射. 利用化学发光测定体系中化学物质浓度的方法称为化学发光分析法. 当化学发光发生于生物体系时，这种发光则称为生物发光(bioluminescence).

14.5.1　化学发光分析原理

化学发光是化学反应释放的化学能激发体系中的分子而发光. 一个化学发光反应包括化学激发和发光两个关键步骤，它必须具备下述条件：

(1) 提供足够的能量激发某种分子. 这种能量主要来自反应焓. 对可见光范围的化学发光，其能量一般在 150～400 $kJ \cdot mol^{-1}$之间. 许多氧化还原反应所提供的能量能满足此条件，因此大多数化学发光反应为氧化还原反应.

(2) 有利的化学反应历程，使反应释放的能量激发生成大量的激发态分子.

(3) 发光效率高. 化学发光效率取决于生成激发态分子的化学激发效率和激发态分子的发射效率.

当被测物的浓度很低时，化学发光反应的发光强度 I_{Cl}与被测物的浓度 C 呈线性关系：

$$I_{Cl} = KC \qquad (14.4)$$

式中 K 为常数，与化学发光效率、化学反应速率等因素有关. 发光强度既可以用峰高表示，也可以用总发光强度，即发光强度的积分值表示.

14.5.2　化学发光反应类型

1. 直接化学发光

直接化学发光是被测物作为反应物直接参加化学发光反应，当生成的激发态产物分子跃迁回基态时产生发光. 反应方程为

$$A + B \longrightarrow C^* + D$$
$$C^* \longrightarrow C + h\nu$$

式中，A 或 B 是被测物，C^* 是 A 和 B 反应产物 C 的激发态.

2. 间接化学发光

间接化学发光是被测物 A 或 B 通过化学反应生成激发态的 C^*，C^* 不直接发

光，而是 C^* 作为激发中间体将能量传递给 F，从而使 F 处于激发态 F^*，当 F^* 跃迁回到基态时产生发光．反应方程为

$$A + B \longrightarrow C^* + D$$

$$C^* + F \longrightarrow F^* + E$$

$$F^* \longrightarrow F + h\nu$$

例如，测定大气中臭氧时用罗丹明 B-没食子酸的乙醇溶液产生的化学发光反应就属于这一类型．其反应过程如下：

$$\text{没食子酸} + O_3 \longrightarrow A^* + O_2$$

$$A^* + \text{罗丹明 B} \longrightarrow \text{罗丹明 B}^* + B$$

$$\text{罗丹明 B}^* \longrightarrow \text{罗丹明 B} + h\nu$$

这里 A^* 是受激发的中间体，A^* 将能量传递给罗丹明 B，使其激发，当激发的罗丹明 B 分子回到基态时发出光子．该辐射的最大发射波长为 584nm．

3．液相化学发光

按反应体系的状态分类，可分为液相化学发光、气相化学发光等．

化学发光反应在液相中进行称为液相化学发光．常用的液相化学发光试剂主要有鲁米诺(3-氨基苯二甲酰肼)，光泽精(*N*，*N*-甲基二吖啶硝酸盐)，洛粉碱(2，4，5-三苯基咪唑)等，其结构如图 14.8 所示．

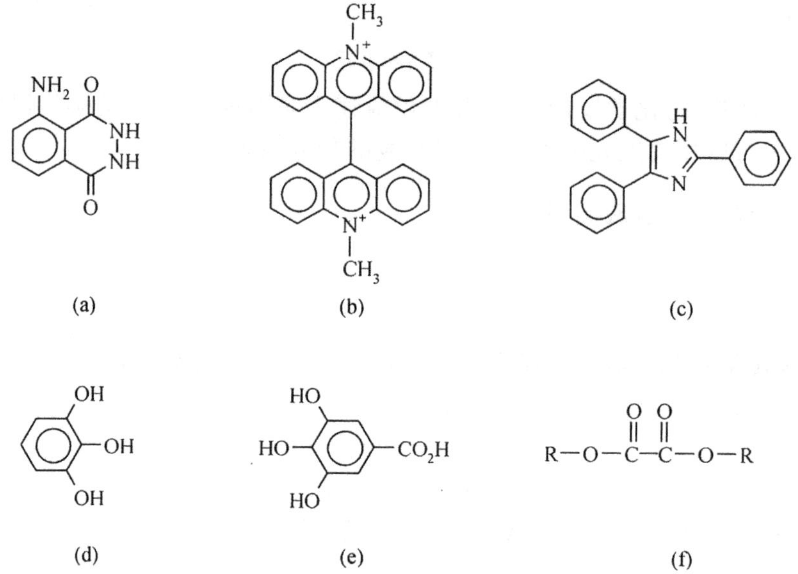

图 14.8　常用化学发光试剂的结构

(a)鲁米诺；(b)光泽精；(c)洛粉碱；(d)焦桐酚；(e)桐酸；(f)过氧草酸衍生物．

通常，在碱性溶液中(pH=9～11)，通过氧化剂氧化发光试剂. 常用的氧化剂有 H_2O_2，次氯酸盐或铁氰酸盐. 鲁米诺是最有效的化学发光试剂，在碱性溶液中它氧化生成激发态的 3-氨基邻苯二甲酸盐为化学发光物质. 其反应如下：

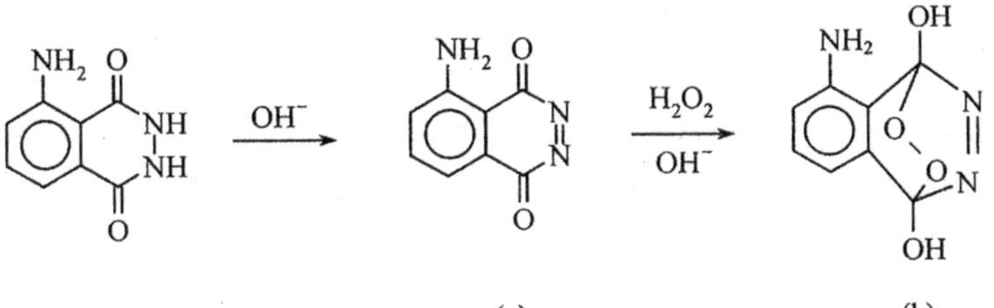

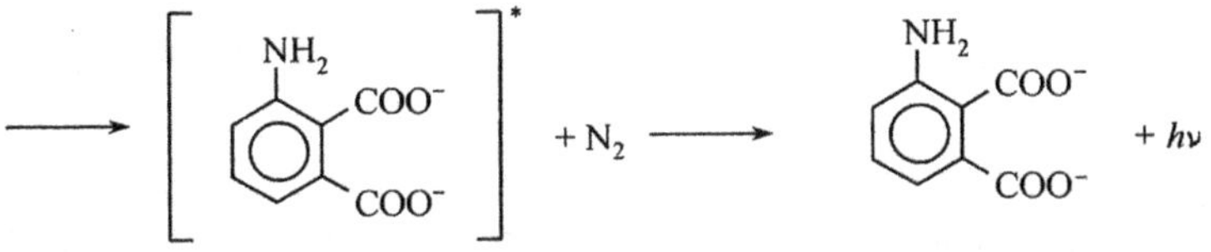

其最大发射波长为 425nm. 该化学发光反应的速率很慢，但某些金属离子可催化这一反应，增强发光强度，利用这一性质可以测定这些金属离子，如 Fe(Ⅱ)，Cu(Ⅱ)，Co(Ⅱ)，Cr(Ⅲ)，Cr(Ⅵ)等.

4. 气相化学发光

化学发光反应在气相中进行称为气相化学发光. 化学发光反应有 NO，O_3 和 S. 气相化学发光主要用于监测大气中 O_3，NO，NO_2，H_2S，SO_2 和 CO 等. 一氧化氮与臭氧的气相化学发光反应如下：

$$NO + O_3 \longrightarrow NO_2^* + O_2$$

$$NO_2^* \longrightarrow NO_2 + h\nu$$

该反应检测 NO 灵敏度可达 $1ng \cdot cm^{-3}$，其发射波长范围为 600～875nm.

对臭氧，发光试剂是乙烯，其反应为

$$2O_3 + C_2H_4 \longrightarrow 2HCHO^* + 2O_2$$

$$CH_2O^* \longrightarrow CH_2O + h\nu$$

在生成羰基化合物的同时产生化学发光，激发态甲醛为化学发光物质. 该化学发光反应的发射波长为 435nm，对 O_3 是特效的，检测的线性范围为 $1ng \cdot cm^{-3}$～$1\mu g \cdot cm^{-3}$.

此外，生物发光是涉及生物或酶反应的一类化学发光. 某些生物反应的化学发光效率大于 50%. 最著名的生物发光反应是萤火虫反应：

$$LH_2 + E + ATP \xrightarrow{Mg^{2+}} E:LH_2:AMP + PP$$

$$E:LH_2:AMP + O_2 \longrightarrow E + L{=}O^* + CO_2 + AMP$$

$$L{=}O^* \longrightarrow L{=}O + h\nu$$

该反应的最大发射波长为562nm.式中LH_2是萤火虫荧光素,$L{=}O$是氧荧光素,E是萤火虫荧光素酶,PP是焦磷酸盐,ATP是三磷酸腺苷,AMP是单磷酸腺苷.利用上述反应可测定ATP,对10μg ATP样品,检出限可低达10^{-14}μg.生物发光分析可检测辅酶NADH和NADPH等物质.

14.5.3 化学发光分析仪

化学发光分析仪比较简单,主要包括样品池、检测器、放大及记录系统,如图14.9所示.

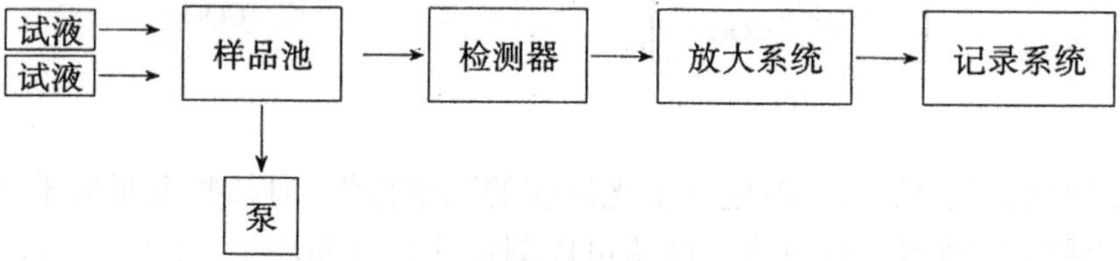

图14.9 化学发光分析仪示意图

化学发光分析仪通过增加连续流动的进样系统可以设计成连续流动分析仪器,这样在相同的体系中可以连续检测多个样品.此流动系统也可用作高效液相色谱的柱后检测系统.

14.5.4 化学发光分析的应用

化学发光分析具有高选择性、高灵敏度和方法简便等优点.对气体和金属离子的检出限可达$ng \cdot cm^{-3}$.气相化学发光分析可用于O_3,CO,SO_2,H_2S和氮氧化物等有毒物质的测定.液相化学发光分析利用鲁米诺、光泽精等发光体系可测定废水和天然水中的金属离子.

习 题

1.解释下列名词:(1)量子效率;(2)振动弛豫;(3)系间跨跃.

2.在UV-VIS范围内,从原理上比较分子荧光、磷光和化学发光的异同点,并比较它们的吸收现象.

3.什么是荧光猝灭?举例说明怎样利用荧光猝灭来进行化学分析?

4.在实际中,怎样区分荧光和磷光?

5.比较荧光光谱法和化学发光光谱法的仪器特点.

6. 荧光光谱法的灵敏度一般要比吸收光谱法的灵敏度高，试解释其原因.

7. 通过下列方法能否改变荧光量子效率，并说明原因.

(1)降低温度；(2)升高温度；(3)改变荧光体的浓度；(4)加入静态猝灭剂；(5)加入动态猝灭剂；(6)改变溶剂的黏度.

8. 试说明为了获得荧光的：(1)激发光谱；(2)发射光谱；(3)同步荧光光谱；(4)三维荧光光谱，在实验上有哪些差别？

9. 为什么在高浓度条件下分子荧光校准曲线会变成非线性？

10. Fe(Ⅱ)催化 H_2O_2 氧化鲁米诺的反应，其产生的化学发光信号强度与 Fe(Ⅱ)的浓度在一定浓度范围内呈线性关系.在 2.00ml 未知样品 Fe(Ⅱ)溶液中，加入 1.00ml 水，再依次加入 2.00ml 稀 H_2O_2 和 1.00ml 鲁米诺的碱性溶液.测得该体系化学发光的积分信号为 16.1.另取 2.00ml Fe(Ⅱ)样品并加入 1.00 ml $4.75\times10^{-5}mol\cdot L^{-1}$ Fe(Ⅱ)溶液.在上述相同条件下，测得化学发光的积分信号为 29.6，计算样品中 Fe(Ⅱ)的浓度为多少？

第十五章　红外吸收光谱法

基本要求：

1. 理解红外吸收光谱产生的条件；
2. 掌握分子的振动频率、振动类型、振动自由度与红外光谱的关系；
3. 理解红外光谱与分子结构的关系以及环境因素的影响；
4. 掌握重要官能团及典型有机化合物的特征吸收频率；
5. 了解红外光谱仪的基本部件及其作用；
6. 了解 FT-IR 光谱法的原理及特点；
7. 掌握红外谱图解析的基本步骤及方法.

利用物质的分子对红外辐射的吸收，得到与分子结构相应的红外光谱图，从而来鉴别分子结构的方法，称为红外吸收光谱法(infrared absorption spectrometry, IR). 红外辐射的波长范围处于 0.78～40μm，其能量小于紫外-可见辐射. 其中应用最广泛的范围为 2.5～15.4μm，即中红外光谱. 对于近、远红外光谱的应用也引起了人们的注意. 人们描述红外光谱时，通常使用波数，对中红外光谱，相应波数范围为 4000～650cm^{-1}. 红外光谱有以下主要应用：它可用来研究气相中的简单分子，将吸收的准确的红外辐射能量与分子的转动和振动能量的增加联系起来，就有可能测定键长和力常数. 红外光谱的最突出应用是从特征吸收来识别不同分子的结构，即与已知化合物的光谱进行比较，识别分子中的官能团.

15.1　红外吸收基本原理

15.1.1　产生红外吸收的条件

分子必须同时满足以下两个条件时，才能产生红外吸收.

(1) 分子振动时，必须伴随有瞬时偶极矩的变化. 一个分子有多种振动方式，只有使分子偶极矩发生变化的振动方式，才会吸收特定频率的红外辐射. 这种振动方式称为具有红外活性. 例如 CO_2 是线型分子，其永久偶极矩为零，但它的不对称振动仍伴有瞬时偶极矩的变化，因此是具有红外活性的分子. 当线型的 CO_2 分子作对称的伸缩振动时，无偶极矩变化，为非红外活性，不产生红外吸收. 分子是否显示红外活性,与分子是否有永久偶极矩无关.只有同核双原子分子(H_2,N_2 等)才显示非红外活性.

(2) 只有当照射分子的红外辐射的频率与分子某种振动方式的频率相同时,分子吸收能量后,从基态振动能级跃迁到较高能量的振动能级,从而在图谱上出现相应的吸收带.

15.1.2 分子的振动类型

1. 分子基团(或键)的振动频率

分子的绝大多数是多原子分子,其振动方式显然很复杂.但是,一个多原子分子总可以视作双原子分子的集合.

双原子分子犹如同一根弹簧连接的两个小球,其质量分别为 m_1 和 m_2,弹簧的质量忽略不计(图 15.1).当一外力(相当于红外辐射能)作用于弹簧时,两小球沿轴心来回振动.若将这种振动视作简谐振动,且遵循 Hooke 定律,则其振动频率可由下式表示:

$$\nu = \frac{1}{2\pi}\sqrt{\frac{k}{\mu}} \tag{15.1}$$

或

$$\tilde{\nu} = \frac{1}{2\pi c}\sqrt{\frac{k}{\mu}} \tag{15.2}$$

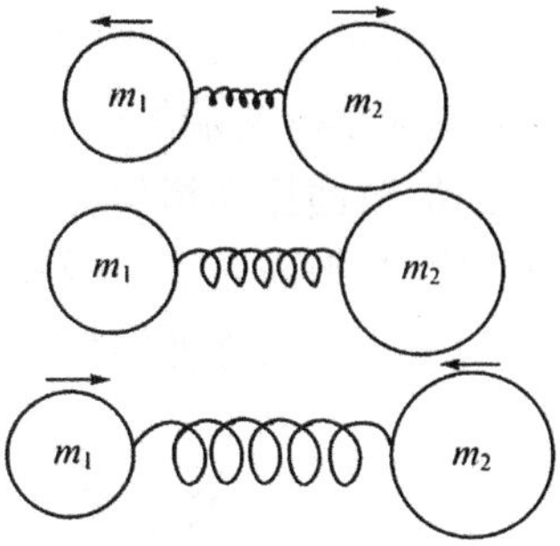

图 15.1 双原子分子的振动

式中,ν 为振动频率,$\tilde{\nu}$ 用波数表示;k 为力常数,表示每单位位移的弹簧恢复力;μ 为折合质量.

$$\mu = \frac{m_1 \cdot m_2}{m_1 + m_2} \tag{15.3}$$

一些化学键的力常数见表 15.1.

表 15.1 某些化学键的力常数

化学键	C—C	C═C	C≡C	C—H	O—H	N—H	C═O
键 长/Å	1.54	1.34	1.20	1.09	0.96	1.00	1.22
$k/(\mathrm{N\cdot cm^{-1}})$	4.5	9.6	15.6	5.1	7.7	6.4	12.1

利用以上原理,可以计算化学键的伸缩振动频率.

例 1 求 C═O 健的伸缩振动频率.

解

$$\mu = \left(\frac{12 \times 16}{12 + 16}\right) \times \frac{1}{6.02 \times 10^{23}} = 1.14 \times 10^{-23}$$

$$\nu = \frac{1}{2\pi}\sqrt{\frac{k}{\mu}} = \frac{1}{2\pi}\sqrt{\frac{12.1 \times 10^5}{1.14 \times 10^{-23}}} = 5.18 \times 10^{13}\mathrm{Hz}$$

$$\tilde{\nu} = 1727\mathrm{cm}^{-1}$$

由此可见,C═O键每秒振动 5.18×10^{13}次,它只能吸收频率为 5.18×10^{13}Hz 的红外辐射.实验中观察到的 C═O 伸缩振动频率都在 $1727\mathrm{cm}^{-1}$附近,例如酮分子的羰基的伸缩振动频率在 $1715\mathrm{m}^{-1}$处,酯分子的羰基则在 $1735\mathrm{cm}^{-1}$.

2. 分子的振动类型

分子的简正振动可分为两大类:伸缩振动和弯曲振动,后者也称变形振动.伸缩振动指化学键两端的原子沿键轴方向作来回周期运动,它又可分为对称与非对称伸缩振动.弯曲振动指使化学键的键角发生周期性变化的振动,它又包括剪式振动、平面摇摆、非平面摇摆以及扭曲振动.若以饱和亚甲基为例,其振动方式如图 15.2 所示.对称和非对称伸缩振动频率用符号 v_s 和 v_{as}表示;弯曲振动则以 δ 表示.

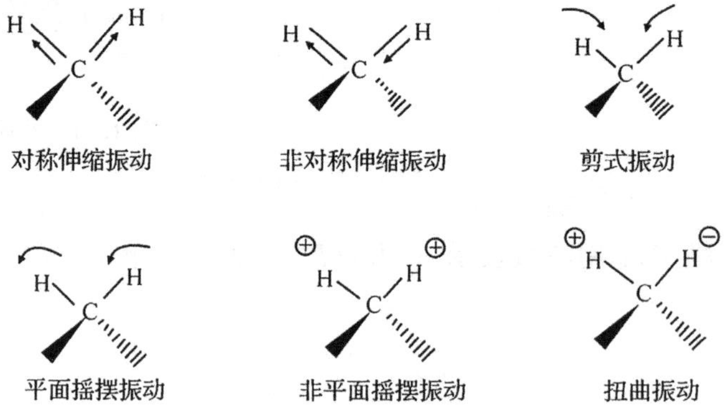

图 15.2 亚甲基的振动模式

⊕,⊖分别表示运动方向垂直纸面向里与向外.

15.1.3 基频、倍频和组频

在室温下,绝大多数分子处于振动能级基态($v=0$).在红外辐射激发下,视作谐振子的分子从基态($v=0$)向 v 为 1 的激发态跃迁,这种跃迁称为基本跃迁,分子的相应吸收频率称为基频.只有 $\Delta v=1$ 的跃迁,才是允许跃迁.这一跃迁规则称为谐振子跃迁选律.对于 $\Delta v=\pm2,\pm3,\cdots$的跃迁属于禁阻跃迁.由于真实分子的非谐性,即使对谐振子来说属禁阻跃迁的,而对真实分子的跃迁概率并不为零.对

于 $\Delta v=\pm 2,\pm 3,\cdots$ 的跃迁,分别称为一级泛音、二级泛音,…….由于相邻能级的能量可视作近似相等,所以一级和二级泛音的频率分别为基频的两倍和三倍,故称倍频.倍频吸收带虽然可能观察到,但强度都很弱.

如果分子吸收一个红外光子,同时激发了基频分别为 ν_1 和 ν_2 的两种跃迁,此时所产生的吸收频率应该等于上述两种跃迁的吸收频率之和,故称组频.对谐振子来说,组频跃迁属禁阻跃迁,但分子的非谐性,使组频带仍以弱的吸收带出现.

15.1.4　分子的振动自由度

多原子分子振动由伸缩振动、弯曲振动以及它们之间的偶合振动组成.在有 N 个原子组成的分子中,每个原子在空间的位置必须有三个坐标来确定,则由 N 个原子组成的分子就有了 $3N$ 个坐标,或称为有 $3N$ 个运动自由度.分子本身作为一个整体,有三个平动自由度和三个转动自由度.但线型分子只有两个转动自由度(图 15.3),因为总有一种转动的轴心与双原子分子的键轴相重合,因此原子在空间的坐标并不改变.可见,线型分子振动自由度的数目,即简正振动数目为 $3N-5$;非线型分子则为 $3N-6$,例如苯分子的振动自由度为:$3\times 12-6=30$,即有 30 种简正振动.任何一个复杂分子的振动,都可视作由 $3N-6$ 或 $3N-5$ 个简正振动叠加而成.

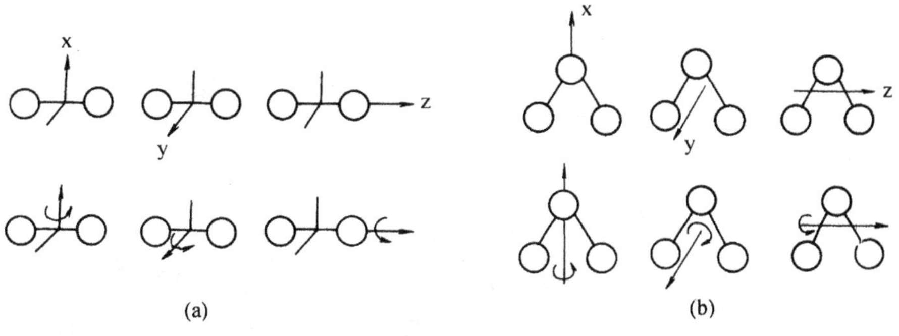

图 15.3　平动和转动自由度

(a)线型分子;(b)非线型分子.

但是,并非每一种振动方式在红外光谱图上都能产生一个吸收带,实际吸收带比预期的要少得多.这是由以下原因造成的:

(1) 某些振动方式为非红外活性,不伴随偶极矩的变化,例如 CO_2 分子有四种振动模式(图 15.4).频率为 ν_1 的振动是对称伸缩振动,无偶极矩变化,因而不产生红外吸收.

(2) 由于分子高度的对称性,造成两种振动方式的频率相同,发生简并现象.

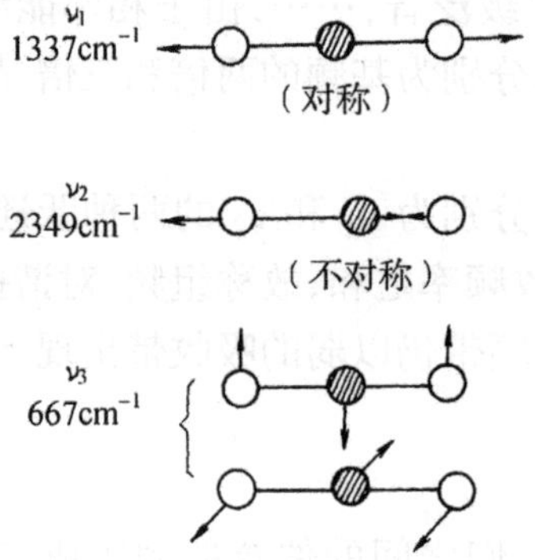

图 15.4　CO_2 分子的简正振动

图 15.4 中 ν_3 就是二重简并振动.

(3) 若干振动频率十分接近，一般红外光谱仪难以分辨.

(4) 振动吸收的能量太小(如波长大于 20μm)，吸收信号不被仪器感知.

15.1.5　红外吸收光谱图

吸收带在光谱图中的位置可用波长(μm)或波数(cm^{-1})表示. 必须注意，同一样品用波数呈线性记录与用波长呈线性记录的光谱外貌是不相同的(图 15.5). 光谱图的纵坐标，即吸收强度，可用百分透光度或吸光度表示.

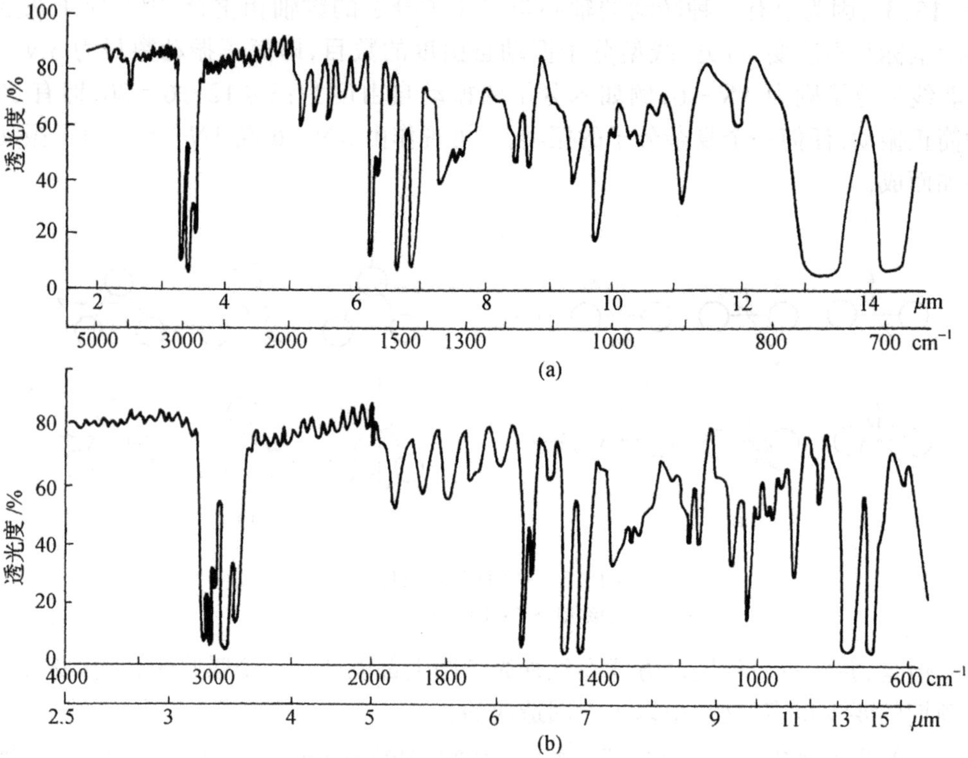

图 15.5　聚苯乙烯膜的红外光谱

(a)线性波长标尺；(b)线性波数标尺.

15.2 红外吸收光谱与分子结构的关系

15.2.1 基团频率区与指纹区

1. 基团频率

在红外光谱中，某些化学基团虽然处于不同分子中，但它们的吸收频率总是出现在一个较窄的范围内，例如，羰基总是在 1870～1650cm^{-1}间，出现强吸收峰，它们的频率不随分子构型变化而出现较大的改变.这类频率称为基团特征振动频率，简称基团频率.它们可用作鉴别官能团的依据，因为基团频率位于 4000～1500cm^{-1}间，频率较高，受分子其他部分振动的影响较小.它们主要包括 X—H，C═X和 C≡X 的伸缩振动.

2. 指纹区

在 1500cm^{-1}以下的区域，主要属 C—X 的伸缩振动和 H—C 的弯曲振动频率区.由于这些化学键的振动容易受附近化学键的振动的影响，因此结构的微小改变可使这部分光谱面貌发生差异.这与不同人之间的指纹有较大差别一样，故 1500～700 cm^{-1}区间称指纹区.利用指纹区光谱可识别一些特定分子.图 15.6 为各种基团的吸收频率的分布.

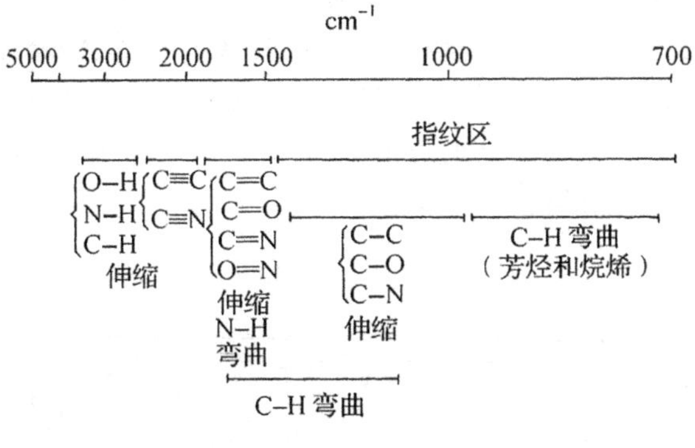

图 15.6　各种基团的吸收频率的分布

15.2.2 典型有机化合物的红外光谱主要特征

1. 烷烃

在结构鉴定中有意义的是：甲基的对称和不对称伸缩振动吸收带分别在 2870 及 2960 cm^{-1}附近；对称变形振动在 1380～1365 cm^{-1}间.当分子中出现异丙基时，

1380 cm^{-1}带分裂为 1385 与 1375 cm^{-1}两强度相似的吸收带. 若存在叔丁基,则 1380 cm^{-1}带分裂为 1395 及 1370 cm^{-1}两强度不等的吸收带. 饱和亚甲基的不对称和对称伸缩振动带分别在 2925,2850 cm^{-1}附近. —CH_2—的剪式振动吸收约在 1480～1440 cm^{-1}区,强度中等. 图 15.7 为 2-甲基辛烷的红外光谱图.

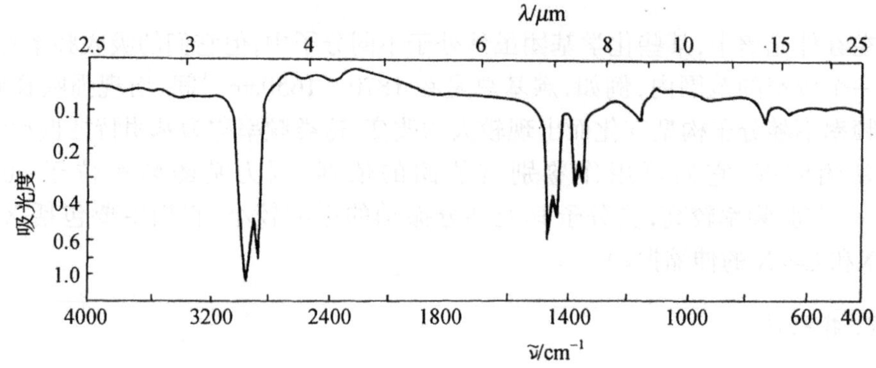

图 15.7　2-甲基辛烷的红外光谱图

2. 烯烃和炔烃

烯烃有三个重要特征吸收带: ═C—H 伸缩振动带约在 3100～3000 cm^{-1}之间,峰尖锐,强度中等. C═C 双键的伸缩振动频率在 1680～1620 cm^{-1}间,当烯键与 C═C,C═O 及 C≡N 等不饱和基团共轭时,C═C 键伸缩振动频率移向低频约 20 cm^{-1}. C—H 面外弯曲振动带约在 1000～650 cm^{-1}间. 对乙烯基型化合物,由于振动偶合,在 990,910 cm^{-1}附近有两个很强的—CH ═ CH_2 面外振动带. 图 15.8 为 3-甲基-1-戊烯的红外光谱图.

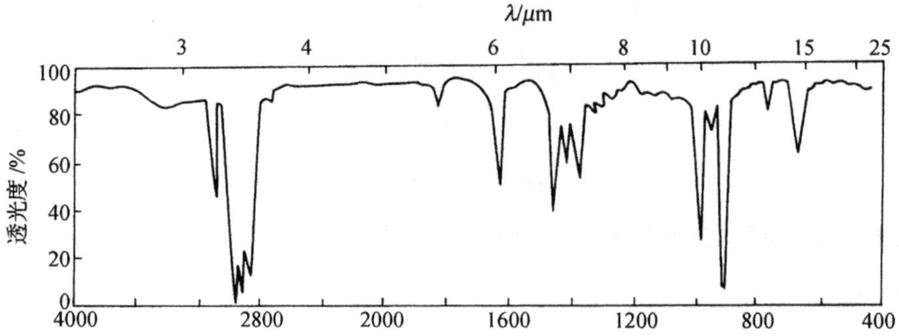

图 15.8　3-甲基-1-戊烯的红外光谱图

炔烃的≡C—H 伸缩振动频率在 3310～3300 cm^{-1}间;其弯曲振动频率在 642～615 cm^{-1}间.对于 C≡C 伸缩振动,当处于末端的炔键,其频率在 2140～2100 cm^{-1}间;处于中间的炔键,则在 2260～2190 cm^{-1}间.

3. 芳烃

苯的衍生物有几个重要的特征吸收带.芳环上的═C—H 伸缩振动在 3100～3000 cm^{-1}之间有三个吸收带.芳环的骨架(C═C)伸缩振动,在 1600,1500 及 1450 cm^{-1}附近有三个吸收带,特别是前两个带是芳环的最重要特征带.当芳环与其他不饱和体系发生 π－π 共轭时或与含孤电子对的取代基发生 p－π 共轭时,1600 cm^{-1}带往往分裂成 1600 及 1580 cm^{-1}两吸收带.芳环上═C—H 面外弯曲振动吸收带在 900～650 cm^{-1}间,而吸收带的位置、数目及强度取决于芳环上相邻的氢原子数目,随着相邻芳氢数的增加,该吸收带移向低频(表 15.2).图 15.9 为仲丁基苯的红外光谱图.

表 15.2 典型取代苯的特征吸收频率

取代类型	吸收频率/cm^{-1}	900～650cm^{-1}区特征吸收带数目及位置/cm^{-1}
单取代	770～730(5H)[1)]	2(～740,～680)
邻二取代	770～735(4H)	1(～740)
间二取代	900～860(1H) 810～750(3H)	3(～860,～775,～710)
对二取代	860～800(2H)	1(～805)
1,3,5-三取代	860～810(1H)	3(～870,～830,～710)
1,2,3-三取代	780～760(3H)	2(～765,～720)
1,2,4-三取代	850～870(1H) 825－805(2H)	2(～870,～805)

1)括号内指相邻氢的数目.

4. 醇和酚

醇和酚的红外光谱有以下重要特征带:醇、酚呈液态或固体时,由于分子间生成氢键而缔合,其 O—H 键的伸缩振动频率带出现在 3550～3200 cm^{-1}间.吸收带强而宽.越是多缔合体,吸收带越向低频移动.C—O 键的伸缩振动频率出现在 1260～1000 cm^{-1}区间,强度大,且从伯醇、仲醇和叔醇,其吸收带向高频移动,它们分别在 1050,1100,1150 cm^{-1}附近.酚的 C—O 伸缩振动在 1200 cm^{-1}附近,且强而宽.酚的 O—H 面内弯曲振动带在 1350 cm^{-1}附近,强度与宽度都小于 C—O 伸

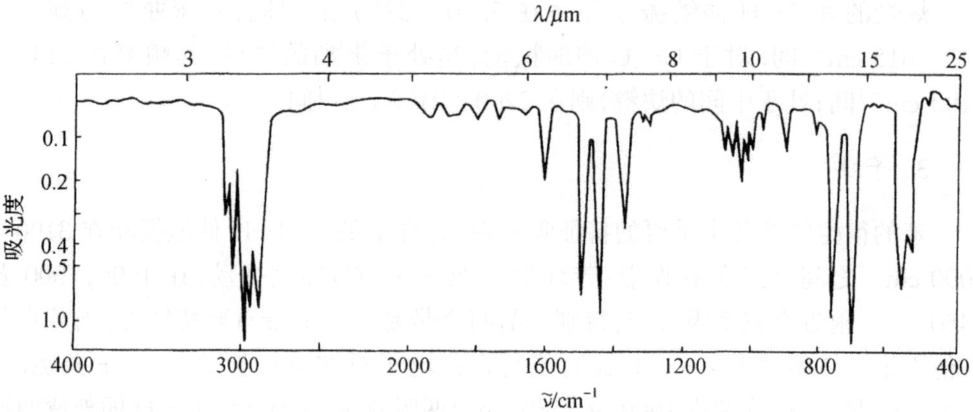

图 15.9　仲丁基苯的红外光谱图

缩振动带．醇的 O—H 面内振动带在 1350cm^{-1}附近，但由于它会与 C—C，C—H 键的振动发生偶合，对鉴定结构意义不大．醇和酚的 O—H 键的面外弯曲振动吸收带在 750～650 cm^{-1}，带很宽．图 15.10 和图 15.11 分别是苯酚和叔丁醇的红外光谱图．

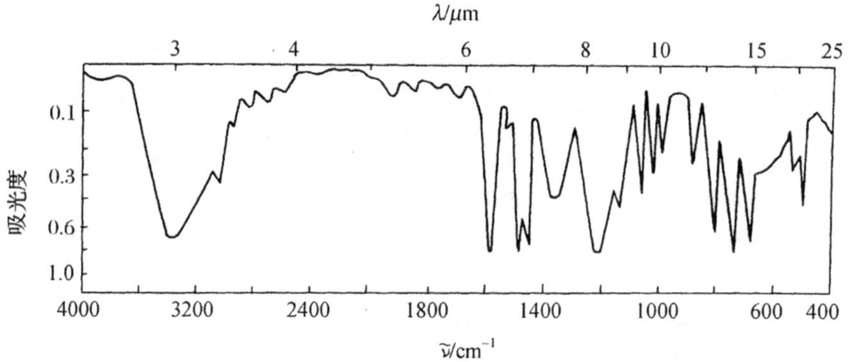

图 15.10　苯酚的红外光谱图

5．醚

醚的红外光谱的特征吸收带就是 C—O—C 伸缩振动吸收带．饱和脂肪醚的对称和不对称伸缩振动带分别在 940 和 1125 cm^{-1}附近．前者强度很弱，后者强．若 α-碳上带有侧链，在 1170～1070 cm^{-1} 区出现双带．芳基烷基醚在 1280～1220cm^{-1}及 1100～1050 cm^{-1}之间有两个强吸收带，且前者的强度更大．图 15.12 为苯甲醚的红外光谱图．

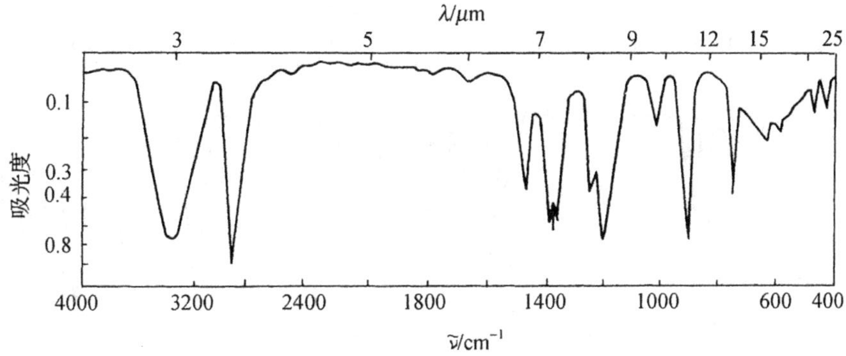

图 15.11　叔丁醇的红外光谱图

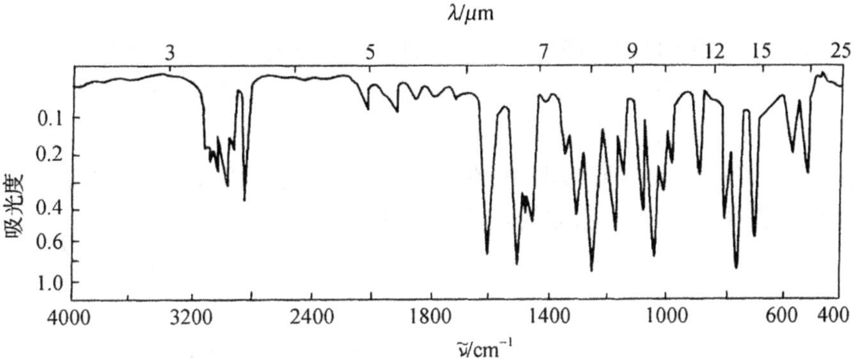

图 15.12　苯甲醚的红外光谱图

6. 酮和醛

酮的惟一特征吸收带是 C═O 伸缩振动引起的. 饱和脂肪酮在 1715 cm^{-1}附近. 芳酮则向低频移动约 20 cm^{-1}; α,β-不饱和酮移向低频约 40 cm^{-1}, 吸收强度大.

饱和脂肪醛的 C═O 伸缩振动带处于 1740～1720 cm^{-1}间. 若 C═O 键与不饱和键或芳基共轭, 吸收带移向低频. 醛类在 2830 和 2720 cm^{-1}附近会出现两个吸收带, 利用它们可将醛类与其他羰基化合物区别开来, 但前者易与亚甲基的 C—H伸缩振动带重叠. 图 15.13 苯甲醛的红外光谱图.

7. 酸和酯

羧酸的红外光谱具有以下特征吸收: 在固态、液态羧酸及较浓的羧酸溶液中,

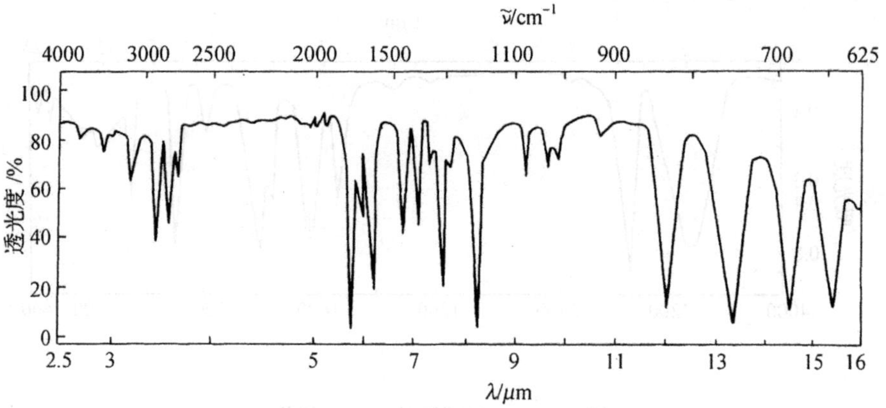

图 15.13　苯甲醛的红外光谱图

它们呈缔合状态，O—H 伸缩振动带在 3000 cm^{-1}附近，吸收带强而宽，会与饱和 C—H 伸缩振动带重叠. 由于缔合作用，使 C═O 伸缩振动频率移向低频，在 1720 cm^{-1}附近. 若有芳基或双键与羧基共轭，C═O 伸缩振动频率会降低. 由于 C—O 伸缩振动以及 O—H 面内变形振动，在 1440～1395cm^{-1}及 1320～1210 cm^{-1}区间有两个吸收带. 图 15.14 为乙酸的红外光谱图.

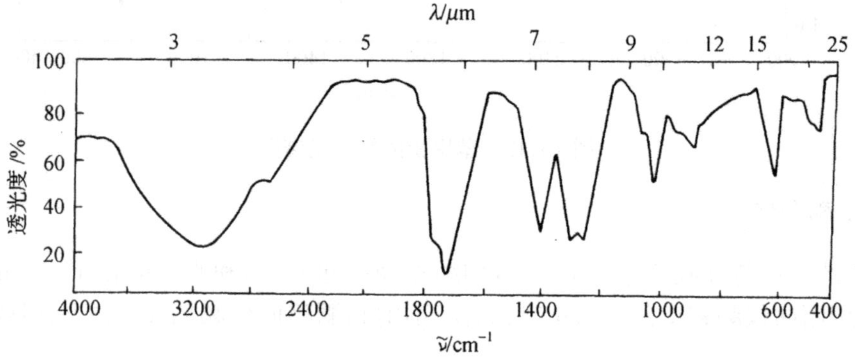

图 15.14　乙酸的红外光谱图

酯的 C═O 伸缩振动频率比相应的酮类高，它在 1740 cm^{-1}附近，若是 α,β-不饱和酸酯及芳酸酯，则移向低频约 20 cm^{-1}. 酯的 C—O—C 不对称伸缩振动有两个吸收带，出现在 1300～1000 cm^{-1}区间，但易于与此区间内的醇、酸、醚中的 C—O 伸缩振动带混淆. 图 15.15 为丙酸苯酯的红外光谱图.

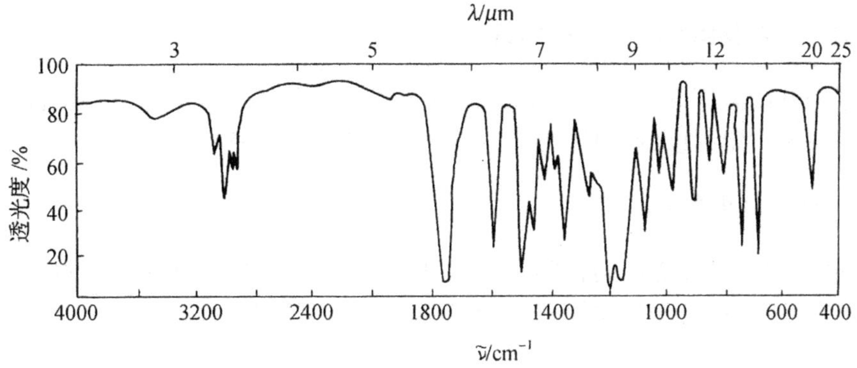

图 15.15　丙酸苯酯的红外光谱图

8．胺和酰胺

伯胺的 N—H 键的不对称和对称伸缩振动带分别在 3400 与 3500 cm^{-1}附近，芳香胺的强度大于脂肪胺．芳香族仲胺的 N—H 伸缩振动带在 3400 cm^{-1}附近，强度大，但对脂肪族仲胺，往往观察不到．伯胺的 N—H 面内弯曲振动带在 1640～1560 cm^{-1}间，吸收带较宽，强度较大．芳香族仲胺的 N—H 弯曲振动带强，在 1600 cm^{-1}附近；脂肪族则很弱．

伯酰胺的 N—H 伸缩振动带有两个，强度中等，若是液态或固态，吸收带在 3350 及 3180 cm^{-1}附近．伯、仲和叔酰胺的 C═O 伸缩振动带的频率比相对应的酮类略低，并依次向低频移动．对 N—H 面内弯曲振动吸收带，伯酰胺在 1600～1640 cm^{-1}间，而仲酰胺则在 1600 cm^{-1}以下．伯酰胺的面外弯曲振动带在 850～750 cm^{-1}间，强度中等，而仲酰胺则在 750～650 cm^{-1}间．图 15.16 为 *N*-甲基丙酰胺的红外光谱图．

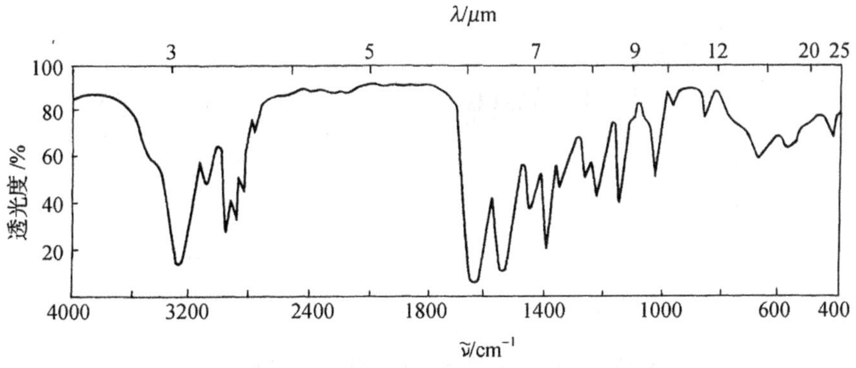

图 15.16　*N*-甲基丙酰胺的红外光谱图

15.2.3 影响基团频率位移的因素

某一基团频率并不是绝对不变的.由于分子结构不同或测量环境的改变,使基团频率发生一定程度的位移.影响位移的因素有以下一些.

1. 样品的状态与温度效应

同一样品,聚集态不同,其光谱也不相同.图 15.17 就说明了这一点.由此图也可看出在低温下,吸收带尖锐,随温度升高,带宽增加,带数减少.

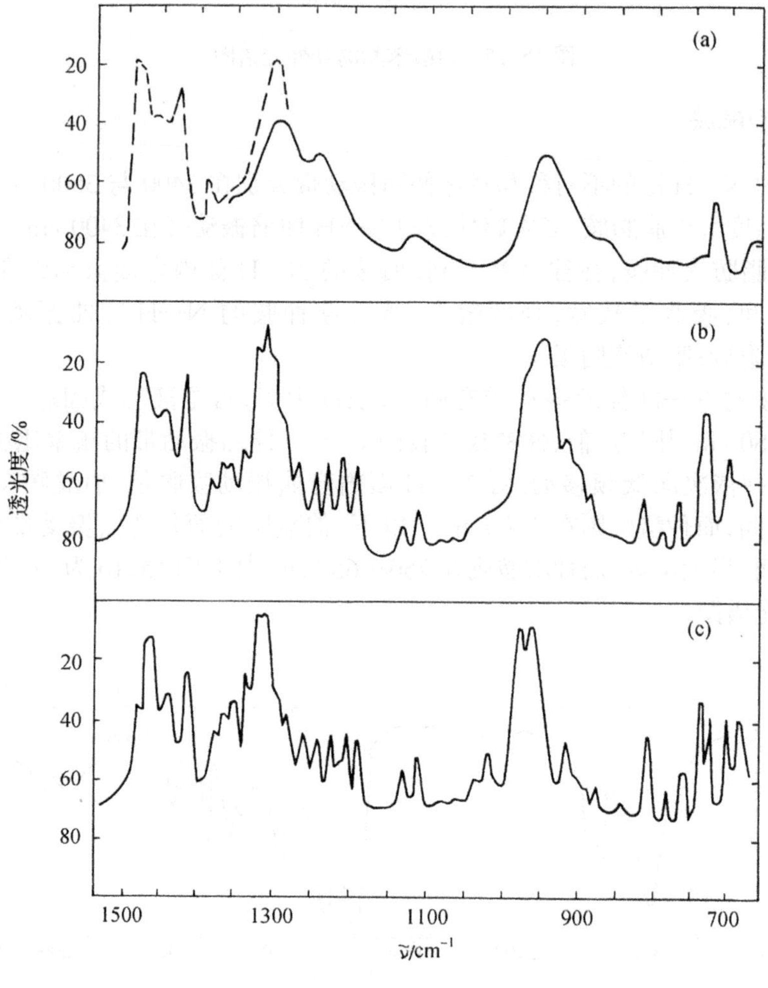

图 15.17 不同物理状态下的硬脂酸的红外光谱图

(a) CCl_4 溶液中(……)和 CS_2 溶液中(—);(b)β 多晶型膜,室温下;(c)同(b),-196℃.

2. 氢键的生成

由于氢键的生成,使分子中 X—H 键的振动频率改变.这又可分两种情况:

(1) 对于 X—H 键的伸缩振动,由于分子形成氢键而呈缔合状态,导致带宽及强度都增加,并移向低频(图 15.18).

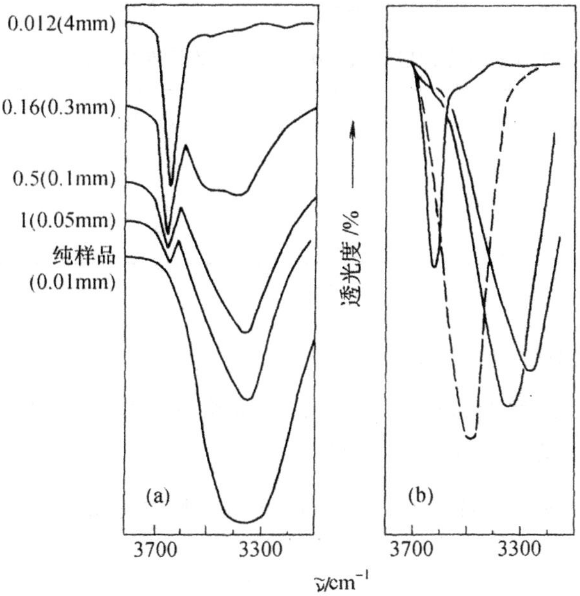

图 15.18　氢键对异丙醇羟基的伸缩振动的影响

(a)不同的异丙醇浓度($mol\cdot L^{-1}$),溶剂 CCl_4,括号内数字为样品池厚度;

(b)不同溶剂,从高频到低频依次是苯、四氢呋喃、吡啶和三乙醇胺,异丙醇 0.05 $mol\cdot L^{-1}$,池厚 1mm.

(2) 对于 X—H 键的弯曲振动,情况正好与伸缩振动相反.缔合态导致弯曲振动频率移向高频.

3. 振动偶合

分子中基团或键的振动并不是孤立进行的.如果两个振子属同一分子的一部分,而且相距很近,一个振子的振动会影响另一振子的振动,并组合成同相(对称)或异相(不对称)两种振动状态,其前者的频率低于原来振子频率,后者的频率高于原来振子频率,造成原来频带的分裂.这种现象称为振动偶合.乙烷的 C—C 伸缩振动频率为 992 cm^{-1},而丙烷分子的骨架就发生了振动偶合,导致在 1054 cm^{-1}处出现异相伸缩振动频率和在 867 cm^{-1}处出现同相伸缩振动频率.两种变形振动以及伸缩振动与变形振动之间也会发生偶合.

4. 诱导效应和共轭效应

(1) 诱导效应

诱导效应指电负性不同的取代基,会通过静电诱导而引起分子中电子分布的变化,使基团特征频率位移(表 15.3).由于诱导效应,使化学键键级增加,导致力常数改变,则吸收带频率向高频移动;反之,键级减少,移向低频.

表 15.3　诱导效应对 C═O 伸缩振动频率的影响

化合物	$CF_3-C(=O)-OCH_3$	$CCl_3-C(=O)-OCH_3$	$CHCl_2-C(=O)-OCH_3$	$CH_2BrC(=O)-OCH_3$
$\tilde{\nu}_{C=O}$ (cm^{-1})	1780	1768	1755	1740

(2) 共轭效应

由分子形成大 π 键所引起的效应,称共轭效应.由于共轭效应使共轭体系中的电子云密度趋于平均化,导致双键略有伸长,单键略有缩短,结果使双键频率向低频移动,单键频率略向高频移动(表 15.4).

表 15.4　共轭效应对 C═O 伸缩振动频率的影响

化合物	$R-C(=O)-R$	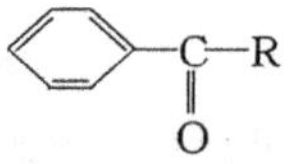	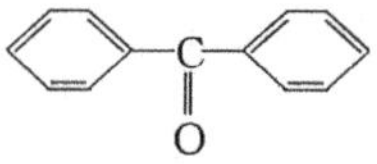
$\tilde{\nu}_{C=O}$ (cm^{-1})	1710～1725	1695～1680	1667～1661

在许多情况下,分子中的原子或基团同时呈现出诱导效应和共轭效应,此时双键吸收频率的位移取决于占优势的效应.例如表 15.5 中,—$\ddot{O}$R 的氧原子的吸电子诱导效应强于氧原子中孤电子对参与的共轭效应,因此向高频移动.反之,对于—$\ddot{S}$R 中的硫原子,其孤电子对的共轭效应占支配地位,因而向低频移动.

表 15.5　诱导与共轭共存的影响

化合物	$R-C(=O)\leftarrow\ddot{O}R$	$R-C(=O)-R$	$R-C(=O)\leftarrow\ddot{S}R$
$\tilde{\nu}_{C=O}$ (cm^{-1})	～1735	～1715	～1690

15.2.4　重要官能团的特征吸收频率

用红外光谱鉴定化合物时，通常需要查阅有关的基团频率表．一些主要基团的红外吸收带位置见表 15.6、表 15.7.

表 15.6　以波数顺序排列的吸收峰[1)]

波数范围/cm^{-1}	官　能　团	波数范围/cm^{-1}	官　能　团
3700～3600	OH(H_2O,ROH,PhOH)稀溶液[3)]	1440～1400	COOH
		1430～1400	CO—CH_2
3530～3400	NH_2(双峰),NH(单峰)(稀溶液)	1420～1400	CO—NH_2
3500～3250	OH(聚合物)(固体和液体)	1400～1360	$(CH_3)_3C$(双峰)
3500～3060	NH(胺,酰胺)	1400～1310	COO^-M^+(宽)
3320～3250	—C≡C—H(尖锐)	1380～1370	CH_3
3300～2400	COOH(宽)	1380～1360	$CH(CH_3)_2$(双峰)
3110～3000	C—H(C═C—H,Ph—H,	1370～1300	C—NO_2
	CH_3X,CH_2X)	1330～1310	Ph—CH_3
3000～2800	C—H(—CH_2—,—CH_3)	1300～1000	CF
2835～2815	OCH_3	1280～1250	$SiCH_3$
2750～2700	CHO	1280～1180	C—N—(芳香烃)
2260～2100	—C≡C—	1280～1150	—C—O—C—
2190～2130	CNS,C≡N	1255～1240	$(CH_3)_3C$—
2000～1650	C—H(苯基)	1275～1070	—C—O—C—
1980～1950	—C═C═C—	1230～1100	—C—N—
1950～1600	C═O	1160～1100	C═S
1715～1630	$RCONH_2$,RCONHR	1200～1000	COH
1710～1530	—COO—(宽)	1120～1030	C—NH_2
1680～1630	C═C(非共轭,非环),C═N	1095～1015	Si—O—Si,Si—O—C
1680～1560	C═C(环合或共轭)	1000～970	CH—CH_2
1650～1590	RONO,$RONO_2$	980～690	C═C—H
1650～1475	$RCONH_2$,RCONHR	870～670	芳香环
1615～1590	苯基	860～760	R—NH_2(宽峰)
1615～1565	吡啶(双峰)	835～800	CH═C(面外)
1610～1560	COO^-M^{+}[2)]	760～510	CCl
1550～1490	$PhNO_2$	730～675	CH═CH(顺式异构体)
1515～1485	苯基	700～550	CBr
1475～1450	CH_2,CH_3—		

1) 只包括中等强度及强吸收峰；2) M 代表金属；3) Ph 代表苯环.

表 15.7　部分重要官能团的红外吸收带的位置

官　能　团	波数范围/cm^{-1}	官　能　团	波数范围/cm^{-1}
乙　炔	3300～3250(m或s)[1]		1760(s)(稀溶液)
	2250～2100(W)	羧　酸	1710～1680(s)(纯)
乙醇(纯)	3350～3250(s)		1440～1400(m)
	1440～1320(m或s)		960～910(s)
	680～620(m或s)	氯代基	850～650(m)
乙醛	2830～2810(m)	腈基	2190～2130(s)
	2740～2720 (m)	酯	1765～1720(s)
	1725～1695 (s)		1290～1180(s)
	1440～1320(s)	醚	1285～1170(s)
烷基	2980～2850(m)		1140～1020(s)
	1470～1450 (m)	氟烷基	1400～1000(s)
	1400～1360(m)	甲基	2970～2780(s)
酰胺($CONH_2$)	3540～3520(m)		1475～1450(m)
	3400～3380(m)		1400～1365(m)
	1680～1660(s)	亚甲基甲撑(CH_2,	2940～2920(m)
	1650～1610(m)	烷烃)	2860～2850(m)
(CONHR)	3440～3420(m)		1470～1450(m)
	1680～1640(s)	(烯烃)	3090～3070(m)
	1560～1530(s)		3020～2980(m)
	1310～1290(m)	腈	2240～2220(m)
	710～690(m)	硝基(NO_2,烷烃)	1570～1550(s)
($CONR_2$)	1670～1640(s)		1380～1320(s)
胺(伯)	3460～3280(m)		920～830(m)
	2830～2810(m)	(芳香烃)	1480～1460(s)
	1650～1590(s)	吡啶基(C_5H_4N)	3080～3020(m)
(仲)	1190～1130(m)		1620～1580(s)
	740～700(m)		1590～1560(s)
氨	3200(s)		840～720(s)
	1430～1390(s)	磺酸酯($ROSO_3R'$)	1440～1350(s)
芳香烃	3100～3000(m)		1230～1150(s)
	1630～1590(m)	($ROSO_3M$)[2]	1260～1210(s)
	1520～1480(m)		810～770(s)
	900～650(s)	磺酸(RSO_3H)	1250～1150(s,宽)
溴代基	700～550(m)	SCN	2175～2160(m)
特丁基	2980～2850(m)	硫代基	2590～2560((w)
	1400～1390(m)		700～550(w)
	1380～1360(s)	乙烯基	3095～3080(m)
羰　基	1870～1650(s,宽)	(CH_2══CH—)	1645～1605(m或s)
羧　酸	3550 (m) (稀溶液)		1000～900(s)
	3000～2440(s,宽)		

1) 括号内给出峰的强度:s 表示强;m 表示中;w 表示弱;

2) M 代表金属.

15.3　红外光谱仪

目前主要使用的红外光谱仪有两类:即色散型红外光谱仪和 Fourier(傅里叶)变换红外光谱仪.由于 Fourier 变换红外光谱仪具有快速、可靠、方便等优点,因而在大、中型实验室主要使用该类仪器.而色散型红外光谱仪价格低廉,因此在小型实验室及一般的教学、生产中仍普遍采用.

15.3.1　色散型红外光谱仪

色散型红外光谱仪与其他色散型光谱仪相类似,也由光源、样品池、单色器、检测器、放大及记录系统组成.但红外光谱仪的部件结构、使用的材料及性能、部件排列顺序与一般光谱仪不同,这主要是由红外光谱的特点所决定的.

1. 光学系统

双光束红外光谱仪的光路图如图 15.19 所示.

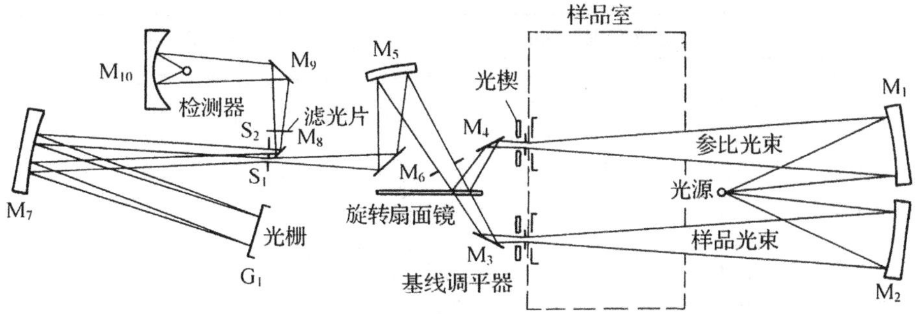

图 15.19　双光束红外光谱仪

自光源发出的光束,经过一对凹面反射镜 M_1,M_2 反射之后,分成对称的两束.其中一束通过样品池,称为样品光束;另一束则通过参比池,称为参比光束.两光束分别经过平面反射镜 M_3 和 M_4 的反射,再经旋转的扇面镜的作用,扇面镜每旋转一周,两光束分别以相同的入射角投射到曲面镜 M_5 上,然后经过平面镜 M_6 反射后,交替成像在入射狭缝 S_1 上.穿过狭缝的光束被抛物面镜 M_7 反射成平行光束,投射到光栅 G_1 上.有的仪器为了提高分辨率,采用两个光栅.使光栅旋转,可使不同频率的红外辐射依次通过出口狭缝 S_2.再经平面镜 M_8、M_9 以及椭面镜 M_{10},最终聚焦于检测器热电偶上.为了避免多级次光谱重叠,需采用滤光片,滤去不需要的级次.滤光片可自动插入出口狭缝后的光路中.

2. 主要部件

(1) 光源

常用的红外光源有能斯特灯和硅碳棒.

能斯特灯是由铈、锆、钍和钇等氧化物烧结而成的长约 2cm,直径约 1mm 的实心或空心棒组成.工作温度可达 1300～1700℃,其发射的波长范围约为 1～30μm.它的寿命较长,稳定性好.对短波范围,辐射效率优于硅碳棒,但价格较贵,操作不如硅碳棒方便.

硅碳棒是由碳化硅烧结而成的实心棒.工作温度达 1200～1500℃.对于长波,其辐射效率高于能斯特灯,其使用波长范围比能斯特灯宽,发光面大,操作方便、廉价.

(2) 样品池

不同的分析对象(液体、气体和固体)应选用相应的样品池.池窗的材料必须能很好透过所需波长的辐射.表 15.8 为几种池窗材料的比较.

表 15.8 池窗材料

材 料	透光范围1)/μm	注 意 事 项
NaCl	0.2～25	易潮解,应低于 40%湿度下使用
KBr	0.25～40	易潮解,应低于 35%湿度下使用
CaF_2	0.13～12	不溶于水,可测水溶液红外光谱
CsBr	0.2～55	易潮解
KRS-5 2)	0.55～40	微溶于水,可测水溶液红外光谱,该物有毒

1) 此数值表示厚度为 2mm,其透光度大于 10%的范围;

2) 人工合成的 TlBr 和 TlI 的混合晶体.

(3) 单色器

用于红外光谱仪中的色散元件有两类:棱镜和光栅.前者主要用于早期仪器中,目前多采用光栅做色散元件.若以棱镜做色散元件,则所有材料与样品池一样,应能透过红外辐射(表 15.8).为了防止由于金属盐的水溶性而使水汽蚀刻棱镜表面,必须保持棱镜完全干燥.采用光栅做色散元件的最大优点是:不会受水汽的侵蚀;其次是使用的波长范围宽;第三是在操作范围内,分辨率恒定,而且改进了对长波部分红外辐射的分离.

狭缝越窄,分辨率越高,但是使光源能量的输出减少,这在红外光谱分析中尤为突出.为了减少长波部分能量的损失,改善检测器的响应,可以采用程序增减狭缝的宽度的办法,即随辐射能量减少,狭缝宽度自动增加,使恒定范围的能量到达检测器.

(4) 检测器

用于红外辐射的检测器可分为两大类:热检测器和量子检测器.前者是将大量入射光子的累积能量,经过热效应,转变成可测的响应值.后者实为一种半导体装置,利用光导效应进行检测.

① 热电偶　它是由两根温差电位不同的金属丝焊接在一起,并将一接点安装在涂黑的接受面上.吸收了红外辐射的接受面及接点温度上升,就使它与另一接点之间产生了电位差.此电位差与红外辐射强度成比例.

② 测热辐射计　将极薄的黑化金属片做受光面,并作为惠斯顿电桥的一臂.当红外辐射投射到受光面而使它的温度改变,进而引起的电阻值改变,电桥就有信号输出.此信号大小与红外辐射强度成比例.

③ 热释电检测器　它是利用硫酸三苷肽(triglycine sulfate, 简称 TGS)这类热电材料的单晶薄片做检测元件.将 10～20μm 厚的硫酸三苷肽薄片的正面镀铬,反面镀金,形成两电极,并连接至放大器,将 TGS 与放大器一同封入带有红外透光窗片的高真空玻璃外壳内.当红外辐射投射至 TGS 薄片上,温度上升,TGS 表面电荷减少.这相当于 TGS 释放了一部分电荷.释放的电荷经放大后记录.由于它的响应极快,因此可进行高速扫描,在中红外区,扫描一次仅需 1 秒钟,因而适合于在傅里叶变换红外光谱仪中使用.目前最广泛使用的晶体材料是氘化了的 TGS(简称 DTGS),该材料作为检测器的特点是热电系数小于 TGS.

④ 半导体检测器　红外光能量低,不足以激发一般光电检测器的电子,而一些半导体材料的带隙所需的激发能较小.人们利用半导体的这种性质制成了可用于红外光谱的检测器.半导体检测器属于量子化检测器.目前使用的半导体检测器为半导体 HgTe-CdTe 的混合物,即碲化汞镉(简称 MCT)检测器.MCT 检测器比 TGS 检测器有更快的响应时间和更高的灵敏度.因此 MCT 检测器更适合于傅里叶变换红外光谱仪.但 MCT 检测器工作时,必需使用液氮冷却(77K).

15.3.2　傅里叶变换红外光谱仪

傅里叶变换红外(FT-IR)光谱仪是根据光的相干性原理设计的,因此是一种干涉型光谱仪.它主要由光源(硅碳棒、高压汞灯)、干涉仪、检测器、计算机和记录系统组成.大多数傅里叶变换红外光谱仪使用了迈克尔逊(Michelson)干涉仪.因此实验测量的原始光谱图是光源的干涉图,然后通过计算机对干涉图进行快速傅里叶变换计算,从而得到以波长或波数为函数的光谱图.因此,谱图称为傅里叶变换红外光谱,仪器称为傅里叶变换红外光谱仪.

1. 光学系统及工作原理

图 15.20 是傅里叶变换红外光谱仪的典型光路系统.来自红外光源的辐射,经过凹面反射镜使成平行光后进入迈克尔逊干涉仪.离开干涉仪的脉动光束投射到一摆动的反射镜 B,使光束交替通过样品池或参比池,再经摆动反射镜 C(与 B 同步),使光束聚焦至检测器上.

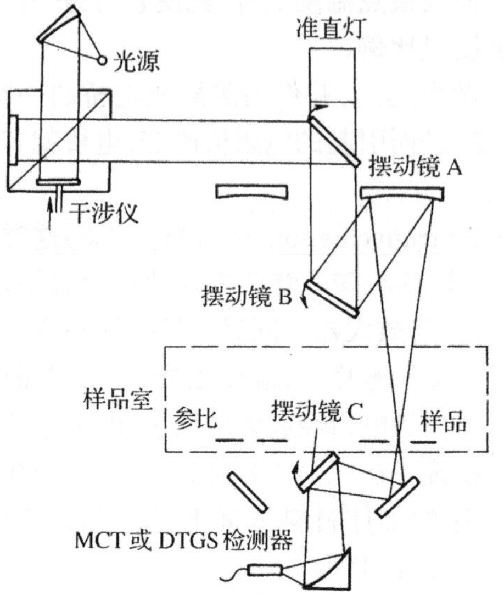

图 15.20　傅里叶变换红外光谱仪结构

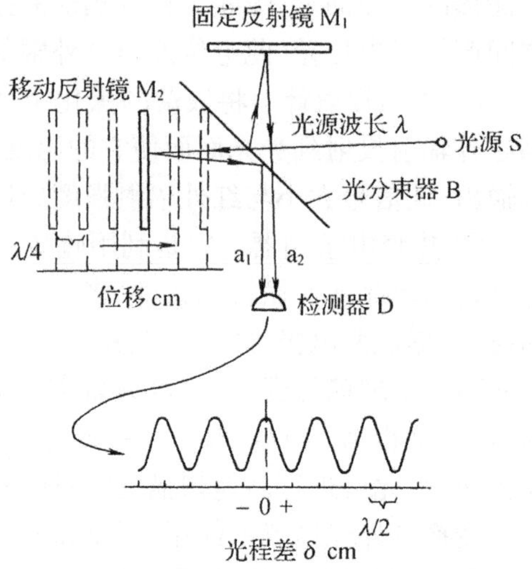

图 15.21　迈克尔逊干涉仪工作原理示意图

傅里叶变换红外光谱仪没有色散元件,没有狭缝,因此来自光源的光有足够的能量经干涉后照射到样品上然后到达检测器.傅里叶变换红外光谱仪测量部分的主要核心部件是干涉仪.图 15.21 是单束光照射迈克尔逊干涉仪时的工作原理图.干涉仪是由固定不动的反射镜 M_1(定镜),可移动的反射镜 M_2(动镜)以及光分束器 B 组成. M_1 和 M_2 是互相垂直的平面反射镜. B 以 45°角置于 M_1 和 M_2 之间,B 能将来自光源的光束分成相等的两部分,一半光束经 B 后被反射,另一半光束则透射通过 B. 在迈克尔逊干涉仪中,当来自光源的入射光经光分束器分成两束光,经过两反射镜反射后又汇集一起,再投射到检测器上.由于动镜的移动,使两束光产生了光程差.当光程差为半波长的偶数倍时,发生相长干涉,产生明线;为半波长的奇数倍时,发生相消干涉,产生暗线.若光程差既不是半波长的偶数倍,也不是奇数倍,则相干光强度介于前两种情况之间.当动镜连续移动,在检测器上记录的信号将呈余弦变化,每移动四分之一波长的距离,信号则从明到暗周期性地改变一次

(图 15.21).

如果是两种频率一起进入干涉仪，则产生图 15.22 中的曲线(b). 当很多种频率进入干涉仪后叠加，就产生了极其复杂的干涉图，它包括了辐射源提供的所有光谱信息，如图 15.22 中曲线(c).

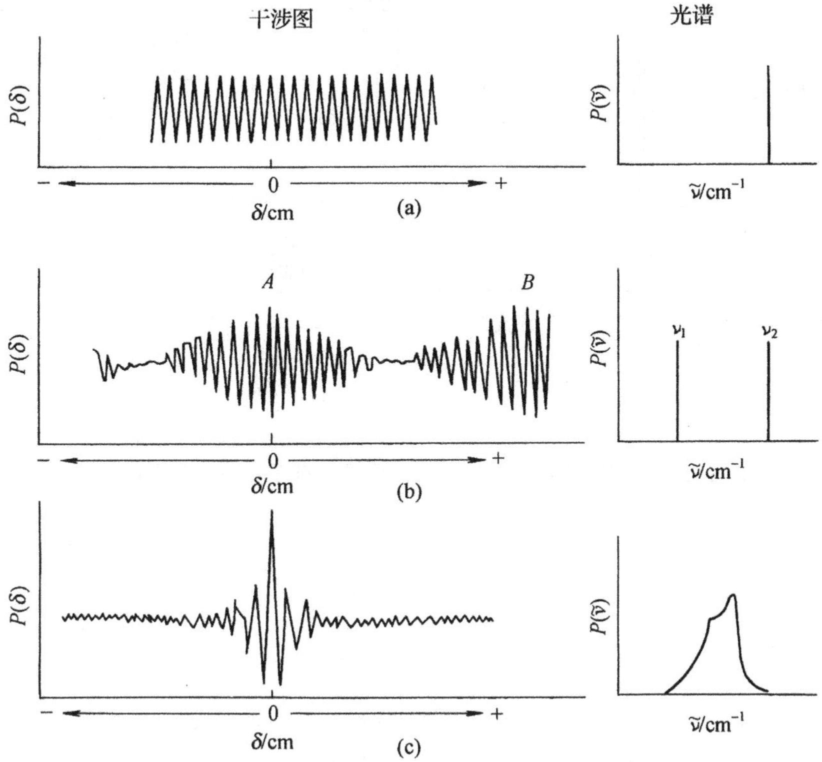

图 15.22 波的干涉

在实际的傅里叶变换光谱仪中，除了红外光源的主干涉仪(光源 S_1)以外，还有两种辅助干涉仪系统. 其中一个是激光参比干涉仪. 使用激光光源 S_2. 另一个是白光干涉仪，使用白光光源 S_3. 三种干涉仪在傅里叶变换红外光谱仪中的排列位置如图 15.23 所示. 图 15.24 给出了三种干涉仪各自产生的干涉图.

两个辅助干涉仪系统的作用是控制仪器的信号采样系统精确地对红外干涉图信号采样及信号累加平均. 激光干涉仪的光源是 He-Ne 激光器，波长为 632.8nm，其干涉图如图 15.24 中曲线(c)，该干涉仪按激光干涉图波形提供等间隔采样控制信号，以保证红外光谱重复扫描时每个采样点在同一位置，从而有利于信号平均提高信噪比. 激光干涉仪同时提供波长校准的功能. 白光干涉仪的光源一般使用钨

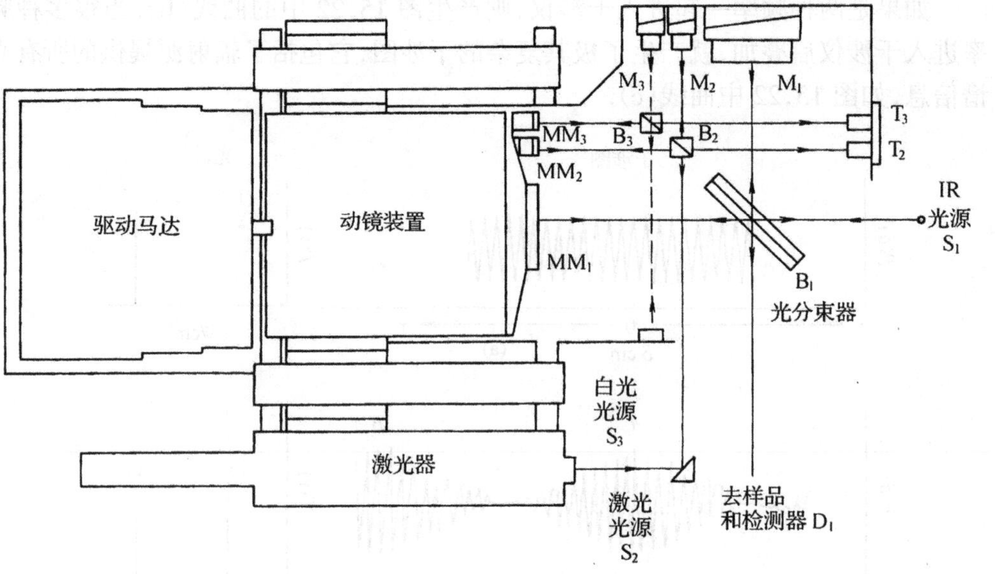

图 15.23 傅里叶变换红外光谱仪中的三种干涉仪系统的框图

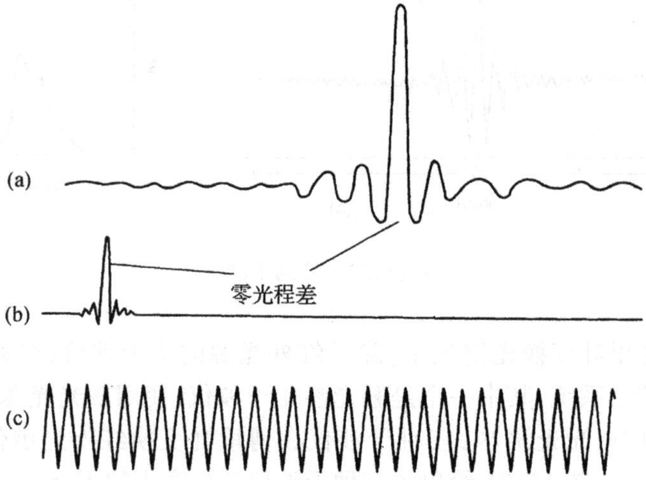

图 15.24 三种干涉仪产生的干涉图

(a)红外干涉图；(b)白光干涉图；(c)激光干涉图.

灯.它的干涉图如图 15.24 中曲线(b),它固定在红外干涉图左边较远的位置产生一个零光程差,即干涉图极大值处.用该最大值触发仪器采样系统对红外信号采样开始,以确保每次扫描在高度重复的同一位置开始采样,以便精确地进行信号平均.

2. 傅里叶变换红外光谱测定

在傅里叶变换红外光谱测量中,主要由两步完成:第一步,测量红外干涉图,该干涉图是一种时域谱,它是一种极其复杂的谱,难以解释;第二步,通过计算机对该干涉图进行快速傅里叶变换计算,从而得到以波长或波数为函数的频域谱,即红外光谱图.图 15.25 是红外干涉图及其傅里叶变换红外光谱图的比较.

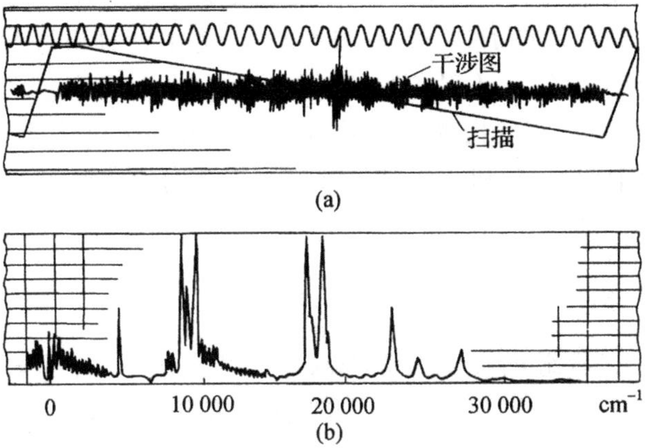

图 15.25　干涉图及其红外光谱图

(a)干涉图,图中的正弦波为校准用的参比曲线;"扫描"表示反射镜移动的轨迹;
(b)将干涉图经傅里叶变换后的红外光谱图.

图 15.22(a)所示的单色辐射的干涉图是一种余弦波,可用下列方程描述

$$I(\delta) = B(\tilde{\nu})\cos 2\pi \tilde{\nu} \delta \tag{15.4}$$

式中,$I(\delta)$是干涉图的强度,$\tilde{\nu}$是波数,δ 是光程差,$B(\tilde{\nu})$代表与仪器参数有关的光源的强度,即代表光源的光谱.同样对双色辐射如图 15.22(b)所示.则相应的干涉图方程为

$$I(\delta) = B_1(\tilde{\nu}_1)\cos 2\pi\delta \tilde{\nu}_1 + B_2(\tilde{\nu}_2)\cos 2\pi\delta \tilde{\nu}_2 \tag{15.5}$$

式中每一项对应一个波数.对连续辐射如图 15.22(c)所示,则干涉图为所有无数余弦项的加和即

$$I(\delta) = \int_{-\infty}^{+\infty} B(\tilde{\nu})\cos 2\pi \tilde{\nu}\, \delta d \tilde{\nu} \tag{15.6}$$

在数学上,方程(15.4),(15.5),(15.6)中的 $I(\delta)$称之为谱 $B(\tilde{\nu})$的余弦傅里叶变换.若要从干涉图计算光谱 $B(\tilde{\nu})$,即通过计算 $I(\delta)$的余弦傅里叶变换.因此这样

的光谱技术称之为傅里叶变换光谱法.对连续光源,方程(15.6)的傅里叶变换为

$$B(\tilde{\nu}) = \int_{-\infty}^{\infty} I(\delta)\cos 2\pi \tilde{\nu}\ \delta d\delta \tag{15.7a}$$

或

$$B(\tilde{\nu}) = 2\int_{0}^{\infty} I(\delta)\cos 2\pi \tilde{\nu}\ \delta d\delta \tag{15.7b}$$

在数学上,方程(15.6)和(15.7)称为余弦傅里叶变换对.红外光源即为连续辐射,因此方程(15.6)和(15.7)是傅里叶变换光谱法的数学基础.实际工作中是先测得经样品调制后的光谱的干涉图 $I(\delta)$,然后经傅里叶变换计算得到光谱 $B(\tilde{\nu})$.但直接使用方程(15.7)计算 $B(\tilde{\nu})$是有困难的.因为由计算机进行傅里叶变换计算时要求采样是数字化的,而不是连续的,同时采样间隔不可能是无限小,而是在一个有限的间隔内采样.而且扫描光程差也是在有限的范围内进行.因此在实际的 FT-IR 光谱实验中,是计算机采集到足够量的干涉图的数据点,然后经计算机通过快速傅里叶变换得到红外光谱图.

3. 傅里叶变换红外光谱法的主要特点

(1) 多路优点.狭缝的废除大大提高了光能利用率.样品置于全部辐射波长下,因此全波长范围下的吸收必然改进信噪比,使测量灵敏度和准确度大大提高.

(2) 分辨率提高.分辨率决定于动镜的线性移动距离,距离增加,分辨率提高.一般可达 0.5cm^{-1},高的可达 10^{-2}cm^{-1}.

(3) 波数准确度高.由于引入激光参比干涉仪,用激光干涉条纹准确测定光程差,从而使波数更为准确.

(4) 测定的光谱范围宽,可达 $10 \sim 10^4\ \text{cm}^{-1}$.

(5) 扫描速度极快,在不到 1s 时间里可获得图谱,比色散型仪器高几百倍.

15.4 样品的处理

15.4.1 气体样品

对气体样品,可将它直接充入已抽成真空的样品池内.常用样品池长度约在 10cm 以上.对痕量分析来说,采用多次反射使光程折叠,从而使光束通过样品池全长的次数达数十次.

15.4.2 液体和溶液样品

纯液体样品可直接滴入两窗片之间形成薄膜后进行测定.可以消除由于加入

溶剂而引起的干扰,但会呈现强烈的分子间氢键及缔合效应.

对于溶液,必须注意两点:

(1) 制成池窗及样品池的材料必须与所测量的光谱范围相匹配.

(2) 应正确选择溶剂.对溶剂的要求是:对样品有良好溶解度;溶剂的红外吸收不干扰测定.溶剂选择取决于所研究的光谱区.常用溶剂为 CCl_4(测定范围 4000~1300 cm^{-1})和 CS_2(测定范围 1300~650 cm^{-1}).若样品不溶于 CCl_4 和 CS_2,可以采用 $CHCl_3$ 或 CH_2Cl_2 等.水不做溶剂,因为它本身有吸收,且会侵蚀池窗,因此样品必须干燥.

配成的溶液一般较稀,使其具有合适吸光度,这有利于测定.

15.4.3 固体样品

固体样品可以采用溶液法、研糊法及压片法.

溶液法就是将样品在合适溶剂中配成浓度约 5%的溶液后测量.

研糊法即将研细的样品与石蜡油调成均匀的糊状物后,涂于窗片上进行测量.由于石蜡油的 C—H 吸收带对样品有干扰,则可用全氧烃油代替.因为它在 2700~1500 cm^{-1}及 1300~800 cm^{-1}间透过性极好.此法虽方便,但不能获得满意的定量结果.

压片法是将约 1mg 样品与 100mg 干燥的溴化钾粉末研磨均匀,再在压片机上压成几乎呈透明状的圆片后测量.这种处理技术的优点是:干扰小,容易控制样品浓度,定量结果较准确,而且容易保存样品.

为了成功地测试固体样品,必须注意以下两点:

(1) 仔细研磨样品,使粉末颗粒均为 1~2μm,否则,过大颗粒会使入射辐射的散射增强;

(2) 试样颗粒必须均匀分散,且没有水分存在.

15.5 红外吸收光谱法的应用

15.5.1 定性分析

1. 定性前的准备工作

分子中的基团或化学键都具有各自的特征的振动频率,因此可以利用未知化合物的红外光谱图上的吸收带的位置,推断出分子中可能存在的官能团和化学键,再根据其他信息,便可确定化合物的结构.

被鉴定的物质应该是纯样品.每种化合物有特有的红外光谱图,而混合物的光谱则是其组成的光谱叠加而成,例如高级醇的红外光谱图十分类似于由低级醇和其他烷烃组成的混合物的光谱图,因此给未知样的鉴定带来困难.

在解析图谱以前,应弄清样品的来龙去脉,以给我们提供有益的线索.若知道样品的制备方法、纯度,进行简单的物理和化学分析,如熔点、沸点、折光率、相对分子质量、溶解度、灼烧试验结果以及元素分析等,这样就可大大简化解析过程.

为了得到一张分辨率高的令人满意的红外光谱图,应选择合适的试样制备方法,合理选择好光谱仪的狭缝宽度、扫描速度以及灵敏度等条件.控制好试样的合适透光度,使最强的吸收带透光度在5%左右,而基线则在90%左右.

2. 图谱的解析

在获得红外光谱图以后,可借助于手册和书籍中的基团频率表,对照图谱中基团频率区内的主要吸收带,推测可能存在的官能团和化学键,然后再结合指纹区吸收带作出推测.

计算有机化合物分子的不饱和度,对结构的推测非常有帮助.分子的不饱和度(U)等于π键数与环数之和.三键为两个不饱和度.计算公式如下:

$$U=\frac{1}{2}\left[\sum_i n_i(v_i-2)+2\right]$$

n_i 为分子中第 i 个元素的原子数目;v_i 为第 i 个元素在分子中的化合价数.

下面通过实例来说明结构的推断.

例2　某化合物的化学式为$C_9H_{10}O$,它的红外光谱如图15.26所示.试推断其结构式.

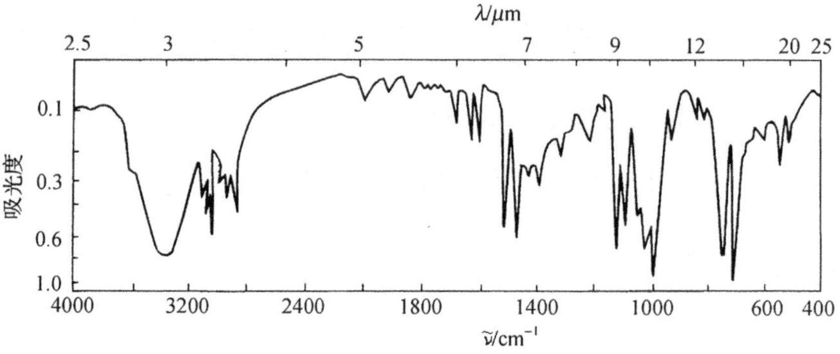

图15.26　未知物的红外光谱图

解　(1) 不饱和度计算如下:

$$U=\frac{1}{2}[9\times(4-2)+10\times(1-2)+1\times(2-2)+2]=5$$

说明分子中可能存在苯环.

(2) 在 1700 cm^{-1}附近无强吸收带,说明不存在羰基,因此可排除它是羰基化合物的可能性.

(3) 在 3400 cm^{-1}附近有一强而宽的吸收带,说明是 OH 的伸缩振动带,在 1050 cm^{-1}左右有一强吸收带,证明是伯醇.

(4) 1600,1500 及 1450 cm^{-1}附近有三个尖锐的吸收带,且 1500 cm^{-1}强于 1600 cm^{-1}处的带,1600 cm^{-1}附近又分裂成两个带. 以上事实不仅说明苯环的存在,也证实苯环与 π-不饱和体系共轭,这与不饱和度为 5 完全吻合.

(5) 在 700 和 750 cm^{-1}处有两个吸收带,证明是一元取代苯.

(6) 1380cm^{-1}处无吸收,说明不存在甲基.

综上所述,此化合物的结构式是:

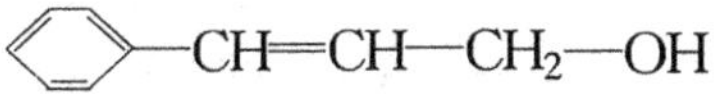

例 3　某化合物的化学式为 $C_{18}H_{26}O_4$,试根据图 15.27,推断其结构.

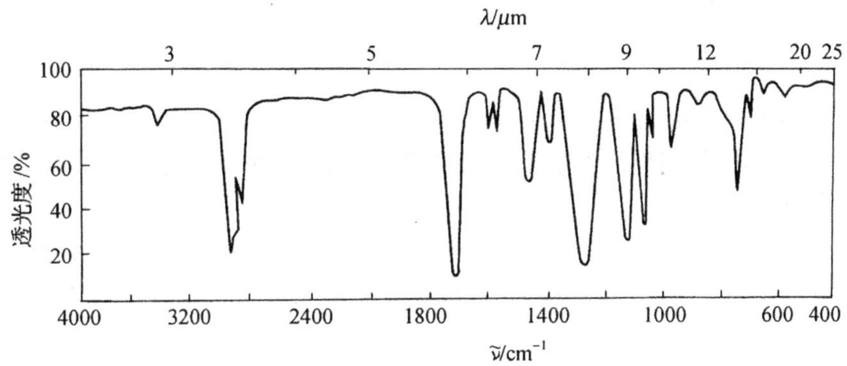

图 15.27　未知物的红外光谱图

解　(1) 不饱和度为 6,说明可能存在苯环.

$$U = \frac{1}{2}[18 \times (4-2) + 26 \times (1-2) + 4 \times (2-2) + 2] = 6$$

(2) 在 1700cm^{-1}附近有强吸收带,宽度中等,说明存在羰基,因此排除了是醇、酚、醚及胺类的可能性.

(3) 在 3000 cm^{-1}附近,无很宽吸收带,说明不是羧酸.

(4) 在 3500～3400 cm^{-1}间无 N—H 伸缩振动吸收带. 1600 cm^{-1}附近无强、宽的吸收带,说明不是酰胺.

(5) 在 2700 cm^{-1}附近无中强吸收带,可排除是醛的可能性.

(6) 在 1100 和 1250 cm^{-1}附近有两个强吸收带,且羰基的吸收带频率要比一般酮高，说明此化合物很可能是酯.

(7) 在 1500 与 1600 cm^{-1}附近有两个吸收带，且前者强于后者. 在 1600 cm^{-1}附近分裂出两个带，这说明存在苯环与双键共轭的体系.

(8) 在 750 cm^{-1}附近只有一个中强吸收带，说明是邻二取代苯.

(9)在 1640 cm^{-1}附近无尖锐吸收带，说明除芳环外，无其他 C═C 双键.

(10)1380 cm^{-1}附近有吸收带，且在 2870cm^{-1}附近有吸收带，说明存在—CH_3. 1380 cm^{-1}处的吸收带不发生分裂，说明不会存在异丙基. 在 2855 cm^{-1}处有吸收，说明存在饱和亚甲基.

综上所述，此化合物的结构式应是：

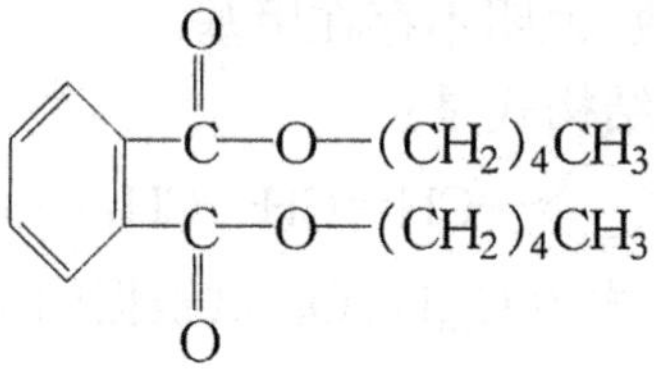

3. 化合物结构的验证

在推断出化合物的结构之后，可有以下几种验证方法.

(1) 设法获得纯样品，绘制其光谱图进行对照，但必须考虑到样品的处理技术与测量条件是否相同.

(2) 若不能获得纯样品时，可与标准光谱图进行对照. 当谱图上的特征吸收带位置、形状及强度相一致时，可以完全确证. 当然，两图绝对吻合不可能，但各特征吸收带的相对强度的顺序应是不变的.

常见的标准红外光谱图集有以下几种：

① Sadtler 红外谱图集

此图集由美国费城 Sadtler 研究室编制，它包括棱镜和光栅光谱图集. 数千种谱图大多列出化合物名称、分子式、结构式和多种物理常数，以及测绘方法、仪器等. 图集还有总索引和分类索引，使用十分方便.

② Coblentz 学会谱图集

它由该学会编辑，由 Sadtler 研究室出版. 目前已出版 1 万多张标准图谱. 除了一般索引外，每年有一套官能团索引.

③ API 光谱图集

它由美国石油研究所(API)编制，主要是烃类的光谱图. 也收集了少量卤代烃、硫杂烷、硫醇及噻吩类等光谱图. 也附有专门的索引.

④ DMS 光谱图集

DMS是分子光谱文献(documentation of molecular spectroscopy)的缩写.它由英国和德国联合编制.收集了1000多个化合物的红外及拉曼光谱图.谱图上也列出化合物名称、分子式、结构式及各种物理常数,类似于Sadtler图集.

(3) 对复杂样品,若不能作出完全肯定的推断,往往与质谱、核磁共振谱等方法联合解析.

15.5.2　定量分析

红外光谱定量分析法与其他定量方法相比,存在不少缺点,因此只在特殊情况下使用.它常常用于分析混合物中某一组分,此组分与其他组分在物理和化学性质上极为相似,特别是异构体,而紫外光谱对异构体来说几乎相同,但异构体的红外光谱在指纹区很不相同.红外光谱定量分析的依据仍是朗伯-比尔定律.所选择的定量分析吸收峰应有足够强度,即摩尔吸光系数大的峰,且不与其他峰相重叠.一般采用面积定量.在一般红外光谱图中,常用透光度表示,定量时应转换成吸光度.红外光谱法适用于常量组分测定,不适合于微量组分的定量测定,因为灵敏度低.为了提高测定准确度,样品的透光度不宜过大或过小,通常介入20%～60%之间.定量时,同样绘制吸光度对浓度的校准曲线.

习　　题

1. 试析分子产生红外吸收的条件.

2. 何谓红外活性?试指出乙烯分子的以下振动方式中哪些具有红外活性?哪些属非红外活性?

(1) C—H伸缩

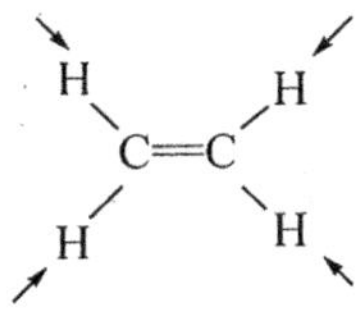

(2) C—H伸缩

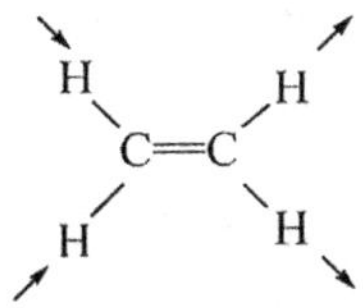

(3) CH_2摇摆

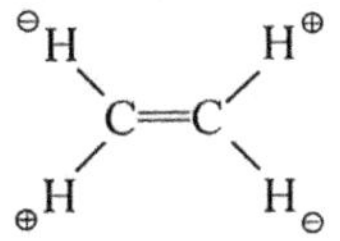

(4) CH_2摇摆

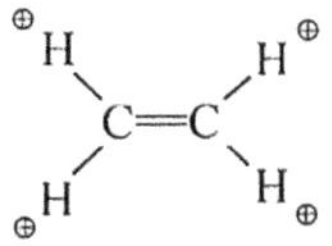

(5) C═C伸缩

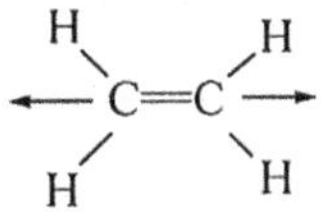

(6) C—H弯曲

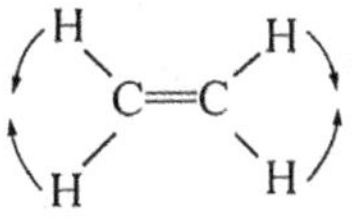

3. 试画出线性分子CS_2的各种振动模式,指出哪些具有红外活性?并计算C═S双键伸缩

振动频率(设 C═S 双键力常数为 $10N\cdot cm^{-1}$).

4. 何谓基频、倍频及组频？一级、二级泛音的含义是什么？

5. 硬脂酸 $CH_3(CH_2)_{16}COOH$ 的可能振动数目有多少？但图 15.17 中的吸收带为什么少得多?

6. 常用的红外光源有哪些？各有什么优缺点？

7. 试述傅里叶变换红外光谱仪与色散型红外光谱仪的最大差别是什么？前者具有哪些优越性?

8. 选择红外光谱分析用的溶剂时应注意什么？

9. 何谓基团频率？影响基团频率位移的因素有哪些？

10. 指出以下几组化合物 $\nu_{C=O}$ 的高低：

(1) 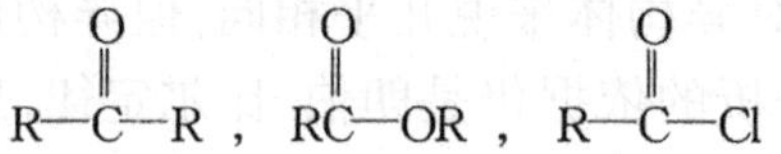

(2) 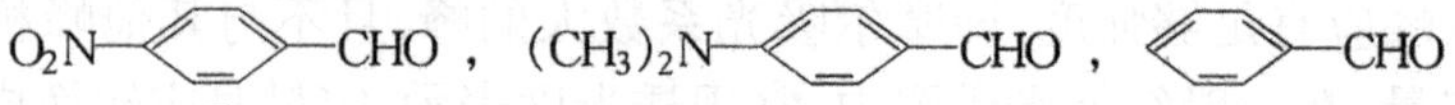

(3) 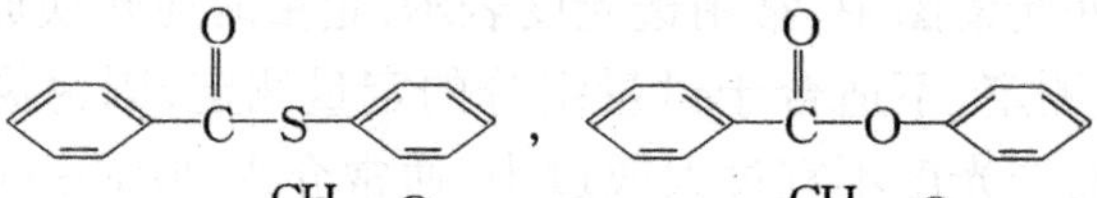

(4) 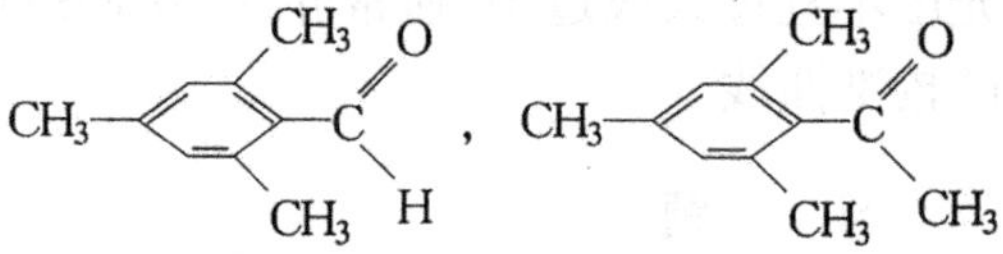

11. 某未知物的化学式为 C_8H_{10},其红外光谱图如下,试推测其结构.

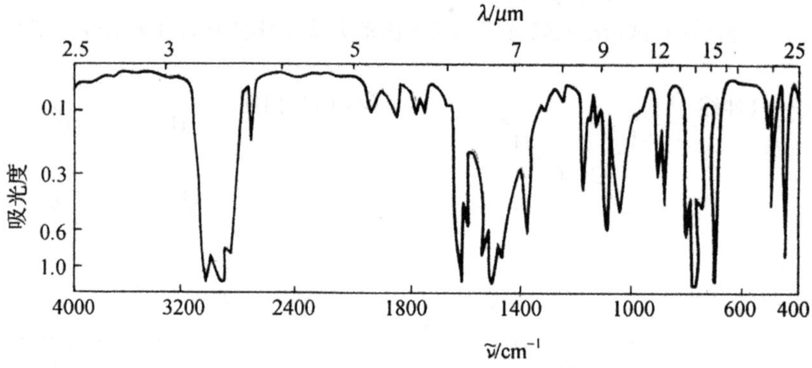

12. 某化合物的化学式为 $C_8H_{10}O$,它的红外光谱图如下,试推测其结构.

13. 某化合物的化学式为 $C_9H_{10}O$,其红外光谱图如下,试推测其结构.

14. 某化合物的化学式为 $C_9H_8O_2$,其红外光谱图如下,试推测其结构.

15. 某化合物的化学式为 $C_8H_9O_2N$,其红外光谱图如下,试推测其结构.

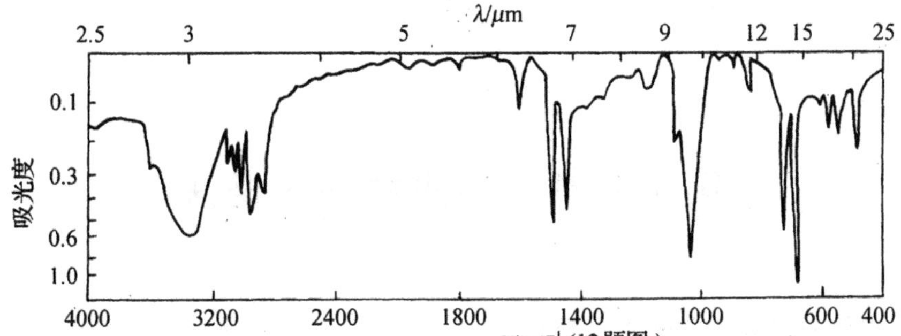

$\tilde{\nu}/cm^{-1}$ (12题图)

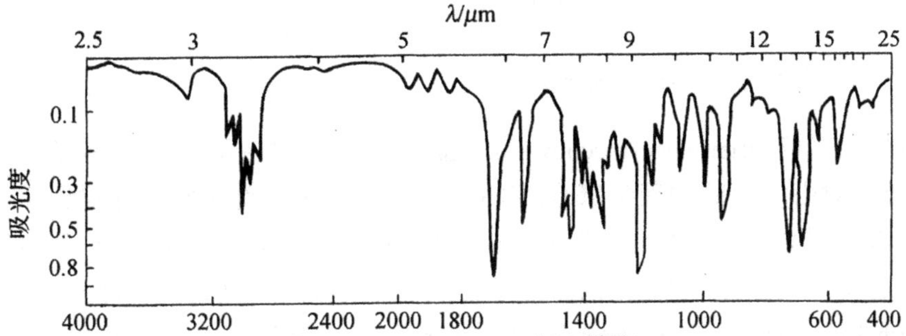

$\tilde{\nu}/cm^{-1}$ (13题图)

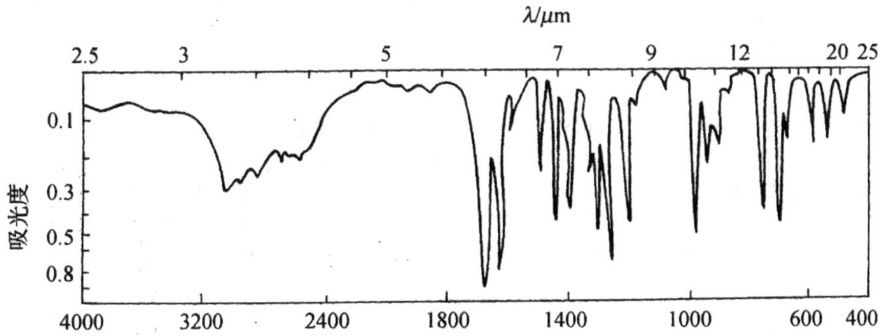

$\tilde{\nu}/cm^{-1}$ (14题图)

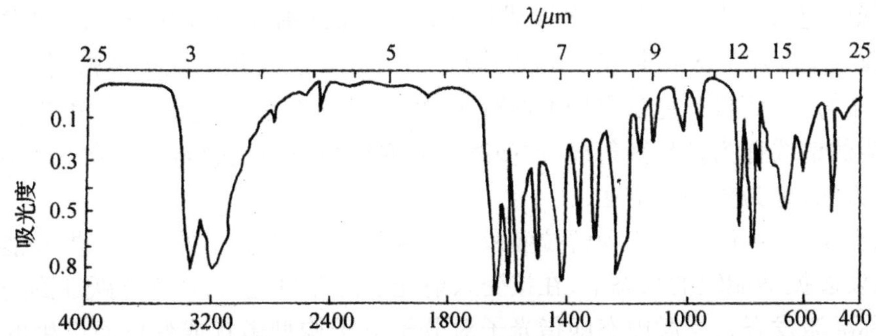

$\tilde{\nu}/cm^{-1}$ (15题图)

第十六章　激光拉曼光谱法

基本要求：

1. 理解拉曼散射的基本原理；
2. 理解拉曼光谱和红外光谱与分子结构关系的主要差别；
3. 了解色散型拉曼光谱仪与傅里叶变换拉曼光谱仪的特点；
4. 了解拉曼光谱法的主要应用.

拉曼光谱(Raman spectroscopy)是建立在拉曼散射效应基础上的光谱分析方法.拉曼散射由印度的物理学家C.V.Raman于1928年首先发现并提出.为此,他获得了诺贝尔奖.但是由于进行拉曼光谱研究的仪器技术发展滞后,而红外吸收光谱法的迅速崛起,因此拉曼光谱法并未得到人们的关注.直到20世纪60年代,出现了激光器这一理想的光源,才诞生了激光拉曼光谱法(Laser Raman spectrometry, LRS),加之拉曼本身的优点,因此在生物医学、高聚物、半导体、药物和化工等领域都得到广泛的应用.

16.1　基本原理

16.1.1　拉曼散射

当频率为 ν_0 的单色光照射到样品上之后,仅有0.1%的入射光子与样品分子发生弹性碰撞(即不发生能量交换的碰撞方式)后,光子的频率并未改变,即散射光频率与入射光频率相同,而只是向各个方向散射,这种散射称为瑞利(Rayleigh)散射.其强度与入射光频率的4次方成比例.但是在入射光与样品分子之间发生的 10^6 碰撞中,约有1次属非弹性碰撞,即光子与分子间发生了能量交换,使光子不但改变了方向,而且其能量有增加或减小,频率也不再是 ν_0.这种散射称为拉曼散射,相应的谱线称为拉曼散射线(拉曼线).研究拉曼散射线的频率与分子结构之间关系的方法,称为拉曼光谱法.

从图16.1可以进一步理解拉曼散射和瑞利散射,在分子处于基态振动能级或处于激发态振动能级的状态下,在接受入射光子的能量之后,从基态跃迁到受激虚态(亦称准激发态),受激虚态即指光子对分子电子构型微扰或变形而产生的一种新的能态.但分子处于受激虚态下很不稳定,很快返回到原基态振动能级或原振动激发态能级,其吸收的能量以光子形式释放出来,光子的能量仍为 $h\nu_o$.这就是瑞利散射.如果从基态振动能级跃迁到受激虚态的分子不返回基态,而返回至振动激发态能级,即分子保留了一部分能量,此时散射光子的能量为 $h(\nu_o-\nu_v)$,$h\nu_v$ 为振动激发态的能量.由此产生的拉曼线称为斯托克斯线,强度大,其频率显然低于入射光频率,因此位于瑞利线左侧.若处于振动激发态的分子跃迁到受激虚态后,再返回到基态振动能级,此时散射光子的能量则为 $h(\nu_o+\nu_v)$,所产生的拉曼线称为反斯托克斯线,强度弱,其频率高于入射光频率,因此位于瑞利线右侧.在常温下,根据玻耳兹曼分布,处于振动激发态的分子概率不足 1%,因此斯托克斯线远强于反斯托克斯线.

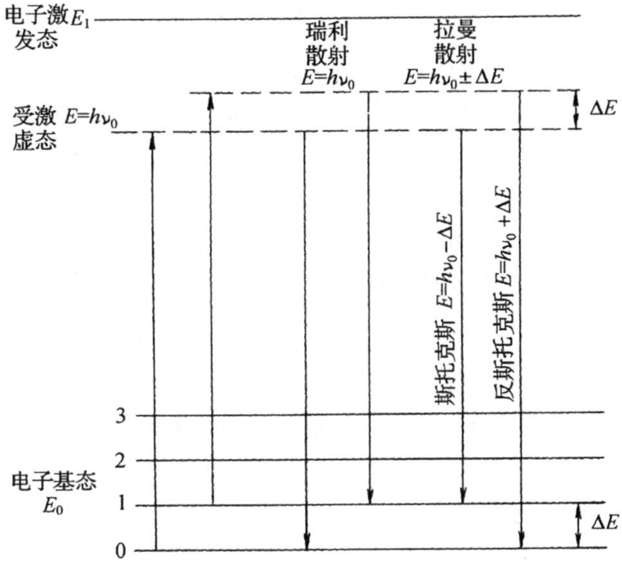

图 16.1　分子的散射能级图

16.1.2　拉曼位移及拉曼光谱图

当用 He-Ne 激光源时,液体 CCl_4 的拉曼光谱如图 16.2 所示.若改用激发波长为 488.0nm 的氩离子激光源或波长不同的其他激光光源时,在所得的每一张 CCl_4 拉曼光谱图中各拉曼线的形状及各拉曼线之间的相对位置不变,但不同光谱图中的各拉曼线的中心频率却发生了位移.入射光频率与拉曼散射光频率之间的差值称为拉曼位移.拉曼位移($\Delta\tilde{\nu}$)通常以下式表示:

$$\Delta\tilde{\nu}=\tilde{\nu}_o-\tilde{\nu}_R$$

可见,拉曼位移与入射光频率无关,而仅与分子振动能级的改变有关.不同物质的分子具有不同的振动能级,因而有不同的拉曼位移.因此,拉曼位移是特征的,它克服了不同仪器条件给研究带来的困难.它可以作为研究分子结构的重要依据.

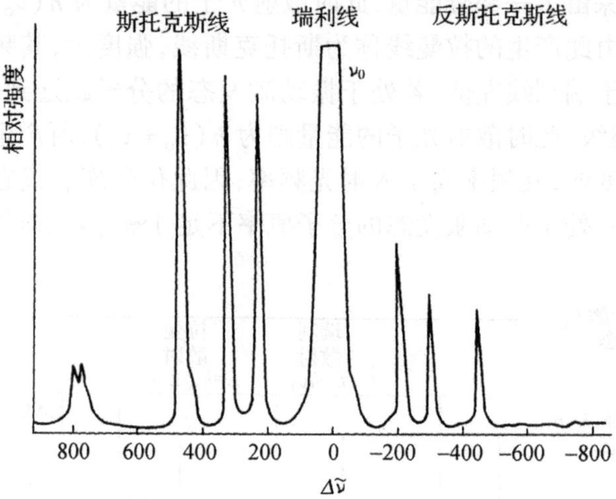

图 16.2　液体 CCl_4 拉曼光谱图

激发波长:He-Ne 激光,632.8nm,3μl 样品.

为了克服不同光源下,拉曼线中心频率的位移带来的麻烦,在实际工作中,拉曼光谱图常以拉曼位移(以波数为单位)为横坐标,拉曼线强度为纵坐标.由于斯托克斯线比反斯托克斯线强得多,因此拉曼光谱仪通常测得的是前者,故将入射光的波数视作零($\Delta\tilde{\nu}=0$),定位在横坐标右端,忽略反斯托克斯线.拉曼光谱图主要用于结构的定性鉴定.但只要使实验条件恒定,利用拉曼散射光强度与物质浓度之间的比例关系也能进行定量分析.

16.1.3　拉曼光谱与红外吸收光谱的比较

拉曼光谱与红外吸收光谱产生的机理有本质的差别.拉曼光谱是由于分子对入射光的散射引起的,而红外吸收光谱则是分子对红外光的吸收而产生的.但两者同属于分子光谱,都用来研究分子的振动.红外吸收光谱法用来研究会引起偶极矩变化的极性基团和非对称性振动;拉曼光谱法则用来研究会引起分子极化率变化的非极性基团和对称性振动.极化率大小表示改变分子中电子云分布的难易程度.一个光子所具有的电场不足以引起电子跃迁,但却能使分子的电子云发生形变.因此拉曼光谱最适合于研究由相同原子组成的分子的非极性键,如 C—C,N—N,S—S等的振动,以及对称分子,如 CS_2 的骨架振动.图 16.3 说明了拉曼光谱与分子极化率的关系.

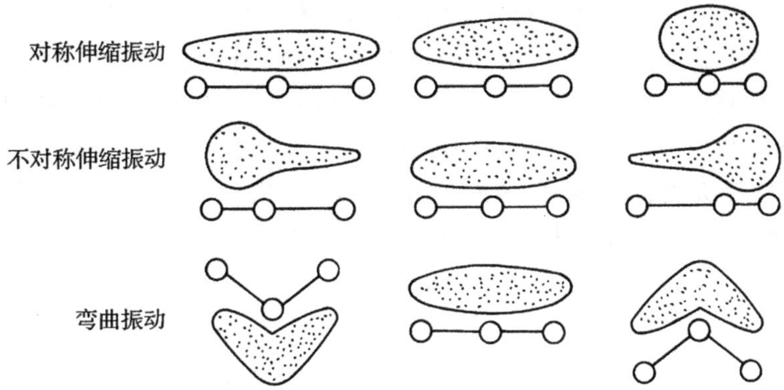

图 16.3　CS_2 分子的振动方式与电子云分布

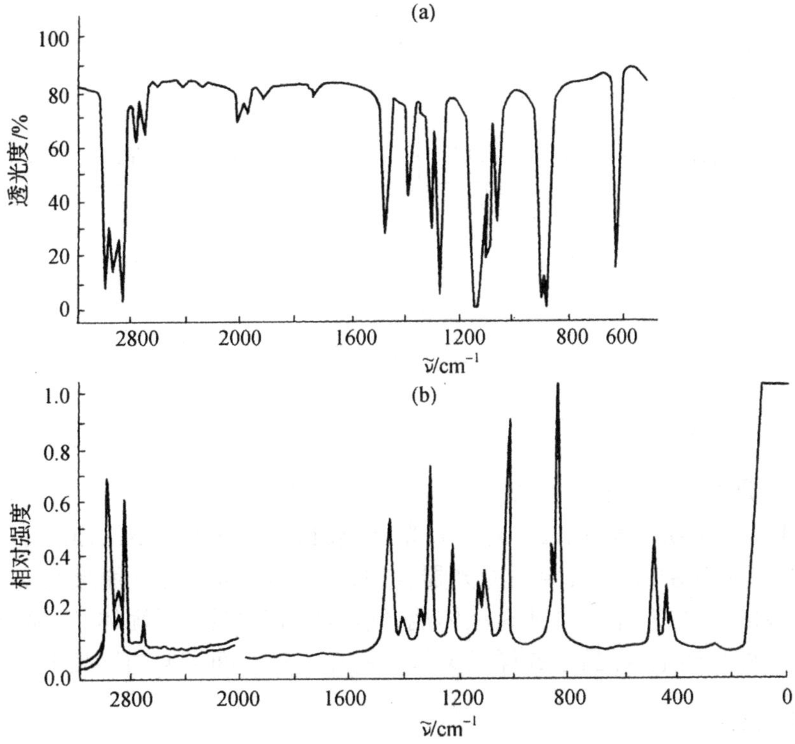

图 16.4　1,4-二氧杂环己烷的红外光谱(a)和拉曼光谱(b)

CS_2 分子的对称伸缩振动显然属非红外活性,但是电子云形状在振动平衡位置前后起了很大变化,即极化率改变很大,因此对称伸缩振动方式显示拉曼活性.

相反，对于 CS_2 分子的不对称伸缩振动和弯曲振动，虽然都引起偶极矩的变化，显示红外活性，但是它们的电子云分布，在振动平衡位置前后的形状完全相同，极化率不变，所以不显示拉曼活性. 又如用拉曼光谱和红外吸收光谱法研究 1,4-二氧杂环己烷(图 16.4)时，在 $1220cm^{-1}$ 处有一较强拉曼散射信号，但没有红外吸收信号. 此信号是由 C—O—C 对称伸缩振动引起的，反之，在 $620cm^{-1}$ 只有红外吸收信号，却没有拉曼吸收，这是由 C—O—C 不对称伸缩振动引起的. 可见拉曼光谱是研究分子极化率的变化，分子中电子云相对于骨架的移动越大，极化率越大，拉曼散射越强.

16.2 激光拉曼光谱仪

16.2.1 色散型拉曼光谱仪

现代拉曼光谱仪是以激光器作为光源. 仪器主要由激光光源、样品池、单色器及信号控制记录系统组成，如图 16.5 所示.

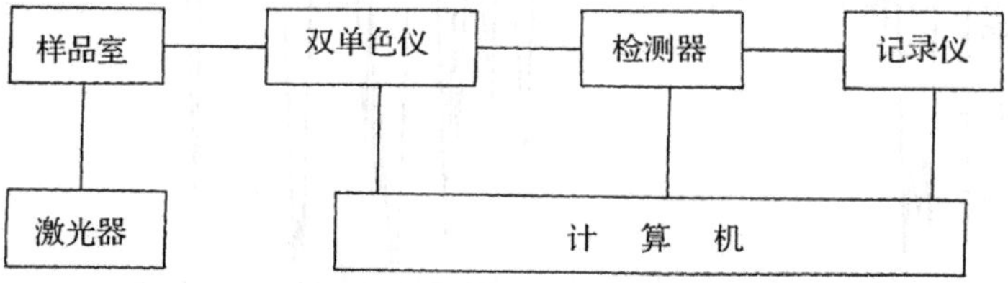

图 16.5 激光拉曼光谱仪原理图

1. 光源和样品池

激光光源多用连续波激光器及脉冲激光器. 目前主要使用的激光器有 He-Ne 激光器，其波长为 632.8nm; Ar^+ 离子激光器，波长为 488.0 和 514.5nm; Kr^+ 离子激光器，波长为 568.2nm，红宝石激光器，波长为 694.0nm. 后三种激光功率大，能提高拉曼线的强度. 常用样品池有液体池、气体池和毛细管. 对固体、薄膜样品则可置于特制的样品架上. 样品池或样品架置于能在三维空间可调的样品平台上.

2. 单色器

拉曼光谱仪最好采用带有全息光栅的双单色器，它能有效地消除杂散光，这样，甚至可以使与激光波长非常接近的但强度弱的拉曼线得到检测.

3. 检测器

最常用的检测器采用 Ga-As 光阴极光电倍增管. 它的优点是光谱响应范围宽，量子效率高，而且在可见光区内的响应稳定.

16.2.2 傅里叶变换拉曼光谱仪

1. 仪器结构

傅里叶变换拉曼光谱仪的光路设计极类似于傅里叶变换红外光谱仪，但干涉仪与样品池排列次序不同. 图 16.6 是傅里叶变换拉曼光谱仪的光路示意图. 它由激光光源、样品池、干涉仪、滤光片组、检测器及控制的计算机等组成.

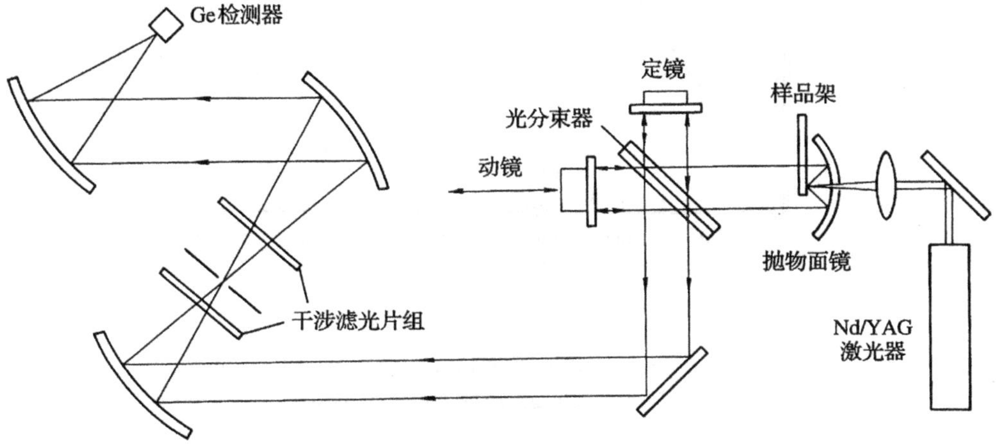

图 16.6　傅里叶变换拉曼光谱仪光路图

该仪器的激光光源为 Nd/YAG 激光器，其发射波长为 1.064μm，属近红外激光光源. 由于它的能量较低，可以避免大部分荧光对拉曼光谱的干扰. 从激光器发射出的光被样品散射后，再经过干涉仪，得到散射光的干涉图，然后经过计算机进行快速的傅里叶变换后，就得到正常的拉曼线强度随拉曼位移而变化的光谱图. 仪器还采用一组特殊的滤光片组，它由几个介电干涉滤光片组成，用来滤去比拉曼散射光强 10^4 倍以上的瑞利散射光. 拉曼散射线的检测器常采用置于液氮冷却下的 GeSi检测器或 InGaAs 检测器.

2. 特点

傅里叶变换拉曼光谱仪具有不少优点. 它可以消除荧光干扰，这对许多有机化合物、高分子及生物大分子等研究极为有利. 如图 16.7 所示. 由于蒽是强荧光物质,因此在激光器产生的 514.5nm 激光照射下,产生范围很宽强度很大的荧光背景图 16.7(a),但在图 16.7(b)中,荧光背景消除,各拉曼线清晰,信噪比大大提高.

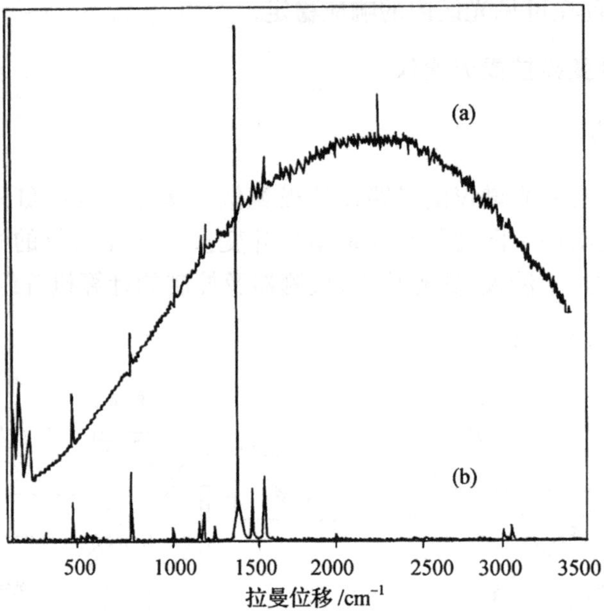

图 16.7 蒽的拉曼光谱图

(a)拉曼光谱,激发波长:514.5nm;

(b)傅里叶变换拉曼光谱,激发波长:1.064μm.

该类仪器还具有扫描速度快,分辨率高波数精度及重现性好等优点. 但对一般分子的研究,由于光源能量低,其拉曼散射信号比常规激光拉曼散射信号弱. 也正由于光源能量低,在测量中可以避免某些试样受激光照射而分解.

16.3 激光拉曼光谱法的应用

激光拉曼光谱的应用范围十分广泛.

对于研究有机化合物的结构,虽然拉曼光谱的应用远不如红外吸收光谱广泛,但拉曼光谱适合于水溶液中有机化合物的测定. 它适合于测定有机分子的骨架. 若分子中含有 —C═C—, —C≡C—, —S—S—, —C═S—, —S—H, —C—N—, —S═N—, —N═N— 等基团,拉曼散射信号强,特征明显,适宜于用拉曼光谱研究. 拉曼光谱还可用来研究高聚物的几何构型、碳链骨架结构、结晶度等. 对含有无机物填料的高聚物,可以不经分离而直接测定.

由于拉曼光谱法适合于水体系的研究,因此对无机物的研究远比红外吸收光谱方便.许多卤素和含卤配合物都能产生拉曼光谱.大多数生物样品往往是水体系,因此拉曼光谱法在生物学和医学研究中得到广泛应用.样品可以少到微克,可以在接近自然状态的极稀浓度下来研究生物分子的组成,构象和分子间的相互作用.对于生物组织切片,可以不经处理而直接进行测定,例如可以研究眼球晶体、皮肤及癌组织等.还可以研究许多生物分子,如氨基酸、蛋白质、酶、核酸和DNA等.

当激光的频率接近或等于被测分子的电子吸收频率时,某一条或几条特定的拉曼线强度会急剧增加,一般会增强 $10^2 \sim 10^6$ 倍.这就是共振拉曼效应.建立在此基础上的拉曼光谱法称共振拉曼光谱法.它的灵敏度高,最低检测浓度范围约为 $10^{-6} \sim 10^{-8} mol \cdot L^{-1}$.由于共振拉曼光谱中谱线的增强是选择性的,因此可用于研究发色基团的局部结构特性.还可用于研究电子能级跃迁、构象和反应机理.利用在特殊制备的某些金属良导体(如Ag,Cu,Au)溶胶等表面上,被吸附分子的拉曼散射信号大大增强这一现象而建立起来的表面增强拉曼光谱法,可使某些拉曼线的增强因子达 $10^4 \sim 10^8$,有的甚至更大.由于表面增强拉曼光谱法灵敏度高,它已成为表面科学、催化、电化学等领域的重要研究手段.其定量分析检测限可达纳克或亚纳克级.若它与电化学方法联用,可以研究许多生物物质,如氧合血红蛋白、肌红蛋白、腺苷、多肽、核酸等.

习　题

1. 解释下列名词

(1) 拉曼效应　　(2) 拉曼位移　　(3) 拉曼光谱

(4) 斯托克斯线　　(5) 反斯托克斯线

2. 试比较拉曼光谱与红外吸收光谱的异同点.

3. 根据拉曼散射与红外吸收的选择,举例说明哪类分子振动具有拉曼活性,哪类振动具有红外活性.

4. 拉曼光谱法与红外吸收光谱法相比,在结构分析中的最大用处是什么?

5. 指出以下分子的振动方式哪些具有红外活性,哪些具有拉曼活性,或两者均是?

(1) O_2 的对称伸缩振动;(2) CO_2 的不对称伸缩振动;(3) H_2O 的弯曲振动;(4) C_2H_4 的弯曲振动.

6. 试比较色散型拉曼光谱仪与傅里叶变换拉曼光谱仪的异同点.

7. 对于许多有机硫化物,如二硫化物、噻吩等的分析,为什么说采用拉曼光谱法比红外吸收光谱法更为优越?

8. 对于下列样品,请你对选择紫外-可见吸收光谱法、红外吸收光谱法和激光拉曼光谱法进行测定时的相对能力作出评估:

(1) 气体;(2) 纯液体;(3) 水溶液;(4) 粉末;(5) 表面组成.

9. 针对下列样品,试分析用哪种拉曼光谱法分析比较合适.

(1) 高分子样品　(2) 无机物　(3) 催化剂　(4) 荧光染料　(5) 生物样品

第十七章　核磁共振波谱法

基本要求：

1. 理解核磁共振波谱法的基本原理及仪器主要部件的功能；
2. 理解化学位移产生的原因及影响因素；
3. 理解偶合裂分产生的原因及影响偶合常数大小的因素；
4. 理解^{1}H谱与^{13}C谱的差别及原因；
5. 掌握利用^{1}H谱及^{13}C谱能正确解析一般化合物结构；
6. 了解核磁共振波谱法的新进展.

核磁共振波谱法(nuclear magnetic resonance spectroscopy, NMR)是研究具有磁性质的某些原子核对射频辐射的吸收，是测定各种有机和无机成分结构的最强有力的工具之一. 在磁场中，原子核分裂出的磁能级之间的能量差很小，例如在1.41T磁场强度下，磁能级的能量差约$25\times10^{-3}J\cdot mol^{-1}$. 若要在这样的磁能级之间产生跃迁，其所需的电磁辐射能量极小，只要处于$10^{9}\sim10^{10}nm$间的射频辐射已足够了. 可见，核磁共振波谱法类似于紫外-可见以及红外吸收光谱法，也属于吸收光谱法，只是研究的对象是处于强磁场中的原子核对射频辐射的吸收.

17.1　核磁共振吸收基本原理

17.1.1　原子核的磁性质和能级的能量

原子核作为质子和中子的组合体，它必然产生自旋运动. 自旋的核电荷在沿着自旋轴方向存在一个核磁矩 μ 和角动量，它们之间的关系为

$$\mu = \gamma P \tag{17.1}$$

式中：γ 为磁旋比，代表核的特性；P 为角动量，其值是量子化的. γ 和 P 分别可表示为

$$\gamma = \frac{2\pi\mu}{hI} \tag{17.2}$$

$$P = \sqrt{I(I+1)}\,\frac{h}{2\pi} \tag{17.3}$$

式中：I 为自旋量子数；h 为普朗克常量. 当此核置于外加磁场 B_0 中，则沿着磁场

方向的角动量分量为

$$p_z = m\frac{h}{2\pi} \tag{17.4}$$

式中，m 为磁量子数. 核的自旋轴在空间是不能连续地任意指向的，是量子化的，它只能有 $2I+1$ 个取向. I 为自旋量子数. 每种取向代表一种磁能级，用 m 表示，其值为：$I, I-1, I-2, \cdots, -I$。

对氢核来说，$I=\frac{1}{2}$，其 m 值只能是 $+\frac{1}{2}$ 和 $-\frac{1}{2}$，即表示它在磁场中，自旋轴只能有两种取向：与外磁场方向相同，$m=+\frac{1}{2}$，磁能级能量较低；与外磁场方向相反，$m=-\frac{1}{2}$，磁能级能量较高. 图 17.1 说明了这种情况. 当氢核吸收了射频能量，核磁矩的取向逆转，即从低能级跃迁到高能级.

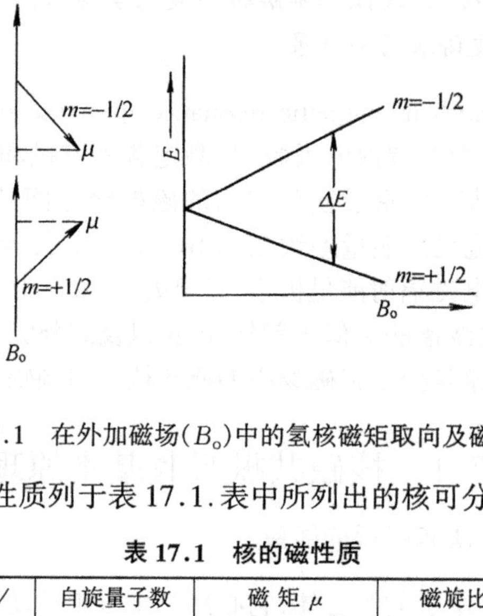

图 17.1 在外加磁场(B_o)中的氢核磁矩取向及磁能级

一些典型核的磁性质列于表 17.1. 表中所列出的核可分为两大类：

表 17.1 核的磁性质

核	自然丰度/%	自旋量子数 I	磁矩 μ (核磁子)[1)]	磁旋比 γ/ ($T^{-1}\cdot S^{-1}\cdot 10^{-8}$)	共振频率 ν/MHz 在 $B_o=1.4092T$ 时
^{1}H	99.98	1/2	2.79268	2.675	60
^{2}H	0.0156	1	0.85741	0.4102	9.2
^{11}B	81.17	3/2	2.688	0.8583	19.25
^{12}C	98.9	0	0	0	无共振
^{13}C	1.1	1/2	0.7023	0.6721	15.08
^{14}N	99.62	1	0.4073	0.1931	4.33
^{16}O	99.76	0	0	0	无共振
^{17}O	0.039	5/2	−1.893	−0.3625	8.13
^{19}F	100	1/2	2.628	2.5236	56.6
^{31}P	100	1/2	1.1305	1.083	24.29

1) 1 核磁子 $=5.05\times10^{-27}J\cdot T^{-1}$.

(1) 质子数和中子数都为偶数，I 为零，无角动量，不会产生核磁共振信号，如一些核^{12}C，^{16}O；

(2) 其余的核的 I 值均大于零，呈现磁性质，能与外加磁场相互作用而产生核磁共振信号. 这些核中，若核电荷呈球形分布，I 为 1/2；非球形电荷，如椭球状，I 为 1，3/2，5/2 等. 核的质子数与中子数是偶数还是奇数决定了 I 值. 目前用于结构分析的核磁共振波谱主要是^1H 和^{13}C 核的磁共振波谱.

由式(17.1)和(17.4)可知磁矩沿磁场方向的分量为

$$\mu_z = m\gamma \frac{h}{2\pi} \tag{17.5}$$

在外加磁场中能级的能量 E 可由下式确定.

$$E = -\mu_z B_o \tag{17.6}$$

即

$$E = -m\gamma \frac{h}{2\pi} B_o \tag{17.7}$$

则质子的高能级与低能级之间的能量差为

$$\Delta E = \gamma \frac{h}{2\pi} B_o = 2\mu B_o \tag{17.8}$$

若结合普朗克方程即可求出所需射频辐射的频率.

17.1.2　核的进动频率与核磁共振吸收

在外磁场中的核，由于本身自旋而产生磁场，它要与外加磁场相互作用，结果使核除了自旋以外，还同时存在一个以外磁场方向为轴线的回旋运动. 这种运动方式犹如急速旋转的陀螺减速到一定程度，它的旋转轴与重力场方向有一夹角时，就一边自旋，一边围绕重力场方向作摇头圆周运动. 这就是 Larmor 进动. 图 17.2 为质子的 Larmor 进动. 进动的能量 E 取决于磁矩在磁场方向的分量及磁场强度：

$$E = -\mu\cos\theta \cdot B_o = -\mu_z B_o \tag{17.9}$$

核在磁场中的进动角频率(ω_o)与 γ，B_o 之间关系为

$$\omega_o = 2\pi\nu_o = \gamma B_o$$

则核进动的频率(实指线频率)为

$$\nu_o = \frac{\gamma B_o}{2\pi} \tag{17.10}$$

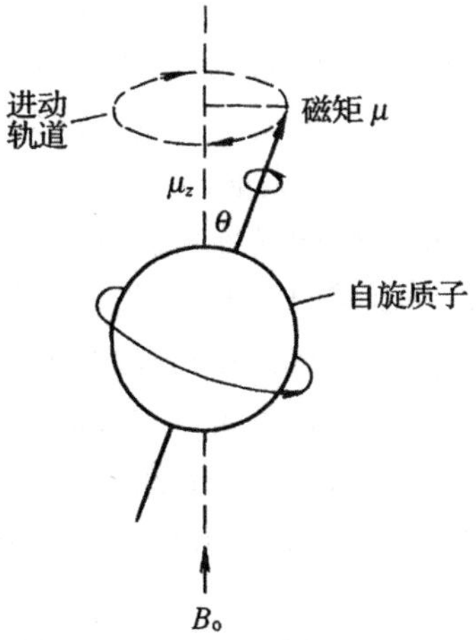

图 17.2　磁场中质子的进动

在给定的磁场强度下，质子的进动频率是一定的．若此时以相同频率的射频辐射照射质子，即满足“共振条件”，该质子就会有效地吸收射频的能量，使其磁矩在磁场中的取向逆转，实现了从低能级到高能级的跃迁过程．此过程就是核磁共振吸收过程．

17.1.3 弛豫

在一定温度下，无外加射频场的条件下，原子核处在高能级与低能级上的核数目达到热动平衡，而且在两种能级上的分布应满足玻耳兹曼方程．

$$\frac{N_i}{N_o} = e^{-\Delta E/kT} \tag{17.11}$$

式中：N_i 和 N_o 分别为处在高能级和低能级上的核总数；ΔE 为两能级之间的能量差；k 为玻耳兹曼常量；T 为绝对温度．由于磁能级的能量差约在 10^{-26}J 数量级，因此可以计算出在室温下，处于低能级的核的数目仅仅比高能级核约多 10 万分之 1．当低能级核吸收了射频能量后，被激发到高能级上，同时给出共振信号．但随着实验的进行，只占微弱多数的低能级核越来越少，最后高能级与低能级上分布的核数目相等．此时，从低能级向高能级与高能级向低能级跃迁的数目相等，该体系的净能量吸收为零，共振信号消失．这种现象称为“饱和”．事实上，共振信号并未中止，因为处于高能级的核通过非辐射途径而释放能量后，及时返回至低能级，从而使低能级核始终维持多数．处于高能级的核通过非辐射途径而回复到低能级的过程称为弛豫．

弛豫过程可分为两类：纵向弛豫和横向弛豫．

纵向弛豫又称自旋-晶格弛豫．正处于高能级的核将其能量转移给周围分子骨架（晶格）中的其他核，而使自己返回到低能级，这种方式称纵向弛豫．一个体系内的能量是守恒的，因此被转移的能量在晶格中变为平动和转动能．纵向弛豫可用弛豫时间 T_1 来表征，它是处于高能级的磁核的寿命的量度．

横向弛豫又称自旋-自旋弛豫．当两个相邻的核处于不同能级，但进动频率相同时发生横向弛豫．高能级核与低能级核互相通过自旋状态的交换而实现能量转移，每种自旋状态的总数并未改变，也不可能改变两种能级上的核数目的比例，但确实使某些高能级核的寿命减短了．横向弛豫以弛豫时间 T_2 来表征．

根据 Heisenberg 测不准原理，激发态能量 ΔE 与体系处在激发态的平均时间成反比．ΔE 又与谱线的宽度 $\Delta\nu$ 存在以下关系：

$$\Delta E = h\Delta\nu \tag{17.12}$$

式中，h 为普朗克常量．弛豫时间长，相当于停留在激发态的平均时间长，核磁共振信号的谱线窄；反之，谱线宽．在气体和低黏度液体中的弛豫过程属纵向弛豫，弛豫效率恰当，谱线窄．对于固体和黏滞液体样品，容易实现自旋-自旋弛豫，T_2 特别小，谱线宽．

必须指出，磁场的非均匀性对谱线宽度的影响甚至超过 T_1 和 T_2 的影响．这可从式(17.10)得到证实．因此，要求整个样品测试期间及整个样品区域保持磁场强度的变化小于 10^{-9}，为此样品管必须高速旋转．

17.2　核磁共振波谱仪

核磁共振波谱仪结构如图 17.3 所示．它有以下几部分组成：磁铁、磁场扫描发生器、射频发射器、射频接收器及信号记录系统．

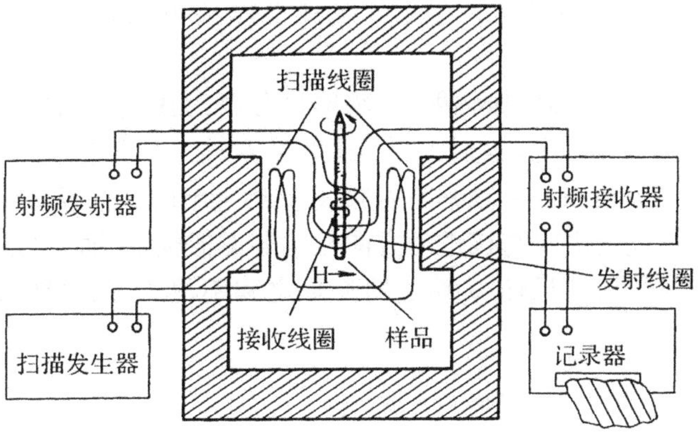

图 17.3　核磁共振波谱仪

17.2.1　磁铁与磁场扫描发生器

磁铁的质量和强度决定了核磁共振波谱仪的灵敏度和分辨率．灵敏度和分辨率随磁场强度的增加而增加．磁场的均匀性、稳定性及重现性必须十分良好．有三类磁铁可供选择：永久磁铁、电磁铁以及超导磁铁．永久磁铁可提供的磁场强度可达 0.7046～1.4092T．它对温度变化极为敏感，需要恒温．电磁铁对温度变化比较不敏感，但是需要冷却系统来消除由于通过大电流而产生的热量．电流必须十分稳定，以保证磁场强度的恒定．商品电磁铁提供的磁场强度可达 2.349T，相当于质子的吸收频率为 100MHz．超导磁铁的分辨率最高，也最昂贵，其所提供的磁场强度可达 14.09T，相当于质子的吸收频率为 600MHz．

实际上，磁场强度的变化每小时可达 10^{-6}，为克服这种波动，仪器中有频率锁定装置．将一种参比化合物(常用的是四甲基硅烷，简称 TMS)溶于样品溶液，当外加磁场漂移时，参比物的吸收信号强度随之变化．将这种信号的变化输入反馈电路,由此电路的输出再去控制磁铁线圈,以此来校正漂移.

磁场扫描发生器是由一对平行安装的线圈组成,用于在一个小范围内调节磁场强度.此线圈与 B_0 方向同轴.当通过线圈的直流电流改变时,有效磁场强度改变 $10^{-5}\sim10^{-4}T$,但磁场均匀性不变.对于 60MHz 质子核磁共振仪,固定射频频率,采用磁场扫描,磁场扫描范围约 $0.235\times10^{-4}T$(1000Hz).近代仪器则采用射频频率扫描系统,而固定磁场强度.

17.2.2　射频发射和接收器

将射频发射器连接到发射线圈上,该线圈与扫描线圈垂直,然后将能量传递给样品,而射频发射方向垂直于磁场.射频接收器连接到一个围绕样品管的线圈上,发射线圈与接收圈互相垂直,又同时垂直于磁场方向,三者的空间关系如图 17.4(a),(b)所示.

射频发射器发出平面偏振辐射,此辐射可分解为在 xy 平面上的相位相同,但旋转方向相反的两个圆偏振辐射矢量.因此在 y 轴上的矢量之和为零,射频接收器接收不到信号.当核的进动频率与射频发射器发出的平面偏振辐射中的某一部分频率相同时,核就会吸收与核进动方向相同的偏振辐射,而让与进动方向不相同的偏振辐射通过样品,结果使 y 轴上的矢量之和不再为零,射频接收器就接收到

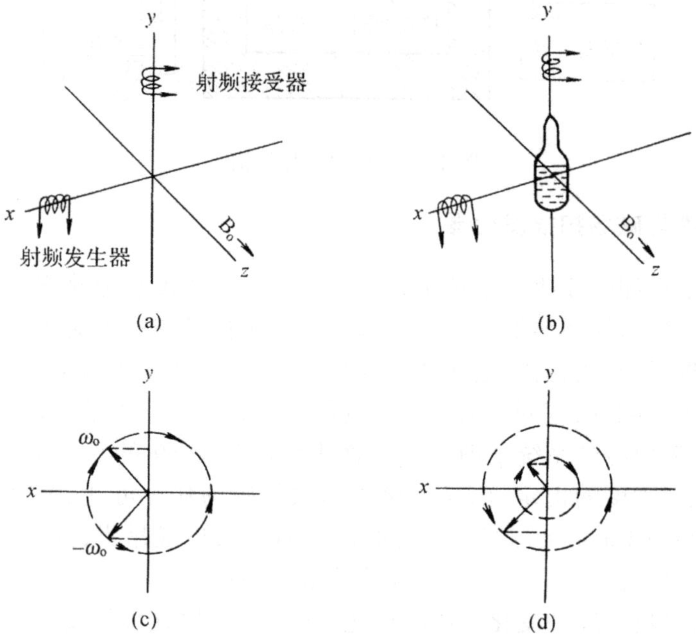

图 17.4　核磁共振吸收信号的产生

信号.如图17.4(c),(d),就说明了这一点.接收的信号是很微弱的,必须经放大后记录成核磁共振波谱.图谱上的横坐标自左至右相应于扫描频率由高到低,对应的磁场强度由低到高.以上这种记录信号的方法称为连续波方法.它只适合于记录 I 为1/2,磁矩大和自然丰度高的这些核,如 ^{1}H, ^{19}F 和 ^{31}P 的波谱.对 ^{1}H 波谱,样品一般在50mg以上.但对于 ^{13}C 等核,自然丰度小,灵敏度低,或在很稀的溶液中,则应采用脉冲傅里叶变换核磁共振波谱仪来获得高灵敏度的图谱.对高灵敏度傅里叶变换 ^{1}H 波谱,只需0.1mg样品,对 ^{13}C 只需1mg.

17.2.3 样品容器

样品容器应由不吸收射频辐射的材料制成.用于研究 ^{1}H 核磁共振谱的样品管外径约5mm,通常以硼硅酸盐玻璃制成.由于 ^{13}C 的自然丰度低,研究 ^{13}C 核磁共振谱则用外径为10mm的管子.管长15～20cm,加入样品量约占1/8～1/6管长.利用高速气流使样品管围绕 y 轴以每秒钟30转的速率急速旋转,以消除磁场的非均匀性,提高谱峰分辨率.

17.3 样品的处理

若样品是非黏滞液体,可以不必处理,只要置于样品管中即行.对黏滞液体,一般配成约2%～10%的稀溶液后实验.若将固体样品直接进行实验,其图谱往往有许多互相叠合的谱带组成,且很宽,因此对结构分析没有什么意义.对固体样品,可预先将其溶解,如果溶液的制备会引起分子结构的变化,就必须采用固体样品直接实验,但必须采用一些特殊技术.

若研究 ^{1}H 核磁共振谱,样品溶液应不含质子.常用溶剂有四氯化碳、二硫化碳及氘代溶剂.氘代溶剂对样品的溶解度比四氯化碳和二硫化碳更好,但价格贵.常用氘代溶剂为 $CDCl_3$ 和 C_6D_6.水溶性样品则应用 D_2O,不含氢的溶剂还有 $(CD_3)_2SO$, CF_2Cl_2, SO_2FC1 等.溶剂选择主要决定于样品溶解度.样品溶液应不含磁性及不溶杂质,且黏度小.

17.4 有机化合物结构与质子核磁共振波谱

17.4.1 化学位移及其影响因素

1. 两类化学环境

根据式(17.10)可知,当一个自旋量子数不为零的核置于外磁场中,它只有一个共振频率,图谱上只有一个吸收峰,但是,实际上测得的乙醇的图谱如图17.5所示. 这是由于核所处的化学环境对核磁共振吸收的影响. 有两类化学环境的影响: (1) 质子周围基团的性质不同,使它的共振频率不同,这种现象称为化学位移. 图 17.5(a)说明了这一点. (2) 所研究的质子受相邻基团的质子的自旋状态影响,使其吸收峰裂分的现象称为自旋-自旋裂分. 图 17.5(b)说明这种情况.

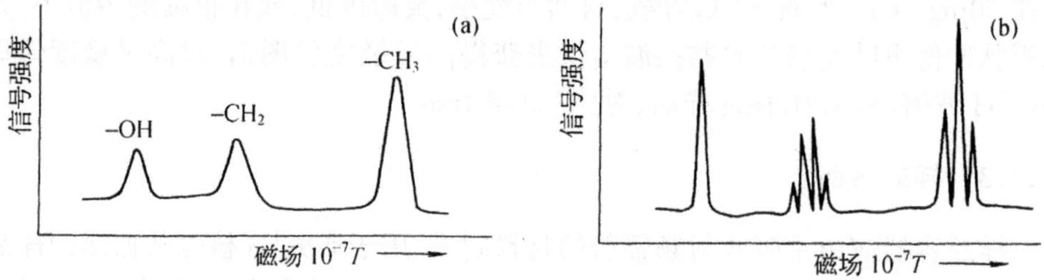

图 17.5 乙醇的核磁共振波谱图(60MHz)

(a) 低分辨;(b)高分辨.

2. 化学位移及其表示

一个核置于强磁场中,其周围不断运动的电子就会产生一个方向相反的感应磁场,使核实际受到的磁场强度减弱. 这种现象称为屏蔽,由图 17.6 说明. 此时,核所受到的实际磁场强度 B' 可用下式表示:

$$B' = B_o - \sigma B_o = B_o(1-\sigma) \qquad (17.13)$$

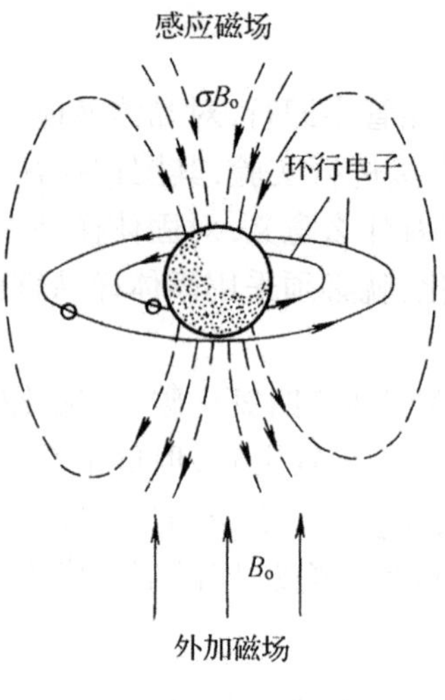

图 17.6 核的抗磁屏蔽

式中, σ 为屏蔽常数,反映了感应磁场抵消外加磁场的程度,一般只有百万分之几. 在屏蔽作用下,核的进动频率发生了位移. 由式(17.10)知:

$$\nu'_o = \frac{\gamma(1-\sigma)B_o}{2\pi} \qquad (17.14)$$

因此,电子云对核的屏蔽程度不同, σ 值不同,使核产生共振所需的射频辐射频率也不相同.

由于核的共振频率的化学位移只有百万分之几,采用绝对表示法非常不便,因而采用相对表示法. 为此选择一个参比化合物,并按下式表示相对化学位移值 δ(有些文献中常以 ppm 来表示).

$$\delta = \frac{\nu(\text{样品}) - \nu(\text{参比物})}{\nu(\text{参比物})} \times 10^6 \qquad (17.15)$$

另一种表示方法采用 τ:

$$\tau = 10 - \delta \qquad (17.16)$$

最常用的参比物是四甲基硅烷,简称 TMS,将它的 δ 值定为零. 实验时加入到样品溶液中．选用 TMS 的理由是：分子中 12 个质子的化学环境完全一致，只有一个尖峰．这些质子的化学位移最大，但人为规定它的 δ 值为零．而且 TMS 惰性，与大多数有机溶剂混溶，但不溶于水．对水溶样品，应选择 4，4－二甲基－4－硅代戊磺酸钠（DSS）

$$(CH_3)_3SiCH_2CH_2CH_2SO_3Na$$

作为参比化合物．

3．局部抗磁效应

局部抗磁效应指质子的屏蔽程度决定于相邻的原子或基团的电负性．相邻的原子或基团的电负性大，该质子周围的电子云密度就小，屏蔽程度减小（即去屏蔽程度增大），该质子的共振信号移向低场（即 δ 值增大）．表 17.2 说明了这一点．图 17.5(a)由此可得到解释．

表 17.2　电负性对化学位移的影响

$CH_3Si(CH_3)_3$		CH_3—H	CH_3—N<	CH_3—Br	CH_3—Cl	CH_3—OH	CH_3—NO_2	CH_2Cl_2
δ	0	0.2	2.2	2.7	3.0	3.2	4.3	5.3

若存在共轭效应，导致质子周围电子云密度增加，则移向高场；反之，移向低场．例如有以下两个化合物．

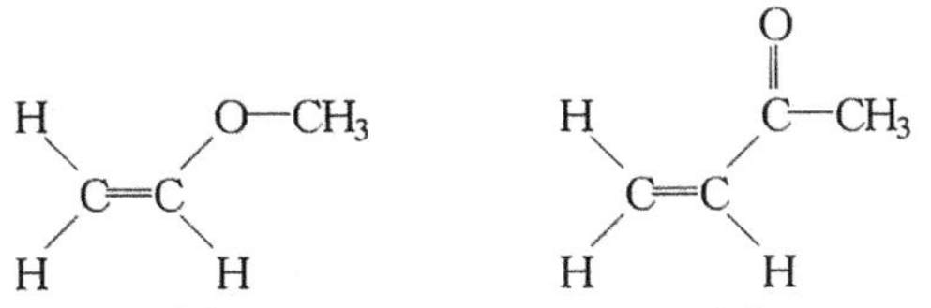

(a)　　(b)

由于醚的氧原子上的孤电子与双键形成 p－π 的共轭体系，使双键末端次甲基质子的电子云密度增加，与乙烯质子相比，移向高场．由于高电负性的羰基，使 π－π 共轭体系的电子云密度出现次甲基端低的情况，与乙烯质子相比，移向低场．

4．各向异性效应

各向异性效应是由于置于外加磁场中的分子所产生的感应磁场，使分子所在空间出现屏蔽区和去屏蔽区，导致不同区域内的质子移向高场和低场．各向异性效应通过空间感应磁场起作用，涉及范围大，所以又称远程屏蔽．

乙烯分子中的 π 电子云分布于 σ 键所在平面的上、下方，感应磁场将空间分成屏蔽区（圆锥内的外磁场强度减弱，"＋"表示）和去屏蔽区（圆锥外的外磁场强度增加，"－"表示），如图 17.7 所示．由于烯键的四个质子处于一个平面内，位于去屏蔽区,与乙烷相比则移向低场(CH_3—CH_3 质子的 δ 为 0.85;CH_2 ═ CH_2 则为 5.28).碳-碳单键的 σ 电子云也有各向异性效应,但比 π 电子云弱得多.

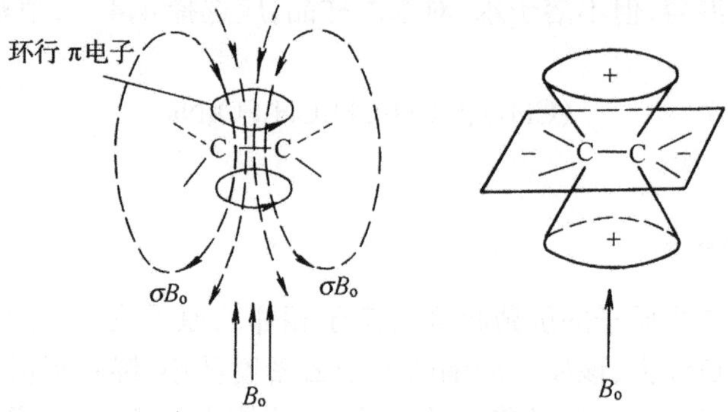

图 17.7 双键的各向异性效应

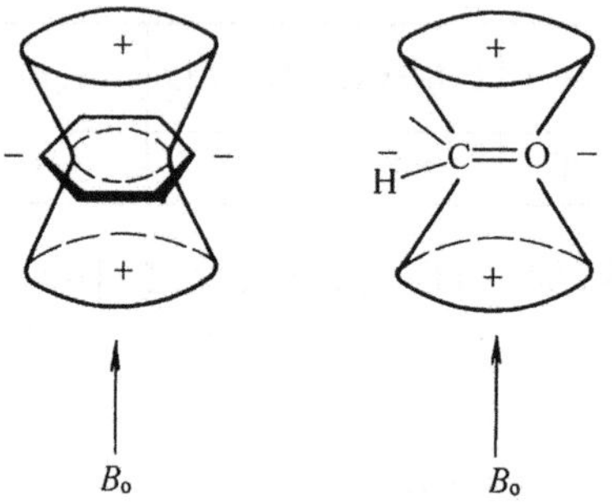

图 17.8 芳环与醛基的各向异性效应

图 17.8 为芳环质子与醛基质子受各向异性效应的情况.苯的质子都处于去屏蔽区,其信号出现在低场(δ 为 7.27).若芳环化合物中有的质子处于苯环屏蔽区,其信号则移向高场.醛基质子在去屏蔽区,并受氧原子电负性的影响,其共振信号出现在更低场(δ 约为 9.7).

炔键 π 电子云围绕碳—碳键轴呈对称圆筒状分布.在外磁场作用下,环行 π 电子迫使键轴顺外磁场排列,如图 17.9 所示,结果使质子处于屏蔽区,其共振信号移向高场(δ 为 1.80).

图 17.10 为各种化学环境中质子的大致 δ 值,因为精确的 δ 值很大程度上决

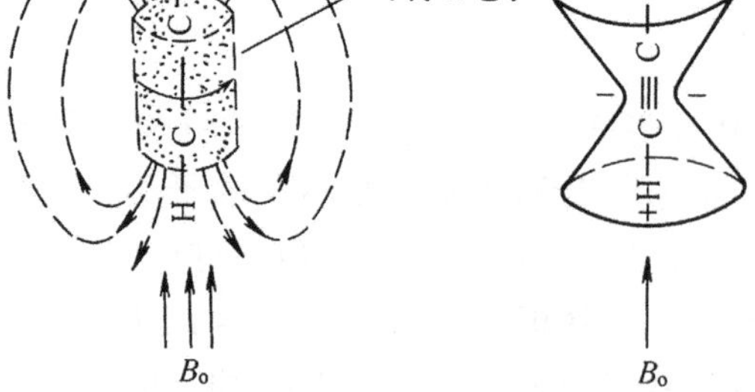

图 17.9 炔键的各向异性效应

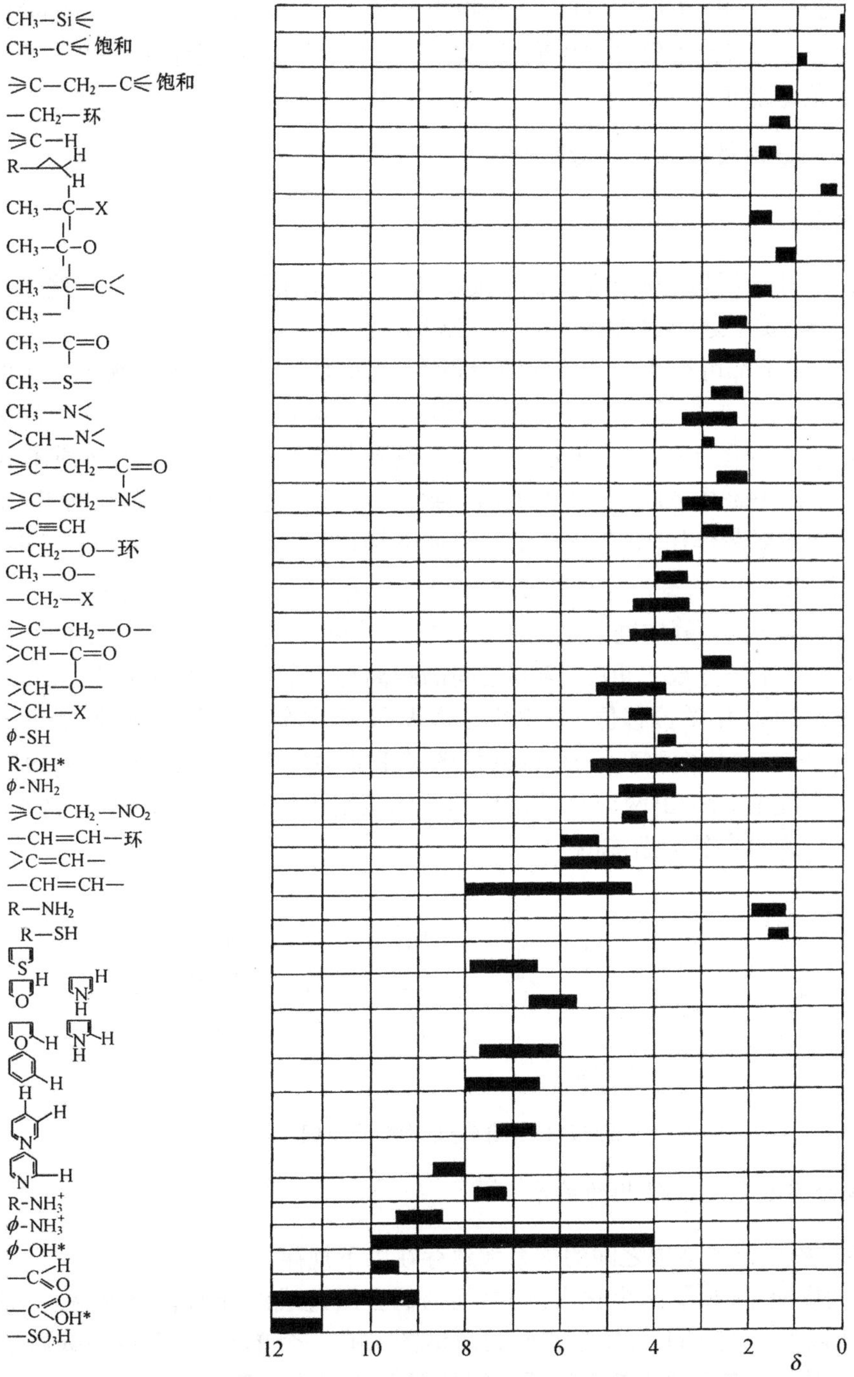

图 17.10　各种化学环境中质子的化学位移范围

定于取代效应、溶剂、浓度、氢键以及交换效应等因素，特别是带有“ * ”号的物质，其化学位移强烈依赖于氢键的生成，以及交换效应、浓度、温度等．但是在一组给定条件下，δ 值是能重现的．

17.4.2 自旋-自旋裂分与偶合常数

1．原理

图 17.5 中，乙醇的高分辨核磁共振波谱图的共振信号发生了裂分，这是由于相邻碳原子的质子之间的自旋－自旋裂分引起的．

每一个质子都可视作一个自旋的小磁体，在外加磁场中，由它自旋而产生的小磁场，只有两种可能性，与外磁场方向一致或相反，但是这两种可能性出现的概率基本上是相等的．图 17.11(a)表示置于外加磁场中的相邻碳原子上两个质子 A 和 B，当 B 质子的小磁场 ΔB_o 与 B_o的方向一致时，A 所承受的有效磁场强度为 $B_o+\Delta B_o$，相当于去屏蔽作用增强，共振信号移向低场；当 ΔB_o 与 B_o 的方向相反时，相当于屏蔽作用增强，共振信号移向高场．因此，A 质子的共振信号就裂分成二重峰，如图 17.11 (b)所示．峰中间的虚线表示未裂分时峰的位置．同理，B 质子的共振信号也会被 A 质子裂分成二重峰．两峰之间的距离称为偶合常数 J(单位 Hz)，一般在 1～20Hz 之间．化学位移值 $\Delta\nu$ 也用频率表示，但与偶合常数 J 不同，后者不随外加磁场强度的变化而改变．若核磁共振图谱中的两峰之间的 $\Delta\nu$ 值随 B_o 改变而改变，则可判定它们是由两个化学位移不同的核给出的信号；若不随 B_o 改变，则是由自旋-自旋偶合裂分造成的．

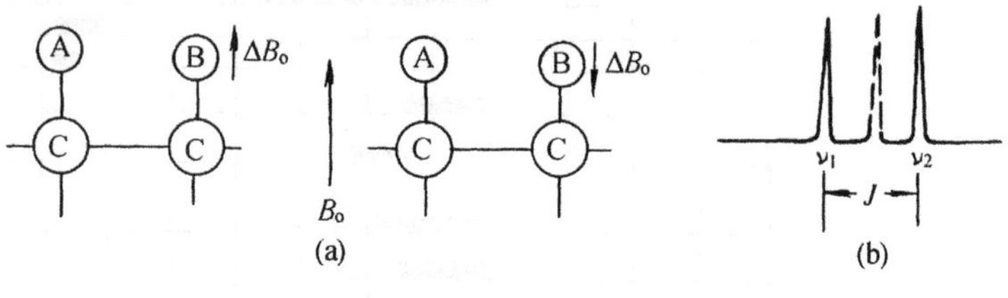

图 17.11　自旋-自旋裂分原理

2．偶合常数与分子结构的关系

偶合常数与分子结构之间的关系大致存在以下规律：

(1) 同碳质子(相隔两个化学键)之间的偶合所造成的峰的裂分现象，一般观察不到．所以像 CH_4，CH_3CH_3 等物质的波谱图只有一个单峰．要测得同碳质子的偶合常数(用$^2J_{HH}$表示，“HH”表示质子间的偶合，“2”表示偶合质子间的键数)，需利用同位素取代等特殊的方法获得．

(2) 邻碳质子间的偶合是最重要的，它的偶合常数($^3J_{HH}$)在结构鉴定中十分有用. $^3J_{HH}$的大小遵循 Karplus 曲线(图 17.12). 两面角(H_a 和 H_b 所在平面的夹角 ϕ)为零或 180°时，$^3J_{HH}$值最大；接近 90°时，$^3J_{HH}$趋于零. 碳原子上的取代基的电负性增加，偶合常数减小，如 CH_3CH_3 和 CH_3CH_2Cl 的$^3J_{HH}$分别为 8.0 和 7.0. 对于"H—C═C—H"型邻碳偶合，由于质子都处于同一平面内，两面角只能是 0°(顺式)或 180°(反式)，而$^3J_{HH}(180°) > {}^3J_{HH}(0°)$，所以$^3J_{HH}$(反式)$>$$^3J_{HH}$(顺式). 若烯碳上有取代基，则$^3J_{HH}$随取代基电负性增加而减小.

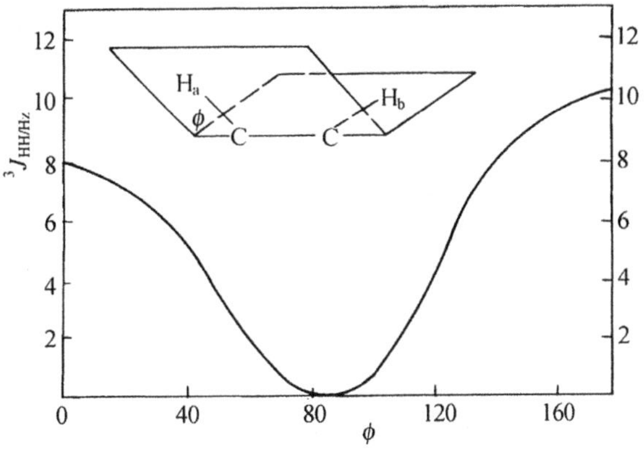

图 17.12　Karplus 曲线

(3) 相隔四个或四个以上 σ 键的质子偶合，称远程偶合. 远程偶合很弱，一般观察不到，若中间插入 π 键，或在一些具有特殊空间结构的分子中，才能观察到.

质子的自旋-自旋偶合常数见表 17.3.

表 17.3　质子自旋-自旋偶合常数

类　型	J_{ab}/Hz	类　型	J_{ab}/Hz
>C(H_a)(H_b)	10～15	H_a—C—CH_b(═O)	2～3
H_a—C—C—H_b	6～8	>C═CH_a—C(═O)—H_b	5～7
H_a—C—C—C—C—H_b	0	H_a>C═C<H_b (反式)	15～18
H_a—C—OH_b (无交换)	4～6	H_a>C═C<H_b (顺式)	6～12

续表

类　　型	J_{ab}/Hz	类　　型	J_{ab}/Hz
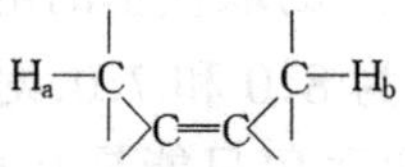	1～2	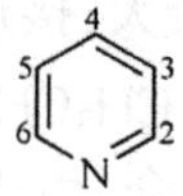	$J_{2\sim3}$5～6, $J_{3\sim5}$1～2 $J_{3\sim4}$7～9, $J_{2\sim5}$0～1 $J_{2\sim4}$1～2, $J_{2\sim6}$0～1
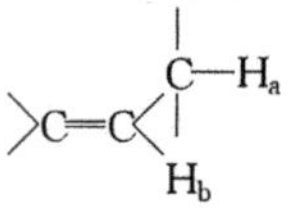	4～10	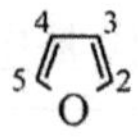	$J_{2\sim3}$1.5～2 $J_{3\sim4}$3～4 $J_{2\sim4}$0～1 $J_{2\sim5}$1～2
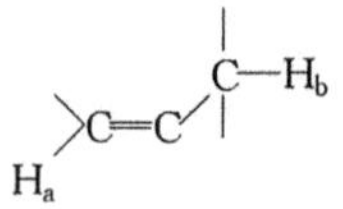	0～2	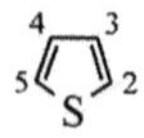	$J_{2\sim3}$5～6 $J_{3\sim4}$3.5～5 $J_{2\sim4}$1.5 $J_{2\sim5}$3.5
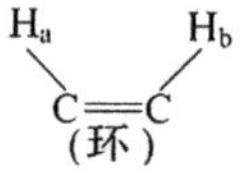	5元环 3～4 6元环 6～9 7元环 10～13	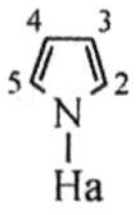	$J_{a\sim2}$2～3 $J_{a\sim3}$2～3 $J_{2\sim3}$2～3 $J_{3\sim4}$3～4 $J_{2\sim4}$1～2 $J_{2\sim5}$2
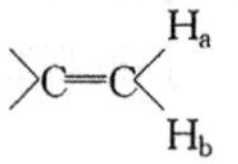	0～2		
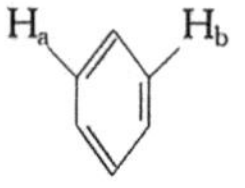	邻位 6～10 间位 1～3 对位 0～1		

17.4.3　化学全同与磁全同

同一分子中化学位移相等的质子称化学全同质子，化学全同质子具有相同的化学环境．如果有一组质子是化学全同质子，当它与组外的任一磁核偶合时，其偶合常数相等，这组质子称磁全同质子．以 CH_3CH_2X 为例，甲基上的三个质子属化学全同质子，它们与亚甲基质子偶合时，其$^3J_{HH}$都相等，因此甲基的三个质子属磁全同质子．同理，亚甲基上的二个质子也是磁全同质子．若以对硝基氟苯为例，

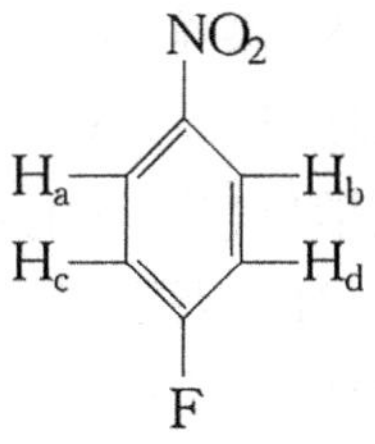

H_a 和 H_b 属化学全同质子，但对 H_c 或 H_d 的偶合常数不等，即 $^3J_{ac} \neq {}^5J_{bc}$，所以 H_a 和 H_b 不是磁全同质子. H_c 和 H_d 也不属磁全同质子. 可见，化学全同质子不一定属磁全同，而磁全同质子一定属化学全同. 又如在二氟乙烯中，

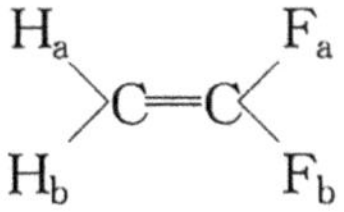

两个 H 核和两个 F 核属化学全同，但 $^3J_{HF(顺式)} \neq {}^3J_{HF(反式)}$，所以 H_a 和 H_b 不属磁全同.

17.4.4　一级图谱的偶合裂分规律

1. 一级图谱及自旋系统命名

在质子核磁共振波谱法中，只有满足以下两个条件才能得到一级图谱. 此时可以用一级图谱的裂分规律来解析.

(1) 两组质子之间的化学位移之差与相应质子间的偶合常数之比应大于 20，即 $\Delta\nu_{AB}/J_{AB}>20$. 当 $20>\Delta\nu_{AB}/J_{AB}>6$ 时，可以作一级图谱处理.

(2) 产生自旋偶合的核必须属磁全同. 以对硝基苯乙醚为例，

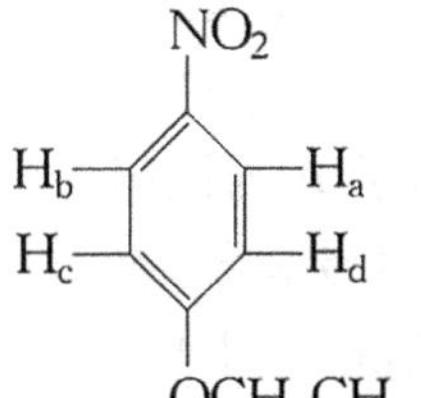

它有两个独立的自旋偶合系统，即乙氧基质子自旋系统和苯环质子自旋系统，不互相发生偶合. "CH_3CH_2O—"上的质子属磁全同质子，其图谱为一级图谱，而苯环上的质子属非磁全同质子，不产生一级图谱，显然它们的图谱复杂.

自旋-自旋偶合系统的命名以不同组的英文字母来表示. 英文字母分成三组：A,B,C,…；M,N,O,…；X,Y,Z. 对于一级图谱，这些化学位移不同的核用不同组的字母代表，同一化学位移值的磁全同的核数目则以注脚形式出现，如

$CH_3CH_2CH_2Cl$,则可命名为 $A_3M_2X_2$ 系统.对于化学全同而磁不全同的核则以有“′”的字母代替,如 $CH_2=CF_2$,则命名为 AA′XX′系统.如果 $\Delta\nu/J<6$,其光谱图复杂得多,称为高级图谱,则这些化学位移不同的核用同一组中的不同字母代表,如 $CH_2=CHI$,可命名为 ABC 系统.对于高级图谱的解析只有通过量子机理的计算来解决.目前已开发出采用迭代配匹方法的计算机程序.若采用超导磁体,其磁场强度很高,可以使波谱图趋近于理想的一级图谱.这是由于化学位移正比于磁场强度,而偶合常数与磁场强度无关,从而使 $\Delta\nu/J$ 之值增大.

2. 一级图谱偶合裂分规律

一级图谱的自旋偶合裂分规律如下,但它只适合于 I 为 1/2 的磁核.

(1) 一个(或一组磁全同)质子与一组 n 个磁全同质子偶合,该质子的信号发生$(n+1)$重裂分.以乙醇为例,“CH_3—”的质子标记为a,“—CH_2—”的质子标记为b,“—OH”的质子则为c.考虑两个b质子自旋所产生的磁场方向,在外磁场中只可能有以下四种方式:

	(1)	(2)	(3)	(4)	
b_1	$\longrightarrow$	$\longrightarrow$	$\longleftarrow$	$\longleftarrow$	
					$\longrightarrow B_o$
b_2	$\longrightarrow$	$\longleftarrow$	$\longrightarrow$	$\longleftarrow$	

此时a质子受到的实际磁场强度也存在概率相等的四种可能性:$B_o+2\Delta B_o$,$B_o+\Delta B_o-\Delta B_o$,$B_o-\Delta B_o+\Delta B_o$ 和 $B_o-2\Delta B_o$.(1),(4)两种自旋偶合的结果,使共振信号分别等距离地移向低场和高场;而(2),(3)偶合结果,实际磁场强度不变,不产生化学位移,两种共振信号重叠,强度增加 1 倍.可见,a质子被两个b质子偶合裂分后,产生三重峰,这就是$(n+1)$规律的来由.b质子受到三个 a 质子的偶合裂分,按以上同样的解析方法,可得到四重峰.

(2) 一个(或一组磁全同)质子 A 与两组质子(M_n,X_m)偶合,且 $J_{AM}=J_{AX}$(即 M_n,X_m 类似磁全同质子),共振信号裂分为$(n+m+1)$重峰.丙烷中亚甲基质子与两组甲基质子的偶合属此类情况,结果裂分为七重峰.

(3) 一个(或一组磁全同)质子 A 与两组质子(M_n,X_m)偶合,且 $J_{AM}\neq J_{AX}$,则共振信号裂分为$(n+1)(m+1)$重峰.1-硝基丙烷的中间亚甲基质子被甲基和与硝基相连的亚甲基上的质子裂分成十二重峰,如图 17.13 所示.

(4) 裂分峰的强度比符合二项式$(a+b)^n$ 展开后各项系数之比.

(5) 一组多重峰的中点,就是该质子的化学位移值.

(6) 磁全同质子之间观察不到自旋偶合裂分,如 $ClCH_2CH_2Cl$ 中四个质子属磁全同,所以共振信号为单峰.

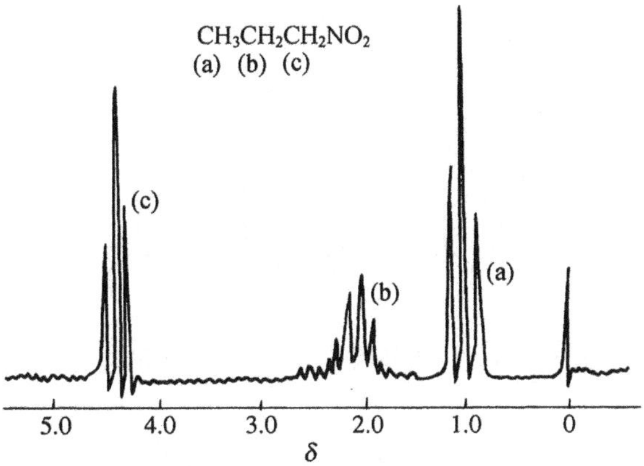

图 17.13　1-硝基丙烷的氢谱

(7) 当 $20>\Delta\nu/J>6$ 时，为近似一级图谱. 各峰强度不呈对称分布，对相互偶合的两组峰，外侧峰强度小于内侧峰. 图 17.14 说明此种情况.

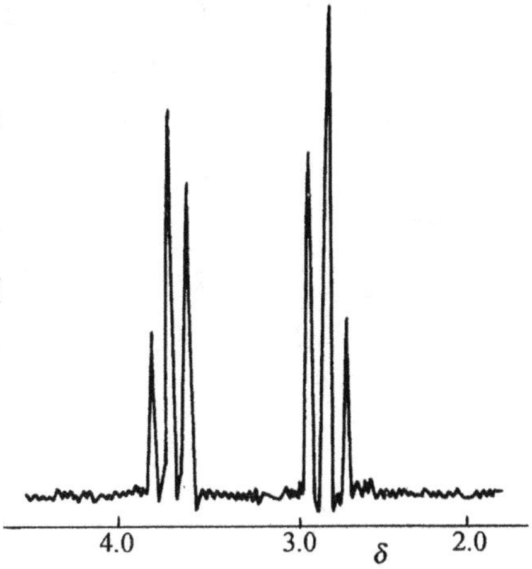

图 17.14　3-氯丙腈的氢谱

以上只涉及 H—H 偶合，但是，分子中的 F，P 与其他 I 为 1/2 的核也能与 H 偶合. 在 ^1H 波谱中，与 I 为大于 1/2 的核的偶合情况，偶然可见，如 ^1H 与 ^2H 的偶合. ^1H 与 ^{13}C 的偶合，另作讨论.

3. 裂分线图

由于自旋-自旋偶合裂分使所研究的质子峰变成多重峰，这可以用裂分线图来表示这一偶合过程. 如图(17.5)中的 CH_2 质子 b 被甲基质子 a 裂分成四重峰. 根据 $n+1$ 规律，它的裂分过程可表示为图(17.15). 由于甲基中三个质子等价，自旋偶合的偶合常数相等，而使有的峰重叠，强度增加，使裂分后的峰强度之比为 1∶3∶3∶1.

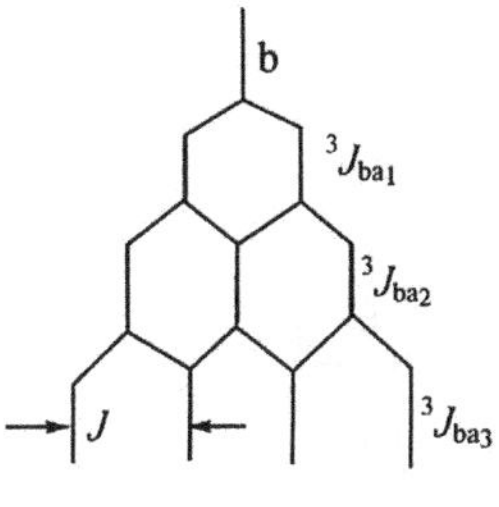

图 17.15　乙醇分子中亚甲基的裂分线图

若对于图 17.13 的 1-硝基丙烷中的亚甲基质子，其裂分线图可表示如图 17.16. 由于 a 与 c 质子的化学环境不同，b 质子与它们偶合时的 J 值也不相同.

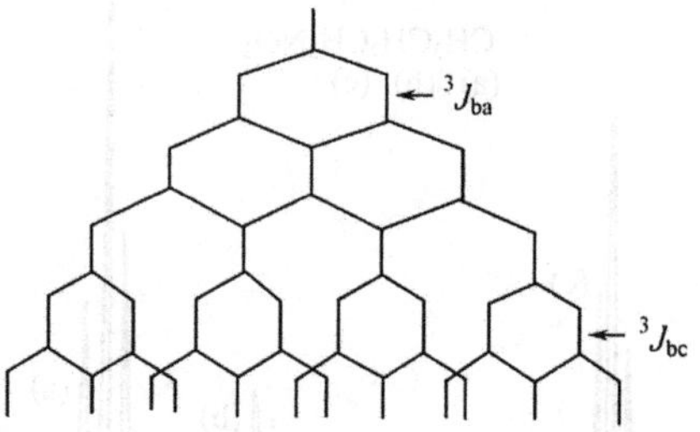

图 17.16　1-硝基丙烷中亚甲基质子的裂分线图

17.5　质子核磁共振波谱法的应用

17.5.1　有机化合物结构的鉴定

在获得纯化合物的核磁共振波谱图之后,就可得到以下三方面信息:

(1) 化学位移:由此可以推断质子所处的化学环境;

(2) 自旋-自旋偶合裂分模式:由此可鉴别相邻的质子环境;

(3) 积分线高度:相当于峰面积,与给定的一组偶合裂分模式相应的质子数目成比例.

从以上信息可以对核磁共振波谱图作出解析,推断出未知化合物的结构.

例 1　已知一化合物的化学式为 C_4H_7OCl,其氢谱如下,试推测其结构.

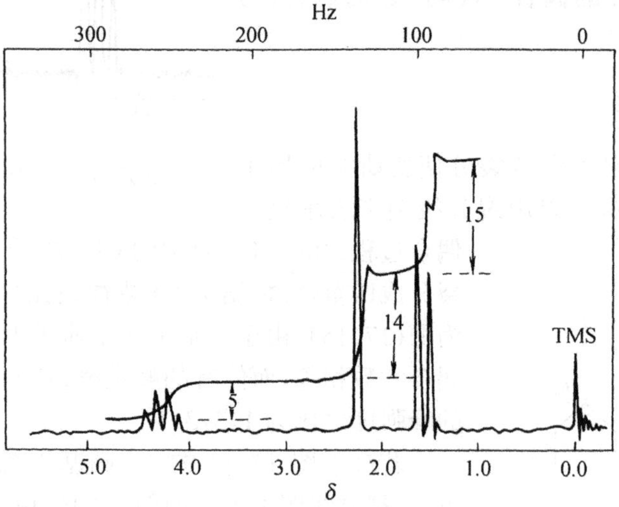

解　(1) 化合物不饱和度为 1,说明存在双键.

(2) 存在孤立峰，δ 值在 2.3 附近. 由图 17.10 可知，最可能的基团为 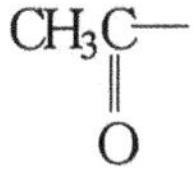，与不饱和度为 1 相吻合.

(3) 积分线高度之比为 3∶3∶1，因此从高场至低场的三组峰的质子数之比应为 3∶3∶1.

(4) 从化学式和以上结论可大致模拟出以下结构：

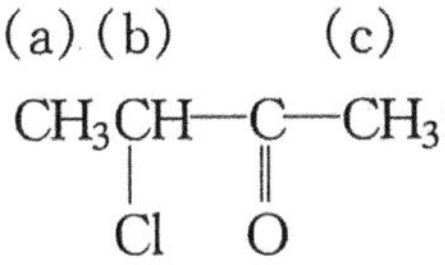

(5) 进一步验证如下：由于氯的电负性影响，H_b 的去屏蔽作用强烈，移向低场，且受三个 H_a 质子的自旋-自旋裂分而产生四重峰. H_a 和 H_c 质子分别受氯和氧的电负性影响，但前者的电负性小于后者，因此相对说，H_c 质子处于较低场，H_a 质子处于较高场. H_c 质子与 H_b 质子属远程偶合，观察不到偶合裂分，因而 H_c 质子以孤立峰出现. H_a 质子与一个 H_b 质子产生偶合，裂分成二重峰.

(6) 结论：模拟结构式正确.

例 2 有一瓶化学试剂的标签脱落，经过元素分析只含碳和氢. 再经过核磁共振波谱分析，获得以下图谱，试鉴别其结构.

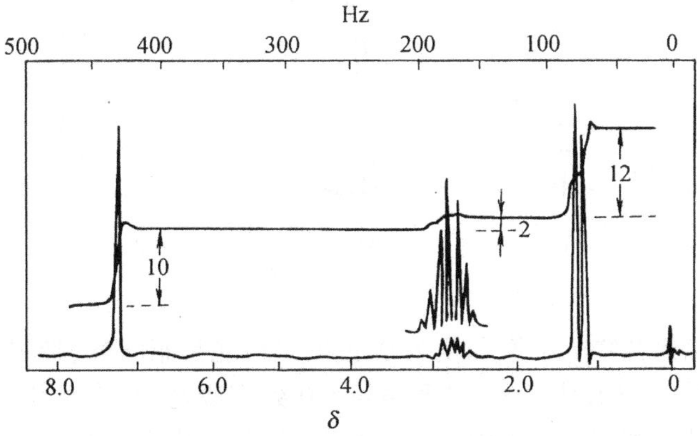

解

(1) 由图可知，δ~7.3 处有一单峰，查阅图 17.10，很可能存在苯环.

(2) 由积分线高度之比可推断三组峰（从低场到高场）的质子数目之比为 5∶1∶6，可见，此芳香化合物为单取代苯.

(3) 在~2.9 处有一七重峰，在~1.3 处有一两重峰，可以模拟出以下结构：

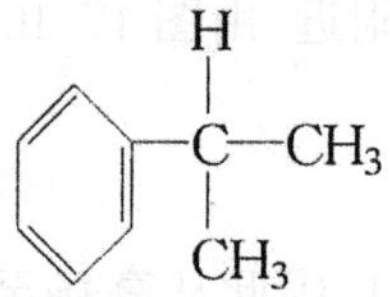

（4）验证：由于 $\underset{|}{—CH—}$ 基团的质子与两个化学环境相同的—CH_3 相连，则裂分成七重峰. 两个甲基的质子都被 $\underset{|}{—CH—}$ 基团质子偶合裂分成二重峰，而化学位移相同，则叠加，强度增加 1 倍. $\underset{|}{—CH—}$ 质子的去屏蔽作用强于—CH_3 基团的质子，因此相对处于低场.

例 3　已知一化合物的化学式为 $C_4H_6OF_3Br$，已测得其核磁共振波谱图如下，试推断其结构.

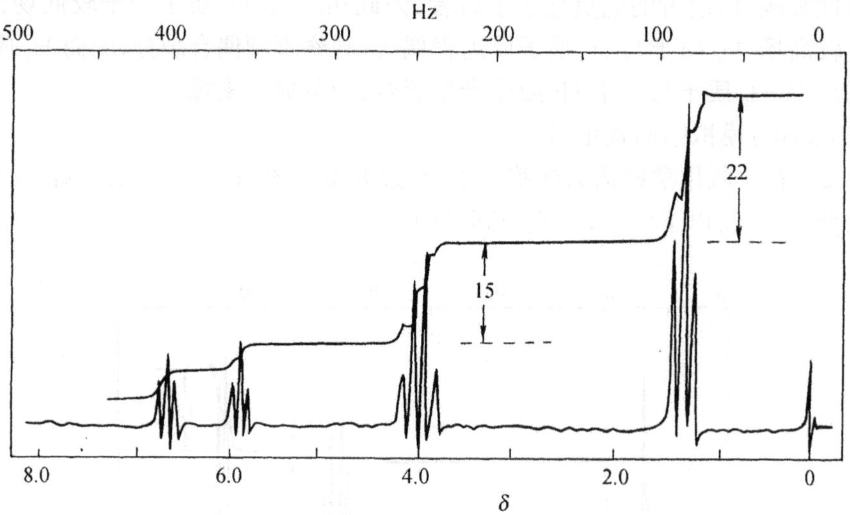

解　（1）此化合物的不饱和度为 0，说明只可能是脂肪醇、脂肪醚.

（2）查阅图 17.10，从 $\delta = 1.3$ 和 $\delta = 4.0$ 处有吸收，结合化学式分析，此化合物是溴代和氟代乙醚. 以上两化学位移处积分线的高度之比为 3∶2，以及它们的偶合裂分数，进一步证明存在 CH_3CH_2—O—结构. 也说明氟代和溴代烷基出现在醚链的同一端.

（3）根据 $\delta = 5.8$ 和 $\delta = 6.7$ 处两组三重峰，只可能存在以下结构：

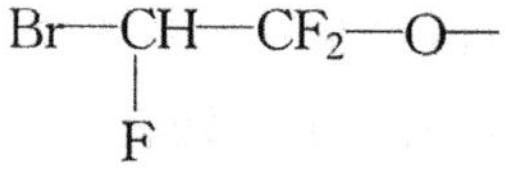

因为^{19}F的$I=\frac{1}{2}$，自然丰度也很高，它与^{1}H一样，其核磁共振信号也容易得到，且与^{1}H发生自旋偶合裂分. 这种情况相当于一个质子与两组$I=\frac{1}{2}$的氟核偶合. 由于两组氟核的化学环境不同，其偶合常数也不相同，因此共振信号裂分符合$(n+1)(m+1)$规律. 质子首先被同碳氟核裂分为二重峰，此二重峰又被邻碳两个氟核各自裂分成三重峰，最后得到六重峰. 自然，三个氟核的其他连接方式，都不可能得到由两组三重峰组成的六重峰(为什么?).

(4) 结论：此化合物的结构式为

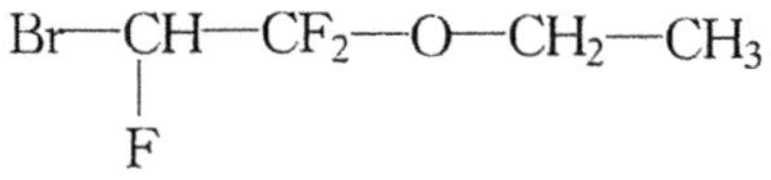

17.5.2　在化学研究中的应用

1. 研究氢键的形成

羟基质子由于生成氢键，导致化学位移改变. 在苯酚的四氯化碳溶液中，羟基质子的化学位移明显地与浓度有关. 在低浓度时，酚分子被四氯化碳分子包围而不易生成氢键；浓度较高时，由于氢键生成而发生分子间缔合，化学位移随之改变. 相反，邻硝基苯酚分子内部形成氢键，其羟基质子的δ值受浓度变化的影响很小.

2. 研究酮-烯醇的互变异构

2,4-二戊酮的氢谱图如图17.17所示. 图中出现的共振信号说明了两种分子同时存在，这就是酮和烯醇的互变异构体. 不同质子的相应化学位移标明于质子旁：

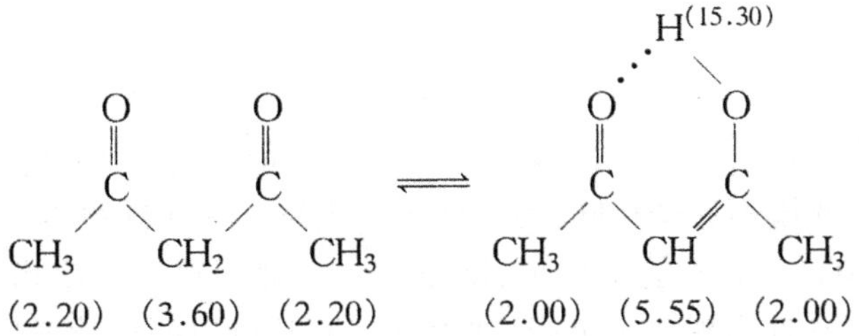

在烯醇结构中，典型的烷烯质子的δ值约在5.5. δ15.3处有一宽峰，如此高的δ值反映了该质子同时受两个氧原子的影响，因为羰基氧原子与羟基质子生成氢键. 互变异构体的比例与溶剂性质、温度等关系也可利用氢谱进行研究.

3. 研究分子的动态效应

与杂原子相连的氢原子，能在分子内或分子间进行交换. 交换速度不仅取决于杂原子的种类、官能团的性质以及样品所处的环境条件.这种交换效应常常发生在有可交换的质子的化合物内部,例如烷醇中的羟基质子就会发生动态交换效应.

纯乙醇的高分辨率光谱图不同于图 17.5(b).—CH_3 的三重峰不变,但是羟基质子的共振信号被裂分成三重峰,—CH_2—质子被—CH_3 和羟基的质子裂分成八重峰.这是由于在高纯度乙醇中,羟基质子在分子内固定不动,与亚甲基质子发生偶合.但是,当乙醇中加入痕量酸,羧基质子与羟基质子之间发生快速的动态交换,不再与亚甲基质子发生偶合.利用这类交换反应,可以证实化合物中有一个可交换的质子.若加入 D_2O 后,生成 ROD,由于^2H 不产生吸收,不再存在羟基质子的吸收.

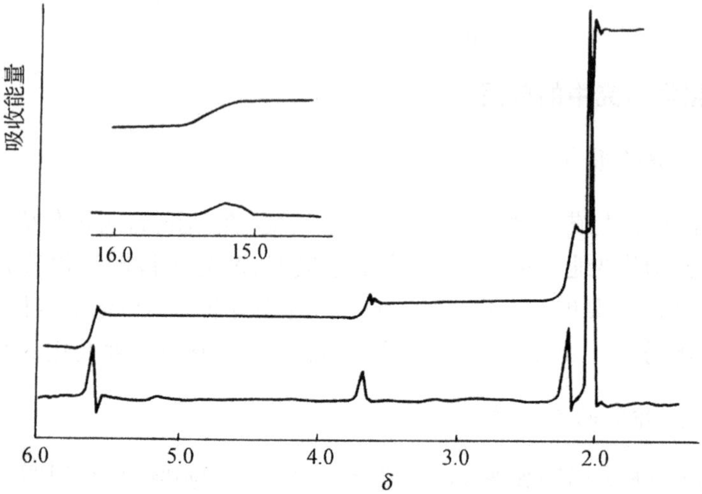

图 17.17　2,4-二戊酮的氢谱

发生在 N,N-二甲基甲酰胺分子中的是另一种动态效应.在它的光谱图中,δ2.9 处有一双峰,8.0 处有单峰.双峰之间的 δ 差值只有 0.16,这说明氮原子上的二个甲基的化学环境不完全相同,因为两甲基围绕 C—N 键的转动受到限制.在较高温度下(如 150℃),分子能量增加,围绕 C—N 键的转动速率增加,最终使两甲基等价,只在 δ2.9 处出现一个单峰.利用这一原理可以研究化学键的临界转动速率,所谓临界速率,指化学键的转动速率等于两个单峰的吸收频率之差.在 100℃时,两峰正好合并,此时的转动速率为

$$0.16 \times 10^{-6} \times 60\text{MHz} = 9.6\text{Hz}$$

17.6　^{13}C 核磁共振波谱法

17.6.1　^{13}C 核磁共振波谱的特点

^{13}C 核磁共振波谱的原理与^{1}H 核磁共振波谱基本相同. 在 20 世纪 70 年代，^{13}C核磁共振波谱法得到了迅速的发展. ^{13}C 谱在检测无氢功能团，如羰基、氰基和季碳等，具有独特的优点，在无数个有机分子中，^{13}C 出现在碳骨架的任何位置上的概率是相等的，因此碳谱可以完整地反映出分子中各类碳核的信息. 但是，与氢谱相比，存在以下问题：

(1) ^{13}C 的自然丰度只有 1.1%，^{13}C 磁旋比 γ 只有^{1}H 的 1/4，信号强度与 γ^3 成比例，因此其固有灵敏度远低于氢谱.

(2) 有机化合物碳核的化学位移范围很宽，δ 约 300，磁场扫描时间长，这是由于碳核外的 p 电子云呈非球状对称性质，因此使^{13}C 核主要受顺磁屏蔽的影响，而使化学位移值远大于^{1}H 核.

(3) ^{13}C 核与附近质子的磁矩作用而引起信号裂分，使谱图十分复杂.

以上问题可通过使用脉冲傅里叶变换技术等加以解决.

17.6.2　脉冲傅里叶变换核磁共振波谱仪

脉冲傅里叶变换核磁共振波谱仪的特点是：

(1) 不采用固定频率扫场或固定磁场扫频的方法，而是将某一范围内的不同频率同时提供给样品；

(2) 样品置于固定磁场中，并受到短脉冲电磁辐射的照射. 脉冲辐射的频率分布范围，正适合置于给定磁场中的碳核共振所需的频率.

若选定中心频率为 ν_1 的一宽频带(不只包含一个频率，而包含被测谱范围内的所有频率)的脉冲射频照射样品，从 t_1 开始，到 t_2 终止，脉冲持续时间为 t_p[如图 17.18(a)]. 有效频率带宽与 t_p^{-1}成比例. 一个 10μs 的脉冲，其频率覆盖范围约 10^5Hz. 中心频率的选择决定于 B_o 和核. 对^{1}H，B_o 为 14.09T，则共振频率为 600MHz，而对^{13}C，则为 150.9MHz. 样品接受照射后，所有^{13}C 核受到激发，同时发出共振信号，在 t_2 时达到极大值. t_2 后照射中断，^{13}C核边弛豫边发射信号，直至恢复到 t_1 前的平衡

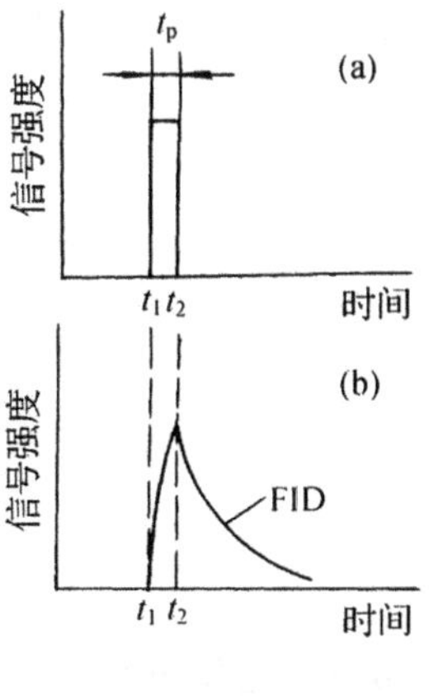

图 17.18　脉冲射频及其自由感应衰减信号

状态. 在 t_2 后发射的信号称为自由感应衰减信号(free-induction decay, FID),如图17.18(b)所示,这些发射信号可以被探针感知. 每一个脉冲内包含了一张完整的核磁共振谱图的所有信息,并在脉冲间隔内被全部收集. 记录一次 FID 信号只需 1s 左右时间. 若用此脉冲信号多次照射,就得到 FID 信号的干涉图. 这种干涉图只有通过傅里叶变换才能转变为常规的核磁共振波谱图. 图 17.19 说明了这一点. 图17.19(a)为采用连续波扫描仪器的波谱图. ^{13}C 与三个质子偶合裂分成四重峰,其高度比为 1:3:3:1,其 J = 135Hz(磁场强度为 2.35T). 图17.19(b)为 FID 信号的时域图. 图 17.19(c)为将时域图经过傅里叶变换,转变成频域图,即常规波谱图. 这种变换由计算机进行,极其快速,变换时间小于 1s. 采用脉冲傅里叶变换技术大大增加了灵敏度,降低了背景噪声. 由于许多脉冲自由感应衰减信号可以累加,在计算机内存储. 由于这种累加存储,使噪声均匀化,但信号由于累加而增强. 信噪比随扫描次数的平方根而增加. 而且,结构的微小变化使化学位移有明显的差别. 但是,这一技术的缺点是:信号强度与分子中不同碳原子的相对数目之间不存在严格的比例关系.

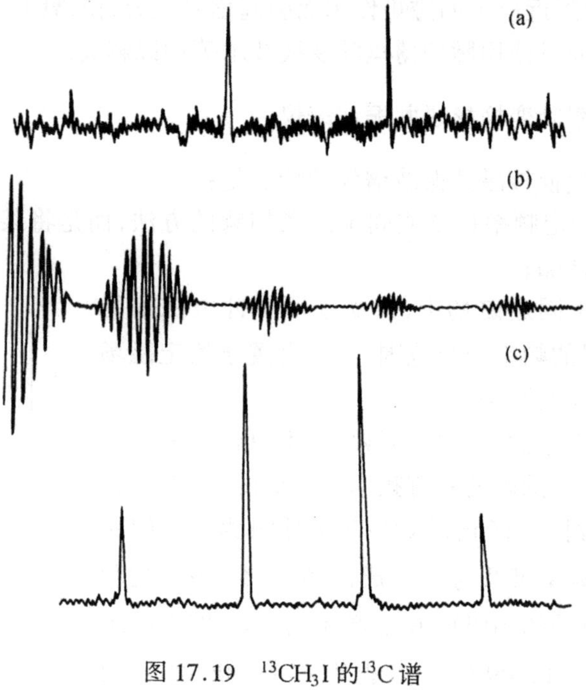

图 17.19 $^{13}CH_3I$ 的 ^{13}C 谱

17.6.3 化学位移

^{13}C 的化学位移与 ^1H 一样,也用于结构鉴定. 两者的化学位移值从高场到低场

的次序基本上是平行的,只是^{13}C的化学位移值约为^{1}H的20倍,从δ1扩展到220.因此,^{13}C谱的信号分离优于^{1}H谱.在^{1}H谱中影响化学位移的因素对^{13}C谱的影响是类似的.

烷烃中不同碳原子的化学位移值约在10～85之间.表17.4说明与甲基相连原子(或基团)X的电负性对甲基化学位移的影响.电正性元素(Li,Si)使信号移向高场;电负性元素(N,O,Cl),则移向低场.相对地讲,C比H更具电负性,因此烷基取代氢后对化学位移的影响如下.

$\delta_C -2.3$	$\delta_C 8.4$	$\delta_C 15.9$	$\delta_C 25.0$	$\delta_C 27.7$
CH_4	$MeCH_3$	Me_2CH_2	Me_3CH	Me_4C
$\delta_H 0.23$	$\delta_H 0.86$	$\delta_H 1.33$	$\delta_H 1.68$	

表17.4　电负性对^{13}C的影响

X	δ_C	δ_H	X	δ_C	δ_H
Li	-14.0	-1.94	NH_2	26.9	2.47
$Si(CH_3)_3$	0.0	0.0	OH	50.2	3.39
H	-2.3	0.23	F	75.2	4.27
CH_3	8.4	0.86	SMe	19.3	2.09
CH_3CH_2	15.4	0.91	Cl	24.9	3.06

烷烯中双键的^{13}C化学位移在100～150间.苯及其取代物的^{13}C也位于其中.乙炔与乙烯的化学位移值分别为71.9和123.3.这说明在乙炔中的^{13}C核受到更强烈屏蔽.这种现象在更高碳数的炔类化合物中同样存在.要解释^{13}C的屏蔽,除了磁各向异性效应外,更重要的是顺磁屏蔽.表17.5说明共轭效应对取代烷烯化学位移的影响.不同C,H的区别如表17.5中结构式所示.

表17.5　共轭效应对^{13}C化学位移的影响

X	$\delta_{C\beta}$	$\delta_{C\alpha}$	$\delta_{H\beta}$	$\delta_{H\alpha}$
H	123.3	123.3	5.28	5.28
CH_3	115.4	133.9	4.88	5.73
OCH_3	84.4	152.7	3.85	6.38
Cl	117.2	125.9	5.02	5.94
$CH=CH_2$	130.3	136.9	5.06	6.27
$Si(CH_3)_3$	129.6	138.7	5.87	6.12
$COCH_3$	129.1	138.3	6.40	5.85

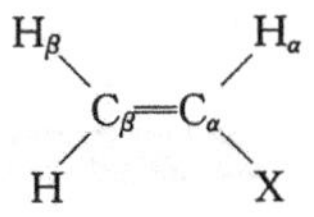

极性基团直接连接到苯环上,会使苯环的^{13}C核的化学位移或多或少向高场或低场位移.任何有机化合物取代结构的变化对^{13}C和^{1}H谱的影响极相似,但也有

不少例外. 例如硝基苯的硝基对邻位碳和氢的影响相反,苯环电子流对质子的影响远比对碳的影响大. 两种取代基对苯环^{13}C和^{1}H化学位移的影响如下:

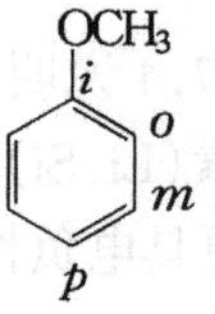

	δ_C	δ_H
i	158.7	
o	113.8	6.81
m	129.4	7.17
p	120.4	6.86

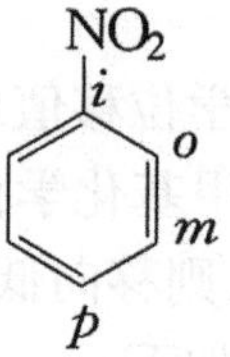

	δ_C	δ_H
i	148.1	
o	123.2	8.21
m	129.3	7.45
p	134.5	7.66

羰基中的^{13}C核的化学位移处于190～220间,这说明屏蔽效应很小. 醛与酮类两者的化学位移重叠,因此单独依赖δ值难以区别. 若采用偏共振去偶技术就可以区别两者. 羧酸及其衍生物中羰基的^{13}C核的化学位移处于160～180间,而不同类衍生物,如酰胺、酐和酯等的羰基中^{13}C核的值又有变化. 图17.20为不同类化

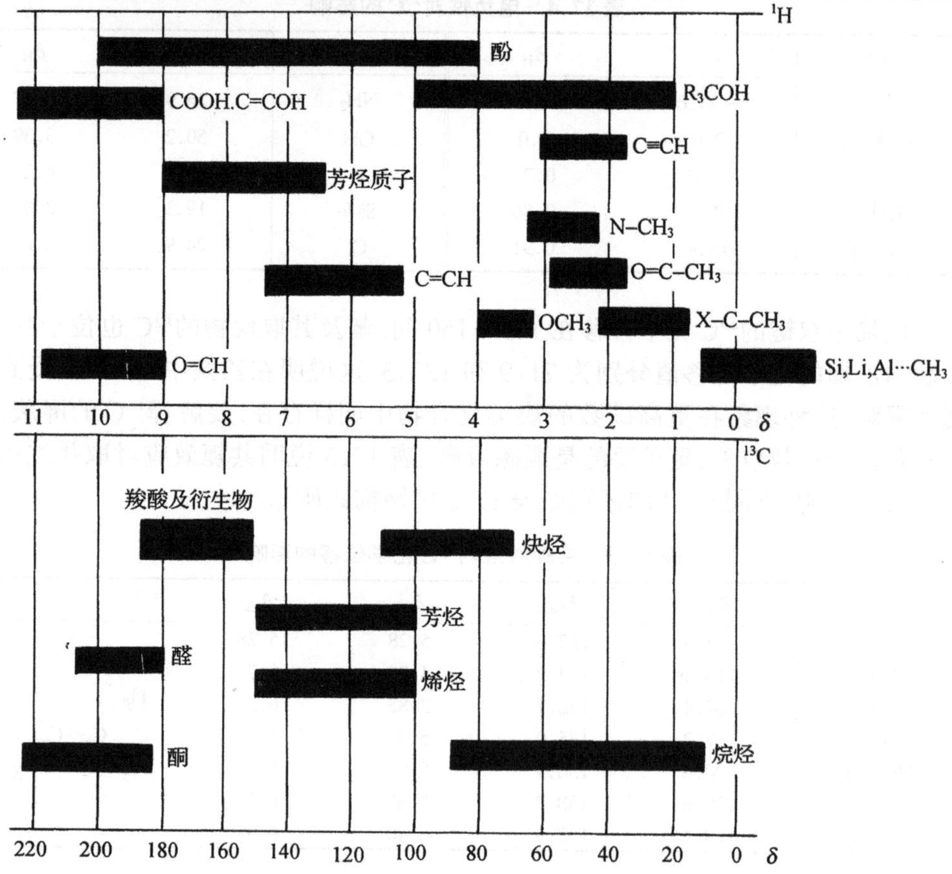

图17.20　^{13}C和^{1}H谱的化学位移比较

合物的^{13}C和^{1}H核化学位移的比较(仍以 TMS 为参比物).

17.6.4　质子全去偶和偏共振去偶

由于^{13}C的自然丰度很低,分子中邻近的碳原子都是^{13}C的可能性很小,因此^{13}C核磁共振波谱通常不出现$^{13}C—^{13}C$自旋偶合裂分.但是,像$^{1}H-^{1}H$偶合一样,^{13}C核与邻近的质子的磁矩会相互作用.这种偶合作用不限于直接相连的质子,也可以是较远的质子,因此使^{13}C谱变得十分复杂.通过质子去偶技术,可以消除$^{13}C—^{1}H$之间的偶合裂分,简化图谱.除了用脉冲射频照射样品外,同时采用第二个较强的特定宽带射频频率,使所有质子吸收各自合适的频率后,在磁场中极其迅速地改变自旋方向,不再产生固定的局部磁场,使与^{13}C核的偶合平均化,即不与^{13}C核偶合.这种去偶技术称为双照射技术,所得到的图谱称为全去偶谱.这是一种常规方法.图 17.21 是全去偶^{13}C核磁共振波谱图.此图谱是收集来自 1000 个脉冲信号的信息,经过傅里叶变换后获得的.每个碳原子给出一个尖锐的吸收信号,且分辨率高.但是,^{13}C核与相邻的核^{19}F,^{31}P,也会发生偶合而产生多重峰.全去偶^{13}C谱在研究复杂的大分子,如蛋白质、生物碱和甾族化合物等,特别有用.胆甾醇结构如下:

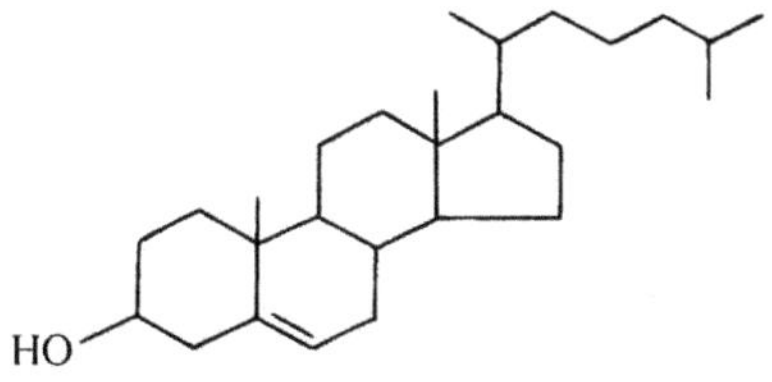

其^{1}H谱自然很复杂,不同烷基碎片的化学位移极相似,使偶合裂分的信号重叠.图 17.22 为它的全去偶^{13}C谱,27 个碳原子中的大多数,其化学位移有较大差别.

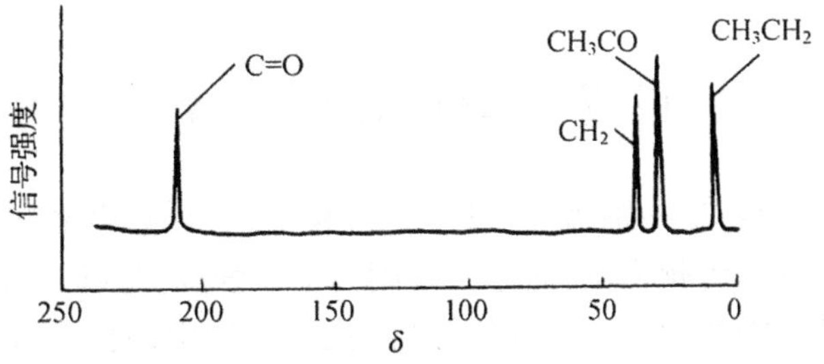

图 17.21　2-丁酮的^{13}C谱

质子全去偶使^{13}C谱简化,同时也丧失了来自$^{13}C—^{1}H$偶合裂分的结构信息.采用偏共振去偶技术可以解决这一问题.偏共振去偶技术类似于质子全去偶,也采用双照射技术,只是使每个碳原子与直接相连接的质子之间的偶合裂分保留下来,除去与较远质子的偶合裂分.此时的裂分规律及峰的相对高度则遵循$^1H—^1H$偶合裂分规律.在偏共振去偶的情况下,图 17.21 则变成图 17.23.约在 δ30 和 δ10 处的甲基碳原子的吸收峰都裂分成四重峰;原 δ40 处的亚甲基碳原子裂分成三重峰;δ210 处的峰不裂分,因为羰基碳原子没有直接连接的质子.

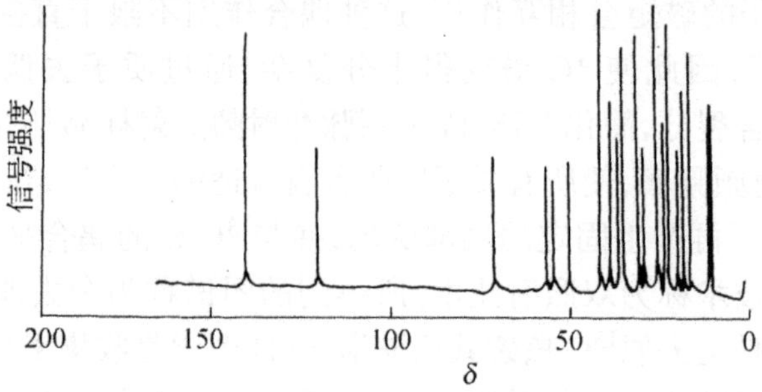

图 17.22 胆甾醇的^{13}C谱

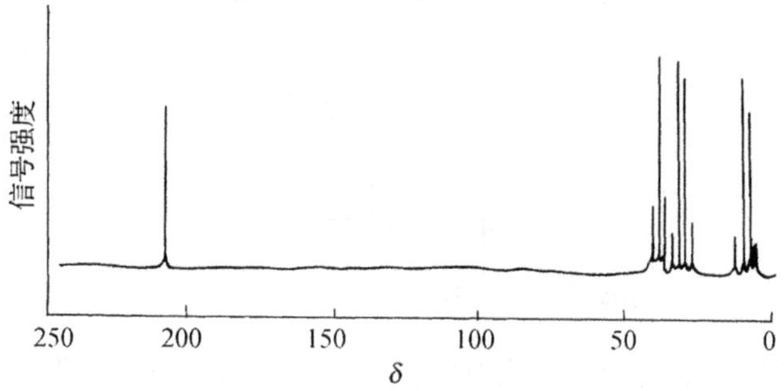

图 17.23 2-丁酮的^{13}C谱

17.7 二维核磁共振谱

以前所叙述的内容属一维谱,即只有一个频率横坐标,纵坐标为信号强度,而二维谱的横、纵坐标均为频率轴,而第三维则为信号强度,是以等高线图表示,圈的多少表示峰的强度,圈的中心表示峰的位置.在二维谱中,两坐标代表的化学位移是互相关联的,可以在一张谱图上表明所有质子发生自旋-自旋偶合的信息,因此又称为相关 NMR 谱(correlated NMR spectroscopy, COSY).这种谱可以是$^1H—^1H$相关谱,也可以是$^1H—^{13}C$相关谱,但它们都能提供来自邻近核偶合或远程的核之间发生的间接偶合的信息,而不会发生普通一维谱中多重峰互相重叠的现象.

17.7.1　$^1H-^1H$ 相关谱

现以间二硝基苯的相关谱为例，见图 17.24. 两个相同的化学位移轴互相垂直，在每一轴的上方都画出独立的一维谱图. 以 F_1，F_2 两轴表示，强度则以等高线表示. 通常所见到的一维谱图出现在对角线上，这相当于在一维谱图中三组多重峰. 这些对角线峰不给出任何新的信息. 离开对角线的峰称为交叉峰，它能给出新的信息，因为它们在图中的位置为 δ_i/δ_j 或 δ_j/δ_i，这相当于质子 i 和 j 的化学位移，表明了两者之间的相关性. 每对偶合核给出两个交叉峰，它与对角线峰互相构成正方形的四个角. 若 H_2 与 H_4(或 H_6)偶合，其交叉峰出现在一维谱中 H_2 的化学位移，以及在另一个一维谱中的 H_4(或 H_6)的化学位移交叉处. 若 H_4(或 H_6)与 H_5 偶合也同样可以得到交叉峰. 由此，可以分析所得的谱图. 首先从对角线峰开始，因为它的归属是已知的，只要通过以对角线峰为正方形的一个角，作出二轴平行线，画出相关的正方形来弄清各类质子的归属.

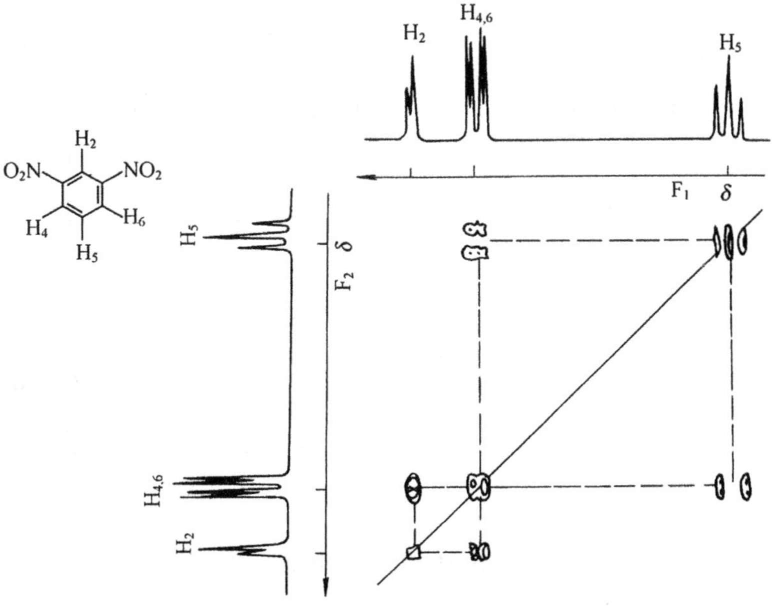

图 17.24　间二硝基苯的 $^1H-^1H$ 二维谱图

在间硝基苯这类简单的例子中，所有质子的偶合都很清楚，从通常的谱图也可以得出相应质子的归属. 但对很复杂的分子而言，难以清晰知道该复杂分子的结构. 另外，当两个或更多个信号的化学位移几乎相同时，就难以解析分子中质子的偶合信息. 若采用脉冲序列延时技术，就可以发现远程偶合. 它可以揭示出 1Hz 左右的偶合常数所代表的信息，弄清一般超过由 4～5 个化学键组成的部分结构的连接方式. 图 17.25 为某代谢物在溶剂 CH_3OD 中的二维谱图的解析，充分说明了这种方法的强有力的能力. 在正常的二维相关谱图中，交叉峰揭示出相邻质子的偶合，以及亚甲基的任何非等价质子之间的双偶合的信息. 这些偶合信息以图中对角线以下的实线连接点表示出来. 在脉冲序列延时二维相关谱中，以对角线以上的虚线连接点表示交叉峰，从而揭示出有关的远程偶合信息. 可见，通过化合物的已知结构，可以理解及熟悉对二维波谱图的解析.

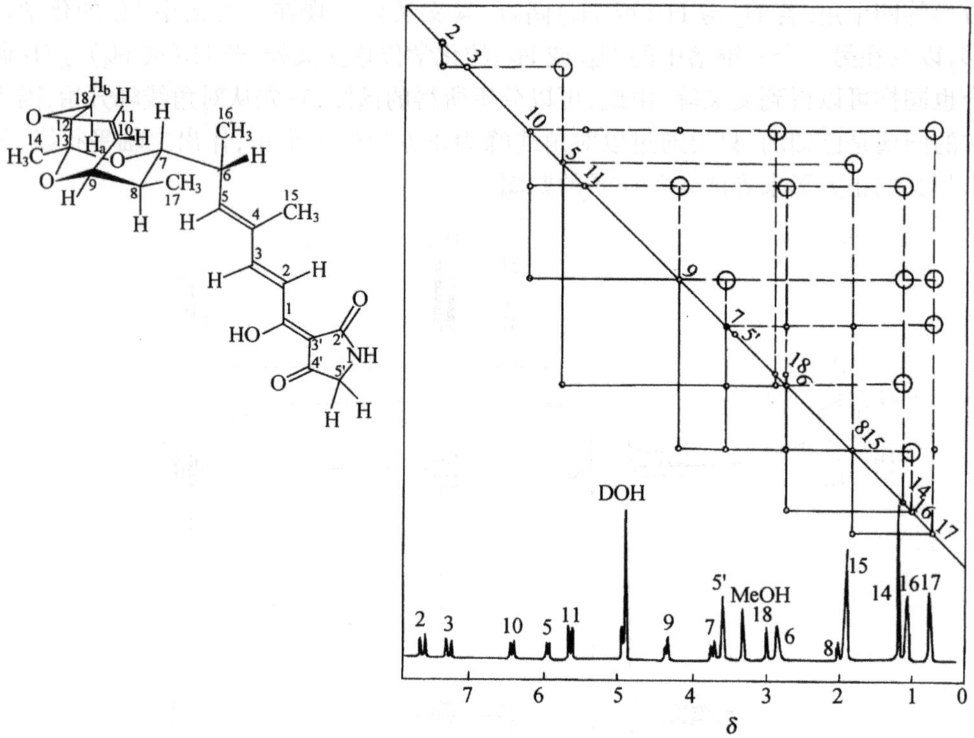

图 17.25　代谢物的 $^1H-^1H$ 二维谱图的解析

17.7.2　$^1H-^{13}C$ 相关谱

在 $^1H-^{13}C$ 二维相关谱中，横坐标相当于 ^{13}C 化学位移，纵坐标为 ^1H 化学位移. 与 $^1H-^1H$ 二维谱一样，若出现交叉峰，则代表 ^1H 与 ^{13}C 化学位移之间的相关性. 交叉峰表明 ^{13}C 核与直接相连的 ^1H 核的偶合，因此季碳(如羰基碳)就不出现交叉峰. $^1H-^{13}C$ 二维谱极有利于两类核的归属及相应结构的阐述，因为 ^{13}C 谱常用于解决会产生严重重叠的质子谱的解析. 采用脉冲序列延时技术(延时时间可设置为

$1/2J$，J 为$^{13}C—^1H$键的偶合常数)就可获得^{13}C与它直接相连的质子间的相关性．图17.26表明$^1H—^{13}C$相关谱的解析方法．一维^1H谱显示在纵坐标上，数字下标字母“a”表示直立H，字母“e”表示平伏H．^{13}C谱则显示在横坐标上．解析可以从质子的共振信号开始，也可以从^{13}C开始．若从C_2的质子开始画水平线，就可以找到交叉峰，其相应的^{13}C核的共振发生在$\delta 50$处．若从C_7($\delta 26$)开始画垂直线，则可以找到交叉峰，其相对应的质子的共振发生在$\delta=2.2$处．

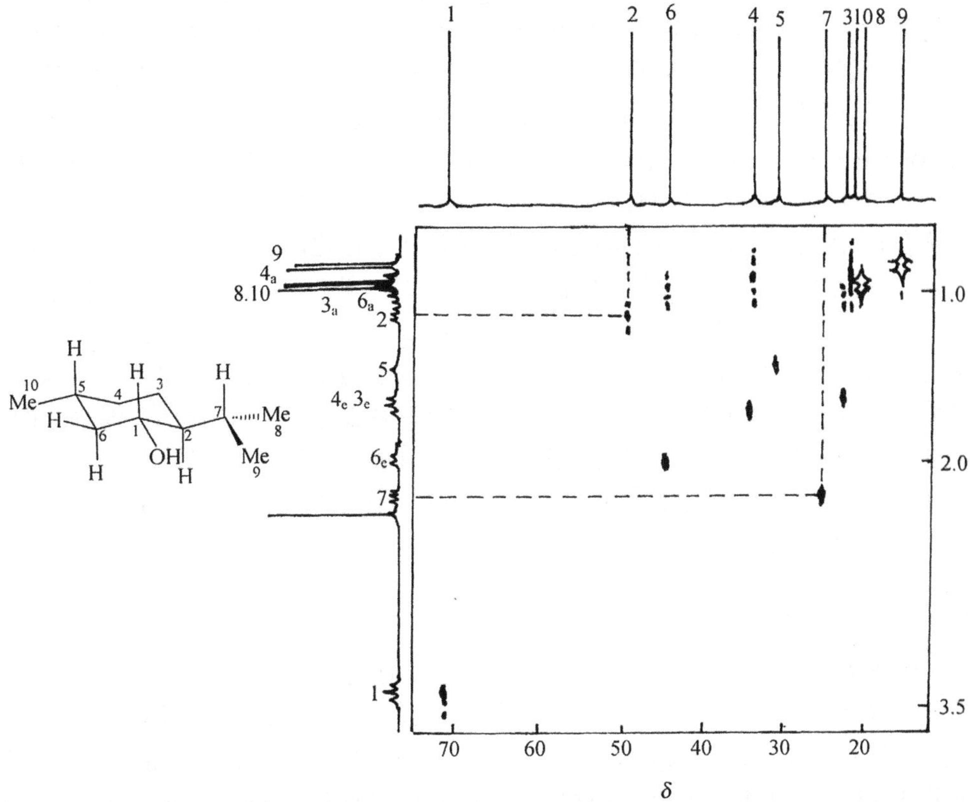

图17.26　薄荷醇的$^1H-^{13}C$二维谱图的解析

17.8　固体高分辨核磁共振谱

17.8.1　固体核磁共振谱

至此介绍的都是液体样品的核磁共振谱．由于样品是液体或稀溶液，其谱线宽度一般小于1Hz，因此可以通过图谱中的化学位移和自旋-自旋偶合裂分可以区分不同化学环境中的各类基团．但有不少研究对象是固体，它也许没有适当的溶剂可溶解;也不能采用熔融的方法,以防止样品分解;有的研究对象的分子在固态、液态或在溶液中的电子组态不尽相同,或者专门需要研究处于固态下的分子间的相互作用信息等,因此必须直接对固体样品进行核磁共振波谱分析.但固体样品的^{1}H和^{13}C谱线宽度很宽,通常线宽都有几千 Hz 以上,类似于一堆“土包”.它包含了样品中各种十分有用的核的相互作用信息,然而在谱图解析时却十分困难.产生这种分辨率极差的图谱的主要原因是强烈的核偶极-偶极相互作用.

样品中核的磁矩之间通过化学键发生间接的自旋-自旋相互作用,从而发生所谓的“J 偶合”;核磁矩也能通过偶极之间的相互作用而发生偶含,而这种偶极-偶极之间的偶合作用可以通过空间发生,从而引起所谓的“D 偶合”,而它比 J 偶合要大得多.在液体或溶液中,磁核随着样品分子一起进行完全随机的剧烈的布朗运动、翻转和平移,因此实验中观察到的是这些运动方式的平均结果,它表现出明显的各向同性,两个磁核之间有效的偶极作用几乎为零.但是间接的自旋-自旋偶合仍然存在,因为分子的各种运动方式不会破坏化学键之间的相互作用机理.在固体中,情况有很大的不同.磁核基本上是固定不动的,缺少液体中分子的那种剧烈的运动方式,磁核偶极的位置呈明显刚性,因而表现出各向异性,此时占优势的相互作用是 D 偶合.由于 D 偶合作用使谱线宽度达几千 Hz(如对^{1}H核,相当于 4.2kHz),甚至达几万赫兹数量级,大大超过了 J 偶合和大多数化学位移的数值.观察到的谱线自然呈毫无特征的宽带,掩盖了化学位移及自旋-自旋偶合等带来的极有价值的信息.如果所研究的核的 I 大于 1/2,还会有核四极矩与电场梯度张量的四极相互作用,更导致了谱线的复杂性.

17.8.2 获得固体高分辨核磁共振谱的方法

固体谱线很宽,这说明它的自旋-自旋弛豫时间 T_2 很短,结果使自由感应衰减信号短至几十微秒,甚至几微秒.为了检测这种信号,通常采用固体回波法.由于固体样品的信号弱,一般必须进行多次采样累加,以提高信噪比,目前均使用脉冲傅里叶变换核磁共振波谱仪.这就要求脉冲射频的输出功率很高.通常的高分辨核磁共振波谱仪的射频功率为 0.05kW,而对固体,其功率应超过 1kW,从而达到输出短至 0.5 至 1μs 的 90°脉冲.这样就能使所有的待测核被近似均匀地辐照,以获得良好的谱线形状.

所谓固体高分辨核磁共振波谱法就是人为地使自旋核运动,从而抑制核之间的偶极-偶极相互作用以及核四极的相互作用,以实现固体谱线宽度变窄的目的.

使谱线变窄的方法有以下几种.

1. 利用固体中核的运动致窄效应

若将固体加热熔化，或将固体研磨成能悬浮分散在液体中的微细颗粒，并使样品围绕与磁场垂直的轴旋转，以使外加磁场在样品处的不均匀性被抑制.

2. 利用高功率自旋去偶

高功率自旋去偶是使核在自旋空间中运动的常用方法. 由于核在自旋空间中的运动而失去了加宽谱线的作用. 对固体自旋去偶的功率要很高，才会有明显的去偶效果.

3. 魔角旋转法

魔角旋转法（magic angle spinning）是使样品的旋转轴与磁场 B_0 的方向成 54°44′的操作条件下作快速旋转，从而达到谱线变窄的目的. 在魔角旋转中，可以使偶极－偶极相互作用，间接自旋偶合作用以及核的电四极矩相互作用等都被平均化. 为了使这种平均化作用更有效，魔角旋转频率必须大于相应的相互作用强度，即必须大于在正常条件下所测得的谱线宽度. 魔角的设定精度应达到 ±0.1°，才能获得较好的谱线窄化效果. 目前，以压缩空气吹动直径为 7mm 的转子，转速可达 7kHz，而用 4mm 转子，则可达 15kHz. 若采用氦气吹动转子，则转速更高. 转子可用 BN，ZrO_2，Al_2O_3 陶瓷加工而成.

4. 组合脉冲序列法

采用适当的组合脉冲序列法，使核在自旋空间中运动，如用 WAHUA 脉冲序列可获得固体高分辨核磁共振谱. 这部分内容的原理、分析已超出本书范围，这里不作详细介绍.

习　题

1. 什么样的原子核能产生核磁共振信号？什么样的核不能？举例说明.
2. 解释以下术语：核进动频率、饱和、纵向弛豫、横向弛豫.
3. 进行核磁共振实验时，样品管保持高速旋转的目的是什么？从理论上如何解释？
4. 在核磁共振波谱仪中，射频发射器、射频接收器及磁场方向三者垂直的目的是什么？
5. 样品为什么配成稀溶液后进行实验有利？
6. 什么是化学位移？影响化学位移的因素有哪些？
7. 简述自旋-自旋裂分的原理. 怎样区别偶合常数与化学位移？
8. TMS 的化学位移值 δ 为 0.0，芳环质子的 δ 值则在 7.0 左右，因此在一定射频频率下，使 TMS 质子产生共振所需的磁场强度低，对芳环质子来说，磁场强度则高. 以上说法的错误在哪里?

9. 什么是化学全同和磁全同? 试举例说明.

10. 请对以下化合物预测它们的^{1}H核磁共振波谱图. 波谱图应包括大致的化学位移、裂分数及每个峰的相对强度.

(1) $C_6H_5CH_3$　(2) $C_2H_5OC_2H_5$　(3) CH_3CH_2CHO　(4) $(CH_3)_2CHCl$

(5) $C_6H_5CH_2CH_2OH$　(6) $CH_3CHBrCHBrCH_3$　(7) $CH_3COCH_2CH_3$　(8) $Cl_2CH—CH_2Cl$

(9) 顺式丁烯二酸二乙酯

11. 一化合物的化学式为$C_4H_7BrO_2$,其^{1}H核磁共振波谱图如下,试推断它的结构式.

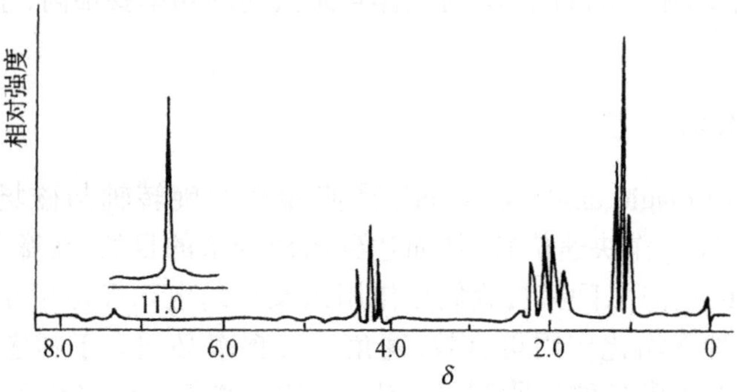

12. 一化合物的化学式为$C_3H_6O_2$,其^{1}H核磁共振波谱图如下,试推断其结构.

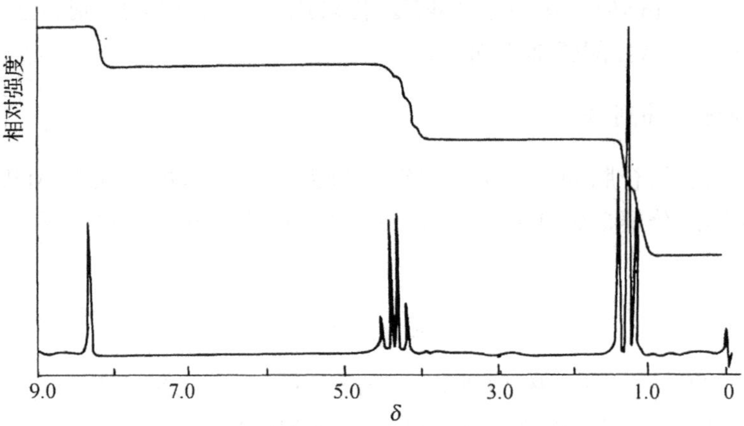

13. 一化合物的化学式为$C_{11}H_{12}O_2$,其^{1}H核磁共振波谱图如下页上图所示,试推断其结构.

14. ^{13}C核磁共振波谱的化学位移值为什么远大于^{1}H核磁共振波谱?

15. 何谓质子全去偶和偏共振去偶^{13}C核磁共振波谱?

16. 已知两化合物的化学式为$C_3H_6Cl_2$和$C_3H_6O_2$,全去偶^{13}C谱有以下特征峰:第一个化合物在δ40左右有两个紧挨的峰,δ值较大的高度约为较小的两倍. 第二个化合物大约在δ20,50,170处有三个峰,试推导其结构.

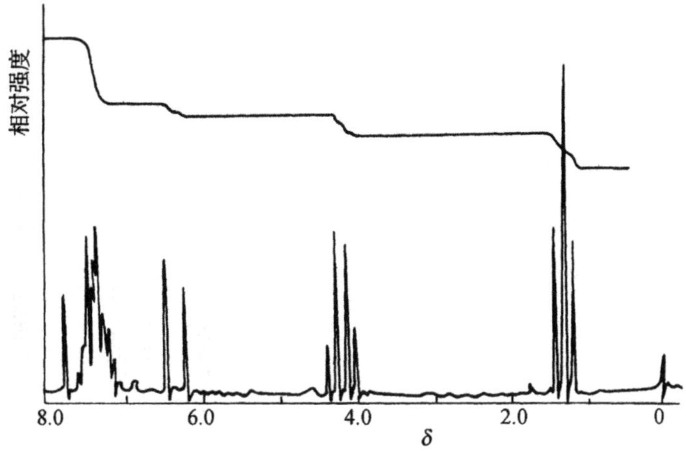

17. 二维核磁共振波谱主要能解决什么问题?

18. 已知两物质的化学式分别为 $C_4H_8Cl_2$ 和 C_5H_9OCl,其^1H和全去偶^{13}C谱分别如下. 试推导出结构. 在^{13}C谱中 δ78 处的三重峰为 $CDCl_3$ 的溶剂峰.

$C_4H_8Cl_2$

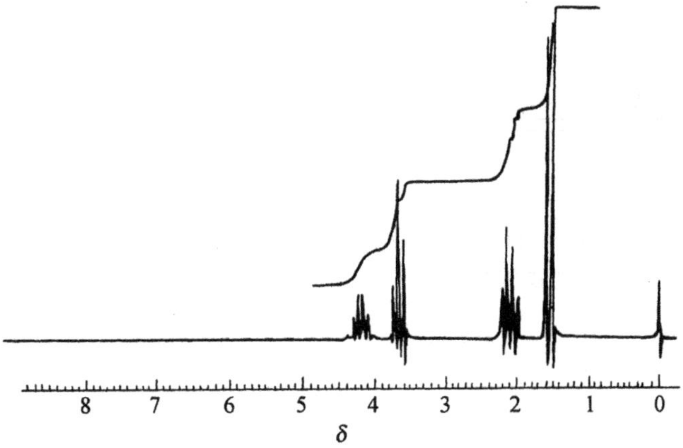

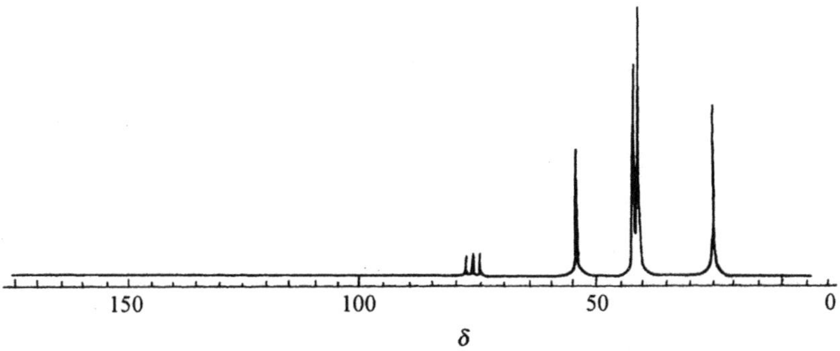

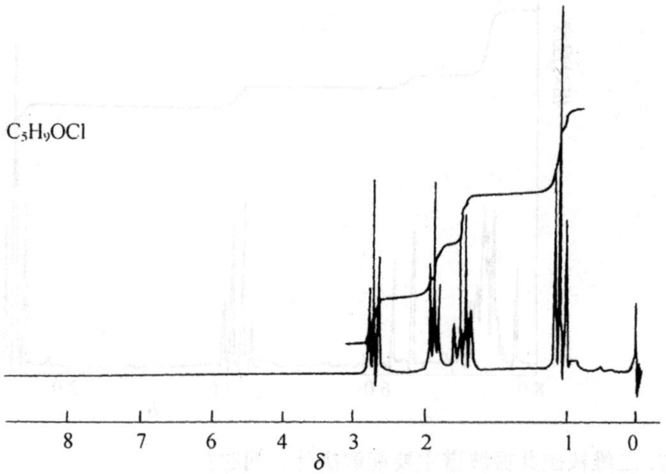

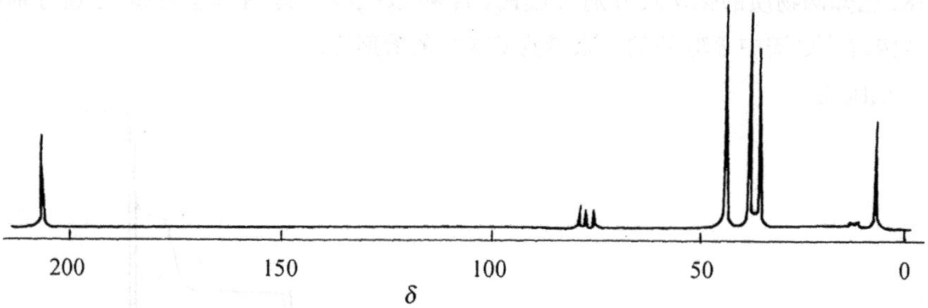

19. 对固体样品进行核磁共振波谱测定为什么比液体样品困难，要获得高分辨固体核磁共振谱必须采取的主要措施是什么？

第十八章　质　谱　法

基本要求：

1. 理解质谱法原理及质谱仪主要部件功能；
2. 理解各种电离源和质量分析器的原理及优缺点；
3. 掌握各类有机化合物的裂解规律；
4. 掌握从质谱图或四谱联用正确解析有机化合物的结构.

质谱法(mass spectrometry, MS)是将样品分子置于高真空中($<10^{-3}$Pa)，并受到高速电子流或强电场等作用，失去外层电子而生成分子离子，或化学键断裂生成各种碎片离子，然后在磁场中得到分离后加以收集和记录，从所得到的质谱图推断出化合物结构的方法. 质谱法具有分析速度快、灵敏度高以及可以提供样品分子的相对分子质量和丰富的结构信息的优点. 质谱分析通常只要几微克样品. 在最优化条件下，甚至只要 10^{-12}g 样品，这是解决只能获得极微量样品的分析的有效手段. 质谱法要求纯样的特点，使它的应用受到一定限制，但是质谱法与不同的分离方法联用，特别是气相色谱和液相色谱与质谱的联用，已成为一种极强有力的、可以分离和鉴定复杂混合物组成及结构的可靠手段.

18.1　质　谱　仪

虽然质谱仪的类型各不相同，但它们所包含的部件应具有以下功能：(1)使样品分子转变成离子；(2)通过电场使离子加速；(3)按质量与电荷之比(简称质荷比，m/z)分离离子；(4)将离子流转变成电信号. 自然，在质谱仪中首先必须有样品导入系统，然后使样品电离.

18.1.1　样品导入系统

将样品导入离子源的方法决定于样品的物理性质，如熔点、蒸气压等. 样品导入装置如图 18.1 所示. 对于气体或挥发性液体，可用注射器或阀直接注入左边的贮存器，然后通过细小的漏孔进入离子源. 贮存器预先抽成真空. 固体样品可用探针导入. 此探针实为长 25cm，直径 6mm 的不锈钢棒，前端有一可容纳样品的陶瓷小凹槽.当探针插入或拉出时,斜置的封闭阀就可将真空体系与外界大气隔绝.通过电热,使样品蒸发.对热稳定的有机化合物,一般可加热至200～300℃而不分解,通常可分析非极性分子的分子量达1000u;中等极性分子量达300u.也可以通过与气相色谱或液相色谱仪联用,将经分离的柱后流出物直接导入质谱仪分析.

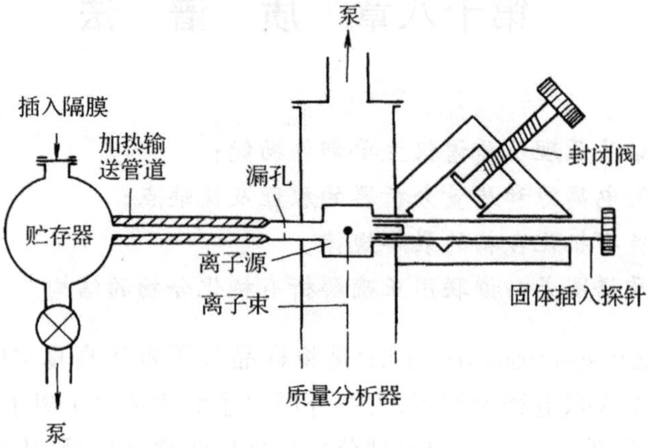

图 18.1　样品导入装置

18.1.2　电离源

离子的产生依靠电离源(或称电离室)提供的能量.目前质谱仪中,有多种电离源可供选择,如电子电离源、化学电离源、场电离源、快速原子轰击源及电喷雾电离源等,其中以电子电离源及电喷雾电离源应用广泛.

1. 电子电离源(electron ionization, EI)

图18.2为电子电离源的基本结构.当样品分子作为低压气体导入时,受到由加热灯丝(钨丝或铼丝)产生的并被阳极加速的高能电子流的轰击,生成分子离子和碎片离子.分子离子指失去一个电子而带正电荷的分子($M^{+\cdot}$表示,或简写成M^+),其相应的峰称为分子离子峰.碎片离子指分子中某些化学键断裂而生成的质量较小的带正电荷的碎片:

$$M^{+\cdot} \longrightarrow A^+ + N^\cdot$$

或

$$M^{+\cdot} \longrightarrow B^{+\cdot} + N$$

A^+和$B^{+\cdot}$为碎片离子;N和$N^\cdot$分别为中性分子和游离基.由于被电离的分子主要生成大量正离子和少量负离子,因此大多数质谱法只研究正离子.排斥极相对于"聚焦2"为正,以排斥正离子,使其向上通过狭缝."聚焦1"加上达几千伏的负电压,使正离子急剧加速.

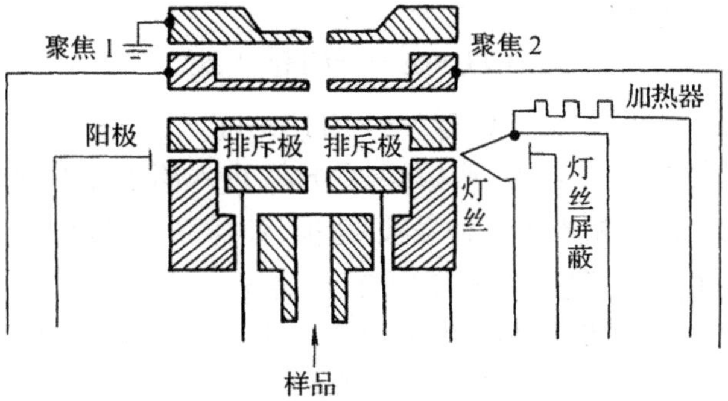

图 18.2 电子电离源横截面图

由于排斥极带正电,聚焦电极带负电,使生成的正离子加速向上运动.此时正离子所具有的动能为

$$E = E_o + zV = \frac{1}{2}mv^2 \tag{18.1}$$

式中:E_o是离子在加速前于电离过程中得到的动能;z 为所带电荷;V 为加速电压;m 是离子质量;v 是离子线速度.由于 E_o的差别以及离子常在离开狭缝不等的距离上生成,因此所生成的正离子的能量总有一定程度的分散.越是设计良好的离子源,这种能量的分散程度越低.若忽略 E_o,式(18.1)可写作:

$$v = \sqrt{\frac{2V}{m/z}} \tag{18.2}$$

质谱仪需在高真空条件下操作,其目的是为了减少高速电子和正离子的能量消耗在与其他气体分子的碰撞过程中,妨碍质谱分析的正常进行.因此每台仪器都有抽高真空系统,使真空度达 $10^{-4} \sim 10^{-5}$Pa.

电子电离源具有以下优点:(1)使用广泛,因为文献,或计算机内存文件中已积累了大量采用电子电离源的已知化合物质谱数据;(2)电离效率高;(3)结构简单,操作方便.主要缺点是质谱图中的分子离子峰很弱或不出现,这是由于电子能量高达 70eV,而大多数有机化合物的电离电位约 7～10eV,因此除生成分子离子外,还进一步断裂成碎片离子,降低了分子离子峰的强度.约有 10%～20%的有机化合物电离时,缺少分子离子峰.

2. 化学电离源(chemical ionization, CI)

样品分子在承受电子(能量约达 300eV)轰击之前,被一种反应气(常用的是甲烷)稀释.稀释比例约为 10^4:1,因此样品分子与电子之间的碰撞概率极小,所生成的离子主要来自反应气分子. 除甲烷外,异丁烷、NH_3、He 和 Ar 也可用作反应气. 以甲烷为例,发生的反应可表示如下:

$$CH_4 + e \longrightarrow CH_4^{+\cdot} + 2e$$

$$CH_4^{+\cdot} \longrightarrow CH_3^+ + H^\cdot$$

离子进一步与中性分子反应,生成 CH_5^+, $C_2H_5^+$. 进入离子源的样品分子(R—CH_3)的绝大部分都与 CH_5^+(相当于一种强酸)碰撞,使样品质子化,产生$(M+1)^+$离子. 部分样品分子与 $C_2H_5^+$ 反应,生成$(M+29)^+$离子.

采用化学电离源的优点是:(1) 图谱简单,因为电离样品分子的不是高能电子流,而是能量较低的二次离子,键的断裂可能性减小,峰的数目随之减少. (2) 准分子离子峰,即$(M+1)^+$峰很强,仍可提供相对分子质量这一重要信息. 图 18.3 为化学电离源质谱图与电子电离源的比较.

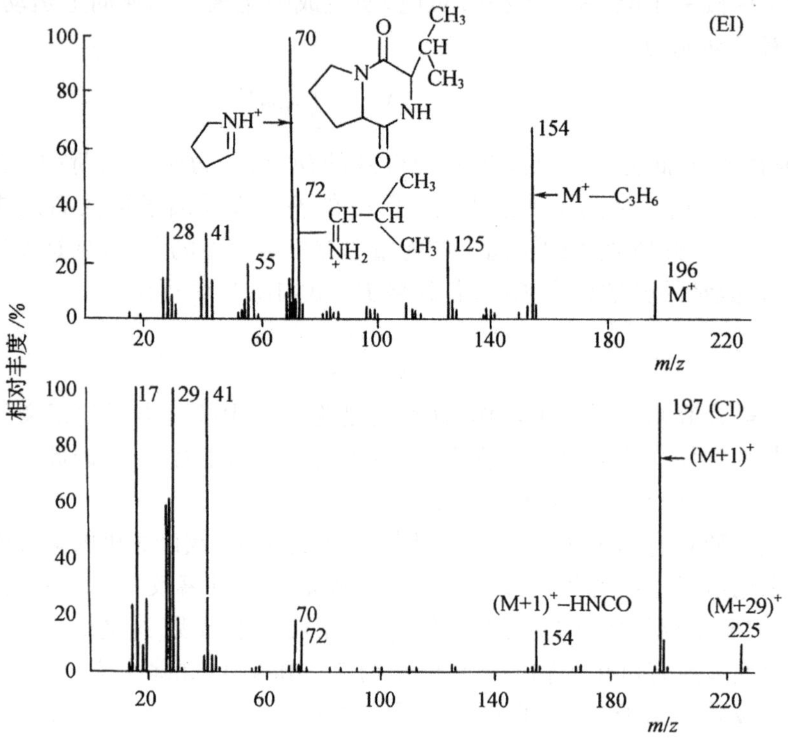

图 18.3　化学电离源与电子电离源的比较

3. 场电离源(field ionization, FI)

场电离源的构造如图 18.4 所示,其中最重要的部件是电极. 阳极和阴极间的电压差达 10kV. 由于两极之间距离极其小，约 10^{-4}cm，因而呈现的电压梯度可达 $10^{8}V\cdot cm^{-1}$. 若具有较大偶极矩和高极化率的样品分子与阳极相撞时，电子转移给阳极，而离子迅速被阴极加速而拉出，进入聚焦单元. 阳极通常是一个尖锐的叶片或金属丝，其上长满微针，故称“金属胡须”发射器. 由于场致电离源的能量约 12eV，因此分子离子峰强度较大，有时也可以观察到准分子离子峰(图 18.5)，而碎片离子峰很少.

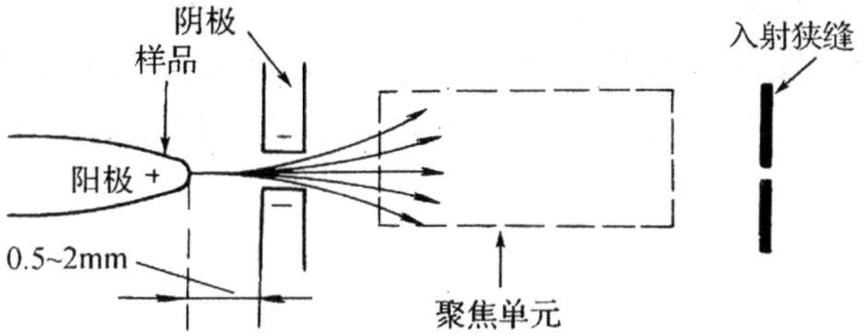

图 18.4 场电离源示意图

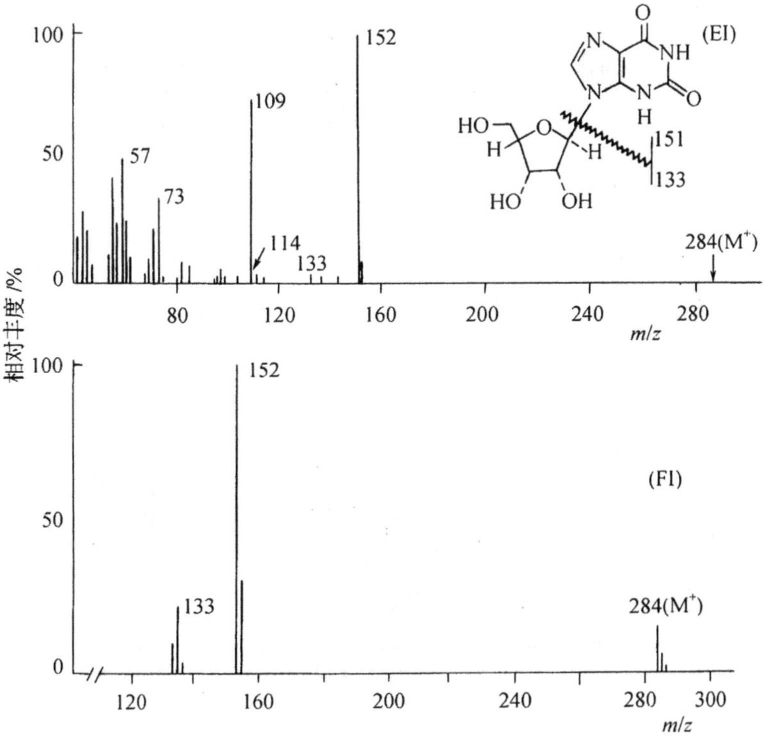

图 18.5 黄嘌呤核苷的质谱图

4. 场解吸源(field desorption, FD)

场解吸源十分类似于场电离源. 它有一个表面长满"金属胡须"(约 0.01mm 长)的阳极发射器. 将样品溶液加于发射器表面,并将溶剂蒸发除去,在强电场中,样品分子中的电子跑入金属原子空轨道而放电,生成正离子. 并由于库仑力,离子被逐出进入气相而不产生热分解. 与前三种电离技术相比,场解吸源是最弱的电离技术,一般只产生分子离子峰和准分子离子峰,碎片峰极少(图 18.6). 它特别适用于热不稳定和非挥发性化合物的质谱分析. 在推断复杂未知物的结构时,若有条件,将电子电离、化学电离及场解吸三种离子源的质谱图加以比较,有助于未知物的鉴定.

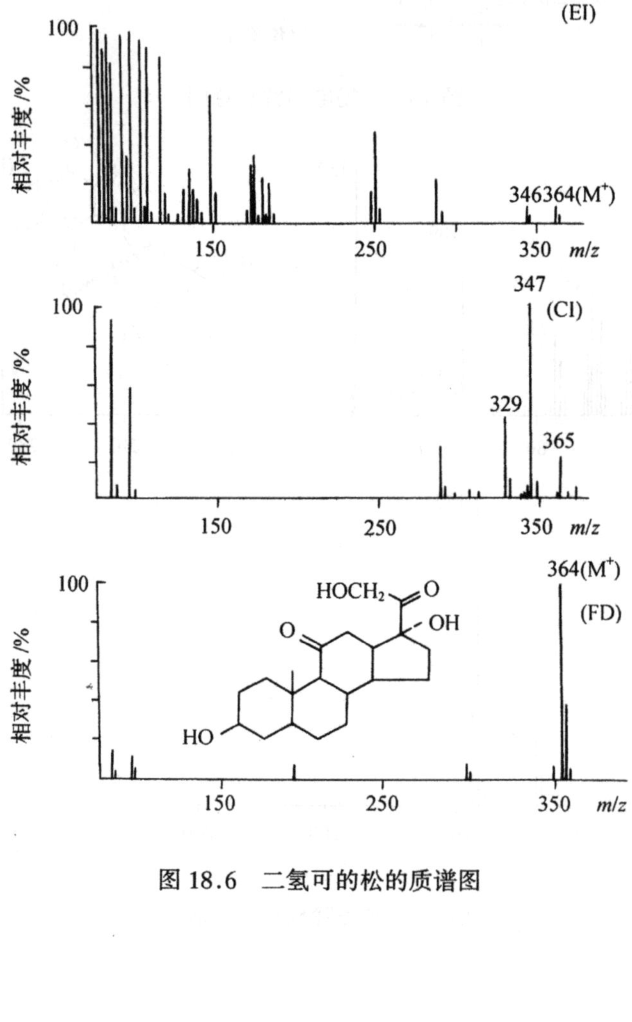

图 18.6 二氢可的松的质谱图

5. 激光解吸源(laser desorption, LD)

样品被短周期、强脉冲激光轰击，产生共振吸收而使能量转移至样品. 通常激光脉冲所加时间约在 1～100μs. 若将低浓度样品分散在液体或固体基质中(摩尔比约 1/100～1/50 000)，而该基质可以强烈地吸收激光，从而使能量间接转移到样品分子上，避免了样品的分解. 利用这种技术，可以分析生物大分子，如长链肽、蛋白质、齐聚核苷酸、齐聚多糖，它是测定生物大分子分子量的有力手段. 这种源又称为基质辅助激光解吸源. 图 18.7 为 1×10^{-12}mol 马的细胞色素质谱图，其基质为 2,5-二羟苯甲酸.

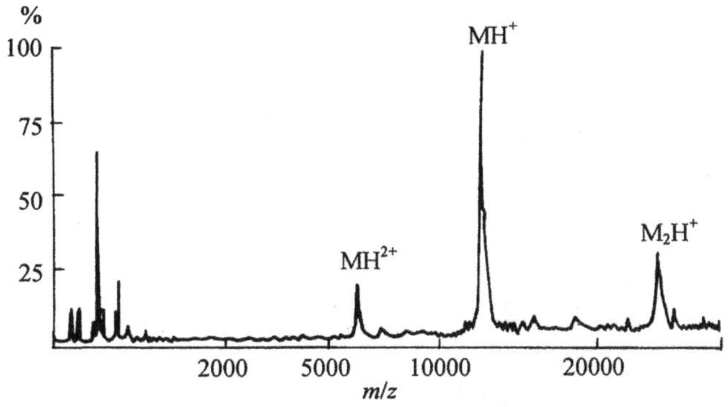

图 18.7 用基质辅助激光解吸源质谱法分析马细胞色素

6. 快速原子轰击源(fast atom bombardment, FAB)

快速原子轰击源结构如图 18.8(a)所示. 轰击样品的原子通常是稀有气体，如氙或氩. 为了获得高动能，首先应让气体原子电离，然后通过电场加速，再与热的气体原子进一步碰撞而导致电荷和能量的转移. 快速运动的原子撞击到涂有样品的金属板上，通过能量转移使样品分子电离，生成二次离子. 在电场作用下，这些离子穿过狭缝进入质量分析器. 通常将样品溶于惰性的非挥发性液体，如丙三醇中，然后以单分子层覆盖于探针表面，以提高电离效率，而悬浮样品不适合. 采用快速原子轰击源的优点是：(1)分子离子和准分子离子峰强；(2)碎片离子也很丰富；(3)适合于热不稳定、难挥发的样品. 缺点是溶解样品的液体也被电离而使质谱图复杂化，但是这种可以预料的背景是不难克服的. 18.8(b)是快速原子轰击源质谱图.

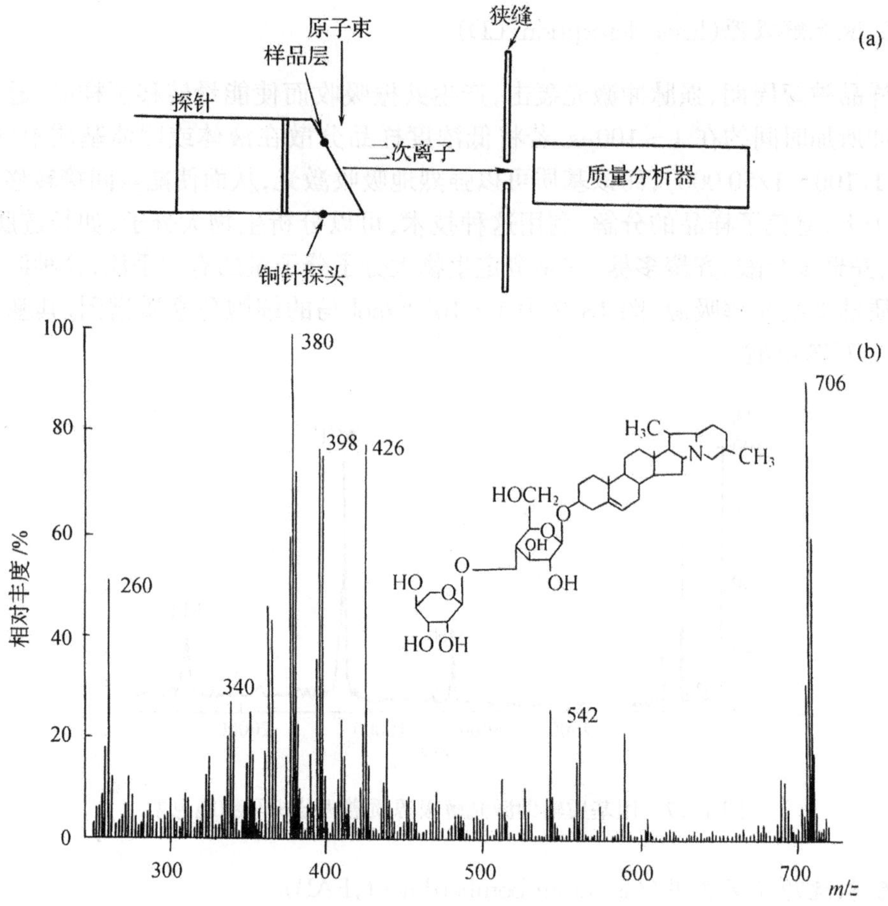

图 18.8　快速原子轰击及质谱图

7. 电喷雾电离源(electrospray ionization, ESI)

在电喷雾电离源中，一小股样品溶液($1\sim10\mu l\cdot min^{-1}$)从毛细管尖口喷出. 在毛细管末端与围绕毛细管的圆筒状电极之间加以 3～6kV 电压. 此时离开毛细管的液体不呈液滴状，而是喷雾状. 这些极微小的雾滴是在大气压条件下形成的，其表面的电荷密度较高. 当溶剂(一般为水-甲醇混合物)被干燥的气体携带穿过喷雾而蒸发后，液滴表面的电荷密度增加. 当电荷密度增加到一个临界点(称为瑞利稳定限)时，由于静电场的排斥力大于表面张力，使液滴变得更细小. 这一静电排斥过程不断重复，液滴变得越来越细微，带电荷的样品离子就被静电力喷入气相而进入质量分析器. 电喷雾电离源通常与四极质量分析器或与傅里叶变换离子回旋共振仪联用.

电喷雾电离源可以采用正离子或负离子模式，这决定于被分析离子的极性．在 pH 不同的溶液中，酸分子可形成负离子，而碱分子可形成正离子．因此为了分析正离子，毛细管尖口可带正电荷；反之，则带负电荷．被分析的离子还包括加合离子，如分析聚乙烯乙二醇，可以制备成含乙酸铵的溶液，由于 NH_4^+ 与氧原子之间形成加合物就产生新的带电荷的离子．样品离子所带电荷数目决定于被分析物的结构和溶剂．

电喷雾电离源的最大优点是样品分子不发生裂解，故称采用这种电离源的质谱为无碎片质谱．这特别适合于热不稳定的生物大分子，如肌红蛋白等分析．它的另一突出优点是可以获得一组分子离子电荷呈正态分布的质谱图（图 18.9）．用合适软件计算后可标出电荷数，计算出分子量．由于在电喷雾质谱图中存在多电荷离子，使离子的 m/z 值减小，从而使 m 值很大的离子出现在质谱图中．因此它容易测定生物大分子的分子量．若将电喷雾电离源与傅里叶变换离子回旋共振仪结合，

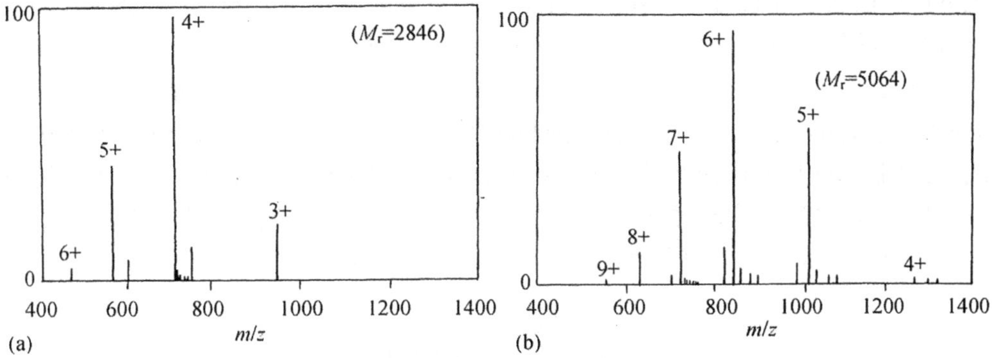

图 18.9　波状热菌素(a)与人体甲状旁腺素(1～44)(b)的电喷雾源质谱图

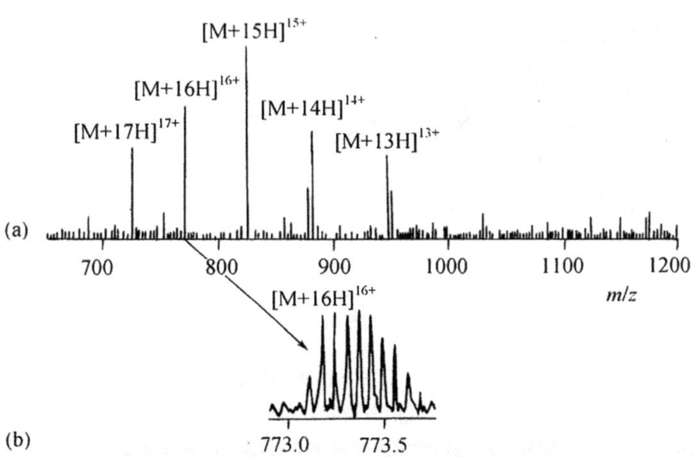

图 18.10　蛋白质细胞色素 C 的电喷雾源质谱图

可以分析蛋白质细胞色素C.它不仅仅可以获得电荷状态的分布[图18.10(a)],而且可以将其中任意一个峰在高分辨率下展开,就可以将与^{13}C同位素的各种结合而产生的峰都分离开来[图18.10(b)].此法的灵敏度很高,若用来测定蛋白质分子量,只需消耗约20×10^{-15}mol.它还可以与高效液相色谱柱直接联用,这是因为电喷雾电离源可直接在大气压条件下,使样品溶液中分子离子化.

8.无机物质谱电离源

适合于无机物分析的电离源主要是电感耦合等离子体(inductively coupled plasma,ICP)源、激光诱导等离子体源以及火花源.电感耦合等离子体源适合于分析液体样品.后两种源可直接用于固体分析.用于质谱分析的火花源与原子发射光谱中的火花源的根本区别在于前者处于真空条件,后者处于常压下.

电感耦合等离子体源与原子发射光谱中使用的这种源基本相同.只是须将常压下产生的离子通过接口传输到处于真空状态下的质量分析器,见图18.11.当被分析样品的气溶胶流进入等离子体源,在等离子体标准分析区内生成的离子超声喷射流,首先进入具有固定电压的处于冷却的采样锥(形状似横置的漏斗)小孔而被提取.被此小孔(1mm直径)收集的超声喷射流的中心线气流部分的1%再进入截取锥(截取锥与采样锥及等离子炬中心处于同一轴线上),然后进入离子透镜系统.离子透镜系统由串联的多个电极组成,并施加电压.其特性类似于光学透镜,离子透镜内弧形等电压可使通过锥孔后而膨胀的离子束聚焦而进入质量分析器.

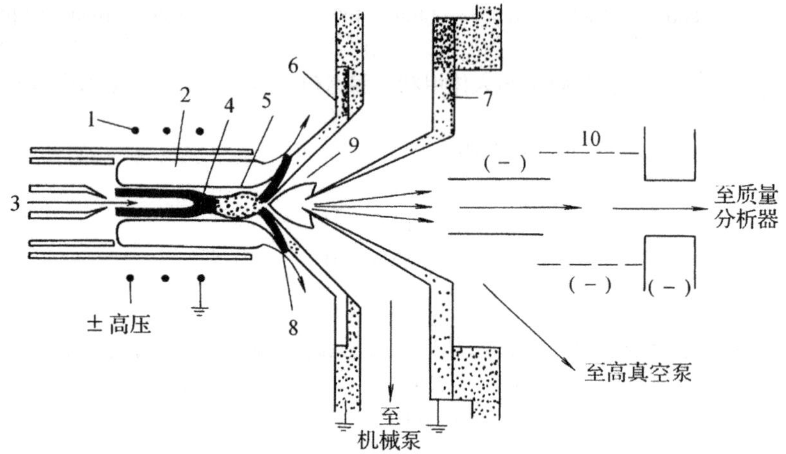

图18.11　ICP-MS联用示意图

1.炬管和负载线圈;2.感应区;3.气溶胶流;4.初辐射区;5.标准分析区;6.采样锥;7.截取锥;8.在采样锥外表面偏转的ICP气体的界面层;9.超声喷射流;10.离子透镜.

用电感耦合等离子体源质谱可以进行众多的元素分析.它可以用来分析地球岩石中不同元素组,如镧系元素;可以分析陨石、沉积岩中的各种元素丰度;可以测定矿石中的稀有元素.它也用于环境样品中的元素分析,如天然水、海洋生物、海洋沉积物中的多元素测定.在工业分析中的应用更为广泛,如各种金属、合金、原油、润滑剂、添加剂、有机溶剂及高纯化学试剂中的超痕量元素分析.它还可测定食品、人体体液和内脏组织中的痕量元素.但对以上这些非溶液样品必须制备成溶液.若直接用固体样品分析可以减少样品处理引入的误差,但取样的均匀性是一个严重问题.目前已研制了激光燃烧、悬浮液雾化等方法,直接进行固体样品分析.

18.1.3 质量分析器

能将离子源中生成的各种正离子按质量大小分离的部件称为离子分离器,又称质量分离器.各类质谱仪的主要差别在于质量分析器.

1.单聚焦磁偏转型

在离子源中产生的离子被电场加速后进入入射狭缝,然后进入磁场,偏转 90°后穿过出射狭缝(图 18.12),再聚焦于收集极.

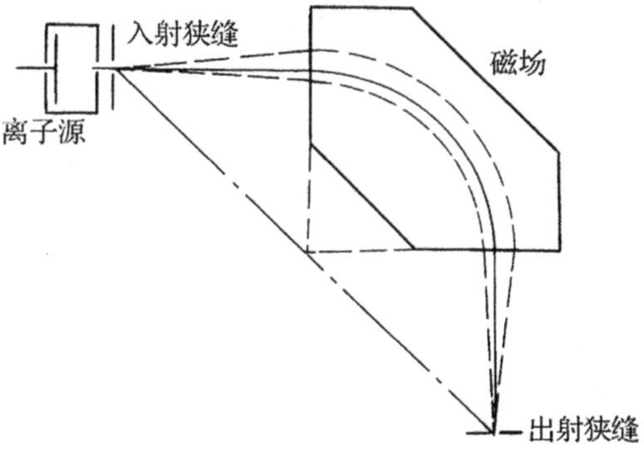

图 18.12 单聚焦磁偏转型

由式(18.1)知道离子的动能为$\frac{1}{2}mv^2$.当这些离子垂直进入均匀的磁场时,由于磁场的作用,使离子作圆周运动.当离心力与向心力(即磁场引力)相等时,则

$$\frac{mv^2}{r} = Bzv \tag{18.3}$$

式中,r 为离子运动的轨道半径;B 为磁场强度.由式(18.2)和(18.3)得

$$r = \frac{1}{B}\sqrt{\frac{2Vm}{z}} \tag{18.4}$$

可见，离子在磁场中运动轨道的半径决定于加速电压 V、磁场强度 B，以及质荷比 m/z. 在进行质谱分析时，磁场强度恒定，一般采用电压扫描，使不同质荷比的离子依次沿半径为 r 的轨道运行，穿过出射狭缝到达检测器. 凡是不能符合式(18.4)要求的离子，因运动轨道半径不同而不能穿过出射狭缝.

当具有相同质荷比的离子束，在进入入射狭缝时，各离子的运动轨迹是发散的，但在通过磁偏转型质量分析器之后，发散的离子束又重新聚焦于出射狭缝处. 磁偏转型质量分析器的这种功能称为方向聚焦.

2. 双聚焦型

通过方向聚焦可以使质荷比相同而发射角度不同的离子重新聚焦于出射狭缝处，但无法使质荷比相同而能量(即射入质量分析器的速度)不同的离子完全聚焦于出射狭缝，影响分辨率的提高. 若在离子源和磁场之间增加一个静电分析器，就可以消除相同质荷比离子由于动能的差别而产生的误差. 双聚焦型质量分析器如图 18.13 所示.

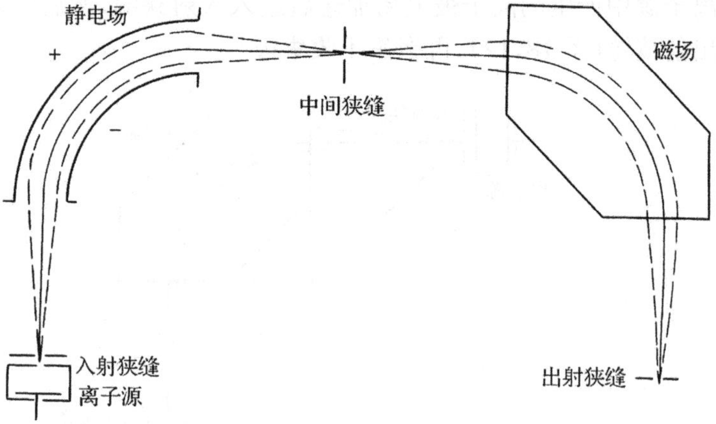

图 18.13 Nier-Johnson 双聚焦质量分析器

当离开入射狭缝的离子束在穿过静电分析器(由两个同心的圆筒状电极组成)的环形通道时，其离子的动能应服从以下关系式：

$$\frac{1}{2}mv^2 = \frac{zEr}{2} \tag{18.5}$$

重排得

$$r = \frac{mv^2}{zE} \tag{18.6}$$

式中，E 为外加静电场强度. 这说明离子运动的轨道半径可以通过外加静电场控制.离子运动轨迹不仅是质荷比的函数,也是离子动能的函数.只有动能与运动半径相匹配的离子才能通过静电分析器实现能量聚焦(或称速度聚焦),然后再进行方向聚焦.经过双聚焦之后,分辨率大为提高.

3.四极质量分析器

四极质量分析器完全不同于前面介绍的分析器,其结构如图 18.14 所示.它由二对高度平行的圆形金属极杆(长 0.1～0.3m)组成,精密地固定在正方形的四个角上.A,B 极杆处于 x 轴,C,D 极杆处于 y 轴.其中一对加以直流电压 V_{DC},另一对加以射频电压 $V_{RF}\cos\omega t$(V_{RF}为射频电压振幅,ω 为射频振荡频率,t 为时间).加在两对极杆之间的总电压为:$V_{DC}+V_{RF}\cos\omega t$.由于射频电压大于直流电压,此时四极之间的空间处于射频调制的直流电压的两种力场的作用下.当正离子进入就偏向负极,动能越低的离子越容易偏离.当射频电压使 A 极带负电,C 极带正电,则正离子偏向 A 极;反之,正离子偏向 C 极.射频的交变频率为 108Hz,极杆的极性变化极其迅速.射频电压相当于增补或递减了固定的直流电压,离子也就按瞬时变化的电压差在极杆之间偏转.对于 B,D 极杆来说,同理,只是加到 A 和 C 极上的射频与加到 B 和 D 极上的射频是 180°的相位差.只要离子在四极空间的摆动轨迹遵循以下方程,就能边摆动边顺利到达检测器.式中 r 为每根极杆的圆形截面内侧切线至 x 轴或 y 轴的垂直距离.

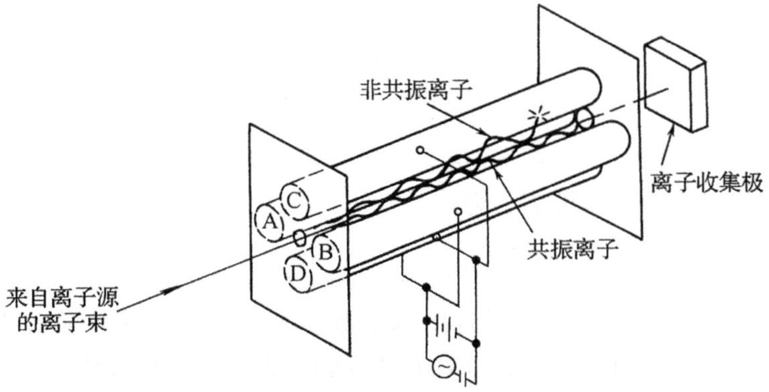

图 18.14 四极质量分析器

$$\frac{d^2x}{dt^2}+\frac{2}{r^2}\frac{z}{m}(V_{DC}+V_{RF}\cos\omega t)x=0 \tag{18.7}$$

$$\frac{d^2y}{dt^2}+\frac{2}{r^2}\frac{z}{m}(V_{DC}+V_{RF}\cos\omega t)y=0 \tag{18.8}$$

这表明只有在一对特定直流和射频电压时,具有特定动能的离子才能通过,其他离子则与极杆相撞.若使直流和射频电压振幅按不同比率改变或通过改变射频频率则可实现质量扫描,使不同质荷比的离子依次到达检测器.

四极质量分析器的优点是:(1)分辨率较高;(2)分析速度极快,最适合与气相色谱仪和高效液相色谱仪联用.但是准确度和精密度低于磁偏转型质量分析器.

4.离子回旋共振质量分析器

采用离子回旋共振质量分析器的质谱仪是一种新型的质谱仪,又称傅里叶变换质谱仪.它的基本原理完全不同于磁偏转与四极质谱仪,而是建立在离子回旋共振技术的基础上.它的核心部件,离子回旋共振室的结构如图 18.15 所示.

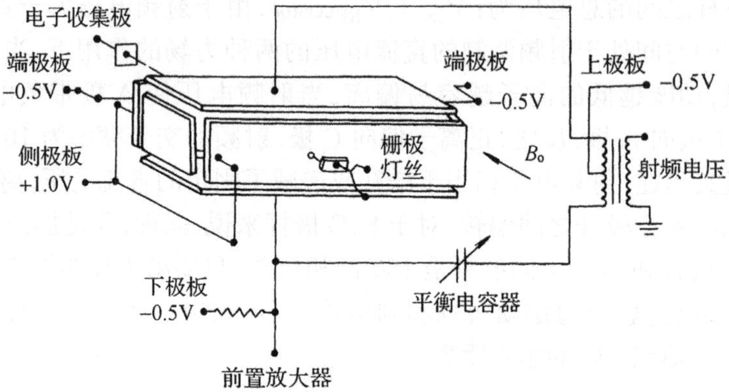

图 18.15　离子回旋共振室结构

在一个边长为几厘米的矩形小室内,样品在恒定磁场 B_o 中电离成质量为 m,电荷为 z,运动速度为 v 的离子.这些离子在磁场中被迫作随意的圆周运动[图 18.16(a)],其回旋角频率可表示为

$$\omega = \frac{v}{r} = \frac{z}{m}B_o \tag{18.9}$$

式中,ω 为离子回旋频率($rad \cdot s^{-1}$);B_o 为磁场强度.显然,离子回旋频率决定于质荷比.为了使离子在磁场中滞留足够的时间(约零点几秒),可以使侧面极板带正电位(+1.0V),上下极板和前后极板都带负电位(−0.5V).为了区分不同质量,在上下极板之间加上可变射频场.若调制射频场频率(ω_1)与离子回旋频率相同,$\omega_1 = \omega$,则离子吸收射频能量,使其回旋速度及轨道都增大[图 18.16(b)].对于质荷比一定的所有离子来说,随着受射频的激发而同相环行.如果有大量不同质量的离子存在,只有能与射频产生共振的离子才给出响应信号.在 1ms 内,在整个所需的射频频率范围(~20kHz→1MHz)扫描,造成在相应质量范围内的所有离子都以同相环行.但必须是在射频激发消除之后,才出现图 18.16(c)的情况.这种环行

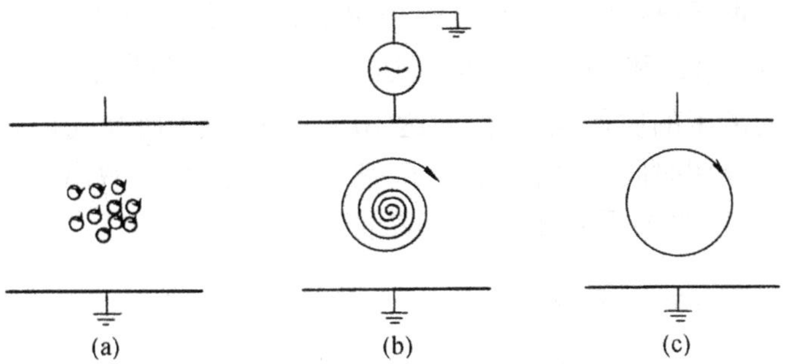

图 18.16 磁场中的离子轨道

离子使上下极板之间感应出电流,并被前置放大器感知，从而得到一个由所有离子贡献的复合信号. 它包括了在此质谱仪上提供的样品离子的所有频率的信息. 要将这类信息转变成通常的质谱信息，需要进行傅里叶变换. 图 18.17 为包括了运动离子提供的所有信息的时域离子回旋共振干涉图与傅里叶变换后的质谱图的比较.

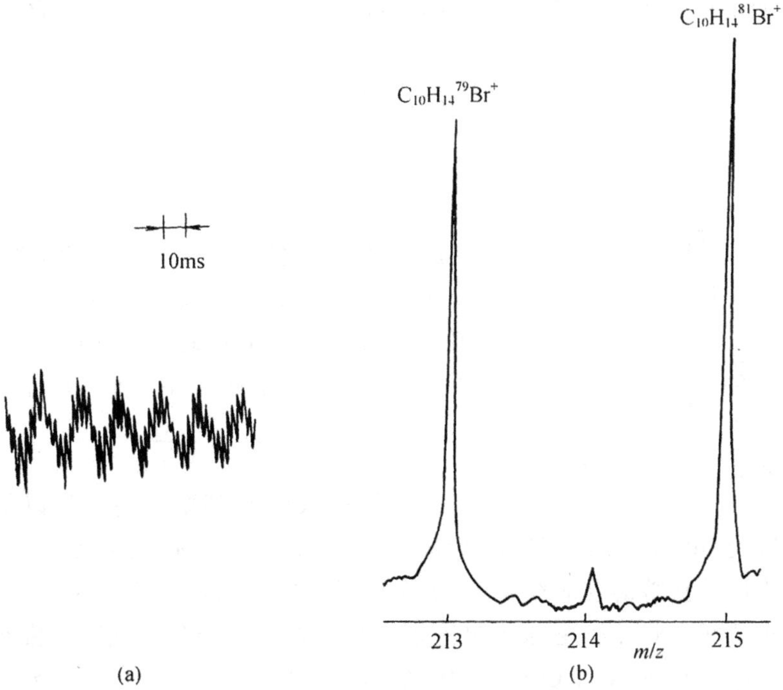

图 18.17 两种质谱图的比较

(a) 时域干涉图；(b) 普通质谱图.

离子回旋共振质谱仪的优点是:(1)分辨率高,容易区分相同标称相对分子质量的离子,如 N_2,C_2H_4 和 CO,分辨率高达 250 000,对推断精确的经验式极有价值;(2)可检测的离子的质量范围宽,可达 10^3;(3)可用于研究气相离子反应.因为离子在分析器中停留时间长,增加了分子-离子碰撞概率,导致离子-分子反应的发生.缺点是对真空度要求严格,仪器费用昂贵.

18.1.4　信号检测和数据系统

离子的检测可采用电子倍增器.电子倍增器的原理类似于光电倍增管,它可以记录约 10^{-18}A 的电流，现代质谱仪都在计算机控制下操作. 计算机数据系统不仅用于数据的存储、变换与检索，还可以由键盘来控制气相色谱或液相色谱与质谱仪的联用. 通过计算机可以控制自动取样、注射样品、流速和温度以及扫描速率等.

18.1.5　分辨率

一台质谱仪能区分质量极为接近的两种离子的能力称为分辨率 R,它按下式定义:

$$R = \frac{M}{\Delta M} \tag{18.10}$$

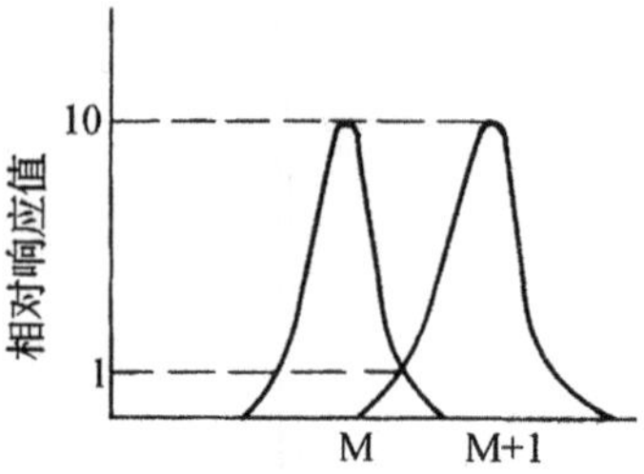

图 18.18　分辨率定义

式中,M 为相邻单电荷离子质谱峰的平均质量;ΔM 为两峰的质量差.当两个等高峰之间的峰谷高 Δh 与峰高 h 之比为 0.1 时,就算两峰刚好分开(图 18.18).但有时难以找到峰高相等的相邻峰,且峰谷又为峰高的 0.1,此时可任选一峰,以其峰高 5%的峰宽($W_{0.05}$)值代替 ΔM 值,即

$$R = \frac{M}{W_{0.05}} \tag{18.11}$$

一台质谱仪的分辨率的高低受以下因素影响:离子源所提供的离子的能量是否均一;加速电压及磁场强度的稳定性;将离子聚焦的能力以及狭缝的合适宽度等.单聚焦磁偏转质谱仪的分辨率可达 5000.而双聚焦型可达50 000以上,它很容易区别标称相对分子质量相同而元素组成不同的峰,如 N_2(28.0061),CO(27.9949)和 C_2H_4(28.0313),以及 $C_5H_4N_4O$(136.0385),$C_6H_6N_3O$(136.0511),$C_7H_8N_2O$(136.0637),$C_8H_{10}NO$(136.0762)和 $C_9H_{12}O$(136.0889).用高分辨率傅里叶变换质谱仪分辨 N_2,C_2H_4 和 CO,分辨率高达250 000.从高分辨率质谱数据确定经验式必须借助于计算机.

18.2 离子的主要类型

18.2.1 分子离子

分子失去一个电子而生成的离子称为分子离子或母离子，相应的质谱峰称为分子离子峰或母峰.分子离子峰具有以下特点：

(1) 分子离子峰通常出现在质荷比最高的位置，存在同位素峰时例外.分子离子峰的稳定性决定于分子结构.芳香族、共轭烯烃及环状化合物等的分子离子峰强(图 18.19)；脂肪醇、胺、硝基化合物及多侧链化合物等很弱，甚至不出现(图 18.20).

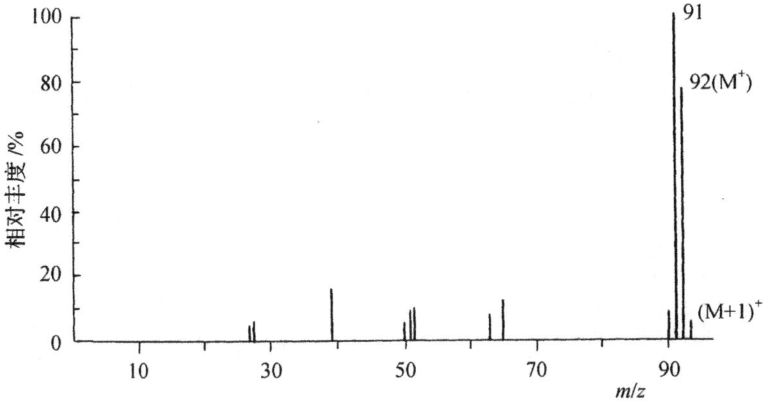

图 18.19 甲苯的质谱图

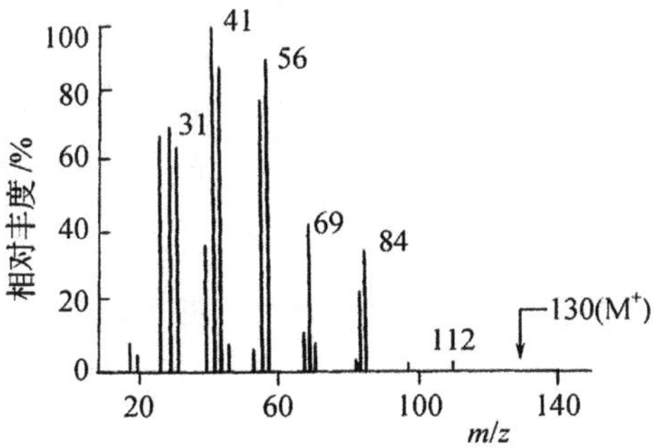

图 18.20 正辛醇的质谱图

(2) 分子离子峰左边 3～14 原子质量单位范围内一般不可能出现峰，因为同时使一个分子失去 3 个氢原子几乎不可能，而能失去的最小基团通常是甲基，即

$(M-15)^+$峰.

(3) 凡是分子离子峰应符合“氮规则”. 氮规则表明相对分子质量为偶数的有机化合物一定含有偶数个氮原子或不含氮原子;相对分子质量为奇数的,则只能含奇数个氮原子.

分子离子峰的主要用途是确定化合物相对分子质量. 利用高分辨率质谱仪给出精确的分子离子峰质量数,是测定有机化合物相对分子质量的最快速、可靠的方法之一.

当分子离子峰不出现时,可以采用以下办法:

(1) 降低电子轰击的能量,可以减少分子离子进一步裂解的可能性,从而增强分子离子峰. 同时,还可使图谱过于复杂而不突出的某些重要碎片峰的问题得到解决(图 18.21).

(2) 更换其他离子源(图 18.5).

(3) 采用化学衍生化的方法,使化合物(如醇)转变成稳定的衍生物(如酯).

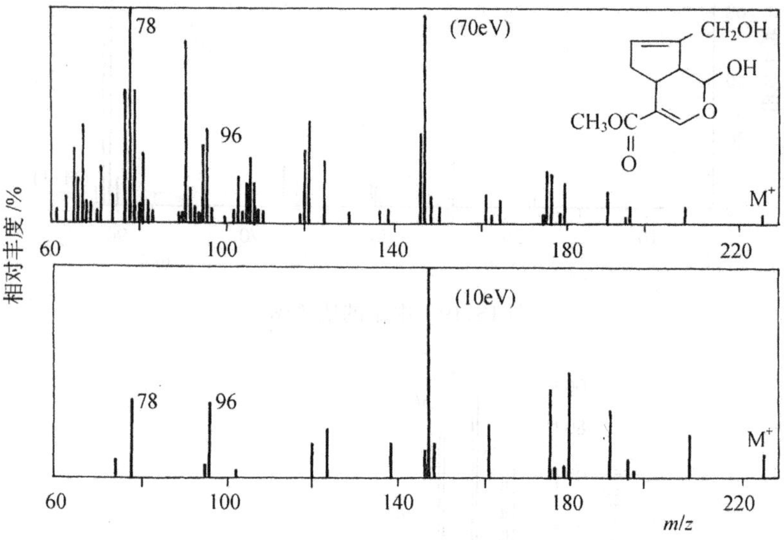

图 18.21 不同电子能量下获得质谱图

18.2.2 同位素离子

由于不同元素的同位素含量不相同,因而在质谱图中出现强度不等的同位素峰(图 18.22). 常见元素的天然同位素丰度见表 18.1. 由于这些元素存在,往往在分子离子峰右边 1 或 2 个质量单位处出现$(M+1)^+$或$(M+2)^+$峰. 从$(M+2)^+$或$(M+1)^+$峰的强度可以推断存在的同位素. 根据表 18.1,若$(M+2)^+$峰相对丰度

约为 M^+ 的 1/3,可以推断有 ^{37}Cl 存在;若 $(M+2)^+$ 峰约与 M^+ 峰的强度相等,则可推断有 ^{81}Br 存在.对含有两个 Br 或同时含 Br 和 Cl 原子的分子,如 RBr_2 或 RClBr,除分离子峰和 $(M+2)^+$ 峰外,还出现 $(M+4)^+$ 峰.含三个 Cl 原子的分子,出现 $(M+2)^+$,$(M+4)^+$ 和 $(M+6)^+$ 峰.对分别含 Br,Br_2,Br_3,Br_2Cl 的分子的 $(M+2)^+$ 峰的相对丰度分别为 97.7,195.0,293.0,228.0.

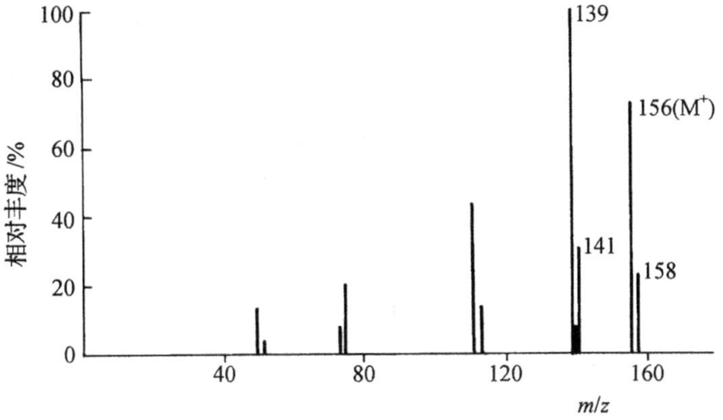

图 18.22 4-ClC_6H_4COOH 的质谱图

表 18.1 天然同位素丰度(以最大丰度同位素为 100)

同位素	M+1	M+2
^{13}C	1.08	—
^{2}H	0.016	—
^{15}N	0.38	—
^{17}O	0.04	—
^{18}O	—	0.20
^{33}S	0.78	—
^{34}S	—	4.40
^{37}Cl	—	32.00
^{81}Br	—	98.00

18.2.3 碎片离子

碎片离子是由于离子源的能量过高,使分子中的某些原子键断裂而形成.利用碎片离子提供的信息,有助于推断分子结构.图 18.23 为正丁酸甲酯的质谱图.*m/z* 43,*m/z* 71 和 *m/z* 59 的碎片离子是由下列裂解过程产生的:

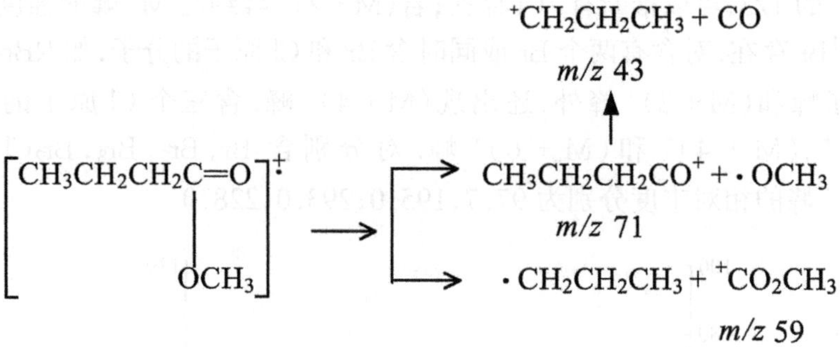

反过来,理解了碎片离子产生的机理,就可以有助于结构的推断.

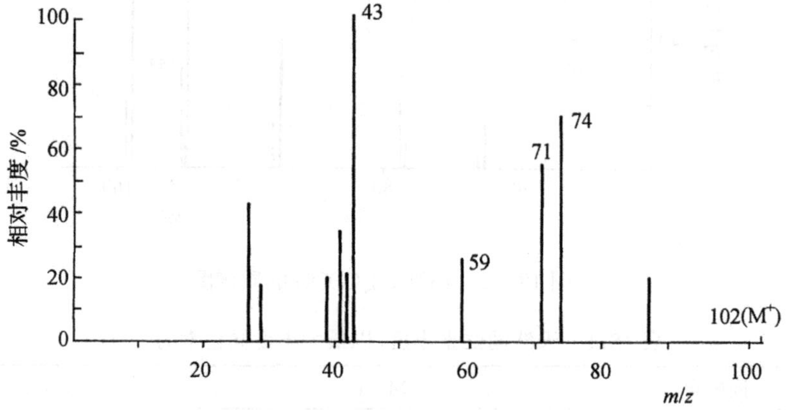

图 18.23　正丁酸甲酯的质谱图

18.2.4　重排离子

分子离子在裂解的同时,可能发生原子或原子团的重排,产生比较稳定的重排离子. 最典型的就是 McLafferty 重排,其特点是 γ 氢转移至羰基氧原子上. 图 18.23 中的 m/z 74 峰,就是重排的结果:

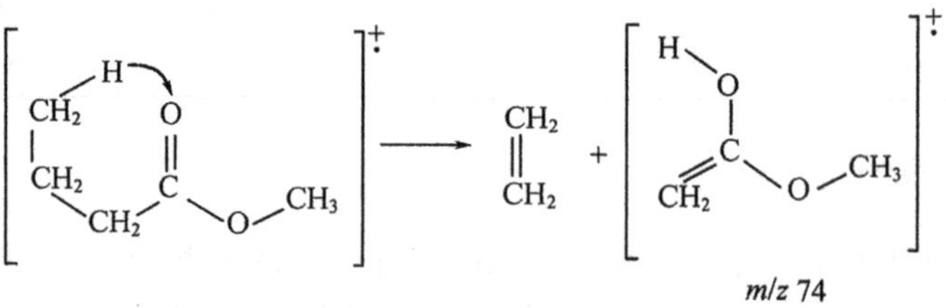

又如正丁基苯的质谱图中出现 m/z 92 峰,是由于发生 β 断裂,并重排一个氢原子:

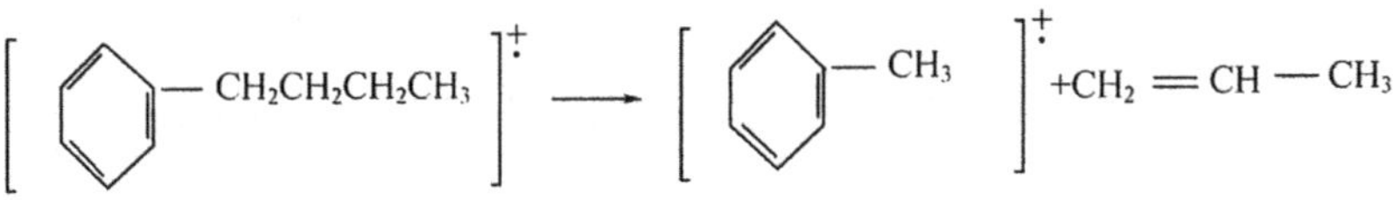

m/z134 m/z92

或者

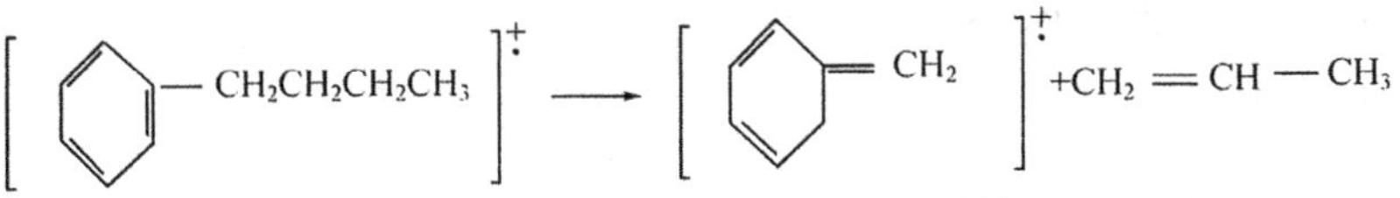

m/z92

18.2.5 亚稳离子

当样品分子在电离室中生成 M_1^+ 以后，一部分离子被电场加速，经质量分析器到达检测器．另一部分 M_1^+ 就在电离室内进一步裂解成 M_2^+ 和中性碎片：$M_1^+ \rightarrow M_2^+ +$ 中性碎片．但还有一部分 M_1^+ 经电场加速进入质量分析器后，在飞行途中又裂解成 M_2^+ 和中性碎片，显然，中性碎片带走了 M_1^+ 离子的部分动能．因此，处在飞行途中生成的 M_2^+ 离子的动能必然小于在电离室内生成的 M_2^+ 的动能，尽管两者质量相等．由于动能小，在磁场中易于偏转，其运动轨道半径 r 小．这种离子称为亚稳离子(M^*)，在质谱图中，出现在正常的 M_2^+ 离子的左边，峰宽且强度弱．亚稳离子的质量可由下式求得：

$$M^* = \frac{[M_2^+]^2}{M_1^+} \tag{18.12}$$

亚稳离子主要用于研究裂解机理．

18.3 有机化合物的裂解规律

18.3.1 常见有机化合物的裂解特点

1．分子结构与离子的关系

分子离子的裂解是一个复杂的竞争和连续反应的过程．得到何种裂解产物决定于母体与裂解产物的稳定性．质谱图正是这种竞争结果的反映．裂解最容易的途径是能生成最稳定离子的分裂途径和能生成稳定中性分子的途径．质谱中生成的阳离子稳定性与有机化学中的阳离子的稳定性相似．它与取代基性质及多少有关，以下离子的稳定性顺序为

$$CH_3^+ < CH_3CH_2^+ < CH_3\overset{+}{C}HCH_3 < CH_3-\underset{+}{\overset{CH_3}{\overset{|}{C}}}-CH_3$$

也与共轭效应有关，如 $CH_2{=}CH-\overset{+}{C}H_2$ 和 $C_7H_7^+$ 离子（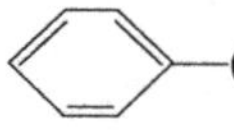$-CH_2^+$ 或 +）稳定．常见稳定的中性分子有：CO，C_2H_2，HCN，C_2H_4，H_2O，$CH_2{=}CH_2-CH_3$ 和 $CH_2{=}C{=}O$．

2．离子裂解与电子奇偶数关系

分子离子的裂解遵循以下规律：

$$M^{\overset{+}{\cdot}}（奇数电子）\longrightarrow A^+（偶数电子）+R^{\cdot}（游离基）$$

或者

$$M^{\overset{+}{\cdot}}（奇数电子）\rightarrow B^{\overset{+}{\cdot}}（奇数电子）+N（中性分子）$$

奇数电子碎片离子可以消去一个游离基或一个中性分子，但偶数电子碎片离子只能消去一个中性分子，得到偶数电子碎片离子，而不能消去游离基而生成奇数电子碎片离子，除非奇数电子碎片特别稳定．

3．离子裂解与离解电位关系

对以下两种裂解方式，何种方式最可能，相对丰度强，这要决定于离解电位的高低．

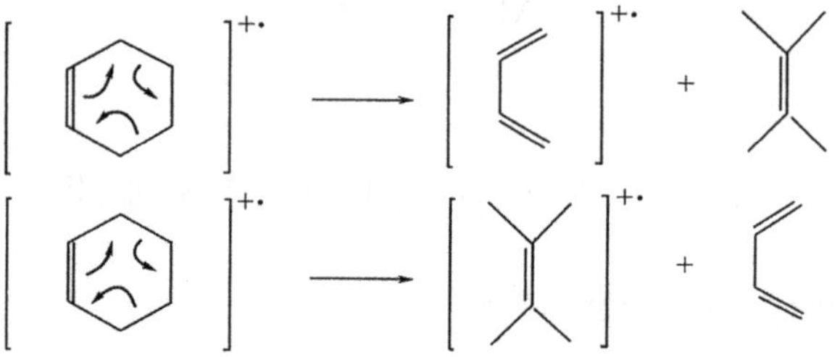

由于上一种裂解方式的离解电位低，因此占优势．

4．离子的两种裂解方式

裂解是指分子中有一个键开裂．有三种方式：均裂、异裂和半异裂．

均裂指一个 σ 键开裂，每个碎片保留一个电子，即

$$X-Y \longrightarrow X^{\cdot}+Y^{\cdot}$$

异裂指一个 σ 键开裂，两个电子都归属一个碎片，即

$$\text{X} \overset{\curvearrowright}{-} \text{Y} \longrightarrow \text{X}^{+} + \text{Y}^{:}$$

半异裂指离子化的 σ 键开裂，即

$$\text{X} \overset{\curvearrowright}{+\cdot} \text{Y} \longrightarrow \text{X}^{+} + \text{Y}^{\cdot}$$

箭头表示电子转移.

18.3.2　重要类型有机化合物的裂解规律

1. 烃类

饱和脂肪烃裂解时具有以下特点：

(1) 生成一系列奇数质量峰，m/z 15，29，43…；

(2) m/z 43($C_3H_7^+$)和 m/z 57($C_4H_9^+$)峰最强；

(3) 若有侧链存在，裂解优先发生在侧链处.

烯烃的裂解特点是：

(1) 有明显的一系列 $41+14n$ ($n=0,1,2\cdots$)峰；

(2) 基峰是由裂解形成 $CH_2{=}CH\overset{+}{C}H_2$ (m/z 41)产生的.

芳烃的裂解特点是：

(1) 分子离子峰强；

(2) 在烷基芳烃中，基峰在 m/z 91($C_7H_7^+$)，若芳环的 α 位上的碳原子被取代，基峰变成 $91+14n$，m/z 91 峰失去一个乙炔分子而成 m/z 65 峰.

(3) 当烷基碳原子数等于或大于 3 时，会发生一个氢原子的重排，且失去一中性分子后生成 m/z 92 峰.

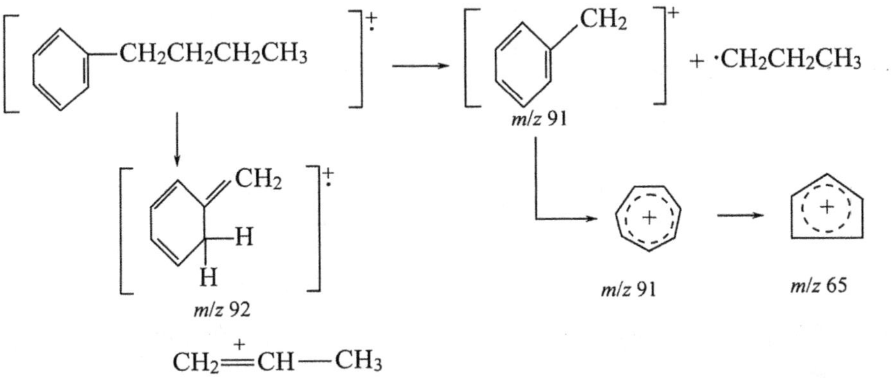

2. 羟基化合物

脂肪醇的裂解特点是：

(1) 分子离子峰很弱或不存在，长链脂肪醇尤其如此；

(2) 由于失去一分子水，并伴随失去一分子乙烯，生成$(M-18)^+$和$(M-46)^+$峰：

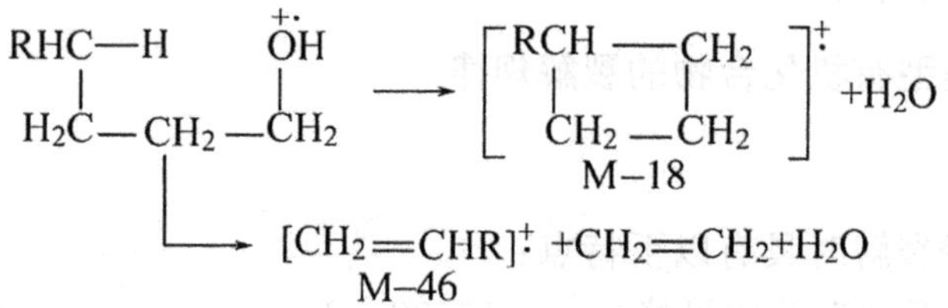

(3) 醇往往发生 β 断裂，较大体积的基团优先失去. 对伯醇生成 m/z 31 峰($CH_2{=}\overset{+}{O}H$)；α 碳原子上有一个甲基取代的仲醇，生成 m/z 45 峰($CH_3CH{=}\overset{+}{O}H$)；同理，对叔醇，生成 m/z 59 峰($(CH_3)_2C{=}\overset{+}{O}H$).

酚和芳香醇的裂解特点是：

(1) 酚的分子离子峰很强；

(2) 由于失去 CO 或 CHO 基团，生成$(M-28)^+$或$(M-29)^+$峰；

(3) 甲基取代酚先失去一个甲基氢原子，然后裂解脱去 CO 或 CHO. 2-烷基取代酚常出现$(M-18)^+$峰，这是由于邻位效应而易失去一分子 H_2O；对、间位取代的$(M-18)^+$峰弱.

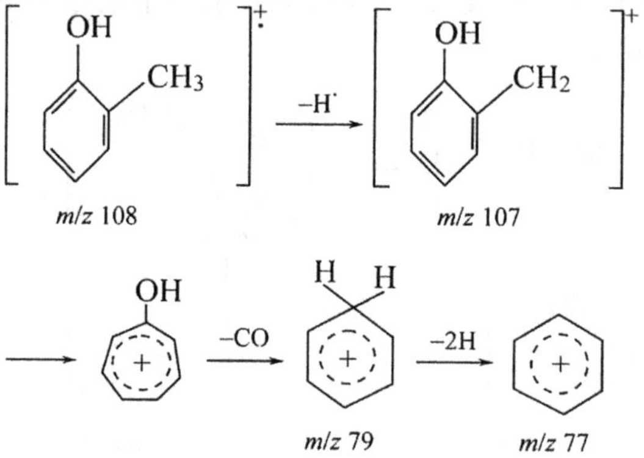

(4) 芳香醇（如苯甲醇）的裂解类似于烷基取代酚，同时也有$(M-2)^+$或$(M-3)^+$峰.

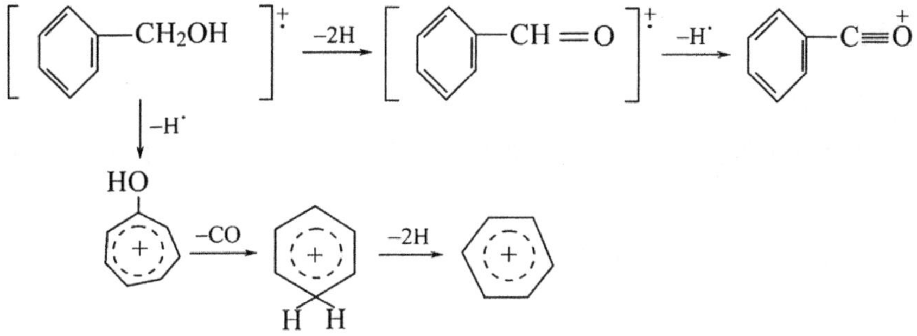

3. 羰基化合物

酮类的裂解特点是：

(1) 分子离子峰较强.

(2) 主要是 α 断裂，可以发生在与羰基连接的任意一个键上，但以失去较大烷基碎片的概率较大.

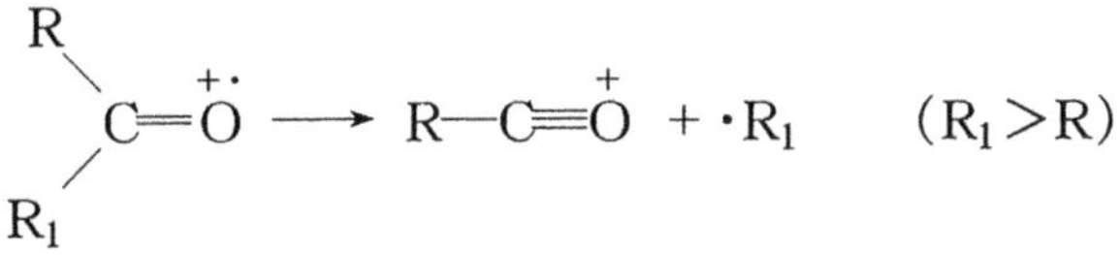

(3) 长链烷基基团能断裂产生 $43+14n$ 系列碎片离子.

(4) McLafferty 重排.

(5) 芳香酮有强的分子离子峰. 基峰来自以下断裂：

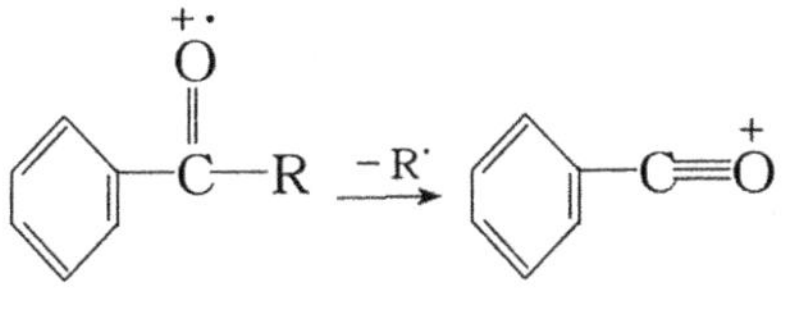

醛类的裂解特点是：

(1) 在 C_1—C_3 醛中，生成稳定的 CHO^+ 离子，是基峰. 在高碳数直链醛中会形成 $(M-29)^+$ 峰：

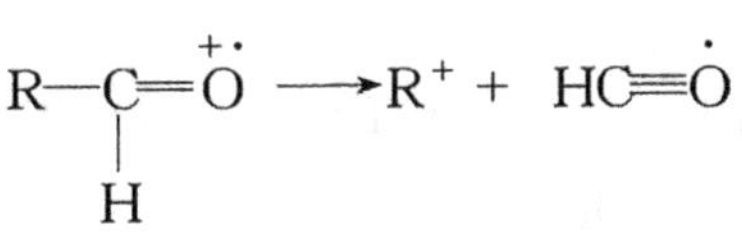

m/z M − 29

其他特点同酮.

(2) 芳香醛易生成苯甲酰阳离子(m/z 105).

4. 醚类

它的裂解特点是:

(1) 脂肪醚可发生一系列 α,β 断裂,生成 $31+14n$($n=0,1,2,\cdots$)一系列碎片:

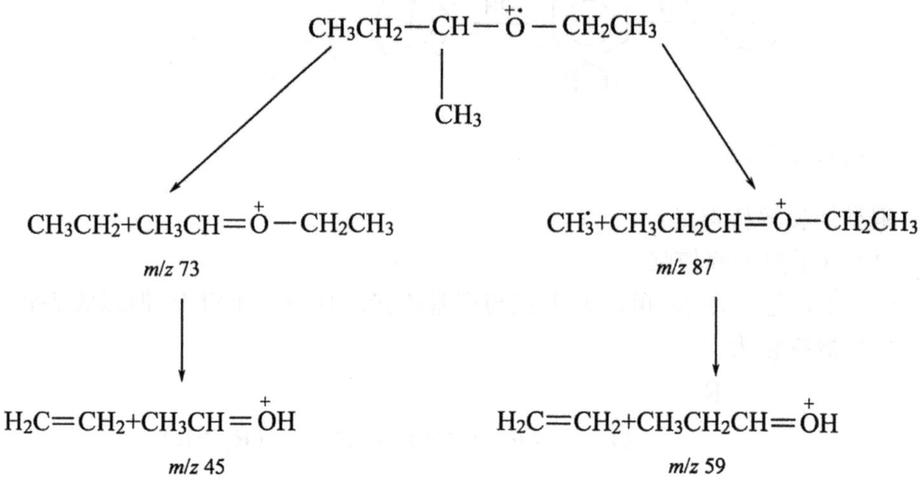

(2) 脂肪醚的 α 断裂,生成 $31+14n$ 一系列碎片;

(3) 较长烷基链的芳醚按下式断裂:

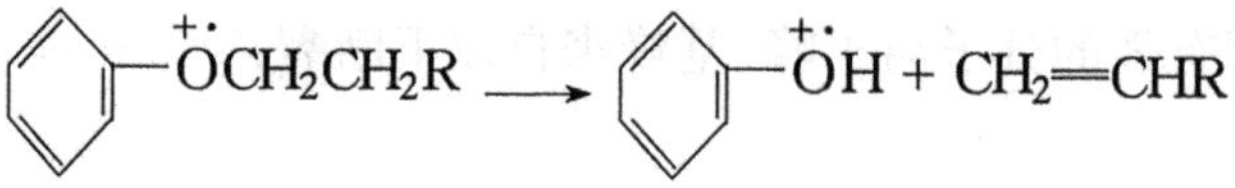

芳醚的分子离子峰较强.

5. 羧酸、酯和酰胺

它们的裂解特点是:

(1) 发生 α 断裂:

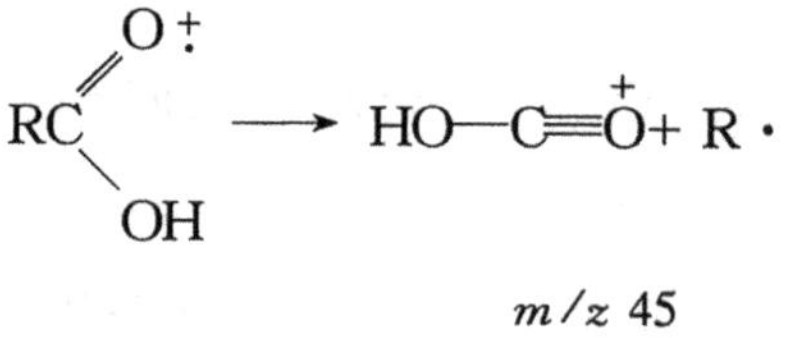

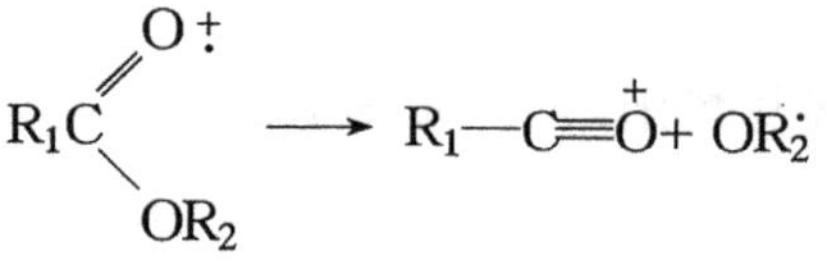

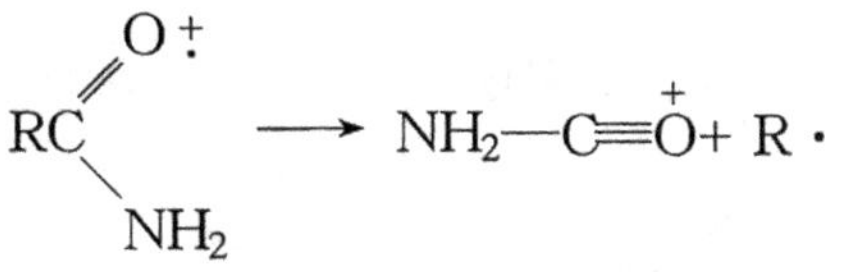

m/z 44

（2）有 γ 氢存在，则发生 McLafferty 重排.

6. 胺

它的裂解特点是：

（1）相对于 N 原子的 α 与 β 位碳原子之间的键断裂而产生基峰：

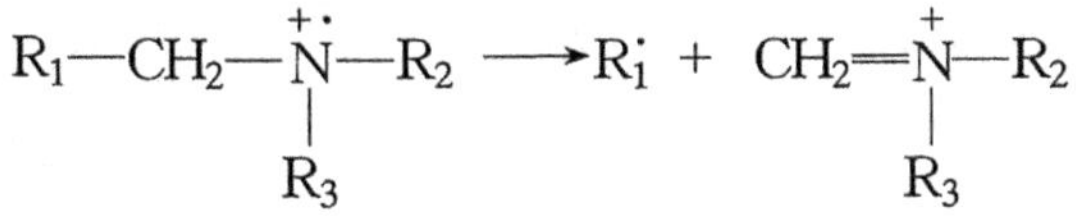

m/z 30，44，58，…

最大的 R 基团优先离去，对伯胺，R_2═R_3═H，因此基峰在 m/z 30 处；

（2）对于仲胺和叔胺，其裂解方式十分类似于醚.

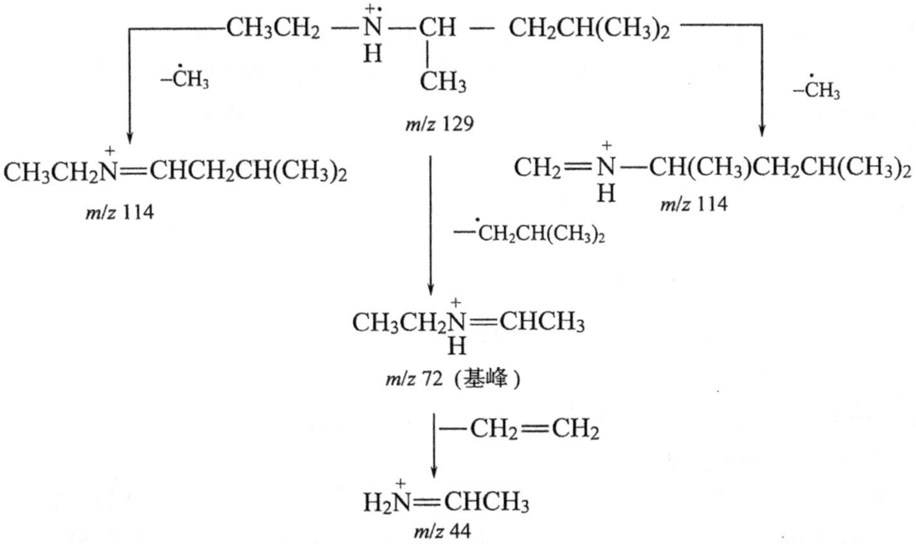

（3）芳香胺的分子离子峰强，烷基侧链的断裂同脂肪胺. 许多芳香胺有中等强度的$(M-1)^+$峰. 它们脱去 HCN，H_2CN 的过程类似于苯酚脱去 CO，CHO.

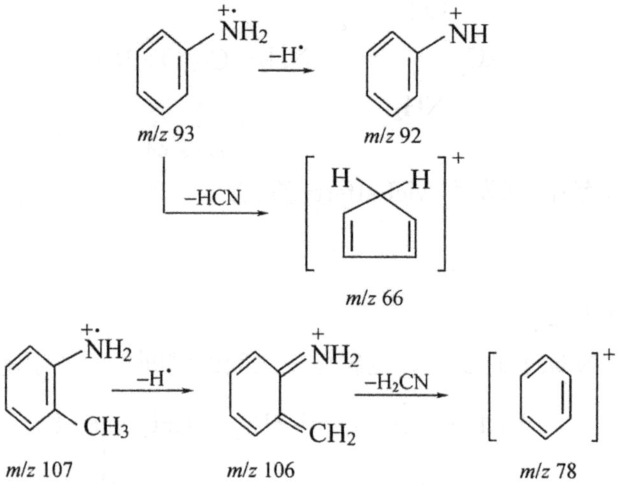

18.4 质谱分析的应用

18.4.1 有机化合物结构的鉴定

若实验条件恒定,每个分子都有自己的特征裂解模式.根据质谱图所提供的分子离子峰,同位素峰以及碎片质量的信息,可以推断出化合物的结构.如果从单一质谱提供的信息不能推断或需要进一步确证,则可借助于红外光谱和核磁共振波谱等手段得到最后的证实.

从未知化合物的质谱图进行推断,其步骤大致如下.

1. 确证分子离子峰.

当分子离子峰确认之后,就获得一些相关的信息:

(1) 从强度可大致知道属某类化合物;

(2) 知道了相对分子质量,便可查阅 Beynon 表;

(3) 将它的强度与同位素峰强度比较,可判断可能存在的同位素.

2. 利用同位素峰信息.

应用同位素丰度数据,可以确定化学式,这可查阅 Beynon"质量和同位素丰度表".以下节录部分 Beynon 表(表 18.2).此表按化学式标称相对分子质量顺序,列出了含 C,H,O 和 N 的各种组合.使用此表时应注意两点:(1)同位素的相对丰度是以分子离子峰为 100;(2)只适用于含 C,H,O 和 N 的化合物.

3. 利用化学式计算不饱和度.

4. 充分利用主要碎片离子的信息,推断未知物结构.表 18.3 列出常见碎片离子.

5. 综合以上信息或联合使用其他手段最后确证结构式.

根据已获得的质谱图,可以利用文献提供的图谱进行比较、检索.从测得的质谱图的信息中,提取出几个(一般为 8 个)最重要峰的信息,并与标准图谱进行比较后由操作者作出鉴定.当然,由不同电离源得到的同一化合物的图谱不相同,因此所谓的"通用"图谱是不存在的.由于电子电离源质谱图的重现性好,且这种源的图谱库内存丰富,因此利用在线的计算机检索成了结构阐述的强有力的工具.最经常使用的谱库只含有 2 万至 5 万个质谱图,而已知化合物已超过了 1000 万种,因此不能认为计算机检索绝无问题.计算机只是对准实验中获得的谱图,从谱库中迅速检索出与之相匹配的质谱图.最后还须由操作者对谱图的认同作出判断.

表 18.2 质量和同位素丰度表(部分)

	M+1	M+2	相对分子质量
141			
$C_4HN_2O_4$	5.26	0.92	140.9936
$C_4H_3N_3O_3$	5.63	0.73	141.0175
⋮	⋮	⋮	⋮
142			
$C_4H_2N_2O_4$	5.27	0.92	142.0014
⋮	⋮	⋮	⋮
$C_9H_6N_2$	10.58	0.51	142.0532
$C_{10}H_{12}$	11.16	0.56	142.1722
$C_{10}H_6O$	10.94	0.74	142.0419
$C_{10}H_8N$	11.32	0.58	142.0657
$C_{11}H_{10}$	12.05	0.66	142.0783

表 18.3 常见碎片离子(省略电荷)

m/z	碎 片 离 子	m/z	碎 片 离 子
14	CH_2	31	CH_2OH, OCH_3
15	CH_3	32	O_2(空气)
16	O	33	SH, CH_2F
17	OH	34	H_2S
18	H_2O, NH_4	35	^{35}Cl
19	F, H_3O	36	HCl
26	CN	39	C_3H_3
27	C_2H_3	40	$CH_2C{=}N$
28	C_2H_4, CO, N_2(空气), $CH{=}NH$	41	C_3H_5, $CH_2C{=}N+H$, C_2H_2NH
29	C_2H_5, CHO	42	C_3H_6
30	CH_2NH_2, NO	43	C_3H_7, CH_3CO, C_2H_5N

续表

m/z	碎片离子	m/z	碎片离子
44	$\mathrm{CH_2\underset{\vert \atop H}{C}{=}O+H, CH_3CHNH_2, CO_2, NH_2CO, (CH_3)_2N}$	80	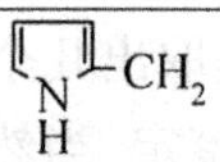, $\mathrm{CH_3SS+H, HBr}$
45	$\mathrm{\underset{\vert \atop CH_3}{CHOH}, CH_2CH_2OH, CH_2OCH_3, \overset{O \atop \Vert}{C}{-}OH, CH_3CH{-}O+H}$	81	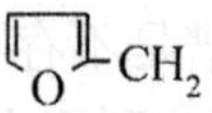
46	$\mathrm{NO_2}$	82	$\mathrm{(CH_2)_4CN}$
47	$\mathrm{CH_2SH, CH_3S}$	83	$\mathrm{C_6H_{11}}$
48	$\mathrm{CH_3S+H}$	85	$\mathrm{C_6H_{13}, C_4H_9CO}$
49	$\mathrm{CH_2Cl}$	86	$\mathrm{C_3H_7COCH_2+H, C_4H_9CHNH_2}$
51	$\mathrm{CHF_2}$	87	$\mathrm{COOC_3H_7}$
53	$\mathrm{C_4H_5}$	88	$\mathrm{CH_2COOC_2H_5+H}$
54	$\mathrm{CH_2CH_2CN}$	89	$\mathrm{COOC_3H_7+2H, C_6H_5C}$
55	$\mathrm{C_4H_7, CH_2{=}CHC{=}O}$	90	$\mathrm{CH_3CHONO_2, C_6H_5CH}$
56	$\mathrm{C_4H_8}$	91	$\mathrm{C_6H_5CH_2, C_6H_5CH+H, C_6H_5C+2H}$
57	$\mathrm{C_4H_9, C_2H_5C{=}O}$	92	$\mathrm{C_6H_5CH_2+H}$, 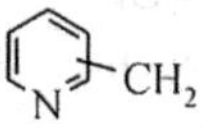
58	$\mathrm{CH_3COCH_2+H, C_2H_5CHNH_2, (CH_3)_2NCH_2, C_2H_5CH_2NH}$	94	$\mathrm{C_6H_5O+H}$, 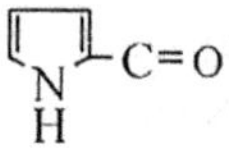
59	$\mathrm{(CH_3)_2COH, CH_2OC_2H_5, COOCH_3, NH_2CONH_2+H}$	95	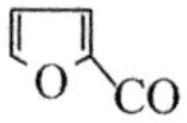
60	$\mathrm{CH_2COOH+H, CH_2ONO}$	96	$\mathrm{(CH_2)_5CN}$
61	$\mathrm{\underset{\Vert \atop O}{C}OCH_3+2H, CH_2CH_2SH, CH_2SCH_3}$	97	$\mathrm{C_7H_{13}}$, 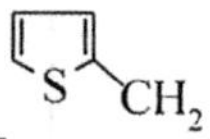
68	$\mathrm{(CH_2)_3CN}$	98	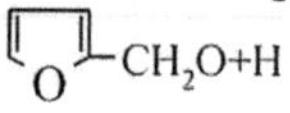
69	$\mathrm{C_5H_9, CF_3, C_3H_5CO}$	99	$\mathrm{C_7H_{15}}$
70	$\mathrm{C_5H_{10}, C_3H_5CO+H}$	100	$\mathrm{C_4H_9COCH_2+H, C_5H_{11}CHNH_2}$
71	$\mathrm{C_5H_{11}, C_3H_7CO}$	101	$\mathrm{COOC_4H_9}$
72	$\mathrm{C_2H_5\underset{\Vert \atop O}{C}CH_2+H, C_3H_7CHNH_2}$	102	$\mathrm{CH_2COOC_3H_7+H}$
73	$\mathrm{\underset{\Vert \atop O}{C}{-}O{-}C_2H_5, C_3H_7OCH_2}$	103	$\mathrm{COOC_4H_9+2H}$
74	$\mathrm{CH_2\underset{\Vert \atop O}{C}{-}OCH_3+H}$	104	$\mathrm{C_2H_5CHONO_2}$
75	$\mathrm{COOC_2H_5+2H, CH_2SC_2H_5}$	105	$\mathrm{C_6H_5CO, C_6H_5CH_2CH_2, C_6H_5CHCH_3}$
77	$\mathrm{C_6H_5}$	107	$\mathrm{C_6H_5CH_2O}$
78	$\mathrm{C_6H_5+H}$	108	$\mathrm{C_6H_5CH_2O+H}$, 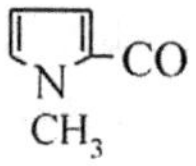
79	$\mathrm{C_6H_5+2H, {}^{79}Br}$	111	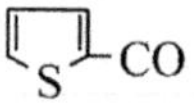

续表

m/z	碎　片　离　子	m/z	碎　片　离　子
119	CF_3CF_2, $C_6H_5C(CH_3)_2$, 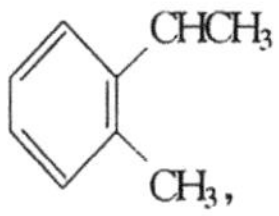 , 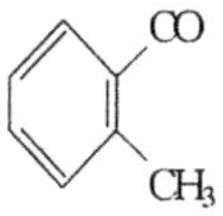	128	HI
121	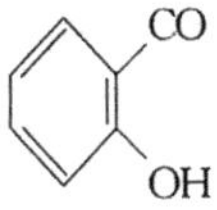	131	C_3F_5
123	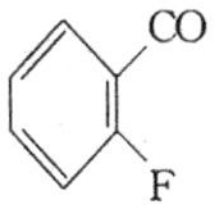	139	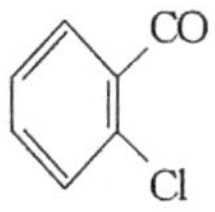
127	I	149	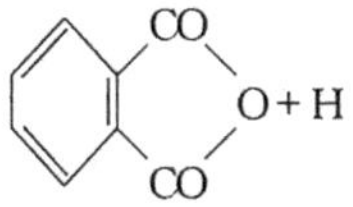

例 1　某化合物的质谱数据如下,试确定其结构.已知其化学式为 $C_8H_{16}O$.

m/z	43	57	58	71	85	86	128
相对丰度/%	100	80	57	77	63	25	23

解

(1) 不饱和度为 1.

(2) 不存在烯烃所特有的基峰 m/z 41,以及一系列 41 + 14n 峰,因此可能是羰基提供的不饱和度.

(3) 根据表 18.3 可推断存在以下碎片离子:C_3H_7, CH_3CO(m/z 43);C_4H_9, C_2H_5CO(m/z 57);C_5H_{11}, C_3H_7O(m/z 71);C_6H_{13}, C_4H_9CO(m/z 85).

(4) 相对分子质量为 128,其碎片离子质量出现偶数,一定是重排离子.最常见的 McLafferty 重排必须有 γ 氢.

由以上信息可推断化合物结构式为

$$CH_3CH_2CH_2\underset{\underset{\displaystyle O}{\|}}{C}CH_2CH_2CH_2CH_3$$

从碎片裂解规律可进一步证实:

$$CH_3(CH_2)_2—\overset{\overset{+\cdot}{O}}{\overset{\|}{C}}—(CH_2)_3CH_3 \longrightarrow CH_3(CH_2)_2—C\equiv\overset{+}{O} + \cdot CH_2(CH_2)_2CH_3$$

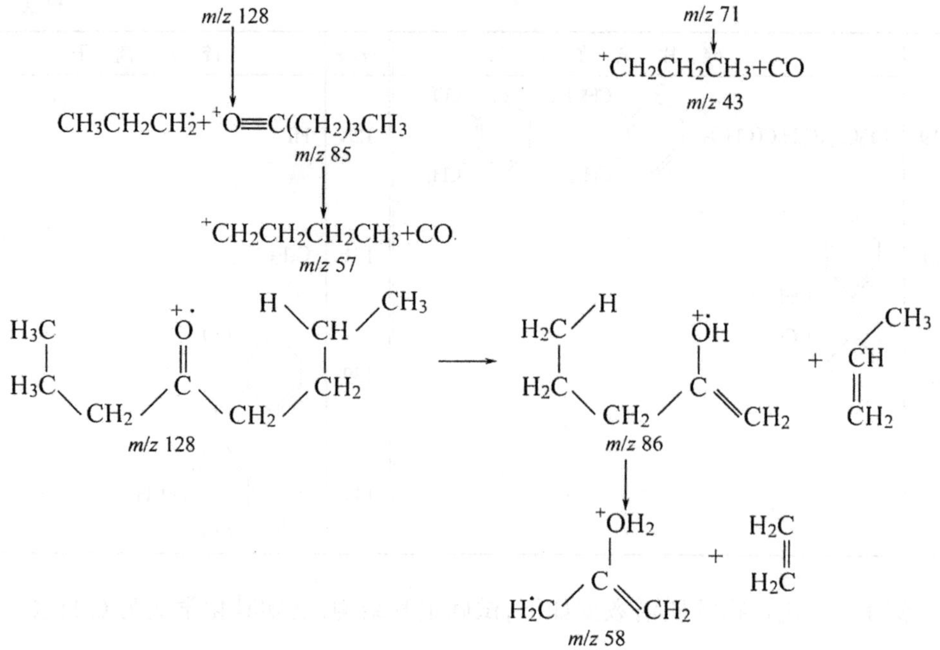

例 2　某一化合物的质谱图如下，并知同位素峰比例：158（M）100，159(M+1)10.0，160(M+2)1.00，试推测出结构.

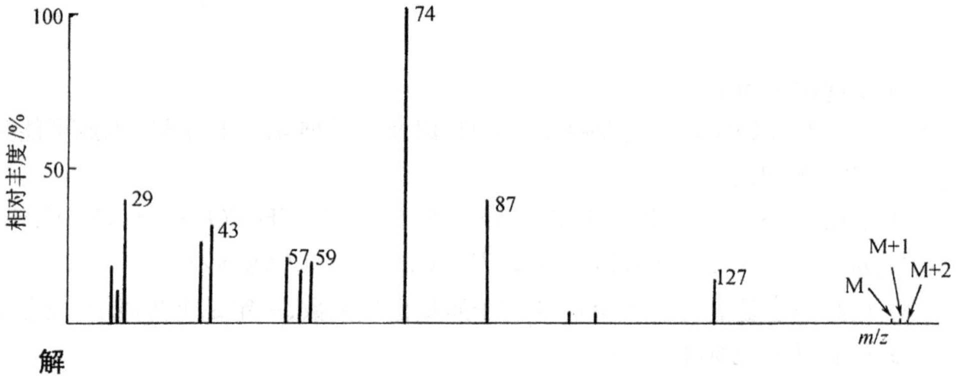

解

(1) 从 Beynon 表查找化学式.

158	M+1	M+2
⋮	⋮	⋮
$C_8H_{20}N_3$	10.11	0.46
$C_8H_4N_3O$	9.89	0.64
$C_8H_6N_4$	10.27	0.48
$C_9H_{18}O_2$	10.09	0.86
$C_9H_2O_3$	9.87	1.04
$C_9H_{20}NO$	10.47	0.69

显然,化学式最可能的是 $C_9H_{18}O_2$.

(2) 不饱和度为 1,因此很可能是酯类,不可能是酸. 从 McLafferty 重排可知,酸的最明显特征是有 m/z 60 峰,有时是基峰,但 m/z 60 峰不存在.

(3) 从碎片质量分析,可能是长链烷基羧酸酯.

从以上信息可大致推测其结构为

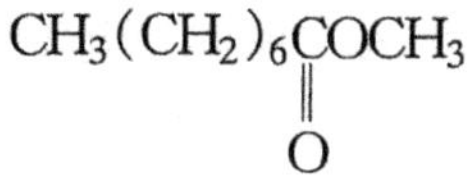

由碎片裂解规律可进一步证实:

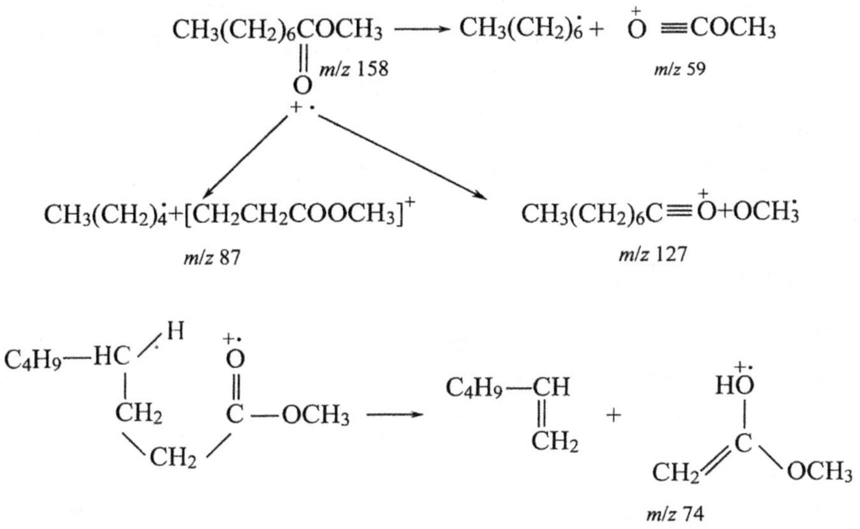

18.4.2 相对分子质量及分子式的测定

用质谱法测定化合物的相对分子质量快速而精确,采用双聚焦质谱仪可精确到万分之一原子质量单位. 利用高分辨率质谱仪可以区分标称相对分子质量相同(如 120),而非整数部分质量不相同的化合物. 例如四氮杂茚,$C_5H_4N_4$(120.044),苯甲脒,$C_7H_8N_2$(120.069);乙基甲苯,C_9H_{12}(120.094)和乙酰苯,C_8H_8O(120.157). 如测得其化合物的分子离子峰质量为 120.069, 显然此化合物是苯甲脒.

用质谱法测定一个化合物的质量时,必须对 m/z 轴进行校正. 校正时须采用一种参比化合物,它的 m/z 值已知,且在所要测定的质量范围之内. 对电子电离源和化学电离源,最常用的参比化合物是全氟煤油(PFK,CF_3-$(CF_2)_n$-CF_3)和全氟三丁基氨[PFTBA,$(C_4F_9)_3N$]. 对于这种校准化合物,在电离条件下及所要测量的 m/z 范围内能得到一系列强度足够的质谱峰. 在高分辨率测量中,更要仔细校准质量标尺.

18.4.3 定量分析

用电子倍增器来检测离子是极其灵敏的,少至 20 个离子仍能得到有用信号.为了提高灵敏度,可以通过只监测丰度最高的一种离子或几种离子来改进信噪比.前者称为单离子监测,后者称为多离子监测.单离子监测的最大优点是可以通过重复扫描来改进信噪比,但信息量减少.多离子监测可对来自每个组分中几个丰度较高的特征离子的信息,记录在多通道记录器中的各自通道中.这种监测技术专一、灵敏,可以检测至 10^{-12}g 数量级.定量一般采用内标方法,以消除样品预处理及操作条件改变而引起离子化产率的波动.内标的物理化学性质应类似于被测物,且不存在于样品中,这只有用同位素标记的化合物才能满足这种要求.质谱法能区分天然的与标记的化合物.在色谱-质谱联用时,若化合物中有甲基,则内标物可以变成氘代甲基,这种氘代的内标物,其保留时间一般较短.从它们的相对信号大小可进行定量.

18.4.4 反应机理的研究

用质谱法很容易检测某一给定元素的同位素,因此使同位素标记法得到广泛的应用.利用稳定的同位素来标记化合物,用它作示踪物来测定在化学反应或生物反应中该化合物的最终去向.这对研究有机反应的机理极为有用.例如要研究在某一特定条件下的酯的水解机理,是属酰氧断裂还是烷氧断裂,可设法使指定酯基的氧以 ^{18}O 标记,然后只要跟踪 ^{18}O 是在水解生成的烷醇中,还是在酸中.若在烷醇中,则是酰氧断裂,反之,属烷氧断裂.

18.5 复杂有机化合物的结构剖析

紫外光谱、红外光谱、核磁共振波谱及质谱法的主要用途是推断有机化合物的结构.回顾一下各种方法能提供的主要结构信息.

紫外光谱:从 λ_{max}和 ε_{max}可推测存在的生色团.

红外光谱:从吸收峰的位置、形状和强弱可推测出可能存在的基团.

核磁共振波谱:从化学位移可以判断质子的化学环境;从自旋-自旋偶合裂分模式可判断相邻质子数;从积分线高度可判断质子数目.

质谱:从分子离子峰和同位素峰可推测出相对分子质量及化学式,从裂解碎片离子可推测可能存在的基团.

对于复杂的有机化合物,单纯利用其中某一种或两种方法不能得到最可靠的结构信息，只有充分利用每种方法的特点，将由各种方法得到的可靠信息，经过综合分析，得出确证无疑的化合物结构．对于四种方法提供的信息如何有条不紊地运用，完全决定于分析工作者的知识和经验．下面通过实例来加以说明．

例 3 经测试，某未知物的四种谱图如下，试确证其结构．

紫外光谱数据：

λ_{max}乙醇	268	264	262	257	252	248(s)	243(s)
ε_{max}	101	158	147	194	153	109	78

注：s 表示肩峰．

红外光谱：

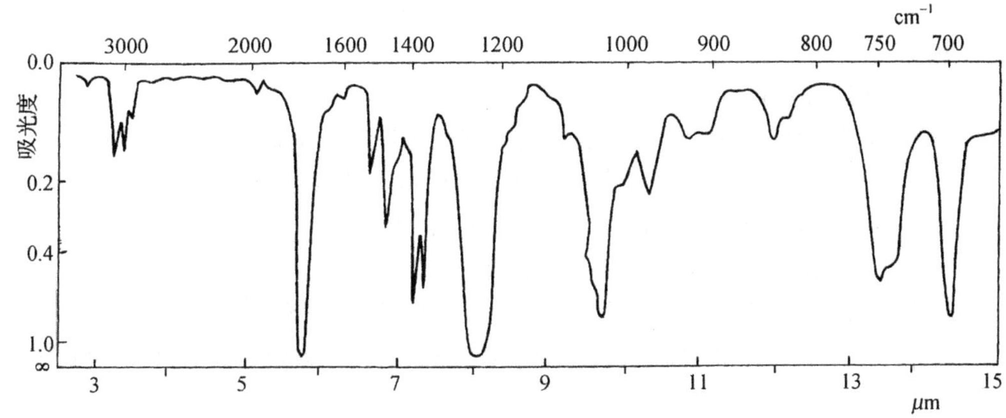

核磁共振波谱（溶剂 CCl_4）：

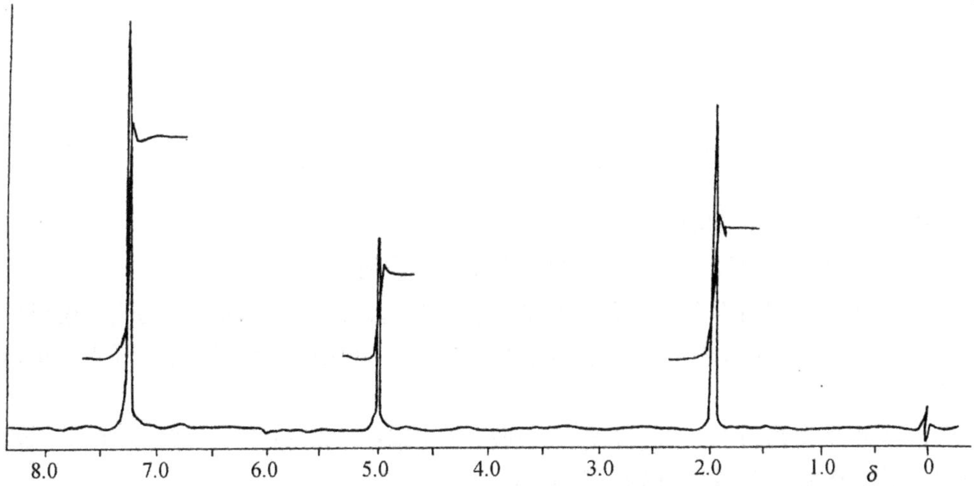

质谱：

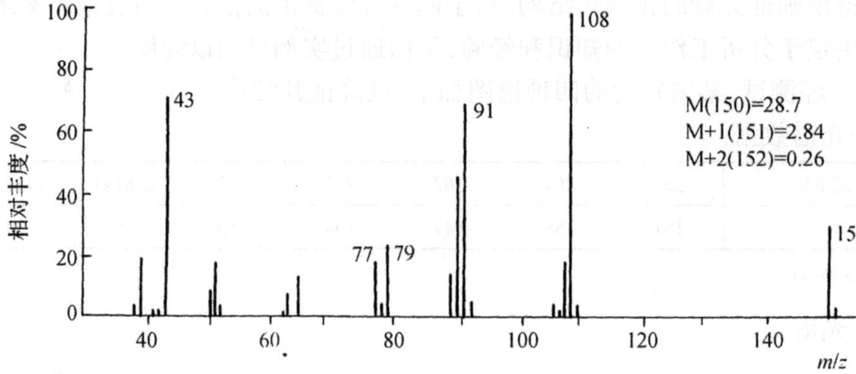

解

解析一般思路如下：

(1) 利用质谱同位素峰、Beynon 表及氮规则等设定化学式；

(2) 利用红外及紫外光谱确定主要基团或模拟出结构式；

(3) 利用核磁共振波谱可以得出几乎结论性的证实；

(4) 根据模拟结构及质谱碎片分析，加以进一步确证.

从质谱图可知，化合物的相对分子质量为 150，不含氮或含偶数氮.

由 M + 2 峰的相对丰度：$0.26 \times 100/28.7 = 0.91$；M + 1 峰则为：$2.84 \times 100/28.7 = 9.90$，查阅 Beynon 表：

	M+1	M+2		M+1	M+2
⋮					
$C_8H_{10}N_2O$	9.61	0.61	$C_9H_{12}NO$	10.34	0.68
$C_8H_{12}N_3$	9.98	0.45	$C_9H_{14}N_2$	10.71	0.52
$C_9H_{10}O_2$	9.96	0.84	C_9N_2	10.87	0.54

最可能的化学式为 $C_9H_{10}O_2$.

从 M 峰强度及 $C_9H_{10}O_2$ 的 C/H 比知，属芳香类.

从红外光谱知，$1745cm^{-1}$有强吸收，存在羰基，分子中有两个氧原子，很可能是酯. $1225cm^{-1}$有强而宽吸收带，可能是乙酸酯. ～$700cm^{-1}$有强吸收，可能含单取代苯环.

从紫外光谱知，在 257nm 有最大吸收，与纯苯在 255nm 有一吸收带基本一致，说明分子中羰基不与苯环共轭，否则应红移.

从以上讨论知，分子中存在 C_6H_5 及 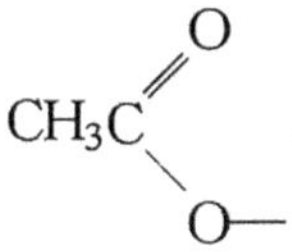，显然余下的只能是 CH_2. 因此，可以模拟出一个结构式：

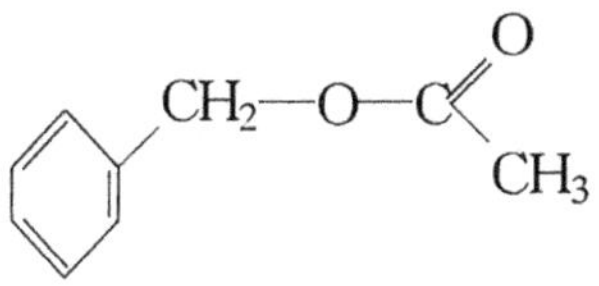

这与 5 个不饱和度相符.

从核磁共振波谱得到验证：

峰型	δ	相对积分线高度	相应质子数	相应基团
单	7.2	5	5	苯　环
单	5.0	2	2	$—CH_2—$
单	2.0	3	3	$—CH_3$

可见与模拟结构相符.

从质谱得到验证，m/z 43 为 $CH_3C\overset{+\cdot}{O}$；m/z 91 为 $C_6H_5\overset{+}{C}H_2$，进一步裂解成 m/z 79($C_6H_7^+$)和 m/z 77($C_6H_5^+$)；m/z 108 为分子离子峰失去乙酰基，并同时发生 CH_3 中的一个氢原子的重排后形成的离子，即 $C_6H_5CH_2\overset{+}{O}H$.

结论：模拟结构式完全正确.

习　题

1. 简述用质谱法鉴定化合物结构的基本原理.
2. 离子源的作用是什么？试述几种常见离子源的原理、优缺点.
3. 单聚焦磁偏转型质量分析器的基本原理是什么？它的主要缺点是什么？
4. 何谓双聚焦质量分析器？其优越性在哪里？
5. 四极质量分析器的基本原理是什么？其最大优点是什么？
6. 试述傅里叶变换质谱仪的基本原理. 它的最大优越性在哪里？
7. 试述质谱仪分辨率的定义.
8. 如何判断分子离子峰？当分子离子峰不出现时，怎么办？
9. 同位素峰有哪些用途？
10. 何谓 McLafferty 重排？从质谱图上怎么判断分子发生了这类重排？
11. 各类有机化合物的裂解特点是什么？
12. 一化合物的化学式为 C_4H_8O，试根据以下质谱图推测其结构，并定出主要碎片的裂解过程.

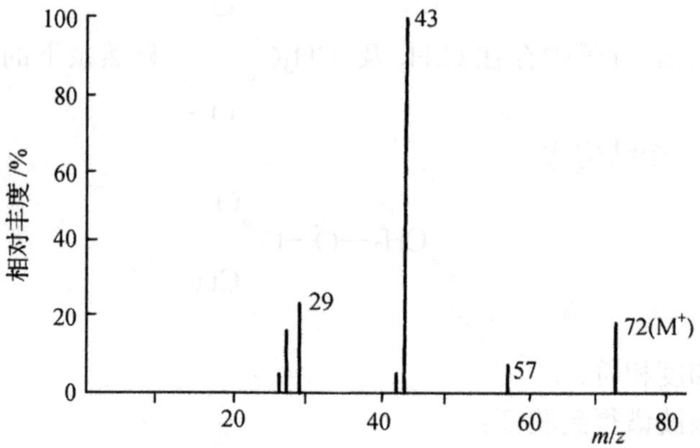

13. 一化合物的化学式为 C_8H_8O,试根据以下质谱图,推测出结构,并写出主要碎片的裂解过程.

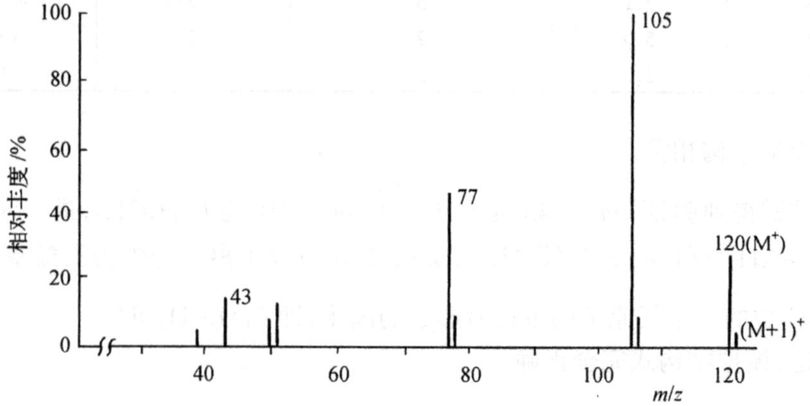

14. 根据以下质谱图,推测该化合物的可能结构式.

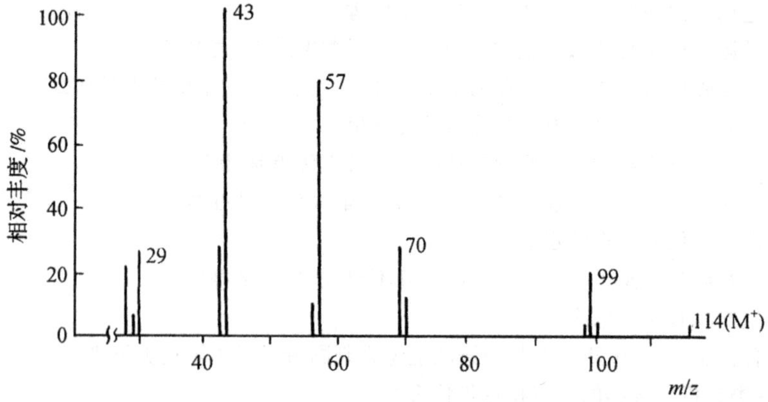

15. 已知某化合物的化学式为 $C_8H_{16}O$,试根据以下质谱数据,推测出最可能的结构,并写出主要碎片的裂解过程.

m/z	29	43	57	71	72	99	128(M^+)
相对丰度/%	94	100	84	36	48	35	9

16. 已知某化合物的化学式为 $C_9H_{10}O_2$，试根据以下数据，推测出化合物的最可能的结构式，并写出主要碎片的裂解过程.

m/z	31	59	77	91	118	119	150(M^+)
相对丰度/%	9	21	8	64	62	100	70

17. 已知化合物的化学式为 C_4H_9NO，其质谱图如下，试推测其可能的结构，并写出主要碎片的裂解过程.

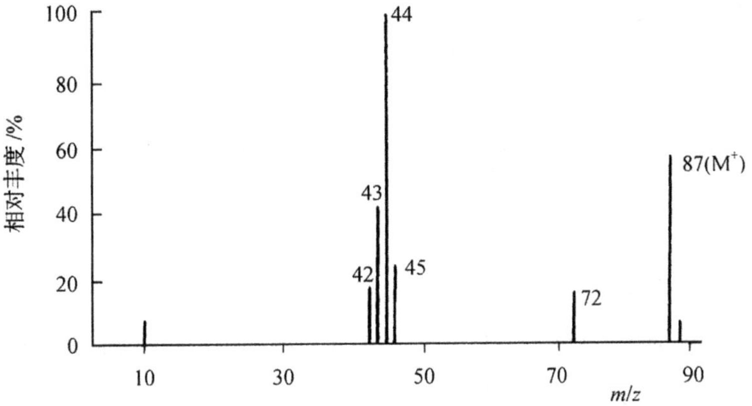

18. 经测试，某一未知物的四种谱图如下，试确证其结构. 各谱的最主要数据应得到合理的解释.

紫外光谱：λ_{max}(乙醇)262nm；$\lg\varepsilon_{max}$1.5

红外光谱：

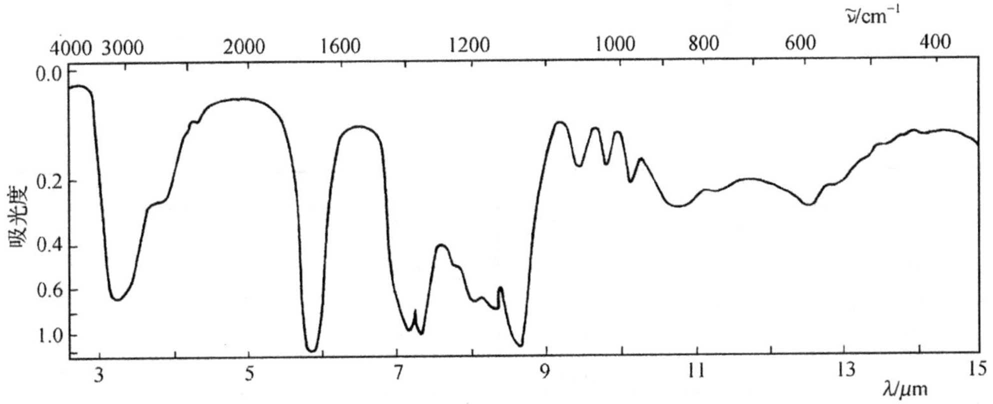

核磁共振波谱(溶剂 CCl_4)：

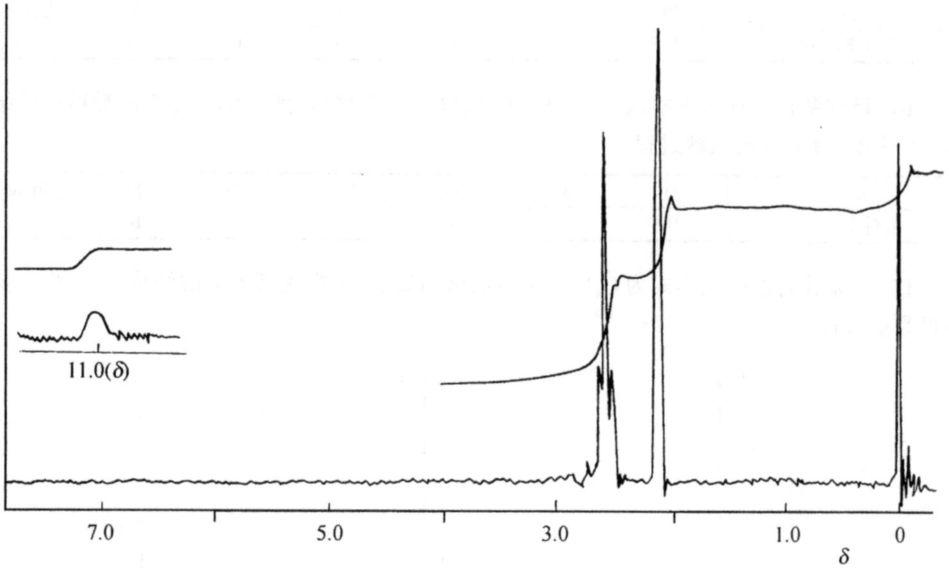

质谱：

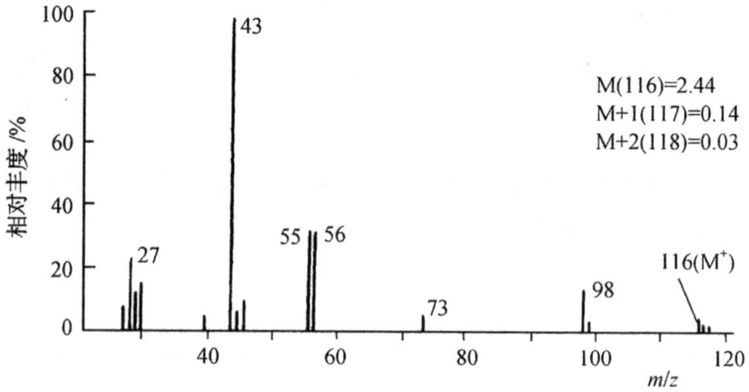

附表：

	M+1	M+2		M+1	M+2
$C_4H_4O_4$	4.54	0.88	$C_5H_8O_3$	5.65	0.73
$C_4H_6NO_3$	4.92	0.70	$C_5H_{10}NO_2$	6.02	0.55
$C_4H_8N_2O_2$	5.29	0.52	$C_5H_{12}N_2O$	6.40	0.37
$C_4H_{10}N_3O$	5.67	0.34	$C_5H_{14}N_3$	6.77	0.20
$C_4H_{12}N_4$	6.04	0.16	C_5N_4	6.93	0.21

19. 已知某化合物的化学式为 C_4H_8O. 现已测得它的各种波谱数数据如下. 请推测出其结构. 各谱的主要数据都应合理解释.

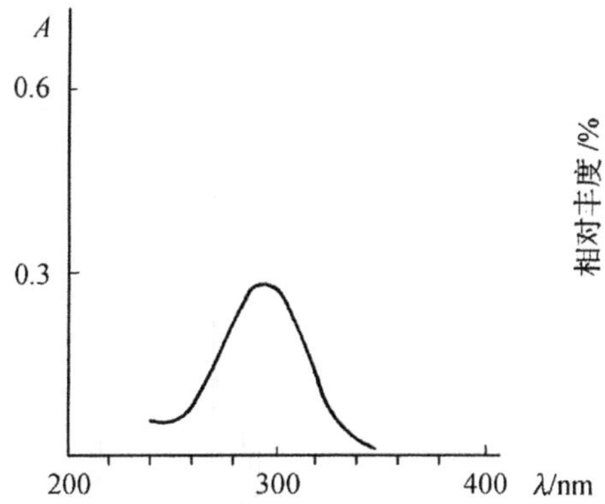

浓度:100 ml 95% 乙醇中含 106 mg
吸收池:1 cm

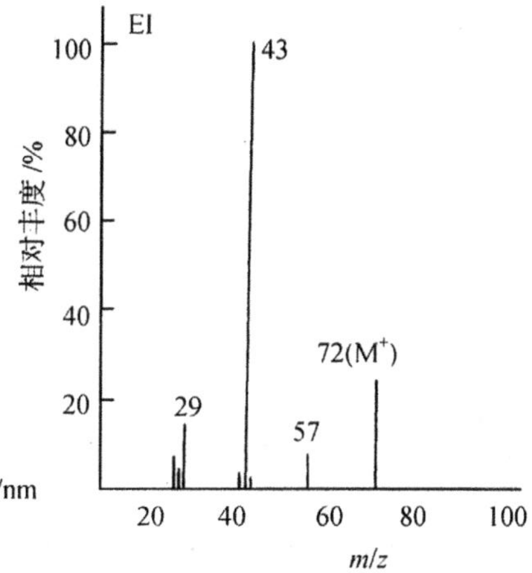

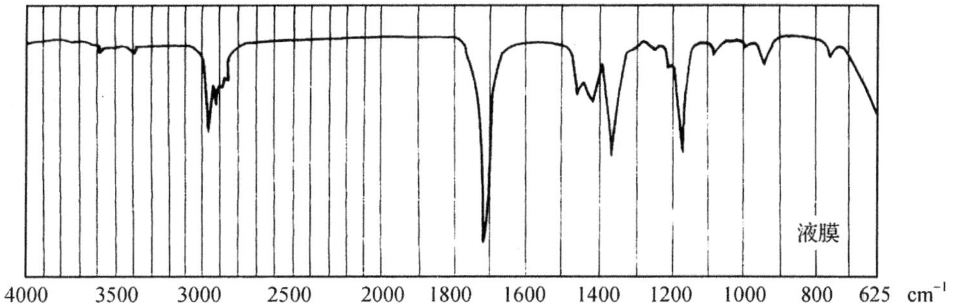

^{13}C 全去偶

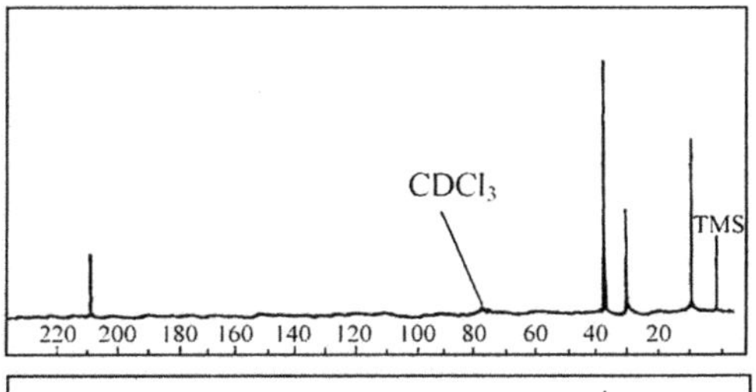

^{13}C 偏共振去偶

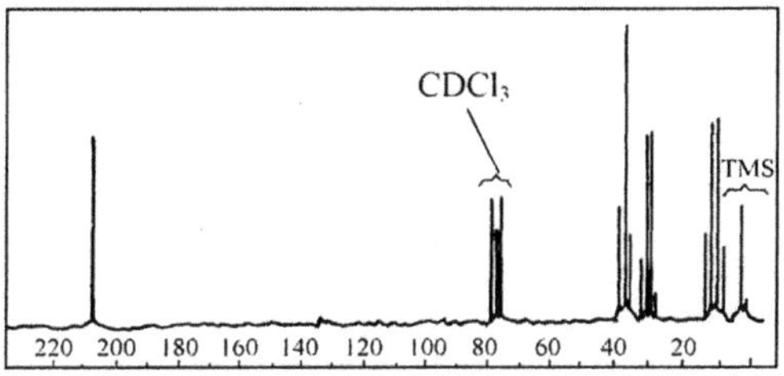

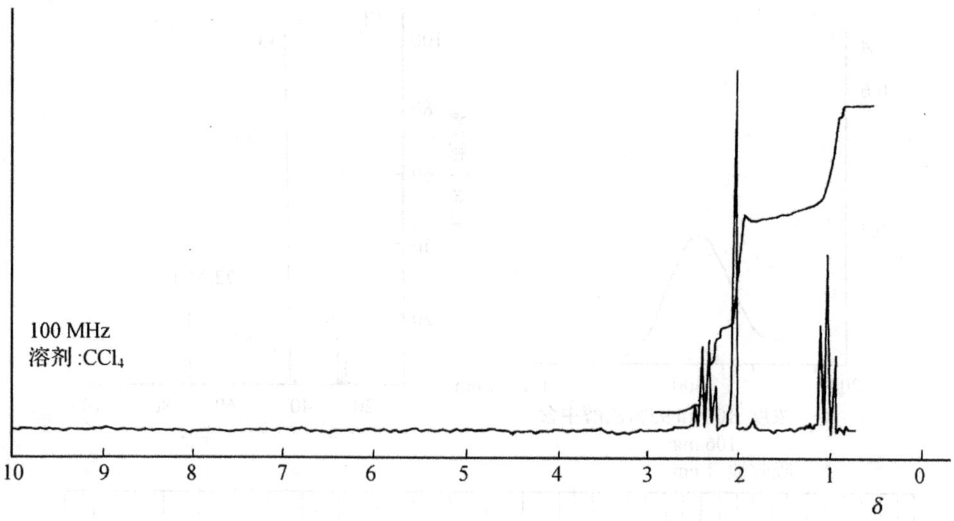
100 MHz
溶剂 :CCl_4
10
9
8
7
6
5
4
3
2
1
0
δ

第十九章　X射线光谱法

基本要求：

1. 理解 X 射线产生的基本原理及相关术语；
2. 了解 X 射线光谱分析法仪器的主要部件及功能；
3. 掌握 X 射线荧光及 X 射线衍射分析法的基本原理和它们的主要用途.

X 射线发射(包括荧光发射)光谱法是指样品被 X 射线辐照,其原子被激发而射出特征的 X 射线,这些特征的 X 射线的能量随元素的不同而变更,这就构成了定性分析的基础,而某一种元素的特征波长的强度与元素的浓度成比例,从而成为定量分析的基础.建立在 X 射线通过物质时,测量其被吸收程度基础上的方法称为 X 射线吸收法.当 X 射线投射到晶体上时,就被晶体的有序环境散射,而在散射的射线之间发生了相长或相消干涉,导致衍射的产生,从而给出样品的结构信息,这就是 X 射线衍射法. X 射线光谱法的优越之处在于光谱简单;谱线数目和相对强度与激发状态无关;与被分析物的化学状态基本无关,样品用量少,属非破坏性方法.所以,它们在定性、定量与结构分析中得到广泛使用.但 X 射线穿透样品能力较小,只有在 0.01～0.1mm 层内的原子可提供信息,元素之间会互相影响,一般需要计算机校正.

19.1　X 射线吸收分析法

19.1.1　基本原理

当一束从加热阴极射出且被两极之间电压差加速的高能电子流轰击金属靶(如钼、铜等)的原子时,其能量被原子吸收,同时该原子的内层(K,L,M 等)电子被逐出,来自外层的电子立即进入逐出电子留下的空穴,并释放出 X 射线光子.假定 K 层电子被逐出,带有 K 层空穴的离子是不稳定的,因此由低结合能的 L 层电子替补进入空穴,则释放出的 X 射线频率为

$$\nu = \frac{E_L - E_K}{h} \tag{19.1}$$

式中：E_L,E_K 分别为 L 层和 K 层能级的能量.由于能级的能量很高,相应释放出的 X 射线波长很短,约在 10^{-3}～1nm,而分析工作中最常用的波长范围约在

$7\times10^{-2}\sim2\times10^{-1}$nm. 图 19.1 为钼靶的 X 射线发射光谱(加速电压 35kV). 曲线隆起部分为背景吸收. 若释放出的 X 射线是由 L→K 层的跃迁引起的,则称为 Kα X 射线;若由 L 层的次能级上的电子跃迁引起的,则称为 Kα,1、Kα,2 X 射线. 同理,由M→K层的跃迁而产生的,则称为 K_β X 射线. 余类推. 在低加速电压下不产生 Kα, K_β 线. 只有当加速电压大于其临界电压(如 Mo 为 20.01kV)时才产生. 每一种 X 射线代表一种量子跃迁,其宽度很窄,约为 1×10^{-4}nm.

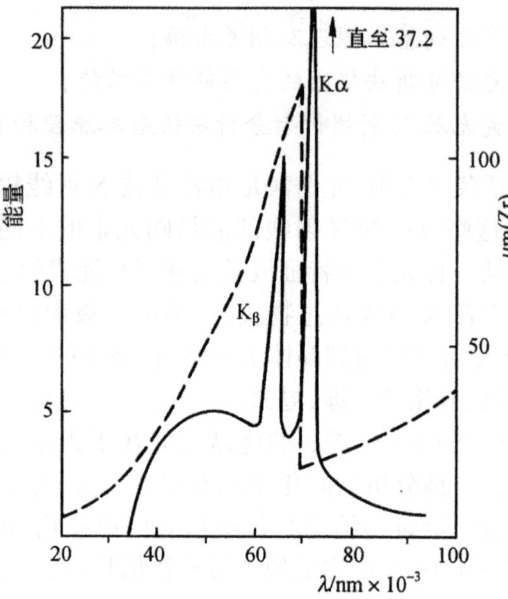

图 19.1 钼靶的 X 射线发射光谱及锆吸收曲线(------)

与其他电磁辐射一样, X 射线也会被物质吸收,其吸收程度由物质的性质和量决定,且符合比尔定律:

$$\ln(P_0/P) = \mu x \tag{19.2}$$

入射的单色 X 射线的强度为 P_0,当它穿过样品层(厚度为 $x$cm)以后的强度为 P. μ 为线性吸收系数,它表示每厘米长的给定元素层所吸收的能量分数. 使用广泛的是质量吸收系数 μ_m($cm^2\cdot g^{-1}$):

$$\mu_m = \frac{\mu}{\rho} \tag{19.3}$$

式中, ρ 为吸收物质密度. 当吸收物质是元素时, μ_m 与化学和物理状态无关,但与波长、原子性质存在以下关系

$$\mu_m = cNz^4\lambda^n/A \tag{19.4}$$

式中: N 为阿伏伽德罗常量; z 是原子序数; A 是相对原子质量; λ 为波长; n 在

2.5～3.0 之间；c 是常数. 图 19.2 为氩的吸收系数图. 在 $\lg\lambda$ 为 2.59(λ = 387.1pm)时，曲线断裂，与断裂处对应的波长称为 K 临界吸收限，其对应能量称为临界激发能. 在定性分析中使用吸收限，与原子吸收光谱分析中使用最大吸收波长及原子发射光谱分析中使用谱线波长的方法大致相同. 由式(19.4)知，在给定波长下，μ_m 与 z^4/A 之间存在线性关系.

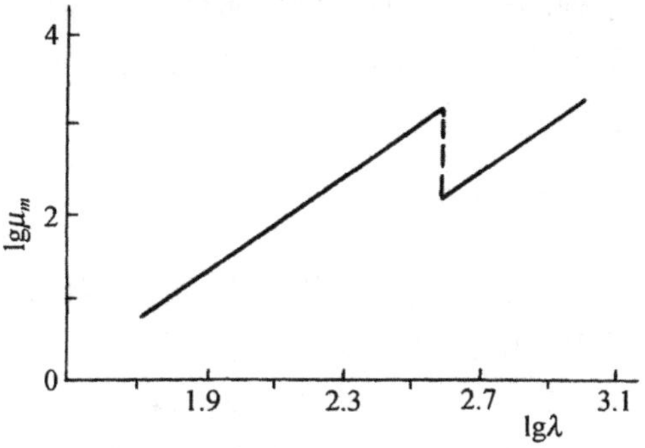

图 19.2　氩的 X 射线吸收

质量吸收系数具有加和性. 一个复杂的基质，如化合物、混合物及合金等，它们含有 n 个组成元素，则这种基质的质量吸收系数可以下式表示：

$$\mu_m = \sum_{i=1}^{n} (\mu_m)_i w_i \tag{19.5}$$

w_i 为元素 i 在样品中的质量分数.

19.1.2　仪器主要部件

1. X 射线源

选作 X 射线源的靶元素的原子序数应大于被测元素. 阳极靶的温度很高，往往配有水冷系统. 常见靶元素及其有关性质见表 19.1.

表 19.1　常见靶元素的特征波长及相应滤光片

元素	波　长/nm		滤　光　片		箔厚/μm	K_β,1 吸收分数
	Kα,1	Kα,2	元素	K-吸收限/nm		
Cr	0.2289	0.2085	V	0.2269	15.3	0.990
Fe	0.1936	0.1757	Mn	0.1896	12.1	0.987
Co	0.1789	0.1621	Fe	0.1743	14.7	0.989
Ni	0.1658	0.1500	Co	0.1608	14.3	0.984
Cu	0.1541	0.1393	Ni	0.1488	15.8	0.979
Mo	0.0709	0.0632	Zr	0.0689	63.0	0.963
Ag	0.0559	0.0497	Pd	0.0509	41.3	0.946

2. 准直器

为了使 X 射线的入射角已知，必须将这些射线准直在一个平面. 准直器由一系列间距很小的平行金属板组成，撞击到金属板的射线被吸收，只有与金属板平行的射线才能从间隙中穿过，以获得平行的 X 射线光束. 通常将准直器置于色散装置与检测器之间.

3. 单色器

可以利用滤光片获得单色辐射. 若以 Mo 作靶，从表 19.1 知道应以 Zr 箔做滤光片. 由图 19.1 知，Zr 吸收曲线叠加在 Mo 发射光谱之上，K_β 及大部分背景被吸收，而 $K\alpha$ 位于临界吸收限的右侧，基本上不被 Zr 滤光片所吸收. 要想得到单色性更好的辐射，应使用光栅. 采用光栅后，还可降低背景，提高信噪比. 这种光栅由单晶构成，它可以是平面晶体，也可以是弯曲晶体，其基本原理是当晶体中离子间的距离近似等于 X 射线的波长时，晶体就是反射衍射光栅.

4. 检测器

用 X 射线激发磷光体，如硫化锌、钨酸钙等，使它发射出可见光的检测器，称为闪烁检测器. 更常用的是掺入 1% 铊的碘化钠晶体. X 射线被晶体中碘原子吸收，受激的碘原子将多余的能量传递给铊原子，使它发射 410nm 的辐射，再由光电培增管放大、记录. 第二类检测器是气体-离子化检测器，其原理是 X 射线穿过 He 等易电离气体时，其导电性改变. 所产生的电离气体的离子数目决定于 X 射线光子的能量. 第三类是半导体检测器. 当 X 射线投射到一种半导体上，就产生一个电子和一个空穴，这类似于气体-离子化检测器，只是将气体更换为固态半导体. 以上三类检测器都广泛使用，闪烁检测器的灵敏度高于气体-离子化检测器. 半导体检测器的灵敏度高，分辨率好，但通常需在液氮或液氦浴中工作.

19.1.3 应用

X 射线吸收法的定性分析类似于发射光谱分析，通过将样品谱图中的吸收限与已知元素的吸收限进行比较而完成. 定量分析的依据仍然是比尔定律. X 射线吸收法不像 X 射线荧光法经常用于定性和定量分析，但是有它特别的用处. 例如在医学上用来检查骨折，因为组成血液、肌肉的元素对 X 射线的吸收能力很低，而骨骼则相反. 在血管中注入强烈吸收 X 射线的碘化铯，可以进行血管造影. 由于样品中不同元素对 X 射线的吸收程度不同，因此可以检测固体中的杂质、裂缝、不同相的轮廓. 在冶金工业中，可以检测金属中的空穴、焊接点等情况. 也可以检查密封容器中的液面高低，以及汽油中的铅，等等. X 射线吸收法是非破坏性方法，与被分析元素的化学状态无关，但是灵敏度低，因此主要用于常量分析.

19.2 X射线荧光分析法

19.2.1 基本原理

当来自光源的X射线光子使样品内层的电子受到激发而留下空穴,外层的电子立即跃入空穴,其多余的能量以X射线荧光的形式释放出来.此荧光辐射的波长比入射辐射的波长更长.由于荧光波长与被激发的元素性质相关,因此利用荧光波长可以鉴别元素;测量荧光的强度可以进行元素的定量分析,与紫外可见区的荧光辐射一样,荧光强度与产生荧光的物质的浓度成比例.样品中除被测物之外的其他物质使荧光强度发生变化的效应称为基体效应.基体既可以吸收入射辐射,又可以吸收荧光.基体效应是X射线荧光定量分析中的主要误差来源.

19.2.2 仪器结构

X射线荧光仪的结构如图19.3所示.

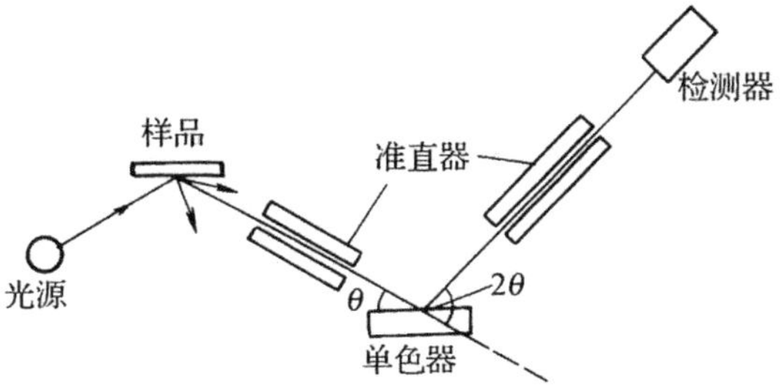

图19.3 X射线荧光仪示意图

X射线源必须有足够强度,其电源电压高至100kV.所产生的射线波长必须短于激发样品所需的最小波长.常用的靶元素为钨,因为其原子序数高,射出的X射线波长短.单色器使用晶体,这种使用晶体单色器的光谱仪称为波长色散X射线光谱仪.它使入射辐射以不同的衍射角分离,其理论依据是布拉格衍射原理.构成晶体的离子或分子是以极规则的方式排列的.当单色X射线投射到晶体上,就被每一个晶面反射,如图19.4所示.若在第一和第二层发射的两束X射线的相位完全相同,则产生相长干涉.此时路程差($AB+BC$),须符合布拉格方程:

$$n\lambda = 2d\sin\theta \tag{19.6}$$

或

$$AB + BC = 2d\sin\theta$$

式中:λ 为入射波长;d 为两晶面之间的距离;θ 为入射角;n 为整数,代表发生衍射的X射线的级次.当 $n=1$ 时,相当于最强的一级衍射.布拉格方程表明,只有在

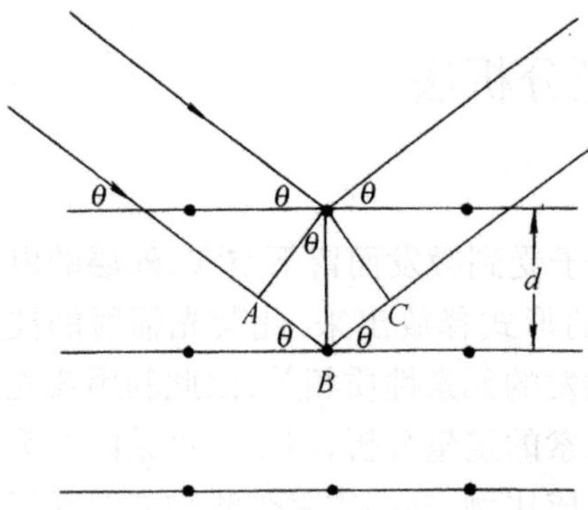

图 19.4 X射线在两晶面上的反射

某一入射角时才能产生相长干涉,而在其他入射角时则产生相消干涉.准直器以保证平行的X射线荧光以入射角 θ 投射至晶体上.检测器的位置处于与入射光束成 2θ 夹角之处,从而由晶体衍射产生的X射线恰好成 θ 角度被测量.晶体与检测器置于一测角仪上,因此当晶体在角度 θ 范围内旋转时,则检测器沿着 2θ 角度作圆弧运动.

用作单色器的晶体必须十分理想,以使晶体的各部分的 d 为一常数.采用曲面晶体可获得高灵敏度,因为它可以使衍射后的辐射聚焦.单色器常用氯化钠、氟化锂、石英、黄玉等制成,以适合于不同波长范围.图 19.5 为不同晶体给出的色散曲线.样品容器由可以透过X射线的高聚物(如聚乙烯)制成.液体样品最适合于分析,H_2O,HNO_3、烃类等都是优良溶剂.检测器与X射线吸收法相同.通常利

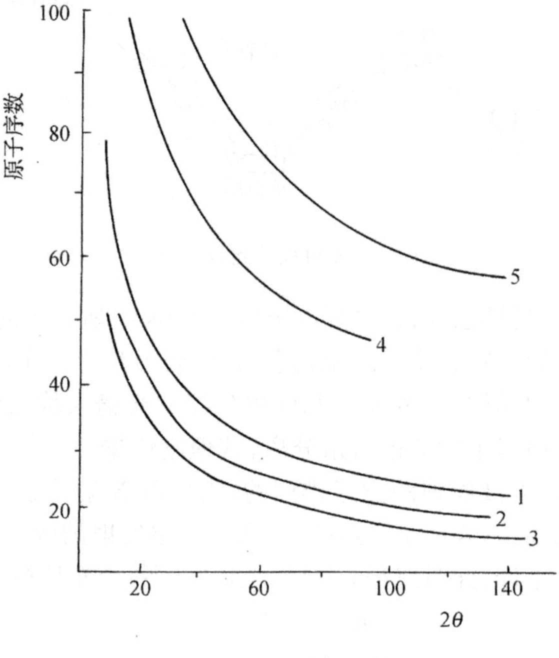

图 19.5 不同晶体的色散曲线

1. 黄玉,Kα线; 2. LiF,Kα线; 3. NaCl, Kα线; 4. NaCl, Lα线; 5. NaCl, Lα线;

除最后的 NaCl, Lα线的衍射级次为2外,其余均为1.

用由计算机控制的闪烁计数器系统.

还有一种能量色散X射线光谱仪，它不同于以上介绍的波长色散型. 能量色散型仪器需要一个放射源，来自放射源的γ射线直接照射样品. 这类仪器的检测器只与入射的单个光子的能量值呈线性响应. 与波长色散型相比，省去单色器，因此能量色散型的分辨率低. 由于能量色散型能同时检测来自样品的所有频率. 灵敏度比波长色散型高100倍. 两类仪器所得到的光谱图相同. 能量色散型仪器比波长型简单，它采用单晶(Si或Ge)半导体检测器，但具有复杂电子系统以处理来自检测器的微弱信号.

19.2.3　应用

X射线荧光分析是一种元素分析方法，可用于原子序数大于12的金属和非金属元素. 荧光强度与元素的化学状态无关. 这是一种非破坏性方法.

通过测量荧光X射线(特征的K，L或M线)的衍射角进行定性分析，因为由衍射角可以计算出荧光波长，而每一元素有自己的特征荧光波长. 操作时可依次对2θ角度进行扫描. 当样品图上峰的极大值位置与光谱分析软件上表明的某元素K，L，M线的理论位置相符时，就可确认该元素. 定量分析方法与紫外－可见区内的荧光分析法相似. 可以采用标准曲线法和标准加入法，后者有利于基体效应的校正. 检测极限与样品性质、元素性质及实验条件紧密相关，其范围可从$10^{-7}\sim 10^{-2}$.

X射线荧光分析非常有用. 它可用来测定植物和食物中的痕量元素、农产品中的杀虫剂、肥料中的磷等. 在医学上，X射线荧光法可直接测定蛋白质中的硫，血清中的氯、锶以及对组织、骨骼、体液进行元素分析. 在采矿和冶金工业中，用于分析矿石、矿渣、岩心，连续测定矿浆中的硅，测定各种不同合金的组成及电镀液中的铂和金，等等. 在空间技术中，用于分析新型合金——陶瓷. 由于这种方法的非破坏性及不需要制备样品，因此可用于文物和艺术品的鉴别.

金属样品可以制成合适尺寸的圆盘状后，直接置于仪器样品架上，它的表面应抛光. 矿物、沉积物及冷冻干燥的生物材料可以研磨成细粉(直径小于50μm)，然后压成小片，这适合于痕量与次要元素的分析. 为了测定矿物中主要元素，如Ca，Fe，Si和Al等，可以将粉末样品与稀释剂(如$Na_2B_4O_7$)混合，并加热熔融物成型为具有光滑表面的珠状物. 对液体样品中的痕量和次要元素可直接进行测定，如测定石油产品中的硫，水中的金属. 对大气中尘埃及水中悬浮物，可通过滤纸采样获得一层薄膜后分析，因此这种方法很适合于环境污染物的分析.

19.3 X射线衍射分析法

19.3.1 基本原理

晶体中原子或分子的有序排列,犹如一个优良的衍射光栅.当一束X射线投射至晶体上,就会产生一个不连续散射图像,它直接与单个原子的相对位置和其散射能力有关.通过对散射波聚焦以达到直接测量晶格中电子密度的分布是不可能的.但当今的X射线结构分析是通过对实验中所观察到的单晶衍射图像进行傅里叶变换的方法来实现.随着高性能计算机的出现和合适程序的开发之后,这种原先认为是极其艰巨的任务已变成一种常规的分析方法.

晶体的晶格对X射线的衍射原理仍是依赖布拉格方程(式19.6).一种物质的衍射图像可以用角位置(2θ)、对称关系和布拉格反射的强度来表征.布拉格方程正反映了布拉格反射与单元晶胞尺寸和晶向之间的关系.例如所使用的单色X射线为CaKα,1线,入射角为14.72°发生一级衍射,则由式(19.6)可计算出两晶面原子间的距离为0.0303nm.从测得原子间距可以进而推断晶体结构.用两种衍射技术可以记录衍射数据,即粉末衍射和单晶衍射.

19.3.2 粉末衍射法仪器及应用

粉末衍射计的结构如图19.6所示.粉末样品经压缩后置于金属样品架(P)上.当来自X射线管(R)的辐射(Kα)投射至一个曲面晶体单色器(M),从而使X射线聚焦于入口狭缝(F).调节该单色器可以使射线满足布拉格方程条件,产生更强的反射.为了增加晶粒受X射线照射的方向的随机性,样品架能围绕垂直于样品架平面的轴旋转.

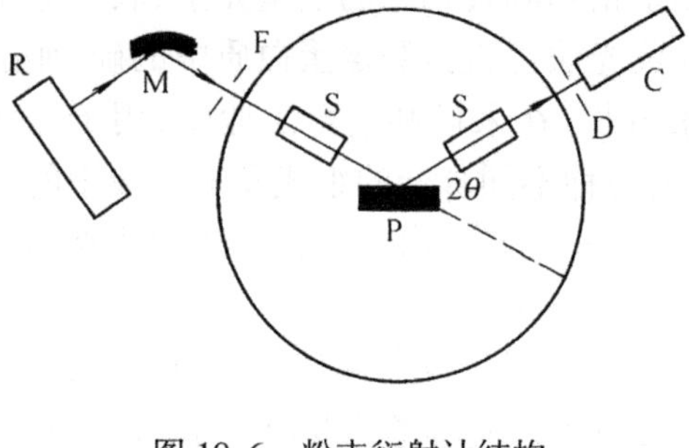

图19.6 粉末衍射计结构

通过以上部件的有效组合,从而保证被衍射的X射线能有效地聚焦于出口狭缝(D)而到达检测器.为了防止入射与衍射X射线束在衍射计内部的离散,因此让它们通过两个特殊的狭缝.这种狭缝是由一系列很薄的平行金属板组成,称为Soller狭缝(s).衍射图可由闪烁检测器(c)记录.它通常适合于扫描速率(即检测器恒定的旋转速率)ω不超过2°/min的常用粉末衍射计.若要使分析时间大大减少,可采用新一代的位敏检测器(position-sensitive detctor),它只需在1～2min内即可记录衍射图.

当物质的化学式已知时，通过计算机处理，自动得到晶面间距，从而可以测定单元晶胞常数(精密度达到 0.01nm，甚至更优)以及密度．当外部的温度及压力变化时，通过测定晶面间距的变化，进而测定热膨胀系数，以及测定晶体内部应力．测定布拉格反射强度 I，也可表征一种晶体物质的特征，从而达到鉴别样品的目的．文献库中已存贮有数千组粉末衍射图，因此可以按计算机自动检索程序来鉴定物质．粉末衍射法的一个极重要特点是一种非破坏性分析法．它可以给出样品的分子结构信息．将组成已知与组成未知的衍射图比较，它可以鉴别固体化合物，且可对固体混合物进行定量分析．衍射图中的分析线的半宽度可用来测定晶粒尺寸，粉末样品的线宽与晶粒尺寸成反比．因此，若能综合考虑晶面间距、布拉格反射强度以及衍射线半宽度，就可以进行结构分析．利用 X 射线衍射技术还可以进行高聚物表征，测定其结晶度．高聚物的非晶态部分散射 X 射线而产生一连续背景，晶态部分则产生衍射线．还可以测定金属在加工过程中晶态形变或破坏的情况；研究不同类型土壤，如黏土和砂土的结晶度，进一步弄清土壤结构；研究工业尘埃与职业疾病的关系；研究天然矿物的风化和降解；研究某些疾病对骨骼和组织结构的影响，等等．但是这种粉末衍射法提供的是一维图像．由于晶体结构中的每个原子可以发生 100～200 次的独立的布拉格反射，因此使粉末样品衍射线重叠．

19.3.3　四圆衍射计及应用

四圆衍射计克服了粉末衍射计的缺点，它可以从单晶获得布拉格反射强度的三维数据．四圆衍射计的结构如图 19.7 所示．由 X 射线管发射出的 X 射线，经晶体单色器后，投射至被分析的晶体上，被分析的单晶尺寸一般为 0.1～0.6mm，让它固定在一根细玻璃纤维上，并安装至一测角计的顶端，从而可以进行定位，对准 X 射线束．若单晶对空气敏感，则可将它装在薄壁玻璃毛细管中．晶体的定向由 φ，χ，ω 三个圆的运动轨迹决定，检测器的运动轨迹则构成第四个圆．这四圆的相对位置如图 19.8 所示．入射的 X 射线(处于 χ 轴)与接受衍射线的检测器轴处于同

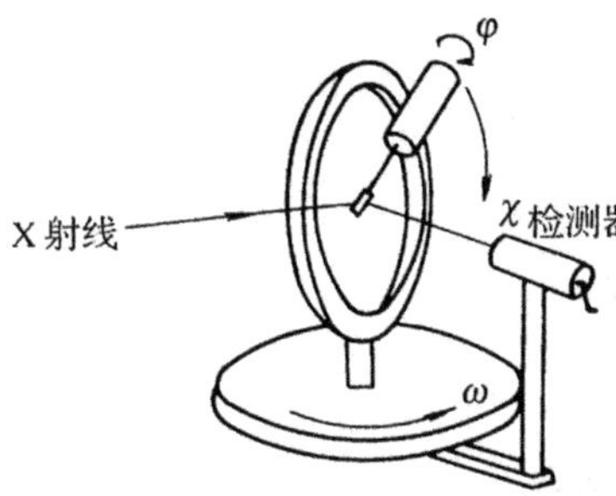

图 19.7　四圆衍射计结构

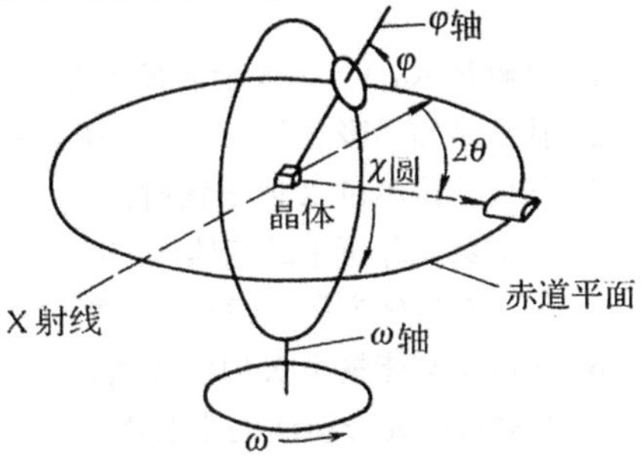

图 19.8　四圆的相对位置

一平面内，φ 圆则位于 χ 圆上，而 χ 圆则与此平面相垂直. ω 圆的旋转带动了 χ 圆，ω 轴(即 y 轴)同时垂直于 χ 圆与入射的 X 射线. χ 轴与衍射线的夹角为 2θ. 测角计固定在 φ 轴上，而 φ 轴则随着 χ 圆而旋转. 而 ω 圆的旋转又使 φ 与 χ 轴两者作为一个整体而随之运动. 在实验时，保持 ω，φ 和 χ 三个圆的这种运动方式，其目的是使所研究的晶体能定向在布拉格反射的衍射位置上.

检测器仍采用闪烁计数器，它可以旋转 2θ，以截获衍射 X 射线束. 这种检测器廉价、稳定性好，它的最大计数速率约为 $5\times10^4\sim10^5$ 脉冲数/秒. 近来还研制出一种成像板区域检测器. 由掺 EuFBr 制成的成像板可以存储 X 射线潜像，当它受到 He-Ne 激光的辐照时，就会发射出与它所接受到的 X 射线光子数目成比例的辐射. 它的特点是计数速率要比通常检测器高 10 倍. 由于收集数据速度大大增加，因此可使用质量少至 100ng 的晶体. 在收集衍射强度数据时，通过仪器的笛卡儿坐标系与四个圆的角度的关系，计算出每个衍射点的 $\varphi,\omega,\chi,2\theta$ 值，最后使四圆都达到准确位置，开始逐点收集数据. 由于四圆衍射仪由计算机控制，使晶体定向、晶胞参数以及衍射强度的测量都自动化，从而获得优质的晶体衍射数据.

X 射线晶体结构的测定在研究工作中十分重要. 例如测定晶胞大小、形状以及衍射强度，并从获得的结构振幅和相角，可借助于电子密度函数来计算晶体的电子密度图，然后通过电子密度图的正确解释，从而进一步修正模拟的分子模型，得到晶胞中每个原子的坐标. 由于计算机技术的发展，使生物大分子的研究起了根本性变化，已可以用 X 射线衍射法达到原子分辨率的水平. 例如研究出氨基酸、核苷酸、单糖分子晶胞大小达 0.5～2.0nm，分子中的原子数达 10^2 个. 肽、类固醇、维生素和激素的晶胞大小为 1～3nm，分子中的原子个数达 $10^2\sim10^3$ 个. 又如纤维类蛋白质、核酸及多糖的晶胞大小或链周期通常可达几纳米到 20nm，分子中原子数达 $10^2\sim10^5$ 个. 生物大分子的立体结构是晶体学研究中最新和最有吸引力的领域之一.

习　题

1. 试解释 K_α，K_β 等 X 射线的来源.
2. 什么是临界吸收限？在分析中有何用处？
3. 如何获得单色 X 射线辐射？
4. 何谓荧光分析中的基体效应？对定量分析有何影响？
5. 何谓布拉格方程，它对 X 射线分析有何指导意义？
6. 色散型与能量型 X 射线光谱仪各有什么优缺点？
7. X 射线荧光分析法的主要用途是什么，它有什么优缺点？
8. X 射线衍射分析法的主要用途是什么？

第二十章　表面分析法

基本要求：

1. 理解表面分析主要方法的原理，仪器特征；
2. 掌握每种方法的主要优点及它们的不同应用范围与限制.

20.1　表面分析概述

随着科学技术的迅速发展，固体表面与界面的表征已成为现代分析化学的重要任务. 利用表面与界面分析的各种手段，可以得到重要化学过程的信息，例如它们可以提供腐蚀、物理吸附、化学吸着、氧化、钝化及反应性等信息；可以提供晶体或晶粒界面的微形貌特征，以及可能存在的不规则性，如孔穴、凹陷；能逐点给出 *X-Y* 平面区域高分辨率的元素组成，以及功能团与元素氧化态的分布状况、几何结构与电子结构，等等.

在表面分析中往往会涉及到技术表面、界面与物理表面等术语. 图 20.1 说明了三者的区别. 材料的最外层，其热力学性质不同于主体，称为物理表面. 材料的外层，其性质不同于内部区域，称为技术表面. 界面实为两凝聚相的边界. 在材料科学中，界面指两种固相的边界. 当然在电化学中还存在固液界面. 物理表面的最外层原子的键合力不饱和，因此它决定了材料表面的反应性.

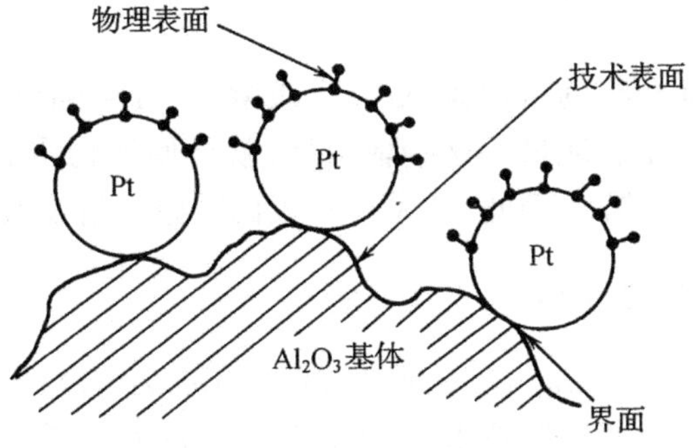

图 20.1　催化剂颗粒的表界面示意图

从材料科学的发展前景看,表面分析含盖了从小于 1 个原子层厚度到几微米厚度范围内的表征.涉及到几微米厚度的表征又称"薄膜分析".界面意即"内部表面",它与材料的许多性质,如腐蚀电位和机械强度等直接相关.界面分析方法基本与表面分析方法相同,只是为了得到界面分析的信息,分析厚度要扩展到纳米级.要获得表面和界面的高信息含量、高立体分辨率以及高检测能力,只有采用建立在光子、电子、离子和电场等与所研究材料相互作用的基础上的方法.目前用于表面与界面分析的方法已超过 30 种,而最常用的分析方法是 X 射线光电子光谱、俄歇光电子光谱、二次离子质谱和离子散射光谱,这些主要用于材料的表面组成分析;扫描电子显微镜,用于表面形态的表征;分析电子显微镜,用于表征界面.以前介绍过的红外光谱和拉曼光谱可以用于分子表面与界面分析.表面及界面分析对材料科学是极为重要的,特别是对于催化剂的研制与生产,半导体及微电子装置的研制与生产,以及金属、玻璃、陶瓷、高聚物和薄膜的结构与组成分析.

为了得到可靠的信息,被分析材料的表面必须十分洁净.所谓洁净表面是指其表面被吸附的非研究对象的含量是在所采用的分析方法的检测极限以下.一旦表面洁净以后,应让样品处于具有真空度足够高的体系中.下面一些方法可用来洁净样品:(1)抛光;(2)用一系列溶剂超声洗涤;(3)在真空小室中加热至较高温度;(4)用低能量 Ar^+ 扩散离子束(能量约 0.1～1eV,电流密度为 $1mA \cdot cm^{-2}$)轰击,以除去非键合杂质.若须除去氧化物层,可采用 300～500eV,$20\mu A \cdot cm^{-2}$ 的 Ar^+ 离子束轰击;(5)也可以在还原气氛中处理样品,以除去表面氧化物.

这一章主要讨论光子探针技术(包括 X 射线和紫外光电子光谱)、电子探针技术(电子微探针和扫描电子显微镜、俄歇电子光谱)、离子探针技术(离子散射光谱、二次离子质谱)以及扫描探针显微镜技术(扫描隧道显微镜、原子力显微镜)等.

20.2 光子探针技术

用于表面和界面分析的可以是 X 射线或紫外、可见辐射范围内的光子.当被分析物质吸收了具有足够能量的这些辐射后,就会使该物质的最外层发射出光电子,然后进入真空而被检测.因此,这是一种表面敏感分析技术.

20.2.1 X 射线光电子光谱法

X 射线光电子光谱(X-ray photoelectron spectroscopy, XPS)是对被分析表面进行定性及定量元素分析的重要技术,它可以获得被激发原子的化学键方面的信息.

1. 基本原理

当一束 X 射线轰击样品原子时,原子的内层电子就被逐出.设逐出电子为 K 层电子,其动能为 E_K,则此电子的结合能(即电离能)E_b,即电子与原子核之间的吸引能可表示为

$$E_b = h\nu(E_k + C) \tag{20.1}$$

式中:$h\nu$ 为 X 射线光子的能量;C 为与特定光谱系统的性质相关的常数,即光谱计的工作函数,可以用参比物质进行测定.若测得了 E_K,就可求得 E_b.要逐出电子必须克服其结合能.对某一元素的给定电子来说,结合能是特定的,因此可用于元素鉴定.若精确知道 X 射线波长和常数 C,并测得 E_K,即可计算出 E_b.虽然 E_b 主要决定于电子轨道的能量,但也受原子的化学环境的一定影响,由此引起的化学位移,可用于原子价的鉴定.通过测定每种元素的谱线强度来进行定量分析.

2. 仪器主要部件

(1) 辐射源

X 射线光电子光谱仪的 X 射线源必须是单色的,由式(20.1)知,X 射线能量的变化必然引起逐出电子能量的变化.减少 X 射线带宽的方法有以下两种.使用晶体单色器可获得单色性很高的辐射,但强度下降.晶体单色器波长可依据布拉格方程选择,使用铝靶或镁钯作为 X 射线源,可以获得强度很高,带宽很窄的 Kα 线.通常 A1Kα,$E = 1.49$keV;MgKα,$E = 1.25$keV.在铝钯之后放置一个铝窗口,其作用犹如滤光片,可以除去 K_β 线和背景辐射.通过加热阴极产生并被已知能量的静电场加速的电子束,也可以用作辐射源.由于这些电子的动能有一个较宽的分布范围,必须使用能量过滤器.两种能量过滤器如图 20.2 所示.图 20.2(a)为平板型.

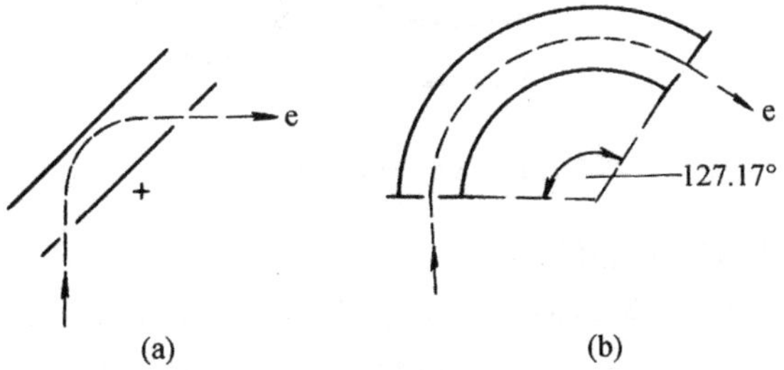

图 20.2　能量过滤器

电子束以 45°角从入射狭缝进入平板之间的空间,但只有在特定的很窄能量分布范围内的电子才能穿过出射狭缝.平板之间的距离和所加电压大小决定了电子束

能量的分布范围的宽窄.图 20.2(b)为圆筒型.它对能量的分辨能力高,而且能将进入过滤器的,但角度稍有发散的电子也能聚集于出射狭缝.为了实现电子束的能量和方向的双聚焦优点,入射和出射狭缝平面之间的夹角为 127.17°.

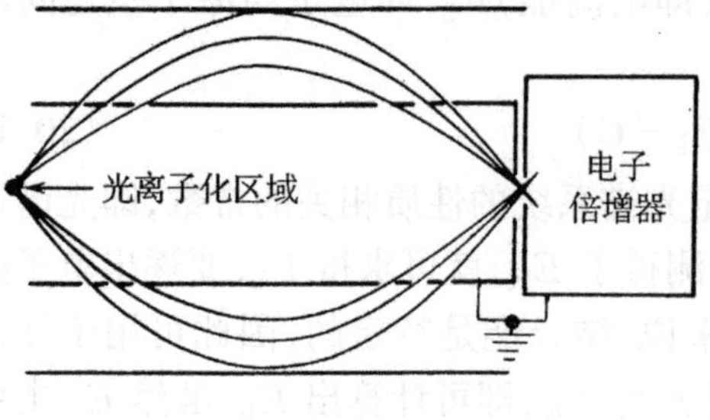

图 20.3 圆筒形静电能量分析器

(2) 能量分析器

能量分析器置于样品和检测器之间,其操作原理正是根据光电子在磁场或静电场中的偏转,极类似于质谱计.它相当于单色器,它比以上介绍的能量过滤器具有更精确的能量分辨能力.最常用的能量分析器是由一个或呈圆筒形,或呈球形的静电场组成.图 20.3 和图 20.4 为圆筒形和球形静电能量分析器.圆筒形静电能量分析器类似于图 20.2 中的平板形能量过滤器,只是将平板电极弯曲成圆筒状,形成一个有效的电子捕获系统,实现最佳聚焦.球形静电能量分析器类似于图 20.2 中的圆筒形能量过滤器,只是形成了一个几乎球形的静电场.

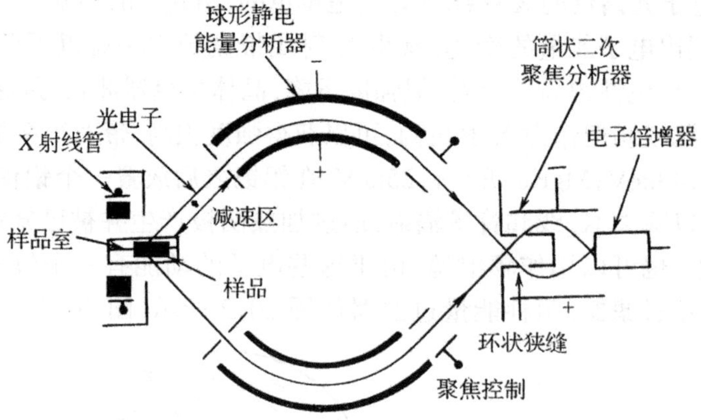

图 20.4 球形静电能量分析器

(3) 检测器及其他辅助部件

在通过能量分析器后,被选择出的具有合适动能的电子就进入检测器.最常用的检测器是电子倍增器,它类似于光电倍增管,只是起始脉冲来自电子而不是光子.由于逐出电子受局部磁场(包括地磁场及由杂散电脉冲产生的磁场)的干扰,因此必须用高渗透性磁材料来屏蔽样品,以对消这些杂散磁场.也可以采用 Helmholtz 线圈,在此线圈内可以产生一个与地磁场完全相等,但方向相反的均匀磁场.仪器还有一个部件叫浸没电子枪.当样品中电子逐出之后留下正电荷,这些正电荷堆积于样品表面，改变了逐出电子的净能量而产生实验误差. 为了消除这种误差，可使用浸没电子枪，让低能量电子掩盖样品表面以对消正电荷. 自然，这些低能电子对电子逸出功也有一定影响，但是不会影响数据的再现性. 仪器还配备高真空系统，真空度达 10^{-6}Pa，以避免低能电子与体系中的其他原子或分子碰撞，因此样品也必须置于高真空的样品室内.

3. 应用

X 射线光电子光谱法的应用适于测定发生氧化、腐蚀、物理吸附及化学吸着等过程时的表面组成的变化，是对表面元素进行定性和定量分析的重要技术. 根据测得的结合能大小可以定性鉴别样品中的元素. 图 20.5 为不同元素的不同电子的结合能. 对于原子序数小于 30 的元素，对应 K 和 L 层电子是两个独立的能量峰；对于原子序数在 35 至 70 之间的元素，可以观察到 L_{I}、L_{II} 和 L_{III} 组成的三重峰；对于原子序数在 70 以上的元素，由 M 和 N 层电子组成的图谱更为复杂.

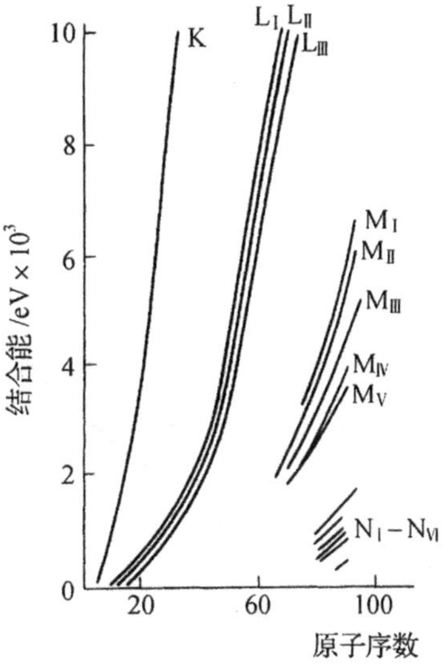

图 20.5 电子结合能

内层电子结合能受到化学环境的影响，因为不同的化学结合状态改变了原子核的有效力场，在此使元素的电子的结合能发生化学位移. 对硫的 2p 电子来说，正常的结合能为 165eV，但对 SO_4^{2-} 和 RSH 中的硫，其结合能分别位移至约 168 和 162eV. 图 20.6 为丙酸乙酯的 X 射线光电子光谱图. 不同化学环

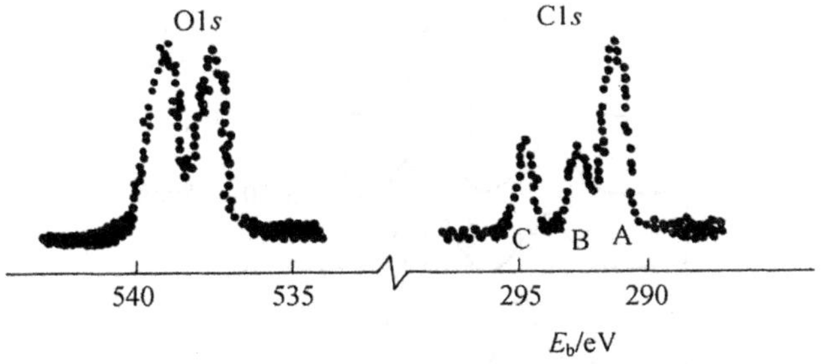

图 20.6 丙酸乙酯(气体)的 X 射线光电子光谱

境中的 C(1s)和 O(1s)的化学位移可以用 E_b 表示，也可用化学位移的相对值(以某一个峰为参比物)表示. 峰面积大致等于分子中具有相同化学环境的原子数目. 甲基和次甲基中的碳原子只与氢和另一个碳原子键合，它的 1s 电子的化学环境几

乎完全相同,因此A峰(右起第一峰)面积是由第一、二和第五碳原子贡献的.B和C峰相应与氧键合的两个碳原子.两个氧原子的1s电子所贡献的峰面积相等.图20.7为用镁的Kα线照射的月球土壤的光谱图,土壤的主要成分可以清晰鉴别.图20.8为用X射线光电子光谱研究纯铅样品在空气中的氧化过程.激发的X射线

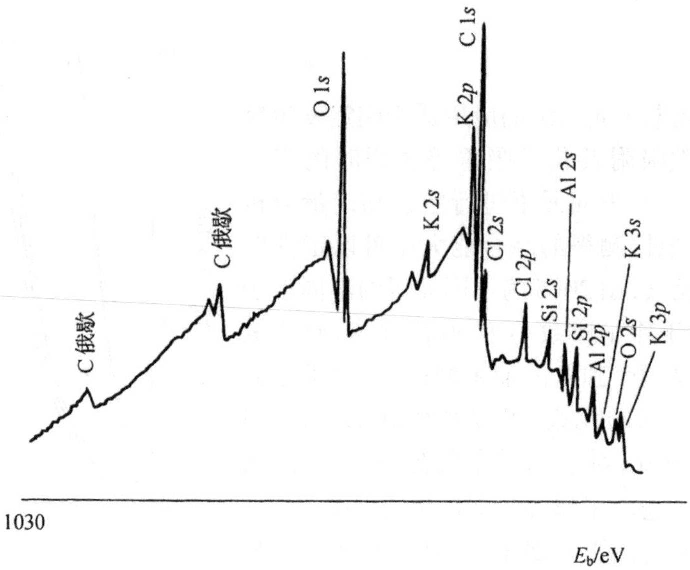

图20.7 月球土壤的X射线光电子光谱

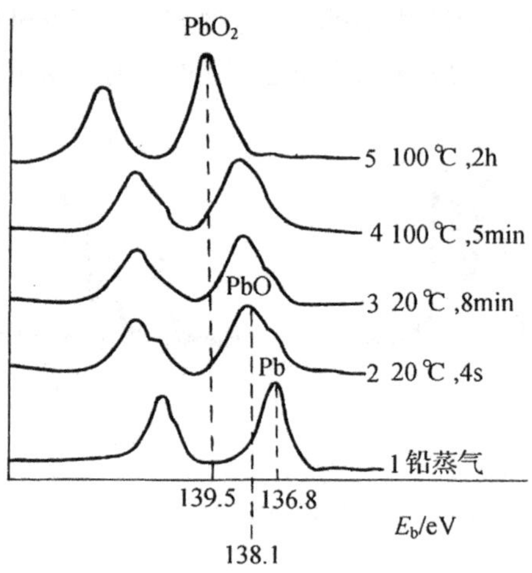

图20.8 铅样品氧化过程的X射线光电子光谱

为 MgKα. 光谱图表明，铅蒸气在不同温度和不同时间间隔下氧化，有中间产物 PbO 生成. 可见，X 射线光电子光谱是一种有力的表面分析工具，特别适合于表面性质的研究. 若样品表面能代表样品主体，因此也可应用于主体性质的研究. 还可用于催化及有关薄膜技术的研究. 元素的定量分析是根据峰强度来测定被激发表面层的元素的相对浓度. 由于影响定量测定的准确性的变数很多，因此 X 射线光电子光谱的精密度不会太高，会有 10% 的标准偏差. 它的相对灵敏度不高，能检测的样品表面的元素浓度通常为百分数含量级. 这是因为这种表面技术每次检测面积约 $1cm^2$，但检测深度只有 10^{-8}cm，因此样品检测总量仅达 10^{-8}g 数量级.

20.2.2　紫外光电子光谱法

紫外光电子光谱(ultraviolet photoelectron spectroscopy, UPS)是研究固体表面电子结构以及对吸附物质进行表征的重要技术之一. 它的光源通常是 He 放电灯，其辐射的能量较低，约 10～40eV，因此只能使外层电子能级发生电离. 由于 HeⅠ和 HeⅡ两谱线宽度窄，只有几毫电子伏特，故可以获得高分辨率光谱. 其仪器结构类似于 X 射线光电子光谱. 若对清洁的金属表面进行测定，所得信息代表了价电子带的电子结构(状态密度). 因为光电子发生于所研究材料表面的几个原子层之中，因此得到的紫外光电子光谱同时包含了材料表面状态和主体状态信息. 若采用小角度测量时，主要提供的是表面状态信息，使来自深度的分析信息减少. 只要金属表面吸附了物质，包括物理吸附和化学吸着，光谱的形状就会发生重大变化. 采用特殊的实验技术可以获取表面被吸附分子定位的信息；通过测定光电子峰的强度，可以获取被吸附物质在研究对象表面的覆盖度，还可以检测被吸附物在表面占据的单分子层分数. 因此，紫外光电子光谱对催化基本原理的研究显得特别重要.

若将一束处于紫外区域(也可以是可见区域)的激光束，通过一个光学显微镜，投射至样品表面直径为 1～2μm 的微区，该激光光子的能量就转移至被分析材料表面，导致表面物质的解吸. 这种解吸过程，根据单位面积上所承受的激光能量的大小，决定了非热解过程或热解过程占优势. 若前者占优势，则生成被吸附物分子；而后者占优势，则由热蒸发使表面物质原子化. 这种被激光光子解吸而产生的原子离子或分子离子可由傅里叶变换质谱仪检测. 因此，这一技术又称为激光微质谱法(laser micro mass spectrometry, LAMMS). 它的灵敏度较高，元素的检测极限可达 1～100μg/g 范围. 此技术主要适合于元素的微区分析，从样品的碎片模型，可以获得分子的有关信息，它常用于生物材料中痕量元素分布的定性研究，以及用来表征基质上的有机层材料.

20.3 电子探针技术

当电子撞击固态材料表面时,会发生弹性与非弹性作用过程.在弹性作用过程中,能量与动量是守恒的,即电子的动能不转变成其他形式的能量,如电子态的激发.弹性散射导致电子的偏转与衍射现象;在非弹性作用过程中,撞击电子的部分动能,通过靶原子的振动态或电子态的激发,从而转变成势能.非弹性作用主要导致电子态的激发以及传导电子的集合激发.因此弹性与非弹性作用过程都会使精细聚集的电子束横向展宽.电子与材料表面作用的弹道会深入至材料主体,一直到电子动能降至产生特定信号所必须的临界值以下.电子与固体作用的弹道距离处于微米级,因此分析信号来源的体积也正处于这一数量级.

与光子探针技术比较,电子探针技术有不同之处.后者的电子与靶原子作用的横截面积较大,因此分析信号强,同时,采用的电子束必须经过精细聚焦,而使其直径很小,处于 1～100nm 范围内,从而获得高的横向分辨率.

20.3.1 电子微探针分析法

电子微探针分析法又称电子探针 X 射线微分析(electron prob x-ray microanalysis, EPX MA),此法对表面分析具有特殊用途.电子微探针分析仪的结构如图 20.9 所示.来自电子枪(钨或 LaB_6 阴极)的电子被阳极电压加速(其能量达 1～50keV 之间,电流则在 10pA～1μA 之间),再被特殊形状的电磁铁(磁透镜)聚焦于样品上.经过这样聚焦的电子束的直径只有 0.001～0.1μm,因此足以将小至 1μm^3 的固体样品激发而产生 X 射线.此 X 射线可用波长或能量色散型 X 射线光谱仪检测.采用能量色散型光谱仪可同时记录从 Be 到 U 的所有元素的信号强度.其检测器为搀杂 Li 的硅半导体检测器.它可将光子数转变成电脉冲数.其电压大小正比于光子能量,从而达到能量分辨的目的.为了使操作者能将电子束精确地定位在所需的样品微区,同时配备有显微镜.利用电子微探针分析仪是进行固体微区分析的最重要方法.可对金属、合金及陶瓷进行相研究;分析金属中的淀积物;有毒的尘埃颗粒;可用来观察半导体器件制造过程中的扩散过程;确定杂质的类别,等等.由样品产生的 X 射线可利用 X 射

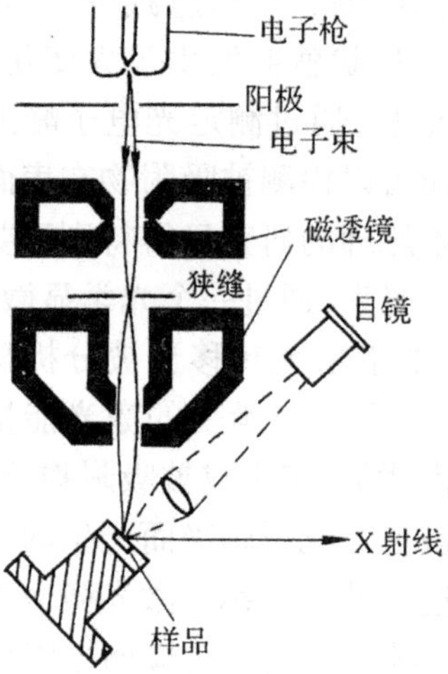

图 20.9 电子微探针分析仪

线光谱仪容易进行元素鉴定，因为从样品表面发射出的 X 射线数目少．因此，可以根据选择的某一特定的 X 射线的强度，如样品中的 CuKα 线与参比物质进行比较来定量．相对定量准确度在 1%～10%之间，检测极限达 0.01%～0.1%（在几个 μm^3 区域内）．这种方法除了可以进行点分析外，还可借助于电子束扫描发生器进行线扫描与区域扫描分析．它的主要限制在于产生 X 射线的分析区域体积的直径和深度一般在 1～3μm，因此，用 X 射线光谱仪不能定量地进行纳米级相分析．

20.3.2　扫描电子显微镜法

扫描电子显微镜（scanning electron microscopy, SEM）的基本原理和仪器的主要部件类似于电子微探针技术．在图 20.9 中，样品之前的电子束产生过程基本适用于扫描电子显微镜，只是对从样品逐出的二次电子的检测和显示的方法不同．电子枪射出强度十分均匀的电子束，并聚焦成直径约 10～50μm 的圆形斑点，再经过磁透镜（一般有三个）系统将圆形斑点收缩至直径约 1～100nm，再投射至样品表面．扫描电子束直径的大小决定于扫描电子显微镜的分辨率．从样品表面逐出的二次电子的能量约 10eV，经过几百伏电压的加速后，由闪烁检测器检测．所产生的光脉冲由光电倍增管放大后记录．光电倍增管的输出又去调制投射至阴极射线管上的电子束强度．当电子束对样品表面进行扫描时，使样品表面的间接像显示于阴极射线管上．由于空气中的分子能强烈吸收或散射电子束，因此高真空度是一个重要条件．从阴极射线管上显示的图像与由光学显微镜得到的图像十分相似，只是放大率更高．如果让样品变得很薄，由穿过样品的发射电子得到样品的图像，这就成了扫描透射电子显微镜（scaning transmission electron microscopy, STEM），它又称分析电子显微镜法（analytical electron microscopy, AEM）．为了得到合适的透过率，样品必须很薄，如 100nm，同时使分辨率大为改进．

扫描电子显微镜是一种超高分辨的表面测试技术，它可用于微粒、金属薄片等表面性质的研究．例如用扫描电子显微镜可以研究修饰电极的表面形貌图，从而进一步研究电极表面形貌的变化对电极过程的影响．扫描电子显微镜除了可以提供样品的直观图像外，还可以与 X 射线光谱仪联用，检测样品的元素成分．特别是分析电子显微镜法通过透射电子成像，可以表征纳米材料，下限可达 0.1nm．因此可以对沉淀、晶粒界面以及某些物理缺陷，如位错和半导体层积缺陷等，进行高分辨率成像．因此，它是纳米尺寸材料分析领域中最重要的分析技术．

电子微探针分析法与扫描电子显微镜法两者的区别很小，两者的仪器基本相同，只是某些部件有所不同．前者属于元素分析方法，而后者属于表面成像技术．

20.3.3 俄歇电子光谱法

1. 基本原理

俄歇电子光谱法(auger elctron spectroscopy, AES)在许多方面类似于X射线光电子光谱法.正如图20.10所示,当X射线轰击样品原子时,内层(如K层)电子被逐出,留下空穴,来自L层的电子立即递降进入K层,同时从L层发射出一个电子,其能量为$E_L - E_K$,以维持能量平衡.这一从L层逐出的电子称为K-L-L俄歇电子,涉及到三个能级跃迁.当然还有其他俄歇电子,如L-M-M.电子.而K-L-L和K-M-M这两谱线是最强的.对于一个被轰击的原子来说,其能量的释放是两种过程——俄歇和X射线荧光的竞争.图20.11说明了此点.对于低原

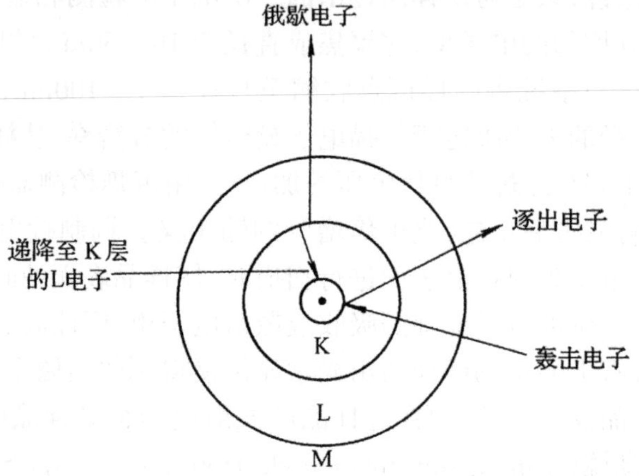

图20.10 俄歇过程

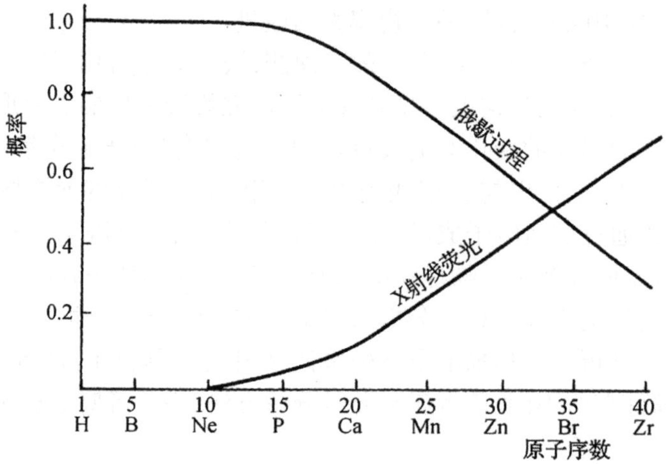

图20.11 俄歇和X射线荧光过程概率

子序数的元素，主要发生俄歇过程．随着原子序数的增加，发生俄歇过程的概率下降．对于 X 射线荧光过程，情况正相反．来自 L 层的俄歇电子的动能 E_A 可表示为

$$E_A = (E_K - E_L) - E'_L \tag{20.2}$$

式中，E_K 和 E_L 分别为 K 层和 L 层电子的结合能．当 L 层电子递降至 K 层时释放出来的能量为 $E_K - E_L$．E'_L 是俄歇电子从 L 层逐出所需能量．由式(20.2)可知，俄歇电子动能与初始辐射的能量无关．

2．仪器结构

俄歇电子光谱仪非常类似于 X 射线光电子光谱仪，结构如 20.12 所示．仪器采用圆筒形反射能量分析器．与能量分析器同轴的电子枪可以对样品表面进行扫描，以得到样品元素的俄歇光谱图．为了按俄歇电子能量进行扫描，必须在外层电极上加上直流扫描电压．从能量分析器产生的俄歇信号是一种低振幅的声频交流信号，它可以耦合到锁定放大器而被调制，而直流信号即被电容阻断．为了获得较高强度的信号，在能量分析器外部放置一电子枪，使电子束以较小的角度轰击．为了获得样品的深度纵断面组成分布图，需同步或间歇使用溅射离子枪．整个分析必须在高真空测试室内进行，否则溅射得到的新表面又会被残余气体覆盖，甚至发生反应．

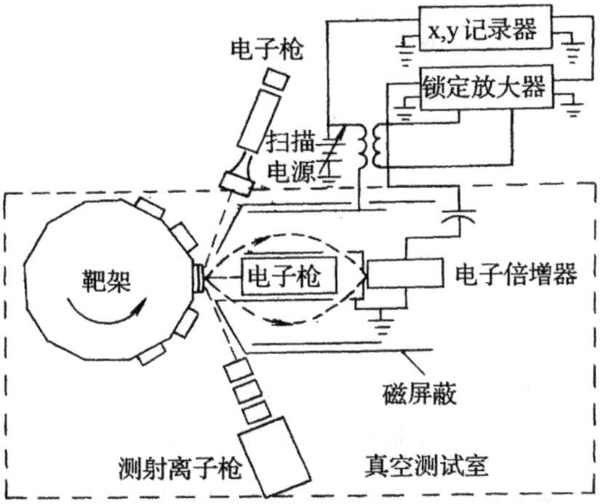

图 20.12　俄歇电子光谱仪

3．应用

由于俄歇电子光谱法所获得信息的深度浅(0.5～10nm)和横向信息分辨率高，因此是表面分析中应用最为广泛使用的技术．它的主要应用是在表面和界面的

元素及相分布分析.它既可以进行点分析和高分辨的横向分布分析,还可以进行薄膜和表面的深度分布分析.它的应用面很广,适合于被分析物的各种状态,而且适合于除 H 和 He 外的所有元素,灵敏度高,响应速度快.测定俄歇电子的动能,可以鉴别元素.采用外标法可以对俄歇电子线进行定量,对抛光样品,在优化条件下,其分析准确度在 5%左右.

俄歇电子光谱与 X 射线光电子光谱相比,化学位移不显著,其信号强度弱得多,因此要对弱信号与背景进行分辨就比较困难.解决的办法是对信号微商,这相当于测量曲线的斜率.图 20.13 说明了这一点.曲线 A 为正常能量分布,$N(E)$,俄歇峰只以一个小的尖脉冲出现,这是因为高强度背景所致,此背景来自背散射电子.曲线 B 是将曲线 A 放大 10 倍.曲线 C 是线曲线 A 的一阶导数,显然增强了信噪比,有利于元素的鉴别.因此,俄歇电子光谱为表面元素分析提供了一个方法.

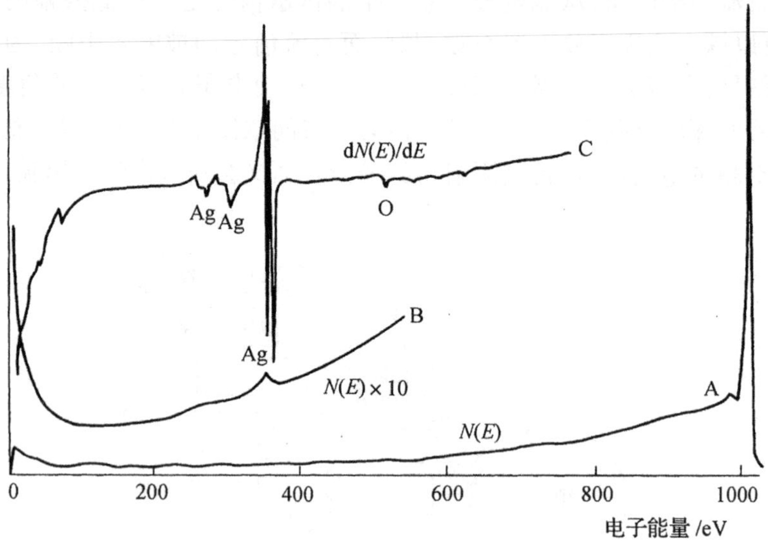

图 20.13　银样品的俄歇电子光谱

(辐射源为 1keV 电子束)

在 X 射线光电子光谱中,由于元素处于不同化学环境,其结合能发生化学位移.但是在俄歇电子光谱中,这种能量的化学位移差别很小,检测困难,而且方法灵敏度较低.为了获得尽可能强的信号,要求使用高强度的 X 射线源,即必须采用宽带信号,但分辨率下降,检测化学位移更困难.因此,通常俄歇电子光谱不能用来鉴别化学形态.

图 20.14 为 750℃下于真空中受热 10min 后的不锈钢的光谱图.由图可见,镍

和铬在加热前后几乎不变，但加热后，表面的碳消失了，而硫出现在表面，这也许是内部的硫扩散至表面，也许从大气吸附所致.

利用俄歇电子光谱还可进行表面不同深度的组成分析. 图 20.15 为镀有镍铬合金膜的硅板的光谱图.(a)为未用离子束蚀刻表面，氧原子的浓度最大；(b)为经离子束蚀刻除去 10nm 表面层之后，氧几乎消失，铬和镍增加；(c)除去 20nm 后，镍和铬大大减少，而硅峰十分明显，碳也大为减少. 利用俄歇电子光谱还可以检测催化剂的中毒状况，等等. 俄歇光谱线能量与低原子量元素的原子序数之间存在线性关系，因此可用来鉴别低原子量元素.

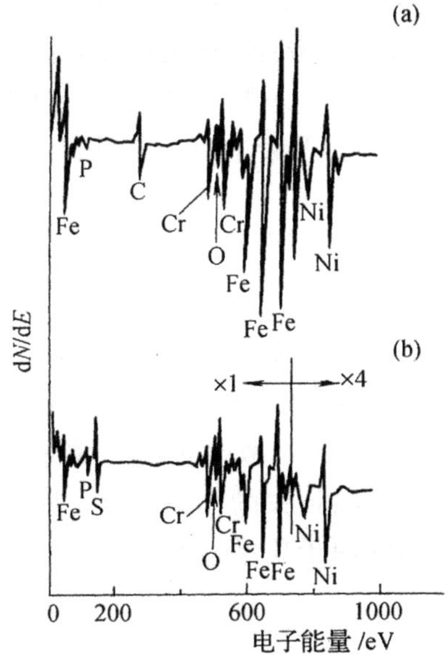

图 20.14　不锈钢的俄歇电子光谱

(a)加热前；(b)加热后.

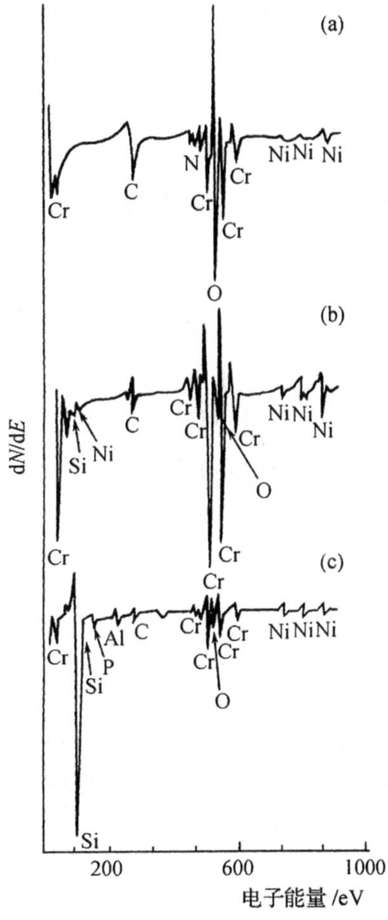

图 20.15　镀有镍-铬合金膜(15nm)的硅板的俄歇光谱

20.4 离子探针技术

离子探针技术的基本原理是以能量在几百电子伏特至几兆电子伏特之间的离子束轰击样品后,测定所产生的分析信号.若以小质量的离子,如 He^{2+} 离子束轰击样品时,核-核之间的弹性碰撞作用力占优势,导致离子束离子发生大角度的弹性散射.测量散射离子的能量损失的光谱就构成了离子散射光谱法(ion scattering spectrometry, ISS)的理论基础.若用中等质量的离子,如 O^+, Ar^+ 等离子束轰击样品时,则发生核-电子之间的非弹性碰撞的相互作用,导致样品表面原子之间化学键的断裂,而使原子溅射离去.其中溅射出的部分原子在逐出表面时产生电离.测量这些离子就构成了二次离子质谱法(secondary ion mass spectrometry, SIMS)的基础.

20.4.1 离子散射光谱法

1. 基本原理

当一束正离子,如能量为 1～3MeV 的 He^{2+} 与固体样品表面原子发生碰撞,离子束被样品原子散射,测量散射的 He^{2+} 离子的能量损失光谱就能测定样品表面散射原子的质量.对于给定的散射角(散射角定义为 180°减去入射与散射离子束之间的夹角)在散射离子的能量(E_s)与轰击离子的能量(E_o)及轰击离子质量(M_o)、样品离子质量(M_s)之间存在以下关系:

$$\frac{E_s}{E_o}=\left[\frac{(M_s^2-M_o^2\sin^2\theta)^{1/2}+M_o\cos\theta}{M_s+M_o}\right]^2 \qquad (20.3)$$

发生散射作用的原因是由于 He^{2+} 与样品原子核之间的库仑排斥作用力.但是,这种排斥力只有当 He^{2+} 与原子核极其靠近时,比 K 层的半径(10^{-3}nm)还小,如 10^{-4}nm 时才有可能发生.在此时发生的核－核弹性碰撞中,被散射的 He^{2+} 离子将它的一部分动能转移给了样品原子而导致能量损失.能量损失的大小决定于原子质量和散射角.从散射离子的能量就可得到样品表面的原子质量与原子所处位置的信息.

当 θ 为 90°时,式(20.3)可简化为

$$E_s=E_o\frac{M_s-M_o}{M_s+M_o} \qquad (20.4)$$

只有当 $M_o<M_s$ 时,上式才成立.轰击离子一般选择惰性气体离子,特别是 He, Ar 和 Ne 的离子,以避免副反应.若轰击离子是 $^3He^+$,它被样品表面的 ^{16}O 和 ^{18}O 原子

散射，被散射的$^3He^+$的能量可由式(20.4)估算，被^{16}O散射的$^3He^+$能量应为$0.684E_o$；被^{18}O散射的则为$0.714E_o$. 通过测量被散射的$^3He^+$能量的相对丰度，就可测定样品表面的^{16}O和^{18}O的相对含量. 同理，可以鉴别其他元素，进而实现定性和定量分析.

2. 仪器结构

离子散射光谱仪结构如图 20.16 所示. 电子束轰击气体原子生成离子，经过负电压加速正离子以 45°角聚焦于样品表面. 受表面原子散射的离子向各个方向发散，但只有以合适角度散射的离子才能进入静电分析器. 整个仪器(包括样品)置于真空系统中.

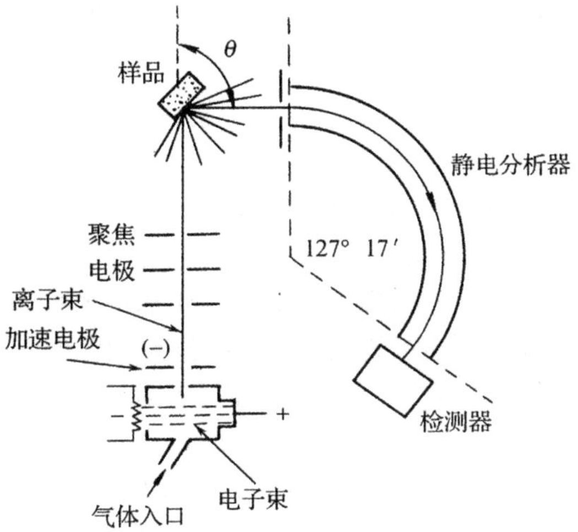

图 20.16　离子散射光谱仪

3. 应用

离子散射光谱对于研究表面层原子是极灵敏的. 对于研究经过热处理、溅涂及吸附后的表面效应极为有用. 从表面获得的不同元素的相对信号强度，通常可以给出有关吸附分子的排列信息. 若采用低能量 He^{2+} (0.5～5keV)，在非弹性碰撞作用时，由于要穿透固体所需的电离电位高，因此散射只来自样品表面的第一原子层. 此时它所提供的信息也就是固体表面的第一原子层的信息，而与样品基体组成无关. 这种独特的表面高选择性最适合于吸附等过程的研究. 为了得到钨丝表面吸附的 CO_2 分子排列的信息，可以用离子散射光谱进行研究. 在室温下，光谱图上 O/C 强度比约为 17，但经过热处理(加温至 700K)后，O/C 之比降为 3.7. 这一事实说明在室温下,吸附的CO分子中的C原子趋向金属原子,而氧原子离开金属原子;在高温下,CO分子则在表面上铺展,甚至缔合.用离子散射光谱还可以进行元素分布深度的研究,如研究掺杂于硅半导体中的重原子锑,深度分辨的范围约20～50nm.

20.4.2 二次离子质谱法

1. 基本原理

二次离子质谱法与离子散射光谱法极为相似.用一束离子(如常用的离子是Ar^+,Ga^+,O_2^+,Cs^+和O^-等)轰击样品表面,这些惰气离子就取代样品表面的离子而使表面离子射出.这些被逐出的离子可以是分子离子,或是分子的碎片离子;可以是正离子,或负离子.它们都可以用于分析.对于周期表左边的元素,利用正离子;对于右边元素(非金属),则利用负离子.

2. 应用

二次离子质谱法又可分为两类,即静态和动态二次离子质谱法.前者需要超高真空条件;而后者可以在中等真空度条件下进行.前者的真空度约为后者的三个数量级.在静态二次离子质谱法中,轰击样品的离子束的密度很小,因此只有部分单分子层中的分子离子在分析时被逐出,因此它适合于极薄的表面层分析和有机材料分析,以减少分子的裂解.它主要适用于分子表面分析.从所得到的有机材料质谱图,可以通过分子碎片的分析,鉴定出表面的物质.可见采用这种方法可以描述有机材料最顶部的表面层的化学变化,而且对表面层分析具有高灵敏度.

在动态二次离子质谱中,轰击样品的离子束的密度很高,被分析材料受到离子轰击后,其表面层以每秒约数十个原子层的速率而除去,因此它最适合于表面不同深度断面图形的研究,必要时还可进行三维的组成分布研究.动态二次离子质谱仪的结构如图20.17所示.

在离子散射光谱法中,检测的是散射离子;而二次离子质谱法检测的是从表面逐出的离子.由于两个体系中检测的离子的质量差别大,二者不互相干扰,因此两个体系可以同时进行分析,从而为元素分析、同位素比以及有关分子结构提供信息.图20.18为碱玻璃的二次离子质谱图.图20.19为处理过的钼的表面的离子散射——二次离子质谱图,从图中可以看出组成的基本元素及不同元素的相对含量.由于二次离子质谱的信号与许多因素有关,而这种复杂关系又不能准确知道,但半定量数据可以给出不少信息.

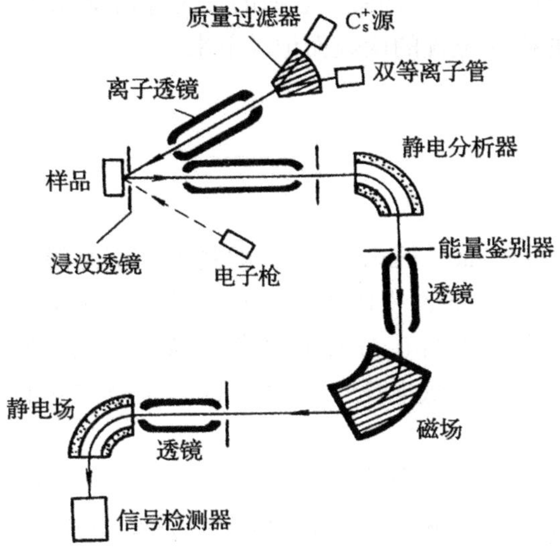

图 20.17　动态二次离子质谱仪

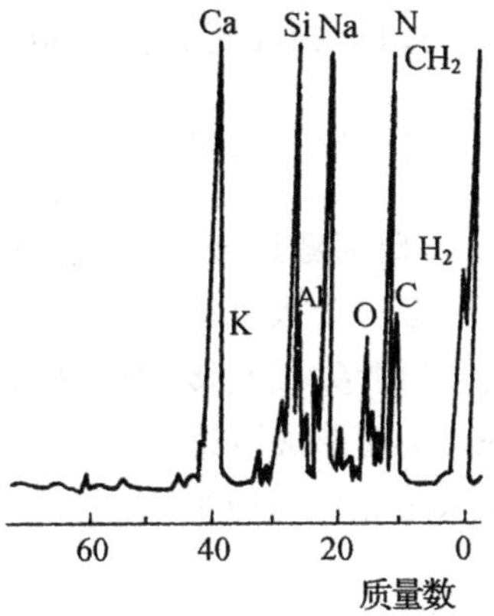

图 20.18　碱玻璃的二次离子质谱图

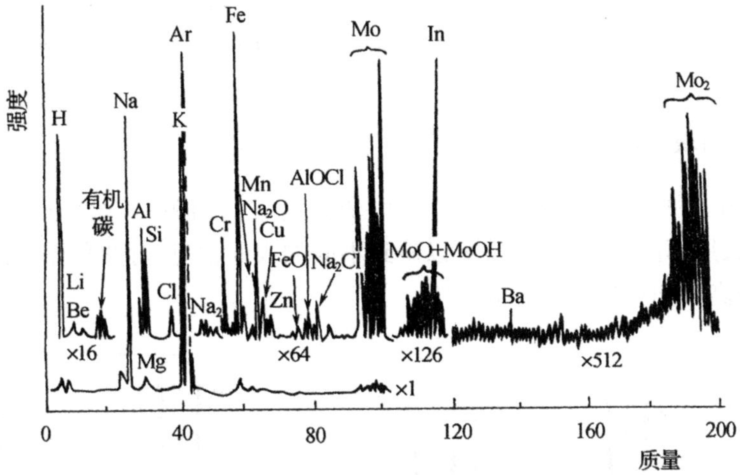

图 20.19　处理过的钼的离子散射——二次离子质谱图

20.5　扫描探针显微镜技术

扫描探针显微镜技术有许多分支技术，其中最重要的是扫描隧道显微镜和原子力显微镜．它们基本原理是采用极细的探针尖对样品表面进行扫描，测量探针与表面之间电流或力的变化,再通过表面成像技术而感知表面的形貌等信息.由这类探针测得的信号是以它与表面组成的横向位置的函数而记录下来.

20.5.1　扫描隧道显微镜

1. 基本原理

扫描隧道显微镜(scanning tunneling microscopy, STM)的物理基础是隧道效应.将一个极细的金属针尖与被分析物质的表面视作两个电极,且在外加电场作用下,当针尖极其接近该物质表面时,两者间距约 0.1nm,电子就会从一极流向另一极,从而形成隧道电流,其大小约几个 nA.在低电压下(几个 mV),两极之间的隧道电流(I)可以近似的以下式表示:

$$I \propto V\exp[-A\phi^{1/2}S] \tag{20.5}$$

式中:V 为加于针尖与表面之间的偏置电压,两者之间的间距为 S;A 为常数,在真空条件下约等于 1;ϕ 为局部功函数.由上式可知,这种隧道电流的大小对针尖与样品之间的距离是极端敏感的,呈指数关系变化.间距减小,隧道电流将急剧增加.因此设法控制针尖对被分析物表面进行扫描时,就能从信号记录仪上直接反映出表面的形貌图,如表面态密度的分布或原子排列的图像等.其分辨率可以高达 0.1nm 以上.

2. 仪器的操作模式

由式(20.5)知,在任何情况下,隧道电流是两极的间距、外加电压及局部功函数的函数.采用不同的操作模式,可以得到不同的表面信息.有两种操作模式:守恒电流和守恒高度扫描模式(图 20.20).

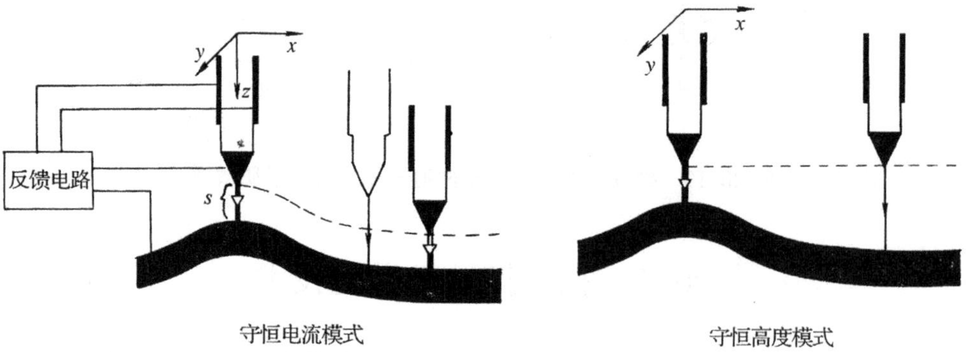

图 20.20　两种扫描模式示意图

(1) 守恒电流模式

一个极细金属(pt/I_r 或 W)针尖装在压电发射机上,它可在 x,y 和 z 方向移动.利用电子反馈线路调节针尖与样品表面之间的距离,控制隧道电流恒定,这样针尖在垂直于样品表面方向上的高度的改变,就可得到能反映出表面二维形貌的图像,它能清楚地分辨出单个原子.

(2) 守恒高度模式

若样品的表面没有明显凹凸,则可以采用此方式.使针尖始终控制在某一高度进行扫描.记录隧道电流的变化值也可得到表面态密度的分布图像.

利用隧道电流与局部功函数之间的关系,可以对样品进行横向扫描.此时,在每点调制针尖与表面之间距离,测得 $\mathrm{d}I/\mathrm{d}S$ 值.由于存在以下关系:

$$\mathrm{d}I/\mathrm{d}S \propto \phi^{1/2} \cdot I \tag{20.6}$$

就可以得到每点局部功函数分布的信息.因为表面化学组成影响局部功函数,样品表面原子种类不同,或有吸附物存在,都会引起功函数的变化.因此局部功函数的测量可以获得表面存在物质的信息.

当针尖与表面之间距离恒定,测量针尖对表面的每一空间位置的隧道电流与偏置电压(V)之间的关系 $\frac{\mathrm{d}I}{\mathrm{d}V}$,可以得到表面电子态密度分布信息,因为表面的不同的电子态容易受偏置电压变化的影响.这种测量方式是一种空间分辨率很高的电子光谱,常称它为扫描隧道光谱(scanning tunneling spectroscopy, STS).例如研究 GaAs 表面的吸附情况,从测得的 $\mathrm{d}I/\mathrm{d}V$ 曲线的形状以及显微图,可以观察到单个氧原子吸附在 GaAs 表面,其 $\mathrm{d}I/\mathrm{d}V$ 曲线与清洁表面的曲线也很不相同.

3. 应用

扫描隧道显微镜最主要用途是获得表面原子级的三维高分辨率的形貌图像,可以分辨出单个原子,它比扫描电子显微镜的立体分辨率高两个数量级,利用它可以测量样品垂直方向的特征,如表面不同区域的平面落差.特别在材料科学研究中,它是对所研究表面进行表征的极好工具,如金属表面的抛光、电极的加工工艺水平、表面蚀刻及表面修复等的研究都离不开扫描隧道显微镜.通过扫描隧道显微镜对表面结构进行研究,可以发现原子重构后的表面原子排列细节;可研究清洁的单晶表面原子呈台阶构建的信息,还可以观察表面电子结构、研究原子位置及相邻原子成键轨道等信息,特别是在导电材料的研究中,还可提供原子及其运动的信息,等等.

扫描隧道显微镜的主要缺陷是不能表征绝缘体.若在高电压下进行研究,会发生场诱导效应而干扰测定.

20.5.2 原子力显微镜

1. 基本原理

原子力显微镜(atomic force microscopy, AFM)的基本原理如图 20.21 所示.一个非常尖细的呈倒正三角形的悬针安装在一个具有弹性的操纵杆上,在压电扫描器的操纵下扫描,针尖与样品表面接触与否以及趋近程度使两者之间的作用力发生变化.因此,当样品表面的形貌发生变化,作用于针尖上的力也随之变化,导致操纵杆偏转而极灵敏地被检测记录.针尖与样品表面之间的相互作用的强弱可以用力与距离之间的关系曲线加以描述.当两者间距大时,针尖与样品表面之间的作用力为零;当针尖移动靠近样品时,由于两者之间范德华尔斯引力的作用,针尖被拉向样品表面.当尖针进一步接近样品表面时,作用于针尖上的力却变成了排斥力.当针尖离开样品时,作用力又减小.两者之间的力与间距的关系呈负斜率的线性关系.在理想情况下,针尖对准单个原子,在接触区域内存在一种原子间的排斥力.在两者离开较长距离的情况下,也存在各种不同作用力,如库仑力、偶极作用力、色散力,若针尖与表面之间存在被吸附物质膜时,还会有毛细管作用力.以上这些力,也许是吸引力,或排斥力,它们都会反映在操纵杆上,但只有原子间的排斥力的变化对样品表面高分辨成像才起决定作用.因此在实验中要设法缩小这些较长距离下的力.

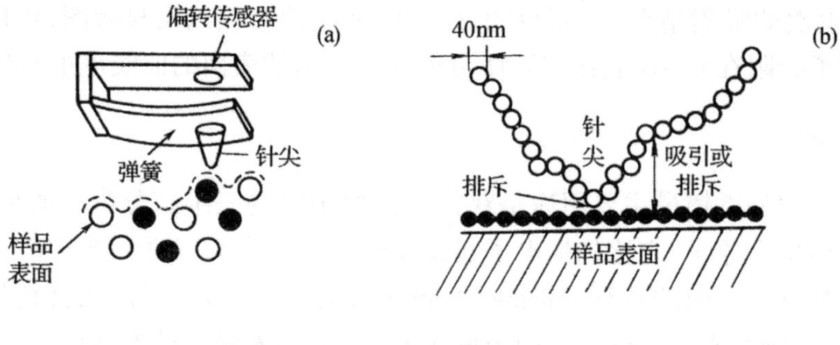

图 20.21　原子力显微镜原理示意图

(a) 压电扫描器针尖对样品的扫描; (b) 针尖与样品表面之间的作用力.

2. 仪器的操作模式

原子力显微镜中操纵杆的偏转是由与它相连的针尖的偏转反映出来.高约 4μm 的呈倒正三角形的针尖由氮化硅材料制成.针尖顶端的半径约 20～50nm.信号的产生原理如图 20.22 所示.当一束激光通过棱镜后,聚焦于针尖顶端,被尖针反射的激光束投射至双光二极管上.当针尖发生偏转时,即反射激光束的平面位置发生了变化,此激光束在双光二极管上产生了差示信号.这一差示信号经过放大,正极灵敏地反映了针尖偏转的程度.其分辨率可高达 0.01nm.

原子力显微镜与扫描遂道显微镜相似,也有两种操作模式,即恒定力与恒定高度模式.

在恒定力模式中,操纵杆的偏转保持恒定,即力恒定,此时须在垂直方向上重新调节样品位置,以跟踪样品表面的形貌特征.这种模式适合于扫描尺寸较大和表面粗糙的样品区域的成像,且不会损坏针尖或样品表面.在恒定高度模式中,保持样品的垂直位置不变,记录操纵杆的偏转程度.这种模式的扫描速率高,但应控制较小的扫描尺寸,防止尖针的受损.这种模式的另一优点是可以消去仪器的热漂移现象,以利于高分辨率成像.

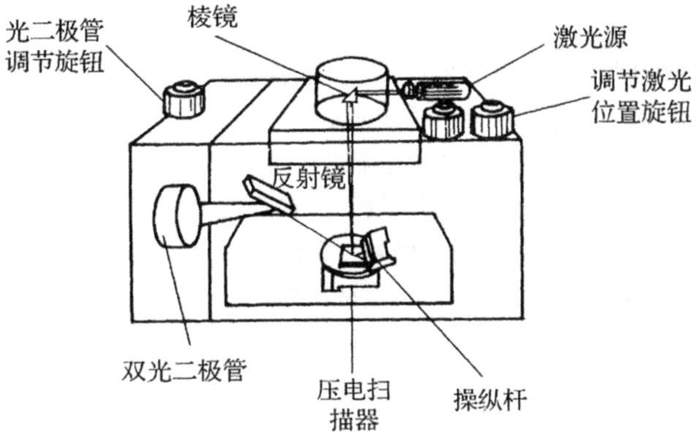

图 20.22　原子力显微镜信号产生示意图

3. 应用

原子力显微镜的最重要用途是对材料进行具有原子级分辨能力的成像.例如为了测试某种金属膜通过物理气相沉积法沉积在基体上的性能,可以由原子力显微镜观察到单晶的尺寸及其分布情况,以及在某一区域的粗糙度.扫描隧道显微镜的局限性是不能表征绝缘体,而原子力显微镜除了可以表征导体材料外,也可以对绝缘材料进行表征,从而大大拓宽其用途.它可以用来研究许多有机、生物以及无机材料绝缘体.对某些材料受侵蚀前后表面形貌的研究,用原子力显微镜既快又好,且不需对样品进行任何特殊制备.例如研究受侵蚀前后的钾-氧化钙-二氧化硅玻璃表面的形貌,在未受潮湿空气侵蚀前,表面形貌十分光滑,但暴露在潮湿空气中 1.5h 左右，再次成像，发现表面明显凹凸不平．在表面分析中，原子力显微镜成像的一个很重要特点是可以直接给出深度信息，因此常用于表面粗糙度的测定．还可以研究在不同温度下得到的沉积层厚度及颗粒大小，从而有利沉积条件的优化．原子力显微镜在表面化学中还有一个重要应用就是可以在气体或液体中进行原位测量，但必须采用一些特殊技术．在原位制备和成像，可以保护一些敏感膜，以给出真实信息．它还可用来研究 DNA 以及其他生物分子的结构，而且可以在水中成像，使生物分子图像不扭曲．

习　题

1．在 X 射线光电子光谱法中的定性依据是什么？
2．电子结合能指什么？它在表面分析中有何用处，试举例说明．
3．举例说明 X 射线光电子光谱与紫外光电子光谱法的异同点．
4．试比较光子探针技术与电子探针技术的特点．
5．弹性与非弹性碰撞有何不同之处？
6．波长色散光度计与能量色散光度计各有什么特点？
7．在分析电子显微镜法中的样品应该如何制备？为什么？
8．试比较电子微探针分析法与扫描电子显微镜法的异同点．
9．俄歇电子光谱法与其他表面分析技术相比，有何特点？
10．俄歇电子光谱法适合于哪些分析问题？为什么？
11．离子散射光谱法原理和最突出的特点是什么？
12．试比较动态与静态二次离子质谱法的特点及应用．
13．试比较二次离子质谱法与离子散射光谱法的异同点．
14．扫描隧道显微镜成像主要能给出什么分析信息？
15．扫描隧道显微镜法的最主要缺点是什么？用什么方法可以解决？
16．原子力显微镜在分析测试中有哪些特点？
17．试分析几种主要表面分析技术在分析化学领域中的重要性及相对局限性．

第二十一章　其他仪器分析方法

基本要求：

1. 理解三种热分析法的基本原理、共性与个性；
2. 理解流动注射分析法基本原理以及它的优越性.

21.1　热分析法

21.1.1　热重法

1. 基本原理

热重法(thermogravimetry，TG)用来研究物质的重量随温度变化的规律.在一定温度下，物质失去重量，这种失重表明样品中某些组分的分解或挥发.图 21.1 为一组样品的热重分析曲线，例如曲线 1，92℃之前质量的损失代表失去过量洗涤水.在 92℃以后，直至 812℃，质量维持恒定.在 812℃至 945℃之间的失重是由以下反应所致：

$$Ag_2CrO_4 \longrightarrow O_2 + Ag + AgCrO_2$$

由此可以得出结论，在重量分析中，Ag_2CrO_4 沉淀的干燥必须在 100～800℃之间进行，在实际工作中常取 110℃.其他曲线也可以得到类似的解释.从热重分析可以寻找重量分析的最佳干燥及灼烧温度，而这些温度范围也可用于化合物的鉴别.

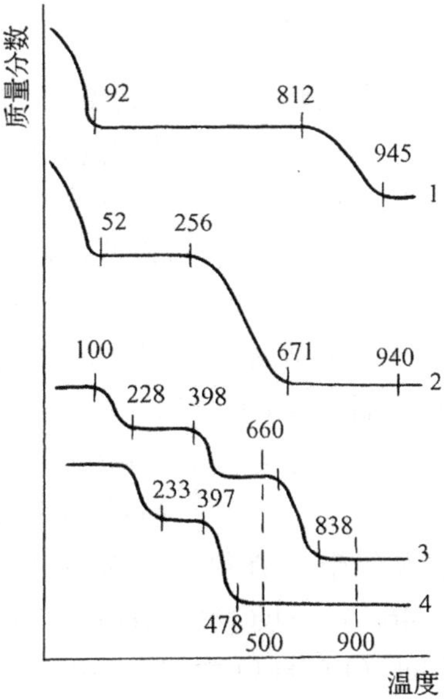

图 21.1　热重分析曲线

1. 铬酸银；2. 铬酸汞；
3. 草酸钙；4. 草酸镁.
(图中数字均为温度/℃)

2. 仪器结构

进行热重分析的仪器称热天平，它既可加热样品，又可测定其质量.图 21.2 为热天平示意图.它由可以测量样品温度的加热炉、可连续称量样品质量的天平及记录系统组成.将样品加于坩埚中,并加入平衡重量以恢复天平的平衡.炉温按需要速率升高,从室温直至1000℃,但升温速率不能太快,否则由于来不及达到热平衡,而导致在物理和化学变化时的温度发生偏差;升温过慢,实验时间过长.在每次分析以后,炉子需要较长的冷却时间.大多数最新热天平是电子自动单盘天平.样品加热炉安装于天平底下,样品盘直接悬挂于天平臂上.由于样品重量减少而产生的电信号驱动X-Y记录仪,得到如图21.1的曲线.

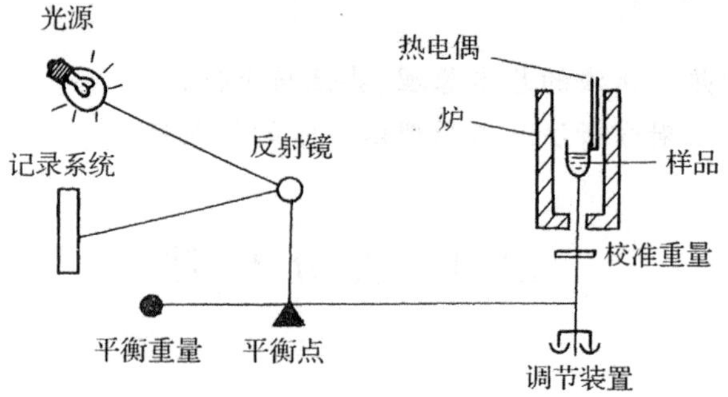

图 21.2 热天平结构

3. 应用

利用热重分析获得温度与样品的物理和化学变化之间的关系很有意义,因为它可揭示在此温度范围内,许多材料如高聚物、合金、建筑材料及填充材料等是否适用,有助于区别不同性能的材料.如前所述,它可以用来测定重量分析中沉淀的正确干燥温度.它可以鉴别样品在加热时逸出的气体,测定最后残留物的组成,由这些信息能够揭示样品的分解过程.例如图21.1曲线3,当加热$CaC_2O_4 \cdot H_2O$时,首先失去结晶水,生成CaC_2O_4;继续加热至400℃,CO逸出,生成$CaCO_3$;加热至更高温度(约800℃),$CaCO_3$分解成CaO和CO_2.热重法还可鉴别混合材料的组成及定量测定其中组分.由图21.1曲线4知,当加热至478～500℃时,发生以下反应:

$$MgC_2O_4 \cdot 2H_2O \longrightarrow MgO + CO + CO_2 + H_2O$$

若从纵坐标查得原样品重2.50g,加热至500℃时的重量为1.04g,则失重为1.46g.1g $MgC_2O_4 \cdot 2H_2O$加热至500℃时失重0.728克,因此原始样品中的$MgC_2O_4 \cdot 2H_2O$为:1.46/0.728 = 2.01g,则其百分含量为:2.01/2.50 × 100% = 80.4%.

从图21.1可以看出,与样品失重过程相对应的温度范围相当宽,这给利用热重法来鉴别未知化合物带来困难,特别是当两个化合物的分解温度范围十分靠近时尤其如此.

21.1.2 差热分析法

1. 基本原理

差热分析(differential thermal analysis, DTA)就是以恒定的加热速率加热样品时,观察样品温度的变化速率,从而研究样品的相变和化学反应.当缓慢加热样品,其温度以稳定速率上升.若熔化这类的吸热反应发生了,尽管样品继续从环境中吸收热量,但样品温度保持恒定,直至样品全部熔化.当温度恒定时,其变化速率则为零.失水、CO_2 的逸出、晶体结构的变化以及分解都是吸热反应.相变可以是吸热,也可以是放热过程.吸热反应需吸收热量,在差热图上出现负信号;放热反应则出现正信号.这种信号的测量方法是在程序控制温度的条件下,记录样品与参比物之间的温度差,而参比物则是一种在所测量的温度范围内不发生任何热效应的物质.图 21.4 中的曲线 1,4 为差热曲线(简称 DTA 曲线).

2. 仪器主要部件

差热分析所有的设备如图 21.3 所示.两个小坩埚置于金属块(如钢)中的相匹配的空穴内,坩埚内分别放置样品和参比物,参比物(如 Al_2O_3)的量与样品量相等.在盖板的中间空穴和左右两个空穴中分别插入热电偶,以测量金属块和样品、参比物温度.金属块通过电加热而慢慢升温.由两坩埚中热电偶产生的电信号方向相反,因此可以记录两者的温差.若两者温度虽然呈线性增加,但温差为零,两者电信号正好相抵消,其输出信号亦为零.只要样品发生物理变化,就伴随热量的吸收和放出,例如碳酸钙分解时逸出 CO_2,它就从坩埚中吸收热量,其温度显然低于参比物,它们之间的温差给出负信号.反之,若由于相变或失重导致热量的释放,样品温度高于参比物,直到反应停止,此时两者温差给出正信号.

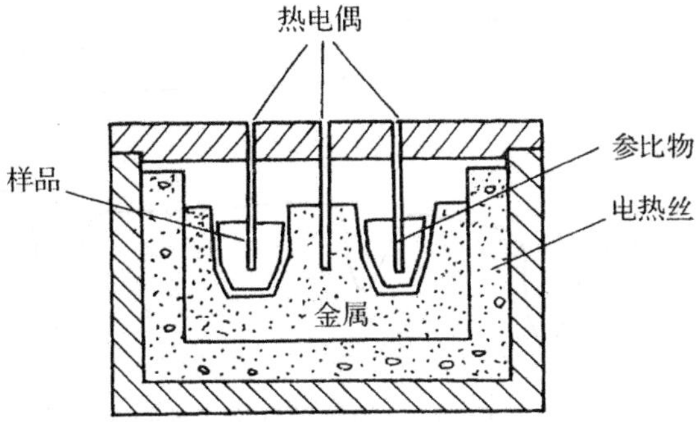

图 21.3 差热分析主要部件

3. 应用

差热分析法有广泛应用,如研究材料的类型和物理与化学现象等.利用差热分析可以研究样品的分解或挥发,这类似于热重分析,但是它还可以研究那些不涉及到重量变化的物理变化,例如结晶过程、相变、固态均相反应以及降解等.在以上这些变化中,由于放热或吸热反应使样品与参比物之间产生温差,由此可以鉴别是放热还是吸热反应.也可以用来鉴别未知物材料,或测量在发生相变时所损失或增加的热量.图 21.4 为草酸钙在空气(曲线 1,2)或在 CO_2 中(曲线 3,4)分解获得的差热分析(曲线 1,4)和热重分析(曲线 2,3)图.曲线 2 基本上与图 21.1 的曲线 3 相同,曲线 3 只是处于 CO_2 气氛中的结果,两者无明显差别.曲线 4 说明草酸钙在 CO_2 气氛中分解,与失重的三点相对应的是三个吸热过程,因为需要提供能量以断裂化学键,失去 H_2O,CO 和 CO_2.相反,曲线 1 中的正峰是由于逸出的 CO 在高温下,于空气中燃烧放热所致.

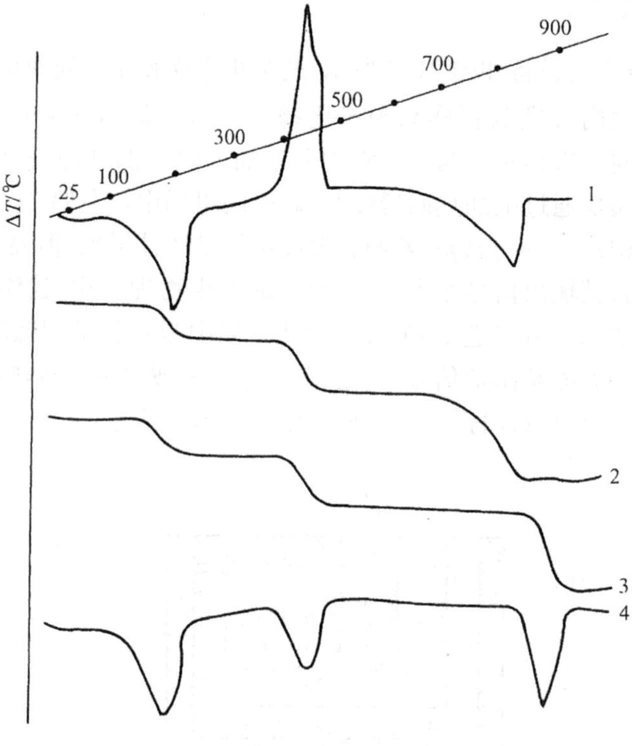

图 21.4　$CaC_2O_4 \cdot H_2O$ 的热重分析和差热分析曲线

在差热分析曲线的温度突变部分,样品的重量不一定发生变化,例如像半晶体材料(高聚物等).一种高聚物的物理性质,如强度和柔性决定于结晶度.图 21.5 为非晶形(a)和晶形(b)两种高聚物的差热分析曲线.曲线(a)无突变发生,直至 420℃,高聚物开始分解.由于高聚物软化也要吸热,因此曲线呈现非晶形样品的非直线特征.高聚物中的晶体在 180℃时开始发生熔化,因而在曲线上有一突变,直至 480℃高聚物发生分解.180℃时突变的峰面积与样品中晶体的重量成比例,若用已知结晶度的样品进行校准,就可从未知物峰面积求得其晶体的百分数,从曲线(b)中发生晶体熔化的温度范围可以得到有关晶体大小的信息.

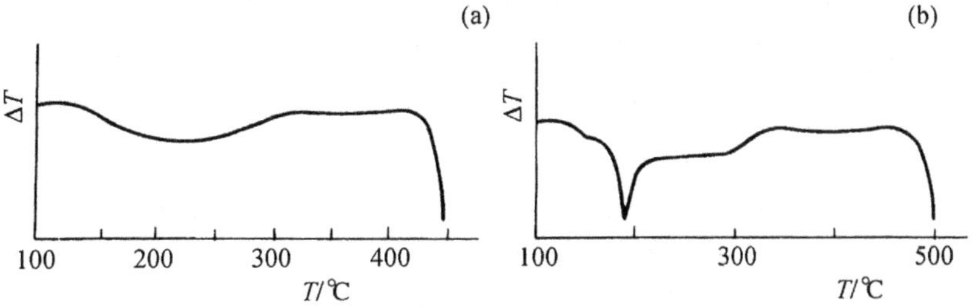

图 21.5　非晶形和晶形高聚物的差热分析曲线

利用未知物的差热分析曲线与已知物进行比较,可以对未知物进行定性;通过测量在曲线突变时吸收或放出的热量可以进行定量分析.差热分析还可用于有机和药物工业中产品纯度的分析,可以对塑料工业废水中所含不同高聚物进行指印分析以及工业控制,如测定在烧结、熔融及其他热处理过程中发生的化学变化;可以鉴别不同类型的合成橡胶及合金组成,等等.

21.1.3　差示扫描量热法

差热分析法适宜于定性,但进行定量分析比较困难,因为有些参数不知道,如样品变化前后的比热和热导率,而且加热的速率、热电偶的位置以及其他仪器参数也会影响定量的准确性.为了获得准确定量数据,应该使用差示扫描量热法(differential scanning calorimetry, DSC).差示扫描量热法的装置类似于差热分析,只是前者以差示量热计代替后者的加热炉,且样品和参比物各自独立加热.当参比物的温度以恒定速率上升时,若在发生物理和化学变化之前,样品温度也以同样速率上升,两者之间不存在温差.当样品发生相变或失重时,它与参比物之间产生温差,从而在温差测量系统中产生电流.此电流又启动一继电器,使温度较低的样品(或参比)得到功率补偿,两者的温度又处于相等.为维持样品和参比物的温度相等的所要补偿的功率,相当于样品热量的变化.由差示扫描量热法得到的分析曲线与差热分析相同,只是更准确、更可靠.当补偿热输入样品,记录的是吸热变化;反之,偿热输入参比物,记录的是放热变化.曲线上的峰面积代表输入热量,热容或热导率的差别不影响分析结果.利用差示扫描量热法可以测定反应焓.若能在绝热条件下进行实验,还可以精确测量比热.观察熔点降低,它可以测定高纯有机物中的杂质.

差热分析可以检测相变,但为了得到满意的定量数据应采用差示扫描量热法.若在差热分析曲线中出现吸热峰,而在热重分析曲线中不出现,正说明样品发生了晶形转变,而不涉及任何重量的变化.

图 21.6 为 $CuSO_4·5H_2O$ 的差热分析曲线(a)和差示扫描量热曲线(b)的比较.差热分析曲线图中的温度上升曲线的斜率,由于样品的放热或吸热而有一定程度的扰乱,但在差示扫描量热法(b)中却不受干扰,峰形更规则,定量更准确.曲线中三个吸热峰表示 $CuSO_4·5H_2O$ 先后失去 2,2 和 1 分子 H_2O.在实际工作过程中,有时只用单一热分析技术不能提供足够的信息,以解决较复杂的问题,因此可以采用热分析联用技术来获得满意结果.

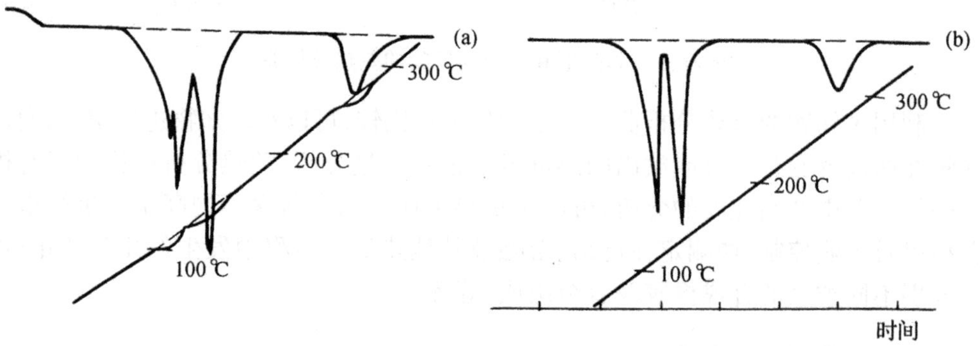

图 21.6 $CuSO_4·5H_2O$ 的热分析曲线
图中所示温度为样品温度

21.2 流动注射分析法

21.2.1 基本原理

流动注射分析(flow injection analysis, FIA)实际上是管道化的连续流动分析法.图 21.7 为最简单的流动注射分析流路及光度扫描曲线.将一定体积的液体样品(若被测组分为氯化物)间歇地注入一个密闭的连续流动的载流中,载流由水和反应试剂[如 $Hg(SCN)_2$,Fe^{3+}]组成.刚注入的呈“塞”状分布的样品被载流带入反应器而发生化学反应,生成某种可以被检测的物质.由于氯化物的存在,使 SCN^- 从 $Hg(SCN)_2$ 中释放出来,并与 Fe^{3+} 反应生成红色配合物,然后进入检测器,在

480nm 处测定吸光度，就可得到 Cl^- 离子浓度. 为了考察重现性，每个样品重复 4 次，浓度从 $(5\sim75)\times10^{-6}\mu g\cdot ml^{-1}$. 28次分析只耗时 23min. R_{30} 和 R_{75} 分别为 30×10^{-6} 和 $75\times10^{-6}\mu g\cdot ml^{-1}$ 浓度的标准溶液的快速扫描曲线. 虽然这两次注样时间(即 S_1 与 S_2 之间的时间差)只相隔 28s，但前一样品在检测器的流通池中残留量小于 1%. 由此可见，流动注射分析法的最大优点是分析速度极快，最高速度每小时获得近千次分析结果，而且重现性好，相对标准偏差一般小于 1%. 流动注射分析法还具有操作简便、仪器简单、试剂消耗量少(约 100～300μl)，容易实现自动化与其他分析技术联用的优点.

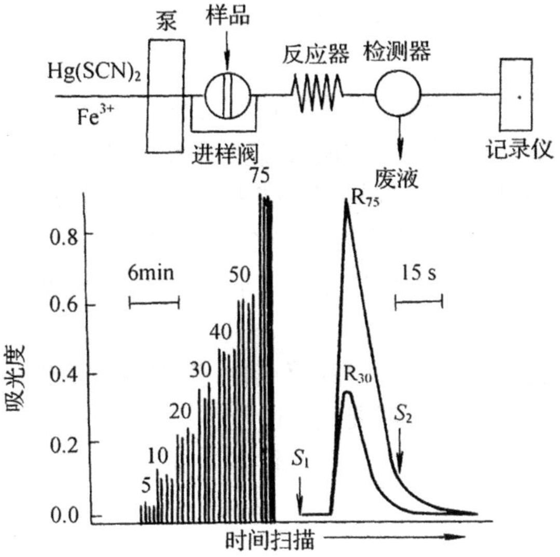

图 21.7 流动注射分析流路及光度扫描曲线

21.2.2 流动注射分析仪

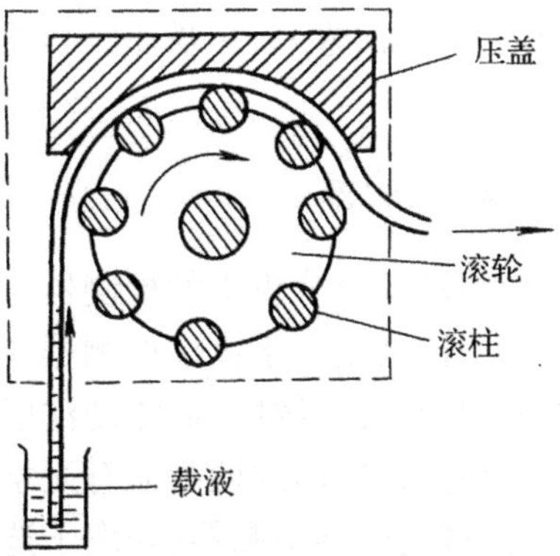

图 21.8 蠕动泵示意图

流动注射分析的仪器由泵、进样阀、反应器、检测器及记录仪等组成.

1. 泵

常用的泵为蠕动泵. 这种泵依赖滚轮带动的滚柱挤压富有弹性、耐磨的塑料软管来驱动载液. 图 21.8 为蠕动泵工作示意图. 当泵管夹于压盖与滚柱之间，滚轮转动使泵管两个挤压点之间形成负压,将载流抽吸至管道内连续流动.滚柱滚动的线速度和泵管内径大小决定了载液的流量.这种泵结构简单、方便,且不与化学试剂直接接触,避免了化学腐蚀的问题.通过调节泵速和泵管内径可获得所需载液速度.

2. 进样阀

进样方式有注射器注入和阀切换.后者常用,它类似于高效液相色谱仪的进样阀.

3. 反应器

流动注射分析使用的反应器有以下三种:

(1) 空管式反应器

这种反应器又可分为直管和盘管两种.直管式的内径为0.3~0.5mm,常以聚乙烯、聚丙烯或聚氯乙烯等制成.载流在管内的流动属层流."样品塞"在迁移过程中的展宽是纵向扩散和径向扩散的综合结果.盘管式又称螺旋式.当载流在螺旋形管道内以较高速度流动时,由于离心力的作用,使"试样塞"的纵向扩散减小,展宽程度下降,因而提高了进样频率.展宽程度下降,检测灵敏度自然提高.

(2) 填充床反应器

这种反应器类似于色谱分析中的填充柱.管中填充惰性粒状填料,如玻璃珠,一般说,填料直径越小,"试样塞"展宽程度越小.采用填充床反应器的优点是,在反应器内接触充分,反应时间延长,易获得较高灵敏度,但是载流通过的阻力大,需采用高压泵.

(3) 单珠串反应器

在管内,填充颗粒直径约为管子直径60%~80%的大粒填料,因此极易得到规则的填充结构.这种反应器的展宽程度比空管式小10倍,进样频率高.反应器内径约0.5mm左右.单珠串反应器中的载流流动阻力不大,仍可采用普通蠕动泵作载流动力.

4. 检测器

流动注射分析中的检测器不少是借用高效液相色谱仪检测器的原理和技术.两者不同之处在于色谱检测器一般属通用性检测器,希望能同时检测尽可能多的物质,且具高灵敏度,而流动注射分析中的检测器则希望具有某种选择性.目前,流动注射分析常用的检测器有光学检测器(如紫外-可见分光光度检测器和荧光检测器等)和电化学检测器(如离子选择电极和安培检测器等).

21.2.3 应用

流动注射分析的应用非常广泛,特别是在环境学、临床医学这两个领域中的应用最多.由于流动注射分析法快速、准确,且可与多种检测手段联用,它已成为环保部门的有力监测方法.例如雨水中的F^-离子含量的检测,可以用F^-选择电极作为流动注射分析的检测器,检测限为15×10^{-9},标准偏差小于3%,分析速度为每小时60次.河水、海水及井水中的PO_4^{3-}离子可借助于磷钼蓝分光光度法作为检测手段进行流动注射分析,检测限达10^{-8},分析速度每小时30次.水样中的砷含量的分析,可以预先用硫酸肼将As(V)还原成As(Ⅲ),再用小型阳离子交换柱将过量肼除去,然后用流动注射分析-安培检测器检测,检测限为0.4×10^{-9}.

为了测定血清中的Ca^{2+}离子含量及pH值,可将血清样品注入载流中,“样品塞”首先通过毛细管玻璃电极以测定pH值,随之再流经Ca^{2+}选择电极,测得pCa值.若借助于固定化葡萄糖氧化酶柱和安培法,就可以间接测定血清中葡萄糖含量.葡萄糖经酶柱时发生以下反应:

$$\text{葡萄糖} + O_2 + H_2O \xrightarrow{\text{葡萄糖氧化酶}} H_2O_2 + \text{葡糖酸}$$

生成的H_2O_2用Pt电极即可以进行安培法检测,也可以用一支氧电极来监测氧含量的变化.葡萄糖氧化酶可以通过化学键合反应,键合到多孔玻璃珠上,以增加酶的稳定性.将流动注射分析技术与原子吸收光谱法结合来测定接受锂治疗的病人血清中的锂含量.流动注射分析法也可以与电感耦合等离子体发射光谱法联用.将流动注射分析法与荧光光度分析法相结合,大大提高分析灵敏度.利用铽与EDTA、磺基水杨酸反应生成三元配合物,可以用荧光法测定矿石中铽含量.激发波长为320nm,测定波长545nm.对80pg含量的铽,其测量的相对标准偏差为4%,且各种金属离子不干扰.

习　题

1.一混合样由$CaC_2O_4\cdot H_2O$与SiO_2组成,重量为7.020g.当加热至700℃时,混合物重量降至6.560g.求原样品中$CaC_2O_4\cdot H_2O$的含量.

2.用差热分析法分析样品,可以得到哪些信息?其中有哪些信息又是热重分析法无法得到的?能否举例说明?

3.简述差热分析仪能给出差热分析曲线的基本原理.

4.简述差示扫描量热法的原理.它的优越性在哪里?

5.试比较三种热分析法的优缺点.

6.简述流动注射分析法基本原理及其优越性.

第二十二章　复杂体系的综合分析

基本要求：

1. 理解取样、样品预处理及分离的基本原则；
2. 理解几种重要分离方法的优缺点；
3. 理解选择分离方法时应考虑的原则；
4. 学习和理解面对复杂样品所要获得的不同类型信息的基本思路.

22.1　综合分析的特点与分析过程

当被分析样品很复杂时，人们总要采用多种分离手段、分析方法与结构鉴定相互结合进行，才能知道其组成、含量、形态及结构.因此把这样一种分析的全过程称为综合分析.

22.1.1　综合分析的特点

1. 复杂性

随着生产和现代科学技术的发展，特别是生命科学和环境科学的发展，对分析化学的要求不再只向人们回答“有什么”和“有多少”这两个问题，而是要求提供关于分析对象的更多、更全面的信息.在环境科学、生命科学以及天然产物研究领域中所遇到的样品是多种多样的，组成极其复杂.例如从人尿中提取的挥发性物质的色谱图得知，人尿含有300多种化合物，其中已鉴定的只占少数.不同体系的样品，其分析过程和方法又可能有很大差异.人们所要获得的信息量已远远超出了利用一两种常见分析手段所能提供的信息.例如对有些样品，需对其表面、微区、薄层等空间的分布进行分析；有的除了了解分子构型外，还要进一步了解其构象、序列、活性等信息.更为复杂的是某些样品在合成、再加工等过程中，以及在贮存、应用过程中，其本身的某些成分已发生了变化，对这种样品进行分析后所得的信息，实为变化过程的产物或最终产物给出的信息，分析工作者必须利用这些信息去反推出样品的原始组成及制作、贮存的状况、应用的条件.

分析的复杂性还体现在“量”上.对某些样品，可提供的量极少，只有几微升、几微克或几微米长，而且被测组分的含量又极低，只有 10^{-9} 或 10^{-12} 数量级，这给直接测定或浓集都带来困难.

2. 综合性

面对复杂的样品，往往要借助高超的分离技术，借助多种仪器分析手段，对研究对象进行“解剖”，然后对解剖所获得的信息进行综合分析，得出可靠的结论. 人们把这些综合分析的过程称为“剖析”. 剖析过程是一个复杂的过程，通常包括三个程序：(1)选择合适的分离方法，或将几种分离方法巧妙组合，达到分离、浓集或提纯的目的，并对制备获得的纯品的纯度进行鉴定；(2)利用波谱分析等手段对各纯组分的结构作出合理推测；(3)对所推测出的结构作合成验证. 可见，剖析是集分离、纯化、结构鉴定、成分分析以及合成、加工等于一体的综合分析的过程，是多种现代分析仪器、多种分析方法以及跨学科多种知识的综合运用过程. 因此，分析工作者必须弄清样品的来源、性质、生产过程以及可能得到的有关样品的各种信息；必须充分熟悉各种仪器分析方法的原理、特点及适用范围；必须能及时获取分析化学领域中的有关方法和技术的最新发展的信息，以便选择最佳剖析方案.

22.1.2 分析过程

在接受一项分析任务之后，直至得出结论与写出分析报告，所经历的分析过程一般总须包括以下几个过程. 当然随分析测量的目的、样品的复杂性以及所选择的方法等不同，这些过程有所增减. 分析过程包括：分析任务的确定；分析方法的选择；样品的预处理与分离；被分析物的结构的鉴定及其含量的测量；对测得结果的正确表示与评估.

1. 分析任务的确定

当接受一个分析任务以后，首先须确定自己要获得什么样的信息. 是定性分析(包括元素及化合物)、定量分析还是结构分析；若进行定量分析，是属常量、微量还是痕量分析范围；是否须进行化学形态(chemical speciation)分析，例如除须知道汞含量外，还必须知道汞在存在的环境中的各种形态；是否需进行元素的微区分析，以及表面不同深度元素的分布分析，等等. 分析的任务不同，决定了以下的分析过程有所差别.

2. 分析方法的选择

当决定需要获取什么样的信息以后，就要考虑用何种分析方法才能使获得的信息真实可靠，满足科学研究及生产实际工作的需要，在分析方法的选择中，必须认真地考虑以下问题，特别是对某一个分析问题，有一种以上的方法可以选择时，更有必要．

(1) 样品的性质．是无机物还是有机物；是气体、液体还是固体；样品稳定还是易变，等等．

(2) 样品含量的大致范围．

(3) 方法的检测限及准确度．

(4) 分析时间．在实际生产中，分析时间是一个不可忽视的因素．

(5) 设备、费用及分析者个人经验．

3．样品的预处理及分离

在样品的预处理及分离之前，必然要取样．有的样品也许还有一个贮存过程．分析样品的种类繁多，例如进行大气污染物分析，必须获取空气样品；对于地质研究，必须取得地心样品，以便知道某一分析对象沿着地心是如何分布的；对于某一粮食存贮部门，希望知道这类谷物的蛋白质平均含量；对于医疗部门，要知道血液成分在病人饭前和饭后的变化，等等．样品的状态、性质、含量不同，取样方法也就不同．样品在取样后应立即进行分析，以防止成分的变化．但有时样品不得不贮存，这就要十分仔细地防止样品来自容器、大气以及光的污染、损失分解和基体的变化．

样品的预处理及分离是分析中的关键一步，它可使被分析物转变成合适的可测的形态，它可以使被分析物与干扰物质分离，提高选择性，等等．

4．被分析物含量的测定、结构鉴定及表界面性质的表征

分析化学中的测量方法可分为绝对法与相对法．

绝对法系指该法依赖于准确的已知常数来计算出被分析物的含量．例如在重量分析中，获得已知化学组成的沉淀并进行称量后，以原子量或分子量之间的关系进行换算后求得其质量分数．大多数仪器分析方法属相对法．某一被分析物含量的测定必须将其在分析仪器上产生的信号值，与准确知道含量的一个(或一组系列)标准物产生的信号值进行比较后才能确定，即分析仪器必须进行校准．最常用的校准方法是测量信号对被分析物浓度作图，即作标准曲线．有机化合物结构的鉴定须依靠紫外光谱、红外光谱、核磁共振波谱及质谱法或者须将这四种技术联用才得以解决．若须知道表面元素的组成、表面形貌、几何或电子结构等，应采用各种表面分析技术．

5. 数据的正确表示与评估

分析数据获得以后,怎么进行正确表示以及合理评估,可参见有关的分析化学书籍或专著.分析数据的合理评估是要使测得的原始数据转变成真实、有意义的结果.目前许多现代化仪器都配备计算机,许多数据的数学处理过程由计算机解决,因此分析方法的选择以及所选用数据处理的软件的性能成了分析质量高低的一个关键因素.在获得了真实的有意义的分析数据后,就可以对所研究的对象作出进一步分析,提出对策,以便解决研究或生产实际中存在的问题.

22.2　取样和样品的保存

22.2.1　取样

要使从称取的试样(一般只有零点几克至几克)中获得的分析结果能代表整批物料(如一车矿石、一船谷物)的平均化学成分,分析工作者所获得的试样必须具有代表性.获得代表性试样的方法是:从物料的不同部位取出一随机样品,通常为几千克至几十千克,然后将此原始平均试样经过破碎、过筛及缩分等步骤,制成分析试样.

对固体样品,首先研磨成粉末,因为粉末样品更易混合均匀,容易溶解,容易压成薄片或熔融成珠状,以适应红外光谱和 X 射线荧光光谱法的需要.研磨样品可以使用金刚石研钵或球磨机.经研磨后的样品须过筛.未通过筛孔的粗颗粒切忌丢弃,而应进一步破碎,直至全部样品通过所要求的筛孔为止,否则会影响试样的代表性.将经以上步骤处理的粉末状样品混合均匀,采用四分法取出很少但足够供分析使用的试样.所谓四分法,就是将混合均匀的试样堆成圆锥形,再将它压成圆饼状,通过中心划十字形将它分成四份,然后弃去对角的两份,留下的试样混匀后供分析测定用.

为了了解工业废水的组成以及处理效果,天然水源的污染程度等,必须采集一定量的水样.采样容器以硬质玻璃瓶和塑料瓶为宜,但当水样中含有大量油类时,不宜使用塑料瓶.采集工业废水的水样更为复杂,因为工业废水的成分随时间的变化较大.要想得到代表性的水样,必须根据废水的性质、排放情况及分析要求,采用不同的取样方式.对于连续排放且成分稳定的水样,可以间隔一定时间采取等体积水样,混均后备用.对不同生产过程排出的废水,应在总废水池中采集混合均匀的废水水样.在江湖河海中取样,还须考虑不同深度与不同区域对样品组成的影响.

对于大气的采样,应根据被测组分的存在形式、浓度和分析方法的灵敏度而定.最普遍使用的方法是抽气采集法,即让大量空气通过液体吸收剂或固体吸附剂,使被测组分阻留,同时使低浓度物质得到浓集.由这种采样方式得到的分析结果是采样时间内的平均浓度.对大气取样,还应考虑离固定污染源的距离及流动污染源对样品组成的影响.

对固体、液体和气体的特殊取样方法可参见有关专著.

对于用于波谱分析的有机化合物样品必须经过纯化,制备成纯样后进行测试.

22.2.2 样品的保存

采集的样品保存的时间越短,分析结果越可靠.对某些分析项目,应在现场进行测定,以防止在样品的运送过程中,使物理性质或化学组成发生变化.若样品必须保存,应十分细致小心,以防样品污染、损失、分解及基体的变化.样品的保存往往是对于在现场无条件测试的一些项目.利用某些合适的化学反应,使原样品中不稳定的形态转变成稳定的形态.例如对氰化物,应加入氢氧化钠,使溶液呈强碱性后保存于冰箱中,但仍应尽快分析;又如对硫化物,应在采样瓶中加入醋酸锌溶液,使硫化物沉淀.由于葡萄糖不稳定,因此要将防腐剂 NaF 加入血样中,但此防腐剂不能干扰测定.尿样不稳定,磷酸钙会沉淀下来,同时会包夹金属离子等.为防止沉淀,须将尿样酸化,并在冷冻条件下保存.尿、血清、血浆和动物组织样品的冷冻保存,可延长保存期.

一般地说,样品的污染和变化的原因来自保存容器、大气和光.某些样品必须避光,避免与空气接触,例如分析血样中的二氧化碳时,血样须避免与空气接触.样品在保存过程中,痕量组分会由于容器壁的吸附而损失.腐蚀性气体如二氧化硫,常常会与取样容器壁反应.蛋白质和酶在存放过程中会变性等.总之,样品保存时间越短越好.

22.3 样品预处理与分离的作用

一个理想的分析方法应该能直接从样品中检出或测定某个成分,即所选择的分析方法具有高度的专一性,但是高度专一性的方法极少.若原始样品存在的形式不适合直接分析,或者被测成分的含量过低而达不到某种分析方法的检测限,此时必须将样品进行预处理.若遇到的样品复杂,存在多种干扰成分,因此分离这一步骤对大多数样品来说更是不可缺少的,而且分离往往难于测定.因此,综合分析根据分析要求,可能包括以下步骤,或其中几个步骤:取样、样品预处理、分离、定性和定量测定以及数据处理.

所谓预处理就是指在获得具有代表性的样品之后,采用合适的样品分解和溶解的方法,使被测组分转变成可测定的形式.若选择的预处理手段不当,常常使某些组分损失,干扰组分的影响不能完全除去,或引入杂质.

分离对综合分析来说,是极为关键的一步.不能对复杂样品中的测定对象实行有效分离,就会直接影响未知组分的结构鉴定及成分分析.分离技术在分析化学中的两大作用是:提高方法的专一性;提高方法的灵敏度.具体说有以下几方面作用.

(1) 与干扰物质分离

当测定样品中的某一组分时,往往面临共存的其他组分的干扰问题.为了克服干扰,一般有以下三种方法:①寻找更具选择性的测量技术;②改变干扰成分的化学形式,如用掩蔽技术;③将被测组分与干扰成分分离后,再进行测定,这是分离的最重要作用.

(2) 预浓集痕量组分

在痕量分析中,总希望找到一个很灵敏的测定方法,以降低检测极限,但有时不能如愿.若样品的量不受限制,就可采用预浓集的方法,即将大体积中的被测组分转移至很小的体积之中,提高检测灵敏度.

(3) 将被测组分转移至合适介质中

例如在金属离子的分光光度测定中,常常要使金属离子与合适的有机配体反应,生成有色配离子,但这些配离子往往疏水,此时可通过溶剂萃取进行分离后,测定有机相中的配合物浓度.

(4) 离析出纯组分

若要鉴别未知有机化合物,总要进行许多测试,如测定熔点、元素分析以及用各种波谱方法进行鉴定,但要求样品是纯的,因此必须通过分离手段获得纯组分.

(5) 分离基体

当一种选择性方法用于基体极端复杂的样品时,使分析问题变得复杂化的不是某一特定的干扰组分,而是基体效应.此时的分离不是离析单一组分,而要简化基体.例如在复杂的生物混合物分析中,通过溶剂萃取提取出感兴趣的成分与一部分基体,而留下大部分不必鉴别的基体物质.

(6) 利用分离行为来鉴别组分

在色谱分析中,利用未知物与已知物的色谱参数(t_r, V_g 和 I 等)的比较来进行定性分析.

(7) 实现间接分析的重要步骤

当直接测定不可能进行或不满意时,可采用间接测定法.进行间接测定,自然离不开分离.例如用原子吸收光谱法测定水中 Cl^- 离子,可让已知过量的硝酸银与氯离子作用,在分离氯化银沉淀以后,用原子吸收光谱法测定留在溶液中的 Ag^+ 离子.又如为测定溶液中的 PO_4^{3-} 离子,可让 PO_4^{3-} 离子转变成磷钼酸盐配合物,经萃取后用原子吸收光谱法测定钼含量.1mol PO_4^{3-} 离子相当于 12mol MoO_4^{2-} 离子，测定灵敏度大为提高．这是一个“放大反应”的例子，是一种“假浓集”．

22.4 样品的分解和溶解

22.4.1 无机固体样品

样品的分解方法的选择决定于测定对象、测定方法以及干扰成分等因素．

1．水溶解

适合于水溶性样品，例如混合碱、水溶性金属盐等．但是，不经过化学反应而直接水溶的样品为数极少．

2．稀酸溶解

若不溶于水的样品，可用稀的无机酸溶液处理．几乎所有具有负标准电极电位的金属可溶于非氧化性酸．也有一些金属例外，反应过慢，甚至钝化，如 Cd，Co，Pb 和 Ni 与盐酸的反应．许多金属氧化物、碳酸盐、硫化物等也可溶于稀酸介质中．为加速溶解，必要时可加热．

3．热浓酸溶解

为了溶解具有正标准电极电位的金属，可以采用热的浓酸（硝酸、硫酸和磷酸等）．样品与酸可以在烧杯中加热沸腾，或加热回流，或与样品共沸至干．为了增强处理效果，还可采用钢弹技术，即将样品与酸一起加入至内衬铂或聚四氟乙烯层的小钢弹中，然后密封，加热至酸的沸点以上．这种技术既保持高温，又维持一定压力，挥发性组分又不会损失．热浓酸溶解技术还适用于合金、某些金属氧化物、硫化物、磷酸盐以及硅酸盐等．

4．混合酸溶解

混合酸兼有多种特性，如氧化性、还原性和配合性，溶解能力更强．例如氢氟酸与硝酸（或硫酸）的混合物，氢氟酸能提供配阴离子，而另一种酸具氧化能力．混合酸的例子还有盐酸和硝酸、硝酸和高氯酸、氢氟酸和硫酸，等等．

5．用加有辅助试剂的酸溶解

有时还将酸与其他试剂混合来增进溶解能力．加入辅助氧化剂以提高酸的氧化能力，常见氧化剂有 H_2O_2，Br_2 和 $KClO_3$；加入惰性电解质至酸中，如在 H_2SO_4 中加入 Na_2SO_4，以提高其沸点；加入配合剂，可以使金属离子留在溶液中而不沉淀,也有利于溶解;使用合适的催化剂可以大大提高反应速度,等等.

6. 熔融

对某些样品,酸不能溶解,或溶解极慢,或只有部分溶解,或有的物质在酸溶液中不稳定,如 SiO_2,此时可采用熔融技术.将磨细的样品与酸性或碱性电解质(熔剂)混匀,必要时还可加入氧化剂.样品与熔剂的比例很重要,可以 1:2～1:5 之间变化,熔融温度可达 1200℃,因此反应能力大大增加.适合于熔融的样品,如水泥、铝酸盐、硅酸盐、钛锆矿、矿渣,等等.

7. 碱溶液溶解

它用于溶解铝及其铝镁、铝硅等合金.铍也可用这种方法溶解.

分解样品的容器必须进行选择,以防止构成容器的成分进入样品,给下步分析带来误差,也可防止容器的损坏.对于酸溶,一般使用玻璃容器,当然不应存在 HF.若用氢氟酸时,应采用聚四氟乙烯容器,但处理样品温度不能超过 250℃.若温度更高,则需使用铂坩埚.对于熔融碳酸盐、硫酸盐、氟化物以及硼酸盐等,应使用铂坩埚;对于氧化物、氢氧化物以及过氧化物,宜用镍坩埚.

在样品分解过程中可能产生的误差来自:(1)试剂的纯度;(2)由于反应体系的敞开和加热,挥发性组分的损失;(3)分解样品的容器选择不当而引入杂质;(4)由于分解条件不当,例如用磷酸溶解时,加热时间过长而析出微溶的焦磷酸盐,同时也会腐蚀玻璃容器.

22.4.2 有机和生物物质样品

经常需要测定有机和生物物质样品中的各种元素,因此要让有关元素形成简单的无机离子的形式而释放出来.要实现以上目的,通常采用以下方法:干法灰化、湿法灰化和微波溶解等.

1. 干法灰化

将样品放在坩埚(石英、陶瓷等)中灼烧,直到所有有机物燃烧完全,只留下不挥发的无机残留物.这种残留物主要是金属氧化物以及非挥发性硫酸盐、磷酸盐和硅酸盐等.这种技术的最主要缺点是使可以转变成挥发性形式的成分会很快地部分或全部损失.灰化温度越高,损失越严重,但温度过低,会使灰化不完全.通常灰化在马弗炉内进行,温度约 500～550℃.干法灰化法只适用于金属氧化物,因为大多数非金属常会氧化成挥发性产物,甚至某些金属,如 As,Sb,Ge,Tl 和 Hg 也易于损失.有些元素会由于另一种物质存在而更易挥发,例如铅,因 Cl 离子存在生成

$PbCl_2$ 而挥发.若灰化的残留物会与坩埚材料发生反应,也就带来误差.

2. 湿法灰化

湿法灰化是将样品与浓的具有氧化性的无机酸(单酸或混合酸)强烈共热.这与用酸溶液处理无机样品相似.若酸的氧化能力足够强,且加热时间足够长,有机和生物样品就完全被氧化,各种元素以简单的无机离子形式存在于酸溶液中.湿法灰化时,常用的酸是硫酸、硝酸或高氯酸.常用的混合酸是硫酸和硝酸,将样品与硫酸共热至发烟,然后加入硝酸使样品完全氧化.也可以用硝酸和高氯酸的混合物,先用硝酸氧化样品至只留下少许难以氧化的物质,待冷却后加入高氯酸,共热至样品完全氧化.湿法灰化最适合于测定有机和生物样品中的痕量金属.它也可用来测定 N,P 和 S.由于灰化时体系敞开,具一定挥发性的元素,如卤素(F 除外),Te,As,Se,B 和 Sn 等损失严重.为了测定这些元素,可将样品与酸一起放入一厚壁试管中,然后密封加热至 250～300℃数小时.为了防止爆炸的危险,应将样品管放入一保护钢管中.

3. 微波溶解

微波是电磁能,频率在 $3\times10^2\sim3\times10^5$MHz 之间.微波溶解是以微波作为加热源,直接通过物质吸收热量来达到加热目的.一种材料可以吸收、反射或透过微波.许多透过微波的材料可用作样品容器,如特氟隆、玻璃等.当水或酸的分子吸收微波辐射的能量后,随微波辐射快速运动而迅速被加热,同时,微波能也被样品分子所吸收,增加样品基体分子的动能.固体样品置于溶液中,它本身会吸收微波能,使样品表面温度快速升高,从而更促使表面与酸的反应,并可以防止由于样品表面形成防酸层而使溶解反应钝化.微波辐射同分子相互作用,由于物质的成分和质量不同,作用强度也不相同.样品中的极性分子和离子分子通过偶极子转动和离子传导与微波辐射相互作用,从而促进样品分解.微波溶解样品具有快速、回收率高、污染小、样品溶解完全等优点.为了提高样品的溶解效率,要优化实验参数的选择,如采用单一酸还是混合酸,微波功率的大小,消解的时间及压力,消解样品的容器材料及体系的敞开与密闭,等等.微波溶解法适合于多种性质的样品,如成分极其复杂的地质样品、动物和植物样品、食品以及金属样品等.许多合金会与微波作用,使样品过热而熔化塑料容器.应避免使用大块金属样品,还要防止消解中由于放出的 H_2 与金属在强电磁场作用下产生火花而发生爆炸.因此消解应在充有惰气且能承受温度与压力的密闭容器中进行.

4. 其他方法

将样品与 Na_2O_2 以及必要的辅助氧化剂(如 KNO_3)一起加入钢弹之中,密封加热.分解完全后,非金属元素转变成相应离子,如 $C \rightarrow CO_3^{2-}$, $S \rightarrow SO_4^{2-}$, $F \rightarrow F^-$, $P \rightarrow PO_4^{3-}$.也可以将样品与金属钠熔融,使元素转变成相应离子,如 $N \rightarrow CN$, $S \rightarrow S^{2-}$.

22.5 分离方法

22.5.1 分离方法的分类和分离模式

分离方法的分类有多种方式,但是有些分类方式并不十分严格.这是由于有些分离方法涉及到两种或两种以上的机理;对有些分离方法的原理,至今尚不十分明了,因此仅供学习时参考.主要分类方式列于表 22.1 和表 22.2 中.

表 22.1　按过程类型分类

机　械	物　理	化　学
筛分和大小	分配	状态变化
渗析	气-液色谱	沉　淀
尺寸排阻色谱	液-液色谱	电沉积
包含化合物	气-固色谱	
过滤和超滤	液-固色谱	掩蔽(假分离)
离心和超离心	液-液萃取	
	电　泳	离子交换
	泡沫分离	
	状态变化	
	蒸　馏	
	升　华	
	结　晶	
	区域熔融	

每一种分离方式无非是以下三个过程的单独、同时或依次进行的过程:(1)化学转换;(2)两相中的分配;(3)相的物理分离.按照分配和相分离之间的关系来研究分离方法,就产生了多种分离模式.

1. 间歇分离

这是最简单的分离模式，它只涉及两相之间的单次分配平衡过程. 这种模式适合于将被分离的物质浓集到一相之中，例如预浓集这种分离方式，就是由于平衡常数的不同，被测物完全转移至体积很小的一相中. 也可以是让两种物质中的一种定量地转移至一相，而另一种物质仍留在原来一相中. 间歇分离的例子如单次溶剂萃取、共沉淀、沉淀和电沉积等. 它们的分离效率的高低主要决定于通过初步的化学转换，以生成具有实现分离所需要性质的衍生物.

表 22.2 按分离机理分离

分 离 机 理	分 离 方 法
分子大小与几何形状	尺寸排阻色谱、渗析、包含化合物、过滤和超滤、离子和超离心
挥发性	升华、蒸馏
溶解度	沉淀、结晶、区域熔融
分配平衡	液-液萃取、液-液色谱、气-液色谱
表面活性	气-固色谱、液-固色谱、泡沫分离
离子交换平衡	离子交换
离子性质	电沉积、掩蔽

2. 多级间歇分离

当简单的间歇分离不能实现定量转移时，可采用多级间歇分离. 多级间歇分离，即分配→相分离→分配→相分离……，例如对水相中的某一组分，用新鲜溶剂重复萃取，直至完全. 对于溶解度类似的组分，应采取更复杂的所谓“非连续的逆流萃取方法”，但是必须使用专门的仪器，这种分离可达 250 次以上的间歇分离.

3. 连续分离

这是一种极重要的分离技术，它包括了所有色谱技术. 分馏也属一种连续分离技术. 色谱技术是分离性质极为相似的物质的强有力手段. 对于大多数色谱技术，分离与检测在线进行.

4. 捕集技术

这种技术十分类似于色谱技术，只是被分离物质最初被捕集于固定相. 为此，样品本身常常是“流动相”，对于与固定相具有较大亲和力的组分，就会从体积较大的流动相浓集到小体积的固定相之中. 然后，改变条件，使浓集的组分迅速地从固定相释放至小体积流动相之中.这实际上是痕量组分的预浓集过程,例如,用吸附剂浓集水及大气中的痕量有机化合物以及用离子交换剂浓集水中离子等.

22.5.2　色谱法

这里除介绍柱色谱以外,还介绍平板色谱.

柱色谱的有关理论及技术在第六至八章已作了详细阐述.但是那里介绍的各种色谱法属分析型色谱法,其目的是将一混合物分离后进行定性鉴定和定量分析.因此,为了获得良好的分离,进样量很微小,这也决定了从分析型色谱法,难以制备一定量的色谱纯物质.只有制备色谱才是获得色谱纯物质的色谱技术.对于分析来说,制备色谱一般能分离毫克至克数量级的纯物质,这已经能完全满足光谱、质谱、核磁共振波谱等分析方法的需要.平板色谱包括纸色谱和薄层色谱,它们的分离机理与柱色谱类似,第六章所阐述的基本原理同样适用,只是在这两种色谱中,固定相是以平面形式展开的.由于这两种方法的设备简单,操作方便,分离效率较高,检测灵敏度也高,因此得到广泛应用.

1. 气相色谱法

制备型液相色谱的出现,使制备型气相色谱的重要性大为下降,而且由于气相色谱-质谱、气相色谱-傅里叶变换红光谱等联用技术的发展,不再需要分离出纯样品.但是,挥发性化合物的分离仍然需用气相色谱.在制备型气相色谱法中的关键是增大进样量,以获得高产量的纯化合物.为了实现这一目的,不得不损失分离度和分析速度.增加样品容量的办法是:柱长不变而增加柱径或增加柱长而柱径不变.对于比较简单的分离,常采用的柱子为1～3m×6～10cm(内径);对于复杂分离,10～30m×0.5～1.5cm(内径).通常进样体积约0.1～10.0ml.由于样品量过大而难以实现瞬时气化,因此,对0.1ml左右的易挥发液体样品,可以降低进样速度,慢慢推入;对于较大量样品,可以在气化器与柱之间,增加一个蒸发装置,其内部填充玻璃珠,以增加热容量和减小死体积.分离一般在恒温条件下进行,因为柱径过大,使程序升温时的径向温度梯度过大,除非使用长的窄径柱,且升温速度要慢,从柱后流出的组分通入冷阱后收集.制备型色谱对载体性能的要求不高,通常使用红色载体,40目左右,但固定液的涂布量高,通常为20%～25%.常用检测器为热导池和氢火焰离子化检测器,它们只是为了监测组分的分离情况.

2. 高效液相色谱法

对于制备型高效液相色谱,首先要了解需制备的样品量.若用于鉴定目的,一般只要1～10mg样品;对于用于有机合成的中间产物的最小量约为1～10g.从样品量可以决定柱内径以及必要的操作条件.表 22.3 说明了这一点.制备型色谱的进样方式不采用分析型色谱的点进样方式.由于样品量过大,点进样方式会导致固定相的局部超载,使柱效降低,因此将样品(稀溶液)均匀加在柱的整个横截面上.制备型液相色谱检测器要求能在很宽的浓度范围内适用,但对灵敏度的要求不高.最常用的示差折光率检测器和紫外检测器都可以采用,只是须配置制备流通池,以适合于高流动相流量.制备流通池的入口和出口的管径大,连接管内径达 0.4～0.6mm.流出组分进入馏分收集器.馏分收集器可以手动控制,也可以由计算机程序控制,自动收集馏分.

表 22.3 制备型色谱与分析型色谱的比较[1)]

参 数	分 析 型	半制备型	制 备 型
柱 长/cm	25	50	50
内 径/mm	4.5	9.4	22
颗粒大小/μm	10	10	10
填 充 量/g	2.5	20	120
流 量/(ml·min^{-1})	1	4	20
压 力/MPa	1.4	2.1	5.5
孔隙体积/ml	2.97	31.8	129
最大允许样品量/mg	0.25～2.5	2～20	12～120

1) 三种柱在相同线速下操作.

3. 纸色谱法

纸色谱分离的装置如图 22.1 所示.用毛细管将样品点加于原点处,然后将此滤纸悬挂于支架上,滤纸下端浸没于溶剂(流动相)中,而样品原点正好露出液面.滤纸及溶剂必须置于密封容器中,使滤纸为溶剂蒸气所饱和.滤纸通常约含 20% 水分.此水分就是固定相.由于滤纸的毛细管现象,溶剂向上运动,从而使样品在两相间进行无数次的分配交换过程.对水亲和力大的组分移动得慢,对水亲和力小的组分随溶剂迅速向上移动,从而达到互相分离的目的.样品在两相间反复分配的过程称为展开.由以上所述知,纸色谱的分离机理属液-液分配色谱机理.但实际情况比较复杂,因为滤纸

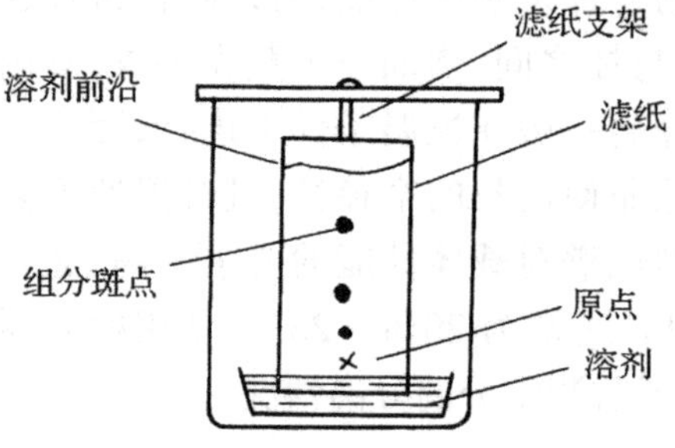

图 22.1 纸色谱分离装置

的毛细孔具有吸附作用.滤纸的化学组成为纤维素,而纤维素分子中存在羧基,羧基中的氢离子与被分离离子之间又会产生离子交换作用.当溶剂前沿快到滤纸顶端时,取出滤纸干燥.若被分离化合物是无色的,则应喷洒合适的显色剂于滤纸上,使化合物斑点出现.

利用组分的比移值(R_f)定性.比移值按下式定义:

$$R_f=\frac{\text{组分移动的距离}}{\text{溶剂前沿的距离}}=\frac{\text{原点至组分中心点的距离}}{\text{原点至溶剂前沿的距离}} \tag{22.1}$$

利用 R_f 值作为鉴定化合物的依据时,最好用已知标准样在相同实验条件下,进行平行对照试验.若两者 R_f 值相同,可断定为同一物质.如果将不同色斑取下,将它淋洗或溶解下来,然后用合适的手段进行检测.对复杂样品,若按图 22.1 的单向展开方式,其分离结果往往不令人满意.此时可采用双向色谱,即将方形滤纸先沿一个方向展开,然后将滤纸转 90°角,再沿另一个方向展开.这样使原来的单向展开时重叠的组分,有可能得到良好的分离.

4. 薄层色谱法

薄层色谱法的原理和技术与纸色谱十分相似,只是以涂布有吸附剂薄层的玻璃板代替滤纸.在 20cm×20cm 的玻璃板,或在 2.5cm×7.5cm 的显微镜载片上,也可以在聚酯片上涂布一层约 0.25mm 厚的吸附剂,如硅胶、氧化铝或纤维素等作为固定相.点样、展开、显色和检测方法与纸色谱相同.若在薄层板上涂布的是氧化铝或硅胶等吸附剂,流动相是戊烷、氯仿或乙酸乙酯等有机溶剂,这种分离方式属液固吸附薄层色谱法.若在薄层板上涂布气相色谱用的固定液,如聚乙二醇类,流动相仍为有机溶剂,这种分离方式属液液分配薄层色谱法.若涂布一层离子交换纤维素,就变成了离子交换薄层色谱法.它们的分离原理都与相应的高效液相色谱法的分离原理相同.

薄层色谱法的设备简单,操作方便.与纸色谱相比,它的展开时间短、快速.由于固定相采用无机吸附剂,因此薄层色谱可以采用多种腐蚀性显色剂,如浓硫酸、浓盐酸等.薄层色谱可以选用各种固定相以及流动相,因此分离能力强.薄层色谱板的样品带的展宽程度远小于纸色谱,检测灵敏度高.薄层色谱适用的样品量很宽,既可以分离微量样品(几微克,甚至更少),也适用于制备型色谱.若薄层的厚度加厚至 2～3mm,就可以分离出几毫克至几百毫克的纯组分,这不但满足红外光谱、质谱和核磁共振波谱分析所需的样品量(分别约为 0.1,0.001,0.1～10mg),而且也可以满足元素分析和有机合成所需的样品量(分别约为 1～25、100～1000mg).

薄层色谱针对不同样品,还可采用不同的分离方式进行分离.但由于吸附剂的质量及涂布的均匀性的变化，R_f 值的重现性较差. 因此，进行薄层色谱分离时，通常将标准样与样品在同一薄层板上进行展开，以便进行对照定性. 在样品得到完全分离以后，就要确定被分离出的各组分的位置. 若物质是有色的，或能发出荧光的，或能吸收紫外光的，其色带的定位比较简单. 若是无色物质，可用碘蒸气显色后，画出斑点位置的记号，然后在空气中让碘挥发殆尽. 当然，与碘起反应的化合物不能用碘蒸气定位. 对亲脂性化合物，可以喷水定位. 定位以后，将标记部分的吸附剂小心刮下，收集于小试管中进行洗脱，最后除去溶剂. 由此得到的纯组分还应重结晶或蒸馏一次.

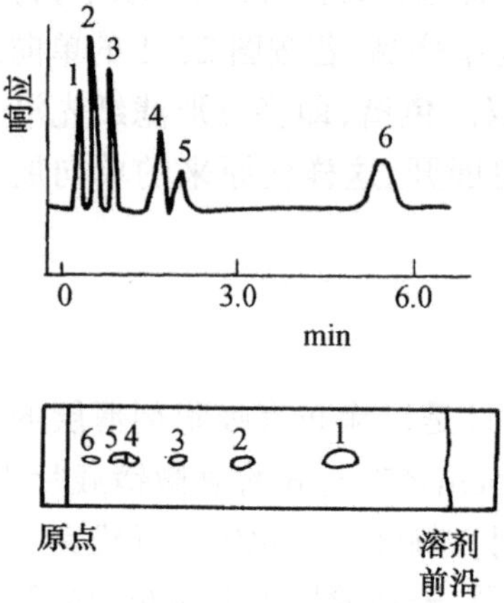

图 22.2　混合染料的高效液相色谱及薄层色谱图的比较

高效液相色谱：MicroPak Si-10，15cm×2.4mm，溶剂为 10% CH_2Cl_2-己烷，2.2ml·min^{-1}，紫外检测器；薄层色谱：硅胶 F-254；溶剂为 10% CH_2Cl_2-己烷，展开时间 50min.

图 22.2 为用薄层色谱法和高效液相色谱法分离染料的色谱图. 将高效液相柱色谱理论与技术引入普通薄层色谱法，产生了高效薄层色谱法. 高效薄层色谱法与普通薄层色谱法相比，不论是柱效、分离时间、检测限等，前者大大优于后者. 高效薄层色谱法与高效液相色谱法两者的比较可见表 22.4. 高效薄层色谱法在氨基酸及其衍生物、血液中的药物、食物中的黄曲霉素这一类毒物及多环芳烃等的测定中，得到广泛的应用.

高效薄层色谱与普通薄层色谱法的最大不同是固定相的粒度，前者颗粒直径约几微米，而后者为几十微米. 因此前者的柱效是后者的 10 倍以上. 高效薄层色谱法的检测方法是用薄层色谱扫描仪发射出的波长与强度一定的光束，对分离后的各组分斑点进行扫描. 扫描的光束可以是可见－紫外光或荧光. 由于固定相颗粒极其微小，在光照下呈半透明状. 当一束光投射至某个组分的斑点上，若斑点的被分析物的含量越高，对光的吸收越多，透过斑点的光和反射的光越弱. 在薄层板的上下分别安装有两个光电倍增管，以分别测量反射光和透射光的强度. 为了消除由于薄层的空白吸收带来的误差，则采用双光束进行扫描. 让另一束光通过没有斑点的空白处，以校准斑点的吸收强度. 但由于薄层的不均匀性，空白值会引起波动而造成误差. 通常是让两束不同波长的光(一种波长是被分析物的最大吸收波长；另一波长是被分析物不吸收的)迅速交替投射至薄层上. 由不吸收的光束产生的信号是由于薄层不均匀性所引起的. 将这两束波长不同的光在扫描时所产生的信号叠加在一起，就可消除由于薄层的不均匀性带来的基线波动，提高灵敏度.

表 22.4　高效薄层色谱与高效液相色谱的比较

参　数	高效薄层色谱	高效液相色谱
理论塔板高度/μm	12	2～5
理论塔板数	$<5\times10^3$	$(6\sim10)\times10^3$
分离数	10～20	20～40
色谱类型	开　床	密闭系统
展开技术	展开色谱	洗脱色谱
流动相速度控制	毛细管作用力	容易调节
体系平衡时间	短	短 → 长
样品容量	高	低
方法简单性	简　单	不太简单
检测极限	近似相同	近似相同
绘制光谱图（紫外-可见或荧光）	可　以	可　以（二极管阵列检测器）

22.5.3　溶剂萃取法

溶剂萃取是一种非常有用的分离技术．萃取体系由两个互不相溶的液相组成，一相是水相(可以是 pH 一定的缓冲溶液，或加有电解质及各种配位剂等的水溶液)，另一相是与水不相混溶的有机相(如甲苯、卤代甲烷、醚、酮、高级醇和脂肪烃等)，利用被分离物质在两相中的溶解度不同而实现相转移．如果要将水相的金属离子萃取至有机相，首先应使金属离子与合适的试剂转变成疏水化合物，然后被有机溶液剂萃取．例如在氨性溶液中萃取 Ni^{2+}，首先加入丁二酮肟，Ni^{2+} 就转变成疏水的螯合物：

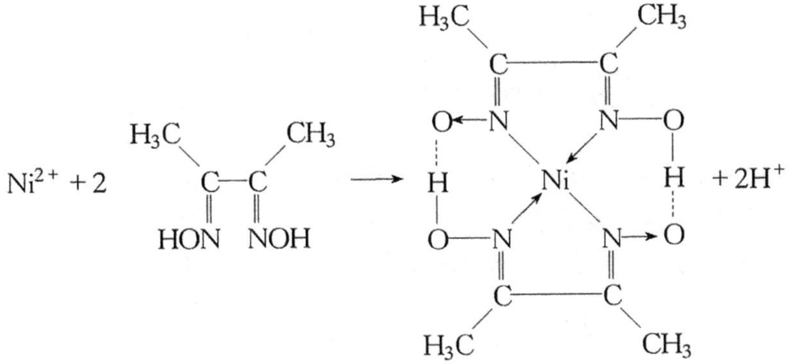

这种螯合物含有庞大的疏水基团，在与有机溶剂(如 $CHCl_3$)一起振荡时，极易进入

$CHCl_3$ 中，达到分离或浓集的目的.

1. 分配定律和分配比

萃取过程是水相和有机相对被萃取物 A 的一个竞争过程，A 就要在水相和有机相之间进行分配，最后达到平衡：

$$A_{水} \rightleftharpoons A_{有} \tag{22.2}$$

此时，A 在两相间的分配系数 K_D 可用下式表示：

$$K_D = [A]_{有}/[A]_{水} \tag{22.3}$$

式中，$[A]_{有}$、$[A]_{水}$分别表示平衡时，A 在有机相及水相中的浓度. K_D 的大小决定于被萃取物及萃取体系等性质. 当 $K_D \leqslant 10^{-2}$时，溶质几乎不被萃取；$K_D \geqslant 10^2$ 时，几乎全部被萃取. 可见，通过一次萃取而实现完全分离，K_D 必须很大.

在萃取过程中，溶质(即被萃取物)在水相中可能以多种形式存在，这是由于存在多级离解或形成氢键缔合物，或发生聚合等原因. 但是，分析者关心的是溶质在有机相中的总浓度，而不去注意它们以何种形式存在，为此引入分配比(D)这一概念.

$$D = c_{有}/c_{水} \tag{22.4}$$

式中，$c_{有}$ 和 $c_{水}$ 表示溶质在有机相和水相中的各种存在形式的总浓度. 当两相体积相等时，分配比越大，进入有机相的溶质就越多. D 值越大越好，一般希望 D 值大于 10. 改变实验条件，如溶质浓度、溶液 pH 值、萃取剂浓度以及其他影响平衡的物质的浓度等，可以使 D 值改变. 例如萃取苯甲酸时，当水相的 pH 增加，苯甲酸的离子形式所占的比例增大，即 $c_{水}$ 增大，D 值则下降. 只要控制合适的萃取条件，增大两种溶质 D 值的差别，就可以达到分离两者的目的.

2. 萃取率

萃取率 Q 表示溶质被萃取的程度. 它与分配比之间的关系为

$$Q = \frac{溶质在有机相中的总量}{溶质在两相中的总量} = \frac{D}{D + \dfrac{V_{水}}{V_{有}}} = \frac{D}{D + \dfrac{1}{\beta}} \tag{22.5}$$

式中：$V_{水}$ 和 $V_{有}$ 分别表示水相和有机相的体积；β 称为相比. 可见，分配比越大，相比越大，萃取率越高，表示萃取越完全. 当分配比小时，要提高萃取率，可采用多次或连续萃取的方法. 若经 n 次萃取后，其萃取率的计算如下：

$$Q = 1 - \frac{W_r}{W_t} = 1 - \left(\frac{V_{水}}{D \cdot V_{有} + V_{水}}\right)^n \tag{22.6}$$

式中，W_t 和 W_r 分别为溶质总量和经 n 次萃取后剩余在水相中的溶质量.

3. 金属螯合物萃取体系

金属螯合物萃取体系指金属离子与有机螯合配体反应，形成中性螯合物而被有机溶剂萃取的体系. 在这些配合物中，配体分子占据了金属离子的所有配位中心，水分子的配位也就不存在，因此在有机相中有很大的分配系数. 例如 Al(Ⅲ)离子与 8-羟基喹啉生成螯合物后，萃取进入氯仿中：

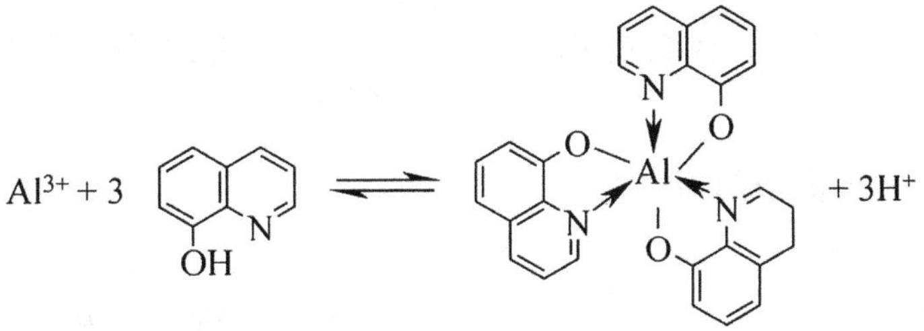

这一类萃取体系可用以下平衡的通式来概括：

水　相　　$M^{n+} + nHL \rightleftharpoons ML_n + nH^+$

$\qquad\qquad\qquad\qquad\qquad\qquad\updownarrow\qquad\qquad\updownarrow$

有机相　　　　　　nHL　　　ML_n

提高萃取率必须注意以下几点：

(1) 在低 pH 值时，螯合物形成受到抑制，萃取率自然降低. 在高 pH 下，高浓度 OH^- 离子与配体阴离子都会对金属离子展开竞争，最终生成不被萃取的金属氢氧化物.

(2) 螯合剂与金属离子生成的螯合物越稳定，萃取效率越高. 最适合于作为中性螯合物萃取的金属离子是低氧化态的，且处于过渡金属后部的离子，如 Mn^{2+}，Fe^{2+}，Co^{2+}，Ni^{2+}，Cu^{2+}，Ag^+，处于ⅡB 和ⅢA 族的离子，如 Zn^{2+}，Cd^{2+}，Hg^{2+}，Al^{3+}，Ga^{3+} 以及其他离子，如 Sn^{2+}，Pb^{2+}，Bi^{3+}. 由碱金属、碱土金属以及高价过渡金属离子，如 Ti^{4+} 和 V^{5+} 等，生成的螯合物很不稳定，或易于形成氢氧化物.

(3) 螯合剂的疏水性越强，萃取率越高；最重要的一些螯合剂有：

(a) 8-羟基喹啉 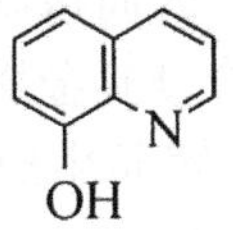 ：非选择性配体.

(b) 1-(2-吡啶偶氮)-2-萘酚 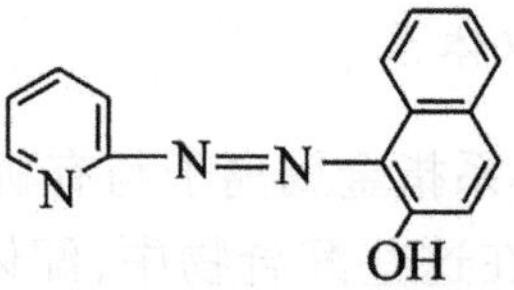

：非选择性配体，其配合物有色，用于萃取分光光度法.

(c) 四氢化吡咯二硫代氨基甲酸盐 

：非选择性配体，用于原子吸收光谱分析时金属离子的预农集.

(d) 双硫腙 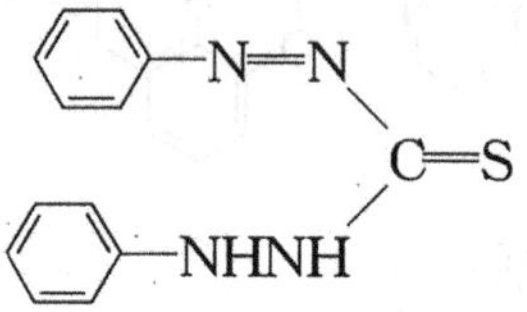

：有色，用于分光光度分析.

(e) 噻吩甲酰三氟丙酮 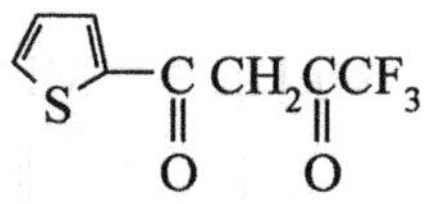

：二酮类，可产生烯醇互变异构.

(4) 应根据螯合物结构，选择结构相似的、密度与水相差大的惰性溶剂.常用溶剂有氯仿及其他卤代溶剂，比较适用于萃取分光光度法；甲基异丁基酮(MIBK)适合于原子吸收光谱法中的预浓集；正戊基甲基酮(NAMK)更疏水，用于预浓集时，优于甲基异丁基酮.甲苯、二甲苯、高级醇和醚也采用.

4. 离子缔合物萃取体系

离子缔合物萃取体系指被萃取金属离子的某种合适形式，与体积庞大的有机离子形成离子缔合物而被有机溶剂萃取的体系.例如对于以下离子缔合物的形成：

$$(C_6H_5)_4P^+ + ReO_4^- \rightleftharpoons (C_6H_5)_4P^+ReO_4^-$$

$$(C_6H_5)_4B^- + Cs^+ \rightleftharpoons (C_6H_5)_4B^-Cs^+$$

金属离子以及有机离子可以阳离子或以阴离形式存在，靠弱的静电力缔合在一起，但它们在有机相中的稳定性要比在水相中高得多，因而极易萃取进入有机相.离子缔合物的萃取常常在强酸性介质中进行，这对高价过渡金属离子更为有效，因为在萃取中性螯合物时的 pH 下，这些金属离子往往水解而生成氢氧化物.这种体系可萃取碱金属离子，因为可以选用有机阴离子来形成缔合物，而不必设法让阳离子生成配离子.中性螯合物萃取通常只在低浓度时有效，但离子缔合物萃取体系适用的浓度范围广.

离子缔合物萃取体系有以下几种.

(1) 简单萃取体系.前面两个缔合物形成的例子属这类体系,$(C_6H_5)_4As^+$ 以及 MnO_4^-,$HgCl_4^{2-}$,$FeCl_4^-$ 也可组成这类体系.

(2) 液体离子交换剂.某些酸性磷酸酯,如丁基二氢磷酸酯 $C_4H_9OP_3H_2$、二丁基氢磷酸酯 $(C_4H_9O)_2PO_2H$ 和二(2－乙基己基)磷酸酯都是液体,不与水混溶,但可溶于惰性溶剂.若它们与含某些阳离子的水溶液达到平衡,磷酸酯中的质子可与阳离子发生交换、螯合或溶剂化而被萃取.La(Ⅲ)和高价锕系元素可用这种体系萃取.质子化的高分子量胺与高分子量四烷基铵盐可溶于惰性溶剂,若这些液体与含有某些金属离子(以配阴离子存在)的水溶液达到平衡,两相之间就发生了阴离交换,金属配阴离子与四烷基铵阳离子生成离子对而被萃取.

(3) 螯合物体系.例如 Cu^{2+} 离子可以通过以下反应生成螯合物,再与 NO_3^- 离子生成离子对后被氯仿萃取:

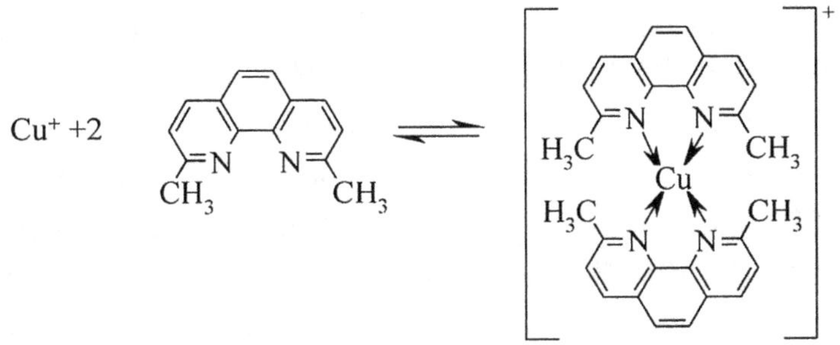

(4) 镁盐体系.这种体系的萃取过程有以下三个步骤组成.

(a) 金属离子与酸的阴离子反应转变成配阴离子形式:

$$Fe^{3+} + 4Cl^- \rightleftharpoons FeCl_4^-$$

(b) 来自酸的质子被含氧萃取剂溶剂化形成镁离子:

$$H^+ + 3(C_2H_5)_2O + nH_2O \rightleftharpoons [(C_2H_5)_2O]_3H^+ \cdot nH_2O$$

(c) 配阴离子与阳离子形成离子缔合物而被萃取:

$$[(C_2H_5)_2O]_3H^+ \cdot nH_2O + FeCl_4^- \rightleftharpoons [(C_2H_5)_2O]_3H^+ \cdot nH_2O \cdot FeCl_4^-$$

镁盐体系适用于高氧化态的金属离子,如 Fe(Ⅲ),U(Ⅵ),Th(Ⅳ),Au(Ⅲ),Sn(Ⅳ),Nb(Ⅴ),Ta(Ⅴ),Sb(Ⅲ),Ga(Ⅲ),Tl(Ⅲ),Ce(Ⅳ),Zn(Ⅱ),Cd(Ⅱ),Sn(Ⅱ)和 Co(Ⅱ).提供阴离子的酸有 HF,HCl,HBr,HI,HSCN 和 HNO_3.

萃取溶剂有醚、酯、醇和酮等.利用盐析技术可提高萃取效率,特别对离子缔合物萃取体系尤为明显.所谓盐析,是指将高浓度的惰性中性盐,如 NaCl,$NaNO_3$ 等,加入到水相中,使被萃取物的分配比大为增加的一种技术.提高萃取率的原因有:

(1) 若萃取体系涉及到配阴离子(如 $FeCl_4^-$)的形成和萃取,则加入高浓度 KCl,迫使反应朝配合物形成方向进行.

(2) 背景电解质浓度高,使被萃取物质按有利于萃取的方式改变.

(3) 盐析剂被水分子溶剂化,使"自由"水分子大为减少,水相中被萃取物质的有效浓度增加.

(4) 电解质加入水相以后,使水相的介电常数减小.离子缔合物的稳定常数与介电常数成反比,因此有利于离子对的形成.

22.5.4 其他萃取法

1. 固相萃取和固相微萃取

固相萃取是属于非溶剂型选择性萃取方法.它是将样品溶液通过固相萃取柱,使被萃取对象选择性地浓集于固相柱中,然后再用合适的溶剂将它提取出来.例如固相萃取柱内装 C_{18} 或 C_8 键合相,被萃取物质通常为水溶液中有机化合物,由于"相似相溶"原理,有机物就通过范德瓦耳斯力而浓集于 C_{18} 或 C_8 柱上,然后用合适的非极性溶剂将其洗脱下来.这类方法称为反相固相萃取.也可以用正相固相萃取,即以氰基、氨基或二醇基键合相填充固相萃取柱,它可以使非极性样品中的微量极性化合物得到浓集.硅胶一般用作化学键合相的基质,但也可用作固相萃取剂.它从非极性基体上吸附微量极性化合物,然后以一种极性更强的有机溶剂去洗脱被浓集的物质,当硅胶用于有机物萃取时,往往是将不需要的化合物吸附于硅胶上而被除去,被分析物则不浓集于硅胶上.这实际上是对样品进行预处理.同样,采用离子交换剂键合相作为固相萃取柱,可以萃取带电荷的化合物.它的浓集与洗脱原理类似于离子交换色谱法.

固相微萃取的关键部件是萃取头.通常以熔融石英纤维作为萃取头材料,也有采用活性碳纤维以及金属丝做萃取头材料.然后在萃取头表面涂以合适的固相涂层.固相微萃取的装置,极其类似于气相色谱用的微量注射器.通过注射器针头内的石英纤维表面的固相涂层,对样品中的有机化合物或无机离子进行萃取,从而达到浓集的目的.可预先将注射器纤维涂层插入被分析样品,在搅拌的样品溶液中停留数分钟,然后将注射器取出,插入气相色谱仪的气化器,使被吸附的化合物经热解吸而随载气进入色谱柱.在整个分析时间内,注射器应留在气化室中.对大多数有机化合物而言,解吸时间约 2min.

固相涂层物质应稳定.可以采用非键合相涂层,也可以采取部分交联或键合相涂层,当然前者稳定性小于后者.涂层膜厚可以为数十微米,也有达 100μm 的.常用的涂层如聚二甲基硅氧烷可以萃取非极性化合物;聚丙烯酸酯或聚乙二醇-二乙烯基苯可以萃取极性化合物;聚乙二醇-模板树脂可以萃取离子表面活性剂.也可

以采用 C_8,C_{18}键合相. 固相微萃取法可以与气相色谱联用,也可以与高效液相色谱联用,但必须解决接口技术,以使浓集的组分能及时解析出来. 它还可以与毛细管电泳联用.

2. 超临界流体萃取

超临界流体萃取不同于普通萃取的关键所在是以超临界流体作为萃取剂,而不用有机溶剂,从而避免了溶剂的毒害及对环境的污染. 超临界流体(一般用 CO_2)的性质已在表 8.9 中作了介绍. 以超临界流体 CO_2 作为萃取剂,物质的传质速度快,又具有液体的溶解性质,被萃取物容易从样品基体中提取出来,然后导入置有一定溶剂的容器中,使被萃取物溶解、收集. CO_2 这种超临界流体可以在较低的温度和压力下,萃取热不稳定或挥发性较小的化合物,CO_2 惰性、无毒,因此受到人们的重视,应用较广. 但是,由于 CO_2 本身的性质决定了它对不少化合物的溶解度有限,且萃取设备昂贵,因此又限制了它的应用.

22.5.5 其他分离法

1. 吸附与解吸

当一种气体、溶液或液体与吸附剂接触时,它们的分子就会被滞留在固体吸附剂上,这一过程称为吸附. 反之,已被吸附的分子重新释放出来称为解吸. 吸附的原理与气固和液固色谱的原理相同. 常见吸附剂有炭、硅胶、氧化铝、多孔高聚物等,它们的性质已在色谱分析有关章节作了介绍. 吸附这种方法主要用于收集和预浓集大气中的有机物蒸气、水中痕量有机物,除去有机液体或溶液样品中的某些成分. 在用吸附剂浓集大气中物质时,有时须采用冷阱技术. 通常,冷阱是收集大气中一些沸点远在冷凝剂(如液氮、固体二氧化碳等)冷冻温度以上的蒸气的有效技术. 可以将收集蒸气的吸附管置于冷阱中,使通过吸附管的蒸气被定量冷凝,然后通过加热冷阱就可快速回收被捕集的物质. 这个方法的缺点是选择性差.

让空气或河水以已知的恒定流量,流过装有合适吸附剂的吸附管时,有机化合物就被定量地吸附在吸附剂上. 这可看作是一种取样技术. 只要有足够大的体积的空气或河水流过,就达到了预浓集的目的. 这种浓集法在环境监测中得到广泛使用. 在浓集样品以后,必须将被吸附的化合物定量地解吸出来. 通常采用溶剂解吸和热解吸的方法. 溶剂解吸就是选用合适溶剂与吸附剂一起振荡,或淋洗吸附管内吸附剂,或连续回流,使被吸附物质进入溶剂相. 热解吸就是加热吸附剂,使被吸附物质重新释放至气相中,再被冷阱冷凝. 热解吸适合于挥发性物质.

2. 沉淀与共沉淀

沉淀分离是一种经典的分离技术，但至今仍应用很广. 它的基本原理很简单，即使被分离的物质转变成固体沉淀而与液相分离. 将这一分离技术与测定方法相结合，就产生了重量分析法. 为了提高沉淀分离的效率，必须熟悉以下这些内容：溶度积常数以及对溶解度的预测；pH 以及配合物形成对溶解度的影响；沉淀形成的机理以及晶核的形成与成长；影响沉淀纯度的因素等. 沉淀分离的常用技术有：利用生成氢氧化物或氧化物沉淀进行分离；利用生成金属硫化物进行分离；利用有机试剂进行分离；利用电沉积法进行分离. 沉淀分离法简单、廉价，样品处理量大，但选择性差、费时. 虽然利用有试剂进行沉淀分离的选择性较好，如丁二酮肟只与 Ni 等少数几个金属离子反应，但在处理沉淀物时很麻烦.

在重量分析中，往往由于共沉淀而沾污沉淀，影响重量分析准确度. 但在分离方法中，正是利用某种沉淀(如 CuS)生成的同时，会使溶液中微量甚至痕量的成分(如 Hg^{2+})随 CuS 一起沉淀下来. CuS 称为共沉淀剂或载体. 这种分离痕量成分的方法称为共沉淀分离法. 为了得到良好的分离效果，应选择合适共沉淀剂. 对共沉淀剂一般有以下要求：较高的选择性；能定量地共沉淀痕量组分；不干扰以后测定，或易于分离除去.

3. 蒸馏、挥发及区域熔融

蒸馏、挥发是利用气相或蒸气相与液体、溶液甚至固体之间的平衡来达到分离目的的一类技术.

蒸馏是对液态物质而言. 由于混合物中各组分的挥发度不同，当加热时，挥发性高的组分集中于蒸气相，然后将蒸气冷凝而得以与原样品分离. 蒸馏出来的蒸气相纯度决定于混合物中组分的相对蒸气压的差别. 单次蒸馏往往不易得到纯组分，需进行多次蒸馏才能获得更纯的组分. 若利用分馏柱，相当于在一个装置中进行多次重复蒸馏，它与气液色谱柱相似. 只要分馏柱的塔板数足够多，就能获得高纯度的组分. 气液色谱柱的单位柱效比分馏柱高，因此它能分离一般难以分离的混合物，如异构体. 但在大规生产中不用气液色谱法分离物质，因为费用昂贵，难以进行. 分馏仍是实现大规模分离的重要方法. 分馏常常用来提纯分析用的溶剂，以及分离性质相似的有机化合物等.

挥发分离与蒸馏分离有类似之处，也是利用物质的挥发性能，使干扰物质挥发除去；或利用挥发分离来达到富集痕量组分的目的. 也可利用合适的化学反应，使某一组分转变成挥发性衍生物，以选择性除去这一组分. 这主要用于从基体中除去非金属元素，例如无机碳可以转变成 CO_2，氮成 NH_3，硫转变成 H_2S 或 SO_2，等等.

也可以除去某些金属. 如 Se, Te, As, Sb, Ge, Sn, Pb 等元素, 可用 $NaBH_4$ 还原成氢化物后除去.

区域熔融又称区域精制. 它的原理类似于蒸馏, 只是蒸馏法利用液-气平衡的建立, 而区域熔融则是利用液-固平衡的建立. 当被精制的某一金属装入一柱内, 柱外部用环形电炉加热, 使柱内某个小区域的金属熔化. 若金属中的杂质在熔融体中的溶解度大, 则随着电炉向柱后部移动时, 前部的熔融金属开始冷却, 在结晶出来的固体中杂质的相对含量, 比熔融金属体中的含量要少得多, 因此金属中的杂质逐渐集中到柱后部. 若经过多次循环熔融后, 就可使杂质含量降至 10^{-9}数量级, 与区域熔融法相反, 可用冰冻法浓集水样中的痕量杂质. 让比较大量的水在搅拌下徐徐结冰, 使被测的有机物杂质逐渐浓集到未冰冻的最后几毫升水中. 此法可用于低沸点有机物的浓集.

4. 电泳

电泳的基本原理已在第九章中作了介绍. 区带电泳需在载体上进行, 常用的载体有凝胶(如聚丙烯酰胺凝胶), 称凝胶电泳; 有用电解质溶液浸润的滤纸, 称纸电泳; 还有醋酸纤维膜、琼脂等.

以聚丙烯酰胺凝胶电泳为例, 由于它是非离子型的, 没有吸附和内渗, 因此得到广泛应用. 在制备时若控制条件, 可以得到孔经尺寸不同的凝胶. 当样品是蛋白质的混合物, 不同蛋白质分子的尺寸不同, 所带的净电荷不同, 因此在电场作用下, 在合适的缓冲溶液的 pH 值、离子强度等优化条件下, 就分离成不同的区带.

在区带电泳中, 分子在其等电点 pH 时, 在电场中不发生迁移. 若设法让电解质溶液具有 pH 梯度, 不同的分子将在电场下迁移, 直到它们迁移至某一特定位置时不移动, 此特定位置处的溶液 pH 恰好等于该分子的等电点 pH. 只要不同分子的 pK_a 值不同, 其等电点的 pH 也不相同. 利用以上原理进行分离的技术称为等电聚焦电泳. 此法的关键是建立 pH 梯度, 它仍然利用电泳原理. 图 22.3 说明了等电聚焦的基本原理. 以某种酸为阳极电解质, 某种碱为阴极电解质. 当加上电压后, H^+ 和 OH^- 离子分别向极性相反的电极运动, pH 梯度就产生了, 但这种 pH 梯度很不稳定. 常常采用多氨基-多羧酸来形成稳定的 pH 梯度(2.5～11).

现有一种蛋白质, 其等电点 pH 为 6. 对位于图 22.3 中 A 区域的蛋白质, 电解质 pH 低于等电点, 该蛋白质带正电荷(即携带一 H^+ 离子), 向阴极电迁移, 在 B 区域的蛋白质则带负电, 向阳极电迁移. 两者都向等电点 pH 处迁移, 最后停留于等电点. 如果分离完全后, 应尽快将蛋白质固定于凝胶上, 通常用 5% 三氯乙酸溶液浸渍, 或用合适沉淀剂, 然后再染色鉴定.

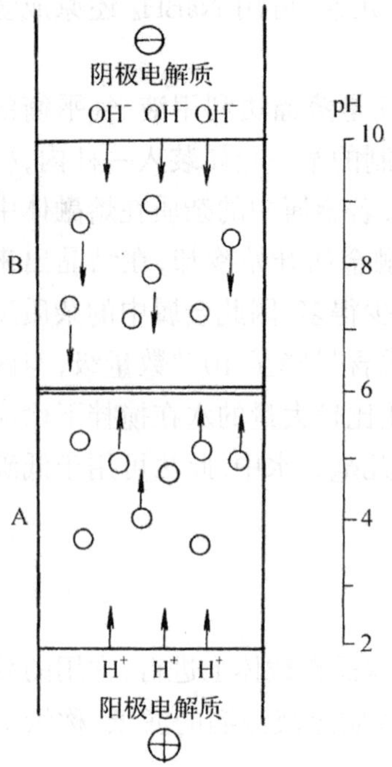

图 22.3　等电聚焦原理示意图

5. 膜分离

(1) 固体膜分离

膜分离是一种建立在选择性渗透原理的基础上,使被分离的组分从膜的一边渗透至膜的另一边而达到分离和浓集的方法.用于分离的膜可以是固体膜,也可以是液膜.

渗析是一种借助固体膜,将大分子与较小的分子分离的技术.由于两者的大小不同,小分子通过扩散可以到达膜的另一边,而大分子则不能.扩散的动力就是浓度梯度.这种固体膜还存在"机械筛分"的作用,因此固体膜能分离大小不同的分子的机理十分类似于尺寸排阻色谱.常用的膜由纤维素、玻璃纸、火棉胶、羊皮纸及高聚物膜等.渗析法一般不用于多组分样品的分离,它主要用于蛋白质、酶及激素这一类物质的浓缩、脱盐和纯化.

与渗析技术十分相似的是超滤、反渗透和电渗析法.一种大分子溶液通过加压进行过滤而达到分离的技术称为超滤.它不同于普通的过滤技术之处只在于被分离粒子的大小.普通过滤用于分离直径大于 1μm 的粒子,而超滤一般用于直径介于 0.001～1μm 的溶质,如细菌(0.1～1μm)、蛋白质、病毒(0.001～0.1μm)等.若被分离粒子的大小与溶剂分子大小处于同一数量级,此时对溶液施加压力,迫使溶剂分子渗透过固体膜,此过程称为反渗透.这三种方法加压的程度也不相同,普通过滤加压约 0.1MPa;超滤为 0.1～1MPa;而反渗透则需 1～10MPa.电渗析是使用带有电荷的膜,在电流提供的驱动力下,使溶液中离子组分得到分离的技术.电渗过程依靠电渗析池来完成.电渗析池由两片阴离子交换膜和两片阳离子交换膜组成,它们交替地排列在阴、阳两极之间,组成三个小室.当一种离子溶液(如盐水)被泵入交换膜组,并在两极间加上直流电压,则正离子向阴极迁移,它们容易通过阳离子交换膜,但被阴离子交换膜阻挡.反之,负离子通过阴离子交换膜,被阳离子膜阻挡.最终结果是左右两边小室的离子浓度大大增加,而中间小室的离子浓度极低.为了减小迁移阻力,膜之间距离约 1mm.泵用来使离子溶液高速通过小室界面,以减少浓差极化带来的麻烦.电渗析可用于水的脱盐,制备化学过程用水以及果汁的脱酸等.

(2) 液膜分离

除了用固体膜分离之外,液膜分离得到了迅速发展.液膜分离克服了固体膜速度慢,选择性差的缺点,其选择性及分离效率很高.液膜就是悬浮在液体中的很薄的乳状液,它通常由溶剂(水或有机溶剂)、表面活性剂及添加剂组成.若将此水溶液进高速搅拌,就获得一种油包水的乳状液.将此乳状液再加入至低速搅拌的含有被分离组分的试液中,从而使乳状液在试液中均匀分散,形成了油包水再水包油型的乳化液膜.图 22.4 说明了乳化液膜的构型.有机溶剂是构成膜的基体,即图中的膜相(油相).表面活性剂既含亲水基团,又含疏水基团,它们的定向排列使油水界面固定,控制液膜的稳定性.常用的油膜表面活性剂是 Span80;水膜表面活性剂为皂角苷.由于膜是油性的,且介于内水相(即接受相)和外水相(即试液)之间,三者之间不相溶.油膜大多采用 S100N(中性油)和 isopar(异链烷烃).乳化液的液滴直径范围约为 0.2～0.5mm,内部微滴直径范围约 1μm,膜厚约数微米.液膜正是位于内水相与外水相之间.被分离的组分从外水相通过选择性渗透作用,在内水相中得到浓集,然后静止,使乳化液滴与外水相分离.将得到的乳化液进行破乳,分离出膜相和内水相.对内水相的已浓集的组分进行定性和定量测定,而膜相回收后可重新使用.

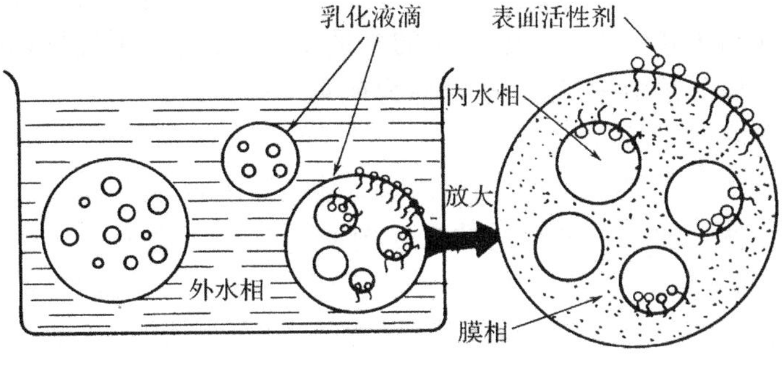

图 22.4　乳化液膜构型示意图

6. 泡沫浮选

泡沫浮选法就是在试液中加入合适的试剂,调节到一定的 pH 值,向浮选槽中试液通入气体(空气或氮气)鼓泡,使被分离的微量或痕量组分随气泡浮到液面,然后将浮渣(沉淀和泡沫)取出进行分析.这种分离方法特别适合于大量样品中微量或痕量组分的分离与浓集.目前约有 40 种元素已可用此法进行分离.它可广泛应用于工业污水、环境水样以及高纯金属中痕量杂质的浓集.例如须分离某些微量元素,首先应利用该元素的性质,设法使它形成配离子,然后加入电荷性质相反的合适的表面活性剂,从而生成一种疏水性的离子缔合物,鼓泡数分钟后,液面上形成一厚层泡沫,用小勺将泡沫取出,加入消泡剂后定容.为了提高浮选效率,可以采用二次浮选,使回收率达到90%以上.

7. 超离心

超离心作为一种分离手段越来越重要,特别在研究蛋白质、核酸等物理化学性质时,更是不可缺少的工具,而且已发展成为一种制备规模的分离方法.超离心一般可以分为两类:分析型和制备型.分析型用于测定溶质或微粒的物理性质,制备型则根据这些物理性质将它们分离.分析型超离心机转速可达72 000/min,其离心强度可以是重力场的几十万倍.仪器上配备有光学系统,其光路穿过样品池.此光学系统可以观察样品池中不同位置的溶质的浓度或浓度梯度.它可用来测定高聚物的精确分子量以及分子的构象和分散度,也可用于混合物的定量分析.制备型超离心通常没有光学系统,但样品池容量大很多.若采用密度梯度超离心法,可用来分离病毒、核酸、多核苷酸、酶以及其他生物物质.

8. 掩蔽与解蔽

掩蔽就其本质而言,并不是一种分离方法.为了消除分析过程中的干扰物质,设法加入一种能与干扰物发生化学反应的合适试剂,使这些干扰物以一种不干扰的物质滞留于原样品溶液中,这一过程称为掩蔽.它可以提高分析方法的选择性,间接地达到了分离的目的.

常用的掩蔽法有沉淀掩蔽法、氧化还原掩蔽法和配合掩蔽法.

沉淀掩蔽法就是加入一种合适的沉淀剂使干扰离子生成沉淀后而不干扰测定.但由于沉淀的不完全,掩蔽效率不高.氧化还原掩蔽法是利用合适的氧化还原反应来改变干扰离子的价态而消除干扰.最常用的是配合掩蔽法,即加入合适的配合剂,使干扰离子生成稳定的配合物而不干扰测定.选择掩蔽剂应考虑两个因素以增加掩蔽效果.首先应满足金属离子的立体化学要求,以形成稳定的螯合物,如形成五元或六元环螯合物.EDTA对许多金属离子来说,是一种很好的通用掩蔽剂.其次是硬酸与硬碱或软酸与软碱配位的能力强,例如F^-离子是Al^{3+}的很好掩蔽剂,CN^-是Ag^+,Pb^{2+}的很好掩蔽剂.

解蔽指加入一种合适试剂,将已被配合的金属离子重新释放出来.解蔽的方法很多,概括起来无非是利用以下一些原理:以更强的成键离子去夺取原配合物中的配体,例如以Ag^+解蔽$Ni(CN)_4^{2-}$配离子,释放出Ni^{2+};以合适试剂与原配离子中的配体反应而解蔽,如用甲醛解蔽$Zn(CN)_4^{2-}$配离子;通过调节pH,改变原配合物稳定性,以及通过加热、挥发和化学反应等破坏配体.

22.5.6　分离方法的选择

分离方法的选择是十分重要的.选择正确的分离方法可以事半功倍,准确度高,分析结果令人满意.若选择的分离方法不正确,不但事倍功半,甚至带进杂质或使某些痕量组分损失,降低了分析结果的准确度.要能选择好满意的分离方法,必须熟悉各种分离方法的基本原理和它的优缺点,熟悉所分析样品的性质,弄清后续分析方法的性质和对分析结果准确度的要求.

1. 样品的性质

选择分离方法前,须大致弄清样品来源,是中间产物还是最后产物,只含少数几个组分,还是很复杂的混合物,等等.然后要进一步弄清属亲水性,还是疏水性样品;是离子型,还是非离子型,这对选择不同色谱方法尤为重要.若知道了挥发性,考虑是否要选择蒸馏或气相色谱法.样品是否热不稳定,沸点是否过高.若属高沸点和热不稳定样品,宜用高效液相色谱法.如相对分子质量或分子体积差别大的样品,考虑应采用尺寸排阻色谱法分离.样品是离子型或在一定条件下可以改变分子与离子比例的样品,可考虑采用离子交换、电泳以及离子对萃取等方法.当样品比较复杂时,一般说,除了色谱方法可一次性分离各个组分外,就要将几种方法组合起来进行分离.对痕量组分的色谱分析,往往也要浓集后进样.

2. 后续分析方法的性质和要求

在选择分离方法时,必须考虑后续分析方法的性质及它的选择性高低.例如测定血清中的微量金属,若采用无火焰原子吸收光谱法就很简单,但采用易受其他金属干扰或灵敏度不够高的方法就比较麻烦了,就需要分离干扰元素或用萃取等方法进行浓集后测定.如果后续分析要求测定每一个组分,或只要求测定其中一个或一类时,对被分离物质分离的程度也就不一样.需要测定镧系中各个元素的含量时,最方便的方法就是色谱法;只需测定镧系元素总量时,采用萃取或沉淀法后用合适方法测定比较简单.分离样品时,还应考虑到此纯物质是供定性用,还是定量用.由分离得到的纯物质,对某种分析方法所需的样品量是否足够,若所需样品量大,应考虑采用制备型分离手段.还要考虑原始样品的来源的难易,如小动物的体液量很少,显然不能用选择蒸馏法分离.如果从分析准确度考虑,分离步骤越少越好,引入的误差也就越小.

3. 其他因素

其他因素包括分离时间、费用、可能获得的仪器设备以及个人的经验.分离步骤过多、过繁，时间冗长，会直接使分析数据获得的周期延长. 对于生产过程的中间分析来说，要求分离和分析的时间短，气相色谱法、高效液相色谱法和高效薄层色谱法最能满足这种要求. 个人的喜爱和经验常常有助于获得满意的结果.

22.6 联用技术

联用技术指两种或两种以上的分析技术在线结合起来，重新组合成一种以实现更快速、更有效地分离和分析的技术. 最常用的联用技术是将分离能力最强的色谱技术与质谱或光谱检测技术相结合. 色谱法虽然具有高分离能力、高灵敏度和高分析速度等优点，但只凭色谱保留值难以对复杂物质中各未知物作出可靠的定性鉴定. 一些谱学技术，如质谱、红外光谱、核磁共振波谱等对未知化合物的结构有很强的鉴别能力. 因此可以将再两者的优越性结合起来，使每种联用技术成为分析复杂混合物的有效方法. 联用技术在当今仪器分析领域中已成为一个很重要的发展方向. 除了色谱与谱学技术联用外，还有其他一些联用技术，如毛细管电泳法与荧光检测、或与紫外检测、或与质谱；气相色谱与光发射检测；液相色谱与光发射、或与原子吸收光谱联用等等. 这里只介绍应用最为广泛的色谱与各种检测技术的联用. 在这种联用系统中，色谱仪相当于将纯物质输入各种谱学仪器的进样装置，而谱学仪器相当于色谱分离产物的定性检测器. 但是要将两者有效地联用起来，其关键是要设计一个性能优良的接口，接口的任务是将被分离组分送入检测系统，而排除大量流动相对检测系统的干扰.

22.6.1 气相色谱联用技术

1. 气相色谱-质谱(GC-MS)

由于质谱法的灵敏度高，扫描速度快，因此极适合与气相色谱联用，为柱后流出组分的结构鉴定提供确证的信息，而且即使对含量处于 ng 级，在数秒钟内流出的物质也可以鉴别. 采用气相色谱填充柱时，载气流量达每分钟数十毫升，因此与高真空离子源极不匹配. 为了解决此问题，必须采用接口，即分子分离器. 它的结构如图 22.5 所示. 其基本原理是依据样品分子与载气(He)分子的大小与性质不同，当柱后流出物进入分子分离器时，质量小的载气分子扩散迅速，被大量抽除殆尽，而质量大的组分分子绝大部分仍向前移动进入质谱仪，同时达到浓集组分的目的. 采用开管柱后，流量降至 $1\sim2\text{ml}\cdot\text{min}^{-1}$，因此可将开管柱出口直接插入质谱仪的离子源中.

从原理上讲，几乎任何质谱仪都可与气相色谱仪联用. 四极质谱仪的扫描速度高，但分辨率及灵敏度要差一些. 最理想的是傅里叶变换离子回旋共振质谱仪.

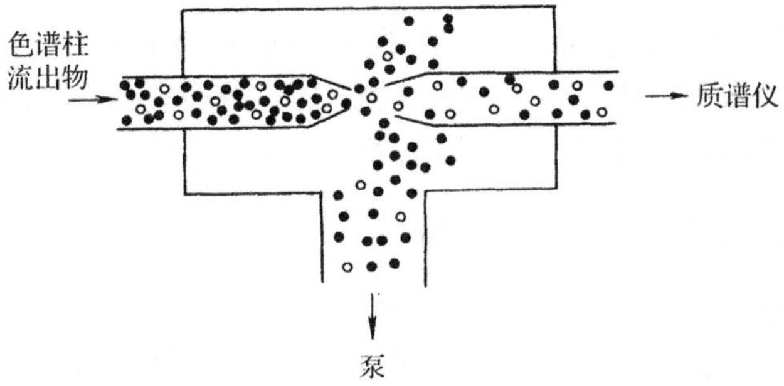

图 22.5 喷嘴分子分离器

2. 气相色谱-傅里叶变换红外光谱(GC-FTIR)

气相色谱-质谱联用技术应用十分广泛,这是由于现代 GC-MS 系统由计算机系统控制整个联用仪器的操作,并可以从获得的大量数据中通过数据库进行检索,得到所要检测分子的“指印”信息.但是,质谱检测器是破坏性检测器,而且难以区分结构异构体,从质谱图上很难明确得到功能团的信息.对这些不足之处,若采用气相色谱-傅里叶变换红外光谱,就可以得到解决.采用 GC-FTIR 系统可以获得功能团信息,以及指纹区信息.

由于在气相色谱中所使用的流动相主要是 He 和 H_2,而它们在对中红外区域的辐射透过性较好,为了增加灵敏度,必须采用接口,使两者直接联用.常用接口有两种,光管接口与冷阱接口.

光管接口实际上是一种多反射流通池.这种流通池由内壁镀金,反射率极高的硼硅玻璃管制成.光管两端的窗片由 KBr 或 ZnSe 制成,具有红外透过性.光管内径约 1mm,长 10～20cm,适宜于与开管柱联用.经过调制的红外辐射聚焦至光管的入射窗口上,再经光管内壁多次反射后,从出射窗口投射至检测器.当柱后流出的某一组分通过光管时,所产生的红外吸收信号就记录下来.这里必须注意光管的体积对色谱分离度的影响.因为光管的增加,使柱后死体积增加.因此设计光管时,必须兼顾最大灵敏度(光管体积较大)与分离度(更小的光管体积)两者.这种接口简单,但灵敏度较低,根据不同功能团的吸收强度,分析物质量约需 5～100ng.

冷阱接口的基本原理是指被分析物在分析之前进行冷阱捕集.柱后的流出物连续地沉积于 ZnSe 板上,是依赖于液氮将 ZnSe 板冷至 77K.然后将 ZnSe 板移动,使冷凝的样品进入傅里叶变换红外显微镜的中心点,经显微镜聚焦的红外光束直径与冷凝的样品斑点相一致.红外光束透过样品就要被选择性吸收,获得相应的光谱图.采用冷阱接口法,可使灵敏度大大提高,检测限可达 20～50pg.但是冷阱接口不适用沸点很低的化合物,因为捕集效率不高.

采用以上两种接口以后所获得的光谱图,不能利用正常的红外光谱图谱数据进行检索,而必须采用相应条件下的图谱数据库进行检索,如前者应利用特殊气相光谱数据库,后者则利用凝聚相光谱数据库进行对照检索.

3. *气相色谱-原子发射光谱*(GC-AES)

色谱柱后流出的组分进入高温等离体而被原子化.在等离子体中的原子或离子受到激发而发出辐射.重要的等离子体源有微波电感等离子体(microwave induced plasma,MIP)和电感耦合等离子体(inductively coupled plasma, ICP).电感耦合等离子体已在第十一章中作了介绍,它是以 Ar 作等离子体气体.采用微波电感等离子体,以 He 做等离子体气体则更方便,因为 He 通常又用做气相色谱载气.它比氩等离子体更优越之处在于背景光谱更简单,激发能量高,甚至可以激发非金属元素.但是微波电感氦等离子体的功率比电感耦合等离子体小,等离子体的温度较低.这一缺点可以通过控制导入等离子体的样品量或溶剂量得到解决.这种联用技术比 GC-MS 和 GC-FTIR 优越之处在于它具有元素检测专一性,而后两者具有分子检测专一性.由于采用二极管阵列检测器,因此可以同时进行多元素检测.元素的性质不同,检测灵敏度也不相同.例如对铁、汞和铬,其检测限分别为 0.05,0.1 和 $7.5pg\cdot s^{-1}$;对非金属元素碳、硫和氯,则分别为 2.7,1.7 和 $39\ pg\cdot s^{-1}$.

22.6.2 液相色谱联用技术

1. *液相色谱-质谱*(LC-MS)

在液相色谱中,流动相流量一般为 $0.5\sim2ml\cdot min^{-1}$,与质谱仪的真空系统完全不匹配,而真空系统可以承受的流动相流量约 $50nl\cdot s^{-1}$.要解决这一矛盾的途径大致有:增大抽真空系统的泵的能力;设法除去大量流动相;将柱后流出物分流;采用窄径柱,以大大降低流动相流量.常用的 LC-MS 接口技术为热喷雾技术.让柱后流出物进入置于加热铜块中的不锈钢管(内径 0.15mm)中,当铜块的温度升至 100~350℃(合适温度由流动相性质而定)时,流出物到达毛细管出口,从而在蒸气超声喷嘴口形成超热雾气.若流动相中含有 NH_4AC 或 HCOOH 等具有挥发性的物质,而流出物中的组分又具有亲质子能力,就使雾滴带电.当流动相中有机溶剂被蒸发除去,而$[MH]^+$被电场从喷嘴口拉出进入质谱仪.若流出物中组分不具有亲质子能力,则形成$[M+NH_4]^+$而被检出.氨基酸、肽、核苷酸及抗菌素等物质(分子量可达 2000u)都能获得良好的质谱图.

若质谱仪的离子源是电喷雾源,则联用更简单.由于电喷雾源可以在大气压下使样品溶液直接生成离子,因此它可以与液相色谱直接联用.采用窄径柱(1.0mm

直径)，柱后的流出物可以全部进入质谱仪．若采用标准柱(4.6mm 直径)，可以采用分流装置，使少部分流出物进入质谱仪，而大部分可由馏分收集器收集．

除了热喷雾接口技术外，还有粒子束接口技术、离子喷雾接口技术等在此不作介绍．目前采用的这些接口技术主要适用于反相色谱法．

2．液相色谱-傅里叶变换红外光谱(LC-FTIR)

这种联用技术与 GC-FTIR 非常类似，它可以得到分子中功能团的信息．但它又受到所用流动相性质的影响，使联用又比 GC-FTIR 复杂，这是由于流动相在中红外区域有强烈吸收，给在溶剂吸收带范围内检测被分析物带来困难．特别是在痕量分析物洗脱只引起吸收值很小变化的这种情况下，几乎不可能检测出被分析物．为了防止溶剂带的全吸收，其流通池接口的光路长度要很短(对有机溶剂为 0.2mm，水溶液则只能 0.03mm)，因此灵敏度很低，检测限约在 0.1～1μg 范围．流通池接口虽然简单，但应用不广．

为了提高灵敏度，可以采用溶剂消除接口．它比采用流通池接口的优越之处在于能得到被分析物的全程光谱信息；对溶剂组成及分离模式选择的限制较少．但是，使用这种接口就要求溶剂比被分析物的挥发度要大得多．在操作时，使柱后流出物滴至 KCl 粉末上，在氮气流驱赶下溶剂蒸发，然后将沉积有被分析物的 KCl 粉末推进至光路中，记录红外光谱．若采用窄径柱，峰浓度更相对集中，检测限更低，溶剂的消除更容易．

3．液相色谱-核磁共振波谱(LC-NMR)

这种联用技术比前面介绍的几种联用技术难度更大，这是由于核磁共振波谱法灵敏度不高，测试的样品量须达微克级，溶剂的信号必须得到有效的抑制．为了能使这种联用技术得到实际应用，主要也是研制一个性能优良的接口，以达到核磁共振信号的最大灵敏度及满意的分辨率．

联用装置示意图如图 22.6 所示．分离体系需离磁体约 2m．紫外吸收检测器出口通过毛细管连接到安装在探头底部的切换阀上．调节切换阀可以采用连续流动方式或采用停流方式来获得光谱图．而探头是由非旋转的玻璃流通池组成，射频线圈直接固定在上面．色谱柱后的流出物直接进入流通池(图 22.7)，而此流通池探头置于强磁场(超导磁铁)中，流动探头的设计极为关键，不但要设法达到最高灵敏度，而又要保持色谱分离度．因此必须选择合适的参数，如流通池直径和体积等．流通池内径约 2～4mm ，有效体积约 60～250μl ．被分析样品在磁场中应有合适的时间，以使核极化．由于核在流通池中停留时间有限，与通常的核磁共振测试相比，纵向与横向弛豫时间都减少了．这导致信号强度随流速而增加，但是在较高流速下，核磁共振谱线的宽度却增加了.因此必须寻找合适的条件来解决这对矛盾.在联用时,色谱流动相必须使用氘代或非质子溶剂.前者由于太昂贵而使用不多.采用质子化溶剂,必须采用溶剂信号抑制技术,在商品仪器中已解决了这一问题,此处不作介绍.

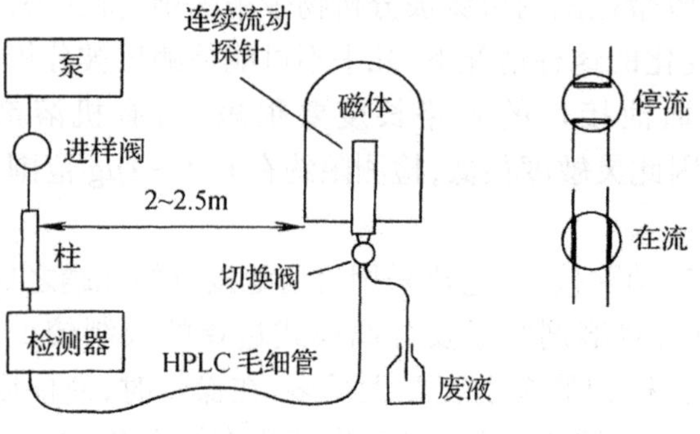

图 22.6　液相色谱-核磁共振联用示意图

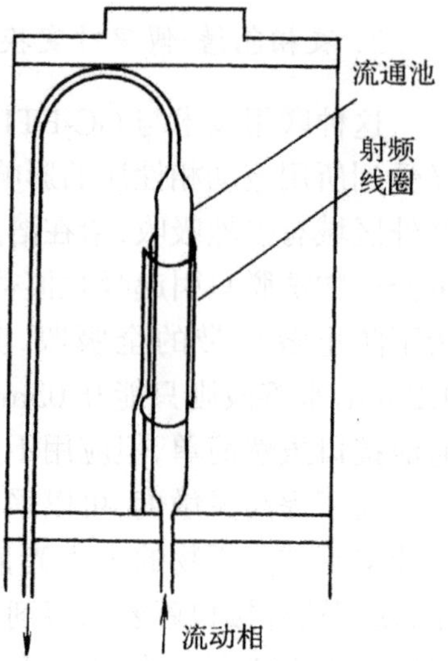

图 22.7　连续流动型探头

22.7　复杂样品分析的思路

22.7.1　分析对象的全面考察

复杂样品一般指所包含的成分复杂,不同成分之间的含量差别大,从样品来源处获得的信息极少的复杂混合物.对于这种样品,要从多渠道尽可能多的获得各种信息.大致可从下几方面考察.

(1) 了解样品来源、用途,大致估计可能含有的成分的类型.对于商品,应了解样品的生产厂家、批号、商标等,尽可能缩小查找文献及专利的范围.

(2) 大致弄清是无机材料还是有机材料,还是两者并存.

(3) 对有机物,大致了解是非极性、中极性或强极性.了解分子量、熔点或沸点的大致范围.

(4) 被测成分含量的大致范围,属常量、微量或痕量分析.

(5) 需要获得何种信息.只要获取指定成分的信息,还是全部成分的信息;是定性信息,还是定量信息;是成分分析信息,化学形态信息还是结构分析信息;是主体组分信息，还是表界面区域的纵向或垂直分布信息；等等.

要求获取的信息不同，样品的预处理及分离手段也就不同，所选择的分析方法也就不同，才能有的放矢地解决问题.

22.7.2　复杂样品分析的思路

由于样品千差万别，即使对同一样品，要获得的信息不同，分析思路也不尽相同. 但一般可以按以下的思路出发，去解决自己的问题.

1. 无机成分的分析

对于样品中的无机成分分析，相对来说比较简单. 一般将样品直接或经过必要的预处理后，采用一般原子发射光谱法（或等离子体原子发射光谱法）和原子吸收光谱法或 X 射线荧光光谱法等，分别对无机元素进行定性和定量分析. 若原样品中的含量过低，或方法本身的灵敏度达不到要求，则应采取分离、预浓集等手段，以达到分析方法的检测限以上. 如果样品是一种复合材料，需对无机成分进行微区分布分析，则可采用扫描电镜- X 射线能谱法. 如需进一步了解各种无机元素所处的价态、结合形式以及在表面的分布状况时，可以采用各种电子和离子光谱法. 想了解无机元素在样品中存在的化合物结构形式时，可采取用 X 射线衍射分析法.

2. 有机成分的分析

样品中有机成分分析比无机成分分析困难得多，因为有机化合物的组成元素虽然简单，但结构千变万化，同一化学式可以有多种不同的分子结构. 若有些是异构体，性质极为相似，给分离带来困难. 有的样品的成分本身就很复杂，如彩色照像胶片中含有多种成色剂、多种增感剂，以及稳定剂、黏合剂、杀菌剂、防污染剂、表面活性剂等几十种有机成分，因此要将这些成分分离就不是一件易事，而且还要制备纯品、鉴定纯度、确定成分结构以及分析各个成分含量都有相当难度. 因此通常所说的剖析，主要是对复杂的有机样品而言.

对有机样品的剖析来说，分离是关键的一步. 最常用的分离方法是色谱法. 由于更换固定相和流动相方便，经典柱色谱法和薄层色谱法仍然是分离和提纯样品的常用的方法. 高效液相色谱法的分离效率很高，对复杂样品的组成分析容易进行. 利用它可对复杂混合物进行系统分离分析，获悉基本组成及组分之间的比例关系. 利用制备型高效液相色谱仪，可以在较短时间里得到各种纯样品. 气相色谱法的应用面比高效液相色谱窄得多，但若预先了解样品中的组分比较易于气化（沸点一般在 350℃ 以下），且热稳定性好，可以用气相色谱法进行分析，例如天然挥发性精油的分析. 采用联用技术有利复杂样品的分析. 气相色谱法的最大优点是可以利用商品仪器，气相色谱-质谱或气相色谱-傅里叶变换红外光谱联用仪，对成分进行结构鉴定．即使利用分离技术得到了纯样品，但其纯度的鉴定十分重要，因为利用波谱分析技术来确定结构时，只有用“色谱纯”、“光谱纯”的纯品，所得到的波谱分析数据才有价值．否则，杂质的存在，给波谱的解释带来困难．

在最后的结构确证时，紫外光谱、红外光谱、质谱和核磁共振波谱（俗称“四大谱”）是最强有力的工具．紫外光谱在结构分析中的地位不如其他三谱，因为它适用的样品范围窄，主要用于含共轭双键的分子的鉴别．由于光谱中只给出几个宽带，不可能利用光谱的精细结构去鉴别分子的整个结构．有时可以将样品的紫外光谱与模拟的分子结构进行对照来提供一些信息．紫外光谱分析的主要用途是进行定量分析．

红外光谱法适用的样品范围广，所需样品量少，给出的分子结构信息丰富，因此红外光谱仪是不可缺少的剖析工具．从红外光谱图可为剖析提供以下重要信息：

(1) 从原始样品的红外光谱图可大致判断可能存在的功能团，因为它是多种纯组分红外光谱图的叠加；

(2) 从在分离和纯化过程中得到的光谱图中，可以分析有关组分的去向，监视某些组分的“丢失”；

(3) 从离析出的纯组分光谱图中，检查是否有异常峰存在．若能在分离过程中，用红外光谱分析跟踪监视，直至无异常峰存在，谱图稳定不变时，此组分可视为“光谱纯”；

(4) 从纯组分的光谱图可推测出存在的特征功能团、分子骨架等主要信息；

(5) 从模拟结构合成出的纯样的红外光谱图可验证模拟结构是否确证无疑．

解析红外光谱图主要依靠与标准物质、标准图谱的对照．对于复杂的红外光谱图，不可能对每一个峰都指出归属，对此，分析工作者的经验累积是十分重要的．

核磁共振波谱法是结构分析中最强有力的手段．由于它能给出化学位移、自旋-自旋偶合裂分模式以及积分线高度等信息，因此由核磁共振波谱图给出的结构信息的准确性高，预见性好，对 C 和 H 可以给出准确的归属．利用^{13}C 谱可以完整地反映出分子中各类碳核的信息．^{13}C 谱与氢谱相比，虽然存在不少缺点，但采用脉冲傅里叶变换技术以及去偶技术以后，使^{13}C 谱的应用更为广泛．但是液体核磁共振波谱法存在以下一些缺点：(1)须配成溶液进行实验；(2)灵敏度低于其他三种波谱技术；(3)溶剂中存在微量的氢和^{13}C 同位素，会干扰核磁共振波谱的微量分析．

质谱在剖析中具有以下优点：

(1) 高分辨质谱可给出准确分子量、元素组成和分子式；

(2) 具有将质量数不同或气化温度不同的组分进行分离的能力，因此相对说，对样品的纯度要求不高；

(3) 为了能从不同样品得到更有价值的信息，有多种电离源可选择；

(4) 利用多种联用技术，如气相色谱-质谱联用、液相色谱-质谱联用、质谱-质谱联用等，可对多组分的混合物同时实现分离与鉴定；

(5) 灵敏度高，只要微克级样品就能进行质谱分析.

质谱法的缺点是对分子的空间构型以及各类碎片的联结方式的准确判断有一定困难.

3. 表面分析

要获得表面元素组成、表面形貌表征、元素氧化态的分布、表面几何结构与电子结构等信息，必须采用各种表面分析技术. 例如 X 射线和紫外光电子光谱主要用于表面电子结构、被吸附的物质、表面元素以及氧化态的分析；电子微探针分析主要用于元素的微区分析以及进行具有纳米级分辨率的元素表面分析；扫描电子显微镜与俄歇电子光谱主要是对表面形貌成像；离子散射光谱主要用于提供最表面层原子信息；二次离子质谱主要用于表面痕量元素分析；扫描遂道显微镜主要进行具有原子分辨率的表面成像；原子力显微镜主要功能与扫描遂道显微镜类似，但它还适用于绝缘体.

22.7.3　复杂样品分析示例

1. 植物、粮食及其他生物试样中砷、硒等的测定

对植物、粮食及其他生物试样中砷、硒等元素的测定，采用原子吸收光谱法比较简单易行. 动植物组织、血液和尿等试样，除极少数可直接进样外，一般都须预处理. 让样品风干或烘干，剖碎过筛后称样，将样品灰化，使有机物质分解，而被测元素转入溶液之中. 常用方法为干法灰化后，用硝酸或盐酸溶解灰分；或用强酸消化，使有机物分解，通常采用混合酸破坏有机物更有效或用合适试剂浸提被测元素；等等.

2. 土壤中常量、微量元素及有机成分的研究

土壤中的无机元素的定性及定量测定比较简单. 对于常量和微量元素的测定，可以用原子吸收光谱法以及电感耦合等离子体发射光谱法. 采用电感耦合等离子体直读光谱仪可以同时分析 Si, Al, Fe, Mg, Ca, Na, K, Ti, Mn 及 P 等多种元素，分析时间不到 1min，且精密度好. 对土壤中有机成分的分析比较复杂一些，例如研究不同土壤中的腐殖酸的化学结构. 这些结构各不相同的有机化合物，虽然用红外光谱法、气相色谱-质谱联用等可以得到很好解决，但分离仍是关键的一步，其复杂性

也就体现于此.研究土壤组成的常用分离方法有溶剂萃取、薄层色谱、制备气相色谱等,为了获得满意的分离,必要时还须进行化学衍生化.为了使不同极性的有机化合物不漏检,因此预先用不同极性的溶剂萃取.萃取残留物一般可用衍生化的方法使某些组分转变成甲基酯类或醚类,然后再进行分离.通过以上的分离与鉴定,了解到土壤中有 100 多种有机化合物,主要是烷烃(C_{14}~C_{18})、正构脂肪酸、酚酸、苯羧酸及邻苯二酸二烷基酯等.

3. 水中有机物的分析

由于环境水源中存在着大量的有机污染物,在江河、湖泊的水质中已鉴定出 1000 多种有机物.研究水源污染物的产生、迁移规律以及对生物和人类的影响,有着极其重要的意义.对水源污染物的分析,最强有力的工具就是开管柱气相色谱-质谱联用技术.但是在进行色谱-质谱联用分析之前,须进行预处理和浓集,通过控制酸度进行溶剂萃取.例如将水样调节成酸性,用 CH_2Cl_2 萃取,则有机酸及中性物进入有机相,有机碱及水溶物进入水相.因此控制酸度可以调节被萃取对象.还可以采用活性炭吸附、溶剂萃取以及离子交换树脂浓集等方法.对于水样中挥发性有机物可以采集水平面上部的蒸气,并进行浓集后进行分析.

4. 大气中悬浮颗粒的化学物质的鉴定

大气中含有数以千计的化学物质,这些物质可以来自固定污染源,或来自流动源.它们危害人们的健康,例如大气中的多核芳烃与 NO_x 发生反应,生成硝基多核芳烃,这是一种具诱变性的化学物质.由于这些物质的浓度很低,一般为 10^{-9} 至 10^{-6}级,因此必须进行有效的捕集,如可以用特氟隆过滤器,以防止样品降解;对 C_2~C_{10}组分,可以采用低温捕集法;对 C_6~C_{30}组分,可以采用多孔高聚物吸附剂捕集,常用吸附剂有 Tenax 和 XAD 树脂等.将捕集的悬浮颗粒用有机溶剂萃取,在浓缩有机相后用高效液相色谱法分离分析.利用开管柱 GC-MS 或 HPLC-MS 联用技术对化学物质进行结构鉴定.

5. 彩色胶片组成的剖析

彩色胶片的组成极为复杂,含有几十种结构很复杂的有机化合物,因此必须采用多种分离手段以及多种结构鉴定技术的联用,才能逐一地确定其结构.一般的实验过程大致如下:首先用水浸泡胶片,然后将浸提液与胶片分离.水溶液内的成分可以通过色谱分离技术一一分离获得纯物质后,再用紫外吸收光谱、红外吸收光谱、核磁共振波谱及质谱法来鉴定它们的结构.也可以直接采用各种联用技术进行鉴定.可以确定溶于水的组分主要有杀菌剂、表面活性剂、水溶性染料、各种增感剂及黏合剂等.

对于胶片中的非水溶性部分,通过银的分离后再经酶解,分离成溶液与片基两部分.溶液部分经溶剂(丁醇)萃取后获得水相及有机相.水相部分如前所述进行鉴定.有机相部分经减压蒸馏,除去萃取溶剂后,用色谱分离技术及结构鉴定技术,可以确定其主要成分.它们是各种颜色的增感剂及成色剂、防污染剂、稳定剂等.对未被酶分解的片基可以用红外吸收光谱进行分析,知道其成分为三乙酸纤维.

当胶片中各种成分确定之后,则通过合成来进一步确证是否有误,然后进行胶片生产.对试生产的胶片的性能再进行测试,从而进一步验证整个剖析结果的可靠性.

习　题

1. 简述对一个样品进行定性和定量分析时,主要包括哪些步骤?

2. 怎样获得代表性样品?

3. 简述分离在分析化学中的作用.

4. 请简述气-固色谱法、气-液色谱法以及高效液相色谱法中的各种分离方式,主要可用来分离哪些类型的样品?

5. 试比较制备型色谱与分析色谱不同之处.

6. 纸色谱和薄层色谱属何种分离机理?

7. 何谓比移值? 它在色谱分析中的作用是什么?

8. 薄层色谱与高效液相柱色谱相比较,其优越性在哪里?

9. 在 5 次萃取中,若 $D=10$, $V_{水}=10\text{ml}$, $V_{有}=9\text{ml}$,求最后的总萃取率.若将 5 次所用的萃取剂合并为一次萃取,其萃取率为多少? 由此可得出什么结论?

10. 影响萃取率的因素有哪些?

11. 举例说明离子缔合物萃取体系.它的主要优越性是什么?

12. 简述锌盐萃取体系的机理以及它的主要应用.

13. 采用盐析技术可以提高萃取效率的原因.

14. 试比较渗析、反渗透、超滤及电渗析的异同之处.

15. 试述液膜分离的基本原理.

16. 组氨酸和谷氨酸的电离常数和电泳行为如下表,请解释其原因.两者的结构如下:

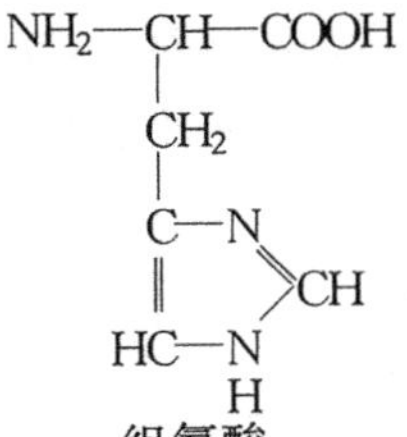

组氨酸

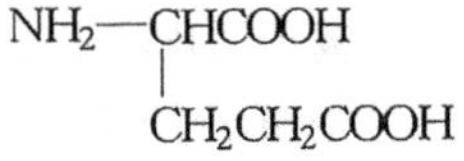

谷氨酸

氨基酸	电离常数			等电点	不同 pH 时的电泳相对迁移率		
	pK_1（质子化）	pK_2	pK_3		3.3	7.2	9.3
组氨酸	6.10	9.18		7.7	−68	−8	+10
谷氨酸	2.30	4.28	9.67	3.3	+7	+72	+77

17. 何谓等电聚焦？它与普通电泳的主要差别在哪里？

18. 选择分离方法时，主要应考虑些什么问题？

19. 现有下列分析项目，你认为哪种分析方法为佳，是否要预处理或分离？若要，试简述主要过程.

(1) 土壤中稀酸溶性铅的测定；

(2) 植物中镉的测定；

(3) 粮食中汞的测定；

(4) 土壤中微量元素的半定量分析；

(5) 土壤中有效性硼（即沸水溶性硼）的测定，硼含量大致在 20×10^{-9}数量级；

(6) 小白鼠血液中有毒金属元素 Cd 的测定；

(7) 研究土壤中腐殖酸结构；

(8) 研究昆虫性引诱剂结构；

(9) 鱼肉质量评价（以腐败过程中产生的三甲胺含量作为指标）；

(10) 酶活性的测定；

(11) 一种天然香料组成的分析；

(12) 大气中微量污染物的分析；

(13) 农作物种子中农药残留量的测定；

(14) 石油裂解气的分析；

(15) 胞密啶、腺嘌呤、鸟嘌呤及胸腺密啶等碱基的测定；

(16) 复合维生素的分析；

(17) 粮食中黄曲霉素含量的监测；

(18) 岩矿中碘含量的监测；

(19) 血清中氯离子含量的测定；

(20) 天然水中 SO_4^{2-} 离子含量的测定；

(21) 研究河流中某些离子的化学形态（chemical speciation）：湖泊中的有毒元素可以胶状、悬浮物质形式存在，也可以溶解于水的离子存在. 相对而言，前两种存在形式的毒性小于离子的毒性. 现需测定离子形式与胶状、悬浮两类的各自含量.

(22) 雨水中 10^{-9}级的 Pb，Cd，Sn，Tl 等含量的测定；

(23) 研究某一氧化-还原反应中的分步电极反应的机理；

(24) 石油气中微量总硫量的测定；

(25) 大气中臭氧含量的连续监控；

(26) 某钢材中是否有空穴；

(27) 需测定某晶格中原子间距离；

(28) 需测定某金属在某微区内不同深度的元素的成分；

(29) 需区分金属表面的不同氧化态；

(30) 工业催化剂表面的附着物的分析；

(31) 某古钱币成分的鉴别；

(32) 某金属表面氧化过程的研究；

(33) 经加工的金属部件的表面性质的研究；

(34) 在热处理过程中，晶体的晶形变化的研究；

(35) 在某流程中，需通过被检测离子与某种显色剂反应后，用分光光度法测定其浓度，但需 1min 采样一次.

习题参考答案

第二章

6. $-0.219V$
7. (4) 1.83×10^{12}
8. (4) $1.12\times10^{-4}mol\cdot L^{-1}$
9. (2) 1.91×10^{-3}
10. 1.59V,
    $1.65\times10^{-27}mol\cdot L^{-1}$

第三章

7. (1)2.33
   (2)6.86
   (3)0.996
8. (1)4.83
   (2)1.26×10^{-5}～
   $1.74\times10^{-5}mol\cdot L^{-1}$
9. $-0.194V$
10. 7.90×10^{-4}
11. 8.88×10^{-6} $mol\cdot L^{-1}$
12. (1) 3.60×10^{-6} $mol\cdot L^{-1}$
13. $1.16\times10^{-5}mol\cdot L^{-1}$
14. 1.02×10^{-6} $mol\cdot L^{-1}$
15. 0.082V

第四章

5. (1)Ni^{2+}先析出
   -0.282～$-0.795V$
   (2)-0.428～$-0.795V$
6. (1)0.065～-0.408 V
   (2) 很完全(为什么?)
7. 2.35V
8. (1) 1.82V
   (2) 2.82V
   (4) 2.71×10^{-8} $mol\cdot L^{-1}$
9. (1) 1.49V
   (2) 0.90V
   (3) 3.69V
   (4) 135.8min
10. 1.24×10^{-4} $mol\cdot L^{-1}$
11. $0.0395mg\cdot ml^{-1}$
12. 6.44×10^{-3}
13. 7.70mg
14. 4.4s

第五章

6. 1.56×10^{-3}
7. $9.17\times10^{-6}cm^2\cdot s^{-1}$
8. (1) $3.77\times10^{-5}cm^2\cdot s^{-1}$
   (2) 55.9μA
9. 1.94μA
10. 7.33×10^{17}
11. PbX_2; 5.51×10^5
12. 3; $-0.85V$
15. 9.00×10^{-4} $mol\cdot L^{-1}$

第六章

5. (1)0.3倍
   (2)3.3倍
6. 108s, 36
7. 39.7
8. (1)3倍

(2)3 倍

(3)3 倍

9. 8.0×10^{2}; 0.63mm

10. $R_s>1.5$ 达到完全分离

11. 2.4m

12. (1)0.14cm

(2) $0.77\text{cm}\cdot\text{s}^{-1}$

13. (2) 6.7×10^{4}

(3) 6.7m

第七章

15. (1)800ml

(2)650ml

(3)228ml

(4)262

16. 8.1×10^{3}

17. 724.5; 687.2

18. 0.787;0.094;0.118

19. 0.0662; 0.0834;

0.1255; 0.0794

第十章

7. (1) $750\text{L}\cdot\text{mol}^{-1}\cdot\text{cm}^{-1}$

(2) 0.300

8. $9.54\times10^{-6}\text{mol}\cdot\text{L}^{-1}$

第十二章

8. 5.38×10^{-10}

9. 324.8nm

10. $3.56\mu\text{g}\cdot\text{ml}^{-1}$

11. $11.2\text{mg}\cdot\text{L}^{-1}$

12. $0.279\text{mg}\cdot\text{L}^{-1}$

第十三章

6. (1)0.602

(2)$1.85\times10^{-4}\text{mol}\cdot\text{L}^{-1}$

8. ±0.027

11. 303nm

12. 227nm

13. 237nm

14. 254nm

15. 329nm

16. 288nm

17. 0.0357; 0.5157

18. 1.72×10^{-4}; 1.87×10^{-4}

19. 6.04×10^{-6}

第十四章

10. $2.83\times10^{-5}\text{mol}\cdot\text{L}^{-1}$

第十五章

3. 4.19×10^{13}Hz

11. 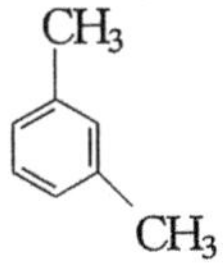

12. 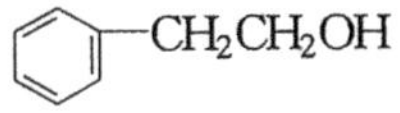

13. 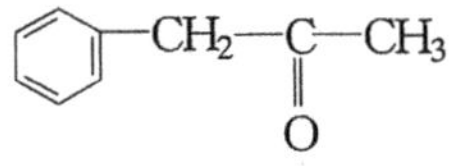

14. 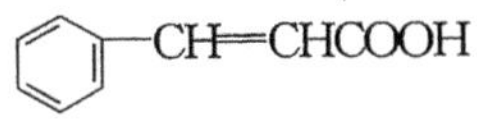

15. 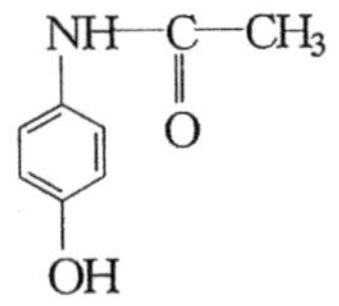

第十七章

11. 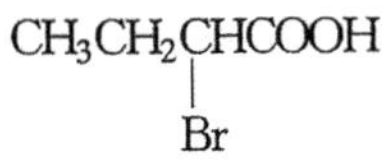

12. 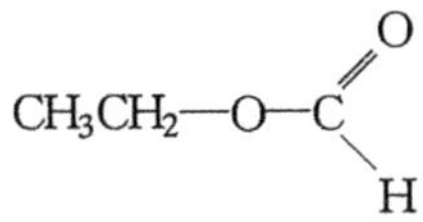

13. 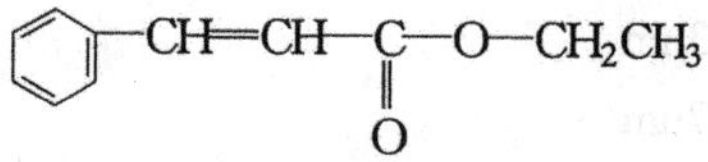

16. $ClCH_2CH_2CH_2Cl$; $CH_3\underset{\underset{O}{\|}}{C}-OCH_3$

18. $ClCH_2CH_2\underset{\underset{Cl}{|}}{C}HCH_3$; $CH_3CH_2\underset{\underset{O}{\|}}{C}CH_2\underset{\underset{Cl}{|}}{C}H_2$

第十八章

12. $CH_3\underset{\underset{O}{\|}}{C}CH_2CH_3$

13. 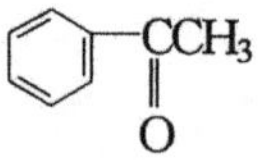

14. $CH_3-\underset{\underset{CH_3}{|}}{CH}-(CH_2)_4CH_3$

15. $CH_3(CH_2)_3\overset{\overset{H_3CH_2C}{|}}{C}H-CHO$

16. 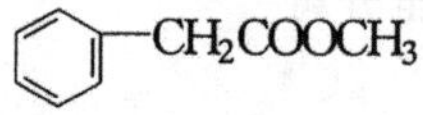

17. $CH_3CON(CH_3)_2$

18. $CH_3\underset{\underset{O}{\|}}{C}CH_2CH_2COOH$

19. $CH_3COCH_2CH_3$

第二十二章

9. 99.999%

   97.8%

主要参考文献

[1] 汪尔康主编. 1999. 21 世纪的分析化学. 北京:科学出版社
[2] 方惠群,史坚,倪君蒂编. 1994. 仪器分析原理. 南京:南京大学出版社
[3] 北京大学化学系仪器分析教学组. 1997. 仪器分析教程. 北京:北京大学出版社
[4] 赵藻藩,周性尧,张悟铭,赵文宽编. 1990. 仪器分析. 北京:高等教育出版社
[5] 施耀曾等. 1988. 有机化合物光谱和化学鉴定. 南京:江苏科学技术出版社
[6] Ewing G W. 1985. Instrumental Methods of Chemical Analysis. McGraw-Hill Book Company
[7] Harris D. 1995. Quantitative Chemical Analysis. W. H. Freeman and Company
[8] Kellner R, Mermet J-M, Otto M, Widmer H M. 1998. Analytical Chemistry. Wiley-VCH
[9] Pecsok R L, Shields L D, Cairns T, Mcwilliam I G. 1976. Modern Methods of Chemical Analysis. John Wiley & Sons, New York
[10] Robinson J W. 1987. Undergraduate Instrumental Analysis. Marcel Dekker, Inc
[11] Skoog D A, Holler F J, Nieman T A. 1997. Principles of Instrumental Analysis. Fifth Edition, Philadelphia
[12] Williams D H, Fleming I. 1995. Spectroscopic Methods in Organic Chemistry. McGraw-Hill Book Company

附　录

附录Ⅰ　一些基本常数表

量	符　号	数值与单位
光在真空中速度	c	$2.99792458\times10^{10}cm\cdot s^{-1}$
光在空气中速度	v_{air}	$2.997056\times10^{10}cm\cdot s^{-1}$
普朗克常量	h	$6.6260755\times10^{-34}J\cdot s$
玻耳兹曼常量	k	$1.38054\times10^{-23}J\cdot K^{-1}$
阿伏伽德罗常量	N_A	$6.0221367\times10^{23}mol^{-1}$
摩尔气体常量	R	$8.31441J\cdot mol^{-1}\cdot K^{-1}$
		$1.98719cal\cdot mol^{-1}\cdot K^{-1}$
基本电荷	e	$1.60210\times10^{-19}c$
电子静止质量	m_e	$9.1093897\times10^{-28}g$
质子质量	m_p	$1.6726231\times10^{-24}g$

附录Ⅱ　原子量表

（以^{12}C=12 相对原子质量为标准）

序数	名称	符号	原子量	序数	名称	符号	原子量	序数	名称	符号	原子量
1	氢	H	1.008	37	铷	Rb	85.47	73	钽	Ta	180.9
2	氦	He	4.003	38	锶	Sr	87.62	74	钨	W	183.9
3	锂	Li	6.941±2*	39	钇	Y	88.91	75	铼	Re	186.2
4	铍	Be	9.012	40	锆	Zr	91.22	76	锇	Os	190.2
5	硼	B	10.81	41	铌	Nb	92.91	77	铱	Ir	192.2
6	碳	C	12.01	42	钼	Mo	95.94	78	铂	Pt	195.1
7	氮	N	14.01	43	锝	^{99}Tc	98.91	79	金	Au	197.0
8	氧	O	16.00	44	钌	Ru	101.1	80	汞	Hg	200.6
9	氟	F	19.00	45	铑	Rh	102.9	81	铊	Tl	204.4
10	氖	Ne	20.18	46	钯	Pd	106.4	82	铅	Pb	207.2
11	钠	Na	22.99	47	银	Ag	107.9	83	铋	Bi	209.0
12	镁	Mg	24.31	48	镉	Cd	112.4	84	钋	^{210}Po	210.0
13	铝	Al	26.98	49	铟	In	114.8	85	砹	^{210}At	210.0
14	硅	Si	28.09	50	锡	Sn	118.7	86	氡	^{222}Rn	222.0
15	磷	P	30.97	51	锑	Sb	121.8	87	钫	^{223}Fr	223.0
16	硫	S	32.07	52	碲	Te	127.6	88	镭	^{226}Ra	226.0
17	氯	Cl	35.45	53	碘	I	126.9	89	锕	^{227}Ac	227.0
18	氩	Ar	39.95	54	氙	Xe	131.3	90	钍	Th	232.0
19	钾	K	39.10	55	铯	Cs	132.9	91	镤	^{231}Pa	231.0
20	钙	Ca	40.08	56	钡	Ba	137.3	92	铀	U	238.0
21	钪	Sc	44.96	57	镧	La	138.9	93	镎	^{237}Np	237.0
22	钛	Ti	47.88±3	58	铈	Ce	140.1	94	钚	^{239}Pu	239.1
23	钒	V	50.94	59	镨	Pr	140.9	95	镅	^{243}Am	243.1
24	铬	Cr	52.00	60	钕	Nd	144.2	96	锔	^{247}Cm	247.1
25	锰	Mn	54.94	61	钷	^{145}Pm	144.9	97	锫	^{247}Bk	247.1
26	铁	Fe	55.85	62	钐	Sm	150.4	98	锎	^{252}Cf	252.1
27	钴	Co	58.93	63	铕	Eu	152.0	99	锿	^{252}Es	252.1
28	镍	Ni	58.69	64	钆	Gd	157.3	100	镄	^{257}Fm	257.1
29	铜	Cu	63.55	65	铽	Tb	158.9	101	钔	^{256}Md	256.1
30	锌	Zn	65.39±2	66	镝	Dy	162.5	102	锘	^{259}No	259.1
31	镓	Ga	69.72	67	钬	Ho	164.9	103	铹	^{260}Lr	260.1
32	锗	Ge	72.61±3	68	铒	Er	167.3	104	𬬻	^{261}Rf	261.1
33	砷	As	74.92	69	铥	Tm	168.9	105	𬭊	^{262}Ha	262.1
34	硒	Se	78.96±3	70	镱	Yb	173.0	106		^{263}Nh	263.1
35	溴	Br	79.90	71	镥	Lu	175.0	107		^{262}Ns	262.1
36	氪	Kr	83.80	72	铪	Hf	178.5	108		^{266}Ue	266.1

* 相对原子质量的最后一位数准确到±1。